抗日战争时期中国人口伤亡和财产损失调研丛书

主　编　李忠杰
副主编　李　蓉　姚金果
　　　　霍海丹　蒋建农

山东省百县（市、区）抗日战争时期死难者名录

7

山东省委党史研究室　编

中共党史出版社

山东省抗日战争时期人口伤亡和财产损失课题研究办公室

（2006 年 9 月）

主　任（重大专项课题组组长）　　常连霆

副主任（重大专项课题组副组长）　　席　伟

成　员　　岳绍红　张绍麟　丁广斌　于文新　王成华

　　　　　陈金亮　李清汉　郑世诗　宋继法　亓　涛

　　　　　张启信　范伟正　李秀业　崔维志　张宜华

　　　　　刘如峰　李双安　苗祥义　韩立明　刘桂林

　　　　　魏子焱　张艳芳　王增乾

山东省抗日战争时期人口伤亡和财产损失课题研究办公室

（2008 年 2 月）

主　任（重大专项课题组组长）　　常连霆

副主任（重大专项课题组副组长）　　席　伟

成　员　　岳绍红　张绍麟　丁广斌　侯希杰　张开增

　　　　　陈金亮　李清汉　郑世诗　秦佑镇　亓　涛

　　　　　张启信　范伟正　李秀业　李克彬　李凤华

　　　　　刘如峰　李双安　魏玉杰　韩立明

山东省抗日战争时期人口伤亡和财产损失课题研究办公室

(2010 年 7 月)

主　任（重大专项课题组组长）　　常连霆

副主任（重大专项课题组副组长）　　席　伟　　韩立明

成　员　　岳绍红　张绍麟　丁广斌　张开增　褚金光

　　　　　李清汉　郑世诗　秦佑镇　亓　涛　张启信

　　　　　范伟正　李秀业　李克彬　李凤华　刘如峰

　　　　　李双安　魏玉杰

山东省抗日战争时期人口伤亡和财产损失课题研究办公室

(2014 年 8 月)

主　任（重大专项课题组组长）　　常连霆

副主任（重大专项课题组副组长）　　席　伟　　韩立明

成　员　　刘　浩　冯　英　司志兰　张开增　褚金光

　　　　　杨仁祥　郑世诗　崔　康　牛国新　肖　怡

　　　　　肖　梅　李秀业　李洪彦　刘宝良　张绪阳

　　　　　李文进　李允富　张　华

《山东省百县（市、区）抗日战争时期死难者名录》编纂委员会

（2014 年 8 月）

主　任	常连霆			
副主任	邱传贵	林　杰	席　伟	李晨玉
	韩延明	吴士英	臧济红	
成　员	姚丙华	韩立明	田同军	郭洪云	危永安
	许　元	刘　浩	冯　英	司志兰	张开增
	褚金光	杨仁祥	郑世诗	崔　康	牛国新
	肖　怡	肖　梅	李秀业	李洪彦	刘宝良
	张绪阳	李文进	李允富		

主　编	常连霆			
副主编	席　伟	韩立明		
编　辑	赵　明	李　峰	吕　海	李草晖	邱吉元
	王华艳	尹庆峰	郑功臣	贾文章	韩　莉
	姜俊英	曹东亚	高培忠	刘佳慧	韩百功
	李治朴	李耀德	宋元明	李海卫	封彦君
	韩庆伟	刘　可	邵维霞	潘维胜	郭纪锋
	刘兆东	吉薇薇	杨兴文	王玉玺	宁　峰
	陈　旭	罗　丹	焦晓丽	赵建国	孙　颖

王红兵	张　丽	樊京荣	曾世芳	田同军
郭洪云	危永安	许　元	肖　夏	张耀龙
闫化川	乔士华	邱从强	刘　莹	孟红兵
王增乾	左进峰	马　明	潘　洋	吴秀才
张　华	张江山	朱伟波	耿玉石	秦国杰
王小龙	齐　薇	柳　晶		

编纂说明

本名录以 2006 年山东省抗日战争时期人口伤亡和财产损失大型调研活动收集的见证人、知情人口述资料为基础整理编纂而成。

按照中央党史研究室关于开展抗日战争时期中国人口伤亡和财产损失调研方案的总体要求，在中央党史研究室的精心组织和科学指导下，山东省于 2006 年开展了抗日战争时期人口伤亡和财产损失大型调研活动。调研期间，全省组织 32 万余名乡村走访调查人员，走访调查了省内 95% 以上的行政村和 80% 以上的 70 岁以上老人，收集见证人和知情人关于日军屠杀平民的证言证词 79 万余份。此后，在中央党史研究室的指导下，山东省委党史研究室组织各市、县（市、区）委党史研究室以县（市、区）为单位认真梳理证言证词等调研资料，于 2010 年整理形成了包括 140 个县（市、区）和 16 个经济开发区、高新技术开发区的《山东省抗日战争时期伤亡人员名录》，共收录现山东行政区域范围内抗日战争期间（1937 年 7 月至 1945 年 8 月）因战争因素造成伤亡的人员 46.9 万余名。2014 年初，根据中央党史研究室关于编纂出版《抗日战争时期中国人口伤亡和财产损失调研丛书》的部署，我们以《山东省抗日战争时期伤亡人员名录》为基础，选择信息比较完整、填写比较规范的 100 个县（市、区）抗日战争时期死难人员名录，经省市县三级党史部门进一步整理、编纂，形成了《山东省百县（市、区）抗日战争时期死难者名录》，共收录死难者 169173 人。

本名录所收录的死难者，系指抗日战争时期因日本发动侵略战争，在山东境内造成死难的平民。包括被杀死、轰炸及其引起火灾等致死和因生化战、被奸淫、被迫吸毒等而死，以及因战争因素造成的饿死、冻死、累死等其他非正常死亡的平民。死难者信息主要来源于 2006 年乡村走访调查的口述资料，也有个别县（市、区）收录了文献资料中记载的部分死难者。死难者信息包含"姓名"、"籍贯"、"年龄"、"性别"、"死难时间"5 项要素。在编纂过程中，我们尽量使各项要素达到规范、完整。但由于历史已经过去了 60 多年，行政区划有很大变动，人口迁徙规模很大，流动状况非常复杂，有的见证人和知情人对死难者信息的记忆本身就不完整；由于参与调查笔录和名录整理的人员多达数万人，对死难者信息各要素的规范和掌握也难以做到完全一致，所以，名录编纂工作非常复杂。为了保证科学性、规范性和准确性，我们尽可能采取了比较合理的处理方式，现特作如下说明：

1. "姓名"一栏中，一律以见证人和知情人的证言证词记录的死难者姓名为依据。证言证词怎么记录的，名录就怎么记载，在编纂中未作改变和加工。有些死难者姓名为乳名、绰号，有的乳名、绰号多则四个字，少则一个字；有些死难者姓名是以其家人或关联人的姓名记录的，用"××之子"、"××之家属之一"、"××之家属之二"等表述；还有些死难人员无名无姓但职业指向明确，如"卖炸鱼之妇女"、"老油匠"等；还有个别情况，是死难人员的亲属感到死难人员的乳名、绰号不雅，为其重新起了名字。上述情况都依据证言证词上的原始记录保留了其称谓。有的死难者只知道姓氏，如"杨某某"、"李××"等，在编纂中我们作了适当规范，其名字统一用"×"号代替，如"杨××"、"李××"等。

2. "籍贯"一栏中，地名为2006年调研时的名称。部分县（市、区）收录了少量非本县（市、区）籍或非山东籍，但死难地在本县（市、区）的死难者。凡山东省籍的死难人员均略去了省名，一般标明了县（市、区）、乡（镇）、村三级名称。但也有个别条目，由于证言证词记录不完整，只记录了县名或县、乡（镇）两级名称或县、村两级名称。村一级名称，有些标注了"村"字，有些标注了"社区"，有些既未标注"村"字，也未标注"社区"，在编纂中我们未作规范。对于死难者籍贯不明，但能够说明其死难时居住地点或工作、就业的组织（单位）情况的，也在此栏中予以保留。

3. "年龄"一栏中，死难者的岁数大多是见证人或知情人回忆或与同龄人比对后估算的，所以整数相对较多。由于年代久远，亦不可避免地存在着部分死难者年龄要素缺失的情况。

4. "性别"一栏中，个别死难者的性别因调查笔录漏记，其性别难以判断和核查，只能暂时空缺。另外，由于乡村风俗习惯造成的个别男性取女性名字，如"张二妮"性别为"男"等情况均保持原貌。

5. "死难时间"一栏中，由于年代久远，当事人或知情人记忆模糊，部分死难者遇难时间没有留下精确的记录。凡确认抗日战争时期死难，但无法确定具体年份的用"—"作了标示。另外，把农历和公历混淆的情况也较多见，也不排除个别把年份记错的情况。

在编纂中，对于见证人或知情人证言证词中缺漏的要素，在对应的表格栏目内采用"—"标示。

本名录所收录的 100 个县（市、区）的名称、区域范围，均为 2006 年山东省开展抗日战争时期人口伤亡和财产损失大型调研活动时的名称和区域范围。各县（市、区）死难者名录填报单位、填表人及填报时间，保留了 2009 年各县（市、区）伤亡人员名录形成时的记录，核实人、责任人除保留原核实人和责任人外，增加了 2014 年各县（市、区）复核时的核实人和责任人。名录所依据的证言证词原件存于各县（市、区）党史部门或档案馆。

编　者

2014 年 8 月

目　录

安丘市抗日战争时期死难者名录

姓名	籍贯	年龄	性别	死难时间
朱光林	安丘市辉渠镇北罗圈崖村	—	男	1938 年
沈言堂	安丘市柘山镇北邱家庄村	31	男	1938 年
杨成苓	安丘市吾山镇杨家庄村	39	男	1938 年
杨念绪	安丘市吾山镇杨家庄村	47	男	1938 年
杨念贞	安丘市吾山镇杨家庄村	35	男	1938 年
刘 氏	安丘市辉渠镇曹家峪村	25	女	1938 年
曹玉国	安丘市辉渠镇曹家峪村	69	男	1938 年
李治家	安丘市景芝镇东王官疃村	25	男	1938 年
李人桂	安丘市凌河镇大路村	36	男	1938 年
韩志言	安丘市大盛镇东孟家庄子村	31	男	1938 年 1 月
牛庆会之祖父	安丘市大盛镇牛家沟村	65	男	1938 年 1 月
王汝良	安丘市景芝镇王家彭旺村	43	男	1938 年 1 月
李 氏	安丘市景芝镇东庄子村	22	女	1938 年 1 月
都志喜	安丘市管公镇小南坦村	37	男	1938 年 1 月
刘建兰	安丘市庵上镇小坡村	23	女	1938 年 2 月 1 日
刘建云	安丘市庵上镇小坡村	25	女	1938 年 2 月 1 日
赵吴芹	安丘市辉渠镇石家峪村	24	男	1938 年 2 月 1 日
李瑞坤	安丘市辉渠镇团山子村	23	男	1938 年 2 月 1 日
二木匠	安丘市刘家尧镇归家疃村	46	男	1938 年 2 月 1 日
焦兆荣	安丘市刘家尧镇归家疃村	46	男	1938 年 2 月 1 日
李成杰之外婆	安丘市刘家尧镇归家疃村	56	女	1938 年 2 月 1 日
李明恩之弟	安丘市刘家尧镇归家疃村	14	男	1938 年 2 月 1 日
三不管	安丘市刘家尧镇归家疃村	56	男	1938 年 2 月 1 日
王 炳	安丘市刘家尧镇归家疃村	22	男	1938 年 2 月 1 日
王万玉	安丘市刘家尧镇归家疃村	53	男	1938 年 2 月 1 日
王夕礼	安丘市刘家尧镇归家疃村	50	男	1938 年 2 月 1 日
王夕朋	安丘市刘家尧镇归家疃村	50	男	1938 年 2 月 1 日
王永成	安丘市刘家尧镇归家疃村	30	男	1938 年 2 月 1 日
王永青	安丘市刘家尧镇归家疃村	30	男	1938 年 2 月 1 日
屋盖子	安丘市刘家尧镇归家疃村	53	男	1938 年 2 月 1 日
叶常明	安丘市刘家尧镇归家疃村	26	男	1938 年 2 月 1 日

姓　名	籍　贯	年龄	性别	死难时间
刘儒官	安丘市庵上镇大坡子村	35	男	1938年2月2日
李本国	安丘市红沙沟镇南吾村	35	男	1938年2月4日
李本孝	安丘市红沙沟镇南吾村	42	男	1938年2月4日
李本修之大姐	安丘市红沙沟镇南吾村	21	女	1938年2月4日
李二宝	安丘市红沙沟镇南吾村	24	男	1938年2月4日
李华堂之祖母	安丘市红沙沟镇南吾村	35	女	1938年2月4日
李怀常	安丘市红沙沟镇南吾村	19	男	1938年2月4日
李　会	安丘市红沙沟镇南吾村	23	男	1938年2月4日
李天增	安丘市红沙沟镇南吾村	18	男	1938年2月4日
李子顺	安丘市红沙沟镇南吾村	32	男	1938年2月4日
刘增亮	安丘市红沙沟镇南吾村	—	男	1938年2月4日
赵德深	安丘市红沙沟镇西涝山村	58	男	1938年2月4日
麻复年	安丘市红沙沟镇张家陡沟村	—	男	1938年2月4日
启氏之祖父	安丘市红沙沟镇张家陡沟村	45	男	1938年2月4日
张培爱	安丘市红沙沟镇张家陡沟村	21	男	1938年2月4日
张廷钦	安丘市红沙沟镇张家陡沟村	19	男	1938年2月4日
张维德	安丘市红沙沟镇张家陡沟村	—	男	1938年2月4日
振太哥	安丘市红沙沟镇张家陡沟村	30	男	1938年2月4日
李　活	安丘市辉渠镇东辉渠村	24	男	1938年2月4日
李玉先之三叔	安丘市辉渠镇东辉渠村	12	男	1938年2月4日
李玉先之祖父	安丘市辉渠镇东辉渠村	—	男	1938年2月4日
李玉先之祖母	安丘市辉渠镇东辉渠村	—	女	1938年2月4日
李丛权	安丘市辉渠镇西辉渠村	19	男	1938年2月4日
李运增	安丘市辉渠镇西辉渠村	23	男	1938年2月4日
曹仲锋	安丘市辉渠镇曹家峪村	47	男	1938年2月5日
张锡恩	安丘市辉渠镇曹家峪村	58	男	1938年2月5日
董世锡	安丘市凌河镇董家庄村	30	男	1938年2月10日
范学美	安丘市凌河镇前小沟村	18	女	1938年2月10日
孙衍华	安丘市白芬子镇西马家庄子村	16	男	1938年2月13日
周名丈	安丘市白芬子镇周家夏庄村	22	男	1938年2月13日
邹景伦	安丘市白芬子镇邹家洼村	29	男	1938年2月13日
孙衍顺	安丘市白芬子镇西马家庄子村	42	男	1938年2月15日
江百川	安丘市白芬子镇刘家峪村	20	男	1938年2月16日
孙　荒	安丘市管公镇王瓜园村	22	男	1938年2月21日

姓　名	籍　贯	年龄	性别	死难时间
孙　落	安丘市管公镇王瓜园村	24	男	1938 年 2 月 21 日
孙　筑	安丘市管公镇王瓜园村	24	男	1938 年 2 月 21 日
邹　标	安丘市管公镇王瓜园村	23	男	1938 年 2 月 21 日
王二虎	安丘市黄旗堡镇城里村	33	男	1938 年 2 月 22 日
王　红	安丘市黄旗堡镇城里村	43	男	1938 年 2 月 22 日
王会凌	安丘市黄旗堡镇城里村	32	男	1938 年 2 月 22 日
王　捡	安丘市黄旗堡镇城里村	—	女	1938 年 2 月 22 日
王进奎	安丘市黄旗堡镇城里村	24	男	1938 年 2 月 22 日
王进瑞	安丘市黄旗堡镇城里村	19	男	1938 年 2 月 22 日
王进益	安丘市黄旗堡镇城里村	12	男	1938 年 2 月 22 日
王进玉	安丘市黄旗堡镇城里村	20	男	1938 年 2 月 22 日
王庆文	安丘市黄旗堡镇城里村	26	男	1938 年 2 月 22 日
王士清	安丘市黄旗堡镇城里村	32	男	1938 年 2 月 22 日
王　氏	安丘市黄旗堡镇城里村	36	女	1938 年 2 月 22 日
王世厚	安丘市黄旗堡镇城里村	30	男	1938 年 2 月 22 日
王世伟	安丘市黄旗堡镇城里村	35	男	1938 年 2 月 22 日
王文升	安丘市黄旗堡镇城里村	32	男	1938 年 2 月 22 日
王宗洋	安丘市黄旗堡镇城里村	23	男	1938 年 2 月 22 日
王刘廷	安丘市黄旗堡镇杞东村	26	男	1938 年 3 月 1 日
王　廷	安丘市黄旗堡镇杞东村	48	男	1938 年 3 月 1 日
王小宝	安丘市黄旗堡镇杞东村	—	男	1938 年 3 月 1 日
曹泮滋	安丘市辉渠镇曹家峪村	30	男	1938 年 3 月 3 日
李　氏	安丘市景芝镇阜康村	23	女	1938 年 3 月 3 日
周竹林	安丘市辉渠镇绪泉村	19	男	1938 年 3 月 4 日
张常法之母	安丘市贾戈街道西许戈村	32	女	1938 年 3 月 11 日
刘金山	安丘市贾戈街道大沙埠村	—	男	1938 年 3 月 15 日
杨福吉	安丘市石堆镇前留晃村	50	男	1938 年 3 月 24 日
张志滩	安丘市庵上镇大陆戈村	31	男	1938 年 4 月 1 日
张殿超	安丘市黄旗堡镇夹河套村	30	男	1938 年 4 月 1 日
张东棵	安丘市黄旗堡镇夹河套村	19	男	1938 年 4 月 1 日
沈贯亮	安丘市王家庄镇王家庄子村	47	男	1938 年 4 月 2 日
李贤才	安丘市石堆镇大亭子村	30	男	1938 年 4 月 3 日
王祥吉	安丘市赵戈镇王家荆阳村	20	男	1938 年 4 月 4 日
杨念三	安丘市吾山镇杨家庄村	42	男	1938 年 4 月 6 日

姓　名	籍　贯	年　龄	性　别	死难时间
张曹氏	安丘市贾戈街道大埠后村	49	女	1938 年 4 月 7 日
张贾氏	安丘市贾戈街道大埠后村	26	女	1938 年 4 月 7 日
曹玉芬	安丘市石堆镇大莲池村	10	女	1938 年 4 月 8 日
王云升	安丘市雹泉镇西南村	18	男	1938 年 4 月 12 日
刘　清	安丘市临浯镇西朱耿村	22	男	1938 年 5 月 7 日
刘文言	安丘市吾山镇泥沟村	18	男	1938 年 5 月 7 日
韩兆顺	安丘市兴安街道七里庄村	22	男	1938 年 5 月 7 日
马云林之女	安丘市管公镇毛家寨庄村	8	女	1938 年 5 月 10 日
韩承缙	安丘市石堆镇石堆村	45	男	1938 年 5 月 11 日
张文明	安丘市兴安街道南关头村	55	男	1938 年 5 月 12 日
刘云让	安丘市景芝镇南甘泉村	45	男	1938 年 5 月 18 日
张世朋	安丘市兴安街道北关村	22	男	1938 年 5 月 20 日
刘孔固	安丘市兴安街道山东头村	38	男	1938 年 5 月 20 日
刘孔仪之父	安丘市兴安街道山东头村	61	男	1938 年 5 月 20 日
郭世章	安丘市管公镇大南坦村	28	男	1938 年 5 月 25 日
崔岳奎	安丘市王家庄镇业家官庄村	50	男	1938 年 5 月 25 日
王公民	安丘市王家庄镇朱子二村	32	男	1938 年 6 月 2 日
王子平	安丘市王家庄镇朱子二村	32	男	1938 年 6 月 2 日
李元训	安丘市红沙沟镇小北吾村	65	男	1938 年 6 月 6 日
郑香芬	安丘市凌河镇东赵家庄村	45	女	1938 年 6 月 6 日
王泽绍	安丘市景芝镇西营村	32	男	1938 年 6 月 7 日
韩京伟	安丘市辉渠镇小祖官村	24	男	1938 年 6 月 9 日
马云林之妻	安丘市管公镇毛家寨庄村	32	女	1938 年 6 月 10 日
管炳文	安丘市景芝镇仁安村	28	男	1938 年 6 月 11 日
李安烈	安丘市管公镇后十字路村	27	男	1938 年 6 月 12 日
李安勋	安丘市管公镇后十字路村	25	男	1938 年 6 月 12 日
曹宾绥	安丘市兴安街道曹家楼村	17	男	1938 年 6 月 14 日
曹朋臻	安丘市兴安街道曹家楼村	30	男	1938 年 6 月 14 日
朱世德	安丘市景芝镇朱家沙浯村	28	男	1938 年 6 月 25 日
朱小妮	安丘市景芝镇朱家沙浯村	—	女	1938 年 6 月 25 日
朱志礼	安丘市景芝镇朱家沙浯村	10	男	1938 年 6 月 25 日
李光先	安丘市赵戈镇赵戈村	16	男	1938 年 7 月 1 日
马玉兰	安丘市管公镇高家辛庄子村	26	女	1938 年 7 月 3 日
杨念忠	安丘市吾山镇杨家庄村	35	男	1938 年 7 月 6 日

姓 名	籍 贯	年 龄	性 别	死难时间
杨振华	安丘市吾山镇杨家庄村	29	男	1938 年 7 月 6 日
李光深	安丘市黄旗堡镇水场官庄村	21	男	1938 年 7 月 8 日
李木莲	安丘市辉渠镇小麦峪村	35	男	1938 年 7 月 8 日
高秀坤	安丘市官庄镇两河村	46	男	1938 年 7 月 15 日
韩王氏	安丘市王家庄镇康家屯村	77	女	1938 年 7 月 16 日
韩锡壁	安丘市王家庄镇康家屯村	44	男	1938 年 7 月 16 日
韩东车	安丘市贾戈街道韩王封村	35	男	1938 年 7 月 17 日
韩东清	安丘市贾戈街道韩王封村	33	男	1938 年 7 月 17 日
韩满天	安丘市贾戈街道韩王封村	34	男	1938 年 7 月 17 日
董照顺	安丘市管公镇董家寨庄村	19	男	1938 年 7 月 20 日
杜收田	安丘市管公镇董家寨庄村	27	男	1938 年 7 月 20 日
孙元中	安丘市辉渠镇石家峪村	28	男	1938 年 8 月 1 日
高文汉	安丘市刘家尧镇稻洼村	32	男	1938 年 8 月 1 日
屈记敬	安丘市刘家尧镇灵山村	40	男	1938 年 8 月 1 日
曹大吉	安丘市刘家尧镇寨上村	24	男	1938 年 8 月 1 日
王学民	安丘市刘家尧镇寨上村	23	男	1938 年 8 月 1 日
赵大贵	安丘市刘家尧镇张石龙村	13	男	1938 年 8 月 1 日
周王氏	安丘市刘家尧镇周家营子村	51	女	1938 年 8 月 1 日
王怀升	安丘市管公镇大河洼村	40	男	1938 年 8 月 3 日
曹泮选	安丘市辉渠镇曹家峪村	25	男	1938 年 8 月 8 日
郑锡旺	安丘市凌河镇水泊村	36	男	1938 年 8 月 10 日
刘立志	安丘市赵戈镇解戈村	21	男	1938 年 8 月 13 日
曹乃福	安丘市景芝镇大付岗村	38	男	1938 年 8 月 15 日
曹乃升	安丘市景芝镇大付岗村	43	男	1938 年 8 月 15 日
李志清	安丘市景芝镇大付岗村	41	男	1938 年 8 月 15 日
张火林	安丘市景芝镇大付岗村	46	男	1938 年 8 月 15 日
刘小娃	安丘市景芝镇镇东村	——	男	1938 年 8 月 15 日
王宝勋	安丘市王家庄镇朱子一村	26	男	1938 年 8 月 15 日
王慕忠	安丘市王家庄镇朱子一村	31	男	1938 年 8 月 15 日
林文修之女	安丘市兴安街道北新村	17	女	1938 年 8 月 16 日
杨增录	安丘市王家庄镇冢子村	30	男	1938 年 8 月 20 日
李洪远	安丘市刘家尧镇刘家尧村	58	男	1938 年 8 月 25 日
马廷桂	安丘市庵上镇大陆戈村	42	男	1938 年 9 月 1 日
张元起	安丘市官庄镇流河官庄村	48	男	1938 年 9 月 1 日

姓 名	籍 贯	年 龄	性 别	死难时间
于明洲	安丘市黄旗堡镇于家汶畔村	42	男	1938 年 9 月 1 日
隋友堂	安丘市景芝镇西王庄村	26	男	1938 年 9 月 1 日
孙多业	安丘市赵戈镇西朱戈村	15	男	1938 年 9 月 9 日
张学钟之兄	安丘市管公镇张家寨庄村	30	男	1938 年 9 月 12 日
郑 氏	安丘市兴安街道城里村	49	女	1938 年 9 月 20 日
马学礼	安丘市庵上镇大陆戈村	58	男	1938 年 10 月 1 日
马 戈	安丘市管公镇张家寨庄村	30	男	1938 年 10 月 2 日
陈××	安丘市兴安街道城里村	30	男	1938 年 10 月 15 日
李 肃	安丘市凌河镇吕家埠村	48	男	1938 年 10 月 17 日
吕大山	安丘市凌河镇吕家埠村	40	男	1938 年 10 月 17 日
吕 云	安丘市凌河镇吕家埠村	38	男	1938 年 10 月 17 日
马活均	安丘市管公镇马家寨庄村	21	男	1938 年 11 月 11 日
薛致忠	安丘市景芝镇薛家庄村	28	男	1938 年 11 月 12 日
周偏存	安丘市黄旗堡镇前车埠村	22	男	1938 年 12 月 1 日
谭仲顺	安丘市柘山镇何家沟村	20	男	1938 年 12 月 6 日
江云汉	安丘市凌河镇董家庄村	28	男	1938 年 12 月 10 日
孙树田	安丘市凌河镇董家庄村	32	男	1938 年 12 月 10 日
李中和	安丘市红沙沟镇赵家沟村	68	男	1938 年 12 月 11 日
李 氏	安丘市辉渠镇李家沟村	46	女	1938 年 12 月 16 日
李有堂	安丘市辉渠镇李家沟村	48	男	1938 年 12 月 16 日
王兴元	安丘市凌河镇牟山前村	20	男	1938 年 12 月 26 日
马 站	安丘市庵上镇庵上村	37	男	1939 年 1 月 1 日
马乐田	安丘市庵上镇大陆戈村	36	男	1939 年 1 月 1 日
李正堂	安丘市辉渠镇李家沟村	20	男	1939 年 1 月 1 日
徐秀山	安丘市辉渠镇李家沟村	19	男	1939 年 1 月 1 日
李有德	安丘市辉渠镇小麦峪村	30	男	1939 年 1 月 1 日
李有启之三叔	安丘市辉渠镇小麦峪村	32	男	1939 年 1 月 1 日
王师曾	安丘市凌河镇牟山前村	24	男	1939 年 1 月 5 日
钟培元	安丘市王家庄镇朱子二村	28	男	1939 年 1 月 5 日
钟彦超	安丘市王家庄镇朱子二村	26	男	1939 年 1 月 5 日
高 顺	安丘市赵戈镇东邵村	19	男	1939 年 1 月 5 日
李京春	安丘市赵戈镇东邵村	20	男	1939 年 1 月 5 日
张学芳	安丘市赵戈镇东邵村	23	男	1939 年 1 月 5 日
楚安祥	安丘市赵戈镇潍泉村	52	男	1939 年 1 月 5 日

姓　名	籍　贯	年龄	性别	死难时间
楚洪贞	安丘市赵戈镇潍泉村	40	男	1939 年 1 月 5 日
楚仁柱	安丘市赵戈镇潍泉村	40	男	1939 年 1 月 5 日
黄　氏	安丘市赵戈镇潍泉村	30	女	1939 年 1 月 5 日
冷德浩	安丘市赵戈镇潍泉村	35	男	1939 年 1 月 5 日
李　氏	安丘市赵戈镇潍泉村	29	女	1939 年 1 月 5 日
刘　班	安丘市赵戈镇潍泉村	38	男	1939 年 1 月 5 日
刘　申	安丘市赵戈镇潍泉村	—	女	1939 年 1 月 5 日
刘　深	安丘市赵戈镇潍泉村	—	女	1939 年 1 月 5 日
刘　消	安丘市赵戈镇潍泉村	—	女	1939 年 1 月 5 日
刘小架	安丘市赵戈镇潍泉村	—	男	1939 年 1 月 5 日
刘学仲	安丘市赵戈镇潍泉村	35	男	1939 年 1 月 5 日
刘　站	安丘市赵戈镇潍泉村	—	男	1939 年 1 月 5 日
裴伟烈	安丘市凌河镇柳沟村	20	男	1939 年 1 月 10 日
刘太宝	安丘市凌河镇小儒林村	18	男	1939 年 1 月 10 日
刘可兴	安丘市红沙沟镇东旺村	45	男	1939 年 1 月 14 日
刘少先	安丘市红沙沟镇东旺村	20	男	1939 年 1 月 14 日
刘生先	安丘市红沙沟镇东旺村	21	男	1939 年 1 月 14 日
刘文先	安丘市红沙沟镇东旺村	38	男	1939 年 1 月 14 日
唐付和	安丘市红沙沟镇东旺村	35	男	1939 年 1 月 14 日
唐玉怀	安丘市红沙沟镇东旺村	41	男	1939 年 1 月 14 日
唐玉庆	安丘市红沙沟镇东旺村	39	男	1939 年 1 月 14 日
唐玉庆之妻	安丘市红沙沟镇东旺村	37	女	1939 年 1 月 14 日
鞠风林	安丘市石埠子镇东召忽村	48	男	1939 年 1 月 15 日
孙玉英	安丘市石埠子镇柳子河村	20	女	1939 年 1 月 17 日
马郭氏	安丘市庵上镇大陆戈村	38	女	1939 年 2 月 1 日
王　三	安丘市黄旗堡镇杨家街村	24	男	1939 年 2 月 1 日
高　×	安丘市红沙沟镇东南疃村	41	男	1939 年 2 月 4 日
高　×	安丘市红沙沟镇东南疃村	51	男	1939 年 2 月 4 日
高　×	安丘市红沙沟镇东南疃村	42	男	1939 年 2 月 4 日
刘　×	安丘市红沙沟镇东南疃村	34	男	1939 年 2 月 4 日
刘　×	安丘市红沙沟镇东南疃村	41	男	1939 年 2 月 4 日
李池坤之妻	安丘市辉渠镇大辉渠村	26	女	1939 年 2 月 4 日
李培连	安丘市辉渠镇大辉渠村	26	男	1939 年 2 月 4 日
孙　氏	安丘市辉渠镇大辉渠村	40	女	1939 年 2 月 4 日

姓 名	籍 贯	年 龄	性 别	死难时间
孔繁荣	安丘市辉渠镇倪家沟村	65	女	1939 年 2 月 4 日
田凤祥	安丘市辉渠镇夏坡村	38	男	1939 年 2 月 4 日
王德仁	安丘市辉渠镇夏坡村	40	男	1939 年 2 月 4 日
李维忠	安丘市辉渠镇辛庄子村	32	男	1939 年 2 月 4 日
傅文奎	安丘市贾戈街道东友戈村	40	男	1939 年 2 月 8 日
高克让	安丘市刘家尧镇岔河子村	30	男	1939 年 2 月 21 日
高振清	安丘市刘家尧镇岔河子村	52	男	1939 年 2 月 21 日
李槐曾	安丘市辉渠镇夏坡村	42	男	1939 年 2 月 25 日
马光甜	安丘市庵上镇庵上村	39	男	1939 年 3 月 1 日
丁守源	安丘市庵上镇大陆戈村	—	男	1939 年 3 月 1 日
马育彬	安丘市庵上镇大陆戈村	36	男	1939 年 3 月 1 日
冷存智	安丘市赵戈镇潍泉村	30	男	1939 年 3 月 1 日
刘乐忠	安丘市石堆镇岳官庄村	35	男	1939 年 3 月 5 日
刘永训	安丘市吾山镇刘家峪村	17	男	1939 年 3 月 5 日
潘岐南	安丘市景芝镇潘水崖村	67	男	1939 年 3 月 7 日
潘李氏	安丘市景芝镇潘水崖村	70	女	1939 年 3 月 8 日
陈文秀	安丘市刘家尧镇西石马村	39	男	1939 年 3 月 9 日
李学曾	安丘市凌河镇大路村	44	男	1939 年 3 月 10 日
宁德本	安丘市白芬子镇周家庄子村	28	男	1939 年 3 月 15 日
徐 氏	安丘市大盛镇西丁家沟村	25	女	1939 年 3 月 15 日
鞠礼格	安丘市庵上镇南新村	59	男	1939 年 3 月 18 日
王仕成	安丘市黄旗堡镇杞西村	40	男	1939 年 3 月 21 日
寇怀秀	安丘市王家庄镇金线村	26	男	1939 年 3 月 23 日
寇陆国	安丘市王家庄镇金线村	40	男	1939 年 3 月 23 日
寇西坡	安丘市王家庄镇金线村	21	男	1939 年 3 月 23 日
寇寻青	安丘市王家庄镇金线村	36	男	1939 年 3 月 23 日
老地瓜	安丘市王家庄镇金线村	—	男	1939 年 3 月 23 日
闫德海之父	安丘市石埠子镇西召忽村	46	男	1939 年 4 月 6 日
宿 臣	安丘市王家庄镇东吴家漫村	42	男	1939 年 4 月 7 日
刘云山	安丘市吾山镇泥沟村	39	男	1939 年 4 月 7 日
李凤鸣	安丘市兴安街道西巷子村	36	男	1939 年 4 月 10 日
鞠焕碧	安丘市石埠子镇晏峪村	50	男	1939 年 4 月 13 日
郭年华	安丘市庵上镇孝廉庄村	22	男	1939 年 4 月 17 日
张连福之祖母	安丘市石埠子镇楼子村	34	女	1939 年 4 月 20 日

姓　名	籍　贯	年龄	性别	死难时间
李廷树	安丘市柘山镇后马时沟村	29	男	1939 年 4 月 20 日
李爱群	安丘市凌河镇大儒林村	38	男	1939 年 4 月 21 日
刘百祥	安丘市凌河镇大儒林村	30	男	1939 年 4 月 21 日
刘怀英	安丘市凌河镇大儒林村	28	男	1939 年 4 月 21 日
刘明升之祖父	安丘市凌河镇大儒林村	25	男	1939 年 4 月 21 日
刘明武之姑奶	安丘市凌河镇大儒林村	24	女	1939 年 4 月 21 日
丁延顺	安丘市管公镇马家小庄村	23	女	1939 年 5 月 1 日
丁　子	安丘市管公镇马家小庄村	—	男	1939 年 5 月 1 日
刘清池	安丘市辉渠镇石家峪村	38	男	1939 年 5 月 1 日
刘颜明	安丘市刘家尧镇大明村	42	男	1939 年 5 月 1 日
肖新春之妻	安丘市刘家尧镇马连官庄村	21	女	1939 年 5 月 1 日
李庆选	安丘市管公镇申明亭村	57	男	1939 年 5 月 2 日
李滋均	安丘市管公镇申明亭村	46	男	1939 年 5 月 2 日
周会军	安丘市管公镇申明亭村	38	男	1939 年 5 月 2 日
周济川	安丘市管公镇申明亭村	55	男	1939 年 5 月 2 日
周思恩	安丘市管公镇申明亭村	40	男	1939 年 5 月 2 日
房李氏	安丘市大盛镇房家官庄村	—	女	1939 年 5 月 4 日
房清乐之伯	安丘市大盛镇房家官庄村	29	男	1939 年 5 月 4 日
张　氏	安丘市辉渠镇李家沟村	60	女	1939 年 5 月 5 日
周　氏	安丘市辉渠镇李家沟村	52	女	1939 年 5 月 5 日
李福口	安丘市辉渠镇山前村	32	男	1939 年 5 月 5 日
李洪训	安丘市辉渠镇山前村	27	男	1939 年 5 月 5 日
李文计	安丘市景芝镇北景芝村	20	男	1939 年 5 月 6 日
赵连奎	安丘市吾山镇小营村	40	男	1939 年 5 月 6 日
赵守道	安丘市景芝镇鹿村	37	男	1939 年 5 月 10 日
孙　后	安丘市凌河镇百鹅疃村	21	男	1939 年 5 月 10 日
孙潜弄	安丘市凌河镇百鹅疃村	21	男	1939 年 5 月 10 日
孙洲三	安丘市凌河镇百鹅疃村	20	男	1939 年 5 月 10 日
杨柏春	安丘市王家庄镇朱子四村	30	男	1939 年 5 月 12 日
钟佩偕	安丘市王家庄镇朱子四村	17	男	1939 年 5 月 12 日
钟祥明	安丘市王家庄镇朱子四村	39	男	1939 年 5 月 12 日
楚维新	安丘市王家庄镇朱子一村	21	男	1939 年 5 月 12 日
刘鞠氏	安丘市石埠子镇各布口村	27	女	1939 年 5 月 14 日
陈会功	安丘市石埠子镇楼子村	18	男	1939 年 5 月 14 日

姓　名	籍　贯	年　龄	性　别	死难时间
李　莲	安丘市景芝镇李家彭旺村	23	男	1939 年 5 月 15 日
马　氏	安丘市景芝李家彭旺村	24	女	1939 年 5 月 15 日
王同和	安丘市兴安街道小石泉村	32	男	1939 年 5 月 16 日
闫德兰之兄	安丘市石埠子镇西召忽村	32	男	1939 年 5 月 17 日
王义和	安丘市兴安街道小石泉村	30	男	1939 年 5 月 19 日
郭鸿亮	安丘市管公镇大南坦村	30	男	1939 年 5 月 20 日
刘云堂	安丘市吾山镇泥沟村	20	男	1939 年 5 月 21 日
王俊贵	安丘市黄旗堡镇杞东村	22	男	1939 年 6 月 1 日
李子文	安丘市景芝镇菜园村	21	男	1939 年 6 月 1 日
沈贯道	安丘市王家庄镇王家庄子村	50	男	1939 年 6 月 2 日
韩增发	安丘市庵上镇赵家营村	34	男	1939 年 6 月 4 日
崔　氏	安丘市辉渠镇李家沟村	38	女	1939 年 6 月 4 日
李宝治	安丘市辉渠镇李家沟村	30	男	1939 年 6 月 4 日
李官庄	安丘市辉渠镇李家沟村	10	男	1939 年 6 月 4 日
李桂房之弟	安丘市辉渠镇李家沟村	2	男	1939 年 6 月 4 日
李金玲	安丘市辉渠镇李家沟村	35	男	1939 年 6 月 4 日
李　留	安丘市辉渠镇李家沟村	45	男	1939 年 6 月 4 日
李清华	安丘市辉渠镇李家沟村	16	男	1939 年 6 月 4 日
李　实	安丘市辉渠镇李家沟村	—	男	1939 年 6 月 4 日
李　香	安丘市辉渠镇李家沟村	—	女	1939 年 6 月 4 日
李小恩	安丘市辉渠镇李家沟村	—	女	1939 年 6 月 4 日
李增太	安丘市辉渠镇李家沟村	60	男	1939 年 6 月 4 日
夏　氏	安丘市辉渠镇李家沟村	45	女	1939 年 6 月 4 日
小　龙	安丘市辉渠镇李家沟村	—	男	1939 年 6 月 4 日
徐顺德	安丘市辉渠镇李家沟村	42	男	1939 年 6 月 4 日
英　英	安丘市辉渠镇李家沟村	—	女	1939 年 6 月 4 日
尹　氏	安丘市辉渠镇李家沟村	42	女	1939 年 6 月 5 日
潘从吉	安丘市关王镇阳旭村	20	男	1939 年 6 月 6 日
石　氏	安丘市辉渠镇葛家滩村	28	女	1939 年 6 月 8 日
高元一	安丘市景芝镇埠口村	45	男	1939 年 6 月 9 日
李作平	安丘市景芝镇埠口村	40	男	1939 年 6 月 9 日
潘王氏	安丘市关王镇阳旭村	38	女	1939 年 6 月 10 日
李兆梅	安丘市景芝镇景阳西村	23	女	1939 年 6 月 11 日
李兆梅之子	安丘市景芝镇景阳西村	—	男	1939 年 6 月 11 日

姓　名	籍　贯	年　龄	性　别	死难时间
顾焕力	安丘市庵上镇南郎庄村	6	男	1939年6月14日
顾　氏	安丘市庵上镇南郎庄村	60	女	1939年6月14日
刘树春	安丘市庵上镇南郎庄村	26	男	1939年6月14日
孙　氏	安丘市庵上镇南郎庄村	45	女	1939年6月14日
徐　氏	安丘市庵上镇南郎庄村	47	女	1939年6月14日
周海园	安丘市庵上镇南郎庄村	43	男	1939年6月14日
周　森	安丘市庵上镇南郎庄村	70	男	1939年6月14日
周中礼	安丘市庵上镇金鸡窝村	26	男	1939年6月18日
郭　氏	安丘市柘山镇谭家秋峪村	35	女	1939年6月19日
郭氏之女	安丘市柘山镇谭家秋峪村	2	女	1939年6月19日
李　氏	安丘市柘山镇谭家秋峪村	42	女	1939年6月19日
李氏之四子	安丘市柘山镇谭家秋峪村	3	男	1939年6月19日
师祥之伯	安丘市大盛镇房家官庄村	35	男	1939年6月21日
夏菊德	安丘市辉渠镇洞西头村	45	男	1939年6月21日
李芳旬	安丘市辉渠镇夏坡村	—	男	1939年6月21日
马培功	安丘市庵上镇大陆戈村	49	男	1939年7月1日
张　道	安丘市黄旗堡镇夹河套村	26	男	1939年7月1日
宋六喜	安丘市王家庄镇会沟子村	23	男	1939年7月1日
郭光亭	安丘市管公镇大南坦村	39	男	1939年7月2日
周李氏	安丘市辉渠镇绪泉村	24	女	1939年7月4日
周临生	安丘市辉渠镇绪泉村	—	男	1939年7月4日
周孟氏	安丘市辉渠镇绪泉村	21	女	1939年7月4日
周小翠	安丘市辉渠镇绪泉村	—	女	1939年7月4日
鞠老肥	安丘市石埠子镇东召忽村	32	男	1939年7月5日
鞠老客	安丘市石埠子镇东召忽村	33	男	1939年7月5日
鞠刘氏	安丘市石埠子镇东召忽村	34	女	1939年7月5日
鞠税周	安丘市石埠子镇东召忽村	32	男	1939年7月5日
朱　毯	安丘市辉渠镇尚家庄村	67	男	1939年7月8日
闫德海之兄	安丘市石埠子镇西召忽村	30	男	1939年7月8日
刘培英	安丘市吾山镇泥沟村	39	男	1939年7月8日
颜承良	安丘市黄旗堡镇颜家村	14	男	1939年7月9日
臧随之	安丘市石埠子镇城后村	50	男	1939年7月10日
李兵中	安丘市辉渠镇小麦峪村	26	男	1939年7月21日
马光荣	安丘市庵上镇庵上村	33	男	1939年8月1日

姓 名	籍 贯	年 龄	性 别	死难时间
马芝三	安丘市庵上镇大陆戈村	—	男	1939 年 8 月 1 日
王法庭	安丘市黄旗堡镇杞东村	27	男	1939 年 8 月 1 日
张继路	安丘市刘家尧镇东石马村	35	男	1939 年 8 月 1 日
范宗乍	安丘市刘家尧镇范家庄村	65	男	1939 年 8 月 1 日
高 德	安丘市刘家尧镇小朱旺村	33	男	1939 年 8 月 1 日
崔全忠	安丘市刘家尧镇薛家庄村	38	男	1939 年 8 月 1 日
都志友	安丘市管公镇小南坦村	36	男	1939 年 8 月 2 日
李道忠	安丘市金冢子镇泉二头村	37	男	1939 年 8 月 4 日
李文秀	安丘市辉渠镇小麦峪村	31	男	1939 年 8 月 5 日
孙锡福	安丘市景芝镇王家庄村	19	男	1939 年 8 月 9 日
郭衍贵	安丘市王家庄镇会沟子村	22	男	1939 年 8 月 24 日
王连友	安丘市景芝镇周水崖村	21	男	1939 年 8 月 29 日
别之霭	安丘市官庄镇别家屯村	50	男	1939 年 9 月 2 日
郭银子	安丘市管公镇大南坦村	—	男	1939 年 9 月 3 日
靳小狗	安丘市贾戈街道为善村	27	男	1939 年 9 月 5 日
周 录	安丘市贾戈街道为善村	39	男	1939 年 9 月 5 日
高相忠	安丘市管公镇高家辛庄子村	36	男	1939 年 9 月 11 日
郭玉丰	安丘市王家庄镇会沟子村	35	男	1939 年 9 月 28 日
王宪珠	安丘市黄旗堡镇杞东村	28	男	1939 年 10 月 1 日
郑玉祥	安丘市辉渠镇蔡家庄村	21	男	1939 年 10 月 1 日
刘道远	安丘市凌河镇刘家河崖头村	38	男	1939 年 10 月 2 日
都 氏	安丘市雹泉镇韩家庙子村	32	女	1939 年 10 月 4 日
郭 氏	安丘市雹泉镇韩家庙子村	30	女	1939 年 10 月 4 日
韩培坤	安丘市雹泉镇韩家庙子村	23	男	1939 年 10 月 4 日
韩培清	安丘市雹泉镇韩家庙子村	29	男	1939 年 10 月 4 日
韩培树	安丘市雹泉镇韩家庙子村	24	男	1939 年 10 月 4 日
韩铁梁	安丘市雹泉镇韩家庙子村	26	男	1939 年 10 月 4 日
韩云武	安丘市雹泉镇韩家庙子村	25	男	1939 年 10 月 4 日
田怀仁	安丘市金冢子镇班家官庄村	50	男	1939 年 10 月 5 日
张 虎	安丘市兴安街道前十二户村	22	男	1939 年 10 月 10 日
陶万山	安丘市管公镇西上河头村	30	男	1939 年 10 月 12 日
刘玉奇	安丘市凌河镇前儒林村	46	男	1939 年 10 月 12 日
殷光金	安丘市石埠子镇东殷民村	26	男	1939 年 10 月 12 日
夏汝顺	安丘市柘山镇南夏家沟村	23	男	1939 年 10 月 20 日

姓 名	籍 贯	年 龄	性 别	死难时间
李元帅	安丘市白芬子镇肖家庄子村	50	男	1939 年 10 月 23 日
马二窑	安丘市庵上镇庵上村	39	男	1939 年 11 月 1 日
周德高	安丘市黄旗堡镇大桃村	40	男	1939 年 11 月 1 日
王福之母	安丘市管公镇西河洼村	38	女	1939 年 11 月 2 日
姜振才	安丘市官庄镇埠南头村	19	男	1939 年 11 月 8 日
李庆义	安丘市官庄镇王家营村	36	男	1939 年 11 月 8 日
王金楼	安丘市官庄镇王家营村	37	男	1939 年 11 月 8 日
周福海	安丘市官庄镇大马家庄村	24	男	1939 年 11 月 8 日
刘砚田	安丘市官庄镇东小泉村	28	男	1939 年 11 月 8 日
代 宗	安丘市官庄镇东小泉村	45	男	1939 年 11 月 8 日
孙砚皆	安丘市官庄镇东小泉村	52	男	1939 年 11 月 8 日
尹志硕	安丘市官庄镇官庄东村	51	男	1939 年 11 月 8 日
代学敬	安丘市官庄镇官庄东村	32	男	1939 年 11 月 8 日
孙斗子	安丘市官庄镇宅科村	52	男	1939 年 11 月 8 日
李固祖	安丘市官庄镇辛庄子村	52	男	1939 年 11 月 8 日
任相臣	安丘市官庄镇三官庙村	44	男	1939 年 11 月 8 日
杜桂桐	安丘市官庄镇三官庙村	49	男	1939 年 11 月 8 日
李光斗	安丘市官庄镇高家营村	23	男	1939 年 11 月 8 日
孙中胜	安丘市官庄镇大草坡村	84	男	1939 年 11 月 8 日
王允连之母	安丘市官庄镇西小泉村	61	女	1939 年 11 月 8 日
王培京	安丘市官庄镇西小泉村	56	男	1939 年 11 月 8 日
王 源	安丘市官庄镇官庄西村	50	男	1939 年 11 月 8 日
大 聚	安丘市官庄镇官庄西村	13	男	1939 年 11 月 8 日
小 妮	安丘市官庄镇官庄西村	16	女	1939 年 11 月 8 日
三锥子	安丘市官庄镇圭图泉村	30	男	1939 年 11 月 8 日
王喜康	安丘市官庄镇圭图泉村	32	男	1939 年 11 月 8 日
王童生	安丘市官庄镇圭图泉村	15	男	1939 年 11 月 8 日
郑进士	安丘市官庄镇甘家庄村	65	男	1939 年 11 月 8 日
李 庆	安丘市官庄镇东利见村	60	男	1939 年 11 月 10 日
付泮勇	安丘市景芝镇高家庄村	30	男	1939 年 11 月 10 日
付术胜	安丘市景芝镇高家庄村	27	男	1939 年 11 月 10 日
付术梯	安丘市景芝镇高家庄村	18	男	1939 年 11 月 10 日
付术杌	安丘市景芝镇高家庄村	20	男	1939 年 11 月 10 日
付有兰	安丘市景芝镇高家庄村	18	女	1939 年 11 月 10 日

姓 名	籍 贯	年 龄	性 别	死难时间
鲍三之前妻	安丘市景芝镇启文村	25	女	1939 年 11 月 15 日
李孙氏	安丘市景芝镇启文村	31	女	1939 年 11 月 15 日
李之俭之妻	安丘市景芝镇启文村	29	女	1939 年 11 月 15 日
史秀芝	安丘市兴安街道石庙子村	—	女	1939 年 11 月 17 日
马茂田	安丘市庵上镇大陆戈村	39	男	1939 年 12 月 1 日
刘洪俊	安丘市庵上镇胡峪二村	—	男	1939 年 12 月 1 日
刘莒州	安丘市庵上镇胡峪二村	—	男	1939 年 12 月 1 日
刘正月	安丘市庵上镇胡峪二村	18	男	1939 年 12 月 1 日
李松业	安丘市辉渠镇团山子村	32	男	1939 年 12 月 1 日
崔疙瘩	安丘市雹泉镇崔家峪村	38	男	1939 年 12 月 4 日
崔山猴	安丘市雹泉镇崔家峪村	40	男	1939 年 12 月 4 日
李佃明	安丘市庵上镇水帘沟村	21	男	1939 年 12 月 6 日
牛星奎	安丘市临浯镇东古河村	63	男	1939 年 12 月 7 日
娄冠明	安丘市大盛镇娄家庄村	22	男	1939 年 12 月 8 日
李多文	安丘市辉渠镇大辉渠村	16	男	1939 年 12 月 9 日
李维凤	安丘市辉渠镇大辉渠村	49	男	1939 年 12 月 9 日
李国兰	安丘市石埠子镇二村	19	女	1939 年 12 月 9 日
吴洪吉之父	安丘市石埠子镇二村	27	男	1939 年 12 月 9 日
臧无人之父	安丘市石埠子镇二村	30	男	1939 年 12 月 9 日
崔小姑子	安丘市石埠子镇三村	38	女	1939 年 12 月 9 日
韩夕荣	安丘市石埠子镇三村	33	男	1939 年 12 月 9 日
孔 蔓	安丘市石埠子镇三村	16	女	1939 年 12 月 9 日
李宗智	安丘市辉渠镇大辉渠村	52	男	1939 年 12 月 10 日
刘秋玉	安丘市辉渠镇绪泉村	—	男	1939 年 12 月 10 日
刘 桑	安丘市辉渠镇绪泉村	—	女	1939 年 12 月 10 日
刘 统	安丘市辉渠镇绪泉村	—	男	1939 年 12 月 10 日
孙伯信	安丘市凌河镇大路村	26	男	1939 年 12 月 10 日
王 氏	安丘市凌河镇大路村	45	女	1939 年 12 月 10 日
李鞠氏	安丘市石埠子镇豆角地村	24	女	1939 年 12 月 10 日
李鞠氏	安丘市石埠子镇豆角地村	53	女	1939 年 12 月 10 日
李 氏	安丘市石埠子镇豆角地村	16	女	1939 年 12 月 10 日
李 氏	安丘市石埠子镇豆角地村	—	女	1939 年 12 月 10 日
李 氏	安丘市石埠子镇豆角地村	—	女	1939 年 12 月 10 日
李 娃	安丘市石埠子镇豆角地村	—	女	1939 年 12 月 10 日

姓　名	籍　贯	年　龄	性别	死难时间
李玉氏	安丘市石埠子镇豆角地村	55	女	1939 年 12 月 10 日
倪　狗	安丘市石埠子镇崖头村	17	男	1939 年 12 月 20 日
李希龙	安丘市景芝镇西王官疃村	15	男	1939 年 12 月 23 日
李悦伦	安丘市景芝镇西王官疃村	—	男	1939 年 12 月 23 日
曹玉德之父	安丘市柘山镇曹家河村	65	男	1939 年 12 月 23 日
李治庆	安丘市柘山镇曹家河村	52	男	1939 年 12 月 23 日
刘　四	安丘市柘山镇曹家河村	22	女	1939 年 12 月 23 日
刘　万	安丘市柘山镇曹家河村	24	男	1939 年 12 月 23 日
张文斗	安丘市柘山镇曹家河村	63	男	1939 年 12 月 23 日
孙忠发	安丘市凌河镇百鹅疃村	—	男	1939 年 12 月 26 日
马自丰	安丘市庵上镇庵上村	20	男	1940 年 1 月 1 日
陈文海	安丘市庵上镇北仕居园村	28	男	1940 年 1 月 1 日
马长安	安丘市庵上镇北仕居园村	37	男	1940 年 1 月 1 日
马方田	安丘市庵上镇北仕居园村	28	男	1940 年 1 月 1 日
周连福	安丘市官庄镇大马家庄村	25	男	1940 年 1 月 1 日
马禄廷	安丘市王家庄镇坡子村	25	男	1940 年 1 月 1 日
田守山	安丘市赵戈镇石头崖村	24	男	1940 年 1 月 1 日
张乃扦	安丘市大盛镇前大盛村	60	男	1940 年 1 月 6 日
张兆山	安丘市大盛镇前大盛村	55	男	1940 年 1 月 6 日
张宗江	安丘市大盛镇前大盛村	60	男	1940 年 1 月 6 日
马　代	安丘市庵上镇北仕居园村	12	男	1940 年 1 月 7 日
辛重勋	安丘市大盛镇东辛兴村	55	男	1940 年 1 月 7 日
猴　子	安丘市景芝镇东庄子村	25	男	1940 年 1 月 9 日
张子明	安丘市凌河镇水泊村	27	男	1940 年 1 月 10 日
李清连	安丘市石埠子镇豆角地村	16	男	1940 年 1 月 17 日
翟杨氏	安丘市柘山镇夏家秋峪村	51	女	1940 年 1 月 17 日
翟玉斗之妻	安丘市柘山镇夏家秋峪村	55	女	1940 年 1 月 17 日
马玉策	安丘市赵戈镇马小庄村	60	男	1940 年 1 月 19 日
陈金海	安丘市庵上镇陈家楼村	20	男	1940 年 1 月 20 日
李耀祖	安丘市辉渠镇同哥尧村	18	男	1940 年 1 月 24 日
李庆圣	安丘市红沙沟镇北后河村	35	男	1940 年 1 月 25 日
马玉潮	安丘市庵上镇大陆戈村	25	男	1940 年 2 月 1 日
丁　×	安丘市辉渠镇大沟崖村	18	男	1940 年 2 月 1 日
李洪吕	安丘市红沙沟镇沈家庄村	55	男	1940 年 2 月 5 日

姓　名	籍　贯	年　龄	性　别	死难时间
沈效文	安丘市红沙沟镇沈家庄村	21	男	1940 年 2 月 5 日
李昌彩	安丘市辉渠镇大辉渠村	46	男	1940 年 2 月 5 日
李培树	安丘市辉渠镇大辉渠村	48	男	1940 年 2 月 5 日
朱树湿	安丘市辉渠镇朱家河村	42	男	1940 年 2 月 5 日
李培全	安丘市辉渠镇大辉渠村	17	男	1940 年 2 月 8 日
赵世全	安丘市吾山镇小营村	28	男	1940 年 2 月 8 日
郝光辉	安丘市赵戈镇石龙官庄村	30	男	1940 年 2 月 10 日
辛要廷之儿媳	安丘市吾山镇墨黑村	23	女	1940 年 2 月 11 日
辛要廷之孙	安丘市吾山镇墨黑村	1	男	1940 年 2 月 11 日
辛要廷之子	安丘市吾山镇墨黑村	24	男	1940 年 2 月 11 日
辛永兵	安丘市吾山镇墨黑村	3	男	1940 年 2 月 11 日
宁清溪	安丘市白芬子镇周家庄子村	21	男	1940 年 2 月 13 日
邹　氏	安丘市白芬子镇周家庄子村	20	女	1940 年 2 月 15 日
贾培荣	安丘市柘山镇任家旺村	41	男	1940 年 2 月 19 日
任高密	安丘市柘山镇任家旺村	42	男	1940 年 2 月 19 日
任洪池	安丘市柘山镇任家旺村	26	男	1940 年 2 月 19 日
任吉昌	安丘市柘山镇任家旺村	68	男	1940 年 2 月 19 日
任　坤	安丘市柘山镇任家旺村	37	男	1940 年 2 月 19 日
任念坤	安丘市柘山镇任家旺村	67	男	1940 年 2 月 19 日
任升楼	安丘市柘山镇任家旺村	37	男	1940 年 2 月 19 日
任廷扬之母	安丘市柘山镇任家旺村	62	女	1940 年 2 月 19 日
任西伦	安丘市柘山镇任家旺村	59	男	1940 年 2 月 19 日
任兴论	安丘市柘山镇任家旺村	40	男	1940 年 2 月 19 日
李鸿溪	安丘市金冢子镇东金堆村	18	男	1940 年 2 月 23 日
李子修	安丘市景芝镇景阳东村	32	男	1940 年 2 月 23 日
沈杨氏	安丘市王家庄镇小宿戈村	42	女	1940 年 2 月 27 日
宿令田	安丘市王家庄镇小宿戈村	60	男	1940 年 2 月 27 日
宿堂中	安丘市王家庄镇小宿戈村	51	男	1940 年 2 月 27 日
宿现三	安丘市王家庄镇小宿戈村	20	男	1940 年 2 月 27 日
宿友昌	安丘市王家庄镇小宿戈村	38	男	1940 年 2 月 27 日
宿友多	安丘市王家庄镇小宿戈村	—	男	1940 年 2 月 27 日
宿友兰	安丘市王家庄镇小宿戈村	28	女	1940 年 2 月 27 日
宿友梅	安丘市王家庄镇小宿戈村	48	男	1940 年 2 月 27 日
宿张氏	安丘市王家庄镇小宿戈村	24	女	1940 年 2 月 27 日

姓　名	籍　贯	年　龄	性　别	死难时间
曹日明	安丘市赵戈镇凌家庄村	19	男	1940 年 2 月 28 日
孙衍合	安丘市庵上镇大陆戈村	36	男	1940 年 3 月 1 日
郭希增	安丘市庵上镇赵家营村	17	男	1940 年 3 月 1 日
曹新忠	安丘市黄旗堡镇张家庄村	26	男	1940 年 3 月 1 日
刘华栾	安丘市辉渠镇大沟崖村	25	男	1940 年 3 月 1 日
周小春	安丘市赵戈镇埠望庄村	18	男	1940 年 3 月 1 日
李祖智	安丘市辉渠镇南罗圈崖村	47	男	1940 年 3 月 2 日
范之长女	安丘市刘家尧镇范家庄村	12	女	1940 年 3 月 5 日
范之长子	安丘市刘家尧镇范家庄村	10	男	1940 年 3 月 5 日
范之次子	安丘市刘家尧镇范家庄村	8	男	1940 年 3 月 5 日
范之幼子	安丘市刘家尧镇范家庄村	5	男	1940 年 3 月 5 日
辛　财	安丘市吾山镇郝家旺村	10	男	1940 年 3 月 5 日
李洪图	安丘市大盛镇旺山子村	19	男	1940 年 3 月 8 日
王广利	安丘市兴安街道小石泉村	28	男	1940 年 3 月 8 日
刘玉信	安丘市红沙沟镇刘家陡沟村	35	男	1940 年 3 月 10 日
刘串串	安丘市石埠子镇各布口村	17	女	1940 年 3 月 11 日
刘陈氏	安丘市石埠子镇各布口村	40	女	1940 年 3 月 12 日
曹宗武	安丘市赵戈镇石头崖村	30	男	1940 年 3 月 16 日
刘新堂	安丘市赵戈镇石头崖村	35	男	1940 年 3 月 16 日
田敬宗	安丘市赵戈镇石头崖村	20	男	1940 年 3 月 16 日
闫相贵	安丘市赵戈镇石头崖村	50	男	1940 年 3 月 16 日
赵德顺	安丘市赵戈镇石头崖村	20	男	1940 年 3 月 16 日
陈　×	安丘市红沙沟镇东南疃村	51	男	1940 年 3 月 28 日
马锁头	安丘市庵上镇庵上村	34	男	1940 年 4 月 1 日
鼠	安丘市黄旗堡镇乙甲村	20	男	1940 年 4 月 1 日
沃	安丘市黄旗堡镇乙甲村	22	男	1940 年 4 月 1 日
于卓元	安丘市黄旗堡镇乙甲村	21	男	1940 年 4 月 1 日
李树森	安丘市辉渠镇马湾村	21	男	1940 年 4 月 1 日
于夕光	安丘市刘家尧镇桑家尧村	40	男	1940 年 4 月 1 日
李昌德	安丘市辉渠镇大辉渠村	48	男	1940 年 4 月 4 日
宿光兄	安丘市王家庄镇莲戈庄村	32	男	1940 年 4 月 5 日
叶项荣	安丘市兴安街道山东头村	54	男	1940 年 4 月 6 日
叶志贤	安丘市兴安街道山东头村	25	男	1940 年 4 月 6 日
李熙春	安丘市庵上镇车相村	17	男	1940 年 4 月 16 日

姓　名	籍　贯	年　龄	性　别	死难时间
丁　氏	安丘市景芝镇山前村	21	女	1940 年 4 月 18 日
孙　氏	安丘市景芝镇山前村	45	女	1940 年 4 月 18 日
李秋田	安丘市大盛镇山徐家庄村	34	男	1940 年 4 月 22 日
徐增增	安丘市大盛镇山徐家庄村	34	男	1940 年 4 月 22 日
李洲春	安丘市庵上镇车相村	19	男	1940 年 5 月 1 日
程臣田之父	安丘市刘家尧镇许营村	35	男	1940 年 5 月 1 日
刘洪臣之兄	安丘市刘家尧镇许营村	36	男	1940 年 5 月 1 日
王增海	安丘市刘家尧镇许营村	39	男	1940 年 5 月 1 日
刘　经	安丘市王家庄镇顾家岭村	73	男	1940 年 5 月 2 日
曹继文	安丘市王家庄镇谭家官庄村	46	男	1940 年 5 月 2 日
周晓联	安丘市辉渠镇绪泉村	19	男	1940 年 5 月 4 日
刘鸿德	安丘市景芝镇鹿村	21	男	1940 年 5 月 4 日
李学朋之父	安丘市吾山镇李家庄村	42	男	1940 年 5 月 4 日
辛玉德之母	安丘市吾山镇墨黑村	39	女	1940 年 5 月 5 日
赵加政	安丘市景芝镇小东庄村	18	男	1940 年 5 月 6 日
于兰香	安丘市吾山镇马郎沟村	33	男	1940 年 5 月 6 日
于湘山	安丘市吾山镇马郎沟村	31	男	1940 年 5 月 8 日
小	安丘市吾山镇墨黑村	—	男	1940 年 5 月 8 日
辛海丰	安丘市吾山镇墨黑村	31	男	1940 年 5 月 8 日
李楚氏	安丘市赵戈镇东邵村	31	女	1940 年 5 月 11 日
谢镇亮	安丘市雹泉镇西北崖村	48	男	1940 年 5 月 12 日
于洪安	安丘市石埠子镇西刘家庄村	82	男	1940 年 5 月 12 日
于小挠	安丘市石埠子镇西刘家庄村	14	男	1940 年 5 月 12 日
刘焕友	安丘市大盛镇山徐家庄村	28	男	1940 年 5 月 13 日
李　氏	安丘市景芝镇郭岗村	33	女	1940 年 5 月 15 日
郑友庆	安丘市凌河镇土山村	42	男	1940 年 5 月 15 日
王肖氏	安丘市庵上镇雷家清河村	38	女	1940 年 5 月 18 日
刘宝鼎	安丘市赵戈镇解戈村	25	男	1940 年 5 月 21 日
徐会芳	安丘市石堆镇西前孟戈村	31	男	1940 年 5 月 22 日
张　耕	安丘市白芬子镇大山村	23	男	1940 年 5 月 23 日
梁明阳	安丘市金冢子镇梁家官庄村	46	男	1940 年 5 月 25 日
宿王氏	安丘市王家庄镇兴山村	29	女	1940 年 5 月 26 日
王夕仁	安丘市辉渠镇葛家滩村	22	男	1940 年 6 月 1 日
刘凌氏	安丘市贾戈街道刘家沙埠村	50	女	1940 年 6 月 3 日

姓　名	籍　贯	年 龄	性 别	死难时间
刘乃荣	安丘市贾戈街道刘家沙埠村	53	女	1940 年 6 月 3 日
刘小娃	安丘市贾戈街道刘家沙埠村	—	女	1940 年 6 月 3 日
刘绪咸	安丘市贾戈街道刘家沙埠村	60	男	1940 年 6 月 3 日
刘续钧	安丘市贾戈街道刘家沙埠村	57	男	1940 年 6 月 3 日
刘张氏	安丘市贾戈街道刘家沙埠村	33	女	1940 年 6 月 3 日
刘子信	安丘市辉渠镇绪泉村	18	男	1940 年 6 月 4 日
王汝奎	安丘市景芝镇西营村	28	男	1940 年 6 月 7 日
于简书	安丘市吾山镇马郎沟村	36	男	1940 年 6 月 7 日
程依民	安丘市柘山镇西古庙村	24	女	1940 年 6 月 7 日
韩秉义	安丘市石堆镇石人坡村	30	男	1940 年 6 月 8 日
韩光三	安丘市石堆镇石人坡村	32	男	1940 年 6 月 8 日
王　氏	安丘市大盛镇东山北头村	33	女	1940 年 6 月 14 日
张　车	安丘市大盛镇东山北头村	—	男	1940 年 6 月 14 日
王兴则	安丘市黄旗堡镇城后村	29	男	1940 年 6 月 14 日
吴京成	安丘市黄旗堡镇城后村	40	男	1940 年 6 月 14 日
周心清	安丘市黄旗堡镇大桃村	37	男	1940 年 6 月 16 日
吉　弟	安丘市红沙沟镇常家岭村	42	男	1940 年 6 月 21 日
王京富	安丘市红沙沟镇常家岭村	44	男	1940 年 6 月 21 日
王　氏	安丘市红沙沟镇常家岭村	48	女	1940 年 6 月 21 日
张奉仁	安丘市红沙沟镇常家岭村	55	男	1940 年 6 月 21 日
张　氏	安丘市红沙沟镇常家岭村	62	女	1940 年 6 月 21 日
张竹桥	安丘市红沙沟镇常家岭村	32	男	1940 年 6 月 21 日
辛兆贵	安丘市吾山镇杨家河村	57	男	1940 年 6 月 21 日
郑　氏	安丘市吾山镇杨家河村	69	女	1940 年 6 月 21 日
王　星	安丘市贾戈街道刘家沙埠村	30	男	1940 年 6 月 30 日
马京天	安丘市庵上镇庵上村	29	男	1940 年 7 月 1 日
马长苓	安丘市庵上镇大陆戈村	35	男	1940 年 7 月 1 日
刘以清	安丘市庵上镇胡峪三村	25	男	1940 年 7 月 1 日
崔警铭	安丘市赵戈镇埠望庄村	60	男	1940 年 7 月 1 日
崔以河	安丘市赵戈镇埠望庄村	20	男	1940 年 7 月 1 日
马二虎	安丘市庵上镇庵上村	31	男	1940 年 7 月 2 日
张安丘	安丘市兴安街道城里村	32	男	1940 年 7 月 2 日
马禄廷	安丘市王家庄镇马家庄村	25	男	1940 年 7 月 6 日
辛际华之母	安丘市大盛镇辛家庄村	50	女	1940 年 7 月 8 日

姓　名	籍　贯	年　龄	性　别	死难时间
李效周之父	安丘市吾山镇云家庄子村	34	男	1940年7月8日
陈文中	安丘市庵上镇陈家楼村	20	男	1940年7月10日
李维梓	安丘市吾山镇云家庄子村	34	男	1940年7月12日
李延才	安丘市吾山镇云家庄子村	30	男	1940年7月12日
刘李氏	安丘市红沙沟镇西浯崖村	23	女	1940年8月1日
房	安丘市黄旗堡镇乙甲村	19	男	1940年8月1日
卯	安丘市黄旗堡镇乙甲村	18	男	1940年8月1日
孟兆福	安丘市黄旗堡镇乙甲村	22	男	1940年8月1日
张维斗	安丘市黄旗堡镇乙甲村	35	男	1940年8月1日
张起来	安丘市刘家尧镇东石马村	23	男	1940年8月1日
范夕妮	安丘市刘家尧镇范家庄村	45	女	1940年8月1日
秦兆其	安丘市刘家尧镇石羊村	21	男	1940年8月1日
鞠　友	安丘市辉渠镇南涧村	40	男	1940年8月3日
李　德	安丘市辉渠镇南涧村	32	男	1940年8月3日
杨喜爱	安丘市景芝镇南杨庄村	48	男	1940年8月6日
刘爱信	安丘市庵上镇胡峪三村	27	男	1940年8月7日
徐洪星	安丘市红沙沟镇徐家沟村	20	男	1940年8月10日
徐守文	安丘市红沙沟镇徐家沟村	23	男	1940年8月10日
李锡三	安丘市凌河镇西赵家庄村	35	男	1940年8月10日
麻庆英	安丘市赵戈镇大西邵村	42	男	1940年8月13日
张传三	安丘市黄旗堡镇安丘庄子村	24	男	1940年8月15日
王马氏	安丘市赵戈镇王家庄村	34	女	1940年8月15日
王仕汶	安丘市赵戈镇王家庄村	35	男	1940年8月15日
王学积	安丘市赵戈镇王家庄村	25	男	1940年8月15日
徐平四	安丘市赵戈镇王家庄村	37	男	1940年8月15日
于钊瑞	安丘市吾山镇马郎沟村	42	男	1940年8月17日
王九寺	安丘市红沙沟镇赵家尺埠村	—	男	1940年8月20日
李建廷	安丘市辉渠镇姜家庄子村	25	男	1940年8月24日
李长信	安丘市柘山镇槐抱榆村	40	男	1940年8月25日
孙建亭	安丘市庵上镇大陆戈村	26	男	1940年9月1日
王明宽	安丘市黄旗堡镇杞西村	29	男	1940年9月1日
于良臣	安丘市刘家尧镇稻洼村	31	男	1940年9月1日
周仁秀	安丘市赵戈镇周家院庄村	52	男	1940年9月1日
曹美付	安丘市兴安街道李十里村	19	男	1940年9月2日

姓 名	籍 贯	年 龄	性 别	死难时间
李春永	安丘市管公镇白石岭村	22	男	1940 年 9 月 10 日
刘长荣	安丘市白芬子镇西南庄村	32	男	1940 年 9 月 12 日
都安清	安丘市雹泉镇西北崖村	49	男	1940 年 9 月 14 日
都德均	安丘市雹泉镇西北崖村	47	男	1940 年 9 月 14 日
都玉培	安丘市雹泉镇西北崖村	49	男	1940 年 9 月 14 日
刘光金	安丘市庵上镇胡峪一村	32	男	1940 年 10 月 5 日
颜世廉	安丘市黄旗堡镇颜家村	28	男	1940 年 10 月 6 日
刘 义	安丘市庵上镇胡峪一村	31	男	1940 年 10 月 8 日
谭乐道	安丘市柘山镇何家沟村	55	男	1940 年 10 月 9 日
谭宇道	安丘市柘山镇何家沟村	56	男	1940 年 10 月 9 日
赵凌兰	安丘市景芝镇东庄子村	24	男	1940 年 10 月 10 日
鞠升策	安丘市石埠子镇东召忽村	53	男	1940 年 10 月 10 日
闫仲汉	安丘市景芝镇魏林庄村	45	男	1940 年 10 月 11 日
李召康	安丘市关王镇李家下埠村	38	男	1940 年 10 月 12 日
张殿佳	安丘市黄旗堡镇狮子口村	35	男	1940 年 10 月 25 日
高桂枝	安丘市凌河镇秦戈庄村	26	女	1940 年 10 月 25 日
李素荣	安丘市凌河镇秦戈庄村	40	男	1940 年 10 月 25 日
王淑泰	安丘市凌河镇秦戈庄村	48	男	1940 年 10 月 25 日
王玉兰	安丘市凌河镇秦戈庄村	47	女	1940 年 10 月 25 日
刘俊昌	安丘市黄旗堡镇西安泰村	29	男	1940 年 11 月 1 日
于延功	安丘市刘家尧镇桑家尧村	28	男	1940 年 11 月 1 日
生金成	安丘市景芝镇北张洛村	17	男	1940 年 11 月 8 日
郑树太	安丘市辉渠镇高家庄村	84	男	1940 年 11 月 20 日
谭京高	安丘市柘山镇谭家秋峪村	40	男	1940 年 11 月 20 日
谭京栾	安丘市柘山镇谭家秋峪村	40	男	1940 年 11 月 20 日
铁 蛋	安丘市柘山镇谭家秋峪村	36	男	1940 年 11 月 20 日
沈学文	安丘市红沙沟镇沈家庄村	45	男	1940 年 12 月 5 日
程培祥之伯父	安丘市柘山镇东古庙村	45	男	1940 年 12 月 9 日
谭 勇	安丘市柘山镇何家沟村	45	男	1940 年 12 月 10 日
谭于氏	安丘市柘山镇何家沟村	12	女	1940 年 12 月 10 日
马稷之妻	安丘市官庄镇王家营村	50	女	1940 年 12 月 15 日
王淑信之妻	安丘市官庄镇王家营村	40	女	1940 年 12 月 15 日
王淑政之妻	安丘市官庄镇王家营村	40	女	1940 年 12 月 15 日
王淑政之子	安丘市官庄镇王家营村	5	男	1940 年 12 月 15 日

姓　名	籍　贯	年龄	性别	死难时间
孟庆合	安丘市辉渠镇上孟家庄村	—	男	1940 年 12 月 15 日
张厚玉	安丘市赵戈镇东邵村	52	男	1940 年 12 月 22 日
毕庆街	安丘市柘山镇南章庄村	26	男	1940 年 12 月 23 日
李夫好	安丘市柘山镇南章庄村	32	男	1940 年 12 月 23 日
陈立升	安丘市柘山镇陈家车庄村	26	男	1940 年 12 月 24 日
陈树礼	安丘市柘山镇陈家车庄村	28	男	1940 年 12 月 24 日
张汉三	安丘市赵戈镇解戈村	29	男	1940 年 12 月 26 日
李春光	安丘市柘山镇大老子二村	32	男	1940 年 12 月 26 日
刘明欣	安丘市吾山镇金堆庄村	38	男	1940 年 12 月 27 日
刘　笙	安丘市吾山镇金堆庄村	31	男	1940 年 12 月 27 日
李安乐	安丘市吾山镇亭子村	37	男	1940 年 12 月 27 日
李文远	安丘市吾山镇亭子村	40	男	1940 年 12 月 27 日
杨复田	安丘市吾山镇杨家沟村	48	男	1940 年 12 月 27 日
杨希升	安丘市吾山镇杨家沟村	23	男	1940 年 12 月 27 日
杨学堂	安丘市吾山镇杨家沟村	45	男	1940 年 12 月 27 日
秦兆太之祖父	安丘市刘家尧镇石羊村	26	男	1941 年 1 月 1 日
刘　氏	安丘市吾山镇牟家沟村	38	女	1941 年 1 月 5 日
张　征	安丘市大盛镇李家院庄村	64	男	1941 年 1 月 7 日
王华新	安丘市石埠子镇阿陀村	58	男	1941 年 1 月 7 日
王李氏	安丘市石埠子镇阿陀村	30	女	1941 年 1 月 7 日
鞠立勋	安丘市石埠子镇闵家庄村	19	男	1941 年 1 月 7 日
李廷绪	安丘市红沙沟镇大桃园村	40	男	1941 年 1 月 8 日
刘光旺	安丘市红沙沟镇大桃园村	5	男	1941 年 1 月 8 日
刘李氏	安丘市红沙沟镇大桃园村	78	女	1941 年 1 月 8 日
刘庭伟	安丘市红沙沟镇大桃园村	50	男	1941 年 1 月 8 日
刘王氏	安丘市红沙沟镇大桃园村	48	女	1941 年 1 月 8 日
刘郑氏	安丘市红沙沟镇大桃园村	35	女	1941 年 1 月 8 日
孟　氏	安丘市红沙沟镇大桃园村	28	女	1941 年 1 月 8 日
张景山	安丘市吾山镇亭子村	38	男	1941 年 1 月 8 日
张维中	安丘市红沙沟镇下涝坡村	52	男	1941 年 1 月 12 日
程光全	安丘市柘山镇小老子村	21	男	1941 年 1 月 16 日
程久忠	安丘市石埠子镇马头山村	26	男	1941 年 1 月 17 日
李纯福	安丘市柘山镇大老子二村	32	男	1941 年 1 月 17 日
李先会	安丘市柘山镇大老子一村	46	男	1941 年 1 月 17 日

姓　名	籍　贯	年龄	性别	死难时间
大　哄	安丘市大盛镇东田庄村口村	—	女	1941 年 1 月 29 日
小　哄	安丘市大盛镇东田庄村口村	—	女	1941 年 1 月 29 日
赵王氏	安丘市大盛镇东田庄村口村	30	女	1941 年 1 月 29 日
夏新元	安丘市柘山镇北夏家沟村	35	男	1941 年 1 月 30 日
李玉亮	安丘市柘山镇前马时沟村	24	男	1941 年 2 月 6 日
郑　氏	安丘市柘山镇前马时沟村	62	女	1941 年 2 月 6 日
宿成本	安丘市石堆镇大莲池村	62	男	1941 年 2 月 15 日
宿现×	安丘市石堆镇大莲池村	12	男	1941 年 2 月 15 日
宿有昌	安丘市石堆镇大莲池村	45	男	1941 年 2 月 15 日
刘文斗	安丘市刘家尧镇西夹埠村	41	男	1941 年 2 月 16 日
张祖萱	安丘市赵戈镇解戈村	26	男	1941 年 2 月 26 日
李太代	安丘市柘山镇大老子一村	18	男	1941 年 2 月 27 日
李志德	安丘市柘山镇大老子一村	17	男	1941 年 2 月 27 日
白有才之父	安丘市白芬子镇西南庄村	50	男	1941 年 3 月 2 日
谭志清	安丘市柘山镇何家沟村	21	男	1941 年 3 月 5 日
刘同利之祖母	安丘市吾山镇徐家沟村	65	女	1941 年 3 月 8 日
刘　友	安丘市吾山镇徐家沟村	67	男	1941 年 3 月 8 日
王喜清	安丘市雹泉镇东尚庄村	25	男	1941 年 3 月 10 日
杨权生	安丘市石埠子镇于家河村	31	男	1941 年 3 月 10 日
杨元敬	安丘市石埠子镇于家河村	23	男	1941 年 3 月 10 日
张德信	安丘市赵戈镇东邵村	33	男	1941 年 3 月 16 日
张好仁	安丘市赵戈镇东邵村	28	男	1941 年 3 月 16 日
张俊法	安丘市赵戈镇东邵村	53	男	1941 年 3 月 16 日
张兰田	安丘市赵戈镇东邵村	40	男	1941 年 3 月 16 日
张林丰	安丘市赵戈镇东邵村	56	男	1941 年 3 月 16 日
张朋举	安丘市赵戈镇东邵村	66	男	1941 年 3 月 16 日
张士俊	安丘市赵戈镇东邵村	35	男	1941 年 3 月 16 日
张志献	安丘市赵戈镇东邵村	24	男	1941 年 3 月 16 日
郑德仁	安丘市赵戈镇东邵村	41	男	1941 年 3 月 16 日
鞠心格	安丘市庵上镇南新村	39	男	1941 年 3 月 18 日
陈芳兰	安丘市关王镇张家庄村	45	男	1941 年 3 月 18 日
王甲地	安丘市兴安街道甘石桥村	32	男	1941 年 3 月 20 日
李守文	安丘市景芝镇大圈村	22	男	1941 年 3 月 23 日
王庆利	安丘市赵戈镇王家荆阳村	39	男	1941 年 3 月 23 日

姓 名	籍 贯	年龄	性别	死难时间
王学海	安丘市赵戈镇王家荆阳村	36	男	1941 年 3 月 23 日
刘子玉	安丘市柘山镇夏家秋峪村	46	男	1941 年 3 月 28 日
大　神	安丘市赵戈镇解戈村	33	男	1941 年 3 月 30 日
赵学敬	安丘市刘家尧镇李家庄村	30	男	1941 年 4 月 1 日
崔天祐	安丘市赵戈镇新村	18	男	1941 年 4 月 1 日
牟文荣	安丘市吾山镇牟家沟村	35	男	1941 年 4 月 2 日
二　神	安丘市赵戈镇解戈村	30	男	1941 年 4 月 2 日
宋瑞亭	安丘市赵戈镇解戈村	26	男	1941 年 4 月 2 日
张钟星	安丘市赵戈镇解戈村	28	男	1941 年 4 月 2 日
王洪飞	安丘市赵戈镇王家村	38	男	1941 年 4 月 4 日
徐博友	安丘市吾山镇后瞳村	28	男	1941 年 4 月 5 日
毕　氏	安丘市柘山镇谭家秋峪村	20	女	1941 年 4 月 8 日
谭　氏	安丘市柘山镇谭家秋峪村	16	女	1941 年 4 月 8 日
刘洪勋之父	安丘市贾戈街道一村	30	男	1941 年 4 月 20 日
王岳德	安丘市黄旗堡镇杞西村	58	男	1941 年 4 月 25 日
褚连元	安丘市刘家尧镇魏家埠村	17	男	1941 年 5 月 1 日
王树美	安丘市刘家尧镇许营村	38	男	1941 年 5 月 1 日
吕本章	安丘市赵戈镇沟头村	32	男	1941 年 5 月 2 日
辛焕来之父	安丘市吾山镇李家庄村	53	男	1941 年 5 月 4 日
王远林	安丘市景芝镇前王庄村	26	男	1941 年 5 月 6 日
葛金銮	安丘市辉渠镇黑峪子村	37	男	1941 年 5 月 7 日
刘廷梅	安丘市辉渠镇黑峪子村	30	男	1941 年 5 月 7 日
刘焕茂	安丘市刘家尧镇刘家尧村	35	男	1941 年 5 月 10 日
邹希良之祖父	安丘市白芬子镇金山村	29	男	1941 年 5 月 12 日
郑氏之女	安丘市官庄镇后朱家庄村	1	女	1941 年 5 月 12 日
刘汉兴	安丘市石埠子镇东张相村	20	男	1941 年 5 月 12 日
周丁香	安丘市石堆镇后留晃村	25	男	1941 年 5 月 12 日
周光岳	安丘市石堆镇后留晃村	24	男	1941 年 5 月 12 日
娄　氏	安丘市吾山镇杨家河村	44	女	1941 年 5 月 12 日
郑　氏	安丘市官庄镇后朱家庄村	24	女	1941 年 5 月 21 日
李连法	安丘市景芝镇店子村	18	男	1941 年 6 月 3 日
王增禄	安丘市景芝镇王家彭旺村	48	男	1941 年 6 月 5 日
夏胡溪	安丘市柘山镇北夏家沟村	27	男	1941 年 6 月 5 日
丁福禄之妹	安丘市景芝镇河埠村	16	女	1941 年 6 月 7 日

姓　名	籍　贯	年 龄	性 别	死难时间
王维祯	安丘市景芝镇河埠村	36	男	1941 年 6 月 7 日
林德贵	安丘市王家庄镇常家岭村	27	男	1941 年 6 月 8 日
薛金键	安丘市柘山镇薛家庄村	27	男	1941 年 6 月 10 日
王李氏	安丘市黄旗堡镇王石桥村	46	女	1941 年 6 月 12 日
邹　富	安丘市兴安街道邹家坊子村	35	男	1941 年 6 月 20 日
刘佃力	安丘市庵上镇柳河峪村	12	男	1941 年 7 月 1 日
张　氏	安丘市吾山镇张家沟村	36	女	1941 年 7 月 8 日
刘收成	安丘市辉渠镇阿涧村	19	男	1941 年 7 月 9 日
南乐伯	安丘市辉渠镇阿涧村	21	男	1941 年 7 月 9 日
郭乐星	安丘市柘山镇金钱洼村	36	男	1941 年 7 月 9 日
张培坤	安丘市柘山镇金钱洼村	61	男	1941 年 7 月 9 日
夏兴开	安丘市柘山镇南夏家沟村	26	男	1941 年 7 月 10 日
李夫松	安丘市柘山镇南章庄村	28	男	1941 年 7 月 10 日
李京龙	安丘市柘山镇南章庄村	25	男	1941 年 7 月 10 日
宿春祥	安丘市庵上镇保国山村	28	男	1941 年 7 月 11 日
宿　峰	安丘市庵上镇保国山村	19	男	1941 年 7 月 11 日
宿忠安	安丘市庵上镇保国山村	37	男	1941 年 7 月 11 日
马　氏	安丘市庵上镇孟家旺村	65	女	1941 年 7 月 11 日
孟二落	安丘市庵上镇孟家旺村	41	男	1941 年 7 月 11 日
孟召艳	安丘市庵上镇孟家旺村	55	男	1941 年 7 月 11 日
马焕强	安丘市庵上镇上株梧村	19	男	1941 年 7 月 11 日
马星伟	安丘市庵上镇上株梧村	37	男	1941 年 7 月 11 日
马志良	安丘市庵上镇上株梧村	42	男	1941 年 7 月 11 日
贾培功	安丘市庵上镇水帘沟村	35	男	1941 年 7 月 11 日
程　氏	安丘市庵上镇天桥子村	30	女	1941 年 7 月 11 日
程文刚	安丘市庵上镇天桥子村	29	男	1941 年 7 月 11 日
程祥刚	安丘市庵上镇天桥子村	32	男	1941 年 7 月 11 日
马绍义	安丘市王家庄镇康家屯村	19	男	1941 年 7 月 13 日
宿焕珍	安丘市王家庄镇中宿戈村	47	男	1941 年 7 月 13 日
李桂禧	安丘市吾山镇杏山沟村	21	男	1941 年 7 月 13 日
李玉峰	安丘市吾山镇杏山沟村	58	男	1941 年 7 月 13 日
郑荣桦	安丘市官庄镇前朱家庄村	30	男	1941 年 7 月 15 日
郑春怀	安丘市凌河镇土山村	30	男	1941 年 7 月 26 日
安××	安丘市白芬子镇老庄子村	72	男	1941 年 8 月 1 日

姓　名	籍　贯	年　龄	性　别	死难时间
马銮喜之祖父	安丘市白芬子镇老庄子村	60	男	1941 年 8 月 1 日
马　氏	安丘市白芬子镇老庄子村	60	女	1941 年 8 月 1 日
王京元之祖父	安丘市白芬子镇老庄子村	35	男	1941 年 8 月 1 日
王佃臣	安丘市辉渠镇葛家滩村	23	男	1941 年 8 月 1 日
陈　明	安丘市刘家尧镇灵山村	34	男	1941 年 8 月 1 日
鞠马氏	安丘市石埠子镇东召忽村	25	女	1941 年 8 月 6 日
刘兆奇	安丘市吾山镇张家沟村	36	男	1941 年 8 月 6 日
张希温	安丘市石埠子镇张靳村	24	男	1941 年 8 月 7 日
王升三	安丘市柘山镇王家沟村	45	男	1941 年 8 月 8 日
王学三	安丘市柘山镇王家沟村	36	男	1941 年 8 月 8 日
都福京	安丘市官庄镇前朱家庄村	23	男	1941 年 8 月 10 日
都旭东	安丘市官庄镇前朱家庄村	22	男	1941 年 8 月 10 日
十鼻子	安丘市官庄镇前朱家庄村	28	男	1941 年 8 月 10 日
张福友	安丘市辉渠镇同哥尧村	87	男	1941 年 8 月 10 日
张富成	安丘市石埠子镇张靳村	18	男	1941 年 8 月 10 日
程江才之弟	安丘市柘山镇东古庙村	17	男	1941 年 8 月 10 日
程江才之母	安丘市柘山镇东古庙村	36	女	1941 年 8 月 10 日
张培功	安丘市石埠子镇张靳村	26	男	1941 年 8 月 11 日
张韶禄之大伯	安丘市吾山镇张家沟村	46	男	1941 年 8 月 11 日
马国良之祖父	安丘市白芬子镇老庄子村	61	男	1941 年 8 月 12 日
王念本之母	安丘市管公镇闫家管公村	38	女	1941 年 8 月 18 日
王式礼之祖父	安丘市管公镇闫家管公村	52	男	1941 年 8 月 18 日
王友全之二叔	安丘市管公镇闫家管公村	42	男	1941 年 8 月 18 日
李西忠	安丘市红沙沟镇李家西吾村	38	男	1941 年 8 月 19 日
徐培芝之父	安丘市红沙沟镇李家西吾村	30	男	1941 年 8 月 19 日
李祥云	安丘市红沙沟镇南吾村	19	男	1941 年 8 月 19 日
李子介	安丘市红沙沟镇南吾村	38	男	1941 年 8 月 19 日
刘维新	安丘市红沙沟镇南吾村	32	男	1941 年 8 月 19 日
刘增亮之母	安丘市红沙沟镇南吾村	25	女	1941 年 8 月 19 日
杨常健	安丘市景芝镇南杨庄村	28	男	1941 年 8 月 19 日
夏　元	安丘市柘山镇北夏家沟村	—	男	1941 年 8 月 30 日
李熙祯	安丘市凌河镇大路村	33	男	1941 年 9 月 5 日
王洪奎	安丘市吾山镇店子村	41	男	1941 年 9 月 5 日
梁化龙	安丘市吾山镇梁家庄村	45	男	1941 年 9 月 7 日

姓　名	籍　贯	年　龄	性　别	死难时间
郑云杰	安丘市官庄镇泥沟子村	25	男	1941 年 9 月 8 日
刘　落	安丘市吾山镇店子村	42	男	1941 年 9 月 8 日
赵　凯	安丘市景芝镇永贞村	20	男	1941 年 9 月 10 日
孙兆成	安丘市凌河镇孙小戈村	23	男	1941 年 9 月 10 日
马金日	安丘市管公镇马家寨庄村	19	男	1941 年 9 月 11 日
马庆松	安丘市管公镇马家寨庄村	29	男	1941 年 9 月 11 日
马松勋	安丘市管公镇马家寨庄村	19	男	1941 年 9 月 11 日
刘长德	安丘市刘家尧镇付庙子村	27	男	1941 年 10 月 1 日
贾国营	安丘市刘家尧镇西夹埠村	32	男	1941 年 10 月 1 日
贾会友	安丘市刘家尧镇西夹埠村	30	男	1941 年 10 月 1 日
张洪稞	安丘市石埠子镇张靳村	34	男	1941 年 10 月 4 日
刘自玉	安丘市柘山镇何家沟村	26	男	1941 年 10 月 5 日
胡万里	安丘市景芝镇东南村	52	男	1941 年 10 月 6 日
牟风德	安丘市辉渠镇下牟家庄村	35	男	1941 年 10 月 8 日
牟进荣	安丘市辉渠镇下牟家庄村	36	男	1941 年 10 月 8 日
殷良果	安丘市柘山镇槐抱榆村	21	男	1941 年 10 月 9 日
马凤兴	安丘市凌河镇孙小戈村	42	男	1941 年 10 月 10 日
闫　虎	安丘市景芝镇魏林庄村	10	男	1941 年 10 月 11 日
闫　狍	安丘市景芝镇魏林庄村	—	男	1941 年 10 月 11 日
闫　劝	安丘市景芝镇魏林庄村	12	男	1941 年 10 月 11 日
管大双	安丘市凌河镇刘家庄子村	30	男	1941 年 11 月 10 日
夏同登	安丘市柘山镇北夏家沟村	16	男	1941 年 11 月 10 日
刘洪端	安丘市庵上镇柳河峪村	22	男	1941 年 11 月 11 日
王士俊	安丘市景芝镇伏留村	22	男	1941 年 11 月 20 日
李作福	安丘市辉渠镇李家沟村	23	男	1941 年 12 月 1 日
蔡　氏	安丘市石埠子镇孔家庄村	55	女	1941 年 12 月 1 日
张法尧	安丘市赵戈镇解戈村	27	男	1941 年 12 月 1 日
曹　氏	安丘市赵戈镇石灰埠村	20	女	1941 年 12 月 6 日
小　宝	安丘市赵戈镇石灰埠村	—	男	1941 年 12 月 6 日
张兰台	安丘市吾山镇张北庄村	27	男	1941 年 12 月 8 日
看	安丘市黄旗堡镇水场官庄村	11	女	1941 年 12 月 10 日
赵福增	安丘市贾戈街道赵家村	27	男	1941 年 12 月 18 日
解关子	安丘市柘山镇解家车庄村	23	男	1941 年 12 月 23 日
解小岭	安丘市柘山镇解家车庄村	20	男	1941 年 12 月 23 日

姓　名	籍　贯	年　龄	性　别	死难时间
蔡连成	安丘市柘山镇解家沟村	45	男	1941 年 12 月 23 日
蔡连吉	安丘市柘山镇解家沟村	25	男	1941 年 12 月 23 日
蔡连科之女	安丘市柘山镇解家沟村	13	女	1941 年 12 月 23 日
蔡连科之妻	安丘市柘山镇解家沟村	36	女	1941 年 12 月 23 日
蔡连周	安丘市柘山镇解家沟村	32	男	1941 年 12 月 23 日
蔡连周之妻	安丘市柘山镇解家沟村	30	女	1941 年 12 月 23 日
蔡文方之兄	安丘市柘山镇解家沟村	10	男	1941 年 12 月 23 日
蔡文富	安丘市柘山镇解家沟村	22	男	1941 年 12 月 23 日
蔡文富之妹	安丘市柘山镇解家沟村	20	女	1941 年 12 月 23 日
蔡文会	安丘市柘山镇解家沟村	—	男	1941 年 12 月 23 日
蔡文修	安丘市柘山镇解家沟村	24	男	1941 年 12 月 23 日
蔡文修之妹	安丘市柘山镇解家沟村	21	女	1941 年 12 月 23 日
蔡文秀	安丘市柘山镇解家沟村	—	男	1941 年 12 月 23 日
蔡文选	安丘市柘山镇解家沟村	—	男	1941 年 12 月 23 日
蔡张氏	安丘市柘山镇解家沟村	40	女	1941 年 12 月 23 日
陈　氏	安丘市柘山镇解家沟村	—	女	1941 年 12 月 23 日
陈要福之妻	安丘市柘山镇解家沟村	30	女	1941 年 12 月 23 日
陈要福之子	安丘市柘山镇解家沟村	5	男	1941 年 12 月 23 日
李臣媛	安丘市柘山镇大老子一村	—	女	1941 年 12 月 26 日
李进沿	安丘市柘山镇大老子一村	25	男	1941 年 12 月 26 日
辛立统	安丘市吾山镇崖洼村	41	男	1941 年 12 月 27 日
辛立绪	安丘市吾山镇崖洼村	36	男	1941 年 12 月 27 日
辛立著	安丘市吾山镇崖洼村	34	男	1941 年 12 月 27 日
仕郭氏	安丘市庵上镇仕家官庄村	32	女	1942 年 1 月 1 日
魏吉德	安丘市庵上镇仕家官庄村	20	男	1942 年 1 月 1 日
辛浙清之三叔	安丘市刘家尧镇辛家庄村	—	男	1942 年 1 月 1 日
刘峰田	安丘市刘家尧镇郑石龙村	18	男	1942 年 1 月 1 日
刘来成	安丘市柘山镇华家宅村	20	男	1942 年 1 月 1 日
刘　氏	安丘市柘山镇华家宅村	66	女	1942 年 1 月 1 日
范树科	安丘市柘山镇范家沟村	24	男	1942 年 1 月 5 日
王玉庆	安丘市柘山镇辛庄子三村	23	男	1942 年 1 月 5 日
张汤池	安丘市大盛镇大官庄村	22	男	1942 年 1 月 8 日
周玉龙	安丘市景芝镇伏留村	21	男	1942 年 1 月 10 日
李德威	安丘市红沙沟镇下涝坡村	28	男	1942 年 1 月 12 日

姓 名	籍 贯	年 龄	性 别	死难时间
李 田	安丘市红沙沟镇下涝坡村	50	男	1942 年 1 月 12 日
于凤顺之父	安丘市柘山镇邰家崖村	37	男	1942 年 1 月 15 日
于文明之二姐	安丘市柘山镇邰家崖村	29	女	1942 年 1 月 15 日
于文召之二伯	安丘市柘山镇邰家崖村	69	男	1942 年 1 月 15 日
于夕奎之父	安丘市柘山镇邰家崖村	54	男	1942 年 1 月 15 日
杜敬达	安丘市雹泉镇水润道村	30	男	1942 年 1 月 17 日
杜 氏	安丘市雹泉镇水润道村	32	女	1942 年 1 月 17 日
杜希明	安丘市雹泉镇水润道村	26	男	1942 年 1 月 17 日
夏狗胜	安丘市柘山镇夏家秋峪村	32	男	1942 年 1 月 17 日
崔金远	安丘市石埠子镇裴家官庄村	40	男	1942 年 1 月 18 日
鞠友吉	安丘市石埠子镇裴家官庄村	55	男	1942 年 1 月 18 日
倪 四	安丘市石埠子镇裴家官庄村	32	男	1942 年 1 月 18 日
赵元奎	安丘市大盛镇西田庄村	22	男	1942 年 1 月 29 日
周执型	安丘市黄旗堡镇大桃村	20	男	1942 年 2 月 1 日
脏	安丘市辉渠镇朱家河村	21	男	1942 年 2 月 1 日
辛仕蔼	安丘市吾山镇墨黑村	40	男	1942 年 2 月 2 日
李常荣	安丘市景芝镇西于戈村	18	男	1942 年 2 月 4 日
李守三	安丘市景芝镇西于戈村	23	男	1942 年 2 月 4 日
李迎收	安丘市景芝镇西于戈村	20	男	1942 年 2 月 4 日
李元生	安丘市景芝镇西于戈村	22	男	1942 年 2 月 4 日
李恩广	安丘市辉渠镇赵家沟村	32	男	1942 年 2 月 5 日
李纪芝	安丘市辉渠镇赵家沟村	51	男	1942 年 2 月 5 日
于焕堆	安丘市吾山镇马郎沟村	21	男	1942 年 2 月 5 日
辛风之兄	安丘市吾山镇墨黑村	18	男	1942 年 2 月 6 日
程桂丰	安丘市柘山镇南丘家庄村	45	男	1942 年 2 月 6 日
程王氏	安丘市柘山镇南丘家庄村	44	女	1942 年 2 月 6 日
于全书	安丘市吾山镇马郎沟村	21	男	1942 年 2 月 8 日
孙守业	安丘市白芬子镇东马家庄子村	26	男	1942 年 2 月 10 日
周会祥	安丘市管公镇申明亭村	50	男	1942 年 2 月 10 日
闫丰见	安丘市赵戈镇石龙官庄村	24	男	1942 年 2 月 10 日
刘志远	安丘市石埠子镇各布口村	25	男	1942 年 2 月 13 日
陈学亭	安丘市白芬子镇探柳庄村	26	男	1942 年 2 月 15 日
李 化	安丘市吾山镇辛家庄村	45	女	1942 年 2 月 15 日
牟 氏	安丘市吾山镇辛家庄村	32	女	1942 年 2 月 15 日

姓 名	籍 贯	年 龄	性 别	死难时间
辛长敬	安丘市吾山镇辛家庄村	28	男	1942 年 2 月 15 日
辛 池	安丘市吾山镇辛家庄村	46	男	1942 年 2 月 15 日
辛贵敬	安丘市吾山镇辛家庄村	38	男	1942 年 2 月 15 日
张洪新	安丘市白芬子镇金山村	28	男	1942 年 2 月 17 日
辛金柱	安丘市大盛镇吴家院庄村	23	男	1942 年 2 月 19 日
李冬来	安丘市赵戈镇大双沟头村	21	男	1942 年 3 月 1 日
李天津	安丘市赵戈镇大双沟头村	24	男	1942 年 3 月 1 日
黄我东	安丘市王家庄镇赵疃村	28	男	1942 年 3 月 3 日
康占玉	安丘市雹泉镇富平官庄村	22	男	1942 年 3 月 5 日
刘小五	安丘市柘山镇张家宅村	48	男	1942 年 3 月 5 日
刘 元	安丘市柘山镇张家宅村	45	男	1942 年 3 月 5 日
王继青	安丘市景芝镇阜康村	65	男	1942 年 3 月 6 日
郭长泰	安丘市柘山镇郭家秋峪村	57	男	1942 年 3 月 6 日
郭鸿宝	安丘市柘山镇郭家秋峪村	52	男	1942 年 3 月 6 日
郭仁田	安丘市柘山镇郭家秋峪村	49	男	1942 年 3 月 6 日
辛守章	安丘市吾山镇小吾山村	42	男	1942 年 3 月 7 日
张道余	安丘市吾山镇张北庄村	19	男	1942 年 3 月 7 日
李 伍	安丘市柘山镇前马时沟村	20	男	1942 年 3 月 9 日
土猴子	安丘市白芬子镇罗家庄村	32	男	1942 年 3 月 15 日
王 喜	安丘市白芬子镇李家庄子村	40	男	1942 年 3 月 23 日
薛金富	安丘市柘山镇程家车庄村	39	男	1942 年 3 月 25 日
姚德香	安丘市柘山镇程家车庄村	56	男	1942 年 3 月 25 日
李 氏	安丘市红沙沟镇石山子村	61	女	1942 年 3 月 28 日
赵作田	安丘市红沙沟镇石山子村	36	男	1942 年 3 月 28 日
郑树仁	安丘市红沙沟镇石山子村	51	男	1942 年 3 月 28 日
李付祥	安丘市辉渠镇董家宅村	26	男	1942 年 4 月 1 日
李春友之伯父	安丘市辉渠镇黄石板坡村	30	男	1942 年 4 月 1 日
李范氏	安丘市辉渠镇黄石板坡村	36	女	1942 年 4 月 1 日
李福津之父	安丘市辉渠镇黄石板坡村	35	男	1942 年 4 月 1 日
李明贵之伯父	安丘市辉渠镇黄石板坡村	38	男	1942 年 4 月 1 日
李庭春之伯父	安丘市辉渠镇黄石板坡村	35	男	1942 年 4 月 1 日
李同建	安丘市辉渠镇黄石板坡村	37	男	1942 年 4 月 1 日
李廷芬	安丘市辉渠镇李家河村	30	男	1942 年 4 月 1 日
张文宝	安丘市赵戈镇东邵村	26	男	1942 年 4 月 1 日

姓 名	籍 贯	年 龄	性 别	死难时间
于焕昌	安丘市吾山镇马郎沟村	32	男	1942 年 4 月 2 日
徐荣荣	安丘市吾山镇后疃村	23	女	1942 年 4 月 5 日
刘培卿	安丘市吾山镇冷家山村	12	男	1942 年 4 月 5 日
嘲	安丘市吾山镇马郎沟村	30	男	1942 年 4 月 5 日
于成文	安丘市吾山镇马郎沟村	22	女	1942 年 4 月 5 日
张化升	安丘市大盛镇秦家庄子村	32	男	1942 年 4 月 6 日
谢恩春	安丘市雹泉镇西北崖村	38	男	1942 年 4 月 7 日
谢鞠氏	安丘市雹泉镇西北崖村	40	女	1942 年 4 月 7 日
王心尚	安丘市吾山镇冷家山村	44	男	1942 年 4 月 7 日
王凤歧	安丘市吾山镇店子村	56	男	1942 年 4 月 8 日
王小六	安丘市吾山镇冷家山村	—	男	1942 年 4 月 8 日
云锡经	安丘市吾山镇石河村	57	男	1942 年 4 月 8 日
张小岭	安丘市石埠子镇五村	16	男	1942 年 4 月 10 日
鞠金佃	安丘市石埠子镇西召忽村	40	男	1942 年 4 月 12 日
毛晋氏	安丘市王家庄镇小吴家漫村	40	女	1942 年 4 月 16 日
毛梯子	安丘市王家庄镇小吴家漫村	31	男	1942 年 4 月 16 日
鞠校明	安丘市庵上镇北新村	65	男	1942 年 4 月 18 日
刘端方	安丘市石埠子镇东刘家庄村	42	男	1942 年 4 月 20 日
刘瑞文	安丘市石埠子镇东刘家庄村	39	男	1942 年 4 月 20 日
李大全	安丘市雹泉镇富平官庄村	22	男	1942 年 5 月 1 日
刘尚席	安丘市管公镇老管公村	43	男	1942 年 5 月 1 日
张金瑞	安丘市黄旗堡镇高东村	28	男	1942 年 5 月 1 日
李西川	安丘市辉渠镇北辉渠村	30	男	1942 年 5 月 1 日
李宗顺	安丘市辉渠镇马家埠子村	40	男	1942 年 5 月 1 日
曹振相	安丘市刘家尧镇埠南头村	28	男	1942 年 5 月 1 日
曹瑞金	安丘市赵戈镇石头崖村	20	男	1942 年 5 月 1 日
刘世新	安丘市兴安街道前七里沟村	32	男	1942 年 5 月 2 日
刘兆友	安丘市吾山镇陈家沟村	22	男	1942 年 5 月 6 日
刘砚堂	安丘市吾山镇泥沟村	20	男	1942 年 5 月 8 日
李 省	安丘市景芝镇临甘泉村	21	男	1942 年 5 月 9 日
张夕奎	安丘市白芬子镇三十里铺村	32	男	1942 年 5 月 18 日
殷传汉	安丘市石埠子镇蒯沟村	34	男	1942 年 5 月 20 日
鞠友功	安丘市石埠子镇晏峪村	35	男	1942 年 5 月 28 日
王小多	安丘市辉渠镇东旧庙村	14	男	1942 年 6 月 1 日

姓 名	籍 贯	年 龄	性 别	死难时间
王振庭	安丘市辉渠镇东旧庙村	18	男	1942 年 6 月 1 日
曹化善	安丘市赵戈镇贺戈村	30	男	1942 年 6 月 1 日
曹相举	安丘市赵戈镇贺戈村	25	男	1942 年 6 月 1 日
王 烟	安丘市赵戈镇贺戈村	20	男	1942 年 6 月 1 日
牛玉书	安丘市景芝镇前屯村	22	女	1942 年 6 月 5 日
张术德	安丘市景芝镇前屯村	23	男	1942 年 6 月 5 日
李庆中	安丘市柘山镇前马时沟村	18	男	1942 年 6 月 5 日
黄星财之妻	安丘市王家庄镇西营村	39	女	1942 年 6 月 8 日
高路祥	安丘市柘山镇大苑一村	21	男	1942 年 6 月 10 日
高伍堂	安丘市柘山镇大苑一村	34	男	1942 年 6 月 10 日
王秀娟	安丘市关王镇芷坊村	16	女	1942 年 6 月 15 日
陈清藻	安丘市兴安街道西巷子村	27	男	1942 年 6 月 20 日
常乐伦	安丘市红沙沟镇大安村	20	男	1942 年 6 月 29 日
常文文	安丘市红沙沟镇大安村	25	男	1942 年 6 月 29 日
刘学海	安丘市雹泉镇富平官庄村	21	男	1942 年 7 月 1 日
李德兴之父	安丘市辉渠镇黄石板坡村	43	男	1942 年 7 月 1 日
张来荣	安丘市赵戈镇蒯场村	12	女	1942 年 7 月 1 日
黄星财之子	安丘市王家庄镇西营村	4	男	1942 年 7 月 3 日
潘树田	安丘市景芝镇潘水崖村	38	男	1942 年 7 月 6 日
刘端如	安丘市柘山镇张家宅村	41	男	1942 年 7 月 6 日
韩宝顶	安丘市大盛镇韩家庄村	37	男	1942 年 7 月 8 日
郝西康	安丘市大盛镇龙王庙村	24	男	1942 年 7 月 8 日
王立杰	安丘市大盛镇龙王庙村	23	男	1942 年 7 月 8 日
王育贵	安丘市大盛镇龙王庙村	—	男	1942 年 7 月 8 日
李 称	安丘市金冢子镇泉二头村	27	男	1942 年 7 月 8 日
崔大弯梁	安丘市石埠子镇张靳村	38	男	1942 年 7 月 8 日
崔王氏	安丘市石埠子镇张靳村	76	女	1942 年 7 月 8 日
崔义真	安丘市石埠子镇张靳村	74	男	1942 年 7 月 8 日
张大足峰	安丘市石埠子镇张靳村	68	男	1942 年 7 月 8 日
张希友	安丘市石埠子镇张靳村	22	男	1942 年 7 月 8 日
杨继勋	安丘市兴安街道高家埠村	35	男	1942 年 7 月 9 日
杨徐氏	安丘市兴安街道高家埠村	34	女	1942 年 7 月 9 日
李 氏	安丘市红沙沟镇石山子村	34	女	1942 年 7 月 10 日
徐乐先	安丘市吾山镇徐家沟村	42	男	1942 年 7 月 10 日

姓 名	籍 贯	年 龄	性 别	死难时间
徐乐元	安丘市吾山镇徐家沟村	42	男	1942 年 7 月 10 日
徐彦隆	安丘市吾山镇徐家沟村	56	男	1942 年 7 月 10 日
范清浦	安丘市大盛镇尚庄村	36	男	1942 年 7 月 18 日
于闯文	安丘市吾山镇马郎沟村	30	男	1942 年 7 月 18 日
于芳勋	安丘市吾山镇马郎沟村	47	男	1942 年 7 月 18 日
于焕成	安丘市吾山镇马郎沟村	18	男	1942 年 7 月 18 日
于瑞年	安丘市吾山镇马郎沟村	47	男	1942 年 7 月 18 日
于农书	安丘市吾山镇马郎沟村	43	男	1942 年 7 月 26 日
李守源	安丘市庵上镇上株梧村	23	男	1942 年 8 月 1 日
王 善	安丘市辉渠镇东旧庙村	13	男	1942 年 8 月 1 日
王 五	安丘市辉渠镇东旧庙村	21	男	1942 年 8 月 1 日
孙日录	安丘市景芝镇贾戈庄村	25	男	1942 年 8 月 6 日
赵加位	安丘市景芝镇小东村	17	男	1942 年 8 月 6 日
孙法明	安丘市兴安街道田家林村	21	男	1942 年 8 月 6 日
绿 柱	安丘市吾山镇泥沟村	18	男	1942 年 8 月 12 日
郭记先	安丘市柘山镇郭家秋峪村	51	男	1942 年 8 月 12 日
尹 奇	安丘市柘山镇郭家秋峪村	54	男	1942 年 8 月 12 日
任汝东	安丘市柘山镇任家旺村	40	男	1942 年 8 月 16 日
李付伍	安丘市辉渠镇董家宅村	20	男	1942 年 8 月 17 日
李来全	安丘市辉渠镇董家宅村	50	男	1942 年 8 月 17 日
韩宝廷	安丘市大盛镇北徐家庄村	40	男	1942 年 9 月 1 日
徐乐彪	安丘市大盛镇北徐家庄村	23	男	1942 年 9 月 1 日
徐乐成	安丘市大盛镇北徐家庄村	45	男	1942 年 9 月 1 日
徐乐飞	安丘市大盛镇北徐家庄村	50	男	1942 年 9 月 1 日
徐乐田	安丘市大盛镇北徐家庄村	30	男	1942 年 9 月 1 日
徐乐喜	安丘市大盛镇北徐家庄村	20	男	1942 年 9 月 1 日
徐清溪	安丘市大盛镇北徐家庄村	26	男	1942 年 9 月 1 日
刘丰干	安丘市黄旗堡镇西安泰村	56	男	1942 年 9 月 1 日
苏之春	安丘市黄旗堡镇西安泰村	49	男	1942 年 9 月 1 日
刘树标	安丘市吾山镇梁家庄村	40	男	1942 年 9 月 8 日
李京太	安丘市吾山镇有子沟村	32	男	1942 年 9 月 8 日
徐群龙	安丘市管公镇西上河头村	50	男	1942 年 9 月 10 日
徐群龙之四子	安丘市管公镇西上河头村	14	男	1942 年 9 月 10 日
程 乐	安丘市石埠子镇孔家庄村	42	男	1942 年 9 月 10 日

姓　名	籍　贯	年　龄	性　别	死难时间
刘芋头	安丘市兴安街道前七里沟村	22	男	1942 年 9 月 11 日
任保和	安丘市兴安街道西关村	27	男	1942 年 9 月 20 日
刘树清	安丘市庵上镇陈家楼村	19	男	1942 年 10 月 1 日
徐刚龙	安丘市管公镇西上河头村	35	男	1942 年 10 月 2 日
王新台	安丘市管公镇小红沟村	20	男	1942 年 10 月 6 日
李小董	安丘市柘山镇后马时沟村	22	男	1942 年 10 月 9 日
宁温成	安丘市柘山镇后马时沟村	20	男	1942 年 10 月 9 日
范增光	安丘市凌河镇前小沟村	24	男	1942 年 10 月 10 日
王现文	安丘市凌河镇偕户村	19	男	1942 年 10 月 10 日
鞠红福	安丘市石埠子镇五村	18	男	1942 年 10 月 10 日
刘典傲	安丘市吾山镇陈家沟村	25	男	1942 年 10 月 10 日
刘云先	安丘市吾山镇陈家沟村	30	男	1942 年 10 月 10 日
杨振刚	安丘市柘山镇金钱洼村	36	男	1942 年 10 月 10 日
杨振美	安丘市柘山镇金钱洼村	45	男	1942 年 10 月 10 日
崔明九之父	安丘市石埠子镇北石岭村	18	男	1942 年 10 月 12 日
倪金发	安丘市石埠子镇东张相村	18	男	1942 年 10 月 15 日
夏福芹	安丘市柘山镇北夏家沟村	36	男	1942 年 10 月 20 日
周瑞堂	安丘市黄旗堡镇逄王二村	26	男	1942 年 11 月 1 日
王元本	安丘市兴安街道王十里村	20	男	1942 年 11 月 1 日
高成方之父	安丘市管公镇西河洼村	43	男	1942 年 11 月 2 日
孙夕因	安丘市吾山镇孙家沟村	36	男	1942 年 11 月 5 日
孙衍平	安丘市吾山镇孙家沟村	16	男	1942 年 11 月 5 日
李全仁	安丘市管公镇东上河头村	32	男	1942 年 11 月 6 日
韩福祥	安丘市石堆镇大下坡村	21	男	1942 年 11 月 7 日
李兆林	安丘市景芝镇万家庄村	26	男	1942 年 11 月 8 日
吕景良	安丘市景芝镇万家庄村	32	男	1942 年 11 月 8 日
周　伍	安丘市景芝镇万家庄村	35	男	1942 年 11 月 8 日
夏福元	安丘市柘山镇北夏家沟村	50	男	1942 年 11 月 30 日
陈拾伍	安丘市雹泉镇富平官庄村	27	男	1942 年 12 月 1 日
马明廷	安丘市吾山镇马家旺村	24	男	1942 年 12 月 4 日
张平顺	安丘市赵戈镇张家荆阳村	38	男	1942 年 12 月 6 日
曹泥柱	安丘市吾山镇曹家峪村	21	男	1942 年 12 月 8 日
郭乐贤	安丘市柘山镇郭家秋峪村	48	男	1942 年 12 月 10 日
郭元晓	安丘市柘山镇郭家秋峪村	45	男	1942 年 12 月 10 日

姓 名	籍 贯	年龄	性别	死难时间
陈德福	安丘市柘山镇柳沟村	29	男	1942 年 12 月 10 日
刘 氏	安丘市柘山镇柳沟村	37	女	1942 年 12 月 10 日
卞云富	安丘市红沙沟镇温泉村	58	男	1942 年 12 月 20 日
李德卿	安丘市兴安街道城里村	25	男	1942 年 12 月 20 日
王丙政	安丘市黄旗堡镇颜家村	38	男	1942 年 12 月 24 日
李 店	安丘市石埠子镇西张相村	20	男	1942 年 12 月 27 日
刘洪亮之岳父	安丘市吾山镇墨黑村	38	男	1942 年 12 月 27 日
辛方坡	安丘市吾山镇墨黑村	40	男	1942 年 12 月 27 日
辛怀贵	安丘市吾山镇墨黑村	38	男	1942 年 12 月 27 日
辛玉厚	安丘市吾山镇墨黑村	21	男	1942 年 12 月 27 日
辛德成	安丘市刘家尧镇辛家庄村	30	男	1943 年 1 月 1 日
辛方子	安丘市刘家尧镇辛家庄村	25	男	1943 年 1 月 1 日
范增庆	安丘市凌河镇前小沟村	26	男	1943 年 1 月 10 日
石桂芳	安丘市红沙沟镇董家庄村	55	男	1943 年 1 月 12 日
李珉山	安丘市庵上镇水帘沟村	39	男	1943 年 1 月 17 日
卢怀张	安丘市雹泉镇张家六村	40	男	1943 年 1 月 17 日
倪 氏	安丘市雹泉镇张家六村	30	女	1943 年 1 月 17 日
张培恩	安丘市雹泉镇张家六村	38	男	1943 年 1 月 17 日
张 氏	安丘市雹泉镇张家六村	15	女	1943 年 1 月 17 日
崔洪山	安丘市石埠子镇崔家官庄村	28	男	1943 年 1 月 17 日
殷秀伦	安丘市石埠子镇蒯沟村	46	男	1943 年 1 月 17 日
殷良斗之二弟	安丘市石埠子镇西殷民村	20	男	1943 年 1 月 17 日
殷明喜之兄	安丘市石埠子镇西殷民村	21	男	1943 年 1 月 17 日
殷应来	安丘市石埠子镇西殷民村	22	男	1943 年 1 月 17 日
杜福文	安丘市石埠子镇晏峪村	32	男	1943 年 1 月 17 日
鞠运康	安丘市石埠子镇殷家庄村	29	男	1943 年 1 月 17 日
殷现德	安丘市石埠子镇殷家庄村	32	男	1943 年 1 月 17 日
刘世京	安丘市柘山镇华家宅村	25	男	1943 年 1 月 17 日
刘世武	安丘市柘山镇华家宅村	12	男	1943 年 1 月 17 日
刘小昌	安丘市柘山镇华家宅村	21	男	1943 年 1 月 17 日
刘 臻	安丘市柘山镇华家宅村	58	男	1943 年 1 月 17 日
刘新合	安丘市柘山镇祝家庄村	50	男	1943 年 1 月 17 日
殷良夫之五弟	安丘市石埠子镇西殷民村	20	男	1943 年 1 月 18 日
鞠成百之五弟	安丘市石埠子镇晏峪村	36	男	1943 年 1 月 18 日

姓　名	籍　贯	年　龄	性　别	死难时间
臧桂一	安丘市石埠子镇河北营子村	34	男	1943 年 1 月 20 日
马瑞章	安丘市庵上镇东仕居园村	20	男	1943 年 2 月 1 日
刘公科	安丘市黄旗堡镇西安泰村	45	男	1943 年 2 月 1 日
刘克善	安丘市黄旗堡镇西安泰村	57	男	1943 年 2 月 1 日
刘效礼	安丘市黄旗堡镇西安泰村	50	男	1943 年 2 月 1 日
刘明池	安丘市辉渠镇石家峪村	20	男	1943 年 2 月 1 日
郭云东	安丘市赵戈镇东朱戈村	38	男	1943 年 2 月 1 日
王洪昇	安丘市雹泉镇大寿山村	23	男	1943 年 2 月 4 日
夏心元	安丘市石埠子镇王庄村	18	男	1943 年 2 月 4 日
高明合	安丘市柘山镇大苑一村	54	男	1943 年 2 月 4 日
李知典	安丘市红沙沟镇上涝坡村	62	男	1943 年 2 月 5 日
王学礼	安丘市红沙沟镇上涝坡村	60	男	1943 年 2 月 5 日
李久功	安丘市辉渠镇顺流河村	26	男	1943 年 2 月 5 日
赵洪田	安丘市红沙沟镇石山子村	52	男	1943 年 2 月 6 日
王宝业	安丘市红沙沟镇下涝坡村	45	男	1943 年 2 月 10 日
管连成	安丘市凌河镇刘家庄子村	23	男	1943 年 2 月 10 日
李　氏	安丘市柘山镇华家宅村	55	女	1943 年 2 月 15 日
孙高林	安丘市红沙沟镇董家庄村	53	男	1943 年 2 月 18 日
周　氏	安丘市兴安街道苇园村	27	女	1943 年 2 月 20 日
程德春	安丘市柘山镇闫家河村	45	男	1943 年 2 月 20 日
任福德	安丘市柘山镇任家旺村	70	男	1943 年 2 月 28 日
任兴利	安丘市柘山镇任家旺村	39	男	1943 年 2 月 28 日
马佛章	安丘市庵上镇东仕居园村	37	男	1943 年 3 月 1 日
高　×	安丘市辉渠镇大沟崖村	20	男	1943 年 3 月 1 日
桑之贵	安丘市刘家尧镇桑家尧村	28	男	1943 年 3 月 1 日
唐景波	安丘市赵戈镇埠望庄村	23	男	1943 年 3 月 1 日
王顺河	安丘市赵戈镇埠望庄村	23	男	1943 年 3 月 1 日
李京德	安丘市辉渠镇大辉渠村	18	男	1943 年 3 月 3 日
李其勤	安丘市金冢子镇阿洛村	17	男	1943 年 3 月 5 日
亓德思	安丘市赵戈镇林家营村	23	男	1943 年 3 月 7 日
周　氏	安丘市赵戈镇林家营村	26	女	1943 年 3 月 7 日
王桂富	安丘市景芝镇鞠家庄子村	31	男	1943 年 3 月 10 日
吴廷奎	安丘市景芝镇鞠家庄子村	30	男	1943 年 3 月 10 日
刘景山	安丘市凌河镇偕户村	43	男	1943 年 3 月 10 日

姓名	籍贯	年龄	性别	死难时间
李小利	安丘市白芬子镇东羊埠村	30	男	1943 年 3 月 19 日
张辛冬	安丘市黄旗堡镇王石桥村	43	男	1943 年 3 月 28 日
马关东	安丘市庵上镇东仕居园村	17	男	1943 年 4 月 1 日
周荷池	安丘市黄旗堡镇大桃村	26	男	1943 年 4 月 1 日
洋袜子	安丘市辉渠镇李家河村	30	男	1943 年 4 月 1 日
刘庆康	安丘市庵上镇北新村	42	男	1943 年 4 月 10 日
王三黄	安丘市官庄镇西利见村	25	男	1943 年 4 月 11 日
王光安	安丘市石埠子镇阿陀村	27	男	1943 年 4 月 12 日
王亚东	安丘市石埠子镇阿陀村	25	男	1943 年 4 月 14 日
孙小产	安丘市白芬子镇孙家小庄村	45	男	1943 年 4 月 15 日
文道生	安丘市白芬子镇马连埠村	24	男	1943 年 4 月 16 日
石秋田	安丘市雹泉镇落鸦石村	35	男	1943 年 4 月 25 日
杨 氏	安丘市雹泉镇落鸦石村	30	女	1943 年 4 月 25 日
张立际	安丘市刘家尧镇埠南头村	27	男	1943 年 5 月 1 日
褚连庆	安丘市刘家尧镇魏家埠村	22	男	1943 年 5 月 1 日
孙光辉	安丘市赵戈镇后邢戈村	26	男	1943 年 5 月 1 日
孙光烈	安丘市赵戈镇后邢戈村	28	男	1943 年 5 月 1 日
陈张氏	安丘市关王镇小河崖村	35	女	1943 年 5 月 5 日
辛洪展	安丘市吾山镇墨黑村	27	男	1943 年 5 月 8 日
辛敬曹	安丘市吾山镇墨黑村	35	男	1943 年 5 月 8 日
辛勤溪	安丘市吾山镇墨黑村	31	男	1943 年 5 月 8 日
三木匠	安丘市吾山镇墨黑村	26	男	1943 年 5 月 9 日
辛连贞之兄	安丘市吾山镇墨黑村	40	男	1943 年 5 月 9 日
孙夕平	安丘市吾山镇孙家沟村	20	男	1943 年 5 月 12 日
张术得	安丘市吾山镇孙家沟村	21	男	1943 年 5 月 12 日
王瑞祥	安丘市官庄镇西小泉村	28	男	1943 年 5 月 28 日
高李氏	安丘市景芝镇老庄子村	40	女	1943 年 6 月 4 日
王 果	安丘市景芝镇老庄子村	30	男	1943 年 6 月 4 日
王星四	安丘市吾山镇冷家山村	22	男	1943 年 6 月 5 日
闫述孟	安丘市王家庄镇闫戈庄村	26	男	1943 年 6 月 7 日
刘 章	安丘市管公镇西上河头村	13	男	1943 年 6 月 8 日
陶万青	安丘市管公镇西上河头村	22	男	1943 年 6 月 8 日
徐长德	安丘市管公镇西上河头村	22	男	1943 年 6 月 8 日
徐存德	安丘市管公镇西上河头村	20	男	1943 年 6 月 8 日

姓 名	籍 贯	年龄	性别	死难时间
王殷氏	安丘市景芝镇老庄子村	45	女	1943 年 6 月 10 日
陈名奎	安丘市石堆镇石堆村	43	男	1943 年 6 月 12 日
马永海	安丘市庵上镇东仕居园村	19	男	1943 年 7 月 1 日
高 希	安丘市庵上镇分流洼村	19	男	1943 年 7 月 7 日
王光苓	安丘市石埠子镇阿陀村	29	男	1943 年 7 月 7 日
李孔富	安丘市辉渠镇团山子村	28	男	1943 年 7 月 8 日
薛新义	安丘市景芝镇于家庄村	23	男	1943 年 7 月 8 日
赵洪友	安丘市景芝镇宅科村	25	男	1943 年 7 月 8 日
鞠更台	安丘市石埠子镇晏峪村	42	男	1943 年 7 月 8 日
马 赐	安丘市官庄镇张家沙沟村	32	男	1943 年 7 月 9 日
罗 荣	安丘市白芬子镇河南村	40	男	1943 年 7 月 15 日
刘 军	安丘市吾山镇陈家沟村	30	男	1943 年 8 月 5 日
刘永厚	安丘市吾山镇陈家沟村	43	男	1943 年 8 月 5 日
王志功	安丘市官庄镇官庄东村	20	男	1943 年 8 月 6 日
刘化成	安丘市吾山镇泥沟村	26	男	1943 年 8 月 7 日
王孝宜	安丘市石埠子镇阿陀村	26	男	1943 年 8 月 8 日
王印斋	安丘市石埠子镇阿陀村	27	男	1943 年 8 月 8 日
王保桂	安丘市柘山镇王家沟村	26	男	1943 年 8 月 8 日
王国雁	安丘市石埠子镇阿陀村	29	男	1943 年 8 月 14 日
马 氏	安丘市雹泉镇青山官庄村	42	女	1943 年 8 月 17 日
于兰茂	安丘市吾山镇马郎沟村	15	男	1943 年 8 月 17 日
陈张氏之长女	安丘市关王镇小河崖村	5	女	1943 年 9 月 1 日
陈张氏之长子	安丘市关王镇小河崖村	3	男	1943 年 9 月 1 日
陈张氏之次女	安丘市关王镇小河崖村	1	女	1943 年 9 月 1 日
李天福	安丘市辉渠镇石灰尧子村	19	男	1943 年 9 月 1 日
李发吉之妻	安丘市辉渠镇祖官村	45	女	1943 年 9 月 5 日
云兴仁	安丘市吾山镇石河村	20	男	1943 年 9 月 8 日
王西田	安丘市白芬子镇白芬子村	32	男	1943 年 9 月 15 日
王金龙	安丘市黄旗堡镇西门口西村	28	男	1943 年 10 月 1 日
赵振义	安丘市兴安街道西三里庄村	37	男	1943 年 10 月 3 日
张 氏	安丘市柘山镇北章庄村	42	女	1943 年 10 月 7 日
鞠奎文之大伯	安丘市石埠子镇张家庄子村	26	男	1943 年 10 月 11 日
王桂妞	安丘市雹泉镇西北村	19	女	1943 年 10 月 12 日
王 氏	安丘市雹泉镇西北村	52	女	1943 年 10 月 12 日

姓　名	籍　贯	年龄	性　别	死难时间
王子元	安丘市雹泉镇西北村	56	男	1943 年 10 月 12 日
程立岗	安丘市柘山镇程家车庄村	41	男	1943 年 10 月 12 日
李宗炳	安丘市黄旗堡镇水场官庄村	18	男	1943 年 10 月 13 日
王其东	安丘市辉渠镇小祖官村	27	男	1943 年 10 月 18 日
刘大妮	安丘市白芬子镇白芬子村	38	女	1943 年 11 月 8 日
王友凉	安丘市吾山镇冷家山村	52	男	1943 年 11 月 8 日
马三山	安丘市凌河镇偌户村	30	男	1943 年 11 月 10 日
张王氏	安丘市白芬子镇前相戈村	40	女	1943 年 11 月 11 日
李成斋	安丘市辉渠镇团山子村	21	男	1943 年 12 月 1 日
辛元溪	安丘市吾山镇墨黑村	40	男	1943 年 12 月 8 日
李祖尧	安丘市庵上镇水帘沟村	43	男	1943 年 12 月 23 日
刘　华	安丘市吾山镇陈家沟村	30	男	1943 年 12 月 27 日
刘兆合	安丘市吾山镇陈家沟村	28	男	1943 年 12 月 27 日
刘兆俊	安丘市吾山镇陈家沟村	25	男	1943 年 12 月 27 日
刘兆统	安丘市吾山镇陈家沟村	30	男	1943 年 12 月 27 日
刘焕善	安丘市刘家尧镇刘家尧村	30	男	1943 年 12 月 29 日
夏升元	安丘市柘山镇南夏家沟村	23	男	1944 年 1 月 10 日
夏夕田	安丘市柘山镇南夏家沟村	21	男	1944 年 1 月 10 日
李作舟	安丘市刘家尧镇埠南头村	21	男	1944 年 1 月 17 日
李作资	安丘市刘家尧镇埠南头村	35	男	1944 年 1 月 17 日
郭　秀	安丘市石埠子镇前韩寺庄村	11	男	1944 年 1 月 17 日
徐××	安丘市辉渠镇西旧庙村	40	男	1944 年 2 月 1 日
凌连承	安丘市赵戈镇北凌家院村	28	男	1944 年 2 月 1 日
刘解胡	安丘市辉渠镇阿涧村	20	男	1944 年 2 月 5 日
刘抢胡	安丘市辉渠镇阿涧村	40	男	1944 年 2 月 5 日
李日新	安丘市管公镇马家寨庄村	41	男	1944 年 2 月 10 日
李永胜	安丘市红沙沟镇温泉村	33	男	1944 年 2 月 15 日
李成业	安丘市辉渠镇团山子村	17	男	1944 年 3 月 1 日
李槐林	安丘市辉渠镇倪家沟村	22	男	1944 年 3 月 3 日
沈守平	安丘市红沙沟镇沈家庄村	24	男	1944 年 3 月 6 日
李建三	安丘市红沙沟镇沈家庄村	30	男	1944 年 3 月 10 日
杨德茂	安丘市红沙沟镇董家庄村	20	男	1944 年 3 月 16 日
李　吉	安丘市辉渠镇黄石板坡村	45	男	1944 年 3 月 16 日
李金华	安丘市辉渠镇黄石板坡村	30	男	1944 年 3 月 16 日

姓　名	籍　贯	年龄	性别	死难时间
李勤来	安丘市辉渠镇黄石板坡村	40	男	1944 年 3 月 16 日
李桃春	安丘市辉渠镇黄石板坡村	40	男	1944 年 3 月 16 日
李桐春	安丘市辉渠镇黄石板坡村	39	男	1944 年 3 月 16 日
李文华	安丘市辉渠镇黄石板坡村	32	男	1944 年 3 月 16 日
李义海	安丘市辉渠镇黄石板坡村	40	男	1944 年 3 月 16 日
李玉茂	安丘市辉渠镇黄石板坡村	30	男	1944 年 3 月 16 日
张　功	安丘市红沙沟镇温泉村	62	男	1944 年 3 月 27 日
周干善	安丘市黄旗堡镇大庄科村	21	男	1944 年 4 月 1 日
殷孝男	安丘市石埠子镇蒯沟村	26	男	1944 年 4 月 1 日
辛兆武	安丘市吾山镇小洼村	34	男	1944 年 4 月 2 日
杨庆让	安丘市景芝镇东杨庄村	22	男	1944 年 4 月 6 日
李伯伍	安丘市管公镇卞家洼村	25	男	1944 年 4 月 7 日
刘从范	安丘市刘家尧镇刘家尧村	43	男	1944 年 4 月 7 日
刘　翠	安丘市刘家尧镇刘家尧村	43	女	1944 年 4 月 7 日
刘子玖	安丘市刘家尧镇刘家尧村	33	男	1944 年 4 月 7 日
刘子瑞	安丘市刘家尧镇刘家尧村	21	男	1944 年 4 月 7 日
刘子筑	安丘市刘家尧镇刘家尧村	27	男	1944 年 4 月 7 日
卢成让	安丘市刘家尧镇刘家尧村	30	男	1944 年 4 月 7 日
李记修	安丘市吾山镇云家庄子村	18	男	1944 年 4 月 8 日
孙西玲	安丘市凌河镇董家庄村	40	男	1944 年 4 月 10 日
殷传喜	安丘市石埠子镇蒯沟村	28	男	1944 年 4 月 10 日
杨仁浮	安丘市景芝镇东杨庄村	21	男	1944 年 4 月 12 日
李延龙	安丘市吾山镇云家庄子村	23	男	1944 年 4 月 12 日
张有成	安丘市赵戈镇张家荆阳村	40	男	1944 年 4 月 20 日
李光宗	安丘市吾山镇云家庄子村	20	男	1944 年 4 月 29 日
李维亭	安丘市吾山镇云家庄子村	19	男	1944 年 4 月 29 日
周振田	安丘市赵戈镇郭家小诸城村	25	男	1944 年 5 月 1 日
谢　超	安丘市石埠子镇孝河口村	25	男	1944 年 5 月 4 日
孙西厚	安丘市赵戈镇西朱戈村	19	男	1944 年 5 月 6 日
闫志和	安丘市兴安街道朱家埠村	79	男	1944 年 5 月 15 日
王其昌之侄	安丘市白芬子镇十五里后村	12	男	1944 年 5 月 18 日
马学仁	安丘市关王镇南官庄村	33	男	1944 年 6 月 20 日
周方南	安丘市黄旗堡镇逢王三村	69	男	1944 年 6 月 24 日
周焕云	安丘市黄旗堡镇逢王三村	48	男	1944 年 6 月 24 日

姓 名	籍 贯	年 龄	性 别	死难时间
吴德润	安丘市王家庄镇小吴家漫村	27	男	1944 年 7 月 2 日
鲁培礼	安丘市庵上镇分流洼村	31	男	1944 年 7 月 7 日
张维全	安丘市凌河镇郑家河村	28	男	1944 年 7 月 10 日
李敬才之祖父	安丘市白芬子镇十五里后村	56	男	1944 年 7 月 12 日
马清海	安丘市管公镇马家寨庄村	36	男	1944 年 7 月 12 日
马田松	安丘市管公镇马家寨庄村	40	男	1944 年 7 月 12 日
马跃三	安丘市管公镇马家寨庄村	40	男	1944 年 7 月 12 日
许 仓	安丘市王家庄镇古家官庄村	19	男	1944 年 7 月 13 日
王建华之祖父	安丘市白芬子镇十五里后村	58	男	1944 年 7 月 15 日
举	安丘市红沙沟镇王家赤埠村	50	男	1944 年 7 月 15 日
朱春田之母	安丘市白芬子镇十五里后村	59	女	1944 年 7 月 17 日
程硕田	安丘市刘家尧镇河北村	38	男	1944 年 8 月 1 日
凌希三	安丘市赵戈镇北凌家院村	29	男	1944 年 8 月 1 日
刘希光	安丘市吾山镇梁家庄村	24	男	1944 年 8 月 7 日
刘孝文	安丘市吾山镇梁家庄村	21	男	1944 年 8 月 7 日
张 氏	安丘市吾山镇张家沟村	32	女	1944 年 8 月 7 日
宿有仁	安丘市王家庄镇东宿戈村	86	男	1944 年 8 月 16 日
李有贞	安丘市辉渠镇兰阿村	40	男	1944 年 8 月 25 日
王 蒿	安丘市辉渠镇兰阿村	36	男	1944 年 8 月 25 日
许文秀	安丘市辉渠镇兰阿村	12	女	1944 年 8 月 25 日
周连邦	安丘市黄旗堡镇大桃村	14	男	1944 年 9 月 1 日
郑子真之父	安丘市辉渠镇周家埠村	42	男	1944 年 9 月 1 日
周礼男	安丘市辉渠镇周家埠村	39	男	1944 年 9 月 1 日
周均田	安丘市刘家尧镇稻洼村	19	男	1944 年 9 月 9 日
刘炳利	安丘市兴安街道后七里沟村	30	男	1944 年 9 月 19 日
李海夏	安丘市辉渠镇刘家店子村	30	男	1944 年 10 月 1 日
姚桂太	安丘市柘山镇董家车庄村	56	男	1944 年 10 月 1 日
张鸿宝	安丘市白芬子镇三十里铺村	32	男	1944 年 10 月 4 日
王德杰	安丘市关王镇河洽村	23	男	1944 年 10 月 12 日
李勤富	安丘市红沙沟镇南吾村	69	男	1944 年 10 月 26 日
李天焕	安丘市红沙沟镇南吾村	19	男	1944 年 10 月 26 日
李希尧	安丘市红沙沟镇南吾村	17	男	1944 年 10 月 26 日
李新年	安丘市红沙沟镇南吾村	26	男	1944 年 10 月 26 日
倪福荣	安丘市石埠子镇崖头村	25	男	1944 年 11 月 12 日

姓 名	籍 贯	年 龄	性 别	死难时间
葛清泉	安丘市景芝镇葛家庄村	28	男	1944 年 11 月 26 日
葛如河	安丘市景芝镇葛家庄村	28	男	1944 年 11 月 26 日
葛昭宽	安丘市景芝镇葛家庄村	29	男	1944 年 11 月 26 日
王恩泽	安丘市黄旗堡镇杞东村	34	男	1944 年 12 月 1 日
鞠连海	安丘市石埠子镇蒯沟村	24	男	1944 年 12 月 2 日
李洪和	安丘市红沙沟镇张家庄子村	40	男	1944 年 12 月 20 日
李 广	安丘市红沙沟镇南吾村	29	男	1944 年 12 月 26 日
程光第	安丘市石埠子镇马头山村	22	男	1945 年 2 月 6 日
程树伍	安丘市石埠子镇马头山村	27	男	1945 年 2 月 6 日
邹希孟	安丘市白芬子镇金山村	29	男	1945 年 2 月 17 日
陈会德	安丘市柘山镇彭家沟村	29	男	1945 年 2 月 19 日
李福贵	安丘市辉渠镇马湾村	25	男	1945 年 3 月 1 日
殷秀池	安丘市石埠子镇蒯沟村	22	男	1945 年 3 月 4 日
于中元	安丘市吾山镇大陡山村	36	男	1945 年 3 月 16 日
倪青池	安丘市石埠子镇崖头村	24	男	1945 年 3 月 18 日
李焕文	安丘市石埠子镇崖头村	30	男	1945 年 3 月 22 日
郑洪花	安丘市辉渠镇马湾村	20	女	1945 年 4 月 1 日
李桂祥	安丘市辉渠镇小麦峪村	30	男	1945 年 4 月 1 日
李会中	安丘市辉渠镇小麦峪村	28	男	1945 年 4 月 1 日
李中宾	安丘市红沙沟镇郑家庄村	35	男	1945 年 4 月 9 日
孙奉国	安丘市石埠子镇北孙家庄村	32	男	1945 年 4 月 16 日
李瑞英	安丘市柘山镇槐抱榆村	10	女	1945 年 4 月 16 日
刘廷周	安丘市石埠子镇冢头村	37	男	1945 年 4 月 20 日
刘玉坤	安丘市石埠子镇冢头村	19	男	1945 年 4 月 20 日
王召亮	安丘市石埠子镇冢头村	21	男	1945 年 4 月 20 日
冯锡敏	安丘市临浯镇贾岗村	73	男	1945 年 5 月 8 日
刘子光	安丘市石堆镇王集村	33	男	1945 年 5 月 10 日
刘维堂	安丘市景芝镇大夫村	26	男	1945 年 5 月 11 日
李宴俭	安丘市红沙沟镇郑家庄村	40	男	1945 年 6 月 8 日
李其俊	安丘市景芝镇保安村	27	男	1945 年 6 月 22 日
庄来祥	安丘市吾山镇西官庄村	26	男	1945 年 7 月 3 日
崔永山	安丘市庵上镇分流洼村	22	男	1945 年 7 月 7 日
薛进法	安丘市柘山镇薛家庄村	25	男	1945 年 7 月 8 日
谭玉清	安丘市柘山镇何家沟村	19	男	1945 年 7 月 9 日

姓　名	籍　贯	年龄	性别	死难时间
谭仲善	安丘市柘山镇何家沟村	23	男	1945 年 7 月 9 日
董　祥	安丘市大盛镇中山北头村	2	男	1945 年 7 月 30 日
石孙氏	安丘市景芝镇西营村	22	女	1945 年 8 月 15 日
石有朋	安丘市景芝镇西营村	25	男	1945 年 8 月 15 日
江玉久	安丘市凌河镇董家庄村	30	男	1938 年 1 月 10 日
李荣德	安丘市雹泉镇南官庄村	29	男	1938 年 1 月 12 日
李荣吉	安丘市雹泉镇南官庄村	30	男	1938 年 1 月 12 日
孙希和	安丘市白芬子镇西马家庄子村	32	男	1938 年 1 月 12 日
王云升	安丘市管公镇毛家寨庄村	38	男	1938 年 1 月 20 日
韩　×	安丘市赵戈镇中韩吉村	24	男	1938 年 2 月 1 日
李明和之叔	安丘市刘家尧镇归家疃村	46	男	1938 年 2 月 1 日
李明升之母	安丘市刘家尧镇归家疃村	50	女	1938 年 2 月 1 日
李　三	安丘市赵戈镇贾家官庄村	41	男	1938 年 2 月 1 日
李宗哥	安丘市刘家尧镇归家疃村	40	男	1938 年 2 月 1 日
马永中之叔	安丘市刘家尧镇归家疃村	50	男	1938 年 2 月 1 日
秦汉清之伯	安丘市刘家尧镇归家疃村	50	男	1938 年 2 月 1 日
丘公友之父	安丘市刘家尧镇归家疃村	50	男	1938 年 2 月 1 日
王　街	安丘市刘家尧镇归家疃村	30	男	1938 年 2 月 1 日
王永孚	安丘市刘家尧镇归家疃村	34	男	1938 年 2 月 1 日
周清源	安丘市赵戈镇贾家官庄村	31	男	1938 年 2 月 1 日
周小宝	安丘市赵戈镇贾家官庄村	33	男	1938 年 2 月 1 日
牛魁武	安丘市官庄镇东利见村	37	男	1938 年 2 月 11 日
朱　俭	安丘市管公镇河南管公村	58	男	1938 年 2 月 12 日
孙中成	安丘市白芬子镇西马家庄子村	48	男	1938 年 2 月 15 日
孟宪湘	安丘市辉曲镇上孟家庄村	—	男	1938 年 3 月 5 日
李桂书	安丘市景芝镇大圈村	62	男	1938 年 3 月 6 日
李廷枚	安丘市景芝镇大圈村	22	男	1938 年 3 月 6 日
孙衍法	安丘市白芬子镇西马家庄子村	49	男	1938 年 3 月 12 日
曹京方之兄	安丘市贾戈街道曹家王封村	21	男	1938 年 3 月 15 日
曹京方之嫂	安丘市贾戈街道曹家王封村	24	女	1938 年 3 月 15 日
曹京元	安丘市贾戈街道曹家王封村	23	男	1938 年 3 月 15 日
曹京元之母	安丘市贾戈街道曹家王封村	42	女	1938 年 3 月 15 日
曹　氏	安丘市贾戈街道曹家王封村	20	女	1938 年 3 月 15 日
曹守福之兄	安丘市贾戈街道曹家王封村	28	男	1938 年 3 月 15 日

姓　名	籍　贯	年龄	性别	死难时间
曹星喜	安丘市贾戈街道曹家王封村	37	男	1938 年 3 月 15 日
王洪来	安丘市石埠子镇南王家庄村	19	男	1938 年 4 月 1 日
杨丰来之父	安丘市贾戈街道大杨戈村	22	男	1938 年 4 月 2 日
杨树奎	安丘市贾戈街道大杨戈村	50	男	1938 年 4 月 2 日
马良太	安丘市景芝镇吴家庄村	23	男	1938 年 4 月 6 日
傅凤章	安丘市贾戈街道东友戈村	30	男	1938 年 4 月 7 日
雷　华	安丘市雹泉镇西尚庄村	50	男	1938 年 4 月 21 日
刘　朴	安丘市兴安街道前七里沟村	31	男	1938 年 5 月 3 日
李宝来	安丘市官庄镇泥沟子村	26	男	1938 年 5 月 6 日
曹家良	安丘市兴安街道曹家楼村	35	男	1938 年 5 月 8 日
王法荣	安丘市金冢子镇兴隆村	42	男	1938 年 5 月 8 日
王有成	安丘市金冢子镇兴隆村	15	男	1938 年 5 月 8 日
王福山	安丘市王家庄镇西古城村	20	男	1938 年 5 月 20 日
孙可玖	安丘市临浯镇西朱耿村	22	男	1938 年 6 月 8 日
都培清	安丘市管公镇张家寨庄村	32	男	1938 年 6 月 13 日
马光斋	安丘市管公镇张家寨庄村	30	男	1938 年 6 月 13 日
孙忠治	安丘市管公镇张家寨庄村	29	男	1938 年 6 月 13 日
张振宗	安丘市管公镇张家寨庄村	30	男	1938 年 6 月 13 日
徐东玉	安丘市管公镇西上河头村	20	男	1938 年 7 月 1 日
刘　玉	安丘市兴安街道硝市居委村	28	男	1938 年 7 月 3 日
刘艳廷	安丘市庵上镇小坡村	25	男	1938 年 7 月 7 日
别振兴	安丘市官庄镇别家屯村	28	男	1938 年 7 月 8 日
孙　椿	安丘市官庄镇两河村	36	男	1938 年 7 月 9 日
隋永全	安丘市景芝镇前院村	39	男	1938 年 7 月 10 日
游汉卿	安丘市景芝镇杜家庄村	34	男	1938 年 7 月 12 日
张付山	安丘市临浯镇西朱耿村	23	男	1938 年 7 月 12 日
扛	安丘市大盛镇牛家沟村	31	男	1938 年 7 月 15 日
游世明	安丘市景芝镇杜家庄村	15	男	1938 年 7 月 20 日
曹怀忠	安丘市刘家尧镇寨上村	19	男	1938 年 8 月 1 日
曹运平	安丘市刘家尧镇彭庙子村	40	男	1938 年 8 月 1 日
褚佃俊	安丘市刘家尧镇魏家埠村	16	男	1938 年 8 月 1 日
褚连德	安丘市刘家尧镇魏家埠村	20	男	1938 年 8 月 1 日
褚连明	安丘市刘家尧镇魏家埠村	13	男	1938 年 8 月 1 日
范连过	安丘市刘家尧镇范家庄村	14	男	1938 年 8 月 1 日

姓　名	籍　贯	年　龄	性　别	死难时间
范夕飞	安丘市刘家尧镇范家庄村	14	男	1938 年 8 月 1 日
范志六	安丘市刘家尧镇范家庄村	14	男	1938 年 8 月 1 日
范志五	安丘市刘家尧镇范家庄村	18	男	1938 年 8 月 1 日
韩来成	安丘市刘家尧镇寨上村	24	男	1938 年 8 月 1 日
刘士文	安丘市刘家尧镇魏家埠村	20	男	1938 年 8 月 1 日
孙朝门	安丘市刘家尧镇刘家营子村	33	男	1938 年 8 月 1 日
孙毛虫	安丘市刘家尧镇刘家营子村	27	男	1938 年 8 月 1 日
孙衍毛	安丘市刘家尧镇刘家营子村	37	男	1938 年 8 月 1 日
孙衍祥	安丘市刘家尧镇刘家营子村	35	男	1938 年 8 月 1 日
王兴唐	安丘市刘家尧镇王家庄村	46	男	1938 年 8 月 1 日
王子兰	安丘市刘家尧镇王家庄村	35	男	1938 年 8 月 1 日
张德仁	安丘市刘家尧镇刘家营子村	33	男	1938 年 8 月 1 日
张德×	安丘市刘家尧镇王家庄村	45	男	1938 年 8 月 1 日
周集昌	安丘市刘家尧镇周家营子村	27	男	1938 年 8 月 1 日
陈光田	安丘市管公镇小南坦村	37	男	1938 年 8 月 2 日
都培顺	安丘市管公镇小南坦村	50	男	1938 年 8 月 2 日
都培遵	安丘市管公镇小南坦村	48	男	1938 年 8 月 2 日
都清臣	安丘市管公镇小南坦村	30	男	1938 年 8 月 2 日
都清会	安丘市管公镇小南坦村	36	男	1938 年 8 月 2 日
都志仁	安丘市管公镇小南坦村	51	男	1938 年 8 月 2 日
郭光喜	安丘市管公镇小南坦村	56	男	1938 年 8 月 2 日
郭光信	安丘市管公镇小南坦村	37	男	1938 年 8 月 2 日
张洪星	安丘市管公镇小南坦村	36	男	1938 年 8 月 2 日
孟凡信	安丘市金冢子镇草店子村	30	男	1938 年 8 月 4 日
韩加法	安丘市临浯镇西朱耿村	18	男	1938 年 8 月 6 日
马中农	安丘市管公镇马家寨庄村	26	男	1938 年 8 月 10 日
韩　初	安丘市石堆镇西后孟戈村	23	男	1938 年 8 月 18 日
马保斋	安丘市管公镇马家寨庄村	23	男	1938 年 9 月 1 日
马炳烈	安丘市管公镇马家寨庄村	20	男	1938 年 9 月 1 日
马德跃	安丘市管公镇马家寨庄村	23	男	1938 年 9 月 1 日
刘孔熙之父	安丘市兴安街道山东头村	36	男	1938 年 9 月 2 日
刘书长	安丘市兴安街道山东头村	18	男	1938 年 9 月 2 日
韩义基	安丘市临浯镇西朱耿村	23	男	1938 年 9 月 3 日
隋友名	安丘市景芝镇西王庄村	26	男	1938 年 9 月 6 日

姓 名	籍 贯	年 龄	性 别	死难时间
刘加录	安丘市景芝镇贾戈庄村	19	男	1938 年 9 月 7 日
罗青山	安丘市金冢子镇里戈庄村	16	男	1938 年 9 月 8 日
马星熙	安丘市管公镇马家寨庄村	26	男	1938 年 9 月 16 日
曹维顺	安丘市贾戈街道王五里村	22	男	1938 年 9 月 18 日
于凤章	安丘市官庄镇于家河村	29	男	1938 年 10 月 1 日
韩大成	安丘市临浯镇西朱耿村	39	男	1938 年 10 月 5 日
王官沾	安丘市黄旗堡镇西门口东村	38	男	1938 年 10 月 5 日
王克礼	安丘市黄旗堡镇西门口东村	40	男	1938 年 10 月 5 日
王元溪	安丘市黄旗堡镇西门口东村	28	男	1938 年 10 月 5 日
王中顺	安丘市黄旗堡镇西门口东村	39	男	1938 年 10 月 5 日
任贵荣	安丘市关王镇西周村	17	男	1938 年 10 月 6 日
王克宇	安丘市管公镇后十字路村	35	男	1938 年 10 月 13 日
张续环	安丘市黄旗堡镇麦埠子村	45	男	1938 年 10 月 25 日
隋金亮	安丘市庵上镇裴家清河村	27	男	1938 年 11 月 1 日
房德华	安丘市石堆镇官庄村	40	男	1938 年 11 月 5 日
李景祥	安丘市石堆镇柳杭村	22	男	1938 年 11 月 5 日
马成文	安丘市石堆镇柳杭村	25	男	1938 年 11 月 5 日
马福臣	安丘市石堆镇柳杭村	28	男	1938 年 11 月 5 日
马光裕	安丘市石堆镇柳杭村	28	男	1938 年 11 月 5 日
马希运	安丘市石堆镇柳杭村	23	男	1938 年 11 月 5 日
周方方	安丘市黄旗堡镇逄王四村	45	男	1938 年 11 月 10 日
高文山	安丘市刘家尧镇稻洼村	26	男	1938 年 12 月 1 日
张科停	安丘市刘家尧镇前朱村	22	男	1938 年 12 月 1 日
朱停停	安丘市刘家尧镇前朱村	25	男	1938 年 12 月 1 日
朱兴伍	安丘市刘家尧镇前朱村	23	男	1938 年 12 月 1 日
赵孝文之叔	安丘市兴安街道城里村	25	男	1938 年 12 月 2 日
郝王氏	安丘市贾戈街道郝家庄村	38	女	1938 年 12 月 4 日
周邦友	安丘市关王镇西周村	16	男	1938 年 12 月 5 日
高财神	安丘市刘家尧镇岔河子村	44	男	1939 年 1 月 1 日
高来子	安丘市刘家尧镇岔河子村	14	男	1939 年 1 月 1 日
高学京	安丘市刘家尧镇岔河子村	54	男	1939 年 1 月 1 日
刘坤月	安丘市刘家尧镇刘家庄村	20	男	1939 年 1 月 1 日
刘欣奎	安丘市刘家尧镇刘家庄村	20	男	1939 年 1 月 1 日
刘增福	安丘市刘家尧镇刘家庄村	20	男	1939 年 1 月 1 日

姓　名	籍　贯	年　龄	性　别	死难时间
王廷封	安丘市雹泉镇东尚庄村	21	男	1939 年 1 月 1 日
郝锦书	安丘市贾戈街道郝家庄村	40	男	1939 年 1 月 8 日
郝李氏	安丘市贾戈街道郝家庄村	34	女	1939 年 1 月 8 日
李智安	安丘市凌河镇前文家庄村	29	男	1939 年 1 月 10 日
刘清明	安丘市凌河镇前文家庄村	29	男	1939 年 1 月 10 日
逄　六	安丘市景芝镇阜康村	19	男	1939 年 1 月 10 日
马路远	安丘市赵戈镇中韩吉村	21	男	1939 年 2 月 1 日
钟学明	安丘市王家庄镇朱子四村	28	男	1939 年 2 月 6 日
钟学顺	安丘市王家庄镇朱子四村	30	男	1939 年 2 月 6 日
赵方敬	安丘市安丘市景芝镇鹿村	53	男	1939 年 2 月 7 日
耿大哨	安丘市安丘市景芝镇鹿村	15	男	1939 年 2 月 10 日
李约汉	安丘市安丘市景芝镇鹿村	20	男	1939 年 2 月 10 日
韩东集之弟	安丘市贾戈街道韩王封村	21	男	1939 年 2 月 11 日
韩关东	安丘市贾戈街道韩王封村	21	男	1939 年 2 月 11 日
胡昌邑	安丘市景芝镇东于戈庄村	19	男	1939 年 2 月 23 日
李世友	安丘市景芝镇东于戈庄村	18	男	1939 年 2 月 23 日
李秀春	安丘市景芝镇东于戈庄村	19	男	1939 年 2 月 23 日
刘万新	安丘市白芬子镇新安泰村	50	男	1939 年 2 月 23 日
马武苓	安丘市庵上镇大陆戈村	41	男	1939 年 3 月 1 日
孟庆铢	安丘市王家庄镇孟家官庄村	42	男	1939 年 3 月 9 日
孟宪忠	安丘市王家庄镇孟家官庄村	46	男	1939 年 3 月 9 日
扁　胡	安丘市管公镇董家寨庄村	41	男	1939 年 3 月 12 日
李四磨	安丘市管公镇董家寨庄村	50	男	1939 年 3 月 12 日
李国如	安丘市白芬子镇肖家庄子村	49	男	1939 年 3 月 16 日
马玉田	安丘市庵上镇南新村	47	男	1939 年 3 月 18 日
杨炳义	安丘市雹泉镇米布袋村	20	男	1939 年 3 月 20 日
郭　氏	安丘市白芬子镇大山村	50	女	1939 年 3 月 23 日
郭氏之长子	安丘市白芬子镇大山村	22	男	1939 年 3 月 23 日
郭氏之三子	安丘市白芬子镇大山村	18	男	1939 年 3 月 23 日
闫廷训	安丘市景芝镇旺民庄村	60	男	1939 年 3 月 24 日
尹存道	安丘市景芝镇旺民庄村	48	男	1939 年 3 月 24 日
尹存福	安丘市景芝镇旺民庄村	50	男	1939 年 3 月 24 日
韩清法	安丘市石堆镇马亭子村	50	男	1939 年 4 月 1 日
沈代田	安丘市贾戈街道沈家十里河村	51	男	1939 年 4 月 1 日

姓 名	籍 贯	年 龄	性 别	死难时间
沈延乐	安丘市贾戈街道沈家十里河村	37	男	1939 年 4 月 1 日
沈 远	安丘市贾戈街道沈家十里河村	16	男	1939 年 4 月 1 日
沈张氏	安丘市贾戈街道沈家十里河村	35	女	1939 年 4 月 1 日
孙清弟	安丘市赵戈镇埠下村	52	男	1939 年 4 月 1 日
孙清水	安丘市赵戈镇埠下村	45	男	1939 年 4 月 1 日
孙中苓	安丘市庵上镇大陆戈村	44	男	1939 年 4 月 1 日
杨 兰	安丘市贾戈街道沈家十里河村	32	男	1939 年 4 月 1 日
张金华之父	安丘市白芬子镇近家营村	22	男	1939 年 4 月 8 日
赵忠元	安丘市凌河镇东赵家庄村	40	男	1939 年 4 月 10 日
李西班	安丘市白芬子镇小东营村	43	男	1939 年 4 月 15 日
张福成	安丘市白芬子镇近家营村	28	男	1939 年 4 月 18 日
李荣光	安丘市白芬子镇近家营村	25	男	1939 年 4 月 29 日
张其宣	安丘市白芬子镇近家营村	20	男	1939 年 4 月 29 日
曹玉廷	安丘市赵戈镇友兰村	54	男	1939 年 5 月 1 日
李洪升	安丘市赵戈镇友兰村	24	男	1939 年 5 月 1 日
马 ×	安丘市管公镇马家小庄村	30	男	1939 年 5 月 1 日
肖友德	安丘市刘家尧镇马连官庄村	44	男	1939 年 5 月 1 日
徐文友	安丘市赵戈镇友兰村	43	男	1939 年 5 月 1 日
徐永太	安丘市赵戈镇友兰村	23	男	1939 年 5 月 1 日
周会芹	安丘市管公镇申明亭村	50	男	1939 年 5 月 2 日
张瓜生	安丘市兴安街道城里村	40	男	1939 年 5 月 6 日
郑夕古	安丘市官庄镇郑家沙沟村	23	男	1939 年 5 月 6 日
刘鹤瑞	安丘市兴安街道山东头村	31	男	1939 年 5 月 9 日
郭 林	安丘市贾戈街道西友戈村	56	男	1939 年 5 月 10 日
鹿振德	安丘市贾戈街道西友戈村	40	男	1939 年 5 月 10 日
曹化荣之祖父	安丘市白芬子镇曹家楼村	33	男	1939 年 5 月 13 日
曹 苗	安丘市兴安街道曹家楼村	30	男	1939 年 5 月 16 日
曹明礼	安丘市兴安街道曹家楼村	30	男	1939 年 5 月 16 日
曹世珍	安丘市兴安街道曹家楼村	35	男	1939 年 5 月 16 日
曹维连	安丘市兴安街道曹家楼村	30	男	1939 年 5 月 16 日
曹希周	安丘市兴安街道曹家楼村	32	男	1939 年 5 月 16 日
曹砚明	安丘市兴安街道曹家楼村	35	男	1939 年 5 月 16 日
曹玉琨	安丘市兴安街道曹家楼村	15	男	1939 年 5 月 16 日
曹志严	安丘市兴安街道曹家楼村	30	男	1939 年 5 月 16 日

姓　名	籍　贯	年　龄	性　别	死难时间
李　聚	安丘市白芬子镇大东营村	50	男	1939 年 5 月 16 日
赵星有	安丘市兴安街道曹家楼村	30	男	1939 年 5 月 16 日
马海员	安丘市庵上镇大陆戈村	41	男	1939 年 6 月 1 日
陈学敬	安丘市兴安街道七里庄村	35	男	1939 年 6 月 7 日
陈学信	安丘市兴安街道七里庄村	23	男	1939 年 6 月 7 日
韩金章	安丘市兴安街道七里庄村	45	男	1939 年 6 月 7 日
韩香斋	安丘市兴安街道七里庄村	36	男	1939 年 6 月 7 日
黄风绍	安丘市兴安街道七里庄村	35	男	1939 年 6 月 7 日
黄四减	安丘市兴安街道七里庄村	45	男	1939 年 6 月 7 日
李庆云之子	安丘市景芝镇永和村	23	男	1939 年 6 月 7 日
刘光明	安丘市兴安街道七里庄村	36	男	1939 年 6 月 7 日
伟	安丘市景芝镇永和村	21	男	1939 年 6 月 7 日
张秀山	安丘市兴安街道七里庄村	26	男	1939 年 6 月 7 日
周会生	安丘市关王镇西周村	43	男	1939 年 6 月 8 日
李华亭	安丘市管公镇前十字路村	30	男	1939 年 6 月 10 日
郭氏之四子	安丘市白芬子镇大山村	16	男	1939 年 6 月 13 日
李汉玉之父	安丘市白芬子镇大东营村	48	男	1939 年 6 月 18 日
贲汉之三兄	安丘市白芬子镇大东营村	20	男	1939 年 7 月 8 日
裴树平	安丘市庵上镇老许家庄村	18	男	1939 年 7 月 8 日
李守财	安丘市庵上镇南仕居园村	25	男	1939 年 7 月 11 日
鞠士宾	安丘市石埠子镇晏峪村	40	男	1939 年 7 月 14 日
李　氏	安丘市白芬子镇大东营村	30	女	1939 年 7 月 18 日
石有山	安丘市石堆镇山后村	35	男	1939 年 8 月 4 日
别之御	安丘市官庄镇别家屯村	40	男	1939 年 8 月 8 日
别子昌	安丘市官庄镇别家屯村	27	男	1939 年 8 月 8 日
常　三	安丘市兴安街道东场街村	31	男	1939 年 8 月 11 日
陈树贵	安丘市兴安街道东场街村	21	男	1939 年 8 月 11 日
李　全	安丘市兴安街道东场街村	28	男	1939 年 8 月 11 日
刘　兆	安丘市兴安街道东场街村	30	男	1939 年 8 月 11 日
马大德	安丘市兴安街道东场街村	36	男	1939 年 8 月 11 日
王四经	安丘市兴安街道东场街村	19	男	1939 年 8 月 11 日
宇　大	安丘市兴安街道东场街村	29	男	1939 年 8 月 11 日
潘光春	安丘市关王镇阳旭村	48	男	1939 年 8 月 12 日
潘王氏	安丘市关王镇阳旭村	40	女	1939 年 8 月 12 日

姓 名	籍 贯	年 龄	性 别	死难时间
潘永春	安丘市关王镇阳旭村	45	男	1939 年 8 月 12 日
朱张氏	安丘市关王镇阳旭村	45	女	1939 年 8 月 12 日
刘宣荣	安丘市管公镇河南管公村	58	男	1939 年 8 月 13 日
鞠平勋之大伯	安丘市石埠子镇闵家庄村	18	男	1939 年 8 月 17 日
李佃成	安丘市官庄镇大草坡村	24	男	1939 年 8 月 17 日
李瑞福之兄	安丘市白芬子镇大东营村	26	男	1939 年 8 月 18 日
王 准	安丘市官庄镇大草坡村	23	男	1939 年 8 月 18 日
陈大官	安丘市雹泉镇富平官庄村	24	男	1939 年 8 月 30 日
侯学升	安丘市雹泉镇富平官庄村	23	男	1939 年 8 月 30 日
李川珠	安丘市雹泉镇富平官庄村	24	男	1939 年 8 月 30 日
李乐昌	安丘市雹泉镇富平官庄村	25	男	1939 年 8 月 30 日
李尚坤	安丘市雹泉镇富平官庄村	20	男	1939 年 8 月 30 日
韩洪江	安丘市兴安街道小韩十里村	31	男	1939 年 9 月 2 日
韩洪奎	安丘市兴安街道小韩十里村	30	男	1939 年 9 月 2 日
韩洪迁	安丘市兴安街道小韩十里村	28	男	1939 年 9 月 2 日
韩洪信之二兄	安丘市兴安街道小韩十里村	42	男	1939 年 9 月 2 日
鞠正星	安丘市石埠子镇闵家庄村	50	男	1939 年 9 月 2 日
李大驴	安丘市兴安街道周家庄村	34	男	1939 年 9 月 8 日
李三驴	安丘市兴安街道周家庄村	30	男	1939 年 9 月 8 日
张美昌	安丘市兴安街道周家庄村	40	男	1939 年 9 月 8 日
刘大牙	安丘市兴安街道前七里沟村	30	男	1939 年 9 月 18 日
刘 铁	安丘市兴安街道前七里沟村	15	男	1939 年 9 月 18 日
刘 友	安丘市兴安街道前七里沟村	14	男	1939 年 9 月 18 日
刘海宵	安丘市管公镇小洼村	32	男	1939 年 9 月 19 日
李老母猪	安丘市白芬子镇肖家庄子村	40	男	1939 年 10 月 11 日
李黄毛	安丘市白芬子镇肖家庄子村	40	男	1939 年 10 月 12 日
李 堂	安丘市白芬子镇肖家庄子村	40	男	1939 年 10 月 12 日
鞠保洪之父	安丘市石埠子镇荆布子村	35	男	1939 年 10 月 15 日
赵喜日	安丘市兴安街道城里村	53	男	1939 年 10 月 21 日
刘日照	安丘市石埠子镇荆布子村	26	男	1939 年 10 月 26 日
李 宽	安丘市白芬子镇肖家庄子村	20	男	1939 年 10 月 28 日
刘二鼻	安丘市官庄镇东利见村	40	男	1939 年 11 月 9 日
郑二鼓	安丘市官庄镇东利见村	51	男	1939 年 11 月 9 日
郑红毛	安丘市官庄镇东利见村	48	男	1939 年 11 月 9 日

姓　名	籍　贯	年　龄	性　别	死难时间
王二右	安丘市兴安街道石庙子村	23	男	1939 年 11 月 12 日
王仁三	安丘市兴安街道石庙子村	28	男	1939 年 11 月 12 日
赵　国	安丘市兴安街道石庙子村	22	男	1939 年 11 月 12 日
邢培立	安丘市庵上镇茅子埠村	23	男	1939 年 12 月 1 日
张发海	安丘市庵上镇茅子埠村	20	男	1939 年 12 月 1 日
张立正之叔	安丘市石埠子镇荆布子村	18	男	1939 年 12 月 1 日
陆洪升	安丘市关王镇曹家楼子村	35	男	1939 年 12 月 10 日
王孝汉	安丘市关王镇曹家楼子村	46	男	1939 年 12 月 10 日
王效福	安丘市关王镇曹家楼子村	40	男	1939 年 12 月 10 日
张万林	安丘市关王镇曹家楼子村	36	男	1939 年 12 月 10 日
高佃四	安丘市刘家尧镇小朱旺村	34	男	1940 年 1 月 1 日
高佃堂	安丘市刘家尧镇小朱旺村	34	男	1940 年 1 月 1 日
高文顾	安丘市刘家尧镇小朱旺村	23	男	1940 年 1 月 1 日
高文三	安丘市刘家尧镇小朱旺村	24	男	1940 年 1 月 1 日
高文祝	安丘市刘家尧镇小朱旺村	24	男	1940 年 1 月 1 日
马培祥	安丘市庵上镇大陆戈村	32	男	1940 年 1 月 1 日
马学信	安丘市庵上镇大陆戈村	23	男	1940 年 1 月 1 日
解夕玉	安丘市管公镇于家洼村	39	男	1940 年 1 月 2 日
关　父	安丘市凌河镇刘家庄子村	30	男	1940 年 1 月 10 日
孙名远	安丘市景芝镇中王庄村	26	男	1940 年 1 月 10 日
孙明山	安丘市凌河镇娄子布村	38	男	1940 年 1 月 10 日
孙希合	安丘市凌河镇范家庄子村	35	男	1940 年 1 月 10 日
王春山	安丘市黄旗堡镇杞东村	18	男	1940 年 1 月 10 日
王春生	安丘市黄旗堡镇杞东村	20	男	1940 年 1 月 10 日
王东文	安丘市黄旗堡镇杞东村	16	男	1940 年 1 月 10 日
王恩友	安丘市黄旗堡镇杞东村	16	男	1940 年 1 月 10 日
王恩玉	安丘市黄旗堡镇杞东村	14	男	1940 年 1 月 10 日
王培元	安丘市黄旗堡镇王石桥村	21	男	1940 年 1 月 10 日
王身修	安丘市黄旗堡镇杞东村	44	男	1940 年 1 月 10 日
王一茂	安丘市黄旗堡镇杞东村	51	男	1940 年 1 月 10 日
王义田	安丘市黄旗堡镇杞东村	41	男	1940 年 1 月 10 日
王友洪	安丘市黄旗堡镇杞东村	22	男	1940 年 1 月 10 日
王雨时	安丘市黄旗堡镇杞东村	19	男	1940 年 1 月 10 日
王子革	安丘市黄旗堡镇杞东村	38	男	1940 年 1 月 10 日

姓　名	籍　贯	年　龄	性　别	死难时间
王作友	安丘市黄旗堡镇杞东村	35	男	1940 年 1 月 10 日
丁守聪	安丘市关王镇尧洼村	48	男	1940 年 1 月 12 日
王　柱	安丘市白芬子镇任家圈村	20	男	1940 年 1 月 23 日
张　呵	安丘市白芬子镇任家圈村	25	男	1940 年 1 月 23 日
张　胡	安丘市白芬子镇任家圈村	20	男	1940 年 1 月 25 日
曹仕邦	安丘市赵戈镇凌家庄村	55	男	1940 年 2 月 1 日
程金平	安丘市庵上镇孝仁泉村	17	男	1940 年 2 月 1 日
程延金	安丘市庵上镇孝仁泉村	42	男	1940 年 2 月 1 日
吕胜邦	安丘市赵戈镇沟头村	38	男	1940 年 2 月 1 日
吕寿福	安丘市赵戈镇沟头村	14	男	1940 年 2 月 1 日
吕宪邦	安丘市赵戈镇沟头村	34	男	1940 年 2 月 1 日
马树同	安丘市赵戈镇中韩吉村	23	男	1940 年 2 月 1 日
殷　华	安丘市庵上镇孝仁泉村	18	男	1940 年 2 月 1 日
李福庆之妻	安丘市金冢子镇东金堆村	25	女	1940 年 2 月 3 日
李福庆之子	安丘市金冢子镇东金堆村	—	男	1940 年 2 月 3 日
赵一太	安丘市景芝镇小河北村	44	男	1940 年 2 月 4 日
赵永功	安丘市景芝镇小河北村	45	男	1940 年 2 月 4 日
李守春	安丘市庵上镇车相村	23	男	1940 年 2 月 5 日
王进宝	安丘市黄旗堡镇杞西村	61	男	1940 年 2 月 10 日
王序东	安丘市黄旗堡镇杞西村	15	男	1940 年 2 月 11 日
丁爱田	安丘市关王镇尧洼村	45	男	1940 年 2 月 15 日
李景华	安丘市凌河镇前文家庄村	30	男	1940 年 2 月 20 日
崔善宝	安丘市金冢子镇东金堆村	46	男	1940 年 2 月 23 日
李福明	安丘市金冢子镇东金堆村	32	男	1940 年 2 月 23 日
李福庆	安丘市金冢子镇东金堆村	27	男	1940 年 2 月 23 日
李福章	安丘市金冢子镇东金堆村	35	男	1940 年 2 月 23 日
郭廷式	安丘市景芝镇后王庄村	29	男	1940 年 3 月 2 日
韩百安	安丘市关王镇曹家楼子村	40	男	1940 年 3 月 4 日
崔五香	安丘市景芝镇伏戈庄村	25	男	1940 年 3 月 5 日
丁守荣	安丘市关王镇尧洼村	47	男	1940 年 3 月 5 日
付长乐	安丘市白芬子镇邹家洼村	33	男	1940 年 3 月 5 日
高小志	安丘市景芝镇伏戈庄村	26	男	1940 年 3 月 5 日
会山佰	安丘市景芝镇伏戈庄村	30	男	1940 年 3 月 5 日
孙东日	安丘市景芝镇伏戈庄村	30	男	1940 年 3 月 5 日

姓　名	籍　贯	年龄	性别	死难时间
孙明奎	安丘市景芝镇伏戈庄村	21	男	1940 年 3 月 5 日
孙相远	安丘市景芝镇伏戈庄村	30	男	1940 年 3 月 5 日
孙相×	安丘市景芝镇伏戈庄村	30	—	1940 年 3 月 5 日
孙小明	安丘市景芝镇伏戈庄村	20	男	1940 年 3 月 5 日
孙　元	安丘市景芝镇伏戈庄村	23	男	1940 年 3 月 5 日
王广文	安丘市关王镇尧洼村	44	男	1940 年 3 月 5 日
张学友	安丘市兴安街道小近戈村	43	男	1940 年 3 月 7 日
高民来	安丘市兴安街道小辛庄村	20	男	1940 年 3 月 9 日
李温芝	安丘市贾戈街道李家埠村	41	男	1940 年 3 月 10 日
赵彦住	安丘市景芝镇永贞村	39	男	1940 年 3 月 10 日
刘金元之远房祖父	安丘市贾戈街道大沙埠村	35	男	1940 年 3 月 12 日
刘　×	安丘市凌河镇刘家河崖头村	28	男	1940 年 3 月 12 日
刘　×	安丘市凌河镇刘家河崖头村	24	男	1940 年 3 月 12 日
刘　×	安丘市凌河镇刘家河崖头村	36	男	1940 年 3 月 12 日
康绪贤	安丘市王家庄镇康家屯村	41	男	1940 年 3 月 15 日
刘乃福	安丘市贾戈街道刘家沙埠村	45	男	1940 年 3 月 20 日
曹老芬	安丘市兴安街道七里河村	29	男	1940 年 3 月 22 日
楚维彦	安丘市王家庄镇西莲子屯村	37	男	1940 年 3 月 22 日
陈相军	安丘市赵戈镇南屯村	29	男	1940 年 4 月 1 日
朱庆勋	安丘市辉曲镇朱家河村	27	男	1940 年 4 月 1 日
周墨海	安丘市官庄镇大马家庄村	20	男	1940 年 4 月 18 日
吕常龄	安丘市管公镇白石岭村	36	男	1940 年 4 月 19 日
吕怀玉	安丘市管公镇白石岭村	35	男	1940 年 4 月 19 日
吕怀章	安丘市管公镇白石岭村	30	男	1940 年 4 月 19 日
周恩普	安丘市黄旗堡镇逄王四村	38	男	1940 年 4 月 20 日
黄星财	安丘市王家庄镇西营村	40	男	1940 年 4 月 22 日
张好采	安丘市王家庄镇东营村	38	男	1940 年 4 月 22 日
刘焕宝	安丘市景芝镇大兴村	48	男	1940 年 4 月 27 日
刘金宝	安丘市景芝镇大兴村	19	男	1940 年 4 月 27 日
刘西宝	安丘市景芝镇大兴村	50	男	1940 年 4 月 27 日
刘比武	安丘市兴安街道山东头村	18	男	1940 年 5 月 2 日
刘　陛	安丘市兴安街道山东头村	20	男	1940 年 5 月 2 日
刘丰陛	安丘市兴安街道山东头村	25	男	1940 年 5 月 2 日
刘建陛	安丘市兴安街道山东头村	23	男	1940 年 5 月 2 日

姓　名	籍　贯	年龄	性别	死难时间
刘康周	安丘市兴安街道山东头村	19	男	1940 年 5 月 2 日
刘庆锦	安丘市兴安街道山东头村	22	男	1940 年 5 月 2 日
刘叔君	安丘市兴安街道山东头村	38	男	1940 年 5 月 2 日
刘叔仪	安丘市兴安街道山东头村	22	男	1940 年 5 月 2 日
赵光松	安丘市石堆镇赵下坡村	15	男	1940 年 5 月 3 日
赵清贵	安丘市石堆镇赵下坡村	34	男	1940 年 5 月 3 日
赵清真	安丘市石堆镇赵下坡村	16	男	1940 年 5 月 3 日
赵作栋	安丘市石堆镇赵下坡村	15	男	1940 年 5 月 3 日
李桂林	安丘市兴安街道东大庄村	25	男	1940 年 5 月 4 日
张同文	安丘市兴安街道东大庄村	40	男	1940 年 5 月 4 日
鹿功修	安丘市贾戈街道西友戈村	26	男	1940 年 5 月 6 日
鹿天荣	安丘市贾戈街道西友戈村	18	男	1940 年 5 月 6 日
鹿西其	安丘市贾戈街道西友戈村	27	男	1940 年 5 月 6 日
鹿西善	安丘市贾戈街道西友戈村	45	男	1940 年 5 月 6 日
王保杰	安丘市兴安街道甘石桥村	20	男	1940 年 5 月 9 日
王开地	安丘市兴安街道甘石桥村	25	男	1940 年 5 月 9 日
王桥地	安丘市兴安街道甘石桥村	45	男	1940 年 5 月 9 日
陈寿春	安丘市贾戈街道西友戈村	28	男	1940 年 5 月 10 日
陈为常	安丘市贾戈街道西友戈村	30	男	1940 年 5 月 10 日
鹿其仪	安丘市贾戈街道西友戈村	32	男	1940 年 5 月 10 日
鹿天桂	安丘市贾戈街道西友戈村	19	男	1940 年 5 月 10 日
鹿西川	安丘市贾戈街道西友戈村	40	男	1940 年 5 月 10 日
鹿西年	安丘市贾戈街道西友戈村	30	男	1940 年 5 月 10 日
鹿振国	安丘市贾戈街道西友戈村	40	男	1940 年 5 月 10 日
鹿振军	安丘市贾戈街道西友戈村	18	男	1940 年 5 月 10 日
刘　氏	安丘市白芬子镇探柳庄村	46	女	1940 年 5 月 16 日
孙希慧	安丘市白芬子镇探柳庄村	41	男	1940 年 5 月 16 日
刘过之	安丘市官庄镇夏庄村	25	男	1940 年 5 月 18 日
刘黄泥	安丘市官庄镇夏庄村	30	男	1940 年 5 月 18 日
吕扭腚	安丘市官庄镇夏庄村	50	男	1940 年 5 月 18 日
赵　安	安丘市官庄镇夏庄村	34	男	1940 年 5 月 18 日
周兰平	安丘市官庄镇大马家庄村	25	男	1940 年 5 月 18 日
鞠玉桢	安丘市石埠子镇晏峪村	45	男	1940 年 5 月 20 日
常洪鹄	安丘市贾戈街道常家庄村	28	男	1940 年 6 月 5 日

姓　名	籍　贯	年　龄	性　别	死难时间
黄敬宏	安丘市贾戈街道十里铺村	30	男	1940 年 6 月 5 日
周佃保	安丘市贾戈街道常家庄村	34	男	1940 年 6 月 5 日
高瑞祥	安丘市金冢子镇草店子村	31	男	1940 年 6 月 9 日
韩立德	安丘市金冢子镇草店子村	32	男	1940 年 6 月 9 日
陆焕彩	安丘市金冢子镇草店子村	35	男	1940 年 6 月 9 日
王培军	安丘市金冢子镇草店子村	34	男	1940 年 6 月 9 日
李荣吉	安丘市王家庄镇泉子崖村	25	男	1940 年 6 月 15 日
李永福	安丘市雹泉镇落鸦石村	32	男	1940 年 6 月 15 日
李玉成	安丘市雹泉镇落鸦石村	34	男	1940 年 6 月 15 日
孟庆村	安丘市王家庄镇孟家官庄村	25	男	1940 年 6 月 20 日
鞠永勋	安丘市石埠子镇东召忽村	31	男	1940 年 6 月 27 日
马松苓	安丘市庵上镇大陆戈村	26	男	1940 年 7 月 1 日
魏吉祥	安丘市庵上镇菩萨峪村	18	男	1940 年 7 月 1 日
丁爱强	安丘市关王镇尧洼村	43	男	1940 年 7 月 4 日
高世俊	安丘市官庄镇麻阿村	48	男	1940 年 7 月 8 日
孙培义	安丘市官庄镇麻阿村	53	男	1940 年 7 月 8 日
孙完弼	安丘市官庄镇麻阿村	46	男	1940 年 7 月 8 日
孙锡孚	安丘市官庄镇麻阿村	45	男	1940 年 7 月 8 日
王树林	安丘市金冢子镇里戈庄村	17	男	1940 年 7 月 8 日
张学武	安丘市官庄镇张家沙沟村	32	男	1940 年 7 月 9 日
孙　国	安丘市白芬子镇探柳庄村	45	男	1940 年 7 月 15 日
孙士远	安丘市景芝镇中王庄村	26	男	1940 年 7 月 15 日
常永富	安丘市王家庄镇韩家庄村	22	男	1940 年 7 月 20 日
闫清河	安丘市王家庄镇韩家庄村	20	男	1940 年 7 月 20 日
白　运	安丘市辉曲镇绪泉村	20	男	1940 年 8 月 1 日
曹　设	安丘市刘家尧镇寨上村	24	男	1940 年 8 月 1 日
周　黑	安丘市刘家尧镇周家营子村	20	男	1940 年 8 月 1 日
周利子	安丘市辉曲镇绪泉村	19	男	1940 年 8 月 1 日
周良臣	安丘市刘家尧镇周家营子村	24	男	1940 年 8 月 1 日
周志春	安丘市刘家尧镇周家营子村	23	男	1940 年 8 月 1 日
马启福	安丘市石堆镇山后村	36	男	1940 年 8 月 3 日
石国栋	安丘市石堆镇山后村	42	男	1940 年 8 月 3 日
石国荣	安丘市石堆镇山后村	45	男	1940 年 8 月 3 日
田在吉	安丘市石堆镇山后村	40	男	1940 年 8 月 3 日

姓　名	籍　贯	年　龄	性　别	死难时间
陈其道	安丘市贾戈街道夹埠村	21	男	1940 年 8 月 5 日
王　塘	安丘市石堆镇高下坡村	49	男	1940 年 8 月 5 日
冯立德	安丘市金冢子镇里戈庄村	14	男	1940 年 8 月 7 日
冯立刚	安丘市金冢子镇里戈庄村	16	男	1940 年 8 月 7 日
李瑞林	安丘市金冢子镇里戈庄村	16	男	1940 年 8 月 7 日
王鸿福	安丘市金冢子镇里戈庄村	14	男	1940 年 8 月 7 日
王　萌	安丘市金冢子镇里戈庄村	14	男	1940 年 8 月 7 日
崔景石	安丘市景芝镇后院村	38	男	1940 年 8 月 9 日
崔学壮	安丘市景芝镇后院村	29	男	1940 年 8 月 9 日
崔世崇	安丘市雹泉镇崔家峪村	43	男	1940 年 8 月 12 日
徐洪来	安丘市雹泉镇落鸦石村	38	男	1940 年 8 月 15 日
徐洪升	安丘市雹泉镇落鸦石村	30	男	1940 年 8 月 15 日
徐守义	安丘市雹泉镇落鸦石村	36	男	1940 年 8 月 15 日
马娥连	安丘市赵戈镇王府庄子村	21	男	1940 年 9 月 2 日
李文光	安丘市景芝镇庆安北村	40	男	1940 年 9 月 10 日
陈学周	安丘市关王镇北韩村	21	男	1940 年 9 月 18 日
王兴臣	安丘市关王镇北韩村	20	男	1940 年 9 月 18 日
王右臣	安丘市关王镇北韩村	19	男	1940 年 9 月 18 日
王左臣	安丘市关王镇北韩村	17	男	1940 年 9 月 18 日
江廷润	安丘市兴安街道冢子坡村	36	男	1940 年 9 月 20 日
田希套	安丘市兴安街道冢子坡村	25	男	1940 年 9 月 20 日
韩洪吉	安丘市赵戈镇贺戈村	33	男	1940 年 10 月 1 日
刘德公之妻	安丘市赵戈镇贺戈村	22	女	1940 年 10 月 1 日
刘花林	安丘市刘家尧镇付庙子村	48	男	1940 年 10 月 1 日
马俊义	安丘市庵上镇庵上村	36	男	1940 年 10 月 1 日
杨市之	安丘市刘家尧镇付庙子村	49	男	1940 年 10 月 1 日
沈光亮	安丘市贾戈街道孙家十里河村	23	男	1940 年 10 月 3 日
张　起	安丘市贾戈街道孙家十里河村	22	男	1940 年 10 月 3 日
王砚田	安丘市白芬子镇东羊埠村	51	男	1940 年 10 月 4 日
贺常乐	安丘市景芝镇小市留村	38	男	1940 年 10 月 5 日
贺德升	安丘市景芝镇小市留村	38	男	1940 年 10 月 5 日
陆金率	安丘市景芝镇小市留村	40	男	1940 年 10 月 5 日
石三良	安丘市景芝镇小市留村	40	男	1940 年 10 月 5 日
张从文	安丘市景芝镇东南村	40	男	1940 年 10 月 6 日

姓 名	籍 贯	年 龄	性 别	死难时间
李光臣	安丘市贾戈街道张五里村	30	男	1940 年 10 月 8 日
李光杰	安丘市贾戈街道张五里村	32	男	1940 年 10 月 8 日
李光亮	安丘市贾戈街道张五里村	28	男	1940 年 10 月 8 日
李光祖	安丘市贾戈街道张五里村	28	男	1940 年 10 月 8 日
李连元	安丘市贾戈街道张五里村	23	男	1940 年 10 月 8 日
李学海之妹	安丘市贾戈街道张五里村	16	女	1940 年 10 月 8 日
李学海之母	安丘市贾戈街道张五里村	34	女	1940 年 10 月 8 日
张大胖	安丘市贾戈街道张五里村	28	男	1940 年 10 月 8 日
张兰友	安丘市贾戈街道张五里村	24	男	1940 年 10 月 8 日
张兰玉	安丘市贾戈街道张五里村	22	男	1940 年 10 月 8 日
朱德成	安丘市贾戈街道张五里村	22	男	1940 年 10 月 8 日
朱桂清	安丘市贾戈街道张五里村	31	男	1940 年 10 月 8 日
王 氏	安丘市白芬子镇东羊埠村	27	女	1940 年 10 月 23 日
王六哨	安丘市白芬子镇东羊埠村	18	男	1940 年 10 月 27 日
王培仁	安丘市景芝镇伏留村	21	男	1940 年 11 月 10 日
周珍光	安丘市景芝镇伏留村	25	男	1940 年 11 月 10 日
宋学信	安丘市白芬子镇探柳庄村	42	男	1940 年 11 月 14 日
刘文章	安丘市黄旗堡镇西安泰村	27	男	1940 年 11 月 20 日
孙志和	安丘市景芝镇小湖埠村	30	男	1940 年 11 月 28 日
李子池	安丘市雹泉镇西北村	26	男	1940 年 12 月 1 日
李东升之母	安丘市白芬子镇辛庄子村	40	女	1940 年 12 月 15 日
邹景明	安丘市白芬子镇邹家洼村	51	男	1940 年 12 月 15 日
崔金明	安丘市庵上镇赵家营村	23	男	1941 年 1 月 1 日
李维九	安丘市辉曲镇夏坡村	39	男	1941 年 1 月 1 日
李 汶	安丘市辉曲镇夏坡村	17	男	1941 年 1 月 1 日
李 注	安丘市辉曲镇夏坡村	16	男	1941 年 1 月 1 日
肖成广	安丘市刘家尧镇薛家庄村	57	男	1941 年 1 月 1 日
肖河广	安丘市刘家尧镇薛家庄村	55	男	1941 年 1 月 1 日
肖敬德	安丘市刘家尧镇薛家庄村	45	男	1941 年 1 月 1 日
肖寿广	安丘市刘家尧镇薛家庄村	49	男	1941 年 1 月 1 日
薛 坤	安丘市刘家尧镇薛家庄村	15	男	1941 年 1 月 1 日
寇国栋	安丘市赵戈镇凌家庄村	32	男	1941 年 1 月 5 日
李敬元	安丘市赵戈镇后邢戈村	23	男	1941 年 1 月 5 日
李善宝	安丘市赵戈镇后邢戈村	25	男	1941 年 1 月 5 日

姓　名	籍　贯	年　龄	性　别	死难时间
刘本昌	安丘市赵戈镇后邢戈村	23	男	1941 年 1 月 5 日
孙春官	安丘市赵戈镇后邢戈村	27	男	1941 年 1 月 5 日
孙元喜	安丘市赵戈镇后邢戈村	25	男	1941 年 1 月 5 日
王火星	安丘市赵戈镇凌家庄村	54	男	1941 年 1 月 5 日
王来芝	安丘市赵戈镇凌家庄村	33	男	1941 年 1 月 5 日
张金地	安丘市赵戈镇山口村	31	男	1941 年 1 月 5 日
张经岱	安丘市赵戈镇凌家庄村	31	男	1941 年 1 月 5 日
张景岱	安丘市赵戈镇凌家庄村	26	男	1941 年 1 月 5 日
张正智	安丘市赵戈镇山口村	41	男	1941 年 1 月 5 日
孙均田	安丘市临浯镇西古河村	18	男	1941 年 1 月 7 日
孙令德	安丘市临浯镇西古河村	22	男	1941 年 1 月 7 日
李振方	安丘市管公镇东上河头村	18	男	1941 年 1 月 8 日
李振英	安丘市管公镇东上河头村	22	男	1941 年 1 月 8 日
周会信	安丘市管公镇东上河头村	40	男	1941 年 1 月 8 日
周连成	安丘市管公镇东上河头村	38	男	1941 年 1 月 8 日
周振西	安丘市管公镇东上河头村	20	男	1941 年 1 月 8 日
王春田	安丘市兴安街道南新村	16	男	1941 年 1 月 9 日
王培元	安丘市黄旗堡镇杞东村	21	男	1941 年 1 月 10 日
王　戏	安丘市黄旗堡镇杞东村	13	男	1941 年 1 月 10 日
张万成	安丘市凌河镇关王庙村	48	男	1941 年 1 月 10 日
都汉芬	安丘市官庄镇前朱家庄村	35	男	1941 年 1 月 13 日
鞠大新之子	安丘市石埠子镇东召忽村	28	男	1941 年 1 月 14 日
鞠明森	安丘市石埠子镇东召忽村	26	男	1941 年 1 月 14 日
鞠世勋	安丘市石埠子镇东召忽村	38	男	1941 年 1 月 14 日
李长治	安丘市兴安街道西大庄村	40	男	1941 年 1 月 15 日
李全福	安丘市兴安街道西大庄村	60	男	1941 年 1 月 15 日
李全泉	安丘市兴安街道西大庄村	55	男	1941 年 1 月 15 日
李仁三	安丘市兴安街道西大庄村	45	男	1941 年 1 月 15 日
郑连贵	安丘市官庄镇前朱家庄村	40	男	1941 年 1 月 15 日
韩景灵	安丘市兴安街道小石泉村	50	男	1941 年 1 月 20 日
孙忠良	安丘市兴安街道小石泉村	51	男	1941 年 1 月 20 日
王介理	安丘市兴安街道小石泉村	50	男	1941 年 1 月 20 日
邹家祥	安丘市兴安街道小石泉村	30	男	1941 年 1 月 20 日
鞠仲祥	安丘市石埠子镇东召忽村	35	男	1941 年 1 月 24 日

姓 名	籍 贯	年 龄	性 别	死难时间
赵风喜	安丘市大盛镇东田庄村口	30	男	1941 年 1 月 30 日
崔德召	安丘市庵上镇赵家营村	22	男	1941 年 2 月 1 日
崔以贤	安丘市赵戈镇埠望庄村	23	男	1941 年 2 月 1 日
李优伦	安丘市赵戈镇埠望庄村	40	男	1941 年 2 月 1 日
李增田	安丘市凌河镇前文家庄村	29	男	1941 年 2 月 1 日
吕景武	安丘市赵戈镇东韩吉村	18	男	1941 年 2 月 1 日
姚丙恒	安丘市柘山镇隋家河村	25	男	1941 年 2 月 1 日
陈其升	安丘市贾戈街道为善村	22	男	1941 年 2 月 5 日
陈其玉	安丘市贾戈街道为善村	17	男	1941 年 2 月 5 日
陈其元	安丘市贾戈街道为善村	19	男	1941 年 2 月 5 日
吕永志	安丘市管公镇白石岭村	38	男	1941 年 2 月 8 日
刘玉苍	安丘市凌河镇前儒林村	40	男	1941 年 2 月 10 日
王么罗	安丘市凌河镇西赵家庄村	41	男	1941 年 2 月 10 日
刘贵来	安丘市景芝镇刘家屯村	28	男	1941 年 2 月 13 日
马 ×	安丘市管公镇马家小庄村	22	男	1941 年 2 月 13 日
马 ×	安丘市管公镇马家小庄村	23	男	1941 年 2 月 13 日
马 ×	安丘市管公镇马家小庄村	21	男	1941 年 2 月 13 日
马 ×	安丘市管公镇马家小庄村	35	男	1941 年 2 月 13 日
马 ×	安丘市管公镇马家小庄村	18	男	1941 年 2 月 13 日
马 ×	安丘市管公镇马家小庄村	35	男	1941 年 2 月 13 日
马 ×	安丘市管公镇马家小庄村	26	男	1941 年 2 月 13 日
马 ×	安丘市管公镇马家小庄村	32	男	1941 年 2 月 13 日
马志泉	安丘市管公镇马家小庄村	25	男	1941 年 2 月 13 日
张世京	安丘市景芝镇南甘泉村	17	男	1941 年 2 月 16 日
刘德全	安丘市兴安街道大石泉村	40	男	1941 年 2 月 17 日
刘德欣	安丘市兴安街道大石泉村	42	男	1941 年 2 月 17 日
卢景跃	安丘市兴安街道大石泉村	25	男	1941 年 2 月 17 日
卢千聪	安丘市兴安街道大石泉村	15	男	1941 年 2 月 17 日
卢千法	安丘市兴安街道大石泉村	18	男	1941 年 2 月 17 日
卢中差	安丘市兴安街道大石泉村	45	男	1941 年 2 月 17 日
王保全	安丘市兴安街道大石泉村	40	男	1941 年 2 月 17 日
王敬田	安丘市兴安街道大石泉村	36	男	1941 年 2 月 17 日
王老汝	安丘市兴安街道大石泉村	55	男	1941 年 2 月 17 日
魏文礼	安丘市兴安街道大石泉村	30	男	1941 年 2 月 17 日

姓 名	籍 贯	年 龄	性 别	死难时间
闫景成	安丘市兴安街道大石泉村	41	男	1941 年 2 月 17 日
叶新田	安丘市兴安街道大石泉村	42	男	1941 年 2 月 17 日
崔玉谱	安丘市管公镇白石岭村	31	男	1941 年 2 月 19 日
周思华	安丘市管公镇申明亭村	30	男	1941 年 2 月 19 日
张学福	安丘市白芬子镇小尖子埠村	52	男	1941 年 2 月 23 日
张学仁	安丘市白芬子镇小尖子埠村	50	男	1941 年 2 月 23 日
李振洪	安丘市辉曲镇田庄村	49	男	1941 年 3 月 1 日
刘衍符	安丘市官庄镇埠南头村	21	男	1941 年 3 月 1 日
马光有	安丘市管公镇马家小庄村	22	男	1941 年 3 月 3 日
王凤梅	安丘市白芬子镇曹家庄子村	18	男	1941 年 3 月 3 日
韩贵来	安丘市贾戈街道邵家埠村	50	男	1941 年 3 月 4 日
韩介信	安丘市贾戈街道邵家埠村	40	男	1941 年 3 月 4 日
韩青云	安丘市贾戈街道邵家埠村	40	男	1941 年 3 月 4 日
李华年	安丘市贾戈街道邵家埠村	38	男	1941 年 3 月 4 日
李士贤	安丘市贾戈街道邵家埠村	50	男	1941 年 3 月 4 日
李寅年	安丘市贾戈街道邵家埠村	30	男	1941 年 3 月 4 日
栾兆昌	安丘市石堆镇石沟村	18	男	1941 年 3 月 6 日
董云富	安丘市石堆镇董下坡村	39	男	1941 年 3 月 8 日
董云禄	安丘市石堆镇董下坡村	37	男	1941 年 3 月 8 日
王慢眼	安丘市贾戈街道王家楼村	40	男	1941 年 3 月 11 日
王荣之妻	安丘市贾戈街道王家楼村	40	女	1941 年 3 月 11 日
王作富	安丘市贾戈街道王家楼村	42	男	1941 年 3 月 11 日
王作升	安丘市贾戈街道王家楼村	40	男	1941 年 3 月 11 日
崔玉宽	安丘市管公镇白石岭村	32	男	1941 年 3 月 12 日
李仲伦	安丘市白芬子镇西营村	35	男	1941 年 3 月 12 日
王狗眼	安丘市白芬子镇泉子崖村	20	男	1941 年 3 月 12 日
赵培祥	安丘市关王镇南官庄村	31	男	1941 年 3 月 12 日
李灵恩	安丘市兴安街道老庄子村	61	男	1941 年 3 月 18 日
宋宝山	安丘市兴安街道老庄子村	51	男	1941 年 3 月 18 日
孙大王	安丘市关王镇孙家下埠河西村	27	男	1941 年 3 月 18 日
孙小董	安丘市关王镇孙家下埠河西村	28	男	1941 年 3 月 18 日
张学六	安丘市白芬子镇小尖子埠村	54	男	1941 年 3 月 18 日
宋大群	安丘市兴安街道大城埠村	18	男	1941 年 3 月 20 日
崔玉田	安丘市管公镇白石岭村	39	男	1941 年 3 月 27 日

姓　名	籍　贯	年　龄	性　别	死难时间
崔玉功	安丘市管公镇白石岭村	31	男	1941 年 3 月 29 日
凌佃文	安丘市赵戈镇南凌家院村	34	男	1941 年 4 月 1 日
秦兆连	安丘市刘家尧镇石羊村	27	男	1941 年 4 月 1 日
鹿　汉	安丘市贾戈街道西友戈村	18	男	1941 年 4 月 3 日
鹿进修	安丘市贾戈街道西友戈村	20	男	1941 年 4 月 3 日
鹿振文	安丘市贾戈街道西友戈村	19	男	1941 年 4 月 3 日
李振刚	安丘市兴安街道大近戈村	40	男	1941 年 4 月 5 日
宋廷栋	安丘市兴安街道大近戈村	50	男	1941 年 4 月 5 日
魏书林	安丘市白芬子镇大黑埠村	23	男	1941 年 4 月 5 日
辛德仁之父	安丘市兴安街道大近戈村	56	男	1941 年 4 月 5 日
辛德仁之兄	安丘市兴安街道大近戈村	21	男	1941 年 4 月 5 日
于洪导	安丘市兴安街道大近戈村	19	男	1941 年 4 月 5 日
于洪敬	安丘市兴安街道大近戈村	17	男	1941 年 4 月 5 日
于洪书	安丘市兴安街道大近戈村	16	男	1941 年 4 月 5 日
谭　硬	安丘市柘山镇谭家秋峪村	38	男	1941 年 4 月 8 日
李存让	安丘市景芝镇东营村	49	男	1941 年 4 月 9 日
李守业	安丘市景芝镇东营村	50	男	1941 年 4 月 9 日
朱凤阁	安丘市景芝镇东营村	50	男	1941 年 4 月 9 日
冀连奎	安丘市金冢子镇三河村	56	男	1941 年 4 月 10 日
冀振芳	安丘市金冢子镇三河村	24	男	1941 年 4 月 10 日
马兴业	安丘市金冢子镇三河村	44	男	1941 年 4 月 10 日
沈金寿	安丘市金冢子镇三河村	44	男	1941 年 4 月 10 日
于世仁	安丘市金冢子镇三河村	41	男	1941 年 4 月 10 日
周安吉	安丘市金冢子镇三河村	43	男	1941 年 4 月 10 日
周惠池	安丘市金冢子镇三河村	24	男	1941 年 4 月 10 日
周立明	安丘市金冢子镇三河村	45	男	1941 年 4 月 10 日
周立全	安丘市金冢子镇三河村	31	男	1941 年 4 月 10 日
周立身	安丘市金冢子镇三河村	49	男	1941 年 4 月 10 日
周清斋	安丘市金冢子镇三河村	45	男	1941 年 4 月 10 日
周世奎	安丘市金冢子镇三河村	21	男	1941 年 4 月 10 日
周瑶池	安丘市金冢子镇三河村	43	男	1941 年 4 月 10 日
吕永祥	安丘市管公镇白石岭村	34	男	1941 年 4 月 13 日
闫培斌	安丘市兴安街道朱家埠村	26	男	1941 年 4 月 13 日
闫培驰	安丘市兴安街道朱家埠村	46	男	1941 年 4 月 13 日

姓 名	籍 贯	年 龄	性 别	死难时间
闫培勋	安丘市兴安街道朱家埠村	46	男	1941 年 4 月 13 日
闫培真	安丘市兴安街道朱家埠村	30	男	1941 年 4 月 13 日
闫文州	安丘市兴安街道朱家埠村	25	男	1941 年 4 月 13 日
闫相仁	安丘市兴安街道朱家埠村	40	男	1941 年 4 月 13 日
赵金刚	安丘市兴安街道朱家埠村	35	男	1941 年 4 月 13 日
赵仁龙	安丘市兴安街道朱家埠村	35	男	1941 年 4 月 13 日
雷李氏	安丘市雹泉镇西尚庄村	41	女	1941 年 4 月 21 日
宋兆德	安丘市白芬子镇大黑埠村	31	男	1941 年 4 月 28 日
崔金发	安丘市庵上镇赵家营村	24	男	1941 年 5 月 1 日
孙宝坤	安丘市刘家尧镇灵山村	28	男	1941 年 5 月 1 日
江大海	安丘市关王镇柿子园村	41	男	1941 年 5 月 6 日
李文右	安丘市大盛镇北徐家庄村	30	男	1941 年 5 月 8 日
陈洪太	安丘市贾戈街道夹埠村	21	男	1941 年 5 月 11 日
孙 妮	安丘市管公镇王瓜园村	50	男	1941 年 5 月 12 日
孙 升	安丘市管公镇王瓜园村	41	男	1941 年 5 月 12 日
王德福之叔	安丘市管公镇闫家管公村	28	男	1941 年 5 月 12 日
张小包	安丘市白芬子镇三十里铺村	21	男	1941 年 5 月 12 日
赵 碾	安丘市管公镇王瓜园村	43	男	1941 年 5 月 12 日
邹谋士	安丘市管公镇王瓜园村	39	男	1941 年 5 月 12 日
辛明方	安丘市柘山镇闫家河村	22	男	1941 年 5 月 15 日
杨如林	安丘市柘山镇闫家河村	56	男	1941 年 5 月 15 日
刘铁棍	安丘市贾戈街道夹埠村	23	男	1941 年 5 月 16 日
刘 宗	安丘市贾戈街道夹埠村	20	男	1941 年 5 月 16 日
张小聪	安丘市白芬子镇三十里铺村	24	男	1941 年 5 月 16 日
韩 二	安丘市白芬子镇李家庄子村	43	男	1941 年 5 月 18 日
李长发	安丘市白芬子镇辛庄子村	30	男	1941 年 5 月 18 日
张小宽	安丘市白芬子镇三十里铺村	22	男	1941 年 5 月 18 日
李长海	安丘市贾戈街道李家埠村	34	男	1941 年 6 月 1 日
李长江	安丘市贾戈街道李家埠村	32	男	1941 年 6 月 1 日
李尚智	安丘市辉曲镇刘家林村	58	男	1941 年 6 月 1 日
李 氏	安丘市贾戈街道李家埠村	26	女	1941 年 6 月 1 日
刘春奋	安丘市辉曲镇刘家林村	17	男	1941 年 6 月 1 日
刘京林	安丘市辉曲镇刘家林村	58	男	1941 年 6 月 1 日
刘孝城	安丘市辉曲镇刘家林村	36	男	1941 年 6 月 1 日

姓　名	籍　贯	年　龄	性　别	死难时间
刘孝忠	安丘市辉曲镇刘家林村	—	男	1941 年 6 月 1 日
李步山	安丘市赵戈镇西仓村	23	男	1941 年 6 月 2 日
李超然	安丘市赵戈镇西仓村	19	男	1941 年 6 月 2 日
李程氏	安丘市赵戈镇西仓村	42	女	1941 年 6 月 2 日
李春亮	安丘市赵戈镇西仓村	55	男	1941 年 6 月 2 日
李兰波	安丘市赵戈镇西仓村	19	男	1941 年 6 月 2 日
李杨氏	安丘市赵戈镇西仓村	22	女	1941 年 6 月 2 日
刘仕森	安丘市赵戈镇西仓村	25	男	1941 年 6 月 2 日
贾明路之四祖父	安丘市贾戈街道贾家王封村	33	男	1941 年 6 月 7 日
贾世聪之弟	安丘市贾戈街道贾家王封村	22	男	1941 年 6 月 7 日
贾树彪	安丘市贾戈街道贾家王封村	35	男	1941 年 6 月 7 日
贾绪臣之大堂兄	安丘市贾戈街道贾家王封村	29	男	1941 年 6 月 7 日
贾绪臣之二堂兄	安丘市贾戈街道贾家王封村	27	男	1941 年 6 月 7 日
贾永康	安丘市贾戈街道贾家王封村	33	男	1941 年 6 月 7 日
刘淑欣	安丘市贾戈街道西北村	25	男	1941 年 6 月 8 日
刘暂勋	安丘市贾戈街道西北村	25	男	1941 年 6 月 8 日
马春成	安丘市贾戈街道西北村	26	男	1941 年 6 月 8 日
马凤义	安丘市贾戈街道西北村	20	男	1941 年 6 月 8 日
马剑春	安丘市贾戈街道西北村	23	男	1941 年 6 月 8 日
马时圣	安丘市贾戈街道西北村	21	男	1941 年 6 月 8 日
马绪仁	安丘市贾戈街道西北村	16	男	1941 年 6 月 8 日
马振升	安丘市贾戈街道西北村	22	男	1941 年 6 月 8 日
孙培倍	安丘市官庄镇小阿陀村	16	男	1941 年 6 月 8 日
都　×	安丘市兴安街道张家小官庄村	45	男	1941 年 6 月 10 日
李存昌	安丘市兴安街道张家小官庄村	42	男	1941 年 6 月 10 日
郑学春	安丘市官庄镇郑家沙沟村	31	男	1941 年 7 月 8 日
王　国	安丘市管公镇小红沟村	32	男	1941 年 7 月 11 日
梁　友	安丘市景芝镇丰田村	30	男	1941 年 7 月 18 日
谢西庆	安丘市兴安街道谢家村	32	男	1941 年 7 月 20 日
吴小福	安丘市景芝镇丰田村	22	男	1941 年 7 月 28 日
屈道林	安丘市刘家尧镇灵山村	24	男	1941 年 8 月 1 日
尚永富	安丘市辉曲镇尚家庄村	29	男	1941 年 8 月 1 日
王凤棠	安丘市刘家尧镇新村	27	男	1941 年 8 月 1 日
张起恩	安丘市刘家尧镇东石马村	19	男	1941 年 8 月 1 日

姓 名	籍 贯	年 龄	性 别	死难时间
张文来之子	安丘市刘家尧镇东石马村	23	男	1941 年 8 月 1 日
刘连湖	安丘市官庄镇西小泉村	55	男	1941 年 8 月 17 日
王士来	安丘市官庄镇西小泉村	51	男	1941 年 8 月 17 日
周猴子	安丘市赵戈镇郭家小诸城村	25	男	1941 年 9 月 1 日
周仁田	安丘市赵戈镇郭家小诸城村	27	男	1941 年 9 月 1 日
马佃元	安丘市赵戈镇王府庄子村	21	男	1941 年 9 月 2 日
高和富	安丘市柘山镇朱家庄村	26	男	1941 年 9 月 16 日
李永茂	安丘市白芬子镇李家小庄村	24	男	1941 年 9 月 18 日
刘德公	安丘市赵戈镇贺戈村	24	男	1941 年 10 月 1 日
鹿振山	安丘市贾戈街道西友戈村	18	男	1941 年 10 月 1 日
鹿振新	安丘市贾戈街道西友戈村	30	男	1941 年 10 月 1 日
王德生	安丘市兴安街道南新村	27	男	1941 年 10 月 2 日
王德顺	安丘市兴安街道南新村	19	男	1941 年 10 月 2 日
张身文	安丘市关王镇张家庄村	37	男	1941 年 10 月 5 日
张子成	安丘市关王镇张家庄村	40	男	1941 年 10 月 5 日
张子元	安丘市关王镇张家庄村	37	男	1941 年 10 月 5 日
崔佃成	安丘市兴安街道大石泉村	18	男	1941 年 10 月 10 日
崔来富	安丘市兴安街道大石泉村	38	男	1941 年 10 月 10 日
崔闫氏	安丘市兴安街道大石泉村	36	女	1941 年 10 月 10 日
解长六	安丘市辉曲镇南罗圈崖村	40	男	1941 年 10 月 11 日
杨吴氏	安丘市兴安街道大石泉村	35	女	1941 年 10 月 11 日
凌种玉	安丘市赵戈镇凌家庄村	31	男	1941 年 11 月 1 日
王邦奎	安丘市关王镇龙湾崖村	20	男	1941 年 12 月 1 日
朱风林	安丘市白芬子镇椿树沟村	26	男	1941 年 12 月 7 日
江 浦	安丘市凌河镇董家庄村	38	男	1941 年 12 月 10 日
王玉德	安丘市白芬子镇椿树沟村	26	男	1941 年 12 月 17 日
王玉青	安丘市白芬子镇椿树沟村	30	男	1941 年 12 月 23 日
李维芬	安丘市辉曲镇夏坡村	40	男	1942 年 1 月 1 日
刘宗武	安丘市庵上镇邓家庄村	31	男	1942 年 1 月 1 日
马承发	安丘市庵上镇庵上村	33	男	1942 年 1 月 1 日
王文生	安丘市庵上镇许家庄村	30	男	1942 年 1 月 1 日
魏希林	安丘市庵上镇仕家官庄村	24	男	1942 年 1 月 1 日
常华荣	安丘市凌河镇吕家埠村	32	男	1942 年 1 月 10 日
李美效	安丘市凌河镇小官庄村	28	男	1942 年 1 月 10 日

姓　名	籍　贯	年　龄	性　别	死难时间
李有文	安丘市凌河镇前松元村	30	男	1942 年 1 月 10 日
吕　地	安丘市凌河镇吕家埠村	23	男	1942 年 1 月 10 日
吕贵成	安丘市凌河镇吕家埠村	23	男	1942 年 1 月 10 日
吕贵军	安丘市凌河镇吕家埠村	30	男	1942 年 1 月 10 日
吕林去	安丘市凌河镇吕家埠村	25	男	1942 年 1 月 10 日
王鹏池	安丘市管公镇河北管公村	39	男	1942 年 1 月 10 日
徐风敦	安丘市石堆镇西前孟戈村	45	男	1942 年 1 月 15 日
徐风宗	安丘市石堆镇西前孟戈村	36	男	1942 年 1 月 15 日
徐会鹏	安丘市石堆镇西前孟戈村	30	男	1942 年 1 月 15 日
王　颢	安丘市凌河镇牟山前村	28	男	1942 年 1 月 20 日
王泗喜	安丘市石堆镇东前孟戈村	48	男	1942 年 1 月 21 日
李金廷	安丘市赵戈镇埠望庄村	38	男	1942 年 2 月 1 日
李均托	安丘市雹泉镇鞠家庄子村	40	男	1942 年 2 月 1 日
李　牛	安丘市辉曲镇小麦峪村	21	男	1942 年 2 月 1 日
李万言	安丘市雹泉镇鞠家庄子村	48	男	1942 年 2 月 1 日
刘来兴	安丘市雹泉镇鞠家庄子村	50	男	1942 年 2 月 1 日
刘所有	安丘市官庄镇于家河村	25	男	1942 年 2 月 1 日
马瑞端	安丘市庵上镇大陆戈村	24	男	1942 年 2 月 1 日
马　四	安丘市雹泉镇鞠家庄子村	51	男	1942 年 2 月 1 日
马　五	安丘市雹泉镇鞠家庄子村	48	男	1942 年 2 月 1 日
马自叶	安丘市庵上镇庵上村	—	男	1942 年 2 月 1 日
张国桢	安丘市赵戈镇张家埠村	49	男	1942 年 2 月 1 日
曹连爱	安丘市贾戈街道小杨戈村	39	男	1942 年 2 月 2 日
韩聚祥	安丘市石堆镇大下坡村	24	男	1942 年 2 月 2 日
唐文选	安丘市赵戈镇高家官庄村	28	男	1942 年 2 月 2 日
贺梦兰	安丘市贾戈街道东南村	50	男	1942 年 2 月 5 日
贺万金	安丘市贾戈街道东南村	28	男	1942 年 2 月 5 日
董日虎	安丘市凌河镇董家庄村	26	男	1942 年 2 月 10 日
韩金堂	安丘市石堆镇大亭子村	28	男	1942 年 2 月 10 日
韩派长	安丘市石堆镇大亭子村	32	男	1942 年 2 月 10 日
韩绪长	安丘市石堆镇大亭子村	36	男	1942 年 2 月 10 日
韩玉球	安丘市石堆镇大亭子村	50	男	1942 年 2 月 10 日
韩忠茂	安丘市石堆镇大亭子村	52	男	1942 年 2 月 10 日
李仓均	安丘市管公镇申明亭村	43	男	1942 年 2 月 10 日

姓 名	籍 贯	年 龄	性 别	死难时间
聂陈氏	安丘市石堆镇东前孟戈村	19	女	1942 年 2 月 10 日
聂明久	安丘市石堆镇东前孟戈村	42	男	1942 年 2 月 10 日
聂振花	安丘市石堆镇东前孟戈村	10	男	1942 年 2 月 10 日
王忠信	安丘市石堆镇大亭子村	38	男	1942 年 2 月 10 日
肖一恒	安丘市石堆镇大亭子村	51	男	1942 年 2 月 10 日
李均贵	安丘市雹泉镇鞠家庄子村	19	男	1942 年 2 月 15 日
李汉均	安丘市管公镇申明亭村	47	男	1942 年 2 月 16 日
马万林	安丘市贾戈街道东南村	42	男	1942 年 2 月 20 日
张太树	安丘市黄旗堡镇田家汶畔村	20	男	1942 年 2 月 22 日
马景德之三祖父	安丘市贾戈街道东北村	30	男	1942 年 2 月 28 日
高文川	安丘市赵戈镇东邵村	40	男	1942 年 3 月 1 日
王 善	安丘市辉曲镇周家埠村	—	男	1942 年 3 月 1 日
王彦邦	安丘市赵戈镇东邵村	40	男	1942 年 3 月 1 日
张济宜	安丘市赵戈镇东邵村	42	男	1942 年 3 月 1 日
张志胜	安丘市赵戈镇东邵村	19	男	1942 年 3 月 1 日
郑德金	安丘市赵戈镇东邵村	41	男	1942 年 3 月 1 日
郑德宽	安丘市赵戈镇东邵村	40	男	1942 年 3 月 1 日
郑 基	安丘市辉曲镇周家埠村	—	男	1942 年 3 月 1 日
郑可观	安丘市赵戈镇东邵村	42	男	1942 年 3 月 1 日
郑瑞锦	安丘市赵戈镇东邵村	44	男	1942 年 3 月 1 日
周大牙	安丘市辉曲镇周家埠村	—	男	1942 年 3 月 1 日
周德牙	安丘市辉曲镇周家埠村	—	男	1942 年 3 月 1 日
王昌令之子	安丘市贾戈街道马家坟村	—	男	1942 年 3 月 4 日
王 排	安丘市贾戈街道马家坟村	18	男	1942 年 3 月 4 日
王士奎	安丘市贾戈街道马家坟村	52	男	1942 年 3 月 4 日
王郑氏	安丘市贾戈街道马家坟村	28	女	1942 年 3 月 4 日
刘代成	安丘市凌河镇刘家河崖头村	27	男	1942 年 3 月 5 日
刘 ×	安丘市凌河镇刘家河崖头村	27	男	1942 年 3 月 5 日
刘 ×	安丘市凌河镇刘家河崖头村	34	男	1942 年 3 月 5 日
刘 ×	安丘市凌河镇刘家河崖头村	30	男	1942 年 3 月 5 日
刘新成	安丘市凌河镇刘家河崖头村	24	男	1942 年 3 月 5 日
刘 玉	安丘市凌河镇刘家河崖头村	28	男	1942 年 3 月 5 日
吕增喜	安丘市凌河镇刘家河崖头村	29	男	1942 年 3 月 5 日
马 军	安丘市景芝镇南河西村	38	男	1942 年 3 月 5 日

姓 名	籍 贯	年 龄	性 别	死难时间
孙继常	安丘市石埠镇阿洛村	41	男	1942年3月5日
孙继舍	安丘市石埠镇阿洛村	39	男	1942年3月5日
周仕林	安丘市石埠镇阿洛村	40	男	1942年3月5日
张清伟	安丘市黄旗堡镇王石桥村	46	男	1942年3月6日
赵仁曼	安丘市王家庄镇大赵家庄村	21	男	1942年3月6日
刘炳山	安丘市兴安街道后七里沟村	41	男	1942年3月9日
胡渠父	安丘市白芬子镇马连埠村	45	男	1942年3月12日
李士月	安丘市贾戈街道赵家村	27	男	1942年3月14日
赵黄毛	安丘市贾戈街道赵家村	42	男	1942年3月14日
胡 润	安丘市白芬子镇马连埠村	23	男	1942年3月15日
姜凤武	安丘市白芬子镇马连埠村	23	男	1942年3月15日
孙梨子	安丘市白芬子镇马连埠村	21	男	1942年3月15日
张树早	安丘市黄旗堡镇王石桥村	40	男	1942年3月15日
陈 良	安丘市赵戈镇龙泉官庄村	—	男	1942年3月16日
李三弄	安丘市白芬子镇西营村	36	男	1942年3月16日
张月商	安丘市赵戈镇龙泉官庄村	28	男	1942年3月16日
张友贤	安丘市黄旗堡镇王石桥村	45	男	1942年3月19日
曹子明	安丘市兴安街道七里河村	45	男	1942年3月20日
胡 海	安丘市白芬子镇马连埠村	20	男	1942年3月20日
张树文	安丘市白芬子镇店东营村	25	男	1942年3月23日
田庆芳	安丘市黄旗堡镇田家汶畔村	46	男	1942年4月1日
田增功	安丘市黄旗堡镇田家汶畔村	17	男	1942年4月1日
田增礼	安丘市黄旗堡镇田家汶畔村	48	男	1942年4月1日
田增友	安丘市黄旗堡镇田家汶畔村	19	男	1942年4月1日
宿连明	安丘市石埠镇宿家埠村	22	男	1942年4月5日
周官成	安丘市石埠镇后留晃村	19	男	1942年4月12日
周光举	安丘市石埠镇后留晃村	20	男	1942年4月12日
周光朋	安丘市石埠镇后留晃村	24	男	1942年4月12日
周连农	安丘市石埠镇后留晃村	18	男	1942年4月12日
周其怀	安丘市石埠镇后留晃村	28	男	1942年4月12日
周兴委	安丘市石埠镇后留晃村	28	男	1942年4月12日
李荣开	安丘市雹泉镇杏山子村	30	男	1942年4月15日
李虎刚	安丘市兴安街道七里河村	24	男	1942年4月16日
李金刚	安丘市兴安街道七里河村	45	男	1942年4月16日

姓 名	籍 贯	年龄	性别	死难时间
培胜之大伯	安丘市兴安街道七里河村	21	男	1942 年 4 月 16 日
曹春友	安丘市赵戈镇贺戈村	30	男	1942 年 5 月 1 日
曹明传	安丘市赵戈镇贺戈村	19	男	1942 年 5 月 1 日
刘发才	安丘市管公镇老管公村	39	男	1942 年 5 月 1 日
刘光来	安丘市管公镇老管公村	35	男	1942 年 5 月 1 日
刘世增	安丘市管公镇老管公村	37	男	1942 年 5 月 1 日
刘西金	安丘市管公镇老管公村	43	男	1942 年 5 月 1 日
王兴礼	安丘市刘家尧镇许营村	36	男	1942 年 5 月 1 日
孙思宝	安丘市赵戈镇红庄子村	51	男	1942 年 5 月 2 日
孙思九	安丘市赵戈镇红庄子村	45	男	1942 年 5 月 2 日
王贵廷	安丘市关王镇凤凰官庄村	30	男	1942 年 5 月 6 日
王前凤	安丘市关王镇凤凰官庄村	31	男	1942 年 5 月 6 日
王秀玉	安丘市关王镇凤凰官庄村	26	男	1942 年 5 月 6 日
于明升	安丘市兴安街道大近戈村	23	男	1942 年 5 月 6 日
董立志	安丘市大盛镇中山北头村	33	男	1942 年 5 月 9 日
郑爱顺	安丘市官庄镇郑家沙沟村	51	男	1942 年 5 月 10 日
刘连胜	安丘市红沙沟镇红沙沟村	20	男	1942 年 5 月 15 日
范浩新	安丘市白芬子镇苏戈庄村	55	男	1942 年 5 月 16 日
逄全辉	安丘市官庄镇杨广泉村	24	男	1942 年 5 月 16 日
王小嘎	安丘市官庄镇官庄东村	34	男	1942 年 5 月 16 日
韩保安	安丘市官庄镇杨广泉村	17	男	1942 年 5 月 17 日
杨王氏	安丘市官庄镇北李家庄村	46	女	1942 年 5 月 17 日
杨学理	安丘市官庄镇北李家庄村	25	男	1942 年 5 月 17 日
李加成之父	安丘市白芬子镇苏戈庄村	56	男	1942 年 5 月 18 日
都镇华	安丘市雹泉镇老峒峪村	25	男	1942 年 5 月 19 日
张士林	安丘市白芬子镇店东营村	23	男	1942 年 5 月 23 日
刘安玉	安丘市王家庄镇坡子村	40	男	1942 年 5 月 24 日
李中堰	安丘市雹泉镇杏山子村	41	男	1942 年 5 月 25 日
李小挠	安丘市红沙沟镇红沙沟村	21	男	1942 年 5 月 26 日
顾连升	安丘市王家庄镇坡子村	39	男	1942 年 5 月 27 日
田丰云	安丘市刘家尧镇大朱旺村	30	男	1942 年 6 月 1 日
徐本乾	安丘市刘家尧镇大朱旺村	32	男	1942 年 6 月 1 日
徐本文	安丘市刘家尧镇大朱旺村	37	男	1942 年 6 月 1 日
徐本武	安丘市刘家尧镇大朱旺村	35	男	1942 年 6 月 1 日

姓 名	籍 贯	年 龄	性 别	死难时间
徐本尧	安丘市刘家尧镇大朱旺村	38	男	1942 年 6 月 1 日
徐洪芹	安丘市刘家尧镇大朱旺村	36	男	1942 年 6 月 1 日
徐洪文	安丘市刘家尧镇大朱旺村	30	男	1942 年 6 月 1 日
徐洪祥	安丘市刘家尧镇大朱旺村	38	男	1942 年 6 月 1 日
赵帮庆	安丘市刘家尧镇大朱旺村	32	男	1942 年 6 月 1 日
赵大伦	安丘市刘家尧镇大朱旺村	31	男	1942 年 6 月 1 日
赵大全	安丘市刘家尧镇大朱旺村	31	男	1942 年 6 月 1 日
赵大日	安丘市刘家尧镇大朱旺村	30	男	1942 年 6 月 1 日
赵大志	安丘市刘家尧镇大朱旺村	36	男	1942 年 6 月 1 日
赵景山	安丘市刘家尧镇大朱旺村	30	男	1942 年 6 月 1 日
赵汝柱	安丘市刘家尧镇大朱旺村	40	男	1942 年 6 月 1 日
鞠业坤之六叔	安丘市石埠子镇张家庄子村	26	男	1942 年 6 月 7 日
孙克强	安丘市官庄镇小阿陀村	20	男	1942 年 6 月 8 日
孙培筑	安丘市官庄镇小阿陀村	41	男	1942 年 6 月 8 日
孙振坎	安丘市官庄镇小阿陀村	18	男	1942 年 6 月 8 日
孙振绪	安丘市官庄镇小阿陀村	32	男	1942 年 6 月 8 日
孙振玉	安丘市官庄镇小阿陀村	22	男	1942 年 6 月 8 日
鞠业坤之七叔	安丘市石埠子镇张家庄子村	22	男	1942 年 6 月 10 日
刘月术	安丘市白芬子镇西营村	58	男	1942 年 6 月 12 日
董洪才	安丘市赵戈镇大西邵村	38	男	1942 年 7 月 1 日
刘东训	安丘市赵戈镇赵戈村	35	男	1942 年 7 月 1 日
曹宋江	安丘市金冢子镇芦洼村	51	男	1942 年 7 月 8 日
李海田	安丘市官庄镇陆家沙沟村	42	男	1942 年 7 月 8 日
李联阔	安丘市白芬子镇小尖子埠村	60	男	1942 年 7 月 8 日
李盛芝	安丘市官庄镇陆家沙沟村	22	男	1942 年 7 月 8 日
许 包	安丘市金冢子镇芦洼村	16	男	1942 年 7 月 8 日
许兰田	安丘市金冢子镇芦洼村	29	男	1942 年 7 月 8 日
许平田	安丘市金冢子镇芦洼村	28	男	1942 年 7 月 8 日
许守田	安丘市金冢子镇芦洼村	58	男	1942 年 7 月 8 日
许锡先	安丘市金冢子镇芦洼村	46	男	1942 年 7 月 8 日
许锡臻	安丘市金冢子镇芦洼村	35	男	1942 年 7 月 8 日
张国明	安丘市金冢子镇芦洼村	35	男	1942 年 7 月 8 日
徐会孝	安丘市石堆镇西前孟戈村	20	男	1942 年 7 月 10 日
马洪荣之妻	安丘市官庄镇王家营村	37	女	1942 年 7 月 12 日

姓　名	籍　贯	年龄	性别	死难时间
马洪荣之女	安丘市官庄镇王家营村	12	女	1942 年 7 月 15 日
陈太×	安丘市白芬子镇四海村	38	男	1942 年 7 月 17 日
陈　仆	安丘市白芬子镇苏戈庄村	17	男	1942 年 7 月 18 日
孙元征	安丘市白芬子镇四海村	36	男	1942 年 7 月 18 日
孙元友	安丘市白芬子镇四海村	32	男	1942 年 7 月 28 日
褚连武	安丘市刘家尧镇魏家埠村	15	男	1942 年 8 月 1 日
李连举	安丘市刘家尧镇磨埠村	36	男	1942 年 8 月 1 日
刘方春	安丘市刘家尧镇郑石龙村	40	男	1942 年 8 月 1 日
刘福存	安丘市刘家尧镇郑石龙村	41	男	1942 年 8 月 1 日
刘贯道	安丘市刘家尧镇郑石龙村	48	男	1942 年 8 月 1 日
刘　千	安丘市刘家尧镇磨埠村	20	男	1942 年 8 月 1 日
刘　晚	安丘市刘家尧镇磨埠村	28	男	1942 年 8 月 1 日
刘文奎	安丘市刘家尧镇郑石龙村	49	男	1942 年 8 月 1 日
刘学文	安丘市刘家尧镇磨埠村	40	男	1942 年 8 月 1 日
刘学先	安丘市刘家尧镇磨埠村	27	男	1942 年 8 月 1 日
郑全之父	安丘市刘家尧镇郑石龙村	45	男	1942 年 8 月 1 日
郑珠之父	安丘市刘家尧镇郑石龙村	42	男	1942 年 8 月 1 日
周洪续	安丘市刘家尧镇稻洼村	23	男	1942 年 8 月 1 日
周美田	安丘市刘家尧镇稻洼村	20	男	1942 年 8 月 1 日
曹孟兰	安丘市贾戈街道小杨戈村	45	男	1942 年 8 月 2 日
赵森民	安丘市吾山镇小营村	38	男	1942 年 8 月 7 日
赵世厚	安丘市吾山镇小营村	34	男	1942 年 8 月 7 日
郑学训	安丘市官庄镇郑家沙沟村	21	男	1942 年 8 月 7 日
马　勋	安丘市管公镇马家寨庄村	23	男	1942 年 8 月 10 日
马元成	安丘市管公镇马家寨庄村	19	男	1942 年 8 月 10 日
孙玉富	安丘市关王镇孙家下埠河西村	31	男	1942 年 8 月 10 日
周海日	安丘市黄旗堡镇东楼村	16	男	1942 年 8 月 11 日
周洪文	安丘市黄旗堡镇东楼村	36	男	1942 年 8 月 11 日
周培苹	安丘市黄旗堡镇东楼村	48	男	1942 年 8 月 11 日
刘　卓	安丘市白芬子镇河南村	25	男	1942 年 8 月 15 日
李云登	安丘市白芬子镇西营村	34	男	1942 年 8 月 19 日
张世华	安丘市白芬子镇小尖子埠村	30	男	1942 年 8 月 23 日
刘结巴	安丘市管公镇马家寨庄村	30	男	1942 年 9 月 1 日
周杰仁	安丘市赵戈镇郭家小诸城村	60	男	1942 年 9 月 1 日

姓 名	籍 贯	年 龄	性 别	死难时间
王增祥	安丘市官庄镇官庄东村	39	男	1942 年 9 月 2 日
王桂昌	安丘市黄旗堡镇东门口村	34	男	1942 年 9 月 8 日
于科日	安丘市金冢子镇冯家坊子村	44	男	1942 年 9 月 8 日
姜生平	安丘市雹泉镇老峒峪村	57	男	1942 年 9 月 21 日
吴洪慈	安丘市景芝镇万戈庄村	42	男	1942 年 9 月 25 日
张家康	安丘市景芝镇万戈庄村	36	男	1942 年 9 月 25 日
张连渠	安丘市景芝镇万戈庄村	51	男	1942 年 9 月 25 日
张庭怀	安丘市景芝镇万戈庄村	16	男	1942 年 9 月 25 日
张庭钦	安丘市景芝镇万戈庄村	42	男	1942 年 9 月 25 日
张庭喜	安丘市景芝镇万戈庄村	18	男	1942 年 9 月 25 日
刘洪升	安丘市刘家尧镇付庙子村	49	男	1942 年 10 月 1 日
王效文	安丘市刘家尧镇付庙子村	48	男	1942 年 10 月 1 日
李光运	安丘市景芝镇前院村	16	男	1942 年 10 月 5 日
王明鼎	安丘市关王镇冢子坡村	31	男	1942 年 10 月 5 日
王培贞	安丘市关王镇冢子坡村	28	男	1942 年 10 月 5 日
席立海	安丘市管公镇前十字路村	35	男	1942 年 10 月 6 日
席立三	安丘市管公镇前十字路村	30	男	1942 年 10 月 6 日
席立信	安丘市管公镇前十字路村	36	男	1942 年 10 月 6 日
席云来	安丘市管公镇前十字路村	40	男	1942 年 10 月 6 日
刘玉伏	安丘市柘山镇张家宅村	51	男	1942 年 10 月 9 日
夏臣明	安丘市柘山镇北夏家沟村	24	男	1942 年 10 月 9 日
夏岐山	安丘市柘山镇北夏家沟村	20	男	1942 年 10 月 9 日
张锡金	安丘市关王镇王家庄子村	20	男	1942 年 10 月 12 日
马 圆	安丘市刘家尧镇付庙子村	50	男	1942 年 11 月 1 日
马志亭	安丘市庵上镇大陆戈村	18	男	1942 年 11 月 1 日
孙焕仁	安丘市庵上镇大陆戈村	32	男	1942 年 11 月 1 日
张 铁	安丘市石堆镇高下坡村	38	男	1942 年 11 月 6 日
马汶章	安丘市庵上镇大陆戈村	35	男	1942 年 12 月 1 日
王西帆	安丘市关王镇冢子坡村	33	男	1942 年 12 月 4 日
王西宇	安丘市关王镇冢子坡村	37	男	1942 年 12 月 4 日
郭长兴	安丘市柘山镇郭家秋峪村	30	男	1942 年 12 月 10 日
生际荣	安丘市景芝镇北张洛村	35	男	1942 年 12 月 12 日
胡树怀	安丘市白芬子镇马连埠村	25	男	1942 年 12 月 15 日
王树升	安丘市关王镇冢子坡村	32	男	1942 年 12 月 15 日

姓 名	籍 贯	年龄	性别	死难时间
郭衍斗	安丘市王家庄镇会沟子村	22	男	1942 年 12 月 19 日
宋德湘	安丘市王家庄镇会沟子村	38	男	1942 年 12 月 19 日
宋来智	安丘市王家庄镇会沟子村	13	男	1942 年 12 月 19 日
王潍坤	安丘市黄旗堡镇黄旗堡村	56	男	1943 年 1 月 1 日
辛德真	安丘市刘家尧镇辛家庄村	31	男	1943 年 1 月 1 日
辛连魁	安丘市刘家尧镇辛家庄村	41	男	1943 年 1 月 1 日
辛连魁之子	安丘市刘家尧镇辛家庄村	19	男	1943 年 1 月 1 日
辛马站	安丘市刘家尧镇辛家庄村	19	男	1943 年 1 月 1 日
辛世斗	安丘市刘家尧镇辛家庄村	45	男	1943 年 1 月 1 日
李世芳	安丘市凌河镇前松元村	22	男	1943 年 1 月 10 日
李永芳	安丘市凌河镇前松元村	30	男	1943 年 1 月 10 日
宋长青	安丘市凌河镇前小沟村	38	男	1943 年 1 月 10 日
王继文	安丘市凌河镇小官庄村	17	男	1943 年 1 月 10 日
周二重	安丘市凌河镇董家庄村	32	男	1943 年 1 月 10 日
曹 银	安丘市赵戈镇贺戈村	19	男	1943 年 2 月 1 日
董相勋	安丘市赵戈镇董家套村	31	男	1943 年 2 月 1 日
李高仕	安丘市辉曲镇姜家庄子村	36	男	1943 年 2 月 1 日
林关东	安丘市庵上镇殷家清河村	32	男	1943 年 2 月 1 日
林义发	安丘市庵上镇殷家清河村	41	男	1943 年 2 月 1 日
刘相福	安丘市赵戈镇夏家庄村	33	男	1943 年 2 月 1 日
孙红日	安丘市赵戈镇东朱戈村	47	男	1943 年 2 月 1 日
王宝文	安丘市赵戈镇贺戈村	32	男	1943 年 2 月 1 日
夏兆华	安丘市赵戈镇夏家庄村	30	男	1943 年 2 月 1 日
夏子善	安丘市赵戈镇夏家庄村	33	男	1943 年 2 月 1 日
张培莲	安丘市赵戈镇山口村	47	男	1943 年 2 月 1 日
罗浩志	安丘市白芬子镇罗家庄村	30	男	1943 年 2 月 2 日
李召年	安丘市金冢子镇草坡屯村	28	男	1943 年 2 月 5 日
牛成吉	安丘市临浯镇东古河村	45	男	1943 年 2 月 9 日
牛发胜	安丘市临浯镇东古河村	50	男	1943 年 2 月 9 日
江玉文	安丘市凌河镇董家庄村	43	男	1943 年 2 月 10 日
毛奇帮之大伯	安丘市管公镇毛家庄村	40	男	1943 年 2 月 10 日
王 佐	安丘市关王镇尧洼村	26	男	1943 年 2 月 11 日
邹景辛	安丘市白芬子镇邹家洼村	38	男	1943 年 2 月 13 日
邹景宰	安丘市白芬子镇邹家洼村	32	男	1943 年 2 月 13 日

姓　名	籍　贯	年龄	性别	死难时间
都培武	安丘市管公镇东都家庄村	42	男	1943 年 2 月 17 日
陈刘山	安丘市辉曲镇姜家庄子村	30	男	1943 年 3 月 1 日
胡佃界	安丘市辉曲镇姜家庄子村	53	男	1943 年 3 月 1 日
周　奇	安丘市贾戈街道为善村	17	男	1943 年 3 月 1 日
曹×忠	安丘市兴安街道韩家埠村	18	男	1943 年 3 月 4 日
雷兰生	安丘市兴安街道韩家埠村	50	男	1943 年 3 月 4 日
雷同德	安丘市兴安街道韩家埠村	30	男	1943 年 3 月 4 日
雷同友	安丘市兴安街道韩家埠村	27	男	1943 年 3 月 4 日
李景全	安丘市兴安街道韩家埠村	32	男	1943 年 3 月 4 日
王福田	安丘市景芝镇大市留村	41	男	1943 年 3 月 4 日
赵景芝	安丘市兴安街道韩家埠村	35	男	1943 年 3 月 4 日
朱大鞋	安丘市兴安街道韩家埠村	28	男	1943 年 3 月 4 日
朱全录	安丘市兴安街道韩家埠村	32	男	1943 年 3 月 4 日
朱全孝	安丘市兴安街道韩家埠村	35	男	1943 年 3 月 4 日
孙衍聚	安丘市凌河镇孙小戈村	40	男	1943 年 3 月 5 日
金本和	安丘市兴安街道金家庄村	28	男	1943 年 3 月 11 日
金长贵	安丘市兴安街道金家庄村	28	男	1943 年 3 月 11 日
金思亮	安丘市兴安街道金家庄村	29	男	1943 年 3 月 11 日
金思学	安丘市兴安街道金家庄村	30	男	1943 年 3 月 11 日
金思玉	安丘市兴安街道金家庄村	30	男	1943 年 3 月 11 日
金思政	安丘市兴安街道金家庄村	25	男	1943 年 3 月 11 日
金秀三	安丘市兴安街道金家庄村	27	男	1943 年 3 月 11 日
金志贤	安丘市兴安街道金家庄村	28	男	1943 年 3 月 11 日
李长贵	安丘市兴安街道苇园村	55	男	1943 年 3 月 11 日
李　举	安丘市兴安街道苇园村	19	男	1943 年 3 月 11 日
李习点	安丘市白芬子镇赶牛路村	45	男	1943 年 3 月 12 日
孙衍成	安丘市凌河镇孙小戈村	44	男	1943 年 3 月 15 日
孙衍松	安丘市凌河镇孙小戈村	37	男	1943 年 3 月 15 日
孙衍文	安丘市凌河镇孙小戈村	32	男	1943 年 3 月 15 日
孙业广	安丘市凌河镇孙小戈村	21	男	1943 年 3 月 15 日
孙业勤	安丘市凌河镇孙小戈村	14	男	1943 年 3 月 15 日
高士光	安丘市关王镇高家官庄村	21	男	1943 年 3 月 16 日
高士郊	安丘市关王镇高家官庄村	20	男	1943 年 3 月 16 日
李连昌	安丘市白芬子镇赶牛路村	28	男	1943 年 3 月 16 日

姓　名	籍　贯	年　龄	性　别	死难时间
刘希茂	安丘市关王镇高家官庄村	21	男	1943 年 3 月 16 日
马继厚	安丘市贾戈街道东北村	46	男	1943 年 3 月 16 日
同德之妻	安丘市兴安街道韩家埠村	28	女	1943 年 3 月 20 日
马益厚	安丘市贾戈街道东北村	44	男	1943 年 3 月 22 日
李许营	安丘市赵戈镇西韩吉村	17	男	1943 年 4 月 1 日
翟用新	安丘市赵戈镇石灰埠村	53	男	1943 年 4 月 1 日
张尔凡	安丘市赵戈镇西韩吉村	23	男	1943 年 4 月 1 日
张奉山	安丘市赵戈镇西韩吉村	17	男	1943 年 4 月 1 日
张继连	安丘市赵戈镇西韩吉村	16	男	1943 年 4 月 1 日
张李氏	安丘市赵戈镇西韩吉村	48	女	1943 年 4 月 1 日
张孙氏	安丘市赵戈镇西韩吉村	23	女	1943 年 4 月 1 日
张小妮	安丘市赵戈镇西韩吉村	16	女	1943 年 4 月 1 日
张新平	安丘市赵戈镇西韩吉村	25	男	1943 年 4 月 1 日
李其胜	安丘市金冢子镇草坡屯村	37	男	1943 年 4 月 5 日
刘　江	安丘市金冢子镇草坡屯村	35	男	1943 年 4 月 5 日
杨乃全	安丘市金冢子镇草坡屯村	18	男	1943 年 4 月 5 日
朱国安	安丘市金冢子镇草坡屯村	14	男	1943 年 4 月 5 日
朱良田	安丘市金冢子镇草坡屯村	30	男	1943 年 4 月 5 日
李福升	安丘市金冢子镇金冢子村	42	男	1943 年 4 月 6 日
孙　三	安丘市石堆镇阿洛村	38	男	1943 年 4 月 6 日
孙　四	安丘市石堆镇阿洛村	35	男	1943 年 4 月 6 日
孙　五	安丘市石堆镇阿洛村	32	男	1943 年 4 月 6 日
贺明栾	安丘市贾戈街道东南村	50	男	1943 年 4 月 8 日
李增年	安丘市金冢子镇草坡屯村	42	男	1943 年 4 月 8 日
周小重	安丘市凌河镇董家庄村	20	男	1943 年 4 月 10 日
张玉贵	安丘市兴安街道张家楼村	22	男	1943 年 4 月 12 日
张玉辉	安丘市兴安街道张家楼村	18	男	1943 年 4 月 12 日
德欣之兄	安丘市兴安街道七里河村	27	男	1943 年 4 月 16 日
庆方之父	安丘市兴安街道七里河村	26	男	1943 年 4 月 16 日
庆全之父	安丘市兴安街道七里河村	27	男	1943 年 4 月 16 日
瑞法之祖父	安丘市兴安街道七里河村	45	男	1943 年 4 月 16 日
为善之大伯	安丘市兴安街道七里河村	38	男	1943 年 4 月 16 日
黄　人	安丘市贾戈街道大沙埠村	18	男	1943 年 4 月 18 日
江福其	安丘市雹泉镇吉山店子村	30	男	1943 年 4 月 18 日

姓 名	籍 贯	年 龄	性 别	死难时间
李挨头	安丘市官庄镇西利见村	21	男	1943 年 4 月 18 日
李不倒	安丘市官庄镇西利见村	40	男	1943 年 4 月 18 日
李大眼	安丘市官庄镇西利见村	24	男	1943 年 4 月 18 日
李世勋	安丘市官庄镇西利见村	32	男	1943 年 4 月 18 日
李学福	安丘市官庄镇西利见村	30	男	1943 年 4 月 18 日
李 寨	安丘市官庄镇西利见村	30	男	1943 年 4 月 18 日
凌洪顺	安丘市贾戈街道大沙埠村	30	男	1943 年 4 月 18 日
凌洪友	安丘市贾戈街道大沙埠村	33	男	1943 年 4 月 18 日
凌四福	安丘市贾戈街道大沙埠村	32	男	1943 年 4 月 18 日
刘大本	安丘市贾戈街道大沙埠村	20	男	1943 年 4 月 18 日
刘金成	安丘市贾戈街道大沙埠村	21	男	1943 年 4 月 18 日
刘金荣之长兄	安丘市贾戈街道大沙埠村	17	男	1943 年 4 月 18 日
刘世生	安丘市贾戈街道大沙埠村	41	男	1943 年 4 月 18 日
刘淑德	安丘市贾戈街道大沙埠村	29	男	1943 年 4 月 18 日
刘淑德之妻	安丘市贾戈街道大沙埠村	34	女	1943 年 4 月 18 日
刘淑德之四弟	安丘市贾戈街道大沙埠村	26	男	1943 年 4 月 18 日
刘玉清	安丘市贾戈街道大沙埠村	23	女	1943 年 4 月 18 日
倪瑞明	安丘市官庄镇西利见村	25	男	1943 年 4 月 18 日
王百荣	安丘市官庄镇西利见村	19	男	1943 年 4 月 18 日
徐 启	安丘市官庄镇西利见村	40	男	1943 年 4 月 18 日
张连芳	安丘市贾戈街道大沙埠村	31	男	1943 年 4 月 18 日
张元作之母	安丘市贾戈街道大沙埠村	40	女	1943 年 4 月 18 日
庄廷桂	安丘市赵戈镇北院庄村	32	男	1943 年 5 月 1 日
庄振刚	安丘市赵戈镇北院庄村	30	男	1943 年 5 月 1 日
鹿师曾	安丘市贾戈街道西友戈村	28	男	1943 年 5 月 6 日
鹿维曾	安丘市贾戈街道西友戈村	16	男	1943 年 5 月 6 日
辛会先	安丘市大盛镇寺前村	22	男	1943 年 5 月 6 日
李有章	安丘市凌河镇前松元村	31	男	1943 年 5 月 10 日
邹景文	安丘市白芬子镇邹家洼村	40	男	1943 年 5 月 16 日
刘术训	安丘市赵戈镇赵戈村	31	男	1943 年 6 月 1 日
楚本善	安丘市赵戈镇鞠家荆阳村	30	男	1943 年 6 月 5 日
刘连喜	安丘市白芬子镇马家营子村	52	男	1943 年 6 月 5 日
宋德升	安丘市金冢子镇郑戈庄村	43	男	1943 年 6 月 7 日
宋学京	安丘市金冢子镇郑戈庄村	62	男	1943 年 6 月 7 日

姓 名	籍 贯	年龄	性别	死难时间
郭世福	安丘市管公镇大南坦村	39	男	1943 年 6 月 8 日
郭世明	安丘市管公镇大南坦村	35	男	1943 年 6 月 8 日
郭温培	安丘市管公镇大南坦村	38	男	1943 年 6 月 8 日
郭小三	安丘市管公镇大南坦村	37	男	1943 年 6 月 8 日
郭英列	安丘市管公镇大南坦村	35	男	1943 年 6 月 8 日
咸日刚	安丘市景芝镇咸家庄村	22	男	1943 年 6 月 8 日
董记昌	安丘市贾戈街道董王封村	44	男	1943 年 6 月 10 日
董举欣	安丘市贾戈街道董王封村	38	男	1943 年 6 月 10 日
董科父	安丘市贾戈街道董王封村	41	男	1943 年 6 月 10 日
董为远	安丘市贾戈街道董王封村	27	男	1943 年 6 月 10 日
董作梅	安丘市贾戈街道董王封村	35	男	1943 年 6 月 10 日
小瘪三	安丘市贾戈街道董王封村	30	男	1943 年 6 月 10 日
周唯一	安丘市关王镇周家楼子村	39	男	1943 年 6 月 10 日
孙立业	安丘市白芬子镇马家营子村	42	男	1943 年 6 月 18 日
孟宪智	安丘市王家庄镇高家埠村	42	男	1943 年 6 月 20 日
刘 喜	安丘市白芬子镇马家营子村	46	男	1943 年 6 月 23 日
孙衍义	安丘市庵上镇大陆戈村	25	男	1943 年 7 月 1 日
李置勋	安丘市景芝镇埠口村	38	男	1943 年 7 月 8 日
马 瑞	安丘市管公镇马家寨庄村	28	男	1943 年 7 月 12 日
李君见	安丘市赵戈镇大双沟头村	54	男	1943 年 8 月 1 日
刘学治	安丘市刘家尧镇磨埠村	35	男	1943 年 8 月 1 日
邹凤溪	安丘市官庄镇大阿陀村	30	男	1943 年 8 月 10 日
邹玉希	安丘市官庄镇大阿陀村	32	男	1943 年 8 月 10 日
宿光廷	安丘市景芝镇西近埠泉村	23	男	1943 年 8 月 19 日
马星田	安丘市管公镇马家寨庄村	20	男	1943 年 9 月 1 日
孙衍光	安丘市庵上镇大陆戈村	23	男	1943 年 9 月 1 日
孙中会	安丘市庵上镇大陆戈村	26	男	1943 年 9 月 1 日
周 坤	安丘市景芝镇山西村	26	男	1943 年 9 月 5 日
房义昌	安丘市凌河镇佘家庙子村	26	男	1943 年 9 月 10 日
王清仕	安丘市赵戈镇王家庄村	35	男	1943 年 10 月 1 日
王清注	安丘市赵戈镇王家庄村	35	男	1943 年 10 月 1 日
王仕路	安丘市赵戈镇王家庄村	36	男	1943 年 10 月 1 日
郑金山	安丘市金冢子镇小沟河村	35	男	1943 年 10 月 4 日
范学孟	安丘市凌河镇前小沟村	30	—	1943 年 10 月 10 日

姓　名	籍　贯	年　龄	性　别	死难时间
贺绍舜	安丘市黄旗堡镇贺家汶畔村	56	男	1943 年 11 月 1 日
刘廷然	安丘市黄旗堡镇张家庄村	30	男	1943 年 11 月 1 日
耿　宿	安丘市景芝镇李家庄子村	43	男	1943 年 11 月 3 日
耿转鸡	安丘市景芝镇李家庄子村	44	男	1943 年 11 月 3 日
薛志山	安丘市景芝镇李家庄子村	28	男	1943 年 11 月 3 日
孙业昌	安丘市白芬子镇孙家小庄村	38	男	1943 年 11 月 7 日
逄树仁	安丘市景芝镇小市留村	40	男	1943 年 11 月 10 日
马星日	安丘市管公镇马家寨庄村	23	男	1943 年 11 月 16 日
赵由河	安丘市景芝镇保元村	20	男	1943 年 11 月 17 日
曹树林	安丘市刘家尧镇北张排村	28	男	1943 年 12 月 1 日
王学由	安丘市刘家尧镇北张排村	26	男	1943 年 12 月 1 日
王　训	安丘市景芝镇西营村	45	男	1943 年 12 月 5 日
张　棕	安丘市景芝镇西营村	44	男	1943 年 12 月 5 日
马澄文	安丘市庵上镇大陆戈村	38	男	1944 年 1 月 1 日
朱洪山	安丘市凌河镇朱家埠村	50	男	1944 年 1 月 10 日
程玉年	安丘市刘家尧镇安乐村	25	男	1944 年 2 月 1 日
董纪善	安丘市刘家尧镇安乐村	22	男	1944 年 2 月 1 日
董寇重	安丘市刘家尧镇安乐村	35	男	1944 年 2 月 1 日
张崇昌	安丘市刘家尧镇李家庄村	40	男	1944 年 2 月 1 日
胡　×	安丘市兴安街道田家庄村	24	男	1944 年 2 月 2 日
廷　托	安丘市兴安街道田家庄村	23	男	1944 年 2 月 2 日
韩玉堂	安丘市景芝镇保元村	40	男	1944 年 2 月 4 日
李　义	安丘市景芝镇保元村	42	男	1944 年 2 月 4 日
赵奉金	安丘市景芝镇保元村	37	男	1944 年 2 月 4 日
吴根发	安丘市王家庄镇小吴家漫村	31	男	1944 年 2 月 6 日
王光瑞	安丘市景芝镇王水崖村	20	男	1944 年 2 月 7 日
张　风	安丘市白芬子镇邹家洼村	22	男	1944 年 2 月 12 日
郑温玉	安丘市白芬子镇郑家夏庄村	53	男	1944 年 2 月 13 日
亓发奎	安丘市关王镇姚家庄子村	20	男	1944 年 2 月 20 日
王宗汉	安丘市关王镇姚家庄子村	52	男	1944 年 2 月 20 日
马清林	安丘市庵上镇大陆戈村	34	男	1944 年 3 月 1 日
孟献信	安丘市关王镇黄十里村	43	男	1944 年 3 月 6 日
王澄清	安丘市关王镇黄十里村	45	男	1944 年 3 月 6 日
王培德	安丘市关王镇牛家埠村	46	男	1944 年 3 月 6 日

姓　名	籍　贯	年　龄	性　别	死难时间
乔风启	安丘市关王镇北韩村	44	男	1944 年 3 月 10 日
杨爱春	安丘市石堆镇前留晃村	—	男	1944 年 3 月 10 日
李树坡	安丘市白芬子镇小尖子埠村	50	男	1944 年 3 月 30 日
张玉锡	安丘市庵上镇大陆戈村	21	男	1944 年 4 月 1 日
叶志恒	安丘市兴安街道山东头村	39	男	1944 年 4 月 2 日
李文光	安丘市白芬子镇东羊埠村	24	男	1944 年 4 月 4 日
周照旺	安丘市关王镇周家楼子村	36	男	1944 年 4 月 5 日
王　德	安丘市兴安街道邹家坊子村	45	男	1944 年 4 月 10 日
韩木恩	安丘市石堆镇石家庄子村	41	男	1944 年 4 月 11 日
张廷修	安丘市石堆镇石家庄子村	40	男	1944 年 4 月 11 日
闫盘玉	安丘市王家庄镇保泉官庄村	46	男	1944 年 4 月 15 日
韩兆田	安丘市石堆镇桥上村	46	男	1944 年 5 月 4 日
王义刚	安丘市关王镇前光甫村	38	男	1944 年 5 月 6 日
周德宪	安丘市关王镇东周村	29	男	1944 年 5 月 6 日
周其信	安丘市关王镇东周村	28	男	1944 年 5 月 6 日
郑　过	安丘市官庄镇郑家沙沟村	36	男	1944 年 5 月 10 日
刘子祥	安丘市凌河镇前儒林村	38	男	1944 年 5 月 12 日
刘爱玲	安丘市刘家尧镇大朱旺村	17	女	1944 年 6 月 1 日
刘庆玲	安丘市刘家尧镇大朱旺村	18	女	1944 年 6 月 1 日
刘玉莲	安丘市刘家尧镇大朱旺村	18	女	1944 年 6 月 1 日
刘玉玲	安丘市刘家尧镇大朱旺村	18	女	1944 年 6 月 1 日
吴廷雪	安丘市王家庄镇小吴家漫村	46	男	1944 年 6 月 2 日
吴中庆	安丘市王家庄镇小吴家漫村	40	男	1944 年 6 月 2 日
宋步公	安丘市白芬子镇大黑埠村	21	男	1944 年 6 月 12 日
魏　政	安丘市白芬子镇大黑埠村	21	男	1944 年 6 月 15 日
丁顺秋	安丘市庵上镇大陆戈村	33	男	1944 年 7 月 1 日
马振奎	安丘市庵上镇大陆戈村	16	男	1944 年 7 月 1 日
孙勤叶	安丘市庵上镇大陆戈村	32	男	1944 年 7 月 1 日
郑学周	安丘市官庄镇郑家沙沟村	40	男	1944 年 7 月 8 日
马国贤	安丘市白芬子镇大黑埠村	52	男	1944 年 7 月 12 日
马国恩	安丘市白芬子镇大黑埠村	32	男	1944 年 7 月 15 日
魏　尧	安丘市白芬子镇大黑埠村	17	男	1944 年 7 月 15 日
朱佃果之二叔	安丘市白芬子镇十五里后村	39	男	1944 年 7 月 18 日
姜玉成	安丘市刘家尧镇姜家尧村	18	男	1944 年 8 月 1 日

姓 名	籍 贯	年 龄	性 别	死难时间
姜玉筐	安丘市刘家尧镇姜家尧村	16	男	1944 年 8 月 1 日
姜玉兰	安丘市刘家尧镇姜家尧村	17	男	1944 年 8 月 1 日
张存忠	安丘市刘家尧镇姜家尧村	19	男	1944 年 8 月 1 日
马赐生	安丘市白芬子镇大黑埠村	33	男	1944 年 8 月 12 日
魏学武	安丘市白芬子镇大黑埠村	39	男	1944 年 8 月 15 日
高烧包	安丘市黄旗堡镇水场官庄村	31	男	1944 年 9 月 1 日
王德心	安丘市黄旗堡镇西门口西村	33	男	1944 年 9 月 1 日
周文峰	安丘市黄旗堡镇小庄科村	31	男	1944 年 9 月 1 日
王千臣	安丘市关王镇北韩村	52	男	1944 年 9 月 4 日
马吉成	安丘市管公镇马家寨庄村	29	男	1944 年 9 月 10 日
孙短希	安丘市白芬子镇孙家小庄村	21	男	1944 年 9 月 10 日
周新昌	安丘市白芬子镇周家夏庄村	23	男	1944 年 9 月 23 日
李名河	安丘市关王镇河洽村	38	男	1944 年 10 月 10 日
王成荣	安丘市关王镇圈子村	26	男	1944 年 10 月 10 日
周明高	安丘市黄旗堡镇高东村	26	男	1944 年 11 月 1 日
周克显	安丘市黄旗堡镇小庄科村	39	男	1944 年 12 月 1 日
李诗平	安丘市景芝镇店子村	16	男	1944 年 12 月 7 日
孙二虎	安丘市凌河镇董家庄村	20	男	1944 年 12 月 10 日
高立永	安丘市刘家尧镇小朱旺村	27	男	1945 年 1 月 1 日
高文福	安丘市刘家尧镇小朱旺村	20	男	1945 年 1 月 1 日
高文密	安丘市刘家尧镇小朱旺村	30	男	1945 年 1 月 1 日
高文田	安丘市刘家尧镇小朱旺村	17	男	1945 年 1 月 1 日
李 氏	安丘市官庄镇埠南头村	—	女	1945 年 1 月 1 日
刘风池	安丘市官庄镇埠南头村	56	男	1945 年 1 月 1 日
王绍德	安丘市官庄镇埠南头村	19	男	1945 年 1 月 1 日
王绍孚	安丘市官庄镇埠南头村	45	男	1945 年 1 月 1 日
孙培印	安丘市官庄镇麻阿村	40	男	1945 年 1 月 20 日
董林涛	安丘市贾戈街道董王封村	37	男	1945 年 1 月 25 日
董寿江	安丘市贾戈街道董王封村	39	男	1945 年 1 月 25 日
吴洪样	安丘市景芝镇建胜村	28	男	1945 年 4 月 9 日
李文奎	安丘市凌河镇莆家埠村	46	男	1945 年 4 月 10 日
程沛森	安丘市刘家尧镇河北村	19	男	1945 年 8 月 1 日
程夕雁	安丘市刘家尧镇河北村	31	男	1945 年 8 月 1 日
王桂生	安丘市白芬子镇阡里村	15	男	1945 年 8 月 20 日

姓 名	籍 贯	年 龄	性 别	死难时间
合 计	**2684**			

责任人：云增民　　　　　　　　核实人：游　溟　李树杰　　　填表人：李树杰

填报单位（签章）：安丘市委党史研究室　　　　　　填报时间：2009 年 4 月 20 日

昌邑市抗日战争时期死难者名录

姓　名	籍　贯	年　龄	性　别	死难时间
刘忠成	昌邑市北孟镇小望村	64	男	1938 年
刘　增	昌邑市北孟镇小望村	65	男	1938 年
刘在田	昌邑市北孟镇小望村	65	男	1938 年
刘克勤	昌邑市北孟镇小望村	33	男	1938 年
李建华	昌邑市都昌街道辛二村	17	男	1938 年
史芝胜	昌邑市奎聚街道南隅社区	37	男	1938 年
赵立宁	昌邑市龙池镇瓦西村	31	男	1938 年
张呈祥	昌邑市奎聚街道东隅社区	5	男	1938 年
杨　稳	昌邑市石埠镇杨桥村	18	男	1938 年
李香欠	昌邑市夏店镇东辛庄村	20	男	1938 年
王克亮	昌邑市北孟镇杜卢村	31	男	1938 年
杨　氏	昌邑市石埠镇杨桥村	30	女	1938 年
王高治	昌邑市北孟镇杜卢村	7	男	1938 年
卢长寿	昌邑市北孟镇杜卢村	32	男	1938 年
卢百寿	昌邑市北孟镇杜卢村	27	男	1938 年
徐洪敫	昌邑市奎聚街道东隅社区	66	男	1938 年 2 月 13 日
徐洪伦	昌邑市奎聚街道东隅社区	58	男	1938 年 2 月 13 日
尹相臣	昌邑市奎聚街道东隅社区	34	男	1938 年 2 月 13 日
姜其方	昌邑市奎聚街道东隅社区	35	男	1938 年 2 月 13 日
张宏书	昌邑市奎聚街道东隅社区	68	男	1938 年 2 月 13 日
王贤治	昌邑市石埠镇陈流村	50	男	1938 年 2 月 20 日
于效先	昌邑市都昌街道后埠村	54	男	1938 年 2 月
韩希绍	昌邑市北孟镇上坡村	50	男	1938 年 2 月
韩克通	昌邑市北孟镇上坡村	30	男	1938 年 2 月
韩德云之母	昌邑市北孟镇上坡村	60	女	1938 年 2 月
韩维军	昌邑市北孟镇上坡村	30	男	1938 年 2 月
韩克君	昌邑市北孟镇上坡村	28	男	1938 年 2 月
王延庆	昌邑市奎聚街道西逢村	19	男	1938 年 2 月
韩希具	昌邑市北孟镇上坡村	23	男	1938 年 2 月
韩克祥	昌邑市北孟镇上坡村	42	男	1938 年 2 月
张茂庆	昌邑市奎聚街道西逢村	19	男	1938 年 2 月

姓 名	籍 贯	年 龄	性 别	死难时间
张县吉	昌邑市奎聚街道西逄村	19	男	1938 年 2 月
陈洪玲	昌邑市龙池镇东白塔村	55	男	1938 年 3 月 2 日
陈贵巽之妻	昌邑市龙池镇东白塔村	57	女	1938 年 3 月 2 日
陈西太	昌邑市龙池镇郭疃村	61	男	1938 年 3 月 2 日
李廷伦	昌邑市龙池镇郭疃村	60	男	1938 年 3 月 2 日
李齐氏	昌邑市龙池镇郭疃村	40	女	1938 年 3 月 2 日
李老诚	昌邑市龙池镇郭疃村	38	男	1938 年 3 月 2 日
李明胜	昌邑市龙池镇郭疃村	26	男	1938 年 3 月 2 日
张恒慎之母	昌邑市龙池镇岱邱村	83	女	1938 年 3 月 2 日
张春合	昌邑市龙池镇岱邱村	67	男	1938 年 3 月 2 日
郝麦来	昌邑市龙池镇岱邱村	7	男	1938 年 3 月 2 日
迟章清	昌邑市龙池镇岱邱村	50	男	1938 年 3 月 2 日
郝 浩	昌邑市龙池镇岱邱村	59	男	1938 年 3 月 2 日
郝自俊	昌邑市龙池镇岱邱村	65	男	1938 年 3 月 2 日
郝自豪之妻	昌邑市龙池镇岱邱村	68	女	1938 年 3 月 2 日
刘冠石	昌邑市龙池镇岱邱村	63	男	1938 年 3 月 2 日
刘重园	昌邑市北孟镇北二村	21	男	1938 年 3 月 29 日
李登荣	昌邑市柳疃镇李家庙子村	50	男	1938 年 3 月
路科玉	昌邑市柳疃镇常家庄村	36	男	1938 年 3 月
孙法荣	昌邑市龙池镇东利渔村	28	男	1938 年 3 月
温朝博	昌邑市龙池镇西白塔村	34	男	1938 年 3 月
王天德	昌邑市北孟镇金戈庄村	52	男	1938 年 3 月
朱王氏	昌邑市北孟镇朱家巷子村	30	女	1938 年 3 月
徐进德	昌邑市奎聚街道东隅社区	31	男	1938 年 3 月
翟星照	昌邑市石埠镇东村	26	男	1938 年 3 月
翟 氏	昌邑市石埠镇石埠前村	20	女	1938 年 3 月
匙德昌	昌邑市饮马镇刘家埠村	22	男	1938 年 3 月
路祥玉	昌邑市柳疃镇常家庄村	35	男	1938 年 3 月
孙法明	昌邑市龙池镇东利渔村	26	男	1938 年 3 月
朱××	昌邑市北孟镇朱家巷子村	8 个月	女	1938 年 3 月
张怀思	昌邑市奎聚街道东隅社区	35	男	1938 年 3 月
王 氏	昌邑市石埠镇石埠前村	24	女	1938 年 3 月

姓 名	籍 贯	年 龄	性 别	死难时间
徐广龙	昌邑市龙池镇东利渔村	30	男	1938 年 3 月
翟元强	昌邑市石埠镇石埠前村	31	男	1938 年 3 月
徐晚召	昌邑市龙池镇东利渔村	8	男	1938 年 3 月
王　氏	昌邑市石埠镇石埠前村	24	女	1938 年 3 月
朱成宗	昌邑市龙池镇东利渔村	41	男	1938 年 3 月
翟振度	昌邑市石埠镇石埠前村	41	男	1938 年 3 月
胡永庆	昌邑市龙池镇东利渔村	65	男	1938 年 3 月
于春迎	昌邑市龙池镇瓦北村	34	男	1938 年春
刘子贵	昌邑市北孟镇北一村	30	男	1938 年春
钟学衣	昌邑市太保庄乡西七里兰村	22	男	1938 年春
王云升	昌邑市卜庄镇窑湾村	37	男	1938 年春
李广明之妻	昌邑市龙池镇郭疃村	36	女	1938 年 4 月 5 日
陈付氏	昌邑市龙池镇郭疃村	25	女	1938 年 4 月 5 日
孙同凤	昌邑市石埠镇吴家庄村	35	男	1938 年 4 月
王金顺	昌邑市太保庄乡西七戈庄村	40	男	1938 年 4 月
李绍堂	昌邑市丈岭镇薛家庄村	47	男	1938 年 4 月
刘明升	昌邑市太保庄乡鲍家营村	40	男	1938 年 5 月 28 日
刘太和	昌邑市太保庄乡鲍家营村	15	男	1938 年 5 月 28 日
刘明新	昌邑市太保庄乡鲍家营村	40	男	1938 年 5 月 28 日
刘　马	昌邑市太保庄乡鲍家营村	24	男	1938 年 5 月 28 日
鲍珠子	昌邑市太保庄乡鲍家营村	23	男	1938 年 5 月 28 日
鲍廷兰	昌邑市太保庄乡鲍家营村	65	男	1938 年 5 月 28 日
鲍李氏	昌邑市太保庄乡鲍家营村	40	女	1938 年 5 月 28 日
马锡纯	昌邑市柳疃镇马家庄村	53	男	1938 年 5 月
郑百成之父	昌邑市北孟镇太平村	22	男	1938 年 5 月
郑百花	昌邑市北孟镇太平村	25	男	1938 年 5 月
朱洪祥之母	昌邑市北孟镇太平村	21	女	1938 年 5 月
李五仁	昌邑市北孟镇太平村	19	男	1938 年 5 月
魏新邦	昌邑市北孟镇魏马村	50	男	1938 年 5 月
王学云	昌邑市夏店镇东营村	50	男	1938 年 5 月
张永彩之妻	昌邑市柳疃镇张家车道村	60	女	1938 年 5 月
魏怀玉之母	昌邑市北孟镇魏马村	30	女	1938 年 5 月

姓 名	籍 贯	年 龄	性 别	死难时间
李安花	昌邑市夏店镇东营村	51	男	1938 年 5 月
朱俊保之叔	昌邑市北孟镇魏马村	52	男	1938 年 5 月
李言玉	昌邑市夏店镇东营村	38	男	1938 年 5 月
朱象坤	昌邑市北孟镇魏马村	50	男	1938 年 5 月
李安仁	昌邑市夏店镇东营村	60	男	1938 年 5 月
李 氏	昌邑市夏店镇东营村	38	女	1938 年 5 月
王长更	昌邑市都昌街道高家道照村	50	男	1938 年 6 月
张修仁	昌邑市太保庄乡高戈庄村	—	男	1938 年 6 月
张学农	昌邑市太保庄乡高戈庄村	—	男	1938 年 6 月
陈凤街	昌邑市柳疃镇渔尔堡村	49	男	1938 年 7 月
刘美军	昌邑市龙池镇岱邱村	28	男	1938 年 7 月
肖老判	昌邑市双台乡肖家埠村	45	男	1938 年 7 月
肖汉京	昌邑市双台乡肖家埠村	25	男	1938 年 7 月
刘建官	昌邑市北孟镇北二村	31	男	1938 年 7 月
于广德	昌邑市龙池镇瓦西村	22	男	1938 年 8 月
于兆花	昌邑市都昌街道后埠村	60	男	1938 年 8 月
翟文治	昌邑市石埠镇北村	30	男	1938 年 8 月
刘 氏	昌邑市丈岭镇姚家庄村	28	女	1938 年 8 月
郑 氏	昌邑市丈岭镇姚家庄村	27	女	1938 年 8 月
周在京	昌邑市太保庄乡七里兰村	42	男	1938 年 9 月 6 日
元书功	昌邑市石埠镇松元村	38	男	1938 年 9 月 23 日
元书春	昌邑市石埠镇松元村	40	男	1938 年 9 月 23 日
翟召孟	昌邑市奎聚街道东逢村	24	男	1938 年 9 月
翟元亮	昌邑市奎聚街道东逢村	25	男	1938 年 9 月
张西尧	昌邑市夏店镇大窑村	38	男	1938 年 9 月
李成珍	昌邑市夏店镇李泊村	23	男	1938 年 9 月
张玉堂之妻	昌邑市饮马镇卢家庄子村	35	女	1938 年 9 月
于 氏	昌邑市饮马镇卢家庄子村	48	女	1938 年 9 月
王光喜	昌邑市峷山镇留戈庄村	31	男	1938 年秋
冯麦溪之兄	昌邑市峷山镇留戈庄村	30	男	1938 年秋
王天祥	昌邑市峷山镇留戈庄村	31	男	1938 年秋
高 柱	昌邑市峷山镇高家庄村	31	男	1938 年秋

姓　名	籍　贯	年　龄	性　别	死难时间
于云升	昌邑市峄山镇日戈庄村	26	男	1938 年秋
赵诗武	昌邑市峄山镇日戈庄村	28	男	1938 年秋
李金福	昌邑市峄山镇日戈庄村	27	男	1938 年秋
赵北海之子	昌邑市峄山镇日戈庄村	18	男	1938 年秋
张廷明	昌邑市峄山镇盘马埠村	40	男	1938 年秋
张廷明之子	昌邑市峄山镇盘马埠村	9	男	1938 年秋
臧述堂	昌邑市峄山镇盘马埠村	32	男	1938 年秋
孙明桂	昌邑市峄山镇坡立村	19	男	1938 年秋
孙　密	昌邑市峄山镇坡立村	26	男	1938 年秋
李永范	昌邑市卜庄镇廒里村	31	男	1938 年秋
高乃宣	昌邑市都昌街道高家道照村	32	男	1938 年 10 月 26 日
高乃卷	昌邑市都昌街道高家道照村	29	男	1938 年 10 月 26 日
高百顺	昌邑市都昌街道高家道照村	54	男	1938 年 10 月 26 日
高　治	昌邑市都昌街道高家道照村	70	男	1938 年 10 月 26 日
高广荣	昌邑市都昌街道高家道照村	16	男	1938 年 10 月 26 日
高管军	昌邑市都昌街道高家道照村	22	男	1938 年 10 月 26 日
高振玲	昌邑市都昌街道高家道照村	48	男	1938 年 10 月 26 日
孙代成	昌邑市奎聚街道南庄社区	23	男	1938 年 10 月 26 日
孙洪文	昌邑市奎聚街道宫鄌村	31	男	1938 年 10 月
孙兴武	昌邑市卜庄镇永合村	25	男	1938 年 10 月
张兴士	昌邑市卜庄镇白衣庙村	25	男	1938 年 10 月
付吉英	昌邑市都昌街道傅徐村	54	男	1938 年 11 月
郇述田	昌邑市卜庄镇张郇村	22	男	1938 年 11 月
赵佃贵	昌邑市卜庄镇东赵村	26	男	1938 年 12 月 23 日
王二虎	昌邑市都昌街道刘埠村	18	男	1938 年 12 月
焦训同	昌邑市丈岭镇苗家上疃村	60	男	1938 年 12 月
孙汉昌	昌邑市峄山镇西惺惺村	52	男	1938 年冬
姜增阳	昌邑市柳疃镇金家庄村	23	男	1938 年
高明道	昌邑市柳疃镇东付村	33	男	1938 年
齐宗周	昌邑市龙池镇齐西村	28	男	1938 年
孙汉三	昌邑市龙池镇瓦北村	33	男	1938 年
史丙伍	昌邑市都昌街道史家洼子村	30	男	1938 年

姓　名	籍　贯	年　龄	性　别	死难时间
张希增	昌邑市都昌街道前埠村	45	男	1938 年
刘金风	昌邑市都昌街道刘逢村	27	男	1938 年
肖日智	昌邑市双台乡肖家埠村	18	男	1938 年
高克聪	昌邑市双台乡高侯章村	30	男	1938 年
曹孟河	昌邑市北孟镇曹戈庄村	48	男	1938 年
刘成文	昌邑市北孟镇曹戈庄村	35	男	1938 年
于子荣	昌邑市峖山镇西下湾村	38	男	1938 年
翟召荣	昌邑市奎聚街道东逢村	16	男	1938 年
翟召平	昌邑市奎聚街道东逢村	21	男	1938 年
王元生	昌邑市奎聚街道十字路村	31	男	1938 年
付环伟	昌邑市奎聚街道于范社区	32	男	1938 年
元法传	昌邑市石埠镇旗元村	32	男	1938 年
张延坤	昌邑市石埠镇明家庄村	25	男	1938 年
刘邦延	昌邑市石埠镇郝家屯村	40	男	1938 年
张孝利	昌邑市饮马镇西南村	38	男	1938 年
张德成	昌邑市饮马镇西南村	60	男	1938 年
张子珠	昌邑市饮马镇前辉村	61	男	1938 年
张子珠之父	昌邑市饮马镇前辉村	80	男	1938 年
李大里	昌邑市饮马镇徐家官庄村	31	男	1938 年
郭善奎	昌邑市丈岭镇朱阳后村	30	男	1938 年
郭松举	昌邑市丈岭镇朱阳后村	28	男	1938 年
郭钦坤	昌邑市丈岭镇朱阳后村	36	男	1938 年
张来玉	昌邑市丈岭镇高西村	28	男	1938 年
孟庆财之母	昌邑市丈岭镇高西村	26	女	1938 年
张来斌之子	昌邑市丈岭镇高西村	10	男	1938 年
张来顺之祖母	昌邑市丈岭镇高西村	50	女	1938 年
张好松	昌邑市丈岭镇高西村	38	男	1938 年
孟凡森之祖母	昌邑市丈岭镇高西村	42	女	1938 年
刘述友	昌邑市丈岭镇丈岭街村	30	男	1938 年
张所东	昌邑市丈岭镇丈岭街村	32	男	1938 年
苗增群	昌邑市丈岭镇苗家上疃村	40	男	1938 年
魏介眉	昌邑市龙池镇魏西村	51	男	1939 年 1 月 5 日

姓　名	籍　贯	年　龄	性　别	死难时间
魏再欣	昌邑市龙池镇魏西村	23	男	1939 年 1 月 5 日
魏显道	昌邑市龙池镇魏西村	65	男	1939 年 1 月 5 日
魏东山	昌邑市龙池镇魏西村	49	男	1939 年 1 月 5 日
魏连德	昌邑市龙池镇魏西村	62	男	1939 年 1 月 5 日
魏连贞	昌邑市龙池镇魏西村	63	男	1939 年 1 月 5 日
魏显昌	昌邑市龙池镇魏西村	43	男	1939 年 1 月 5 日
魏孔家	昌邑市龙池镇魏西村	60	男	1939 年 1 月 5 日
魏述陶	昌邑市龙池镇魏西村	54	男	1939 年 1 月 5 日
魏述陶之妻	昌邑市龙池镇魏西村	52	女	1939 年 1 月 5 日
魏述陶之母	昌邑市龙池镇魏西村	77	女	1939 年 1 月 5 日
魏述陶之子	昌邑市龙池镇魏西村	5	男	1939 年 1 月 5 日
魏述龙	昌邑市龙池镇魏西村	72	男	1939 年 1 月 5 日
魏兴孟	昌邑市龙池镇魏西村	55	男	1939 年 1 月 5 日
魏新泽	昌邑市龙池镇魏西村	52	男	1939 年 1 月 5 日
魏新和	昌邑市龙池镇魏西村	57	男	1939 年 1 月 5 日
魏显进	昌邑市龙池镇魏西村	60	男	1939 年 1 月 5 日
魏显廷	昌邑市龙池镇魏西村	58	男	1939 年 1 月 5 日
孙进玉	昌邑市龙池镇魏西村	56	男	1939 年 1 月 5 日
魏东和	昌邑市龙池镇魏西村	54	男	1939 年 1 月 5 日
齐介更	昌邑市龙池镇齐西村	33	男	1939 年 1 月 5 日
齐建珍	昌邑市龙池镇齐西村	72	男	1939 年 1 月 5 日
刘方山	昌邑市龙池镇龙北村	34	男	1939 年 1 月 5 日
刘兴盛	昌邑市龙池镇龙北村	61	男	1939 年 1 月 5 日
刘方林	昌邑市龙池镇龙北村	30	男	1939 年 1 月 5 日
刘方茂	昌邑市龙池镇龙北村	50	男	1939 年 1 月 5 日
魏述明	昌邑市龙池镇龙北村	60	男	1939 年 1 月 5 日
魏含德	昌邑市龙池镇龙北村	53	男	1939 年 1 月 5 日
魏建江	昌邑市龙池镇龙北村	70	男	1939 年 1 月 5 日
魏仁清	昌邑市龙池镇龙北村	40	男	1939 年 1 月 5 日
魏作哲	昌邑市龙池镇龙北村	50	男	1939 年 1 月 5 日
魏百全	昌邑市龙池镇龙北村	42	男	1939 年 1 月 5 日
魏连尧	昌邑市龙池镇龙北村	40	男	1939 年 1 月 5 日

姓　名	籍　贯	年　龄	性　别	死难时间
魏永思	昌邑市龙池镇龙北村	60	男	1939 年 1 月 5 日
魏吉奎	昌邑市龙池镇魏西村	57	男	1939 年 1 月 5 日
魏学胜	昌邑市龙池镇魏西村	55	男	1939 年 1 月 5 日
魏述刚	昌邑市龙池镇龙北村	40	男	1939 年 1 月 5 日
魏述×	昌邑市龙池镇龙北村	67	男	1939 年 1 月 5 日
魏兴堂	昌邑市龙池镇龙北村	70	男	1939 年 1 月 5 日
魏存尊之女	昌邑市龙池镇龙北村	2	女	1939 年 1 月 5 日
魏良和之女	昌邑市龙池镇龙北村	18	女	1939 年 1 月 5 日
齐　秋	昌邑市双台乡东永安村	18	女	1939 年 1 月 24 日
吕佃风	昌邑市双台乡东永安村	27	男	1939 年 1 月 24 日
吕风英	昌邑市双台乡东永安村	24	男	1939 年 1 月 24 日
李炳深	昌邑市丈岭镇后孙村	25	男	1939 年 1 月
刘廷星	昌邑市丈岭镇后孙村	29	男	1939 年 1 月
李炳昌	昌邑市丈岭镇后孙村	30	男	1939 年 1 月
刘廷权	昌邑市丈岭镇后孙村	26	男	1939 年 1 月
韩七月	昌邑市柳疃镇柳疃村	7	男	1939 年 1 月
林占辉	昌邑市柳疃镇后青村	18	男	1939 年 1 月
胡善堂	昌邑市夏店镇胡家道口村	34	男	1939 年 1 月
赵文史	昌邑市丈岭镇西万家屯村	29	男	1939 年 1 月
刘玉运	昌邑市丈岭镇后孙村	22	男	1939 年 1 月
付　刚	昌邑市柳疃镇柳疃村	28	男	1939 年 1 月
邱邦昌	昌邑市丈岭镇高东村	30	男	1939 年 1 月
耿喜顺	昌邑市丈岭镇西万家屯村	19	男	1939 年 1 月
刘玉德	昌邑市丈岭镇后孙村	23	男	1939 年 1 月
邱洪法	昌邑市丈岭镇高东村	32	男	1939 年 1 月
焦××	昌邑市丈岭镇后孙村	28	男	1939 年 1 月
刘永森	昌邑市丈岭镇后孙村	27	男	1939 年 1 月
齐思孔	昌邑市龙池镇龙街村	64	男	1939 年 2 月 23 日
齐思智	昌邑市龙池镇龙街村	62	男	1939 年 2 月 23 日
齐思礼	昌邑市龙池镇龙街村	60	男	1939 年 2 月 23 日
刘　氏	昌邑市龙池镇龙街村	48	女	1939 年 2 月 23 日
齐庆太	昌邑市龙池镇龙街村	50	男	1939 年 2 月 23 日

姓 名	籍 贯	年 龄	性 别	死难时间
齐庆新	昌邑市龙池镇龙街村	58	男	1939 年 2 月 23 日
齐思法	昌邑市龙池镇龙街村	40	男	1939 年 2 月 23 日
齐庆岱	昌邑市龙池镇龙街村	53	男	1939 年 2 月 23 日
齐庆祥	昌邑市龙池镇龙街村	52	男	1939 年 2 月 23 日
刘希谦	昌邑市龙池镇龙北村	58	男	1939 年 2 月 23 日
齐思谦	昌邑市龙池镇龙街村	54	男	1939 年 2 月 23 日
陈乐堂	昌邑市龙池镇龙街村	59	男	1939 年 2 月 23 日
齐百泉	昌邑市龙池镇龙街村	48	男	1939 年 2 月 23 日
齐思吉	昌邑市龙池镇龙街村	56	男	1939 年 2 月 23 日
盛希义	昌邑市龙池镇龙街村	60	男	1939 年 2 月 23 日
刘述南	昌邑市龙池镇龙街村	60	男	1939 年 2 月 23 日
刘君烈	昌邑市龙池镇龙街村	40	男	1939 年 2 月 23 日
刘希坤	昌邑市龙池镇龙街村	40	男	1939 年 2 月 23 日
刘方茂	昌邑市龙池镇龙街村	42	男	1939 年 2 月 23 日
魏兆庆	昌邑市龙池镇龙街村	60	男	1939 年 2 月 23 日
魏吉成	昌邑市龙池镇龙街村	32	男	1939 年 2 月 23 日
盛 朗	昌邑市龙池镇龙街村	22	男	1939 年 2 月 23 日
魏鸿岳	昌邑市龙池镇龙街村	60	男	1939 年 2 月 23 日
齐重滨	昌邑市龙池镇龙街村	58	男	1939 年 2 月 23 日
齐思彦	昌邑市龙池镇龙街村	60	男	1939 年 2 月 23 日
张道宗	昌邑市都昌街道长埠村	19	男	1939 年 2 月 28 日
范士茂	昌邑市柳疃镇北高村	30	男	1939 年 2 月
胡京堂	昌邑市夏店镇胡家道口村	20	男	1939 年 2 月
王洪宣	昌邑市饮马镇山阴村	20	男	1939 年 2 月
李光田	昌邑市饮马镇后赶村	59	男	1939 年 2 月
王述古	昌邑市饮马镇兴会村	40	男	1939 年 2 月
王金升	昌邑市饮马镇兴会村	52	男	1939 年 2 月
王好勤	昌邑市饮马镇前赶村	19	男	1939 年 2 月
郑思秀	昌邑市饮马镇后赶村	60	男	1939 年 2 月
王 吉	昌邑市饮马镇兴会村	22	男	1939 年 2 月
王相乾	昌邑市饮马镇兴会村	40	男	1939 年 2 月
王 柱	昌邑市饮马镇前赶村	17	男	1939 年 2 月

姓 名	籍 贯	年 龄	性 别	死难时间
李效先	昌邑市饮马镇后赶村	18	男	1939 年 2 月
郑邦杰	昌邑市饮马镇后赶村	40	男	1939 年 2 月
邢伟正	昌邑市饮马镇兴会村	63	男	1939 年 2 月
王奎海	昌邑市饮马镇兴会村	45	男	1939 年 2 月
王洪贵	昌邑市饮马镇前赶村	29	男	1939 年 2 月
邢 氏	昌邑市饮马镇兴会村	54	女	1939 年 2 月
李香太	昌邑市饮马镇后赶村	55	男	1939 年 2 月
李 氏	昌邑市饮马镇后赶村	55	女	1939 年 2 月
王 宏	昌邑市饮马镇前赶村	31	男	1939 年 2 月
陈祝行	昌邑市饮马镇后赶村	17	男	1939 年 2 月
邢永吉	昌邑市饮马镇兴会村	32	男	1939 年 2 月
王述文	昌邑市饮马镇兴会村	36	男	1939 年 2 月
李宝地	昌邑市饮马镇后赶村	16	男	1939 年 2 月
邢余良	昌邑市饮马镇兴会村	19	男	1939 年 2 月
王奎武	昌邑市饮马镇兴会村	43	男	1939 年 2 月
李冠斗	昌邑市饮马镇后赶村	13	男	1939 年 2 月
邢留宿	昌邑市饮马镇兴会村	20	男	1939 年 2 月
王述荣	昌邑市饮马镇兴会村	37	男	1939 年 2 月
李麦冬	昌邑市饮马镇后赶村	45	男	1939 年 2 月
翟相居	昌邑市饮马镇兴会村	52	男	1939 年 2 月
李延治	昌邑市饮马镇后赶村	62	男	1939 年 2 月
邢存道	昌邑市饮马镇兴会村	44	男	1939 年 2 月
翟化喜	昌邑市饮马镇兴会村	25	男	1939 年 2 月
李 治	昌邑市饮马镇后赶村	20	男	1939 年 2 月
王先进	昌邑市饮马镇兴会村	35	男	1939 年 2 月
翟 胜	昌邑市饮马镇兴会村	23	男	1939 年 2 月
李会远	昌邑市饮马镇后赶村	20	男	1939 年 2 月
王玉美	昌邑市饮马镇兴会村	23	男	1939 年 2 月
翟 秋	昌邑市饮马镇兴会村	20	男	1939 年 2 月
李焕帮	昌邑市饮马镇后赶村	22	男	1939 年 2 月
王敬道	昌邑市饮马镇兴会村	50	男	1939 年 2 月
贺 留	昌邑市饮马镇兴会村	23	男	1939 年 2 月

姓　名	籍　贯	年　龄	性　别	死难时间
李日忠	昌邑市饮马镇后赶村	45	男	1939 年 2 月
王百津	昌邑市饮马镇兴会村	35	男	1939 年 2 月
李日效	昌邑市饮马镇后赶村	42	男	1939 年 2 月
王玉科	昌邑市饮马镇兴会村	40	男	1939 年 2 月
王廷阶	昌邑市饮马镇后赶村	20	男	1939 年 2 月
王敬钦	昌邑市饮马镇兴会村	50	男	1939 年 2 月
李会春	昌邑市饮马镇后赶村	20	男	1939 年 2 月
吴高友	昌邑市饮马镇兴会村	20	男	1939 年 2 月
魏兆增	昌邑市龙池镇龙街村	60	男	1939 年 3 月 2 日
安风同	昌邑市龙池镇龙街村	60	男	1939 年 3 月 2 日
朱任臻	昌邑市北孟镇朱家巷子村	40	男	1939 年 3 月 29 日
朱连荣之妻	昌邑市北孟镇朱家巷子村	37	女	1939 年 3 月 30 日
朱连荣之子	昌邑市北孟镇朱家巷子村	8 个月	男	1939 年 3 月 31 日
徐保斋	昌邑市柳疃镇灶户村	25	男	1939 年 3 月
魏海祥之母	昌邑市龙池镇魏西村	33	女	1939 年 3 月
陆玉令	昌邑市卜庄镇大陆村	26	男	1939 年 3 月
林文元	昌邑市双台乡南兴福村	35	男	1939 年春
林大久	昌邑市双台乡南兴福村	30	男	1939 年春
林冠良	昌邑市双台乡南兴福村	35	男	1939 年春
林洪成	昌邑市双台乡南兴福村	21	男	1939 年春
张廷茂	昌邑市峈山镇盘马埠村	53	男	1939 年春
王泗柱	昌邑市峈山镇东惺惺村	24	男	1939 年春
邵河介	昌邑市峈山镇东惺惺村	30	男	1939 年春
王作松	昌邑市峈山镇东惺惺村	39	男	1939 年春
孙　普	昌邑市峈山镇东惺惺村	30	男	1939 年春
郭光亮	昌邑市太保庄乡望仙埠村	28	男	1939 年春
李廉清	昌邑市太保庄乡望仙埠村	26	男	1939 年春
郭宜心	昌邑市太保庄乡望仙埠村	22	男	1939 年春
郭宜杰	昌邑市太保庄乡望仙埠村	37	男	1939 年春
李术春	昌邑市太保庄乡望仙埠村	29	男	1939 年春
李法森	昌邑市太保庄乡望仙埠村	48	男	1939 年春
刘道明	昌邑市太保庄乡望仙埠村	30	男	1939 年春

姓 名	籍 贯	年 龄	性 别	死难时间
郭桂一	昌邑市太保庄乡望仙埠村	36	男	1939 年春
栾心太	昌邑市太保庄乡凤凰岭村	43	男	1939 年春
闫 氏	昌邑市卜庄镇大韩村	50	女	1939 年春
齐明新	昌邑市柳疃镇南玉村	32	男	1939 年 4 月 16 日
陈龙飞	昌邑市龙池镇北白塔村	26	男	1939 年 4 月 16 日
孙化从	昌邑市柳疃镇老官庄村	43	男	1939 年 4 月 21 日
李钦孔	昌邑市石埠镇东金台村	23	男	1939 年 4 月 21 日
李述茂	昌邑市石埠镇东金台村	24	男	1939 年 4 月 21 日
徐修善	昌邑市柳疃镇灶户村	21	男	1939 年 4 月
潘 氏	昌邑市石埠镇北村	32	女	1939 年 4 月
邱××	昌邑市丈岭镇高东村	28	男	1939 年 4 月
焦吉运	昌邑市丈岭镇大庄村	23	男	1939 年 4 月
白秀丰	昌邑市丈岭镇东营村	20	男	1939 年 4 月
刘金柱	昌邑市丈岭镇东七兰村	19	男	1939 年 4 月
翟 氏	昌邑市石埠镇北村	36	女	1939 年 4 月
焦洪烈之妻	昌邑市丈岭镇大庄村	30	女	1939 年 4 月
高尤氏	昌邑市丈岭镇东七兰村	25	女	1939 年 4 月
翟 氏	昌邑市石埠镇北村	35	女	1939 年 4 月
邱心志之姑	昌邑市丈岭镇高东村	20	女	1939 年 4 月
张洪喜	昌邑市丈岭镇大庄村	28	男	1939 年 4 月
邱立宗	昌邑市丈岭镇高东村	27	男	1939 年 4 月
焦春美	昌邑市丈岭镇大庄村	27	男	1939 年 4 月
邱立宗之妻	昌邑市丈岭镇高东村	24	女	1939 年 4 月
焦洪文	昌邑市丈岭镇大庄村	24	男	1939 年 4 月
邱邦东	昌邑市丈岭镇高东村	26	男	1939 年 4 月
赵佃华之子	昌邑市丈岭镇高东村	18	男	1939 年 4 月
郝尊成	昌邑市龙池镇岱邱村	52	男	1939 年 5 月 15 日
于爱英	昌邑市北孟镇马庙村	31	女	1939 年 5 月 17 日
张风秀	昌邑市奎聚街道吴辛村	50	男	1939 年 5 月 22 日
吴少阔	昌邑市奎聚街道吴辛村	48	男	1939 年 5 月 22 日
吴少彬	昌邑市奎聚街道吴辛村	42	男	1939 年 5 月 22 日
高龙法	昌邑市柳疃镇前官村	16	男	1939 年 5 月

姓 名	籍 贯	年 龄	性 别	死难时间
赵西浩	昌邑市龙池镇瓦西村	19	男	1939 年 5 月
张洪江	昌邑市龙池镇王范庄村	26	男	1939 年 5 月
李延功	昌邑市双台乡渔洞埠村	25	男	1939 年 5 月
韩维金	昌邑市北孟镇上坡村	25	男	1939 年 5 月
韩克音	昌邑市北孟镇上坡村	30	男	1939 年 5 月
刘津林	昌邑市北孟镇马庙村	25	男	1939 年 5 月
张　良	昌邑市太保庄乡朱马村	21	男	1939 年 5 月
林观辉	昌邑市丈岭镇东下坡村	25	男	1939 年 5 月
李文美	昌邑市双台乡渔洞埠村	26	男	1939 年 5 月
刘淡林	昌邑市北孟镇马庙村	32	男	1939 年 5 月
郭庆丰	昌邑市柳疃镇郭家车道村	32	男	1939 年 6 月
张洪柱	昌邑市龙池镇王范庄村	32	男	1939 年 6 月
于其瑞	昌邑市围子镇于郜村	30	男	1939 年 6 月
逄新德	昌邑市围子镇逄家村	25	男	1939 年 6 月
李太来	昌邑市饮马镇顾仙村	30	男	1939 年 6 月
李明友	昌邑市饮马镇顾仙村	42	男	1939 年 6 月
李廷林	昌邑市饮马镇顾仙村	40	男	1939 年 6 月
李　高	昌邑市饮马镇顾仙村	39	男	1939 年 6 月
栾　云	昌邑市饮马镇顾仙村	38	男	1939 年 6 月
李现德	昌邑市饮马镇顾仙村	41	男	1939 年 6 月
逄正德	昌邑市围子镇逄家村	23	男	1939 年 6 月
逄龙德	昌邑市围子镇逄家村	28	男	1939 年 6 月
徐保才	昌邑市柳疃镇灶户村	30	男	1939 年 7 月
鞠森林	昌邑市北孟镇太平村	25	男	1939 年 7 月
李龙章	昌邑市奎聚街道初曲村	26	男	1939 年 7 月
翟元锡	昌邑市奎聚街道东逄村	23	男	1939 年 7 月
孟召顺	昌邑市围子镇孟家村	56	男	1939 年 7 月
胡秉义	昌邑市夏店镇胡家道口村	22	男	1939 年 7 月
孟召奎	昌邑市围子镇孟家村	60	男	1939 年 7 月
刘明成	昌邑市宋庄镇三大章村	50	男	1939 年 8 月 30 日
刘衍寿	昌邑市宋庄镇三大章村	21	男	1939 年 8 月 30 日
刘明利	昌邑市宋庄镇三大章村	52	男	1939 年 8 月 30 日

姓　名	籍　贯	年龄	性别	死难时间
刘衍拥	昌邑市宋庄镇三大章村	24	男	1939 年 8 月 30 日
祝夏福	昌邑市宋庄镇三大章村	53	男	1939 年 8 月 30 日
祝宝岩	昌邑市宋庄镇三大章村	48	男	1939 年 8 月 30 日
郑天荣	昌邑市北孟镇太平村	25	男	1939 年 8 月
李兰壮	昌邑市北孟镇太平村	22	男	1939 年 8 月
韩维山	昌邑市北孟镇上坡村	19	男	1939 年 8 月
李高臣	昌邑市奎聚街道初曲村	24	男	1939 年 8 月
韩维相	昌邑市北孟镇上坡村	19	男	1939 年 8 月
韩德运	昌邑市北孟镇上坡村	25	男	1939 年 8 月
邓佃升	昌邑市柳疃镇老官庄村	46	男	1939 年 9 月 19 日
于春增	昌邑市龙池镇瓦北村	31	男	1939 年 9 月
董　氏	昌邑市石埠镇肖家村	65	女	1939 年 9 月
孙传瑞	昌邑市龙池镇瓦北村	32	男	1939 年秋
李在寿	昌邑市围子镇韩家巷村	28	男	1939 年秋
刘风祥	昌邑市围子镇韩家巷村	30	男	1939 年秋
王连政	昌邑市饮马镇敖头埠村	33	男	1939 年秋
左凤楼	昌邑市饮马镇左营村	25	男	1939 年 10 月 12 日
李春明	昌邑市都昌街道陈家洼子村	33	男	1939 年 10 月 27 日
孙西帮	昌邑市柳疃镇前青村	23	男	1939 年 10 月
张洪太	昌邑市龙池镇王范庄村	43	男	1939 年 10 月
李贤三	昌邑市龙池镇郭疃村	26	男	1939 年 11 月 6 日
王炳亮	昌邑市夏店镇夏店村	28	男	1940 年 1 月
张培臣	昌邑市太保庄乡南辛村	25	男	1939 年 12 月
刘佃章	昌邑市围子镇前陈村	21	男	1939 年 12 月
朱列昆	昌邑市北孟镇朱家屯村	32	男	1939 年 12 月
张凤瑞	昌邑市太保庄乡南辛村	30	男	1939 年 12 月
徐　润	昌邑市太保庄乡南辛村	32	男	1939 年 12 月
张坤厚	昌邑市太保庄乡南辛村	35	男	1939 年 12 月
张凤春	昌邑市太保庄乡南辛村	31	男	1939 年 12 月
张兴成	昌邑市太保庄乡南辛村	27	男	1939 年 12 月
张明德	昌邑市太保庄乡南辛村	24	男	1939 年 12 月
马继温	昌邑市太保庄乡南辛村	28	男	1939 年 12 月

姓 名	籍 贯	年 龄	性 别	死难时间
张坤盛	昌邑市太保庄乡南辛村	26	男	1939 年 12 月
丁金台	昌邑市峱山镇西惺惺村	30	男	1939 年冬
孙寿臣	昌邑市柳疃镇青阜村	25	男	1939 年
安 随	昌邑市柳疃镇院头村	17	男	1939 年
安曰勇	昌邑市柳疃镇院头村	16	男	1939 年
徐广运	昌邑市柳疃镇东付村	25	男	1939 年
孙月道	昌邑市柳疃镇西辛安庄村	50	男	1939 年
孙克正	昌邑市柳疃镇前青村	23	男	1939 年
徐保祥	昌邑市柳疃镇灶户村	33	男	1939 年
陈贵武	昌邑市龙池镇东白塔村	22	男	1939 年
李中信	昌邑市龙池镇郭疃村	21	男	1939 年
魏吉×	昌邑市龙池镇油坊村	30	男	1939 年
孙广希	昌邑市龙池镇瓦北村	32	男	1939 年
王树柱	昌邑市都昌街道孟洼村	20	男	1939 年
孟凡库	昌邑市都昌街道孟洼村	21	男	1939 年
徐有堂之妻	昌邑市双台乡峄埠村	35	女	1939 年
马有章	昌邑市双台乡西永安村	35	男	1939 年
刘 氏	昌邑市双台乡西永安村	40	女	1939 年
刘显道	昌邑市双台乡角埠村	76	男	1939 年
刘正奎	昌邑市北孟镇北一村	26	男	1939 年
杨奎俊	昌邑市北孟镇中李村	18	男	1939 年
夏 珍	昌邑市北孟镇西屯村	15	女	1939 年
夏 丽	昌邑市北孟镇西屯村	12	女	1939 年
姜亦生	昌邑市北孟镇西屯村	30	男	1939 年
程田恩	昌邑市北孟镇西屯村	31	男	1939 年
位仁河	昌邑市北孟镇西屯村	29	男	1939 年
程老五	昌邑市北孟镇西屯村	28	男	1939 年
程老六	昌邑市北孟镇西屯村	27	男	1939 年
姜 东	昌邑市北孟镇西屯村	22	男	1939 年
王洪德	昌邑市奎聚街道十字路村	25	男	1939 年
张守信	昌邑市石埠镇郝家屯村	38	男	1939 年
王维恭	昌邑市太保庄乡庞家山后村	22	男	1939 年

姓　名	籍　贯	年龄	性别	死难时间
马茂宗	昌邑市围子镇四甲村	30	男	1939 年
于官正	昌邑市围子镇北密村	32	男	1939 年
于官学	昌邑市围子镇北密村	29	男	1939 年
王玉阁	昌邑市夏店镇王庙村	31	男	1939 年
谭风岭	昌邑市夏店镇湾崖村	18	男	1939 年
张庆松	昌邑市夏店镇西峰村	16	男	1939 年
张平安	昌邑市饮马镇后辉村	18	男	1939 年
马　瞒	昌邑市丈岭镇山西村	11	男	1939 年
孙庆田	昌邑市丈岭镇山西村	30	男	1939 年
孙瑞华	昌邑市丈岭镇山西村	32	男	1939 年
范希楼	昌邑市丈岭镇范家邱村	46	男	1939 年
范北训之母	昌邑市丈岭镇范家邱村	72	女	1939 年
范希正之妻	昌邑市丈岭镇范家邱村	68	女	1939 年
陈文玉	昌邑市丈岭镇老匙沟西村	41	男	1939 年
刘　汾	昌邑市丈岭镇宫家屯村	—	男	1939 年
孙凤青	昌邑市丈岭镇孙家上疃村	50	男	1939 年
王洪全	昌邑市龙池镇瓦西村	17	男	1940 年 1 月
于存友	昌邑市石埠镇肖家村	21	男	1940 年 1 月
祝钧显	昌邑市太保庄乡东扶村	40	男	1940 年 1 月
白尊吉	昌邑市丈岭镇西白家营村	49	男	1940 年 1 月
高德英	昌邑市双台乡高侯章村	72	男	1940 年 2 月
高德福	昌邑市双台乡高侯章村	74	男	1940 年 2 月
高王氏	昌邑市双台乡高侯章村	72	女	1940 年 2 月
高营海	昌邑市双台乡高侯章村	49	男	1940 年 2 月
高吴氏	昌邑市双台乡高侯章村	45	女	1940 年 2 月
韩耕田	昌邑市丈岭镇韩高村	31	男	1940 年 3 月 1 日
孙传善	昌邑市龙池镇瓦北村	40	男	1940 年 3 月 8 日
孙焕业	昌邑市龙池镇瓦北村	31	男	1940 年 3 月 8 日
孙焕润	昌邑市龙池镇瓦北村	40	男	1940 年 3 月 8 日
赵　玲	昌邑市龙池镇瓦北村	20	女	1940 年 3 月 8 日
付山羊	昌邑市龙池镇瓦北村	20	男	1940 年 3 月 8 日
陈希道	昌邑市龙池镇瓦北村	30	男	1940 年 3 月 8 日

姓　名	籍　贯	年　龄	性　别	死难时间
付　铁	昌邑市龙池镇瓦北村	19	男	1940 年 3 月 8 日
付正良	昌邑市龙池镇瓦北村	25	男	1940 年 3 月 8 日
付永宾	昌邑市龙池镇瓦北村	60	男	1940 年 3 月 8 日
付安柱	昌邑市龙池镇瓦北村	17	男	1940 年 3 月 8 日
孙西达	昌邑市柳疃镇前青村	22	男	1940 年 3 月
刘长文	昌邑市龙池镇岱邱村	59	男	1940 年 3 月
刘　化	昌邑市石埠镇葛西村	30	男	1940 年 3 月
邵喜林	昌邑市太保庄乡邵家庄村	26	男	1940 年 3 月
刘崇胜	昌邑市饮马镇刘家埠村	40	男	1940 年 3 月
张凤清	昌邑市太保庄乡马家官庄村	40	男	1940 年春
楚连升	昌邑市太保庄乡马家官庄村	33	男	1940 年春
付维刚	昌邑市柳疃镇西付村	36	男	1940 年 4 月
徐文同	昌邑市柳疃镇南五甲村	23	男	1940 年 4 月
魏法思	昌邑市龙池镇龙北村	40	男	1940 年 4 月
王克黄	昌邑市石埠镇埠头村	62	男	1940 年 4 月
赵保荣	昌邑市太保庄乡前甘村	23	男	1940 年 4 月
刘全京	昌邑市太保庄乡关家营村	—	男	1940 年 4 月
祝良台	昌邑市太保庄乡东扶村	30	男	1940 年 4 月
陆相成	昌邑市卜庄镇东任村	59	男	1940 年 4 月
谢　壮	昌邑市夏店镇裴家村	24	男	1940 年 4 月
王会文	昌邑市夏店镇裴家村	37	男	1940 年 4 月
李　毅	昌邑市夏店镇大李家村	32	男	1940 年 4 月
王恩祥	昌邑市夏店镇火道村	19	男	1940 年 4 月
李红来	昌邑市丈岭镇中武兰村	37	男	1940 年 4 月
曹流河	昌邑市丈岭镇东下坡村	27	男	1940 年 4 月
王凤林	昌邑市石埠镇埠头村	46	男	1940 年 4 月
王为凡	昌邑市石埠镇埠头村	43	男	1940 年 4 月
王有矣	昌邑市石埠镇埠头村	63	男	1940 年 4 月
王为考	昌邑市石埠镇埠头村	50	男	1940 年 4 月
王为祥	昌邑市石埠镇埠头村	63	男	1940 年 4 月
王为昌	昌邑市石埠镇埠头村	60	男	1940 年 4 月
王克贵	昌邑市石埠镇埠头村	61	男	1940 年 4 月

姓 名	籍 贯	年 龄	性 别	死难时间
刘曰河	昌邑市石埠镇埠头村	32	男	1940 年 4 月
韩龙臣	昌邑市都昌街道南马埠村	34	男	1940 年 5 月 8 日
周令舟	昌邑市太保庄乡七里兰村	30	男	1940 年 5 月 9 日
李太成	昌邑市饮马镇顾仙村	37	男	1940 年 5 月 21 日
李循月	昌邑市饮马镇顾仙村	53	男	1940 年 5 月 21 日
李青山	昌邑市饮马镇顾仙村	55	男	1940 年 5 月 21 日
李克仪	昌邑市饮马镇顾仙村	45	男	1940 年 5 月 21 日
李忠林	昌邑市饮马镇顾仙村	21	男	1940 年 5 月 21 日
李 生	昌邑市饮马镇顾仙村	42	男	1940 年 5 月 21 日
刘少清	昌邑市柳疃镇刘家车道村	40	男	1940 年 5 月
高西仁	昌邑市柳疃镇前官村	40	男	1940 年 5 月
范德森	昌邑市龙池镇王范庄村	48	男	1940 年 5 月
戴京读	昌邑市石埠镇戴家薛庄村	28	男	1940 年 5 月
朱英祥	昌邑市北孟镇朱家村	32	男	1940 年 6 月 10 日
高京德	昌邑市柳疃镇北西高村	17	男	1940 年 6 月
王京安	昌邑市龙池镇王范庄村	50	男	1940 年 6 月
付之遴	昌邑市奎聚街道虫埠村	32	男	1940 年 6 月
戴世祯	昌邑市石埠镇戴家薛庄村	36	男	1940 年 6 月
王焕章	昌邑市夏店镇火道村	18	男	1940 年 6 月
刘继琛	昌邑市饮马镇刘家埠村	25	男	1940 年 6 月
张绍康	昌邑市奎聚街道虫埠村	19	男	1940 年 6 月
戴好贤	昌邑市石埠镇戴家薛庄村	37	男	1940 年 6 月
刘文升	昌邑市饮马镇刘家埠村	22	男	1940 年 6 月
孙传法	昌邑市龙池镇瓦北村	21	男	1940 年 7 月
张邦杰	昌邑市都昌街道西马村	18	男	1940 年 7 月
高树信	昌邑市都昌街道高家道照村	30	男	1940 年 7 月
李江年	昌邑市北孟镇太平村	21	男	1940 年 7 月
吴克功	昌邑市北孟镇大望村	40	男	1940 年 7 月
逄铁匠	昌邑市北孟镇大望村	42	男	1940 年 7 月
林春田	昌邑市石埠镇林家埠村	20	男	1940 年 7 月
孙学尧	昌邑市柳疃镇道岔村	17	男	1940 年 8 月
王有杰	昌邑市龙池镇王范庄村	22	男	1940 年 8 月

姓 名	籍 贯	年 龄	性 别	死难时间
孙魏氏	昌邑市龙池镇龙北村	33	女	1940 年 8 月
盛永法	昌邑市龙池镇马渠村	37	男	1940 年 8 月
杨立功	昌邑市都昌街道辛二村	19	男	1940 年 8 月
翟元国	昌邑市奎聚街道东逄村	18	男	1940 年 8 月
魏尚荣	昌邑市龙池镇魏西村	20	男	1940 年 9 月
魏传金	昌邑市龙池镇马渠村	19	男	1940 年 9 月
张星三	昌邑市都昌街道西马村	25	男	1940 年 9 月
毕贞忠	昌邑市北孟镇黄家庄村	36	男	1940 年 9 月
陆相平	昌邑市卜庄镇大陆村	38	男	1940 年 9 月
郝令元之父	昌邑市峜山镇郝家官庄村	36	男	1940 年秋
于同春	昌邑市峜山镇杨家庄子村	42	男	1940 年秋
王维进	昌邑市峜山镇东惺惺村	62	男	1940 年秋
谭仁昌	昌邑市峜山镇东惺惺村	31	男	1940 年秋
洪傲之母	昌邑市太保庄乡望仙埠村	34	女	1940 年秋
郭廷基	昌邑市太保庄乡望仙埠村	33	男	1940 年秋
郭建昌	昌邑市太保庄乡望仙埠村	25	男	1940 年秋
王成美	昌邑市太保庄乡望仙埠村	40	男	1940 年秋
李正清	昌邑市太保庄乡望仙埠村	31	男	1940 年秋
王占阔	昌邑市太保庄乡望仙埠村	27	男	1940 年秋
郭术勋	昌邑市太保庄乡望仙埠村	29	男	1940 年秋
郭德信	昌邑市太保庄乡望仙埠村	38	男	1940 年秋
郭德兴	昌邑市太保庄乡望仙埠村	25	男	1940 年秋
郭光华	昌邑市太保庄乡望仙埠村	22	男	1940 年秋
李重九	昌邑市龙池镇郭疃村	31	男	1940 年 10 月
翟维邦	昌邑市石埠镇付家庄村	29	男	1940 年 11 月 16 日
高恩洪	昌邑市柳疃镇高隆盛村	16	男	1940 年 11 月
刘泽清	昌邑市饮马镇窑湾村	35	男	1940 年 11 月
宋佃爵	昌邑市双台乡远东庄村	25	男	1940 年 12 月 22 日
宋述京	昌邑市双台乡远东庄村	52	男	1940 年 12 月 22 日
邵瑞华	昌邑市太保庄乡邵家庄村	20	男	1940 年 12 月
朱光庭	昌邑市围子镇郭家道口村	22	男	1940 年 12 月
孙乐邵	昌邑市卜庄镇永合村	26	男	1940 年 12 月

姓　名	籍　贯	年　龄	性　别	死难时间
朱公武	昌邑市夏店镇六甲村	22	男	1940 年 12 月
王文斗	昌邑市峡山镇盖家庄村	19	男	1940 年冬
张万忠	昌邑市峡山镇前后屯村	27	男	1940 年冬
王明治	昌邑市峡山镇东惺惺村	56	男	1940 年冬
范廷臣	昌邑市柳疃镇大辛庄村	64	男	1940 年
徐保臻	昌邑市柳疃镇灶户村	27	男	1940 年
李希九	昌邑市龙池镇郭疃村	19	男	1940 年
孙善积	昌邑市龙池镇沙岭村	22	男	1940 年
王洪×	昌邑市都昌街道立新村	27	男	1940 年
徐永刚	昌邑市都昌街道徐逢村	32	男	1940 年
史洪绪	昌邑市都昌街道巡保村	25	男	1940 年
吴中孔	昌邑市都昌街道巡保村	26	男	1940 年
孙富寿	昌邑市都昌街道巡保村	26	男	1940 年
徐立善	昌邑市双台乡峡埠村	32	男	1940 年
徐文荣	昌邑市双台乡峡埠村	36	男	1940 年
徐美堂	昌邑市双台乡峡埠村	31	男	1940 年
徐作训	昌邑市双台乡峡埠村	30	男	1940 年
肖丙政	昌邑市双台乡肖家埠村	24	男	1940 年
林希朋	昌邑市双台乡北兴福村	42	男	1940 年
林希刚之妻	昌邑市双台乡北兴福村	23	女	1940 年
徐连起	昌邑市双台乡南侯章村	25	男	1940 年
徐有贵	昌邑市双台乡南侯章村	26	男	1940 年
徐士良	昌邑市双台乡申明亭村	20	男	1940 年
刘清源	昌邑市北孟镇李戈庄二村	19	男	1940 年
朱相周	昌邑市北孟镇李一村	18	男	1940 年
曹文荣	昌邑市北孟镇曹戈庄村	62	男	1940 年
陈洪忠	昌邑市北孟镇池前村	36	男	1940 年
于　耀	昌邑市峡山镇梁田村	20	男	1940 年
付之道	昌邑市奎聚街道虫埠村	42	男	1940 年
付伦武	昌邑市奎聚街道虫埠村	22	男	1940 年
李存周	昌邑市石埠镇东金台村	24	男	1940 年
李绪花	昌邑市石埠镇东金台村	23	男	1940 年

姓　名	籍　贯	年　龄	性　别	死难时间
初清德	昌邑市石埠镇贾家庄村	18	男	1940 年
张纪天	昌邑市石埠镇埠头村	63	男	1940 年
庞王氏	昌邑市太保庄乡庞家山后村	31	女	1940 年
马高登	昌邑市围子镇四甲村	40	男	1940 年
陆玉庆	昌邑市卜庄镇大陆村	39	男	1940 年
谭洪福	昌邑市夏店镇湾崖村	26	男	1940 年
徐　来	昌邑市饮马镇徐家官庄村	20	男	1940 年
孙连祥	昌邑市饮马镇八里庄子村	25	男	1940 年
刘献玉	昌邑市饮马镇八里庄子村	23	男	1940 年
刘在良	昌邑市饮马镇杨屯村	25	男	1940 年
刘付芹	昌邑市饮马镇大岭村	44	男	1940 年
臧月增	昌邑市丈岭镇罗家埠村	40	男	1940 年
孙庆余	昌邑市丈岭镇山西村	22	男	1940 年
孙庆祥	昌邑市丈岭镇山西村	23	男	1940 年
万兴才	昌邑市丈岭镇葛庄村	30	男	1940 年
张本厚	昌邑市丈岭镇西老村	36	男	1940 年
张吕氏	昌邑市丈岭镇西老村	46	女	1940 年
张钦佩	昌邑市柳疃镇张家车道村	22	男	1941 年 1 月
黄永祥	昌邑市都昌街道王褥村	27	男	1941 年 1 月
李　乐	昌邑市围子镇李家村	19	男	1941 年 1 月
张　德	昌邑市北孟镇九龙屯村	62	男	1941 年 2 月 4 日
张得一	昌邑市北孟镇九龙屯村	33	男	1941 年 2 月 4 日
张官发	昌邑市北孟镇九龙屯村	67	男	1941 年 2 月 4 日
崔延合	昌邑市奎聚街道草庵村	45	男	1941 年 2 月 5 日
崔二桥	昌邑市奎聚街道草庵村	12	男	1941 年 2 月 5 日
张崔玉	昌邑市奎聚街道草庵村	20	男	1941 年 2 月 5 日
张守玉	昌邑市奎聚街道草庵村	17	男	1941 年 2 月 5 日
张海玉	昌邑市奎聚街道草庵村	15	男	1941 年 2 月 5 日
王洪绪	昌邑市都昌街道张固村	19	男	1941 年 2 月 6 日
韩清池	昌邑市都昌街道中马村	17	男	1941 年 2 月 16 日
李明喜	昌邑市柳疃镇北玉村	51	男	1941 年 2 月 25 日
齐玉池	昌邑市柳疃镇南玉村	36	男	1941 年 2 月 25 日

姓 名	籍 贯	年 龄	性 别	死难时间
孙述本	昌邑市柳疃镇南玉村	30	男	1941 年 2 月 25 日
李培珊	昌邑市龙池镇郭疃村	21	男	1941 年 2 月
张学善	昌邑市龙池镇孙家庄村	27	男	1941 年 2 月
朱洪喜	昌邑市北孟镇朱家村	40	男	1941 年 2 月
王英奎	昌邑市奎聚街道十字路村	25	男	1941 年 2 月
李安信	昌邑市夏店镇东营村	31	男	1941 年 2 月
王洪发	昌邑市奎聚街道十字路村	29	男	1941 年 2 月
付余贵	昌邑市丈岭镇韩高村	31	男	1941 年 3 月 5 日
魏含太	昌邑市龙池镇龙北村	33	男	1941 年 3 月
魏振恩	昌邑市龙池镇马渠村	18	男	1941 年 3 月
苑丕仁	昌邑市都昌街道马家村	24	男	1941 年 3 月
邓学道	昌邑市太保庄乡太保庄村	52	男	1941 年 3 月
刘洪飞	昌邑市都昌街道马家村	31	男	1941 年 3 月
邓五周	昌邑市太保庄乡太保庄村	50	男	1941 年 3 月
张延绍	昌邑市峄山镇前后屯村	32	男	1941 年春
孙永昌	昌邑市峄山镇留戈庄村	41	男	1941 年春
王安臣	昌邑市峄山镇留戈庄村	43	男	1941 年春
亓 木	昌邑市峄山镇留戈庄村	24	男	1941 年春
孙春玲	昌邑市峄山镇留戈庄村	43	男	1941 年春
孙洪喜	昌邑市峄山镇留戈庄村	44	男	1941 年春
魏金廷	昌邑市奎聚街道辛置三社区	35	男	1941 年春
韩百奎	昌邑市太保庄乡主家埠村	40	男	1941 年春
陈少先	昌邑市太保庄乡主家埠村	22	男	1941 年春
魏奎武	昌邑市太保庄乡主家埠村	17	男	1941 年春
冯建纲	昌邑市夏店镇冯家村	49	男	1941 年春
栾洪恭	昌邑市丈岭镇凰瑞埠村	24	男	1941 年 4 月 12 日
郭天堂	昌邑市丈岭镇凰瑞埠村	35	男	1941 年 4 月 12 日
王有斌	昌邑市龙池镇王范庄村	29	男	1941 年 4 月
高廷良	昌邑市太保庄乡东扶村	39	男	1941 年 4 月
于春芸	昌邑市围子镇于郜村	25	男	1941 年 4 月
姜永德	昌邑市夏店镇姜泊村	29	男	1941 年 4 月
王成聚	昌邑市丈岭镇黑埠头村	30	男	1941 年 4 月

姓　名	籍　贯	年　龄	性　别	死难时间
王福春	昌邑市丈岭镇中武兰村	35	男	1941 年 4 月
张洪保	昌邑市龙池镇王范庄村	27	男	1941 年 4 月
张振友之妻	昌邑市双台乡西侯村	53	女	1941 年 5 月 1 日
刘孝全	昌邑市双台乡西侯村	40	男	1941 年 5 月 1 日
刘述堂	昌邑市龙池镇果园村	26	男	1941 年 5 月
徐胜彩	昌邑市奎聚街道石臼村	24	男	1941 年 5 月
李福康	昌邑市夏店镇火道村	27	男	1941 年 5 月
王以祯	昌邑市夏店镇东峰台村	20	男	1941 年 5 月
郑思德	昌邑市丈岭镇岳家屯村	31	男	1941 年 5 月
邱宗恩	昌邑市丈岭镇周家庄村	27	男	1941 年 5 月
刘述勤	昌邑市龙池镇果园村	31	男	1941 年 5 月
郝登路	昌邑市龙池镇岱邱村	41	男	1941 年 6 月 6 日
迟明英	昌邑市龙池镇岱邱村	46	男	1941 年 6 月 6 日
郝永田	昌邑市奎聚街道郝家城后社区	42	男	1941 年 6 月 24 日
郝庆升	昌邑市奎聚街道郝家城后社区	32	男	1941 年 6 月 24 日
孙　东	昌邑市柳疃镇道岔村	16	男	1941 年 6 月
吴钦者	昌邑市北孟镇大南孟村	30	男	1941 年 6 月
董长利	昌邑市石埠镇董家庄村	30	男	1941 年 6 月
王文燕	昌邑市太保庄乡西七戈庄村	43	男	1941 年 6 月
姜乃登	昌邑市饮马镇黄家村	15	男	1941 年 6 月
赵西考	昌邑市龙池镇瓦西村	20	男	1941 年 7 月
王树森	昌邑市都昌街道高家道照村	20	男	1941 年 7 月
肖希毅	昌邑市双台乡肖家埠村	20	男	1941 年 7 月
孙焕斗	昌邑市夏店镇火道村	18	男	1941 年 7 月
郭洪学	昌邑市丈岭镇凰瑞埠村	30	男	1941 年 7 月
郭文廷	昌邑市丈岭镇凰瑞埠村	27	男	1941 年 7 月
孙学孝	昌邑市龙池镇孙家庄村	18	男	1941 年 8 月 10 日
王澄清	昌邑市丈岭镇前陈村	18	男	1941 年 8 月 14 日
侯德三	昌邑市围子镇侯家坡村	30	男	1941 年 8 月 15 日
陈　江	昌邑市柳疃镇申明亭村	20	男	1941 年 8 月
齐作周	昌邑市龙池镇齐西村	25	男	1941 年 8 月
李西昌	昌邑市都昌街道蒋庄村	30	男	1941 年 8 月

姓 名	籍 贯	年龄	性别	死难时间
刘付录	昌邑市北孟镇前刘村	28	男	1941 年 8 月
刘付×	昌邑市北孟镇前刘村	21	男	1941 年 8 月
朱建良	昌邑市北孟镇朱家村	26	男	1941 年 8 月
于恩洲	昌邑市围子镇于部村	25	男	1941 年 8 月
王恒声	昌邑市围子镇店一村	45	男	1941 年 8 月
于世昌	昌邑市围子镇民丰村	25	男	1941 年 8 月
于相汉	昌邑市围子镇民丰村	25	男	1941 年 8 月
王恒业之妻	昌邑市围子镇店一村	35	女	1941 年 8 月
王等宝	昌邑市围子镇店二村	58	男	1941 年 8 月
刘官贤	昌邑市都昌街道吴家庙村	37	男	1941 年 9 月
徐本洲	昌邑市峢山镇马家屯村	21	男	1941 年 9 月
梁书升	昌邑市奎聚街道南隅社区	34	男	1941 年 9 月
刘大可	昌邑市卜庄镇前卜村	31	男	1941 年 9 月
徐西禄	昌邑市卜庄镇后卜村	31	男	1941 年 9 月
柳乃周	昌邑市卜庄镇柳家村	25	男	1941 年 9 月
柳逢顺	昌邑市卜庄镇柳家村	30	男	1941 年 9 月
胡京峰	昌邑市夏店镇胡家道口村	26	男	1941 年 9 月
刘洪奎	昌邑市卜庄镇前卜村	32	男	1941 年 9 月
徐星照	昌邑市卜庄镇后卜村	25	男	1941 年 9 月
柳 唐	昌邑市卜庄镇柳家村	20	男	1941 年 9 月
徐乐廷	昌邑市卜庄镇前卜村	28	男	1941 年 9 月
柳乃元	昌邑市卜庄镇柳家村	30	男	1941 年 9 月
徐德全	昌邑市卜庄镇前卜村	27	男	1941 年 9 月
于洪文	昌邑市峢山镇西下湾村	42	男	1941 年秋
张佃全	昌邑市峢山镇大行营村	21	男	1941 年秋
张十五	昌邑市峢山镇大行营村	18	男	1941 年秋
张 求	昌邑市峢山镇大行营村	19	男	1941 年秋
张大福	昌邑市峢山镇大行营村	20	男	1941 年秋
张 深	昌邑市峢山镇大行营村	18	男	1941 年秋
韩化武	昌邑市峢山镇大行营村	50	男	1941 年秋
张士修之妻	昌邑市峢山镇大行营村	42	女	1941 年秋
张希彦之妻	昌邑市峢山镇大行营村	25	女	1941 年秋

姓 名	籍 贯	年 龄	性 别	死难时间
臧进荣	昌邑市峿山镇盘马埠村	30	男	1941 年秋
李铁岭	昌邑市峿山镇盘马埠村	22	男	1941 年秋
刘洪治	昌邑市峿山镇盘马埠村	22	男	1941 年秋
杨洪之兄	昌邑市峿山镇盘马埠村	24	男	1941 年秋
祝传玺	昌邑市围子镇祝家村	26	男	1941 年秋
刘明兴	昌邑市宋庄镇三大章村	31	男	1941 年 10 月 7 日
金存贵	昌邑市柳疃镇老官庄村	26	男	1941 年 10 月 14 日
曹 本	昌邑市围子镇西部村	15	女	1941 年 10 月
韩志爽	昌邑市丈岭镇韩高村	29	男	1941 年 11 月 14 日
韩德环	昌邑市丈岭镇韩高村	30	男	1941 年 11 月 14 日
陈汉珍	昌邑市柳疃镇东陈家庄村	22	男	1941 年 11 月
徐介良	昌邑市柳疃镇灶户村	32	男	1941 年 11 月
齐金田	昌邑市龙池镇齐西村	28	男	1941 年 11 月
姜文希	昌邑市龙池镇泊子村	26	男	1941 年 11 月
魏 祥	昌邑市龙池镇马渠村	18	男	1941 年 11 月
魏传清	昌邑市龙池镇马渠村	43	男	1941 年 11 月
陆贵堂	昌邑市卜庄镇大陆村	67	男	1941 年 11 月
徐修福	昌邑市柳疃镇灶户村	21	男	1941 年 11 月
魏振阳	昌邑市龙池镇马渠村	44	男	1941 年 11 月
臧曰石	昌邑市峿山镇盘马埠村	32	男	1941 年 12 月 28 日
杨洪寿	昌邑市峿山镇盘马埠村	23	男	1941 年 12 月 28 日
朱双升	昌邑市饮马镇徐庙村	30	男	1941 年 12 月 28 日
孟庆阶	昌邑市饮马镇徐庙村	28	男	1941 年 12 月 28 日
朱立桂	昌邑市饮马镇徐庙村	26	男	1941 年 12 月 28 日
付芝荣	昌邑市柳疃镇西付村	19	男	1941 年 12 月
林 松	昌邑市柳疃镇后青村	23	男	1941 年 12 月
曲守文	昌邑市北孟镇曲七村	18	男	1941 年冬
曲凤堂	昌邑市北孟镇曲七村	21	男	1941 年冬
赵火林	昌邑市北孟镇曲七村	21	男	1941 年冬
于升堂之母	昌邑市峿山镇西下湾村	32	女	1941 年冬
于 九	昌邑市峿山镇西下湾村	18	男	1941 年冬
王尊尧	昌邑市太保庄乡后甘棠村	26	男	1941 年冬

姓 名	籍 贯	年 龄	性 别	死难时间
李云福	昌邑市夏店镇大李家村	32	男	1941 年冬
孙述仁	昌邑市柳疃镇青阜村	21	男	1941 年
陈荣章	昌邑市柳疃镇北西高村	33	男	1941 年
金廷奎	昌邑市柳疃镇金家庄村	27	男	1941 年
姜言祥	昌邑市柳疃镇金家庄村	24	男	1941 年
姜其才	昌邑市柳疃镇金家庄村	24	男	1941 年
付建山	昌邑市柳疃镇西付村	22	男	1941 年
孙日亮	昌邑市柳疃镇东辛村	42	男	1941 年
王太寿之子	昌邑市柳疃镇东辛村	6	男	1941 年
林岱昌	昌邑市柳疃镇后青村	22	男	1941 年
徐承三	昌邑市柳疃镇横地村	36	男	1941 年
徐伦堂	昌邑市柳疃镇灶户村	23	男	1941 年
李廷斌	昌邑市龙池镇郭疃村	20	男	1941 年
李官九	昌邑市龙池镇郭疃村	24	男	1941 年
魏邦春	昌邑市龙池镇魏西村	27	男	1941 年
孙廷纲	昌邑市龙池镇沙岭村	20	男	1941 年
贾学增	昌邑市都昌街道巡保村	38	男	1941 年
王相玉	昌邑市都昌街道高逄村	23	男	1941 年
隋文庆	昌邑市都昌街道前埠村	59	男	1941 年
徐乃贤	昌邑市双台乡岞埠村	33	男	1941 年
徐作贤	昌邑市双台乡岞埠村	31	男	1941 年
徐高梁	昌邑市双台乡岞埠村	28	男	1941 年
徐作民	昌邑市双台乡岞埠村	22	男	1941 年
徐作告	昌邑市双台乡岞埠村	24	男	1941 年
林述德	昌邑市双台乡北兴福村	31	男	1941 年
高述成	昌邑市双台乡高侯章村	32	男	1941 年
刘尚书	昌邑市北孟镇李一村	18	男	1941 年
李廷珍	昌邑市北孟镇中李村	25	男	1941 年
孙陆点	昌邑市北孟镇中李村	20	男	1941 年
于鹏飞	昌邑市奎聚街道于家山下村	41	男	1941 年
翟元×	昌邑市奎聚街道东逄村	27	男	1941 年
翟元光	昌邑市奎聚街道东逄村	22	男	1941 年

姓　名	籍　贯	年　龄	性　别	死难时间
吴光来	昌邑市石埠镇东金台村	28	男	1941 年
李　桂	昌邑市石埠镇东金台村	24	男	1941 年
王在吉	昌邑市太保庄乡新河头村	30	男	1941 年
马茂敬	昌邑市围子镇四甲村	33	男	1941 年
刘春亭	昌邑市卜庄镇刘庄村	26	男	1941 年
冯　宝	昌邑市卜庄镇小韩家村	22	男	1941 年
李香仁	昌邑市卜庄镇廒里村	25	男	1941 年
李寿考	昌邑市卜庄镇廒里村	21	男	1941 年
李香臻	昌邑市卜庄镇廒里村	24	男	1941 年
张星灿	昌邑市卜庄镇白衣庙村	22	男	1941 年
张忠修	昌邑市夏店镇吕家村	22	男	1941 年
李福清	昌邑市夏店镇火道村	28	男	1941 年
李之曰	昌邑市夏店镇沟崖村	20	男	1941 年
李效义	昌邑市夏店镇李泊村	29	男	1941 年
姜言洲	昌邑市夏店镇姜泊村	22	男	1941 年
于子荣之伯	昌邑市饮马镇东北村	31	男	1941 年
代其成	昌邑市饮马镇代家村	18	男	1941 年
代汝杰之妻	昌邑市饮马镇代家村	27	女	1941 年
代高文	昌邑市饮马镇代家村	22	男	1941 年
张瑞庆之妻	昌邑市饮马镇前辉村	62	女	1941 年
张泽温	昌邑市饮马镇赵家屯村	53	男	1941 年
张洪州	昌邑市饮马镇赵家屯村	51	男	1941 年
张玉因之女	昌邑市饮马镇后辉村	20	女	1941 年
张云德	昌邑市丈岭镇老东庄村	33	男	1941 年
于成国	昌邑市丈岭镇万合屯村	35	男	1941 年
于东江	昌邑市丈岭镇万合屯村	38	男	1941 年
杨西信	昌邑市丈岭镇东麻湾村	37	男	1941 年
陈亲成	昌邑市丈岭镇老匙沟东村	——	男	1941 年
高天增	昌邑市岞山镇周家官庄村	51	男	1942 年 1 月 8 日
周　扬	昌邑市岞山镇周家官庄村	31	男	1942 年 1 月 8 日
朱洪振	昌邑市北孟镇朱家村	26	男	1942 年 1 月 14 日
朱茂利	昌邑市北孟镇朱家村	25	男	1942 年 1 月 14 日

姓　名	籍　贯	年　龄	性　别	死难时间
朱洪道	昌邑市北孟镇朱家村	23	男	1942 年 1 月 14 日
朱景芝	昌邑市北孟镇朱家村	21	男	1942 年 1 月 14 日
朱云堂	昌邑市饮马镇徐庙村	22	男	1942 年 1 月 16 日
齐明杨	昌邑市龙池镇北白塔村	52	男	1942 年 1 月
陈忠三	昌邑市龙池镇马渠村	41	男	1942 年 1 月
魏汝干	昌邑市龙池镇马渠村	42	男	1942 年 1 月
朱　会	昌邑市北孟镇朱家村	24	男	1942 年 1 月
翟召珍	昌邑市奎聚街道小逄翟村	25	男	1942 年 1 月
翟元哲	昌邑市奎聚街道东逄村	26	男	1942 年 1 月
栾述升	昌邑市太保庄乡凤凰岭村	33	男	1942 年 1 月
张　壮	昌邑市饮马镇卢家庄子村	23	男	1942 年 1 月
姜　秋	昌邑市饮马镇黄家村	21	男	1942 年 1 月
马学福	昌邑市丈岭镇前武兰村	18	男	1942 年 1 月
陈之明	昌邑市龙池镇北白塔村	56	男	1942 年 1 月
张宗云	昌邑市丈岭镇前武兰村	42	男	1942 年 1 月
单振升	昌邑市丈岭镇前武兰村	48	男	1942 年 1 月
王贵治	昌邑市太保庄乡西树村	36	男	1942 年 2 月 7 日
李桂春	昌邑市北孟镇西角兰村	25	男	1942 年 2 月 11 日
李友照	昌邑市北孟镇西角兰村	38	男	1942 年 2 月 12 日
宋华泉	昌邑市奎聚街道东逄村	30	男	1942 年 2 月
翟培海	昌邑市奎聚街道东逄村	46	男	1942 年 2 月
刘多云	昌邑市太保庄乡朱马村	30	男	1942 年 2 月
苏西贵	昌邑市围子镇苏郜村	25	男	1942 年 2 月
姜书香	昌邑市夏店镇西董村	41	男	1942 年 2 月
李光志	昌邑市太保庄乡朱马村	42	男	1942 年 2 月
杨方晨	昌邑市饮马镇杨楼村	26	男	1942 年 3 月 4 日
杨大青	昌邑市饮马镇杨楼村	20	男	1942 年 3 月 4 日
刘守信	昌邑市柳疃镇刘家车道村	33	男	1942 年 3 月
孙　青	昌邑市柳疃镇刘家车道村	23	男	1942 年 3 月
刘瑞芝	昌邑市柳疃镇刘家车道村	35	男	1942 年 3 月
张曰才	昌邑市龙池镇王范庄村	22	男	1942 年 3 月
魏汝汉	昌邑市龙池镇马渠村	43	男	1942 年 3 月

姓　名	籍　贯	年　龄	性　别	死难时间
陈希言	昌邑市龙池镇瓦北村	18	男	1942 年 3 月
于振甲	昌邑市都昌街道后埠村	32	男	1942 年 3 月
李述功	昌邑市北孟镇李家埠村	28	男	1942 年 3 月
刘增文	昌邑市夏店镇吕家村	26	男	1942 年 3 月
马玉海	昌邑市夏店镇大院村	17	男	1942 年 3 月
李照显	昌邑市夏店镇大李家村	22	女	1942 年 3 月
尹明桂	昌邑市夏店镇东家村	27	男	1942 年 3 月
魏学文	昌邑市龙池镇马渠村	45	男	1942 年 3 月
魏邦田	昌邑市龙池镇马渠村	69	男	1942 年 3 月
魏汝行	昌邑市龙池镇马渠村	46	男	1942 年 3 月
魏邦国	昌邑市龙池镇马渠村	45	男	1942 年 3 月
魏述绍	昌邑市龙池镇马渠村	46	男	1942 年 3 月
魏邦加	昌邑市龙池镇马渠村	45	男	1942 年 3 月
姜伦升	昌邑市龙池镇马渠村	36	男	1942 年 3 月
付希堂	昌邑市龙池镇瓦北村	24	男	1942 年春
刘　再	昌邑市北孟镇北一村	17	女	1942 年春
刘正存	昌邑市北孟镇北一村	28	男	1942 年春
朱茂举	昌邑市北孟镇朱家巷子村	26	男	1942 年春
鞠玉林	昌邑市北孟镇朱家巷子村	27	男	1942 年春
韩文林	昌邑市峱山镇大行营村	44	男	1942 年春
韩述孟	昌邑市峱山镇大行营村	45	男	1942 年春
张明凤	昌邑市峱山镇大行营村	32	男	1942 年春
韩升元	昌邑市峱山镇大行营村	24	男	1942 年春
张乐荣	昌邑市峱山镇大行营村	41	男	1942 年春
张光东	昌邑市峱山镇大行营村	40	男	1942 年春
徐丙全	昌邑市峱山镇牟家庄村	20	男	1942 年春
王丰友	昌邑市太保庄乡西扶戈庄村	18	男	1942 年春
徐洪升	昌邑市卜庄镇后卜村	24	男	1942 年春
郭　书	昌邑市卜庄镇后卜村	22	男	1942 年春
孙文秀	昌邑市夏店镇湾崖村	20	男	1942 年春
王正付	昌邑市饮马镇山阴村	27	男	1942 年春
王西文	昌邑市饮马镇山阴村	23	男	1942 年春

姓 名	籍 贯	年 龄	性 别	死难时间
姜其沛	昌邑市都昌街道榆林村	18	男	1942 年 4 月 20 日
谭凤亮	昌邑市柳疃镇谭家庄村	22	男	1942 年 4 月
魏冠荣	昌邑市龙池镇龙北村	40	男	1942 年 4 月
朱利胜	昌邑市北孟镇朱家村	30	男	1942 年 4 月
刘松林	昌邑市北孟镇马庙村	23	男	1942 年 4 月
刘书森	昌邑市北孟镇马庙村	24	男	1942 年 4 月
宋淑泉	昌邑市奎聚街道东逄村	22	男	1942 年 4 月
于子德	昌邑市石埠镇肖家村	26	男	1942 年 4 月
杨金升	昌邑市太保庄乡北辛村	45	男	1942 年 4 月
孙松延	昌邑市夏店镇大河北村	27	男	1942 年 4 月
李明界	昌邑市夏店镇李刘村	34	男	1942 年 4 月
姜言荣	昌邑市夏店镇西马疃村	50	男	1942 年 4 月
谢明法	昌邑市夏店镇二甲村	24	男	1942 年 4 月
傅同庆	昌邑市夏店镇中河滩村	24	男	1942 年 4 月
刘敦富	昌邑市饮马镇刘家埠村	18	男	1942 年 4 月
赵维录	昌邑市丈岭镇鲍家屯村	30	男	1942 年 4 月
张怀营	昌邑市丈岭镇西下坡村	37	男	1942 年 4 月
陶文凤	昌邑市丈岭镇西下坡村	31	男	1942 年 4 月
魏凤朝	昌邑市龙池镇龙北村	50	男	1942 年 4 月
刘炳文	昌邑市北孟镇马庙村	31	男	1942 年 4 月
石云山	昌邑市石埠镇肖家村	28	男	1942 年 4 月
张日寿	昌邑市石埠镇石埠西村	68	男	1942 年 4 月
刘立忠	昌邑市太保庄乡北辛村	46	男	1942 年 4 月
董京林	昌邑市夏店镇西董村	37	男	1942 年 4 月
陶可让	昌邑市丈岭镇西下坡村	40	男	1942 年 4 月
张翟氏	昌邑市石埠镇石埠西村	69	女	1942 年 4 月
杨寿仁	昌邑市太保庄乡北辛村	44	男	1942 年 4 月
于孙氏	昌邑市石埠镇石埠西村	48	女	1942 年 4 月
于孙氏	昌邑市石埠镇石埠西村	47	女	1942 年 4 月
张道深	昌邑市石埠镇石埠西村	46	男	1942 年 4 月
窦梁氏	昌邑市石埠镇石埠西村	46	女	1942 年 4 月
王 凤	昌邑市太保庄乡北辛村	16	女	1942 年 4 月

姓 名	籍 贯	年 龄	性 别	死难时间
王金兰	昌邑市太保庄乡北辛村	55	男	1942 年 4 月
朱日辉	昌邑市都昌街道马芝村	61	男	1942 年 5 月 15 日
王 周	昌邑市柳疃镇东陈家庄村	26	男	1942 年 5 月
韩云兰	昌邑市柳疃镇东陈家庄村	21	女	1942 年 5 月
孙同超	昌邑市柳疃镇西营村	28	男	1942 年 5 月
姜 艾	昌邑市龙池镇马渠村	21	男	1942 年 5 月
刘乃刚	昌邑市都昌街道刘辛戈村	30	男	1942 年 5 月
史邦杰	昌邑市北孟镇前刘村	24	男	1942 年 5 月
李玉亭	昌邑市宋庄镇宋西村	25	男	1942 年 5 月
赵安成	昌邑市宋庄镇赵家庄子村	46	男	1942 年 5 月
邵克居	昌邑市太保庄乡邵家庄村	50	男	1942 年 5 月
孙凤鸣	昌邑市夏店镇火道村	26	男	1942 年 5 月
付绍一	昌邑市宋庄镇宋西村	28	男	1942 年 5 月
赵大牛	昌邑市宋庄镇赵家庄子村	28	男	1942 年 5 月
李娥亭	昌邑市宋庄镇宋西村	27	男	1942 年 5 月
李日亭	昌邑市宋庄镇宋西村	28	男	1942 年 5 月
姜言江	昌邑市宋庄镇宋西村	30	男	1942 年 5 月
马日法	昌邑市宋庄镇宋西村	35	男	1942 年 5 月
陆宗辉	昌邑市卜庄镇刘庄村	39	男	1942 年 6 月 1 日
李京芝	昌邑市夏店镇西营村	19	女	1942 年 6 月 6 日
李 升	昌邑市夏店镇西营村	17	女	1942 年 6 月 6 日
姜言道	昌邑市柳疃镇西玉村	19	男	1942 年 6 月 25 日
陈金忠	昌邑市柳疃镇渔尔堡村	37	男	1942 年 6 月
朱凤阳	昌邑市奎聚街道中台村	34	男	1942 年 6 月
李保才	昌邑市奎聚街道初曲村	24	男	1942 年 6 月
刘春新	昌邑市围子镇刘家巷村	47	男	1942 年 6 月
陆升勋	昌邑市卜庄镇大陆村	35	男	1942 年 12 月
马伦廷	昌邑市夏店镇后柳村	54	男	1942 年 6 月
孙凤栋	昌邑市夏店镇火道村	17	男	1942 年 6 月
刘敦素	昌邑市饮马镇刘家埠村	31	男	1942 年 6 月
姜麦城	昌邑市奎聚街道中台村	22	男	1942 年 6 月
李存才	昌邑市奎聚街道初曲村	27	男	1942 年 6 月

姓 名	籍 贯	年 龄	性 别	死难时间
王焕芳	昌邑市奎聚街道王葛村	35	男	1942年6月
王老七	昌邑市奎聚街道王葛村	27	男	1942年6月
王敦堂	昌邑市奎聚街道王葛村	20	男	1942年6月
王 奎	昌邑市奎聚街道王葛村	28	男	1942年6月
王高志	昌邑市奎聚街道王葛村	27	男	1942年6月
葛太华	昌邑市奎聚街道王葛村	26	男	1942年6月
王春孝	昌邑市奎聚街道王葛村	25	男	1942年6月
魏泽绰	昌邑市龙池镇龙北村	24	男	1942年7月
魏 八	昌邑市龙池镇马渠村	19	男	1942年7月
王修洪	昌邑市都昌街道豹埠村	27	男	1942年7月
刘建国	昌邑市北孟镇北二村	30	男	1942年7月
马德全	昌邑市宋庄镇西岭村	60	男	1942年7月
张福坤	昌邑市太保庄乡王家庄子村	56	男	1942年7月
王树臻	昌邑市夏店镇夏店村	42	男	1942年7月
满建成	昌邑市饮马镇黄家村	40	男	1942年7月
黄熬日	昌邑市都昌街道黄辛戈村	30	男	1942年8月5日
陈希三	昌邑市柳疃镇西陈家庄村	18	男	1942年8月
徐好信	昌邑市柳疃镇东二甲村	25	男	1942年8月
李述典	昌邑市龙池镇郭疃村	24	男	1942年8月
范述章	昌邑市龙池镇王范庄村	20	男	1942年8月
单际俭	昌邑市都昌街道乘场村	37	男	1942年8月
侯法孔	昌邑市双台乡东侯村	21	男	1942年8月
刘先富	昌邑市北孟镇小望村	42	男	1942年8月
杨举业	昌邑市石埠镇杨桥村	25	男	1942年8月
于春光	昌邑市围子镇郜村	36	男	1942年8月
葛 聚	昌邑市卜庄镇大陆村	26	男	1942年8月
陆相三	昌邑市卜庄镇大陆村	24	男	1942年8月
刘青起	昌邑市卜庄镇小刘家村	16	男	1942年8月
陆松和	昌邑市卜庄镇大陆村	20	男	1942年8月
崔学普	昌邑市奎聚街道高家岔河村	26	男	1942年9月4日
马文章	昌邑市奎聚街道高家岔河村	35	男	1942年9月4日
薛孙氏	昌邑市奎聚街道高家岔河村	31	女	1942年9月4日

姓 名	籍 贯	年 龄	性 别	死难时间
孙贵发	昌邑市柳疃镇前青村	33	男	1942 年 9 月
李作福	昌邑市奎聚街道李家埠村	51	男	1942 年 9 月
张述杰	昌邑市奎聚街道虫埠村	28	男	1942 年 9 月
付之莹	昌邑市奎聚街道虫埠村	29	男	1942 年 9 月
杨德欣	昌邑市夏店镇东高戈庄村	33	男	1942 年 9 月
林春令	昌邑市双台乡北兴福村	33	男	1942 年 9 月
林重阳	昌邑市双台乡北兴福村	42	男	1942 年 9 月
林 山	昌邑市双台乡北兴福村	18	男	1942 年 9 月
林七月	昌邑市双台乡北兴福村	20	男	1942 年 9 月
林高进	昌邑市双台乡北兴福村	20	男	1942 年 9 月
林君凯	昌邑市双台乡北兴福村	23	男	1942 年 9 月
林发聪之妻	昌邑市双台乡北兴福村	25	女	1942 年 9 月
林全生	昌邑市双台乡北兴福村	20	男	1942 年 9 月
王乐奎	昌邑市北孟镇马庙村	30	男	1942 年秋
邓克成	昌邑市咋山镇前后屯村	27	男	1942 年秋
邓 青	昌邑市咋山镇前后屯村	25	男	1942 年秋
王十月	昌邑市咋山镇咋山村	23	男	1942 年秋
王先政	昌邑市咋山镇咋山村	20	男	1942 年秋
王照斗	昌邑市咋山镇咋山村	42	男	1942 年秋
王福民之妻	昌邑市咋山镇咋山村	20	女	1942 年秋
张春荣	昌邑市咋山镇留戈庄村	34	男	1942 年秋
李秀山	昌邑市奎聚街道关龙社区	32	男	1942 年秋
李含芳	昌邑市奎聚街道关龙社区	33	男	1942 年秋
于占通	昌邑市奎聚街道关龙社区	25	男	1942 年秋
姜德泽	昌邑市围子镇北金村	40	男	1942 年秋
姜怀明之母	昌邑市围子镇北金村	40	女	1942 年秋
姜同禄之母	昌邑市围子镇北金村	39	女	1942 年秋
姜言孝之母	昌邑市围子镇北金村	45	女	1942 年秋
谢在豪	昌邑市围子镇东辛村	62	男	1942 年秋
孙吉寿	昌邑市夏店镇大河北村	42	男	1942 年 10 月 17 日
孙青芳	昌邑市夏店镇大河北村	40	男	1942 年 10 月 17 日
孙其芳	昌邑市夏店镇大河北村	18	男	1942 年 10 月 17 日

姓　名	籍　贯	年龄	性别	死难时间
孙　宿	昌邑市夏店镇大河北村	18	男	1942 年 10 月 17 日
孙玉琅	昌邑市柳疃镇孙家河滩村	24	男	1942 年 11 月
陈志孝	昌邑市柳疃镇东陈家庄村	23	男	1942 年 11 月
徐明德	昌邑市柳疃镇灶户村	30	男	1942 年 11 月
徐福贵	昌邑市柳疃镇灶户村	20	男	1942 年 11 月
范德隆	昌邑市龙池镇王范庄村	30	男	1942 年 11 月
吕振升	昌邑市都昌街道韩屯村	55	男	1942 年 11 月
张为国	昌邑市宋庄镇东黄埠村	37	男	1942 年 12 月 23 日
徐良树	昌邑市龙池镇姚徐邓村	21	男	1942 年 12 月
孙法忠	昌邑市龙池镇东利渔村	22	男	1942 年 12 月
唐金星	昌邑市围子镇唐家村	39	男	1942 年 12 月
陈宝洪	昌邑市围子镇前陈村	20	男	1942 年 12 月
董文店	昌邑市围子镇古河村	36	男	1942 年 12 月
王兰田	昌邑市夏店镇集东村	18	男	1942 年 12 月
姜从林	昌邑市夏店镇姜泊村	36	男	1942 年 12 月
陈明学	昌邑市围子镇前陈村	30	男	1942 年 12 月
陈俊山	昌邑市围子镇前陈村	25	男	1942 年 12 月
于邦友	昌邑市峇山镇西下湾村	18	男	1942 年冬
于贵成	昌邑市峇山镇东下湾村	34	男	1942 年冬
于贵友	昌邑市峇山镇东下湾村	33	男	1942 年冬
于成福	昌邑市峇山镇东下湾村	24	男	1942 年冬
赵志恭	昌邑市峇山镇南下湾村	38	男	1942 年冬
赵贵庚	昌邑市峇山镇南下湾村	29	男	1942 年冬
冯志善	昌邑市夏店镇冯家村	32	男	1942 年冬
李成信	昌邑市饮马镇敖头埠村	18	男	1942 年冬
于春秀	昌邑市饮马镇常太村	28	男	1942 年冬
王汝南	昌邑市饮马镇窑湾村	40	男	1942 年冬
王维京	昌邑市饮马镇窑湾村	26	男	1942 年冬
孙西竹	昌邑市柳疃镇青阜村	24	男	1942 年
王　庆	昌邑市柳疃镇青阜村	25	男	1942 年
孙丙芳	昌邑市柳疃镇后官庄村	31	男	1942 年
郭庆堂	昌邑市柳疃郭家车道村	30	男	1942 年

姓　名	籍　贯	年　龄	性　别	死难时间
姜言甫	昌邑市柳疃镇长胡同村	28	男	1942 年
安曰修	昌邑市柳疃镇院头村	21	男	1942 年
付洪田	昌邑市柳疃镇院头村	27	男	1942 年
王言庆	昌邑市柳疃镇申明亭村	33	男	1942 年
范万才	昌邑市柳疃镇北范村	20	男	1942 年
徐文喜	昌邑市柳疃镇南五甲村	22	男	1942 年
陈孝波	昌邑市龙池镇东白塔村	45	男	1942 年
魏传寿	昌邑市龙池镇沙岭村	57	男	1942 年
魏连信	昌邑市龙池镇油坊村	30	男	1942 年
齐崇礼	昌邑市龙池镇油坊村	35	男	1942 年
赵文田	昌邑市龙池镇王家庄子村	24	男	1942 年
孙巧令	昌邑市龙池镇王家庄子村	45	男	1942 年
孙洪君	昌邑市龙池镇王家庄子村	44	男	1942 年
齐传芬	昌邑市龙池镇王家庄子村	51	男	1942 年
孙廷槐	昌邑市龙池镇王家庄子村	49	男	1942 年
赵成金之妻	昌邑市龙池镇王家庄子村	41	女	1942 年
刘恩几	昌邑市都昌街道刘辛戈村	70	男	1942 年
刘安随	昌邑市都昌街道刘辛戈村	42	男	1942 年
刘安涛	昌邑市都昌街道刘辛戈村	45	男	1942 年
刘安仁	昌邑市都昌街道刘辛戈村	43	男	1942 年
刘安江	昌邑市都昌街道刘辛戈村	38	男	1942 年
刘华山	昌邑市都昌街道刘辛戈村	30	男	1942 年
史仁子	昌邑市都昌街道巡保村	25	男	1942 年
吴洪章	昌邑市都昌街道巡保村	30	男	1942 年
史官杰	昌邑市都昌街道巡保村	56	男	1942 年
隋元清	昌邑市都昌街道前埠村	19	男	1942 年
丛仁训	昌邑市双台乡东永安村	22	男	1942 年
齐希田	昌邑市双台乡家庄村	29	男	1942 年
杨怀贤	昌邑市北孟镇李戈庄三村	18	男	1942 年
曹配尧	昌邑市北孟镇曹戈庄村	30	男	1942 年
刘丙华	昌邑市北孟镇北一村	25	男	1942 年
刘子美	昌邑市北孟镇北一村	25	男	1942 年

续表

姓 名	籍 贯	年 龄	性 别	死难时间
刘子臣	昌邑市北孟镇北一村	20	男	1942 年
朱文忠	昌邑市北孟镇东屯村	44	男	1942 年
宋希永	昌邑市北孟镇东屯村	70	男	1942 年
朱术荣	昌邑市北孟镇东屯村	24	男	1942 年
于念玉	昌邑市岞山镇西下湾村	38	男	1942 年
于观亮	昌邑市岞山镇西下湾村	19	男	1942 年
陈绪京	昌邑市岞山镇梁田村	31	男	1942 年
刘　顿	昌邑市奎聚街道郃辛村	21	男	1942 年
孙丕典	昌邑市奎聚街道南鄑亭村	26	男	1942 年
翟占富	昌邑市奎聚街道东逄村	41	男	1942 年
王召有	昌邑市奎聚街道十字路村	32	男	1942 年
董发义	昌邑市奎聚街道董家城后社区	36	男	1942 年
李泽灵	昌邑市石埠镇东金台村	23	男	1942 年
李泽鹏	昌邑市石埠镇东金台村	24	男	1942 年
王开廷	昌邑市石埠镇西郭村	40	男	1942 年
于明迅	昌邑市石埠镇西郭村	43	男	1942 年
孙明廷	昌邑市石埠镇西郭村	42	男	1942 年
初亮林	昌邑市石埠镇刘家屯村	32	男	1942 年
史佃修	昌邑市石埠镇史家庄村	31	男	1942 年
张××	昌邑市石埠镇埠头村	16	男	1942 年
王书海	昌邑市太保庄乡前甘村	31	男	1942 年
庞廷梅	昌邑市太保庄乡庞家山后村	21	男	1942 年
王效孟	昌邑市太保庄乡新河头村	27	男	1942 年
王兴民	昌邑市太保庄乡新河头村	27	男	1942 年
王　成	昌邑市太保庄乡新河头村	27	男	1942 年
马富川	昌邑市围子镇四甲村	30	男	1942 年
孙丙良	昌邑市围子镇孙斜村	22	男	1942 年
张明生	昌邑市围子镇前密村	23	男	1942 年
张京成	昌邑市围子镇前密村	28	男	1942 年
任清明	昌邑市卜庄镇北任村	22	男	1942 年
王法坤	昌邑市卜庄镇东任村	30	男	1942 年
韩述聚	昌邑市卜庄镇张郇村	26	男	1942 年

姓 名	籍 贯	年 龄	性 别	死难时间
马京康	昌邑市夏店镇大院村	28	男	1942 年
马佃起	昌邑市夏店镇马疃村	24	男	1942 年
孙玉彬	昌邑市夏店镇三教堂村	30	男	1942 年
冯光京	昌邑市夏店镇冯家村	19	男	1942 年
李寿常	昌邑市夏店镇东冢村	22	男	1942 年
胡家桢	昌邑市夏店镇东冢村	24	男	1942 年
李振芳	昌邑市夏店镇东冢村	22	男	1942 年
姜振锋	昌邑市夏店镇姜泊村	31	男	1942 年
朱会栋	昌邑市夏店镇六甲村	17	男	1942 年
于世华之兄	昌邑市饮马镇西南村	27	男	1942 年
张增祥之弟	昌邑市饮马镇西南村	23	男	1942 年
常孝昆之弟	昌邑市饮马镇常屯村	24	男	1942 年
陈文斌之母	昌邑市饮马镇东北村	46	女	1942 年
于钦合之弟	昌邑市饮马镇东北村	24	男	1942 年
于述江	昌邑市饮马镇东北村	23	男	1942 年
于 桃	昌邑市饮马镇吴沟村	20	男	1942 年
于 盼	昌邑市饮马镇吴沟村	20	男	1942 年
代云梁之兄	昌邑市饮马镇代家村	24	男	1942 年
代 京	昌邑市饮马镇代家村	24	男	1942 年
代伏利	昌邑市饮马镇代家村	22	男	1942 年
代 利	昌邑市饮马镇代家村	19	男	1942 年
代稳当	昌邑市饮马镇代家村	20	男	1942 年
代汝校	昌邑市饮马镇代家村	28	男	1942 年
代洪伍	昌邑市饮马镇代家村	23	男	1942 年
李百川	昌邑市饮马镇久远埠村	21	男	1942 年
刘光明	昌邑市饮马镇杨庄村	21	男	1942 年
佟吉功	昌邑市饮马镇佟营村	23	男	1942 年
杨林云	昌邑市饮马镇丰乐村	50	男	1942 年
明洪臻	昌邑市丈岭镇万合屯村	37	男	1942 年
陈京宝	昌邑市丈岭镇老匙沟东村	—	男	1942 年
陈淑德之父	昌邑市丈岭镇老匙沟东村	—	男	1942 年
窦洪寿	昌邑市丈岭镇西龙湾村	27	男	1942 年

姓 名	籍 贯	年 龄	性 别	死难时间
张好清	昌邑市丈岭镇周家庄村	18	男	1942 年
朱保文	昌邑市北孟镇西屯村	31	男	1943 年 1 月 13 日
魏纯才	昌邑市北孟镇西屯村	22	男	1943 年 1 月 13 日
姜乃尧	昌邑市北孟镇西屯村	35	男	1943 年 1 月 13 日
于述相	昌邑市饮马镇东南村	19	男	1943 年 1 月 13 日
于崇孔	昌邑市饮马镇东南村	20	男	1943 年 1 月 13 日
杨德勤	昌邑市饮马镇曹庄村	38	男	1943 年 1 月 13 日
杨德功	昌邑市饮马镇曹庄村	40	男	1943 年 1 月 13 日
姜其伟	昌邑市都昌街道榆林村	18	男	1943 年 1 月 15 日
范增石	昌邑市柳疃镇北范村	33	男	1943 年 1 月
韩翠芳	昌邑市龙池镇瓦西村	35	女	1943 年 1 月
姜慈先	昌邑市龙池镇马渠村	20	男	1943 年 1 月
李效武	昌邑市都昌街道王耨村	23	男	1943 年 1 月
齐述同	昌邑市双台乡家庄村	32	男	1943 年 1 月
张佃恩	昌邑市北孟镇小南孟村	45	男	1943 年 1 月
朱怀波	昌邑市北孟镇后朱村	31	男	1943 年 1 月
李京堂	昌邑市北孟镇温胡村	73	男	1943 年 1 月
谢法奎	昌邑市夏店镇吕家村	33	男	1943 年 1 月
夏文修	昌邑市夏店镇夏家庄村	32	男	1943 年 1 月
刘庆龙	昌邑市饮马镇窑湾村	34	男	1943 年 1 月
于保礼	昌邑市龙池镇瓦西村	37	男	1943 年 1 月
齐二收	昌邑市双台乡家庄村	35	男	1943 年 1 月
黄天荣	昌邑市丈岭镇西下坡村	37	男	1943 年 1 月
赵立恒	昌邑市龙池镇瓦西村	65	男	1943 年 1 月
朱庄氏	昌邑市都昌街道马芝村	71	女	1943 年 2 月 21 日
朱翠芹	昌邑市都昌街道马芝村	17	女	1943 年 2 月 21 日
姜杨氏	昌邑市奎聚街道沟南崖村	41	女	1943 年 2 月 23 日
陈贵巢	昌邑市龙池镇东白塔村	23	男	1943 年 2 月
李天卷	昌邑市石埠镇教书庄村	48	男	1943 年 2 月
明天恩	昌邑市石埠镇教书庄村	62	男	1943 年 2 月
栾述标	昌邑市太保庄乡凤凰岭村	29	男	1943 年 2 月
孙林有	昌邑市夏店镇北泊村	53	男	1943 年 2 月

姓　名	籍　贯	年　龄	性　别	死难时间
卢占先	昌邑市饮马镇黄家村	23	男	1943 年 2 月
陈乃俭	昌邑市龙池镇东白塔村	21	男	1943 年 2 月
栾述堂	昌邑市太保庄乡凤凰岭村	37	男	1943 年 2 月
袁希贤	昌邑市都昌街道陈家洼子村	42	男	1943 年 3 月 11 日
毕立明	昌邑市北孟镇西角兰村	71	男	1943 年 3 月 14 日
马忠希	昌邑市都昌街道东褚村	24	男	1943 年 3 月 20 日
魏文波	昌邑市龙池镇孙家庄村	17	男	1943 年 3 月
姜占先	昌邑市龙池镇马渠村	23	男	1943 年 3 月
王志文	昌邑市都昌街道豹埠村	29	男	1943 年 3 月
宋加君	昌邑市双台乡南侯章村	30	男	1943 年 3 月
孙凤文	昌邑市北孟镇后刘村	30	男	1943 年 3 月
吴治臣	昌邑市北孟镇大南孟村	22	男	1943 年 3 月
胡维元	昌邑市夏店镇后张村	30	男	1943 年 3 月
姜亦宗	昌邑市夏店镇姜泊村	19	男	1943 年 3 月
姜茂石	昌邑市峖山镇牟家庄村	46	男	1943 年春
姜守信	昌邑市峖山镇牟家庄村	19	男	1943 年春
刘洪玉	昌邑市峖山镇刘田村	38	男	1943 年春
田学磊	昌邑市围子镇南金村	37	男	1943 年春
金丕运	昌邑市围子镇南金村	40	男	1943 年春
孙德周	昌邑市夏店镇湾崖村	42	男	1943 年春
胡克发	昌邑市夏店镇冯家村	37	男	1943 年春
付永烈	昌邑市龙池镇瓦北村	26	男	1943 年 4 月
张书亭	昌邑市都昌街道西马村	23	男	1943 年 4 月
石金山	昌邑市都昌街道刘埠村	52	男	1943 年 4 月
王玉瑞	昌邑市都昌街道后伍村	50	男	1943 年 4 月
刘桂喜	昌邑市北孟镇小南孟村	21	男	1943 年 4 月
吴文侠	昌邑市北孟镇大南孟村	20	男	1943 年 4 月
朱胜三	昌邑市北孟镇朱家屯村	30	男	1943 年 4 月
杨显京	昌邑市峖山镇东章村	26	男	1943 年 4 月
秦　荣	昌邑市太保庄乡小太保村	38	男	1943 年 4 月
张亭梅	昌邑市太保庄乡小太保村	52	男	1943 年 4 月
孙立升	昌邑市围子镇韩家村	40	男	1943 年 4 月

姓 名	籍 贯	年龄	性别	死难时间
迟孟山	昌邑市卜庄镇北赵村	20	男	1943 年 4 月
张正云	昌邑市夏店镇吕家村	25	男	1943 年 4 月
张 等	昌邑市夏店镇张寨村	28	女	1943 年 4 月
姜士珍	昌邑市夏店镇姜泊村	21	男	1943 年 4 月
刘洪信	昌邑市北孟镇小南孟村	24	男	1943 年 4 月
刘瑞喜	昌邑市北孟镇小南孟村	24	男	1943 年 4 月
魏友昌	昌邑市北孟镇大南孟村	25	男	1943 年 4 月
刘瑞强	昌邑市北孟镇小南孟村	22	男	1943 年 4 月
刘振林	昌邑市北孟镇小南孟村	18	男	1943 年 4 月
明泽福	昌邑市柳疃镇太平庄村	33	男	1943 年 5 月 22 日
王恩昌	昌邑市柳疃镇太平庄村	22	男	1943 年 5 月 22 日
张维恩	昌邑市双台乡南裴村	36	男	1943 年 5 月 25 日
张维轻	昌邑市双台乡南裴村	45	男	1943 年 5 月 25 日
朱德证	昌邑市双台乡南裴村	41	男	1943 年 5 月 25 日
王玉平	昌邑市双台乡南裴村	40	男	1943 年 5 月 25 日
徐存浩	昌邑市双台乡南裴村	28	男	1943 年 5 月 25 日
张学勤	昌邑市双台乡中裴村	45	男	1943 年 5 月 25 日
张帮聚	昌邑市双台乡中裴村	38	男	1943 年 5 月 25 日
张令桥	昌邑市双台乡中裴村	21	男	1943 年 5 月 25 日
张令良	昌邑市双台乡中裴村	40	男	1943 年 5 月 25 日
张凤田	昌邑市双台乡中裴村	38	男	1943 年 5 月 25 日
张廷宪	昌邑市双台乡中裴村	50	男	1943 年 5 月 25 日
张廷文	昌邑市双台乡中裴村	35	男	1943 年 5 月 25 日
张述贵	昌邑市双台乡中裴村	30	男	1943 年 5 月 25 日
张述贵之妻	昌邑市双台乡中裴村	29	女	1943 年 5 月 25 日
张兆元	昌邑市双台乡中裴村	16	男	1943 年 5 月 25 日
张佃选	昌邑市双台乡中裴村	38	男	1943 年 5 月 25 日
张同贞	昌邑市双台乡中裴村	19	男	1943 年 5 月 25 日
张 强	昌邑市双台乡中裴村	19	男	1943 年 5 月 25 日
张 立	昌邑市双台乡中裴村	20	男	1943 年 5 月 25 日
于子纯	昌邑市饮马镇东南村	21	男	1943 年 5 月 25 日
于二明	昌邑市饮马镇东南村	20	男	1943 年 5 月 25 日

姓　名	籍　贯	年　龄	性　别	死难时间
于德烈	昌邑市饮马镇东南村	22	男	1943 年 5 月 25 日
于德池	昌邑市饮马镇东南村	21	男	1943 年 5 月 25 日
朱云聚	昌邑市饮马镇徐庙村	21	男	1943 年 5 月 25 日
朱治学	昌邑市饮马镇徐庙村	20	男	1943 年 5 月 25 日
于小顺	昌邑市饮马镇徐庙村	25	男	1943 年 5 月 25 日
田在庆	昌邑市饮马镇田庄村	28	男	1943 年 5 月 25 日
杨照秋	昌邑市饮马镇田庄村	24	男	1943 年 5 月 25 日
于述恩	昌邑市饮马镇田庄村	30	男	1943 年 5 月 25 日
刘朋荣	昌邑市饮马镇田庄村	29	男	1943 年 5 月 25 日
于 二	昌邑市饮马镇田庄村	32	男	1943 年 5 月 25 日
田孝敏	昌邑市饮马镇田庄村	26	男	1943 年 5 月 25 日
李 绪	昌邑市饮马镇田庄村	26	男	1943 年 5 月 25 日
田小聚	昌邑市饮马镇田庄村	21	男	1943 年 5 月 25 日
于德青	昌邑市饮马镇田庄村	22	男	1943 年 5 月 25 日
杨照禄	昌邑市饮马镇田庄村	25	男	1943 年 5 月 25 日
董 治	昌邑市饮马镇左营村	24	男	1943 年 5 月 25 日
董 庆	昌邑市饮马镇左营村	24	男	1943 年 5 月 25 日
朱孝文	昌邑市饮马镇左营村	25	男	1943 年 5 月 25 日
周计孟	昌邑市饮马镇左营村	26	男	1943 年 5 月 25 日
王美原	昌邑市柳疃镇青阜村	22	男	1943 年 5 月
陈忠孟	昌邑市柳疃镇西陈家庄村	24	男	1943 年 5 月
李春奎	昌邑市北孟镇后刘村	24	男	1943 年 5 月
王敦宗	昌邑市围子镇仓街村	50	男	1943 年 5 月
姜从亮	昌邑市夏店镇姜泊村	21	男	1943 年 5 月
方茂春	昌邑市丈岭镇牛脊埠村	27	男	1943 年 5 月
臧维熙	昌邑市峀山镇盘马埠村	30	男	1943 年 5 月
孙瑞东	昌邑市柳疃镇孙家河滩村	22	男	1943 年 6 月 20 日
姜甲子	昌邑市柳疃镇闫庵村	29	男	1943 年 6 月
盛永山	昌邑市龙池镇马渠村	19	男	1943 年 6 月
赵春田	昌邑市龙池镇瓦北村	28	男	1943 年 6 月
孙同爱	昌邑市双台乡渔埠村	23	男	1943 年 6 月
吕瑞英	昌邑市双台乡东永安村	25	男	1943 年 6 月

姓 名	籍 贯	年 龄	性 别	死难时间
刘升云	昌邑市北孟镇小南孟村	42	男	1943 年 6 月
朱小击	昌邑市北孟镇朱家村	18	男	1943 年 6 月
刘建信	昌邑市北孟镇北一村	38	男	1943 年 6 月
宋志黑	昌邑市奎聚街道黄辛村	21	男	1943 年 6 月
苏世英	昌邑市围子镇苏郚村	22	男	1943 年 6 月
董文治	昌邑市围子镇古河村	24	男	1943 年 6 月
迟龙考	昌邑市卜庄镇北赵村	25	男	1943 年 6 月
李照兰	昌邑市夏店镇大李家村	27	男	1943 年 6 月
张佃珂	昌邑市夏店镇大窑村	33	男	1943 年 6 月
张始生	昌邑市丈岭镇西老村	32	男	1943 年 6 月
许曰升	昌邑市丈岭镇刘河埠村	32	男	1943 年 6 月
陶文通	昌邑市丈岭镇西下坡村	38	男	1943 年 6 月
魏振富	昌邑市龙池镇马渠村	20	男	1943 年 6 月
刘德才	昌邑市北孟镇小南孟村	21	男	1943 年 6 月
刘振山	昌邑市饮马镇刘家埠村	20	男	1943 年 6 月
刘维敏	昌邑市饮马镇刘家埠村	25	男	1943 年 6 月
刘光照	昌邑市饮马镇刘家埠村	20	男	1943 年 6 月
刘维先	昌邑市饮马镇刘家埠村	28	男	1943 年 6 月
朱光才	昌邑市北孟镇朱家巷子村	24	男	1943 年夏
王云秀	昌邑市峱山镇郝家官庄村	22	男	1943 年夏
王化东	昌邑市峱山镇盖家庄村	24	男	1943 年夏
徐怀奎	昌邑市峱山镇马家屯村	20	男	1943 年夏
马振民	昌邑市峱山镇马家屯村	19	男	1943 年夏
马先修	昌邑市峱山镇马家屯村	18	男	1943 年夏
高炳旺	昌邑市峱山镇高家庄村	48	男	1943 年夏
高连聚	昌邑市峱山镇高家庄村	24	男	1943 年夏
高连臣	昌邑市峱山镇高家庄村	26	男	1943 年夏
杨钦三	昌邑市峱山镇杨家庄子村	31	男	1943 年夏
姜尔选	昌邑市峱山镇牟家庄村	22	男	1943 年夏
孙锡丰之兄	昌邑市峱山镇坡立村	35	男	1943 年夏
陈学信	昌邑市峱山镇坡立村	36	男	1943 年夏
陈学宗	昌邑市峱山镇坡立村	40	男	1943 年夏

续表

姓 名	籍 贯	年 龄	性 别	死难时间
陈学沦	昌邑市都昌街道陈家洼子村	45	男	1943 年 7 月 8 日
彭瑞全	昌邑市柳疃镇南西高村	27	男	1943 年 7 月
徐先明	昌邑市柳疃镇太平集村	30	男	1943 年 7 月
赵秉干	昌邑市龙池镇瓦西村	21	男	1943 年 7 月
张益龙	昌邑市都昌街道西埠村	49	男	1943 年 7 月
于林郊	昌邑市都昌街道后埠村	30	男	1943 年 7 月
于效荣	昌邑市都昌街道后埠村	41	男	1943 年 7 月
赵夕远	昌邑市北孟镇李家庄子村	24	男	1943 年 7 月
冯洪义	昌邑市奎聚街道宫鄑村	32	男	1943 年 7 月
陈丕京	昌邑市石埠镇葛西村	21	男	1943 年 7 月
马春芳	昌邑市卜庄镇辛庄村	19	男	1943 年 7 月
姜桂芝	昌邑市夏店镇三教堂村	26	男	1943 年 7 月
吕坤山	昌邑市夏店镇吕家庄村	23	男	1943 年 7 月
朱刚栋	昌邑市夏店镇六甲村	19	男	1943 年 7 月
朱明孝	昌邑市夏店镇六甲村	19	男	1943 年 7 月
李兴业	昌邑市夏店镇西河沟村	18	男	1943 年 7 月
郝令德	昌邑市北孟镇李家庄子村	24	男	1943 年 7 月
宫小书	昌邑市奎聚街道宫鄑村	18	男	1943 年 7 月
宫桂章	昌邑市奎聚街道宫鄑村	21	男	1943 年 7 月
毕东海	昌邑市北孟镇西角兰村	23	男	1943 年 8 月 2 日
付乃干	昌邑市柳疃镇西付村	25	男	1943 年 8 月
王振驿	昌邑市柳疃镇东辛村	45	男	1943 年 8 月
张延宗	昌邑市都昌街道长埠村	20	男	1943 年 8 月
刘洪云	昌邑市北孟镇前刘村	40	男	1943 年 8 月
刘　民	昌邑市北孟镇后刘村	21	男	1943 年 8 月
李忠月	昌邑市北孟镇李家埠村	31	男	1943 年 8 月
贾宝堂	昌邑市卜庄镇辛庄村	26	男	1943 年 8 月
李培忠	昌邑市夏店镇大李家村	30	男	1943 年 8 月
李锦章	昌邑市夏店镇大李家村	23	男	1943 年 8 月
高俊海	昌邑市夏店镇西马疃村	18	男	1943 年 8 月
方好中	昌邑市丈岭镇牛脊埠村	38	男	1943 年 8 月
付怀伦	昌邑市柳疃镇西付村	16	男	1943 年 8 月

姓　名	籍　贯	年　龄	性　别	死难时间
李元音	昌邑市北孟镇李家埠村	32	男	1943 年 8 月
李世昌	昌邑市北孟镇李家埠村	30	男	1943 年 8 月
路传学	昌邑市柳疃镇常家庄村	23	男	1943 年 9 月
陈述度	昌邑市龙池镇石桥村	58	男	1943 年 9 月
齐洪尧	昌邑市龙池镇龙东村	70	男	1943 年 9 月
董兆庆	昌邑市龙池镇马渠村	19	男	1943 年 9 月
王吉宗	昌邑市奎聚街道西逢村	23	男	1943 年 9 月
高九富之父	昌邑市奎聚街道十字路村	29	男	1943 年 9 月
冯之德	昌邑市夏店镇冯家村	33	男	1943 年 9 月
董述荣	昌邑市夏店镇东家村	18	男	1943 年 9 月
高举发之父	昌邑市奎聚街道十字路村	28	男	1943 年 9 月
王永亮	昌邑市奎聚街道西逢村	20	男	1943 年 9 月
徐振庆	昌邑市都昌街道东埠村	36	男	1943 年 9 月
陈敬慈	昌邑市峟山镇皂角树村	17	男	1943 年秋
陈述典	昌邑市峟山镇皂角树村	18	男	1943 年秋
高　健	昌邑市峟山镇高家庄村	18	男	1943 年秋
姜星武	昌邑市峟山镇牟家庄村	32	男	1943 年秋
姜德顺	昌邑市峟山镇牟家庄村	38	男	1943 年秋
徐德军	昌邑市峟山镇牟家庄村	24	男	1943 年秋
姜茂美	昌邑市峟山镇牟家庄村	30	男	1943 年秋
魏希勤	昌邑市奎聚街道辛置三社区	45	男	1943 年秋
魏登堂	昌邑市奎聚街道辛置三社区	51	男	1943 年秋
李清华	昌邑市太保庄乡望仙埠村	35	男	1943 年秋
李清畦	昌邑市太保庄乡望仙埠村	32	男	1943 年秋
王占明	昌邑市太保庄乡望仙埠村	28	男	1943 年秋
王凤明	昌邑市太保庄乡望仙埠村	30	男	1943 年秋
卢正等	昌邑市太保庄乡望仙埠村	29	男	1943 年秋
李术升	昌邑市太保庄乡望仙埠村	30	男	1943 年秋
郭立瑞	昌邑市太保庄乡望仙埠村	37	男	1943 年秋
王少远	昌邑市饮马镇前赶村	25	男	1943 年秋
王明风	昌邑市饮马镇前赶村	24	男	1943 年秋
戴树仁之妻	昌邑市丈岭镇戴家埠村	20	女	1943 年秋

姓 名	籍 贯	年 龄	性 别	死难时间
戴春东之女	昌邑市丈岭镇戴家埠村	18	女	1943 年秋
栾厚堂	昌邑市丈岭镇西龙湾村	34	男	1943 年秋
张 田	昌邑市丈岭镇大陈村	25	男	1943 年 10 月 10 日
刘继世	昌邑市丈岭镇大陈村	50	男	1943 年 10 月 10 日
刘丙真	昌邑市丈岭镇大陈村	62	男	1943 年 10 月 10 日
闫国臣	昌邑市柳疃镇中闫村	33	男	1943 年 10 月
姜林照	昌邑市围子镇南姜村	56	男	1943 年 10 月
王增法	昌邑市围子镇王家隅庄村	60	男	1943 年 10 月
陈洪兴	昌邑市柳疃镇潮海村	23	男	1943 年 11 月 1 日
宗振栾	昌邑市北孟镇东角兰村	21	男	1943 年 11 月 2 日
黄文其	昌邑市都昌街道黄辛戈村	40	男	1943 年 11 月 27 日
张殿臣	昌邑市奎聚街道虫埠村	31	男	1943 年 11 月
张智忠	昌邑市夏店镇集东村	35	男	1943 年 11 月
孙述×	昌邑市柳疃镇老官庄村	19	男	1943 年 12 月 1 日
单际祥	昌邑市都昌街道乘场村	42	男	1943 年 12 月 11 日
史陈氏	昌邑市都昌街道乘场村	36	女	1943 年 12 月 11 日
单际伦	昌邑市都昌街道乘场村	61	男	1943 年 12 月 11 日
王希奴	昌邑市峄山镇马家屯村	23	男	1943 年 12 月 19 日
王希玉	昌邑市峄山镇马家屯村	18	男	1943 年 12 月 19 日
刘新起	昌邑市卜庄镇王卢村	19	男	1943 年 12 月 27 日
王希忠	昌邑市卜庄镇王卢村	19	男	1943 年 12 月 27 日
闫风林	昌邑市卜庄镇营子村	23	男	1943 年 12 月 29 日
姜维琪	昌邑市龙池镇马渠村	41	男	1943 年 12 月
刘绪云	昌邑市北孟镇小南孟村	28	男	1943 年 12 月
董士仁	昌邑市石埠镇董家庄村	40	男	1943 年 12 月
魏正亮	昌邑市石埠镇前屯村	50	男	1943 年 12 月
李成祥	昌邑市围子镇李家村	22	男	1943 年 12 月
黄 琴	昌邑市围子镇凤凰村	18	男	1943 年 12 月
闫风泰	昌邑市石埠镇前屯村	52	男	1943 年 12 月
于冠一	昌邑市峄山镇西下湾村	44	男	1943 年冬
于春祥	昌邑市饮马镇常太村	30	男	1943 年冬
孙西侠	昌邑市柳疃镇青阜村	23	男	1943 年

姓　名	籍　贯	年　龄	性　别	死难时间
王　秉	昌邑市柳疃镇青阜村	24	男	1943 年
逄维彬	昌邑市柳疃镇后官庄村	26	男	1943 年
姚光明	昌邑市柳疃镇后官庄村	24	男	1943 年
姚春清	昌邑市柳疃镇后官庄村	28	男	1943 年
逄　礼	昌邑市柳疃镇后官庄村	18	男	1943 年
郑　集	昌邑市柳疃镇门八村	22	男	1943 年
范　利	昌邑市柳疃镇门八村	18	男	1943 年
孙举州	昌邑市柳疃镇门八村	17	男	1943 年
郭庆先	昌邑市柳疃镇郭家车道村	17	男	1943 年
姜亦滨	昌邑市柳疃镇长胡同村	24	男	1943 年
王喜航	昌邑市柳疃镇河崖村	28	男	1943 年
刘从山	昌邑市柳疃镇刘家庄村	19	男	1943 年
尹述森	昌邑市柳疃镇横地村	42	男	1943 年
徐广禄	昌邑市柳疃镇灶户村	24	男	1943 年
赵凤辉	昌邑市龙池镇瓦西村	22	男	1943 年
赵　元	昌邑市龙池镇瓦东村	18	男	1943 年
王洪昌	昌邑市龙池镇瓦东村	35	男	1943 年
刘　氏	昌邑市龙池镇姚徐邓村	56	女	1943 年
徐学泮	昌邑市龙池镇东利渔村	25	男	1943 年
朱风新	昌邑市龙池镇东利渔村	27	男	1943 年
齐重集	昌邑市龙池镇龙街村	52	男	1943 年
孙居显	昌邑市龙池镇瓦北村	37	男	1943 年
戚同成之妻	昌邑市龙池镇王家庄子村	38	女	1943 年
张显有	昌邑市龙池镇王家庄子村	23	男	1943 年
刘朋松	昌邑市都昌街道刘辛戈村	25	男	1943 年
刘高美	昌邑市都昌街道刘辛戈村	20	男	1943 年
史廷友	昌邑市都昌街道巡保村	30	男	1943 年
史小贵	昌邑市都昌街道巡保村	24	男	1943 年
史增贵	昌邑市都昌街道巡保村	25	男	1943 年
汲乃瑞	昌邑市都昌街道史家洼子村	20	男	1943 年
王洪杨	昌邑市都昌街道高逄村	28	男	1943 年
刘金钰	昌邑市都昌街道刘逄村	16	男	1943 年

姓　名	籍　贯	年　龄	性　别	死难时间
肖立业	昌邑市双台乡肖家埠村	24	男	1943 年
肖正军	昌邑市双台乡肖家埠村	23	男	1943 年
齐安智	昌邑市双台乡东永安村	17	男	1943 年
齐希财	昌邑市双台乡家庄村	30	男	1943 年
李　氏	昌邑市双台乡家庄村	32	女	1943 年
宋东令	昌邑市双台乡远东庄村	29	男	1943 年
曹振宣	昌邑市北孟镇曹戈庄村	37	男	1943 年
曹术修	昌邑市北孟镇曹戈庄村	28	男	1943 年
李纪增	昌邑市北孟镇孙营村	47	男	1943 年
李纪增之妻	昌邑市北孟镇孙营村	48	女	1943 年
姜付宗	昌邑市北孟镇孙营村	60	男	1943 年
姜在彬	昌邑市北孟镇孙营村	21	男	1943 年
王子杰	昌邑市北孟镇孙营村	31	男	1943 年
于敦其	昌邑市北孟镇孙营村	20	男	1943 年
于文当	昌邑市北孟镇孙营村	18	男	1943 年
朱邦贞之妻	昌邑市北孟镇孙营村	50	女	1943 年
李玉清之母	昌邑市北孟镇孙营村	67	女	1943 年
孙夕江	昌邑市北孟镇孙营村	67	男	1943 年
孙夕斋	昌邑市北孟镇孙营村	32	男	1943 年
孙照明	昌邑市北孟镇孙营村	60	男	1943 年
孙升子	昌邑市北孟镇孙营村	20	男	1943 年
王子俊	昌邑市北孟镇孙营村	33	男	1943 年
孙夕春	昌邑市北孟镇孙营村	34	男	1943 年
朱　凌	昌邑市北孟镇孙营村	26	男	1943 年
田　才	昌邑市北孟镇孙营村	24	男	1943 年
王德顺	昌邑市北孟镇孙营村	30	男	1943 年
朱大玖	昌邑市北孟镇孙营村	23	男	1943 年
王老北	昌邑市北孟镇孙营村	30	男	1943 年
朱石卜	昌邑市北孟镇孙营村	20	男	1943 年
孙　教	昌邑市北孟镇孙营村	21	男	1943 年
王　茂	昌邑市北孟镇孙营村	22	男	1943 年
王佃武	昌邑市北孟镇孙营村	22	男	1943 年

姓　名	籍　贯	年　龄	性　别	死难时间
朱德修	昌邑市北孟镇孙营村	30	男	1943 年
孙夕刚	昌邑市北孟镇孙营村	30	男	1943 年
孙佃平	昌邑市北孟镇孙营村	50	男	1943 年
李百照	昌邑市北孟镇池后村	28	男	1943 年
陈希贤	昌邑市北孟镇池后村	29	男	1943 年
金付怀	昌邑市北孟镇池后村	30	男	1943 年
宋希周	昌邑市北孟镇东屯村	24	男	1943 年
于焕祥	昌邑市峠山镇西下湾村	28	男	1943 年
于怀津	昌邑市峠山镇西下湾村	28	男	1943 年
于仁贵	昌邑市峠山镇西下湾村	27	男	1943 年
于稳当	昌邑市峠山镇西下湾村	26	男	1943 年
王吉堂	昌邑市奎聚街道南鄩亭村	23	男	1943 年
王有道	昌邑市奎聚街道西逢村	25	男	1943 年
侯顺增	昌邑市奎聚街道西逢村	24	男	1943 年
张显集	昌邑市奎聚街道西逢村	21	男	1943 年
杨喜恩	昌邑市石埠镇三宝庄村	30	男	1943 年
李云德	昌邑市石埠镇李范村	23	男	1943 年
范北孟	昌邑市石埠镇李范村	23	男	1943 年
李　屯	昌邑市石埠镇李范村	25	男	1943 年
李增祥	昌邑市石埠镇李范村	22	男	1943 年
马志俊	昌邑市石埠镇郝家屯村	36	男	1943 年
王清来	昌邑市太保庄乡新河头村	25	男	1943 年
隋宝堂	昌邑市围子镇古城村	21	男	1943 年
任世顺	昌邑市卜庄镇北任村	17	男	1943 年
马高斗	昌邑市卜庄镇马家村	18	男	1943 年
马祥云	昌邑市卜庄镇马家村	20	男	1943 年
马　山	昌邑市卜庄镇马家村	19	男	1943 年
马同科	昌邑市卜庄镇马家村	21	男	1943 年
李香智	昌邑市卜庄镇廒里村	28	男	1943 年
李太存	昌邑市卜庄镇廒里村	19	男	1943 年
李孟起	昌邑市卜庄镇廒里村	30	男	1943 年
李太忠	昌邑市卜庄镇廒里村	23	男	1943 年

姓 名	籍 贯	年 龄	性 别	死难时间
柳栓柱	昌邑市卜庄镇柳家村	28	男	1943 年
谢在饶	昌邑市夏店镇吕家村	24	男	1943 年
张明珂	昌邑市夏店镇王庙村	34	男	1943 年
杨永胜	昌邑市夏店镇东高戈庄村	22	男	1943 年
姜言信	昌邑市夏店镇大窑村	21	男	1943 年
张会东	昌邑市夏店镇集东村	18	男	1943 年
冯之善	昌邑市夏店镇冯家村	38	男	1943 年
尹冠五	昌邑市夏店镇尹家庄村	30	男	1943 年
徐兆祥	昌邑市夏店镇三义村	21	男	1943 年
王志财	昌邑市饮马镇西北村	45	男	1943 年
隋瑞清	昌邑市饮马镇西北村	34	男	1943 年
张高池	昌邑市饮马镇西北村	26	男	1943 年
于敦灼	昌邑市饮马镇吴沟村	19	男	1943 年
于月来	昌邑市饮马镇吴沟村	19	男	1943 年
于运来	昌邑市饮马镇吴沟村	21	男	1943 年
于德强	昌邑市饮马镇吴沟村	21	男	1943 年
于德振	昌邑市饮马镇吴沟村	20	男	1943 年
于德教	昌邑市饮马镇吴沟村	21	男	1943 年
于钦顺	昌邑市饮马镇吴沟村	20	男	1943 年
于钦三	昌邑市饮马镇吴沟村	20	男	1943 年
于钦猛	昌邑市饮马镇吴沟村	30	男	1943 年
于钦运之弟	昌邑市饮马镇吴沟村	20	男	1943 年
于 尧	昌邑市饮马镇吴沟村	20	男	1943 年
于子荣之伯	昌邑市饮马镇吴沟村	21	男	1943 年
代其伍	昌邑市饮马镇代家村	21	男	1943 年
陈述昌	昌邑市饮马镇久远埠村	19	男	1943 年
陈温晨	昌邑市饮马镇久远埠村	18	男	1943 年
陈 群	昌邑市饮马镇久远埠村	19	男	1943 年
陈 良	昌邑市饮马镇久远埠村	18	男	1943 年
徐升堂	昌邑市饮马镇徐家官庄村	21	男	1943 年
方三老	昌邑市丈岭镇麻姑庄村	65	男	1943 年
孙正三	昌邑市丈岭镇麻姑庄村	80	男	1943 年

姓 名	籍 贯	年 龄	性 别	死难时间
苗丰先	昌邑市丈岭镇苗家上疃村	20	男	1943 年
董修德	昌邑市峱山镇马家屯村	24	男	1944 年 1 月 24 日
董可明	昌邑市峱山镇马家屯村	26	男	1944 年 1 月 24 日
马 健	昌邑市峱山镇马家屯村	20	男	1944 年 1 月 24 日
董修良	昌邑市峱山镇马家屯村	24	男	1944 年 1 月 24 日
于德荣	昌邑市峱山镇马家屯村	24	男	1944 年 1 月 24 日
马京峻	昌邑市峱山镇马家屯村	25	男	1944 年 1 月 24 日
董 宛	昌邑市峱山镇马家屯村	21	男	1944 年 1 月 24 日
黄守河	昌邑市都昌街道黄辛戈村	19	男	1944 年 1 月 24 日
孟宪本	昌邑市柳疃镇刘家车道村	24	男	1944 年 1 月
赵常江	昌邑市龙池镇瓦东村	26	男	1944 年 1 月
刘效武	昌邑市都昌街道王耨村	20	男	1944 年 1 月
李建铭	昌邑市奎聚街道李家埠村	20	男	1944 年 1 月
李玉明	昌邑市石埠镇东南村	31	男	1944 年 1 月
王文彦	昌邑市丈岭镇罗家埠村	22	男	1944 年 1 月
林太吉	昌邑市丈岭镇东下坡村	32	男	1944 年 1 月
林观仁	昌邑市丈岭镇东下坡村	34	男	1944 年 1 月
孙松云	昌邑市柳疃镇青阜村	31	男	1944 年 2 月
范茂岭	昌邑市柳疃镇南范村	22	男	1944 年 2 月
李振浩	昌邑市北孟镇李家庄子村	41	男	1944 年 2 月
朱 福	昌邑市北孟镇朱家屯村	20	男	1944 年 2 月
苏孝甲	昌邑市围子镇苏部村	45	男	1944 年 2 月
姚十效	昌邑市围子镇姚家部村	46	男	1944 年 2 月
姚相武	昌邑市围子镇姚家部村	24	男	1944 年 2 月
姚希运	昌邑市围子镇姚家部村	26	男	1944 年 2 月
姚 寇	昌邑市围子镇姚家部村	26	男	1944 年 2 月
曲高云	昌邑市北孟镇朱家屯村	21	男	1944 年 2 月
姚高颜	昌邑市围子镇姚家部村	25	男	1944 年 2 月
张 奇	昌邑市北孟镇朱家屯村	21	男	1944 年 2 月
姚俊三	昌邑市围子镇姚家部村	24	男	1944 年 2 月
朱立清	昌邑市北孟镇朱家屯村	30	男	1944 年 2 月
王 贞	昌邑市围子镇姚家部村	23	男	1944 年 2 月

姓　名	籍　贯	年　龄	性　别	死难时间
刘云江	昌邑市柳疃镇刘家车道村	18	男	1944 年 3 月
魏振栋	昌邑市龙池镇马渠村	20	男	1944 年 3 月
孙其平	昌邑市龙池镇瓦北村	32	男	1944 年 3 月
陈庆祥	昌邑市北孟镇小南孟村	40	男	1944 年 3 月
于　换	昌邑市北孟镇李家庄子村	18	女	1944 年 3 月
杨贵贞	昌邑市围子镇杨家部村	60	男	1944 年 3 月
董　氏	昌邑市围子镇杨家部村	60	女	1944 年 3 月
王西政	昌邑市丈岭镇北麻湾村	39	男	1944 年 3 月
高光成	昌邑市岞山镇高家庄村	56	男	1944 年春
高光荣	昌邑市岞山镇高家庄村	46	男	1944 年春
王志禄	昌邑市饮马镇山阳村	19	男	1944 年春
刘金平	昌邑市饮马镇山阳村	21	男	1944 年春
温述胜	昌邑市饮马镇山阳村	28	男	1944 年春
温传波	昌邑市饮马镇山阳村	24	男	1944 年春
王乐昌	昌邑市饮马镇山阳村	42	男	1944 年春
温风奎	昌邑市饮马镇山阳村	45	男	1944 年春
刘朋顺	昌邑市饮马镇田庄村	27	男	1944 年 4 月 8 日
田　中	昌邑市饮马镇田庄村	30	男	1944 年 4 月 8 日
田孝敬	昌邑市饮马镇田庄村	22	男	1944 年 4 月 8 日
于敦海	昌邑市饮马镇东南村	18	男	1944 年 4 月 28 日
杨怀桥	昌邑市饮马镇曹庄村	21	男	1944 年 4 月 28 日
徐立峰	昌邑市柳疃镇门八村	20	男	1944 年 4 月
吕克俭	昌邑市双台乡东永安村	19	男	1944 年 4 月
隋松民	昌邑市双台乡前埠村	22	男	1944 年 4 月
杨顺平	昌邑市石埠镇杨桥村	22	男	1944 年 4 月
姜恒章	昌邑市夏店镇西高戈庄村	23	男	1944 年 4 月
张汉林	昌邑市夏店镇后柳村	23	男	1944 年 4 月
李敬芝	昌邑市夏店镇李刘村	27	男	1944 年 4 月
曹子纯	昌邑市夏店镇曹家店村	28	男	1944 年 4 月
郝　鸿	昌邑市夏店镇二甲村	22	男	1944 年 4 月
于连聚	昌邑市饮马镇山阳村	30	男	1944 年 5 月 8 日
温传周	昌邑市饮马镇山阳村	35	男	1944 年 5 月 8 日

姓 名	籍 贯	年 龄	性 别	死难时间
温传茂	昌邑市饮马镇山阳村	24	男	1944 年 5 月 8 日
于连祥	昌邑市饮马镇山阳村	50	男	1944 年 5 月 8 日
温明纲	昌邑市饮马镇山阳村	60	男	1944 年 5 月 8 日
王志清	昌邑市饮马镇山阳村	52	男	1944 年 5 月 8 日
王述平	昌邑市饮马镇山阳村	38	男	1944 年 5 月 8 日
赵立波	昌邑市龙池镇姚徐邓村	18	男	1944 年 5 月
范德仁	昌邑市龙池镇王范庄村	40	男	1944 年 5 月
魏含杰	昌邑市龙池镇龙北村	39	男	1944 年 5 月
肖宏梅	昌邑市双台乡肖家埠村	20	男	1944 年 5 月
吕松奎	昌邑市双台乡东永安村	24	男	1944 年 5 月
齐元礼	昌邑市双台乡博乐埠村	20	男	1944 年 5 月
董士英	昌邑市石埠镇董家庄村	51	男	1944 年 5 月
苏令堂	昌邑市围子镇苏部村	18	男	1944 年 5 月
徐 礼	昌邑市围子镇徐部村	25	男	1944 年 5 月
徐洪书	昌邑市围子镇徐部村	34	男	1944 年 5 月
王兰芳	昌邑市围子镇徐部村	22	男	1944 年 5 月
董风廷	昌邑市围子镇徐部村	35	男	1944 年 5 月
王方瑞	昌邑市围子镇徐部村	32	男	1944 年 5 月
王方财	昌邑市围子镇徐部村	30	男	1944 年 5 月
王春景	昌邑市夏店镇火道村	42	男	1944 年 5 月
曹公宝	昌邑市夏店镇曹家店村	23	男	1944 年 5 月
林太泉	昌邑市丈岭镇东下坡村	22	男	1944 年 5 月
方好文	昌邑市丈岭镇牛脊埠村	45	男	1944 年 5 月
魏世臣	昌邑市丈岭镇张家埠村	30	男	1944 年 5 月
齐光益	昌邑市双台乡博乐埠村	22	男	1944 年 5 月
谭书辉	昌邑市石埠镇史家屯村	23	男	1944 年 5 月
徐风启	昌邑市丈岭镇张家埠村	30	男	1944 年 5 月
张有宗	昌邑市丈岭镇张家埠村	31	男	1944 年 5 月
张明信	昌邑市丈岭镇张家埠村	32	男	1944 年 5 月
宋寿正	昌邑市双台乡远东庄村	18	男	1944 年 6 月 1 日
姜殿运	昌邑市柳疃镇堤子村	52	男	1944 年 6 月
徐瑞富	昌邑市柳疃镇灶户村	25	男	1944 年 6 月

姓　名	籍　贯	年　龄	性　别	死难时间
魏冠太	昌邑市龙池镇龙北村	21	男	1944 年 6 月
姜兰先	昌邑市龙池镇马渠村	18	男	1944 年 6 月
吕光田	昌邑市双台乡东永安村	30	男	1944 年 6 月
丛会兰	昌邑市双台乡东永安村	30	男	1944 年 6 月
王贵峰	昌邑市北孟镇金戈庄村	22	男	1944 年 6 月
刘学明	昌邑市奎聚街道邰辛村	19	男	1944 年 6 月
李杨泽	昌邑市夏店镇火道村	24	男	1944 年 6 月
邱曰智	昌邑市夏店镇曹家店村	18	男	1944 年 6 月
魏增连	昌邑市龙池镇马渠村	25	男	1944 年 6 月
王在好	昌邑市北孟镇金戈庄村	24	男	1944 年 6 月
陈锡庆	昌邑市峱山镇坡立村	49	男	1944 年夏
李保险	昌邑市饮马镇后赶村	26	男	1944 年夏
李福忠	昌邑市饮马镇后赶村	25	男	1944 年夏
李梦经	昌邑市饮马镇后赶村	24	男	1944 年夏
李大洋	昌邑市饮马镇后赶村	25	男	1944 年夏
李小洋	昌邑市饮马镇后赶村	23	男	1944 年夏
李布正	昌邑市饮马镇后赶村	24	男	1944 年夏
李布恒	昌邑市饮马镇后赶村	21	男	1944 年夏
李生文	昌邑市饮马镇后赶村	24	男	1944 年夏
李冠语	昌邑市饮马镇后赶村	25	男	1944 年夏
刘金伐	昌邑市北孟镇朱家屯村	20	男	1944 年 7 月
王积善	昌邑市奎聚街道南鄑亭村	20	男	1944 年 7 月
吕宗三	昌邑市夏店镇吕家村	26	男	1944 年 7 月
李忠田	昌邑市夏店镇李泊村	56	男	1944 年 7 月
朱邦岐	昌邑市夏店镇六甲村	19	男	1944 年 7 月
郭崇尧之妻	昌邑市丈岭镇朱前村	37	女	1944 年 7 月
方世廉	昌邑市丈岭镇东下坡村	26	男	1944 年 7 月
范有行	昌邑市龙池镇楼子村	37	男	1944 年 8 月 20 日
王学忠	昌邑市都昌街道立新村	23	男	1944 年 8 月 20 日
姚安公	昌邑市龙池镇姚徐邓村	30	男	1944 年 8 月
刘松亭	昌邑市都昌街道高家道照村	22	男	1944 年 8 月
吕奎英	昌邑市双台乡东永安村	22	男	1944 年 8 月

续表

姓 名	籍 贯	年 龄	性 别	死难时间
刘纪华	昌邑市北孟镇小南孟村	30	男	1944 年 8 月
王　江	昌邑市夏店镇裴家村	29	男	1944 年 8 月
胡述田	昌邑市夏店镇东高戈庄村	28	男	1944 年 8 月
王　高	昌邑市夏店镇火道村	34	男	1944 年 8 月
李永明	昌邑市夏店镇滩子村	22	男	1944 年 8 月
马新豹	昌邑市双台乡西永安村	21	男	1944 年 8 月
徐洪斌	昌邑市奎聚街道徐鄌村	36	男	1944 年 9 月 9 日
刘金×	昌邑市都昌街道辛二村	16	男	1944 年 9 月 22 日
刘焕增	昌邑市都昌街道辛二村	56	男	1944 年 9 月 22 日
魏金良	昌邑市奎聚街道辛置一社区	52	男	1944 年 9 月 22 日
尹盼廷	昌邑市柳疃镇门八村	36	男	1944 年 9 月
姜言德	昌邑市柳疃镇闫庵村	28	男	1944 年 9 月
徐好先	昌邑市柳疃镇东二甲村	19	男	1944 年 9 月
王学城	昌邑市奎聚街道西逄村	21	男	1944 年 9 月
王兴明	昌邑市奎聚街道十字路村	22	男	1944 年 9 月
姜言×	昌邑市围子镇大姜村	42	男	1944 年 9 月
孙万述	昌邑市卜庄镇永合村	23	男	1944 年 9 月
李维考	昌邑市夏店镇东营村	18	男	1944 年 9 月
马佃金	昌邑市夏店镇马疃村	31	男	1944 年 9 月
王龙相	昌邑市奎聚街道西逄村	25	男	1944 年 9 月
姜永升	昌邑市围子镇大姜村	43	男	1944 年 9 月
杨希功	昌邑市岞山镇杨家庄子村	26	男	1944 年秋
杨希传	昌邑市岞山镇杨家庄子村	28	男	1944 年秋
谭延礼	昌邑市夏店镇湾崖村	22	男	1944 年秋
范万昌	昌邑市柳疃镇北范村	22	男	1944 年 10 月
高仙寿	昌邑市双台乡高侯章村	20	男	1944 年 10 月
王述美	昌邑市奎聚街道南鄌亭村	25	男	1944 年 10 月
王世昌	昌邑市奎聚街道南鄌亭村	19	男	1944 年 10 月
董法祥	昌邑市围子镇董家村	29	男	1944 年 10 月
宋来州	昌邑市双台乡远东庄村	28	男	1944 年 11 月 17 日
宋志伦	昌邑市双台乡远东庄村	53	男	1944 年 11 月 17 日
宋佃芳	昌邑市双台乡远东庄村	58	男	1944 年 11 月 17 日

姓　名	籍　贯	年　龄	性　别	死难时间
金述汤	昌邑市柳疃镇金家庄村	36	男	1944 年 11 月
陈学贤	昌邑市柳疃镇东陈家庄村	20	男	1944 年 11 月
姜其荣	昌邑市柳疃镇堤子村	19	男	1944 年 11 月
韩喜效	昌邑市北孟镇李家庄子村	55	男	1944 年 11 月
姜国兴	昌邑市围子镇大姜村	61	男	1944 年 11 月
夏文森	昌邑市夏店镇夏家庄村	31	男	1944 年 11 月
王照玉	昌邑市夏店镇夏店村	24	男	1944 年 11 月
姜　龙	昌邑市柳疃镇堤子村	20	男	1944 年 11 月
姜　随	昌邑市柳疃镇堤子村	21	男	1944 年 11 月
姜乃羲	昌邑市柳疃镇堤子村	32	男	1944 年 11 月
姜亦乡	昌邑市柳疃镇堤子村	30	男	1944 年 11 月
王立业	昌邑市峸山镇杨家庄子村	22	男	1944 年 12 月 18 日
臧曰光	昌邑市峸山镇盘马埠村	28	男	1944 年 12 月 28 日
于保善	昌邑市饮马镇东南村	21	男	1944 年 12 月 28 日
刘洪运	昌邑市都昌街道马家村	32	男	1944 年 12 月
刘廷显	昌邑市都昌街道马家村	20	男	1944 年 12 月
肖延和	昌邑市双台乡肖家埠村	18	男	1944 年 12 月
刘洪傲	昌邑市双台乡中侯村	34	男	1944 年 12 月
王建亭	昌邑市奎聚街道陶埠村	19	男	1944 年 12 月
王玉山	昌邑市石埠镇红卫村	35	男	1944 年 12 月
姜其彦	昌邑市围子镇姜二村	28	男	1944 年 12 月
陈路锡	昌邑市围子镇北陈村	50	男	1944 年 12 月
刘岳令	昌邑市围子镇前陈村	22	男	1944 年 12 月
姜　氏	昌邑市围子镇前陈村	40	女	1944 年 12 月
张　礼	昌邑市围子镇凤凰村	19	男	1944 年 12 月
王立臣	昌邑市围子镇张湾村	43	男	1944 年 12 月
张希军	昌邑市围子镇张家村	19	男	1944 年 12 月
徐林成	昌邑市卜庄镇后卜村	25	男	1944 年 12 月
吕忠三	昌邑市夏店镇吕家村	23	男	1944 年 12 月
刘希珣	昌邑市夏店镇马疃村	39	男	1944 年 12 月
陈昆玉	昌邑市围子镇北陈村	48	男	1944 年 12 月
刘天增	昌邑市围子镇前陈村	55	男	1944 年 12 月

姓 名	籍 贯	年 龄	性 别	死难时间
徐松芳	昌邑市卜庄镇后卜村	28	男	1944 年 12 月
陈老海	昌邑市围子镇前陈村	19	男	1944 年 12 月
徐松德	昌邑市卜庄镇后卜村	30	男	1944 年 12 月
陈敬勤	昌邑市岞山镇皂角树村	26	男	1944 年冬
陈兰福	昌邑市岞山镇皂角树村	25	男	1944 年冬
陈维宝之父	昌邑市岞山镇皂角树村	24	男	1944 年冬
陈 山	昌邑市岞山镇皂角树村	20	男	1944 年冬
陈大成	昌邑市岞山镇皂角树村	22	男	1944 年冬
殷秀英之叔	昌邑市岞山镇皂角树村	20	男	1944 年冬
陈光田	昌邑市岞山镇皂角树村	22	男	1944 年冬
陈敬英之兄	昌邑市岞山镇皂角树村	18	男	1944 年冬
陈维庆之父	昌邑市岞山镇皂角树村	29	男	1944 年冬
徐高臣	昌邑市岞山镇牟家庄村	19	男	1944 年冬
姜其发	昌邑市奎聚街道东隅社区	29	男	1944 年冬
孙龙章	昌邑市奎聚街道中庄社区	38	男	1944 年冬
吴子元	昌邑市柳疃镇门八村	23	男	1944 年
郭世贵	昌邑市柳疃镇郭家车道村	45	男	1944 年
安同伦	昌邑市柳疃镇院头村	22	男	1944 年
金光英	昌邑市柳疃镇金家庄村	17	男	1944 年
姜其黄	昌邑市柳疃镇堤子村	38	男	1944 年
高 举	昌邑市柳疃镇南西高村	18	男	1944 年
孟新其	昌邑市柳疃镇潮海村	27	男	1944 年
范万贵	昌邑市柳疃镇北范村	21	男	1944 年
尹兆亮	昌邑市柳疃镇横地村	19	男	1944 年
孙桂密	昌邑市龙池镇沙岭村	21	男	1944 年
李祥贞	昌邑市龙池镇沙岭村	26	男	1944 年
付永春	昌邑市龙池镇瓦北村	40	男	1944 年
傅春田	昌邑市龙池镇王家庄子村	35	男	1944 年
戚锡善	昌邑市龙池镇王家庄子村	18	男	1944 年
史升阶	昌邑市都昌街道巡保村	32	男	1944 年
汲法宗	昌邑市都昌街道史家洼子村	26	男	1944 年
高维松	昌邑市都昌街道高逄村	19	男	1944 年

姓　名	籍　贯	年　龄	性　别	死难时间
吕洪湘	昌邑市都昌街道南店村	35	男	1944 年
肖孟津	昌邑市双台乡肖家埠村	20	男	1944 年
林乃文	昌邑市双台乡北兴福村	43	男	1944 年
孙仁泽	昌邑市双台乡渔埠村	30	男	1944 年
齐宗伦	昌邑市双台乡徐林村	28	男	1944 年
齐士信	昌邑市双台乡徐林村	19	男	1944 年
徐秀亭	昌邑市双台乡徐林村	21	男	1944 年
林兆铭	昌邑市双台乡申明亭村	24	男	1944 年
侯世龙	昌邑市北孟镇侯家屯村	23	男	1944 年
夏玉珊	昌邑市奎聚街道铁匠营村	18	男	1944 年
于明玉	昌邑市奎聚街道于家山下村	38	男	1944 年
王存良	昌邑市奎聚街道南鄑亭村	32	男	1944 年
王存仁	昌邑市奎聚街道南鄑亭村	26	男	1944 年
齐美宗	昌邑市奎聚街道南鄑亭村	23	男	1944 年
王乃刚	昌邑市奎聚街道南鄑亭村	24	男	1944 年
王云礼	昌邑市奎聚街道南鄑亭村	22	男	1944 年
王永昌	昌邑市奎聚街道南鄑亭村	25	男	1944 年
王言堂	昌邑市奎聚街道南鄑亭村	25	男	1944 年
张翠玉	昌邑市奎聚街道草庵村	20	男	1944 年
刘文强	昌邑市奎聚街道孙家岔河村	19	男	1944 年
孙文京	昌邑市奎聚街道南庄社区	36	男	1944 年
胡　京	昌邑市石埠镇三宝庄村	21	男	1944 年
卢　氏	昌邑市石埠镇李家庄村	44	女	1944 年
董凤彩	昌邑市围子镇张董村	26	男	1944 年
张京礼	昌邑市卜庄镇北王村	21	男	1944 年
王会卿	昌邑市卜庄镇北王村	21	男	1944 年
张守法	昌邑市卜庄镇小阎家村	25	男	1944 年
冯京福	昌邑市卜庄镇小韩村	24	男	1944 年
董吉先	昌邑市卜庄镇常家村	22	男	1944 年
董奉先	昌邑市卜庄镇常家村	32	男	1944 年
马佃达	昌邑市卜庄镇金山村	33	男	1944 年
李春登	昌邑市夏店镇沟崖村	35	男	1944 年

姓　名	籍　贯	年　龄	性　别	死难时间
黄家升	昌邑市夏店镇后张村	28	男	1944 年
李基山	昌邑市夏店镇后张村	32	男	1944 年
张瑞仁	昌邑市夏店镇集东村	18	男	1944 年
尹春林	昌邑市夏店镇尹家庄村	34	男	1944 年
侯瑞祥	昌邑市夏店镇海眼村	27	男	1944 年
王增元	昌邑市夏店镇滩子村	20	男	1944 年
许明环	昌邑市饮马镇西北村	19	男	1944 年
仲济武	昌邑市饮马镇西北村	22	男	1944 年
卢宗义	昌邑市丈岭镇解家庄村	21	男	1944 年
李同卫	昌邑市丈岭镇解家庄村	70	男	1944 年
卢风班之妻	昌邑市丈岭镇解家庄村	28	女	1944 年
卢立行	昌邑市丈岭镇解家庄村	65	男	1944 年
李同顺	昌邑市丈岭镇解家庄村	28	男	1944 年
解继全	昌邑市丈岭镇解家庄村	31	男	1944 年
解成和	昌邑市丈岭镇解家庄村	40	男	1944 年
解继文之弟	昌邑市丈岭镇解家庄村	20	男	1944 年
刘乐周	昌邑市丈岭镇解家庄村	28	男	1944 年
刘化功	昌邑市丈岭镇解家庄村	31	男	1944 年
赵王氏	昌邑市丈岭镇楼子村	34	女	1944 年
崔振海	昌邑市北孟镇西官庄村	18	男	1945 年 1 月 6 日
刘增喜	昌邑市北孟镇西官庄村	30	男	1945 年 1 月 8 日
崔发三	昌邑市北孟镇西官庄村	69	男	1945 年 1 月 8 日
崔达三	昌邑市北孟镇西官庄村	70	男	1945 年 1 月 11 日
杨少能	昌邑市石埠镇杨桥村	18	男	1945 年 2 月 6 日
杨连基	昌邑市石埠镇杨桥村	46	男	1945 年 2 月 6 日
陆云增	昌邑市卜庄镇金良村	68	男	1945 年 2 月 9 日
孙洪飞	昌邑市卜庄镇金良村	19	男	1945 年 2 月 10 日
徐启瑞	昌邑市都昌街道傅徐村	37	男	1945 年 2 月 23 日
徐弥昌	昌邑市柳疃镇久丰屯村	28	男	1945 年 2 月
温希谦	昌邑市龙池镇西白塔村	22	男	1945 年 2 月
郭华邦	昌邑市卜庄镇韩家店村	30	男	1945 年 2 月
王竹灵	昌邑市卜庄镇韩家店村	30	男	1945 年 2 月

姓 名	籍 贯	年 龄	性 别	死难时间
王存祯	昌邑市夏店镇东峰台村	18	男	1945 年 2 月
黄文源	昌邑市都昌街道黄辛戈村	25	男	1945 年 3 月 7 日
温希顺	昌邑市龙池镇西白塔村	24	男	1945 年 3 月
刘胜芳	昌邑市奎聚街道刘家庄村	46	男	1945 年 3 月
刘洪祥	昌邑市饮马镇刘家埠村	60	男	1945 年 3 月
吉寒亭	昌邑市峉山镇东章村	20	男	1945 年春
孙世淑	昌邑市峉山镇留戈庄村	18	男	1945 年春
寇树贵	昌邑市柳疃镇西玉村	18	男	1945 年 4 月 1 日
黄考工	昌邑市都昌街道黄辛戈村	23	男	1945 年 4 月 5 日
王从孝	昌邑市柳疃镇北辛村	44	男	1945 年 4 月
孙汝德	昌邑市柳疃镇西营村	50	男	1945 年 4 月
王学道	昌邑市奎聚街道南鄑亭村	23	男	1945 年 4 月
杨永芳	昌邑市夏店镇东高戈庄村	19	男	1945 年 4 月
胡焕彬	昌邑市夏店镇海眼村	41	男	1945 年 4 月
徐其浩	昌邑市龙池镇瓦东村	18	男	1945 年 5 月
于振彬	昌邑市双台乡后埠村	43	男	1945 年 5 月
谢德新	昌邑市夏店镇二甲村	39	男	1945 年 5 月
陈培慈	昌邑市龙池镇瓦北村	20	男	1945 年 6 月
林待科	昌邑市双台乡北兴福村	37	男	1945 年 6 月
臧官云	昌邑市峉山镇盘马埠村	51	男	1945 年 6 月
姜言成	昌邑市夏店镇三教堂村	19	男	1945 年 6 月
吕京云	昌邑市夏店镇吕家庄村	23	男	1945 年 6 月
张世泽	昌邑市峉山镇盘马埠村	50	男	1945 年 6 月
苑丕述	昌邑市都昌街道马家村	23	男	1945 年 7 月
段照旺	昌邑市北孟镇温胡村	30	男	1945 年 7 月
马永芳	昌邑市夏店镇西马疃村	20	男	1945 年 7 月
陈术德	昌邑市太保庄乡太保屯村	28	男	1945 年 7 月
陈永春	昌邑市太保庄乡太保屯村	40	男	1945 年 7 月
韩敬存	昌邑市太保庄乡太保屯村	60	男	1945 年 7 月
张福兴	昌邑市奎聚街道沟北崖村	20	男	1945 年 8 月 1 日
韩云超	昌邑市柳疃镇东陈家庄村	29	男	1945 年 8 月
齐乃普	昌邑市龙池镇龙东村	18	男	1945 年 8 月

姓 名	籍 贯	年 龄	性 别	死难时间
陈孟林	昌邑市北孟镇小南孟村	52	男	1945 年 8 月
翟元珍	昌邑市奎聚街道东逯村	44	男	1945 年 8 月
王怀义	昌邑市柳疃镇东陈家庄村	23	男	1945 年 8 月
魏五洲	昌邑市龙池镇龙北村	35	男	1945 年
陈洪飞	昌邑市围子镇前陈村	30	男	1945 年
尹钦芳	昌邑市柳疃镇门八村	44	男	1945 年
魏传世	昌邑市柳疃镇后官庄村	28	男	1945 年
范 福	昌邑市柳疃镇门八村	23	男	1945 年
王育民	昌邑市柳疃镇河崖村	18	男	1945 年
安维太	昌邑市柳疃镇院头村	26	男	1945 年
安维立	昌邑市柳疃镇院头村	22	男	1945 年
李世明	昌邑市柳疃镇闫庵村	23	男	1945 年
孙贵联	昌邑市柳疃镇前青村	24	男	1945 年
高法周	昌邑市柳疃镇北高村	18	男	1945 年
高思纪	昌邑市柳疃镇高隆盛村	20	男	1945 年
高京明	昌邑市柳疃镇高隆盛村	23	男	1945 年
魏菊州	昌邑市龙池镇油坊村	20	男	1945 年
汲乃明	昌邑市都昌街道史家洼子村	35	男	1945 年
史 召	昌邑市都昌街道史家洼子村	20	女	1945 年
林待春	昌邑市双台乡北兴福村	23	男	1945 年
刘仁忠	昌邑市北孟镇侯家屯村	25	男	1945 年
金付×	昌邑市北孟镇池前村	37	男	1945 年
王永明	昌邑市奎聚街道南鄑亭村	24	男	1945 年
刘法仁	昌邑市奎聚街道孙家岔河村	17	男	1945 年
任照芳	昌邑市卜庄镇北任村	19	男	1945 年
冯××	昌邑市卜庄镇小韩家村	26	男	1945 年
张云成	昌邑市卜庄镇北王村	25	男	1945 年
张百祥	昌邑市卜庄镇大阎家村	23	男	1945 年
张云×	昌邑市卜庄镇大阎家村	24	男	1945 年
马江廷	昌邑市夏店镇后柳村	30	男	1945 年
尹明书	昌邑市夏店镇东家村	28	男	1945 年
刘万禹	昌邑市夏店镇东家村	20	男	1945 年

姓　名	籍　贯	年　龄	性　别	死难时间
谢世杰	昌邑市夏店镇二甲村	29	男	1945 年
王以聚	昌邑市夏店镇东峰台村	22	男	1945 年
王照堂	昌邑市夏店镇夏店村	29	男	1945 年
杜云智	昌邑市夏店镇吕家庄村	19	男	1945 年
陈学政	昌邑市丈岭镇老匙沟西村	39	男	1945 年
陈学贵之妻	昌邑市丈岭镇老匙沟西村	36	女	1945 年
王礼增	昌邑市丈岭镇东麻湾村	38	男	1945 年
黄增云	昌邑市太保庄乡孙家庄村	17	男	1938 年春
马云瑞	昌邑市夏店镇大院村	26	男	1938 年春
马付录	昌邑市丈岭镇姚家庄村	32	男	1938 年 8 月
姜言泽	昌邑市柳疃镇姜家寨村	27	男	1938 年 10 月
赵显胜	昌邑市卜庄镇东赵村	26	男	1938 年 12 月
赵显同	昌邑市卜庄镇东赵村	26	男	1938 年 12 月
赵显德	昌邑市卜庄镇东赵村	27	男	1938 年 12 月
韩贵堂	昌邑市柳疃镇西陈家庄村	35	男	1938 年冬
郭希汤	昌邑市丈岭镇山东村	57	男	1938 年
林效圣	昌邑市双台乡南兴福村	26	男	1939 年春
刘公科	昌邑市奎聚街道北庄社区	32	男	1939 年春
刘　寿	昌邑市奎聚街道北庄社区	30	男	1939 年春
任树乐	昌邑市卜庄镇东任村	22	男	1939 年春
邵青平	昌邑市围子镇东邵村	24	男	1939 年 7 月
邵青田	昌邑市围子镇东邵村	23	男	1939 年 7 月
邵冯春	昌邑市围子镇东邵村	20	男	1939 年 7 月
白凤巢	昌邑市丈岭镇东营村	20	男	1939 年 8 月
朱长兴	昌邑市围子镇韩家巷村	32	男	1939 年秋
朱凌高	昌邑市围子镇韩家巷村	28	男	1939 年秋
王希清	昌邑市围子镇东王村	50	男	1939 年 10 月
王兴彩	昌邑市围子镇东王村	19	男	1939 年 10 月
王　冲	昌邑市围子镇东王村	42	男	1939 年 10 月
王　坐	昌邑市围子镇东王村	19	男	1939 年 10 月
王希国	昌邑市围子镇东王村	29	男	1939 年 10 月
张　凤	昌邑市太保庄乡南辛村	34	男	1939 年 12 月

姓 名	籍 贯	年 龄	性 别	死难时间
姜言俭	昌邑市柳疃镇姜家寨村	26	男	1939 年 12 月
张相令	昌邑市太保庄乡南辛村	32	男	1939 年 12 月
付天来	昌邑市柳疃镇西付村	28	男	1939 年
付天章	昌邑市柳疃镇西付村	17	男	1939 年
徐述同	昌邑市柳疃镇灶户村	20	男	1939 年
徐优浪	昌邑市柳疃镇灶户村	25	男	1939 年
魏 钝	昌邑市北孟镇西屯村	15	男	1939 年
丁玉良	昌邑市围子镇西丁村	17	男	1939 年
刘廷秀	昌邑市丈岭镇后孙村	30	男	1939 年
卢 喜	昌邑市太保庄乡东扶村	21	男	1940 年 1 月
李尊茂	昌邑市北孟镇李家埠村	30	男	1940 年 3 月
黄 本	昌邑市都昌街道黄辛戈村	26	男	1940 年 3 月
赵林基	昌邑市丈岭镇石牛庙村	32	男	1940 年 3 月
黄 学	昌邑市都昌街道黄辛戈村	46	男	1940 年 3 月
黄文运	昌邑市都昌街道黄辛戈村	34	男	1940 年 3 月
黄炳焕	昌邑市都昌街道黄辛戈村	20	男	1940 年 3 月
刘英祥	昌邑市都昌街道刘辛戈村	17	男	1940 年春
范学勤	昌邑市柳疃镇大辛庄村	29	男	1940 年春
郝兰俊	昌邑市峠山镇郝家官庄村	30	男	1940 年春
任西理	昌邑市卜庄镇东任村	54	男	1940 年春
刘炳佃	昌邑市都昌街道刘逢村	30	男	1940 年 6 月
刘良忠	昌邑市都昌街道刘逢村	25	男	1940 年 6 月
刘言桂	昌邑市都昌街道刘逢村	23	男	1940 年 6 月
冯瑞平	昌邑市围子镇辛隅村	35	男	1940 年 10 月
杜世宽	昌邑市夏店镇冯家村	24	男	1940 年冬
陈洪楼	昌邑市北孟镇池前村	35	男	1940 年
王 寨	昌邑市石埠镇明家屯村	20	男	1940 年
刘象弟	昌邑市太保庄乡后甘棠村	40	男	1940 年
朱介右	昌邑市围子镇张家村	40	男	1940 年
邱元富	昌邑市丈岭镇黑埠头村	—	男	1940 年
郑希文	昌邑市丈岭镇岳家屯村	—	男	1940 年
高德成	昌邑市丈岭镇马家上疃村	—	男	1940 年

姓 名	籍 贯	年 龄	性 别	死难时间
姚瑞宝	昌邑市太保庄乡朱马村	18	男	1941 年 2 月
刘庆云	昌邑市太保庄乡朱马村	41	男	1941 年 2 月
于效东	昌邑市都昌街道后埠村	52	男	1941 年 3 月
王洪彬	昌邑市奎聚街道东店村	32	男	1941 年 3 月
王洪翔	昌邑市奎聚街道东店村	35	男	1941 年 3 月
王百川	昌邑市奎聚街道南庄社区	30	男	1941 年春
孙永升	昌邑市奎聚街道南庄社区	48	男	1941 年春
张云海	昌邑市都昌街道马芝村	18	男	1941 年 4 月 11 日
王长修	昌邑市都昌街道高道村	52	男	1941 年 4 月
范兆千	昌邑市丈岭镇范家邱村	20	男	1941 年 4 月
闫承华	昌邑市柳疃镇前闫村	15	男	1941 年 5 月
刘生财	昌邑市都昌街道刘辛戈村	22	男	1941 年 6 月
刘炳臣	昌邑市北孟镇马庙村	17	男	1941 年 7 月
刘 柱	昌邑市北孟镇马庙村	15	男	1941 年 7 月
徐寿臻	昌邑市双台乡岞埠村	32	男	1941 年 8 月
孙天福	昌邑市都昌街道榆林村	45	男	1941 年 9 月 25 日
魏兆会	昌邑市奎聚街道辛置三社区	35	男	1941 年秋
胡公德	昌邑市北孟镇曲七村	19	男	1941 年冬
徐仁和	昌邑市都昌街道徐逢村	18	男	1941 年
高贵福	昌邑市双台乡高侯章村	36	男	1941 年
崔安泽	昌邑市奎聚街道于范社区	21	男	1941 年
姜士封	昌邑市石埠镇西郭村	—	男	1941 年
于洪彬	昌邑市石埠镇西郭村	—	男	1941 年
郑焕光	昌邑市丈岭镇岳家屯村	—	男	1941 年
常效武	昌邑市奎聚街道沟北崖村	30	男	1942 年 2 月 21 日
常顺才	昌邑市奎聚街道沟北崖村	24	男	1942 年 2 月 21 日
马佃贵	昌邑市柳疃镇马家庄村	45	男	1942 年 2 月
王振川	昌邑市丈岭镇北麻湾村	41	男	1942 年 2 月
孙希成	昌邑市柳疃镇刘家车道村	30	男	1942 年 3 月
高洪业	昌邑市柳疃镇前官村	38	男	1942 年 3 月
王焕忠	昌邑市石埠镇晴埠村	37	男	1942 年 3 月
刘书国	昌邑市北孟镇北一村	36	男	1942 年春

姓 名	籍 贯	年 龄	性 别	死难时间
刘书国之子	昌邑市北孟镇北一村	15	男	1942 年春
刘正侯	昌邑市北孟镇北一村	23	男	1942 年春
高明占	昌邑市峱山镇高家庄村	28	男	1942 年春
刘桂荣	昌邑市都昌街道刘辛戈村	28	男	1942 年春
吴拉勾	昌邑市北孟镇大望村	21	男	1942 年 4 月
高当阳	昌邑市都昌街道高道村	28	男	1942 年 4 月
孟宪行	昌邑市柳疃镇潮海村	40	男	1942 年 4 月
张鸣会	昌邑市柳疃镇张家车道村	41	男	1942 年 4 月
姜言孔	昌邑市柳疃镇张家车道村	35	男	1942 年 4 月
曹法成	昌邑市北孟镇大望村	21	男	1942 年 4 月
孟庆林	昌邑市柳疃镇潮海村	42	男	1942 年 4 月
张钦胜	昌邑市柳疃镇张家车道村	24	男	1942 年 4 月
黄 庚	昌邑市北孟镇小望村	37	男	1942 年 4 月
孟宪章	昌邑市柳疃镇潮海村	42	男	1942 年 4 月
孙万玉	昌邑市柳疃镇西营村	29	男	1942 年 4 月
孙万发	昌邑市柳疃镇西营村	42	男	1942 年 4 月
刘圣泽	昌邑市围子镇刘家巷村	18	男	1942 年 5 月
臧宗亮	昌邑市丈岭镇大石门村	25	男	1942 年 8 月 15 日
臧宗唐	昌邑市丈岭镇大石门村	23	男	1942 年 8 月 15 日
岳玉和	昌邑市丈岭镇大石门村	31	男	1942 年 8 月 15 日
吕延彬	昌邑市都昌街道韩家屯村	53	男	1942 年 9 月
刘京亮	昌邑市都昌街道韩家屯村	57	男	1942 年 9 月
苑茂玲	昌邑市围子镇苑家村	52	男	1942 年秋
苑丕浙	昌邑市围子镇苑家村	52	男	1942 年秋
苑子烈	昌邑市围子镇苑家村	59	男	1942 年秋
苑中唐	昌邑市围子镇苑家村	20	男	1942 年秋
王同德	昌邑市都昌街道张固村	42	男	1942 年
王信之	昌邑市都昌街道张固村	31	男	1942 年
韩维贞	昌邑市北孟镇上坡村	22	男	1942 年
于化尧	昌邑市峱山镇西下湾村	28	男	1942 年
于泗海	昌邑市峱山镇西下湾村	42	男	1942 年
于化章	昌邑市峱山镇西下湾村	22	男	1942 年

姓　名	籍　贯	年　龄	性　别	死难时间
王文禄	昌邑市岞山镇岞山村	24	男	1942 年
臧述宽	昌邑市岞山镇盘马埠村	22	男	1942 年
孙效营	昌邑市奎聚街道于范社区	45	男	1942 年
李　山	昌邑市石埠镇东金台村	24	男	1942 年
张根全	昌邑市石埠镇埠头村	18	男	1942 年
王福矣	昌邑市石埠镇埠头村	20	男	1942 年
徐言宗	昌邑市围子镇古城村	35	男	1942 年
付立清	昌邑市夏店镇吕家村	21	男	1942 年
谢在银	昌邑市夏店镇吕家村	25	男	1942 年
张德其	昌邑市奎聚街道草庵村	42	男	1943 年 3 月 20 日
王绪坤	昌邑市围子镇田家村	46	男	1943 年 3 月
田庆春	昌邑市围子镇田家村	45	男	1943 年 3 月
姜贵九	昌邑市夏店镇西高戈庄村	46	男	1943 年春
王洪伸	昌邑市北孟镇小南孟村	—	男	1943 年 4 月
刘黄县	昌邑市北孟镇小南孟村	—	男	1943 年 4 月
张同祥	昌邑市双台乡中裴村	25	男	1943 年 5 月 25 日
刘西平	昌邑市围子镇民丰村	24	男	1943 年 10 月
姜在贵	昌邑市围子镇姜二村	26	男	1943 年 12 月
陈兰会	昌邑市岞山镇皂角树村	18	男	1943 年冬
孙德俊	昌邑市卜庄镇孙家村	23	男	1943 年冬
王万敏	昌邑市都昌街道孟洼村	20	男	1943 年
周怀德	昌邑市奎聚街道西关社区	35	男	1943 年
李延寿	昌邑市宋庄镇东张庄村	49	男	1943 年
代其瑞之父	昌邑市饮马镇代家村	32	男	1943 年
曹维伦	昌邑市饮马镇初家村	34	男	1943 年
徐在堂	昌邑市饮马镇徐家官庄村	32	男	1943 年
张贵令	昌邑市卜庄镇小闫村	—	男	1944 年 1 月
张洪友	昌邑市卜庄镇小闫村	—	男	1944 年 1 月
张永令	昌邑市卜庄镇小闫村	—	男	1944 年 1 月
徐钦顺	昌邑市柳疃镇新兴村	32	男	1944 年 3 月
王锡敬	昌邑市石埠镇前柳杭村	34	男	1944 年 3 月
陈学飞	昌邑市岞山镇东坡村	32	男	1944 年春

姓　名	籍　贯	年龄	性别	死难时间
韩龄范	昌邑市都昌街道北马村	42	男	1944 年 4 月 22 日
韩伟勋	昌邑市都昌街道北马村	13	男	1944 年 4 月 22 日
杨　迁	昌邑市石埠镇杨桥村	27	男	1944 年 4 月
杨全业	昌邑市石埠镇杨桥村	20	男	1944 年 4 月
刘凤巢	昌邑市太保庄乡主家埠村	36	男	1944 年夏
孙凤山	昌邑市石埠镇后柳村	38	男	1944 年 7 月
邵瑞泽	昌邑市太保庄乡邵家庄村	38	男	1944 年 7 月
邵百世	昌邑市太保庄乡邵家庄村	17	男	1944 年 7 月
邵怀伦	昌邑市太保庄乡邵家庄村	40	男	1944 年 7 月
邵长德	昌邑市太保庄乡邵家庄村	32	男	1944 年 7 月
陈玉田	昌邑市都昌街道王耨村	45	男	1944 年 8 月
黄金殿	昌邑市奎聚街道辛置社区	28	男	1944 年 9 月 22 日
韩俊之	昌邑市围子镇凤凰村	28	男	1944 年 12 月
黄正学	昌邑市围子镇凤凰村	33	男	1944 年 12 月
刘桂章	昌邑市都昌街道刘辛戈村	35	男	1944 年冬
吕春和	昌邑市卜庄镇金良村	32	男	1945 年 2 月 9 日
邢佃保	昌邑市围子镇曲郜村	30	男	1945 年 2 月
于林华	昌邑市饮马镇东北村	43	男	1945 年 3 月
王得清	昌邑市丈岭镇北麻湾村	18	男	1945 年 8 月
王天社	昌邑市饮马镇窑湾村	27	男	1945 年秋
刘希圣	昌邑市奎聚街道东隅社区	30	男	1945 年秋
冯清正	昌邑市宋庄镇西冯村	—	男	1945 年
马明斋	昌邑市卜庄镇马家村	21	男	1945 年
杨林同	昌邑市饮马镇田庄村	30	男	1945 年
李钦昌	昌邑市丈岭镇金李埠村	39	男	1945 年
张夕田	昌邑市丈岭镇丈岭街村	—	男	1945 年
张百录	昌邑市丈岭镇丈岭街村	—	男	1945 年
合　计	2106			

责任人：王海连　郭富祥　　　　核实人：汲生昌　袁炳奎　　　　填表人：冯　利

填报单位（签章）：昌邑市委党史研究室　　　　　　　　填报时间：2009 年 4 月

高密市抗日战争时期死难者名录

姓　名	籍　贯	年　龄	性　别	死难时间
刘欣海	高密市阚家镇后郑一村	23	男	1938 年 1 月
王相仁	高密市醴泉街道辛店村	55	男	1938 年 1 月
刘忠林	高密市密水街道农丰村	37	男	1938 年 1 月
单亦升之妻	高密市密水街道大胡村	32	女	1938 年 1 月
王为林	高密市柏城镇巩家桥村	21	男	1938 年 2 月 8 日
李兆林	高密市柏城镇巩家桥村	20	男	1938 年 2 月 8 日
大　疤	高密市柏城镇李家营村	23	男	1938 年 2 月
大　黄	高密市柏城镇李家营村	21	男	1938 年 2 月
银　匠	高密市柏城镇李家营村	36	男	1938 年 2 月
李财林	高密市大牟家镇北李庄村	20	男	1938 年 2 月
金瑞玉	高密市柴沟镇夼庄村	52	男	1938 年 3 月 13 日
杜可松	高密市柴沟镇夼庄村	32	男	1938 年 3 月 13 日
单亦润	高密市醴泉街道刘新村	24	男	1938 年春
宁锡玉	高密市醴泉街道刘新村	23	男	1938 年春
单亦德	高密市醴泉街道刘新村	43	男	1938 年春
崔希亭	高密市柏城镇邓家庄村	12	男	1938 年春
周　福	高密市柏城镇柏城村	23	男	1938 年春
李文金	高密市姜庄镇李家庄村	26	男	1938 年春
王新知	高密市密水街道小刘庄村	35	男	1938 年春
谭振余	高密市夏庄镇谭家村	46	男	1938 年春
张天礼	高密市胶河疏港物流园区公婆庙村	27	男	1938 年 4 月 25 日
王　开	高密市胶河疏港物流园区公婆庙村	12	男	1938 年 4 月 25 日
王召元	高密市胶河疏港物流园区公婆庙村	18	男	1938 年 4 月 25 日
张天考之父	高密市胶河疏港物流园区公婆庙村	58	男	1938 年 4 月 25 日
张永喜之父	高密市胶河疏港物流园区公婆庙村	28	男	1938 年 4 月 25 日
张永逊	高密市胶河疏港物流园区公婆庙村	25	男	1938 年 4 月 25 日
张天恩	高密市胶河疏港物流园区公婆庙村	59	男	1938 年 4 月 25 日
张　准	高密市胶河疏港物流园区公婆庙村	25	女	1938 年 4 月 25 日
王召官	高密市胶河疏港物流园区公婆庙村	25	男	1938 年 4 月 25 日
张天月	高密市胶河疏港物流园区公婆庙村	35	男	1938 年 4 月 25 日
张永举	高密市胶河疏港物流园区公婆庙村	30	男	1938 年 4 月 25 日

姓 名	籍 贯	年 龄	性 别	死难时间
孙北关	高密市胶河疏港物流园区公婆庙村	35	男	1938 年 4 月 25 日
张洪发	高密市胶河疏港物流园区公婆庙村	59	男	1938 年 4 月 25 日
毛光棍	高密市胶河疏港物流园区公婆庙村	60	男	1938 年 4 月 25 日
张敏先	高密市胶河疏港物流园区公婆庙村	27	男	1938 年 4 月 25 日
张永来	高密市胶河疏港物流园区公婆庙村	21	男	1938 年 4 月 25 日
张君先	高密市胶河疏港物流园区公婆庙村	38	男	1938 年 4 月 25 日
张倪氏	高密市胶河疏港物流园区公婆庙村	40	女	1938 年 4 月 25 日
张孙氏	高密市胶河疏港物流园区公婆庙村	45	女	1938 年 4 月 25 日
张万甫	高密市胶河疏港物流园区公婆庙村	8	男	1938 年 4 月 25 日
张孙氏之女	高密市胶河疏港物流园区公婆庙村	2	女	1938 年 4 月 25 日
张孙氏之母	高密市胶河疏港物流园区公婆庙村	75	女	1938 年 4 月 25 日
张锡德	高密市胶河疏港物流园区公婆庙村	51	男	1938 年 4 月 25 日
张学先	高密市胶河疏港物流园区公婆庙村	35	男	1938 年 4 月 25 日
张天学	高密市胶河疏港物流园区公婆庙村	45	男	1938 年 4 月 25 日
张院明	高密市胶河疏港物流园区公婆庙村	77	男	1938 年 4 月 25 日
王召瑞	高密市胶河疏港物流园区公婆庙村	40	男	1938 年 4 月 25 日
李杨氏	高密市胶河疏港物流园区公婆庙村	27	女	1938 年 4 月 25 日
孙学艳	高密市胶河疏港物流园区公婆庙村	31	男	1938 年 4 月 25 日
杜　氏	高密市胶河疏港物流园区公婆庙村	51	女	1938 年 4 月 25 日
张孙氏	高密市胶河疏港物流园区公婆庙村	29	女	1938 年 4 月 25 日
李孙氏	高密市胶河疏港物流园区公婆庙村	41	女	1938 年 4 月 25 日
王元贞	高密市胶河疏港物流园区公婆庙村	35	男	1938 年 4 月 25 日
王后一	高密市胶河疏港物流园区公婆庙村	67	男	1938 年 4 月 25 日
邹德仁	高密市胶河疏港物流园区公婆庙村	37	男	1938 年 4 月 25 日
邹吴氏	高密市胶河疏港物流园区公婆庙村	31	女	1938 年 4 月 25 日
邹吕氏	高密市胶河疏港物流园区公婆庙村	59	女	1938 年 4 月 25 日
邹明才之兄	高密市胶河疏港物流园区公婆庙村	4	男	1938 年 4 月 25 日
邹明才之姐	高密市胶河疏港物流园区公婆庙村	3	女	1938 年 4 月 25 日
张世菊	高密市胶河疏港物流园区公婆庙村	15	女	1938 年 4 月 25 日
王召喜	高密市胶河疏港物流园区公婆庙村	23	男	1938 年 4 月 25 日
王美一	高密市胶河疏港物流园区公婆庙村	50	男	1938 年 4 月 25 日
张　采	高密市胶河疏港物流园区公婆庙村	21	女	1938 年 4 月 25 日
孙道森	高密市胶河疏港物流园区公婆庙村	20	男	1938 年 4 月 25 日
倪成恩	高密市胶河疏港物流园区公婆庙村	63	男	1938 年 4 月 25 日

姓　名	籍　贯	年　龄	性　别	死难时间
张世集	高密市胶河疏港物流园区公婆庙村	37	男	1938 年 4 月 25 日
张太安之父	高密市胶河疏港物流园区公婆庙村	57	男	1938 年 4 月 25 日
王乃昌	高密市胶河疏港物流园区公婆庙村	82	男	1938 年 4 月 25 日
王刘氏	高密市胶河疏港物流园区公婆庙村	40	女	1938 年 4 月 25 日
王召喜之三兄	高密市胶河疏港物流园区公婆庙村	25	男	1938 年 4 月 25 日
王道暖	高密市胶河疏港物流园区公婆庙村	42	男	1938 年 4 月 25 日
王召凤	高密市胶河疏港物流园区公婆庙村	47	男	1938 年 4 月 25 日
张吉先	高密市胶河疏港物流园区公婆庙村	27	男	1938 年 4 月 25 日
张吉先之女	高密市胶河疏港物流园区公婆庙村	3	女	1938 年 4 月 25 日
张治先	高密市胶河疏港物流园区公婆庙村	43	男	1938 年 4 月 25 日
张道忠	高密市胶河疏港物流园区公婆庙村	26	男	1938 年 4 月 25 日
张锡元	高密市胶河疏港物流园区公婆庙村	51	男	1938 年 4 月 25 日
张光先	高密市胶河疏港物流园区公婆庙村	35	男	1938 年 4 月 25 日
张国先	高密市胶河疏港物流园区公婆庙村	31	男	1938 年 4 月 25 日
张道宗	高密市胶河疏港物流园区公婆庙村	32	男	1938 年 4 月 25 日
张卒先	高密市胶河疏港物流园区公婆庙村	35	男	1938 年 4 月 25 日
王　丁	高密市胶河疏港物流园区公婆庙村	41	男	1938 年 4 月 25 日
王乃高	高密市胶河疏港物流园区公婆庙村	42	男	1938 年 4 月 25 日
张永发	高密市胶河疏港物流园区公婆庙村	43	男	1938 年 4 月 25 日
张永信	高密市胶河疏港物流园区公婆庙村	42	男	1938 年 4 月 25 日
张永信外甥	高密市胶河疏港物流园区公婆庙村	2	男	1938 年 4 月 25 日
张永信之女	高密市胶河疏港物流园区公婆庙村	25	女	1938 年 4 月 25 日
张永信之女	高密市胶河疏港物流园区公婆庙村	21	女	1938 年 4 月 25 日
张天考	高密市胶河疏港物流园区公婆庙村	40	男	1938 年 4 月 25 日
张洪祥	高密市胶河疏港物流园区公婆庙村	78	男	1938 年 4 月 25 日
张朱氏	高密市胶河疏港物流园区公婆庙村	40	女	1938 年 4 月 25 日
张道量	高密市胶河疏港物流园区公婆庙村	42	男	1938 年 4 月 25 日
张立祥	高密市胶河疏港物流园区公婆庙村	36	男	1938 年 4 月 25 日
张世美	高密市胶河疏港物流园区公婆庙村	13	女	1938 年 4 月 25 日
富　弟	高密市胶河疏港物流园区公婆庙村	3	男	1938 年 4 月 25 日
王道普	高密市胶河疏港物流园区公婆庙村	41	男	1938 年 4 月 25 日
王道昌	高密市胶河疏港物流园区公婆庙村	28	男	1938 年 4 月 25 日
王道公	高密市胶河疏港物流园区公婆庙村	43	男	1938 年 4 月 25 日
张立志	高密市胶河疏港物流园区公婆庙村	58	男	1938 年 4 月 25 日

姓 名	籍 贯	年 龄	性 别	死难时间
张太忠	高密市胶河疏港物流园区公婆庙村	35	男	1938 年 4 月 25 日
张为善	高密市胶河疏港物流园区公婆庙村	20	男	1938 年 4 月 25 日
张徐氏	高密市胶河疏港物流园区公婆庙村	76	女	1938 年 4 月 25 日
张永凯	高密市胶河疏港物流园区公婆庙村	36	男	1938 年 4 月 25 日
奎	高密市胶河疏港物流园区公婆庙村	20	男	1938 年 4 月 25 日
张万甫之女	高密市胶河疏港物流园区公婆庙村	1	女	1938 年 4 月 25 日
张直嫚	高密市胶河疏港物流园区公婆庙村	14	女	1938 年 4 月 25 日
张启先	高密市胶河疏港物流园区公婆庙村	45	男	1938 年 4 月 25 日
王孙氏之弟	—	21	男	1938 年 4 月 25 日
孙杜氏	高密市胶河疏港物流园区公婆庙村	40	女	1938 年 4 月 25 日
孙道向	高密市胶河疏港物流园区公婆庙村	40	男	1938 年 4 月 25 日
孙道令	高密市胶河疏港物流园区公婆庙村	42	男	1938 年 4 月 25 日
张天阶	高密市胶河疏港物流园区公婆庙村	45	男	1938 年 4 月 25 日
张天军	高密市胶河疏港物流园区公婆庙村	43	男	1938 年 4 月 25 日
王道荣	高密市胶河疏港物流园区公婆庙村	47	男	1938 年 4 月 25 日
王道令之子	高密市胶河疏港物流园区公婆庙村	13	男	1938 年 4 月 25 日
张发先	高密市胶河疏港物流园区公婆庙村	41	男	1938 年 4 月 25 日
张永乾	高密市胶河疏港物流园区公婆庙村	38	男	1938 年 4 月 25 日
杜××	高密市胶河疏港物流园区公婆庙村	47	男	1938 年 4 月 25 日
张天珍	高密市胶河疏港物流园区公婆庙村	41	男	1938 年 4 月 25 日
张永庆	高密市胶河疏港物流园区公婆庙村	35	男	1938 年 4 月 25 日
张永正	高密市胶河疏港物流园区公婆庙村	35	男	1938 年 4 月 25 日
张元明	高密市胶河疏港物流园区公婆庙村	72	男	1938 年 4 月 25 日
张徐氏	高密市胶河疏港物流园区公婆庙村	40	女	1938 年 4 月 25 日
尹 国	高密市胶河疏港物流园区公婆庙村	20	男	1938 年 4 月 25 日
王成恩	高密市胶河疏港物流园区公婆庙村	68	男	1938 年 4 月 25 日
张洪文	高密市胶河疏港物流园区公婆庙村	70	男	1938 年 4 月 25 日
孙学彦	高密市胶河疏港物流园区公婆庙村	34	男	1938 年 4 月 25 日
王乃聚之母	高密市胶河疏港物流园区公婆庙村	70	女	1938 年 4 月 25 日
张玉先	高密市胶河疏港物流园区公婆庙村	13	男	1938 年 4 月 25 日
张锡武	高密市胶河疏港物流园区公婆庙村	3	男	1938 年 4 月 25 日
王道鹏	高密市胶河疏港物流园区公婆庙村	23	男	1938 年 4 月 25 日
王道历	高密市胶河疏港物流园区公婆庙村	33	男	1938 年 4 月 25 日
张道光之母	高密市胶河疏港物流园区公婆庙村	33	女	1938 年 4 月 25 日

姓　名	籍　贯	年　龄	性　别	死难时间
张綦氏	高密市夏庄镇张二村	40	女	1938 年 4 月 26 日
张志恒之妹	高密市夏庄镇张二村	8	女	1938 年 4 月 26 日
张聂氏	高密市夏庄镇张二村	36	女	1938 年 4 月 26 日
刘衍聚	高密市柏城镇杨家栏子村	27	男	1938 年 4 月
杨××	高密市柏城镇杨家栏子村	26	男	1938 年 4 月
徐同德	高密市大牟家镇周戈庄村	24	男	1938 年 4 月
宋有征	高密市大牟家镇史家庄子村	46	男	1938 年 4 月
刘彩基	高密市夏庄镇刘家二村	30	男	1938 年 4 月
朱美林之母	高密市夏庄镇孙家口村	69	女	1938 年 4 月
尤光海	高密市姜庄镇尤集村	26	男	1938 年 5 月
尤圣述	高密市姜庄镇尤集村	20	男	1938 年 5 月
姜玉勤之父	高密市醴泉街道南屯村	26	男	1938 年 5 月
农	高密市夏庄镇刘家二村	19	男	1938 年 5 月
刘凤宜	高密市醴泉街道土辛庄村	70	男	1938 年 6 月 25 日
刘王氏	高密市醴泉街道土辛庄村	78	女	1938 年 6 月 25 日
孟桂凤	高密市柏城镇孟家沟村	18	女	1938 年 6 月
高德涛	高密市姜庄镇姜五村	50	男	1938 年 6 月
孙风义	高密市醴泉街道南屯村	40	男	1938 年 7 月
程云祥	高密市朝阳街道前埠口村	33	男	1938 年 7 月
姜士敬	高密市阚家镇双羊村	47	男	1938 年 8 月
李连臣	高密市阚家镇后郑二村	17	男	1938 年 8 月
贾　元	高密市夏庄镇河崖村	30	男	1938 年 8 月
孙贞贵	高密市夏庄镇新岭村	32	男	1938 年 8 月
张金刚	高密市井沟镇前铺村	17	男	1938 年 9 月
宋德义	高密市井沟镇前铺村	50	男	1938 年 9 月
李三炮	高密市朝阳街道刘家庄村	—	男	1938 年 9 月
李三炮之妻	高密市朝阳街道刘家庄村	—	女	1938 年 9 月
旦　嫚	高密市朝阳街道刘家庄村	—	女	1938 年 9 月
马学良	高密市阚家镇后店村	25	男	1938 年 9 月
高顺富	高密市姜庄镇姜三村	—	男	1938 年秋
李邦彦	高密市阚家镇于家山东村	53	男	1938 年秋
王德成之父	高密市密水街道小胡村	61	男	1938 年 10 月
赵可温	高密市阚家镇赵家庄村	49	男	1938 年 10 月
尹董氏	高密市夏庄镇王家丘村	45	女	1938 年 10 月

续表

姓 名	籍 贯	年龄	性别	死难时间
孙××	高密市夏庄镇王家丘村	53	男	1938 年 10 月
尹光泽	高密市夏庄镇王家丘村	51	男	1938 年 10 月
尹刘氏	高密市夏庄镇王家丘村	36	女	1938 年 10 月
耕	高密市阚家镇后郑一村	30	男	1938 年 12 月 7 日
耕之侄	高密市阚家镇后郑一村	2	男	1938 年 12 月 7 日
刘××	高密市阚家镇王柳村	28	男	1938 年 12 月
李福安	高密市阚家镇胡家村	36	男	1938 年 12 月
邱佃智	高密市井沟镇集西村	32	男	1938 年 12 月
郭才俊	高密市夏庄镇郭家官庄村	20	男	1938 年 12 月
栾凤随	高密市醴泉街道北栾家庄村	19	男	1938 年冬
李福堂	高密市醴泉街道永安村	30	男	1938 年冬
薛德义	高密市醴泉街道永安村	20	男	1938 年冬
沈三虎	高密市醴泉街道永安村	25	男	1938 年冬
任为孟	高密市醴泉街道陈家村	39	男	1938 年
任玉堂	高密市醴泉街道陈家村	37	男	1938 年
任为松	高密市醴泉街道陈家村	32	男	1938 年
任为朋	高密市醴泉街道陈家村	30	男	1938 年
张来功之女	高密市醴泉街道豆腐台村	8	女	1938 年
张青文	高密市醴泉街道豆腐台村	40	男	1938 年
杨在荣	高密市醴泉街道后毛村	50	男	1938 年
刘桂宏之妻	高密市密水街道梓童庙村	23	女	1938 年
李常友	高密市井沟镇南李家庄村	40	男	1938 年
邵泽田	高密市阚家镇高戈庄三村	24	男	1938 年
姚桂园	高密市阚家镇姚家山甫村	21	女	1938 年
高志德	高密市夏庄镇高平庄村	22	男	1938 年
栗德衡	高密市柴沟镇马旺村	69	男	1939 年 1 月 5 日
栗王氏	高密市柴沟镇马旺村	59	女	1939 年 1 月 5 日
栗赵氏	高密市柴沟镇马旺村	69	女	1939 年 1 月 5 日
孙 树	高密市柴沟镇后西旺村	38	男	1939 年 1 月 29 日
各 荣	高密市姜庄镇辛庄村	33	男	1939 年 1 月
黄清堂	高密市大牟家镇富河村	33	男	1939 年 1 月
于凤合	高密市阚家镇于家山东村	49	男	1939 年 1 月
于宗友	高密市阚家镇于家山东村	27	男	1939 年 1 月
李连勤	高密市阚家镇于家山东村	47	男	1939 年 1 月

姓 名	籍 贯	年龄	性别	死难时间
王会瑜	高密市柏城镇城律村	31	男	1939 年 3 月 9 日
王会樑	高密市柏城镇城律村	28	男	1939 年 3 月 9 日
刘香书	高密市阚家镇袁家屯村	27	男	1939 年 3 月
刘显良	高密市大牟家镇王家庄子村	28	男	1939 年 3 月
刘 胖	高密市大牟家镇东村	22	男	1939 年 3 月
姚中森	高密市阚家镇姚家山甫村	30	男	1939 年 3 月
孙大运之二弟	高密市柏城镇大沟头村	7	男	1939 年春
杨茂全	高密市柏城镇大沟头村	28	男	1939 年春
管洪春	高密市柏城镇大沟头村	24	男	1939 年春
郭胜金	高密市柏城镇大沟头村	26	男	1939 年春
刁明福	高密市柏城镇大沟头村	21	男	1939 年春
李尚贵之父	高密市柏城镇宿家屯村	60	男	1939 年春
秦百安	高密市夏庄镇王家屋子村	32	男	1939 年春
栾志福	高密市夏庄镇王家屋子村	17	男	1939 年春
尤圣美	高密市姜庄镇蒔家庄村	25	男	1939 年 4 月
张 氏	高密市阚家镇张家村	36	女	1939 年 4 月
郭次言	高密市	—	男	1939 年 5 月 4 日
徐友理	高密市姜庄镇柳屋村	19	男	1939 年 5 月
张希凤	高密市姜庄镇柳屋村	21	男	1939 年 5 月
徐刘氏	高密市姜庄镇柳屋村	43	女	1939 年 5 月
李佃保	高密市大牟家镇槐家村	58	男	1939 年 5 月
槐凤明	高密市大牟家镇槐家村	53	男	1939 年 5 月
李佃金之母	高密市大牟家镇槐家村	60	女	1939 年 5 月
司百法	高密市大牟家镇车辋村	28	男	1939 年 5 月
唐好松	高密市大牟家镇车辋村	56	男	1939 年 5 月
唐鸿南	高密市大牟家镇车辋村	30	男	1939 年 5 月
唐升南	高密市大牟家镇车辋村	27	男	1939 年 5 月
郭 贤	高密市姜庄镇旗台村	19	男	1939 年 6 月
刘桂臻之兄	高密市密水街道梓童庙村	17	男	1939 年 6 月
吴××	高密市阚家镇刘家街村	20	男	1939 年 7 月
吴泽海之兄	高密市阚家镇刘家街村	25	男	1939 年 7 月
昝京召之妹	高密市醴泉街道万家村	18	女	1939 年 9 月
李明斋	高密市阚家镇东杨令庄村	40	男	1939 年 9 月
好 善	高密市阚家镇谭一村	16	男	1939 年 9 月

姓 名	籍 贯	年 龄	性 别	死难时间
李金善之养子	高密市密水街道梨园村	17	男	1939 年 9 月
皆	高密市井沟镇大沙坞村	31	男	1939 年 9 月
王琛初	高密市井沟镇大沙坞村	42	男	1939 年 9 月
张××	高密市阚家镇双羊村	46	男	1939 年 9 月
冯 燕	高密市柏城镇东化山村	30	男	1939 年 10 月 23 日
王西中之妻	高密市姜庄镇吴家屯村	60	女	1939 年 10 月
高诗弟	高密市姜庄镇姜一村	22	男	1939 年 10 月
王兆福	高密市姜庄镇西城村	18	男	1939 年 10 月
邱元茂	高密市柴沟镇邱大村	38	男	1939 年 10 月
邱元聚	高密市柴沟镇邱大村	39	男	1939 年 10 月
王学先	高密市柴沟镇柴沟村	31	男	1939 年 10 月
邱洪元	高密市柴沟镇柴沟村	33	男	1939 年 10 月
郭书俭	高密市柴沟镇大王柱村	31	男	1939 年 10 月
吴大明	高密市阚家镇后郑二村	22	男	1939 年 10 月
王德见	高密市柏城镇后朱家集村	23	男	1939 年 11 月
王老八	高密市柏城镇后朱家集村	62	男	1939 年 11 月
邱 洪	高密市井沟镇东郇家村	45	男	1939 年 11 月
孙 氏	高密市井沟镇孙家庄村	50	女	1939 年 11 月
孙××	高密市井沟镇孙家庄村	40	男	1939 年 11 月
咸仁宗	高密市井沟镇后店子村	30	男	1939 年 11 月
邱玉高	高密市井沟镇西郇家村	50	男	1939 年 11 月
王××	高密市井沟镇西郇家村	50	男	1939 年 11 月
刘廷林	高密市井沟镇后单家庄村	41	男	1939 年 11 月
朱××	高密市井沟镇德胜屯村	40	男	1939 年 11 月
李善武	高密市井沟镇隋家屯村	30	男	1939 年 11 月
逄金相	高密市井沟镇张家墩村	48	男	1939 年 11 月
灵	高密市井沟镇张家墩村	33	男	1939 年 11 月
刘殿恩	高密市井沟镇住王庄村	28	男	1939 年 12 月 12 日
刘张氏	高密市井沟镇住王庄村	20	女	1939 年 12 月 12 日
刘殿相	高密市井沟镇住王庄村	18	男	1939 年 12 月 12 日
王春茂	高密市井沟镇住王庄村	34	男	1939 年 12 月 12 日
王刘氏	高密市井沟镇住王庄村	21	女	1939 年 12 月 12 日
荆日九	高密市井沟镇井沟村	20	男	1939 年 12 月 12 日
单际奎	高密市井沟镇井沟村	29	男	1939 年 12 月 12 日

姓 名	籍 贯	年 龄	性 别	死难时间
荆兆瑞之妻	高密市井沟镇井沟村	25	女	1939 年 12 月 12 日
毛永奎	高密市醴泉街道前毛村	26	男	1939 年 12 月
许福标	高密市大牟家镇周戈庄村	28	男	1939 年 12 月
魏有先	高密市大牟家镇六甲寨村	45	男	1939 年 12 月
张本富	高密市大牟家镇小张家村	47	男	1939 年 12 月
佟益三	高密市大牟家镇张肖村	33	男	1939 年 12 月
吕希胜	高密市阚家镇盛水屯村	50	男	1939 年 12 月
吕王氏	高密市阚家镇盛水屯村	51	女	1939 年 12 月
吕石氏	高密市阚家镇盛水屯村	21	女	1939 年 12 月
吕希胜之孙	高密市阚家镇盛水屯村	1	男	1939 年 12 月
姚学耕	高密市阚家镇姚家山甫村	60	男	1939 年 12 月
王慎爱之弟	高密市阚家镇东新村	11	男	1939 年冬
杜建庭	高密市姜庄镇辛兴庄村	21	男	1939 年
张光春	高密市醴泉街道豆腐台子村	25	男	1939 年
高洪礼	高密市姜庄镇姜三村	—	男	1939 年
任立成	高密市密水街道索家村	—	男	1939 年
刘跃培	高密市密水街道魏家小庄村	34	男	1939 年
魏吉先	高密市密水街道魏家小庄村	28	男	1939 年
范玉德	高密市密水街道魏家小庄村	26	男	1939 年
杨青山	高密市密水街道魏家小庄村	68	男	1939 年
匡嫚	高密市密水街道潘家小庄村	18	女	1939 年
匡星连	高密市密水街道潘家小庄村	35	男	1939 年
许桢	高密市夏庄镇张许村	32	男	1939 年
陈丙环之母	高密市夏庄镇朱家村	43	女	1939 年
周 四	高密市夏庄镇大栏村	22	男	1939 年
大相公	高密市阚家镇胡家村	—	男	1940 年 1 月
王希高	高密市阚家镇坊岭村	30	男	1940 年 1 月
黄××	高密市阚家镇坊岭村	30	男	1940 年 1 月
杨守公	高密市阚家镇中杨村	24	男	1940 年 1 月
杨守廉	高密市阚家镇中杨村	25	男	1940 年 1 月
杨同太	高密市阚家镇中杨村	25	男	1940 年 1 月
田乐瑞	高密市井沟镇城子村	50	男	1940 年 1 月
张慕正之母	高密市井沟镇城子村	57	女	1940 年 1 月
刘小饼	高密市大牟家镇东村	20	男	1940 年 2 月

姓 名	籍 贯	年 龄	性 别	死难时间
刘小书	高密市大牟家镇东村	22	男	1940 年 2 月
张秀海	高密市大牟家镇东村	19	男	1940 年 2 月
刘可安	高密市大牟家镇东村	22	男	1940 年 2 月
孙文军	高密市柴沟镇大王柱村	25	男	1940 年 2 月
孙华荣	高密市柴沟镇大王柱村	59	男	1940 年 2 月
孙春景	高密市柴沟镇大王柱村	29	男	1940 年 2 月
李××	高密市密水街道后吊庄村	21	男	1940 年 2 月
杜立胜之二兄	高密市密水街道后吊庄村	28	男	1940 年 2 月
盛文斋	高密市柏城镇窝洛村	28	男	1940 年 3 月
邱衍义	高密市井沟镇前邱家庄村	45	男	1940 年 3 月
邱衍运	高密市井沟镇前邱家庄村	26	男	1940 年 3 月
宋西周	高密市大牟家镇谭家庄村	24	男	1940 年 3 月
李玉江	高密市大牟家镇富河村	18	男	1940 年 3 月
褚金贵	高密市柏城镇褚家王屋村	32	男	1940 年春
李丕诰	高密市夏庄镇高家店村	56	男	1940 年 4 月
李克昌	高密市朝阳街道仓上村	42	男	1940 年 4 月
谭京香	高密市阚家镇谭一村	18	男	1940 年 5 月
张洪喜	高密市大牟家镇张家村	28	男	1940 年 5 月
代 江	高密市大牟家镇张家村	18	男	1940 年 5 月
李和之嫂	高密市醴泉街道雷家庄村	40	女	1940 年 6 月
杜陆实	高密市夏庄镇赵家官庄村	40	男	1940 年 6 月
李竹林	高密市阚家镇阚东村	24	男	1940 年 7 月
李付田	高密市柏城镇李家屯村	36	男	1940 年 7 月
单亦勤之父	高密市朝阳街道柳沟崖村	40	男	1940 年 8 月
黄启文	高密市阚家镇西埠村	40	男	1940 年 8 月
姜乃顺	高密市阚家镇双羊村	31	男	1940 年 8 月
姚玉军	高密市阚家镇姚家山甫村	35	男	1940 年 8 月
赵振宇	高密市大牟家镇小牟家村	—	男	1940 年 8 月
于潘吉	高密市大牟家镇小牟家村	—	男	1940 年 8 月
徐洪德	高密市阚家镇松兴屯村	34	男	1940 年 9 月
环	高密市井沟镇大沙坞村村	19	男	1940 年 9 月
李金田	高密市阚家镇双羊村	50	男	1940 年 9 月
张 子	高密市柏城镇东化山村	18	男	1940 年秋
李廷新	高密市密水街道大店子村	30	男	1940 年秋

姓　名	籍　贯	年龄	性别	死难时间
孙治敏	高密市大牟家镇大孙家村	—	男	1940 年秋
李启相	高密市密水街道卞家庄村	—	男	1940 年 10 月
王世贵	高密市密水街道卞家庄村	—	男	1940 年 10 月
王　荣	高密市柴沟镇杨家岭村	28	男	1940 年 10 月
王家刚	高密市柏城镇祝家庄村	26	男	1940 年 11 月 10 日
小　虎	高密市柏城镇祝家庄村	12	男	1940 年 11 月 10 日
刘学术	高密市阚家镇付家庄村	21	男	1940 年 11 月
刘清山	高密市阚家镇潘刘村	53	男	1940 年 12 月 28 日
刘同启	高密市阚家镇潘刘村	26	男	1940 年 12 月 28 日
刘同孝	高密市阚家镇潘刘村	28	男	1940 年 12 月 28 日
杨福田	高密市阚家镇新民村	31	男	1940 年 12 月
赵世泉	高密市醴泉街道高家庄村	45	男	1940 年 12 月
周林洪	高密市大牟家镇周家村	22	男	1940 年 12 月
王文业	高密市柴沟镇后方市村	28	男	1940 年 12 月
禚洪春	高密市柴沟镇曹疃村	60	男	1940 年 12 月
禚满兰之叔	高密市柴沟镇曹疃村	58	男	1940 年 12 月
范海燕	高密市柴沟镇范大村	24	男	1940 年冬
李新明之祖父	高密市醴泉街道永安村	30	男	1940 年
徐朋彩	高密市姜庄镇徐庙村	52	男	1940 年
牟成志	高密市姜庄镇小楚村	15	男	1940 年
魏洪木	高密市醴泉街道郑家庄村	19	男	1940 年
蔡德青	高密市醴泉街道蔡家庄村	38	男	1940 年
蔡春芳	高密市醴泉街道蔡家庄村	32	男	1940 年
串	高密市醴泉街道蔡家庄村	29	男	1940 年
毛长坤	高密市醴泉街道前毛村	25	男	1940 年
刘凤池	高密市醴泉街道鲍家庄村	25	男	1940 年
高义夫之祖母	高密市醴泉街道后毛村	65	女	1940 年
对	高密市醴泉街道永丰村	20	男	1940 年
陈并福之母	高密市姜庄镇前屯村	30	女	1940 年
陈术河之母	高密市姜庄镇前屯村	30	女	1940 年
庄洪运	高密市密水街道西隅村	20	男	1940 年
乔益道	高密市柴沟镇西注沟村	40	男	1940 年
乔益万	高密市柴沟镇西注沟村	39	男	1940 年
乔光二	高密市柴沟镇西注沟村	18	男	1940 年

姓 名	籍 贯	年 龄	性 别	死难时间
管 氏	高密市密水街道栾家庄村	25	女	1940 年
谭云胜	高密市夏庄镇谭家村	45	男	1940 年
谭宗忠之弟	高密市夏庄镇谭家村	35	男	1940 年
冷吉祥	高密市夏庄镇中两县屯村	22	男	1940 年
张西明	高密市夏庄镇后两县屯村	27	男	1940 年
朱常友	高密市夏庄镇朱家村	41	男	1940 年
王秦氏	高密市大牟家镇长丰屯村	41	女	1941 年 1 月
李京五	高密市大牟家镇长丰屯村	40	男	1941 年 1 月
刘李氏	高密市大牟家镇长丰屯村	60	女	1941 年 1 月
刘光兴	高密市大牟家镇长丰屯村	40	男	1941 年 1 月
刘刁氏	高密市大牟家镇长丰屯村	20	女	1941 年 1 月
秦家珍	高密市大牟家镇永丰屯村	—	男	1941 年 2 月 3 日
秦秋贵	高密市大牟家镇永丰屯村	—	男	1941 年 2 月 3 日
卜王氏	高密市大牟家镇北斜沟村	23	女	1941 年 2 月
卜 严	高密市大牟家镇北斜沟村	—	男	1941 年 2 月
屯	高密市姜庄镇范庄村	42	男	1941 年 3 月
单 记	高密市柏城镇城子前村	18	男	1941 年 3 月
乔益燮	高密市柴沟镇西注沟村	34	男	1941 年 3 月
乔益孚	高密市柴沟镇西注沟村	33	男	1941 年 3 月
张言臻	高密市姜庄镇刘家口村	31	男	1941 年春
刘 兰	高密市柴沟镇西马戈庄村	38	男	1941 年 4 月 3 日
楚启盛	高密市姜庄镇大楚家村	32	男	1941 年 4 月 20 日
木 景	高密市姜庄镇大楚家村	18	男	1941 年 4 月 20 日
楚志杰	高密市姜庄镇大楚家村	25	男	1941 年 4 月 20 日
楚志生	高密市姜庄镇大楚家村	26	男	1941 年 4 月 20 日
谭维琚	高密市阚家镇谭一村	30	男	1941 年 4 月
谭维琛	高密市阚家镇谭一村	19	男	1941 年 4 月
谭维杨	高密市阚家镇谭一村	19	男	1941 年 4 月
魏朋汉	高密市大牟家镇八甲寨村	34	男	1941 年 4 月
五	高密市朝阳街道孙家屯村	34	男	1941 年 4 月
仪洪章	高密市醴泉街道老木田村	35	男	1941 年 6 月
邱泽先之妻	高密市井沟镇后邱家庄村	21	女	1941 年 7 月 16 日
邱泽先之伯	高密市井沟镇后邱家庄村	65	男	1941 年 7 月 16 日
邱光富之妻	高密市井沟镇后邱家庄村	36	女	1941 年 7 月 16 日

姓 名	籍 贯	年 龄	性 别	死难时间
邱召成之兄	高密市井沟镇后邱家庄村	25	男	1941 年 7 月 16 日
邱加昌之女	高密市井沟镇后邱家庄村	3	女	1941 年 7 月 16 日
邱泽祥之妻	高密市井沟镇后邱家庄村	36	女	1941 年 7 月 16 日
邱广峰之妹	高密市井沟镇后邱家庄村	19	女	1941 年 7 月 16 日
邱广山之父	高密市井沟镇后邱家庄村	61	男	1941 年 7 月 16 日
邱广源	高密市井沟镇后邱家庄村	60	男	1941 年 7 月 16 日
邱玉秀	高密市井沟镇后邱家庄村	61	男	1941 年 7 月 16 日
邱广信	高密市井沟镇后邱家庄村	62	男	1941 年 7 月 16 日
小 吉	高密市井沟镇后邱家庄村	30	男	1941 年 7 月 16 日
邱泽常	高密市井沟镇后邱家庄村	55	男	1941 年 7 月 16 日
二 毛	高密市井沟镇后邱家庄村	60	男	1941 年 7 月 16 日
爽	高密市井沟镇后邱家庄村	7	女	1941 年 7 月 16 日
邱广林	高密市井沟镇后邱家庄村	63	男	1941 年 7 月 16 日
邱立福之妻	高密市井沟镇后邱家庄村	30	女	1941 年 7 月 16 日
邱广信之子	高密市井沟镇后邱家庄村	32	男	1941 年 7 月 16 日
邱尔德之叔	高密市井沟镇后邱家庄村	35	男	1941 年 7 月 16 日
邱广勋	高密市井沟镇后邱家庄村	38	男	1941 年 7 月 16 日
邱召帝之祖父	高密市井沟镇后邱家庄村	62	男	1941 年 7 月 16 日
邱广兴	高密市井沟镇后邱家庄村	61	男	1941 年 7 月 16 日
邱广高之妻	高密市井沟镇后邱家庄村	40	女	1941 年 7 月 16 日
邱玉武	高密市柴沟镇柴北村	25	男	1941 年 7 月 16 日
邱桂茂	高密市柴沟镇柴北村	32	男	1941 年 7 月 16 日
邱桂秋	高密市柴沟镇柴北村	34	男	1941 年 7 月 16 日
邱文监	高密市柴沟镇西店村	45	男	1941 年 7 月 16 日
袁文福	高密市柴沟镇西店村	20	男	1941 年 7 月 16 日
李振祥	高密市柴沟镇西店村	22	男	1941 年 7 月 16 日
邱洪元	高密市柴沟镇西店村	23	男	1941 年 7 月 16 日
田福昌	高密市柴沟镇范小庄村	21	男	1941 年 7 月 16 日
杨成福	高密市阚家镇小样村	26	男	1941 年 7 月
窦立训	高密市大牟家镇姜庄子村	61	男	1941 年 8 月 7 日
刘 庄	高密市大牟家镇姜庄子村	22	男	1941 年 8 月 7 日
姜连贵	高密市大牟家镇姜庄子村	41	男	1941 年 8 月 7 日
刘术贞	高密市大牟家镇姜庄子村	43	男	1941 年 8 月 7 日
刘 氏	高密市大牟家镇姜庄子村	56	女	1941 年 8 月 7 日

姓　名	籍　贯	年　龄	性　别	死难时间
刘星照之父	高密市阚家镇袁家村	33	男	1941 年 8 月
徐连德	高密市井沟镇前单家庄村	28	男	1941 年 8 月
李　光	高密市井沟镇前单家庄村	27	男	1941 年 8 月
荆清河	高密市朝阳街道张二村	41	男	1941 年 8 月
潘德安	高密市阚家镇良湾屯村	27	男	1941 年 8 月
崔松茂	高密市柏城镇大庄村	26	男	1941 年 9 月
张连春	高密市大牟家镇大泊子村	23	男	1941 年 9 月
秦焦氏	高密市大牟家镇秦家庄子村	39	女	1941 年 9 月
秦中书	高密市大牟家镇秦家庄子村	17	男	1941 年 9 月
秦　雀	高密市大牟家镇秦家庄子村	6	女	1941 年 9 月
王嘉善	高密市朝阳街道穆庄子村	29	男	1941 年 9 月
郭邦春	高密市醴泉街道雷家庄村	27	男	1941 年秋
郭清山	高密市醴泉街道雷家庄村	20	男	1941 年秋
秦新雨	高密市大牟家镇永丰屯村	—	男	1941 年 10 月 5 日
秦雨新	高密市大牟家镇永丰屯村	—	男	1941 年 10 月 5 日
王茂友	高密市大牟家镇永丰屯村	—	男	1941 年 10 月 5 日
王有久之兄	高密市姜庄镇范庄村	46	男	1941 年 10 月
邓××	高密市密水街道周一村	32	男	1941 年 10 月
栾××	高密市朝阳街道许家庄村	31	男	1941 年 10 月
楚殿栋	高密市姜庄镇大楚村	20	男	1941 年 11 月 12 日
楚永春	高密市姜庄镇大楚村	17	男	1941 年 11 月 12 日
楚启贤	高密市姜庄镇大楚村	28	男	1941 年 12 月 22 日
楚启光	高密市姜庄镇大楚村	20	男	1941 年 12 月 22 日
楚启宝	高密市姜庄镇大楚村	18	男	1941 年 12 月 22 日
许代启	高密市大牟家镇芦家庄子村	52	男	1941 年 12 月
许李氏	高密市大牟家镇芦家庄子村	49	女	1941 年 12 月
褚丕禄	高密市柏城镇褚家王吴村	30	男	1941 年冬
陈华英	高密市阚家镇山前村	29	男	1941 年冬
毛修长	高密市醴泉街道前毛村	35	男	1941 年
焦言信	高密市醴泉街道沂西村	20	男	1941 年
王　明	高密市醴泉街道曹家村	49	男	1941 年
王佩敏	高密市井沟镇前院头村	41	男	1941 年
宋贤栋	高密市柏城镇故献村	33	男	1941 年
代云鹏	高密市姜庄镇老屯村	20	男	1941 年

姓 名	籍 贯	年 龄	性 别	死难时间
李修田	高密市姜庄镇李家长村	23	男	1941 年
王季增之父	高密市密水街道姜家屯村	42	男	1941 年
乔兰氏	高密市柴沟镇西注沟村	22	女	1941 年
乔 氏	高密市柴沟镇西注沟村	25	女	1941 年
乔 氏	高密市柴沟镇西注沟村	23	女	1941 年
秦李氏	高密市大牟家镇永丰屯村	—	女	1942 年 2 月 20 日
宋世洪	高密市阚家镇朱家屯村	19	男	1942 年 2 月
盛贵林	高密市柏城镇窝洛村	24	男	1942 年 3 月 17 日
毕福联	高密市柏城镇窝洛村	19	男	1942 年 3 月 17 日
李鸿儒	高密市柏城镇窝洛村	35	男	1942 年 3 月 18 日
李芝花	高密市柏城镇窝洛村	30	女	1942 年 3 月 18 日
王敬一	高密市阚家镇狄家屯村	45	男	1942 年 3 月
柳思孝	高密市阚家镇狄家屯村	30	男	1942 年 3 月
周光行	高密市大牟家镇大泊子村	30	男	1942 年 3 月
赵云丛	高密市醴泉街道土辛庄村	19	男	1942 年春
苗金斗	高密市密水街道潘家小庄村	23	男	1942 年春
葛振全	高密市柏城镇葛家庙子村	33	男	1942 年 4 月
邹德一	高密市柏城镇邹家吊庄村	20	男	1942 年 4 月
呙 大	高密市柏城镇葛家庙子村	65	男	1942 年 4 月
葛振宝	高密市柏城镇葛家庙子村	40	男	1942 年 4 月
葛清贵	高密市柏城镇葛家庙子村	60	男	1942 年 4 月
葛振法	高密市柏城镇葛家庙子村	35	男	1942 年 4 月
曹丙城	高密市大牟家镇曹家村	24	男	1942 年 4 月
李玉奎	高密市柴沟镇小于家庄村	18	男	1942 年 4 月
王金堂	高密市柴沟镇前水西村	60	男	1942 年 5 月 17 日
王启胜之兄	高密市柴沟镇前水西村	63	男	1942 年 5 月 17 日
王得才之祖父	高密市柴沟镇前水西村	60	男	1942 年 5 月 17 日
赛	高密市柴沟镇曹疃村	12	男	1942 年 5 月 17 日
禚玉稽	高密市柴沟镇曹疃村	32	男	1942 年 5 月 17 日
老 嫚	高密市柴沟镇曹疃村	40	女	1942 年 5 月 17 日
高贵堂	高密市阚家镇东山甫村	20	男	1942 年 5 月
焦乃德	高密市醴泉街道沂东村	24	男	1942 年 6 月
曹永贵	高密市井沟镇大沙坞村	32	男	1942 年 6 月
王泽存	高密市井沟镇大沙坞村	21	男	1942 年 6 月

姓 名	籍 贯	年 龄	性 别	死难时间
陈 谱	高密市夏庄镇刘家二村	25	男	1942 年 6 月
薛连功	高密市井沟镇唐家岭村	28	男	1942 年 7 月 18 日
薛贵贤	高密市井沟镇唐家岭村	21	男	1942 年 7 月 18 日
付余祥	高密市井沟镇白庙子村	20	男	1942 年 7 月 18 日
李××	高密市井沟镇白庙子村	30	男	1942 年 7 月 18 日
刘宗江	高密市井沟镇白庙子村	40	男	1942 年 7 月 18 日
王 瑞	高密市井沟镇白庙子村	30	男	1942 年 7 月 18 日
李 初	高密市井沟镇白庙子村	60	男	1942 年 7 月 18 日
张白毛	高密市井沟镇白庙子村	70	男	1942 年 7 月 18 日
赵恩之妻	高密市井沟镇白庙子村	40	女	1942 年 7 月 18 日
王福星	高密市井沟镇安家屯村	32	男	1942 年 7 月 18 日
王录臻	高密市井沟镇安家屯村	29	男	1942 年 7 月 18 日
孙仲山	高密市井沟镇五龙官庄村	22	男	1942 年 7 月 18 日
陈好信	高密市井沟镇前单家庄村	37	男	1942 年 7 月 18 日
张金相	高密市井沟镇白庙子村	40	男	1942 年 7 月 18 日
张××	高密市井沟镇白庙子村	30	男	1942 年 7 月 18 日
高 密	高密市井沟镇白庙子村	24	男	1942 年 7 月 18 日
高密之妻	高密市井沟镇白庙子村	24	女	1942 年 7 月 18 日
高密之子	高密市井沟镇白庙子村	2	男	1942 年 7 月 18 日
赵洪义之妻	高密市井沟镇白庙子村	30	女	1942 年 7 月 18 日
赵氏之女	高密市井沟镇白庙子村	2	女	1942 年 7 月 18 日
赵罗成	高密市井沟镇白庙子村	30	男	1942 年 7 月 18 日
赵洪泰之母	高密市井沟镇白庙子村	40	女	1942 年 7 月 18 日
刘 娉	高密市井沟镇刘家小庄村	17	女	1942 年 7 月 18 日
赵小兵	高密市井沟镇白庙子村	40	男	1942 年 7 月 18 日
赵 二	高密市井沟镇白庙子村	40	男	1942 年 7 月 18 日
赵二之长女	高密市井沟镇白庙子村	13	女	1942 年 7 月 18 日
赵二之次女	高密市井沟镇白庙子村	12	女	1942 年 7 月 18 日
付 氏	高密市井沟镇白庙子村	50	女	1942 年 7 月 18 日
付希友	高密市井沟镇白庙子村	30	男	1942 年 7 月 18 日
付希友之父	高密市井沟镇白庙子村	50	男	1942 年 7 月 18 日
付叙江之女	高密市井沟镇白庙子村	20	女	1942 年 7 月 18 日
薛贵勤	高密市井沟镇唐家岭村	24	男	1942 年 7 月 18 日
薛贵谭	高密市井沟镇唐家岭村	29	男	1942 年 7 月 18 日

姓　名	籍　贯	年龄	性别	死难时间
薛东福	高密市井沟镇马家沙岭村	57	男	1942 年 7 月 18 日
薛瑞湖	高密市井沟镇马家沙岭村	31	男	1942 年 7 月 18 日
强	高密市井沟镇马家沙岭村	22	男	1942 年 7 月 18 日
五姑娘	高密市井沟镇马家沙岭村	31	女	1942 年 7 月 18 日
钟国华	高密市井沟镇马家沙岭村	32	男	1942 年 7 月 18 日
黑	高密市井沟镇高家沙岭村	35	男	1942 年 7 月 18 日
业	高密市井沟镇德胜屯村	40	男	1942 年 7 月 18 日
生	高密市井沟镇德胜屯村	18	男	1942 年 7 月 18 日
王寿荣	高密市井沟镇隋家屯村	30	男	1942 年 7 月 18 日
李允红	高密市井沟镇隋家屯村	25	男	1942 年 7 月 18 日
张凤德	高密市井沟镇张家墩村	31	男	1942 年 7 月 18 日
即　墨	高密市井沟镇张家墩村	26	男	1942 年 7 月 18 日
吴智升	高密市阚家镇付家庄村	53	男	1942 年 7 月
张敬增	高密市大牟家镇北斜沟村	38	男	1942 年 7 月
宋文章	高密市井沟镇綦家沙岭村	24	男	1942 年 7 月
鲁××	高密市朝阳街道鲁家庙村	30	男	1942 年 7 月
刘中聚	高密市阚家镇阚东村	25	男	1942 年 8 月
辛明氏	高密市阚家镇阚东村	40	女	1942 年 8 月
刘国中	高密市阚家镇阚东村	30	男	1942 年 8 月
隋庆龄	高密市密水街道碾头村	41	男	1942 年 8 月
李全友	高密市密水街道矮沟村	28	男	1942 年 8 月
尚　三	高密市朝阳街道前埠口村	44	男	1942 年 8 月
王世红之父	高密市夏庄镇大栏村	21	男	1942 年 8 月
王天顺之父	高密市夏庄镇大栏村	23	男	1942 年 8 月
王高弟	高密市大牟家镇永丰屯村	—	男	1942 年 9 月 24 日
魏振河	高密市大牟家镇八甲寨村	25	男	1942 年 9 月
郑效明	高密市大牟家镇北斜沟村	17	男	1942 年 9 月
高怀庆	高密市姜庄镇姜二村	24	男	1942 年 9 月
王清举之祖父	高密市醴泉街道皋头村	30	男	1942 年秋
李丕兰之母	高密市姜庄镇顺河村	40	女	1942 年秋
王东友	高密市姜庄镇赵屋村	30	男	1942 年秋
孙储君	高密市姜庄镇蒔家庄村	38	男	1942 年秋
徐金善	高密市柴沟镇徐楼村	44	男	1942 年秋
李宝田	高密市夏庄镇李家官庄村	48	男	1942 年秋

姓 名	籍 贯	年 龄	性 别	死难时间
徐学林	高密市阚家镇吴家营村	25	男	1942 年 10 月
张好军	高密市大牟家镇官厅村	31	男	1942 年 10 月
邓××	高密市密水街道周一村	36	男	1942 年 10 月
刘吉云	高密市大牟家镇长丰屯村	17	男	1942 年 12 月
刘增云	高密市大牟家镇长丰屯村	23	男	1942 年 12 月
李志成	高密市醴泉街道北大王庄村	30	男	1942 年冬
栾凤星	高密市醴泉街道北大王庄村	43	男	1942 年冬
高连玉	高密市醴泉街道北大王庄村	22	男	1942 年冬
王××	高密市醴泉街道北大王庄村	33	男	1942 年冬
张庆全	高密市姜庄镇仁和村	26	男	1942 年冬
李丕功	高密市姜庄镇仁和村	38	男	1942 年冬
魏兆奎	高密市大牟家镇新河村	53	男	1942 年冬
窦万福之父	高密市姜庄镇董家庄村	46	男	1942 年冬
孙明斋	高密市密水街道北王柱村	35	男	1942 年冬
徐帮礼	高密市醴泉街道双头庄村	30	男	1942 年
慈	高密市醴泉街道前毛村	19	女	1942 年
本	高密市醴泉街道沂东村	18	男	1942 年
王长兴	高密市醴泉街道沂西村	21	男	1942 年
宋顺船	高密市醴泉街道永丰村	50	男	1942 年
张 红	高密市姜庄镇伊家长村	—	男	1942 年
张立本	高密市密水街道拒城河村	25	男	1942 年
潘玉堂	高密市密水街道拒城河村	32	男	1942 年
管金法之大娘	高密市密水街道律家村	65	女	1942 年
钢八连	高密市朝阳街道乔家屯村	32	男	1942 年
于道远	高密市夏庄镇范家庄村	29	男	1942 年
张殿文	高密市夏庄镇高平庄村	19	男	1942 年
荒	高密市夏庄镇谭家荒村	13	男	1942 年
郭京禄	高密市夏庄镇平安村	23	男	1942 年
郭茂荣	高密市夏庄镇平安村	25	男	1942 年
岳传印	高密市阚家镇东方戈庄村	58	男	1943 年 1 月
傅石羽	高密市阚家镇东方戈庄村	25	男	1943 年 1 月
张中贤	高密市大牟家镇张肖村	45	男	1943 年 1 月
张法治	高密市大牟家镇张肖村	27	男	1943 年 1 月
张鲁氏	高密市大牟家镇张肖村	48	女	1943 年 1 月

姓　名	籍　贯	年　龄	性　别	死难时间
邱方合	高密市柴沟镇邱大村	42	男	1943 年 2 月
刘光文	高密市阚家镇姚家山甫村	50	男	1943 年 2 月
李文山	高密市柏城镇小河口村	18	男	1943 年 3 月 15 日
臧文远	高密市柏城镇小河口村	19	男	1943 年 3 月 15 日
闫兰亭	高密市柏城镇李家太洛村	21	男	1943 年 3 月 15 日
赵长春	高密市柏城镇李家太洛村	23	男	1943 年 3 月 15 日
王鸿儒	高密市柏城镇李家太洛村	27	男	1943 年 3 月 15 日
宗××	高密市柏城镇李家太洛村	29	男	1943 年 3 月 15 日
王述明	高密市柏城镇李家太洛村	31	男	1943 年 3 月 15 日
王立善	高密市阚家镇守信官庄村	23	男	1943 年 3 月
任道谷	高密市阚家镇守信官庄村	20	男	1943 年 3 月
葛维贵	高密市柏城镇鲁家园村	30	男	1943 年 3 月
葛老九	高密市柏城镇鲁家园村	38	男	1943 年 3 月
唐喜荣	高密市柏城镇王十字庄村	48	男	1943 年 3 月
李琪平	高密市姜庄镇邓家屯村	45	男	1943 年春
李玉庆	高密市姜庄镇邓家屯村	56	男	1943 年春
王立华	高密市姜庄镇邓家屯村	60	男	1943 年春
于文进	高密市姜庄镇董家庄村	30	男	1943 年春
李世祥	高密市柴沟镇两埠岭村	22	男	1943 年春
许天吉	高密市大牟家镇王家庄子村	37	男	1943 年 4 月
吕延会	高密市姜庄镇棉花村	29	男	1943 年 5 月
铺	高密市姜庄镇棉花村	28	男	1943 年 5 月
阡	高密市井沟镇后李家庄村	25	男	1943 年 5 月
杨学礼	高密市大牟家镇六甲寨村	40	男	1943 年 7 月
姜雁玲	高密市大牟家镇沟头村	22	男	1943 年 7 月
周文郁	高密市姜庄镇周家庄村	60	男	1943 年 7 月
周明贤	高密市姜庄镇周家庄村	35	男	1943 年 7 月
常西章	高密市姜庄镇甄家屯村	26	男	1943 年 7 月
程李氏	高密市朝阳街道前埠口村	33	女	1943 年 7 月
李允健	高密市夏庄镇东李家村	18	男	1943 年 8 月
李德前	高密市夏庄镇东李家村	18	男	1943 年 8 月
张化珍	高密市大牟家镇张肖村	18	男	1943 年 9 月
田福庭之父	高密市朝阳街道刘家庄村	55	男	1943 年 9 月
孙绍彦	高密市夏庄镇杨家丘村	45	男	1943 年 9 月

姓 名	籍 贯	年 龄	性 别	死难时间
侯加同	高密市姜庄镇大侯家村	34	男	1943 年秋
马邦街	高密市醴泉街道马家庄村	32	男	1943 年秋
李金尧	高密市姜庄镇安河村	40	男	1943 年秋
张明德	高密市姜庄镇张家长村	—	男	1943 年秋
郎玉林	高密市柴沟镇张戈庄村	18	男	1943 年秋
高德义	高密市密水街道高家庄村	40	男	1943 年秋
秦和太	高密市大牟家镇永丰屯村	—	男	1943 年秋
袁奎昌	高密市阚家镇山前村	37	男	1943 年 10 月 25 日
袁学志	高密市阚家镇山前村	32	男	1943 年 10 月 25 日
吕乔春	高密市阚家镇吕家山东村	70	男	1943 年 10 月 25 日
吕明利	高密市阚家镇吕家山东村	64	男	1943 年 10 月 25 日
吕明荣	高密市阚家镇吕家山东村	60	男	1943 年 10 月 25 日
吕希业	高密市阚家镇吕家山东村	22	男	1943 年 10 月 25 日
吕 成	高密市阚家镇吕家山东村	29	男	1943 年 10 月 25 日
单既河	高密市阚家镇东山甫村	51	男	1943 年 10 月 25 日
郭树胜	高密市阚家镇高戈庄二村	22	男	1943 年 10 月 25 日
郭洪恩	高密市阚家镇高戈庄二村	21	男	1943 年 10 月 25 日
张焕新	高密市大牟家镇大泊子村	26	男	1943 年 10 月
卜杨氏	高密市大牟家镇北斜沟村	65	女	1943 年 10 月
郑月奎	高密市大牟家镇北斜沟村	43	男	1943 年 10 月
程克信	高密市柏城镇大吕村	18	男	1943 年 10 月
金 子	高密市朝阳街道东姚村	10	男	1943 年 11 月
大 鼓	高密市朝阳街道东毛家屯村	32	男	1943 年 12 月
单博文	高密市醴泉街道尧头村	49	男	1943 年冬
侯东贵	高密市姜庄镇大侯村	21	男	1943 年
于世祥	高密市醴泉街道丰家庄村	—	男	1943 年
任德会	高密市醴泉街道陈家村	37	男	1943 年
范锡慧	高密市井沟镇河南村	25	男	1943 年
孙明斋之舅	高密市井沟镇	—	男	1943 年
王相军之母	高密市姜庄镇老屯村	—	女	1943 年
张木珠	高密市夏庄镇谭家荒村	26	男	1943 年
张福成	高密市夏庄镇谭家荒村	23	男	1943 年
许可治	高密市夏庄镇大栏村	24	男	1943 年
许在信	高密市大牟家镇官庄村	28	男	1944 年 1 月 25 日

姓　名	籍　　　贯	年　龄	性　别	死难时间
于敦法	高密市大牟家镇官庄村	26	男	1944 年 1 月 25 日
孙效善	高密市大牟家镇南集村	25	男	1944 年 1 月 25 日
孙同聚	高密市大牟家镇南集村	31	男	1944 年 1 月 25 日
孙善新	高密市大牟家镇南集村	23	男	1944 年 1 月 25 日
孙从福	高密市大牟家镇南集村	25	男	1944 年 1 月 25 日
刘高俊	高密市大牟家镇南集村	26	男	1944 年 1 月 25 日
曹福成	高密市大牟家镇曹家村	24	男	1944 年 1 月 25 日
曹　站	高密市大牟家镇曹家村	25	男	1944 年 1 月 25 日
张　泽	高密市大牟家镇张肖村	28	男	1944 年 1 月 25 日
张化山	高密市大牟家镇张肖村	36	男	1944 年 1 月 25 日
张化春	高密市大牟家镇张肖村	21	男	1944 年 1 月 25 日
孙成华	高密市大牟家镇南集村	30	男	1944 年 1 月 25 日
刘东山	高密市大牟家镇南集村	24	男	1944 年 1 月 25 日
孙喜福	高密市大牟家镇南集村	27	男	1944 年 1 月 25 日
孙敬太	高密市大牟家镇南集村	19	男	1944 年 1 月 25 日
秦孟廷	高密市大牟家镇秦家庄子村	23	男	1944 年 1 月
张月秀	高密市大牟家镇大泊子村	25	男	1944 年 1 月
张天友	高密市大牟家镇大泊子村	18	男	1944 年 1 月
刘兴华	高密市大牟家镇东村	26	男	1944 年 1 月
单西法	高密市夏庄镇赵家庄村	21	男	1944 年 1 月
孙新照	高密市大牟家镇南集村	35	男	1944 年 2 月
孙建国	高密市大牟家镇南集村	35	男	1944 年 2 月
武学孟	高密市姜庄镇王干坝村	—	男	1944 年 2 月
杨术栋	高密市井沟镇杨家屯村	49	男	1944 年 3 月
孙喜太	高密市大牟家镇南集村	30	男	1944 年 3 月
刘作胜	高密市大牟家镇东村	62	男	1944 年 3 月
刘振元	高密市柏城镇西冢子头村	28	男	1944 年 3 月
陈××	高密市井沟镇尹家庄村	28	男	1944 年春
周顺昌	高密市大牟家镇朱家庄村	29	男	1944 年春
王京明	高密市大牟家镇朱家庄村	28	男	1944 年春
孙言贵	高密市姜庄镇岳家屯村	50	男	1944 年春
王学太	高密市姜庄镇岳家屯村	30	男	1944 年春
王德君	高密市姜庄镇李仙村	—	男	1944 年 4 月 11 日
耿凤林	高密市阚家镇红庙子村	—	男	1944 年 4 月

姓　名	籍　贯	年　龄	性　别	死难时间
李　山	高密市朝阳街道于疃村	28	男	1944 年 4 月
刘振兴	高密市大牟家镇长丰屯村	24	男	1944 年 5 月
高庆林	高密市姜庄镇卞家屯村	32	男	1944 年 5 月
狮　子	高密市井沟镇綦家沙岭村	23	男	1944 年 5 月
张作贵	高密市朝阳街道鲁家庙村	30	男	1944 年 5 月
吕希太	高密市阚家镇盛水屯村	30	男	1944 年 6 月
邵怀江	高密市阚家镇盛水屯村	50	男	1944 年 6 月
栗素梅	高密市柴沟镇马旺村	18	女	1944 年夏
陈孙氏	高密市阚家镇后屯村	24	女	1944 年 7 月
孙永德	高密市姜庄镇东老屯村	—	男	1944 年 8 月
孙永财	高密市姜庄镇东老屯村	—	男	1944 年 8 月
孙永德之妻	高密市姜庄镇东老屯村		女	1944 年 8 月
孙永财之妻	高密市姜庄镇东老屯村	—	女	1944 年 8 月
武今在	高密市姜庄镇王干坝村	—	男	1944 年 8 月
杜守仁之父	高密市密水街道后吊庄村	51	男	1944 年 8 月
李鸿奎	高密市朝阳街道于疃村	32	男	1944 年 8 月
赵德修	高密市密水街道矮沟村	31	男	1944 年 9 月
郭治范	高密市夏庄镇郭家南直村	28	男	1944 年 9 月
管小顺	高密市夏庄镇茂旱屯村	21	男	1944 年 9 月
李玉全	高密市朝阳街道李家疃村	30	男	1944 年 9 月
张俊元	高密市夏庄镇管家庄村	32	男	1944 年 9 月
张宝玉之姐	高密市姜庄镇东老屯村	40	女	1944 年秋
昝清华之母	高密市井沟镇寨庄村	35	女	1944 年 10 月
孙太和	高密市姜庄镇苘湾崖村	27	男	1944 年 10 月
宋振生	高密市阚家镇姚家山甫村	36	男	1944 年 10 月
姜祥云	高密市密水街道曹家屯村	40	男	1944 年 11 月
李兆宗	高密市柴沟镇东屯村	—	男	1944 年 11 月
于世昆	高密市朝阳街道东毛家屯村	24	男	1944 年 11 月
李学洪	高密市大牟家镇北斜沟村	56	男	1944 年 12 月
毛心吾	高密市夏庄镇毛家屋子村	37	男	1944 年 12 月
冯仞千	高密市柴沟镇朱公村	32	男	1944 年冬
唐学斋	高密市醴泉街道老木田村	21	男	1944 年
昝邦太	高密市醴泉街道老木田村	35	男	1944 年
邱立顺	高密市醴泉街道双头庄村	42	男	1944 年

姓 名	籍 贯	年 龄	性 别	死难时间
张学友	高密市醴泉街道张新庄村	47	男	1944 年
大 鹅	高密市醴泉街道马家庄村	17	男	1944 年
楚伟业	高密市柏城镇石庙子村	16	男	1944 年
楚伟业之妻	高密市柏城镇石庙子村	15	女	1944 年
宋德仁之妻	高密市密水街道城西村	33	女	1944 年
李清池	高密市姜庄镇付家口村	32	男	1944 年
刘洪富之女	高密市姜庄刘家口子村	—	女	1944 年
李德明	高密市柴沟镇李庄村	—	男	1944 年
岳××	高密市朝阳街道西姚村	28	男	1944 年
徐 氏	高密市夏庄镇东流口子村	36	女	1944 年
徐大嫚	高密市夏庄镇东流口子村	7	女	1944 年
徐二嫚	高密市夏庄镇东流口子村	3	女	1944 年
徐兆红	高密市夏庄镇东流口子村	25	男	1944 年
范欣堂	高密市姜庄镇范庄村	44	男	1945 年
姚清秀	高密市阚家镇姚家山甫村	35	男	1945 年 2 月
孟宪成	高密市井沟镇皋头村	33	男	1945 年 3 月 11 日
潘成先	高密市姜庄镇潘家村	27	男	1945 年 3 月
潘少初	高密市姜庄镇潘家村	25	男	1945 年 3 月
潘少秋	高密市姜庄镇潘家村	28	男	1945 年 3 月
昌希利	高密市井沟镇呼家庄村	20	男	1945 年 3 月
李丹贵	高密市井沟镇后邱家庄村	—	男	1945 年春
孙发功	高密市姜庄镇董家庄村	35	男	1945 年春
张明禄之妻	高密市密水街道西葛家桥村	—	女	1945 年春
张明禄	高密市密水街道西葛家桥村	—	男	1945 年春
禚汝泉	高密市柴沟镇韩家疃村	18	男	1945 年 4 月
于 氏	高密市阚家镇双羊村	21	女	1945 年 4 月
姚文秀	高密市阚家镇姚家山甫村	40	男	1945 年 4 月
赵宗功	高密市阚家镇吴家营村	25	男	1945 年 6 月
王付花之妻	高密市姜庄镇东老屯村	—	女	1945 年 6 月
栗汝礼	高密市柴沟镇马旺村	30	男	1945 年 7 月 28 日
刘松武	高密市阚家镇冯家屋子村	46	男	1945 年 7 月
姚中玉	高密市阚家镇姚家山甫村	43	男	1945 年 7 月
刘文君之妻	高密市阚家镇李家营村	31	女	1945 年 8 月
王爱中	高密市醴泉街道葛家集村	35	男	1945 年 8 月

姓 名	籍 贯	年 龄	性 别	死难时间
盛三黄	高密市柏城镇窝洛村	26	男	1945 年 8 月
林大昌	高密市井沟镇后林家庙子村	21	男	1945 年 8 月
于敦平	高密市大牟家镇官庄村	23	男	1945 年 8 月
孙永法	高密市姜庄镇东老屯村	—	男	1945 年 8 月
营德新	高密市密水街道拒城河村	41	男	1945 年 8 月
张西苑	高密市阚家镇良湾屯村	35	男	1945 年 8 月
张在修	高密市阚家镇良湾屯村	70	男	1945 年 8 月
张德仁	高密市夏庄镇东流口子村	26	男	1945 年 8 月
崔炳刚之姐	高密市密水街道张吉村	19	女	1938 年秋
肖田增	高密市大牟家镇张肖村	22	男	1938 年 10 月
肖么子	高密市大牟家镇张肖村	29	男	1938 年 10 月
王兆宣	高密市阚家镇李家营村	30	男	1938 年 12 月
李汝海	高密市井沟镇南李家庄村	65	男	1938 年 12 月
于××	高密市醴泉街道刘新村	22	男	1938 年
单百岁	高密市醴泉街道刘新村	28	男	1938 年
张锡侯	高密市醴泉街道刘新村	23	男	1938 年
王夕富	高密市井沟镇前铺村	35	男	1938 年
孙复臣	高密市朝阳街道代家屯村	45	男	1938 年
杜 三	高密市柏城镇东姚家屯村	21	男	1939 年春
郑××	高密市柴沟镇西注沟村	36	男	1939 年 4 月
徐金仁	高密市柴沟镇徐楼子村	38	男	1939 年 9 月
张洪录	高密市醴泉街道张新村	42	男	1939 年秋
刘福昌	高密市阚家镇刘家沟村	30	男	1939 年冬
王修富	高密市阚家镇东新村	15	男	1939 年冬
庄××	高密市醴泉街道钟家屯村	30	男	1939 年
胡积后	高密市醴泉街道豆腐台村	20	男	1939 年
胡光来	高密市醴泉街道豆腐台村	27	男	1939 年
张大丰	高密市密水街道魏小村	20	男	1939 年
李广富	高密市朝阳街道王党村	37	男	1940 年 4 月
李纪先	高密市朝阳街道王党村	30	男	1940 年 4 月
李树铭	高密市朝阳街道王党村	31	男	1940 年 4 月
范四青	高密市朝阳街道王党村	30	男	1940 年 4 月
王相华	高密市柴沟镇东泊庄	35	男	1940 年春
仪凤翔	高密市朝阳街道小南曲村	40	男	1940 年春

姓 名	籍 贯	年龄	性别	死难时间
付丙杰	高密市密水街道梨园村	31	男	1940 年 5 月
姜会友	高密市柏城镇孟家沟村	35	男	1940 年 7 月
刘桂臻	高密市朝阳街道东小庄村	20	男	1940 年 7 月
潘亭发	高密市井沟镇前店子村	29	男	1940 年 9 月
孙德俊	高密市姜庄镇辛兴庄村	21	男	1940 年
毛永奎之妻	高密市醴泉街道前毛村	26	女	1940 年
毛永奎之子	高密市醴泉街道前毛村	2	男	1940 年
刘召刚	高密市阚家镇刘家沟村	31	男	1940 年
纪云明	高密市夏庄镇谭家村	32	男	1940 年
栗序元之妹	高密市柴沟镇马旺村	1	女	1941 年春
赵亦田	高密市朝阳街道上泊村	54	男	1941 年 8 月
邹志田	高密市朝阳街道单家庄村	32	男	1941 年 8 月
楚良功	高密市姜庄镇大楚家村	24	男	1941 年 11 月
岳修身	高密市阚家镇西方戈庄村	31	男	1941 年 11 月
岳 洪	高密市阚家镇西方戈庄村	32	男	1941 年 11 月
周德兴	高密市柏城镇赵家村	28	男	1941 年 12 月
宋发利	高密市姜庄镇老屯村	13	男	1941 年冬
郭青耀	高密市醴泉街道康庄村	40	男	1941 年
孙运福	高密市密水街道北王柱村	22	男	1941 年
孙治古	高密市密水街道北王柱村	18	男	1941 年
孙运清	高密市密水街道北王柱村	16	男	1941 年
杜兆云	高密市夏庄镇杜家庄村	25	男	1941 年
杜振法	高密市夏庄镇赵家官庄	30	男	1942 年 4 月
王同海	高密市夏庄镇栾家店村	35	男	1942 年 4 月
周法成	高密市井沟镇呼家庄村	40	男	1942 年 7 月
射	高密市井沟镇呼家庄村	20	男	1942 年 7 月
王树荣	高密市井沟镇呼家庄村	50	男	1942 年 7 月
林友台	高密市井沟镇林家庙子村	20	男	1942 年 10 月
吴振清	高密市朝阳街道东庄村	50	男	1942 年 10 月
小男孩	高密市朝阳街道东庄村	10	男	1942 年 10 月
楚 光	高密市姜庄镇大楚村	21	男	1942 年 11 月
冯喜和	高密市阚家镇冯屋村	—	男	1942 年 11 月
高修德	高密市姜庄镇坊头村	33	男	1942 年
赵张合	高密市密水街道新民庄村	45	男	1942 年

姓　名	籍　贯	年　龄	性　别	死难时间
王学全	高密市夏庄镇向阳村	46	男	1942 年
吴苏子	高密市阚家镇前泊子村	22	男	1943 年 3 月
马凤生	高密市柏城镇邹家吊庄村	19	男	1943 年 3 月
朱怀仁	高密市大牟家镇王家庄子村	31	男	1943 年 3 月
梁在兴	高密市姜庄镇辛庄村	40	男	1943 年春
王寿福	高密市姜庄镇辛庄村	19	男	1943 年春
唐梁氏	高密市姜庄镇棉花村	56	女	1943 年 4 月
李文德	高密市朝阳街道王党村	27	男	1943 年 4 月
杨××	高密市阚家镇前泊子村	32	男	1943 年 8 月
戴希文	高密市夏庄镇东张家村	41	男	1943 年 8 月
宋××	高密市朝阳街道芝兰屯村	32	男	1943 年 8 月
郑维元	高密市柴沟镇郑家村	33	男	1943 年秋
窦长林	高密市姜庄镇崔家村	—	男	1943 年秋
李玉武	高密市密水街道枣行村	—	男	1943 年秋
丁令全	高密市密水街道枣行村	—	男	1943 年秋
王殿成	高密市井沟镇王庄村	43	男	1943 年 9 月
吕郭氏	高密市朝阳街道于疃村	46	女	1943 年 9 月
魏春发	高密市姜庄镇邓家屯村	32	男	1943 年 9 月
李德全	高密市姜庄镇邓家屯村	30	男	1943 年 9 月
李德汉	高密市姜庄镇邓家屯村	30	男	1943 年 9 月
高松龙	高密市姜庄镇姜一村	32	男	1943 年 9 月
王功良	高密市姜庄镇王干坝村	20	男	1943 年 9 月
孙振英	高密市姜庄镇王干坝村	20	男	1943 年 9 月
陈××	高密市朝阳街道黄家庄村	35	男	1943 年 10 月
楚洪箭	高密市姜庄镇大楚村	20	男	1943 年 11 月
徐连发	高密市阚家镇三教堂村	40	男	1943 年 11 月
聂京武	高密市夏庄镇大栏村	17	男	1943 年 11 月
吴敬德	高密市阚家镇高家楼村	26	男	1943 年 12 月
李作胜	高密市阚家镇红庙子村	45	男	1943 年 12 月
荆月友	高密市阚家镇坊岭村	23	男	1943 年 12 月
崔阴贵之兄	高密市密水街道张吉村	28	男	1943 年冬
李成宪	高密市姜庄镇贾唐村	45	男	1943 年
李德乐	高密市醴泉街道曹家村	27	男	1943 年
付××	高密市醴泉街道康庄村	32	男	1943 年

姓 名	籍 贯	年 龄	性 别	死难时间
杨发仁	高密市醴泉街道杨家庄	40	男	1943 年
高殿光	高密市醴泉街道后毛村	60	男	1943 年
王锦美	高密市井沟镇前院头村	35	男	1943 年
王佩随	高密市井沟镇前院头村	39	男	1943 年
韩明举	高密市柏城镇东家子头村	30	男	1943 年
王正业之父	高密市柏城镇赵家村	23	男	1943 年
张金宝	高密市密水街道大尹村	35	男	1943 年
单亦信之叔	高密市密水街道律家村	32	男	1943 年
邓昌修之叔	高密市密水街道律家村	26	男	1943 年
郭树胜之妻	高密市阚家镇高戈庄二村	42	女	1943 年
郭树胜之女	高密市阚家镇高戈庄二村	19	女	1943 年
郭明光	高密市夏庄镇下村	20	男	1943 年
郭××	高密市夏庄镇郭家小庄村	19	男	1943 年
于书文	高密市大牟家镇官庄村	27	男	1944 年 1 月
魏守道	高密市大牟家镇六甲寨村	33	男	1944 年 1 月
曹信海	高密市大牟家镇曹家村	29	男	1944 年 3 月
张志增	高密市大牟家镇大泊子村	24	男	1944 年 3 月
张仕杰	高密市大牟家镇曹家村	34	男	1944 年 3 月
孙运太	高密市密水街道张家埠村	40	男	1944 年春
张延贞	高密市朝阳街道鲁家村	32	男	1944 年 5 月 28 日
杜免善	高密市夏庄镇沙窝村	45	男	1944 年 5 月
任怀福	高密市朝阳街道任家庄村	34	男	1944 年 5 月
栾凤起	高密市阚家镇殷屋村	30	男	1944 年 6 月
孙志顺	高密市大牟家镇展家村	31	男	1944 年 7 月
李德三	高密市密水街道农丰村	41	男	1944 年 8 月
曲克功	高密市朝阳街道东庄村	28	男	1944 年 8 月
孙锡贵之叔	高密市朝阳街道大王庄村	22	男	1944 年 8 月
李福贵	高密市朝阳街道大王庄村	34	男	1944 年 8 月
杜元欧	高密市朝阳街道南姚村	40	男	1944 年 8 月
滨二爷	高密市朝阳街道西姚村	27	男	1944 年 8 月
亮棚底下	高密市朝阳街道西姚村	34	男	1944 年 8 月
葛龙友	高密市密水街道倪家村	32	男	1944 年秋
张泽顺	高密市夏庄镇东张家村	48	男	1944 年 9 月
徐尧清	高密市夏庄镇西武村	47	男	1944 年 9 月

姓 名	籍 贯	年 龄	性 别	死难时间
刘德昌	高密市夏庄镇西武村	40	男	1944 年 9 月
张进治	高密市夏庄镇徐家屋子村	46	男	1944 年 9 月
徐润清	高密市夏庄镇徐家屋子村	44	男	1944 年 9 月
张寿山	高密市夏庄镇徐家屋子村	19	男	1944 年 9 月
梁大桂	高密市姜庄镇姜四村	24	男	1944 年 9 月
付丙玉	高密市密水街道南关村	25	男	1944 年 10 月
付 斗	高密市密水街道碾头村	38	男	1944 年 10 月
尚可斗	高密市密水街道矮沟村	25	男	1944 年 10 月
骨 盖	高密市朝阳街道贺家庄村	30	男	1944 年 10 月
来 福	高密市姜庄镇辛庄村	25	男	1944 年
李淮新	高密市姜庄镇贾唐村	27	男	1944 年
单际顺	高密市醴泉街道崔家村	23	男	1944 年
单洪恩	高密市醴泉街道崔家村	21	男	1944 年
陶俊臣	高密市醴泉街道崔家村	27	男	1944 年
张聿升	高密市醴泉街道于家庄村	26	男	1944 年
王天起	高密市醴泉街道于家庄村	24	男	1944 年
张文明	高密市醴泉街道于家庄村	27	男	1944 年
大 牙	高密市醴泉街道杨家庄村	32	男	1944 年
张来宗	高密市醴泉街道张新村	60	男	1944 年
刘凤水	高密市醴泉街道土辛庄村	21	男	1944 年
赵××	高密市醴泉街道土辛庄村	32	男	1944 年
夏春河	高密市醴泉街道永丰庄村	40	男	1944 年
韩星德	高密市醴泉街道韩家庄村	49	男	1944 年
王述田	高密市柏城镇李家太洛村	32	男	1944 年
逄洪喜	高密市柏城镇李家太洛村	36	男	1944 年
王希和	高密市柏城镇李家太洛村	31	男	1944 年
赵长春	高密市柏城镇李家太洛村	28	男	1944 年
呙田嫚	高密市柏城镇李家太洛村	39	男	1944 年
荆云溪	高密市井沟镇井沟村	34	男	1944 年
荆兆亮	高密市井沟镇井沟村	32	男	1944 年
范五月	高密市井沟镇河南村	26	男	1944 年
许小英	高密市柏城镇赵家村	17	男	1944 年
郝六刀	高密市柏城镇赵家村	41	男	1944 年
吴清风	高密市柏城镇赵家村	19	男	1944 年

姓 名	籍 贯	年 龄	性 别	死难时间
陈善风	高密市柏城镇单家庄村	40	男	1944 年
付余路	高密市柏城镇赵家村	43	男	1944 年
宋吉善	高密市姜庄镇老屯村	40	男	1944 年
董来传	高密市姜庄镇老屯村	38	男	1944 年
陈培林	高密市朝阳街道前埠口村	23	男	1944 年
秦汉文之父	高密市朝阳街道许家庄村	31	男	1944 年
范志奎之长兄	高密市朝阳街道罗家庄	21	男	1944 年
杜兆福	高密市夏庄镇沙口子村	25	男	1944 年
栾学烟	高密市夏庄镇刘家台子村	70	男	1944 年
杨福禄	高密市醴泉街道周家庄村	—	男	1945 年春
宿连俊	高密市柏城镇宿家屯村	32	男	1945 年春
王受传	高密市夏庄镇陈家屋子村	23	男	1945 年 4 月
单际跃之长兄	高密市密水街道东三里村	29	男	1945 年 8 月
李振祥	高密市姜庄镇仁和村	45	男	1945 年 8 月
聂文山	高密市姜庄镇顺北村	30	男	1945 年 8 月
李洪兰	高密市姜庄镇旗台村	18	男	1945 年 8 月
秦同玉	高密市姜庄镇陈屋村	28	男	1945 年 8 月
合 计	**966**			

责任人：牟敦俊　　　　　核实人：邱向阳　　　　　填表人：薛　建

填报单位（签章）：高密市委党史研究室　　　　　填报时间：2009 年 4 月 20 日

临朐县抗日战争时期死难者名录

姓 名	籍 贯	年 龄	性 别	死难时间
孟 氏	临朐县城关街道月庄村	20	女	1938 年
张福瑞之父	临朐县寺头镇吕匣村	37	男	1938 年
赵景川	临朐县城关街道孟家庄村	40	男	1938 年
胡继圣	临朐县城关街道粟山村	53	男	1938 年 1 月 23 日
胡继圣之妻	临朐县城关街道粟山村	52	女	1938 年 1 月 23 日
胡玉瑞	临朐县城关街道粟山村	30	男	1938 年 1 月 23 日
胡继治	临朐县城关街道粟山村	20	男	1938 年 1 月 23 日
胡玉桢	临朐县城关街道粟山村	34	男	1938 年 1 月 23 日
胡玉东	临朐县城关街道粟山村	54	男	1938 年 1 月 23 日
胡继义	临朐县城关街道粟山村	52	男	1938 年 1 月 23 日
胡继恩	临朐县城关街道粟山村	50	男	1938 年 1 月 23 日
胡继根	临朐县城关街道粟山村	22	男	1938 年 1 月 23 日
胡继山	临朐县城关街道粟山村	25	男	1938 年 1 月 23 日
胡玉美	临朐县城关街道粟山村	20	男	1938 年 1 月 23 日
胡长年之妻	临朐县城关街道粟山村	46	女	1938 年 1 月 23 日
申树春	临朐县城关街道北五里庄村	34	女	1938 年 1 月 23 日
张福田	临朐县城关街道北五里庄村	32	男	1938 年 1 月 23 日
章继海	临朐县城关街道教场村	30	男	1938 年 1 月 23 日
章继乾	临朐县城关街道教场村	26	男	1938 年 1 月 23 日
谭金印	临朐县城关街道谭马村	29	男	1938 年 1 月
谭志振	临朐县城关街道谭马村	29	男	1938 年 1 月
王 氏	临朐县城关街道凤凰村	30	女	1938 年 1 月
许 昌	临朐县五井镇后朱音村	—	男	1938 年 1 月
许桂香	临朐县五井镇后朱音村	—	男	1938 年 1 月
衣金成	临朐县冶源镇巩家桥村	32	男	1938 年 1 月
衣金龙	临朐县冶源镇巩家桥村	34	男	1938 年 1 月
王邦杰	临朐县冶源镇洼子村	16	男	1938 年 1 月
潘小百	临朐县冶源镇洼子村	15	男	1938 年 1 月
郭文富	临朐县冶源镇二郎庙村	55	男	1938 年 1 月
吴瑞林之子	临朐县冶源镇冶西村	16	男	1938 年 1 月
刘正之妻	临朐县冶源镇冶西村	62	女	1938 年 1 月

姓 名	籍 贯	年 龄	性 别	死难时间
居本忠	临朐县龙岗镇两县村	40	男	1938 年 1 月
王秀山	临朐县龙岗镇洛地村	30	男	1938 年 1 月
孙来业	临朐县辛寨镇胡家沟村	40	男	1938 年 1 月
王恩普	临朐县柳山镇北崖村	19	男	1938 年 1 月
刘同茂	临朐县沂山镇坨峪岭村	38	男	1938 年 1 月
刘同庆	临朐县沂山镇坨峪岭村	40	男	1938 年 1 月
冯义会	临朐县沂山镇西田峪村	29	男	1938 年 1 月
衣金龙之母	临朐县冶源镇巩家桥村	54	女	1938 年 1 月
居本忠之妻	临朐县龙岗镇两县村	41	女	1938 年 1 月
蔡　氏	临朐县辛寨镇胡家沟村	27	女	1938 年 1 月
衣瑞喜	临朐县冶源镇巩家桥村	36	男	1938 年 1 月
衣瑞道之兄	临朐县冶源镇巩家桥村	38	男	1938 年 1 月
衣瑞星	临朐县冶源镇巩家桥村	33	男	1938 年 1 月
李同岗	临朐县柳山镇东沟村	25	男	1938 年 2 月 3 日
蔡　氏	临朐县辛寨镇东黑洼村	70	女	1938 年 2 月 10 日
卢士典	临朐县辛寨镇大峪村	32	男	1938 年 2 月 19 日
卢王氏	临朐县辛寨镇大峪村	75	女	1938 年 2 月 19 日
李孟贤	临朐县辛寨镇唐立店子村	75	男	1938 年 2 月 25 日
张希胜	临朐县辛寨镇唐立店子村	70	男	1938 年 2 月 25 日
张　氏	临朐县辛寨镇唐立店子村	50	女	1938 年 2 月 25 日
刘兴友	临朐县辛寨镇唐立店子村	55	男	1938 年 2 月 25 日
于文秀	临朐县辛寨镇唐立店子村	48	男	1938 年 2 月 25 日
大务务	临朐县辛寨镇唐立店子村	30	男	1938 年 2 月 25 日
刘玉建	临朐县辛寨镇唐立店子村	41	男	1938 年 2 月 25 日
卢士冲	临朐县辛寨镇唐立店子村	69	男	1938 年 2 月 25 日
刘玉青	临朐县辛寨镇唐立店子村	47	男	1938 年 2 月 25 日
刘窝囊	临朐县辛寨镇唐立店子村	13	男	1938 年 2 月 25 日
张洪顺	临朐县辛寨镇马村沟村	28	男	1938 年 2 月 25 日
张来忠	临朐县辛寨镇马村沟村	16	男	1938 年 2 月 25 日
蔡文庆	临朐县辛寨镇大岳庄村	30	男	1938 年 2 月 25 日
刘　氏	临朐县辛寨镇大岳庄村	32	女	1938 年 2 月 25 日
张　氏	临朐县辛寨镇大岳庄村	35	女	1938 年 2 月 25 日
蔡　氏	临朐县辛寨镇大岳庄村	43	女	1938 年 2 月 25 日
李张氏	临朐县辛寨镇南岳庄村	—	女	1938 年 2 月 25 日

姓 名	籍 贯	年 龄	性 别	死难时间
陈文卓	临朐县辛寨镇南岳庄村	—	男	1938 年 2 月 25 日
李万松	临朐县辛寨镇南岳庄村	—	男	1938 年 2 月 25 日
李克亮	临朐县辛寨镇南岳庄村	—	男	1938 年 2 月 25 日
王者卫	临朐县辛寨镇东双山河村	60	男	1938 年 2 月 28 日
赵玉坤	临朐县九山镇蜂子窝村	43	男	1938 年 2 月
张文远	临朐县辛寨镇西盘阳村	22	男	1938 年 2 月
宗培杰之四叔	临朐县沂山镇房家台子村	20	男	1938 年 2 月
辛自成	临朐县龙岗镇东上林村	18	男	1938 年 3 月 2 日
李顺永	临朐县龙岗镇东上林村	18	男	1938 年 3 月 2 日
谭佃武	临朐县城关街道付家峪村	45	男	1938 年 3 月 10 日
谭佃章	临朐县城关街道付家峪村	42	男	1938 年 3 月 10 日
郑 氏	临朐县东城街道郝家庄村	23	女	1938 年 3 月 10 日
张召焕	临朐县城关街道月庄村	44	男	1938 年 3 月 11 日
于德江	临朐县沂山镇大关村	43	男	1938 年 3 月 15 日
王凤英	临朐县城关街道教场村	39	女	1938 年 3 月
陈瞿曾	临朐县城关街道西坦村	18	男	1938 年 3 月
魏枫林	临朐县城关街道岩头村	—	男	1938 年 3 月
孟宪柱	临朐县城关街道孟家庄村	21	男	1938 年 3 月
刘恒义	临朐县五井镇上坪村	22	男	1938 年 3 月
王均亭	临朐县九山镇朱庄村	49	男	1938 年 3 月
李正武	临朐县东城街道左家河村	—	男	1938 年 3 月
冯玉庆	临朐县龙岗镇上楼村	60	男	1938 年 3 月
张维孟	临朐县辛寨镇东盘阳村	39	男	1938 年 3 月
李庆德	临朐县城关街道月庄村	25	男	1938 年 4 月 25 日
高秀云	临朐县东城街道陶家庄村	28	男	1938 年 4 月 25 日
高怖云	临朐县东城街道陶家庄村	26	男	1938 年 4 月 25 日
丛传金	临朐县东城街道陶家庄村	32	男	1938 年 4 月 25 日
刘建德	临朐县东城街道泥沟村	25	男	1938 年 4 月 25 日
窦清汉	临朐县东城街道窦家洼村	30	男	1938 年 4 月 25 日
窦绍义	临朐县东城街道窦家洼村	18	男	1938 年 4 月 25 日
窦 氏	临朐县东城街道窦家洼村	30	女	1938 年 4 月 25 日
窦铭玉	临朐县东城街道窦家洼村	48	男	1938 年 4 月 25 日
窦林清	临朐县东城街道窦家洼村	30	男	1938 年 4 月 25 日
张 氏	临朐县东城街道窦家洼村	40	女	1938 年 4 月 25 日

姓 名	籍 贯	年 龄	性 别	死难时间
窦师坎	临朐县东城街道窦家洼村	52	男	1938 年 4 月 25 日
马 氏	临朐县东城街道窦家洼村	32	女	1938 年 4 月 25 日
窦信增	临朐县东城街道窦家洼村	20	男	1938 年 4 月 25 日
冯现曾	临朐县城关街道冯家陡沟村	20	男	1938 年 4 月
马敬亭	临朐县城关街道平安庄村	22	男	1938 年 4 月
王德治	临朐县城关街道南关村	37	男	1938 年 4 月
王 ×	临朐县城关街道南关村	25	男	1938 年 4 月
马兰芳	临朐县城关街道南关村	33	男	1938 年 4 月
孔召英	临朐县九山镇朱庄村	17	男	1938 年 4 月
董法近	临朐县九山镇朱庄村	19	男	1938 年 4 月
郭 氏	临朐县九山镇朱庄村	50	女	1938 年 4 月
董法刚	临朐县九山镇朱庄村	6	男	1938 年 4 月
赵佃林	临朐县九山镇朱庄村	22	男	1938 年 4 月
孔召祥	临朐县九山镇朱庄村	15	男	1938 年 4 月
丁 平	临朐县东城街道丁家焦窦村	35	男	1938 年 4 月
宗永林	临朐县沂山镇西蒋峪村	60	男	1938 年 4 月
王 氏	临朐县沂山镇西王家圈村	18	女	1938 年 4 月
陈加页	临朐县沂山镇大官庄村	24	男	1938 年 4 月
陈二哥	临朐县沂山镇大官庄村	30	男	1938 年 4 月
张荣祥之母	临朐县龙岗镇张佩环村	74	女	1938 年 5 月 11 日
张立刚	临朐县城关街道张家庄	46	男	1938 年 5 月 24 日
王乐贞	临朐县柳山镇东沟村	23	男	1938 年 5 月 28 日
张凤鸣	临朐县城关街道兴隆村	48	男	1938 年 5 月
杨万太之母	临朐县冶源镇冶西村	50	女	1938 年 5 月
马连丰	临朐县辛寨镇马家庄子村	22	男	1938 年 5 月
张龙江	临朐县沂山镇安家峪村	9	男	1938 年 5 月
张维祥	临朐县龙岗镇吴家庄村	25	男	1938 年 6 月
王友成之弟	临朐县龙岗镇吴家庄村	2	男	1938 年 6 月
刘桂胞之兄	临朐县龙岗镇西闫家沟村	31	男	1938 年 6 月
刘曰庆	临朐县龙岗镇西闫家沟村	50	男	1938 年 6 月
钟读明	临朐县龙岗镇张家沟村	16	男	1938 年 7 月 20 日
钟安盾	临朐县龙岗镇张家沟村	15	男	1938 年 7 月 20 日
张学道	临朐县龙岗镇张家沟村	31	男	1938 年 7 月 20 日
孟兆恩	临朐县龙岗镇龙东村	17	男	1938 年 7 月 20 日

姓　名	籍　贯	年　龄	性　别	死难时间
付　氏	青州郑母镇小五庄村	19	女	1938 年 7 月 20 日
宋广德	临朐县龙岗镇龙东村	25	男	1938 年 7 月 20 日
高永安	临朐县龙岗镇龙东村	22	男	1938 年 7 月 20 日
薛连成	临朐县龙岗镇龙东村	30	男	1938 年 7 月 20 日
薛连秋	临朐县龙岗镇龙东村	18	男	1938 年 7 月 20 日
汲永涛	临朐县龙岗镇龙东村	8	男	1938 年 7 月 20 日
汲永寿	临朐县龙岗镇龙东村	15	男	1938 年 7 月 20 日
张长工	临朐县龙岗镇龙东村	30	男	1938 年 7 月 20 日
冀福元	临朐县龙岗镇龙东村	30	男	1938 年 7 月 20 日
孟广道	临朐县龙岗镇龙东村	26	男	1938 年 7 月 20 日
付希安	临朐县龙岗镇龙东村	38	男	1938 年 7 月 20 日
王来友	临朐县龙岗镇龙东村	25	男	1938 年 7 月 20 日
冯玉亭	临朐县冶源镇洼子村	46	男	1938 年 7 月
尹洪兴	临朐县冶源镇红光村	32	男	1938 年 7 月
刘存孝之母	临朐县冶源镇冶西村	51	女	1938 年 7 月
徐青春	临朐县九山镇蜂子窝村	38	男	1938 年 7 月
徐青春之妻	临朐县九山镇蜂子窝村	—	女	1938 年 7 月
崔希田	临朐县龙岗镇龙西村	51	男	1938 年 7 月 20 日
崔洪顺	临朐县龙岗镇龙西村	13	男	1938 年 7 月 20 日
崔大女	临朐县龙岗镇龙西村	20	女	1938 年 7 月 20 日
崔二女	临朐县龙岗镇龙西村	16	女	1938 年 7 月 20 日
黄文亮	临朐县龙岗镇龙西村	50	男	1938 年 7 月 20 日
张教智	临朐县龙岗镇龙西村	30	男	1938 年 7 月 20 日
丛兴聚	临朐县龙岗镇龙西村	19	男	1938 年 7 月 20 日
蔡清云	临朐县龙岗镇龙西村	20	男	1938 年 7 月 20 日
孟光财	临朐县龙岗镇龙西村	21	男	1938 年 7 月 20 日
解奎文	临朐县龙岗镇龙西村	29	男	1939 年 7 月 20 日
王克礼	临朐县龙岗镇龙西村	41	男	1938 年 7 月 20 日
刘曰峰	临朐县龙岗镇西闫家沟村	44	男	1938 年 8 月 4 日
孙朋山	临朐县城关街道西安村	30	男	1938 年 8 月 14 日
房左师	临朐县寺头镇季家庄村	32	男	1938 年 8 月
窦全星	临朐县九山镇大山东村	36	男	1938 年 8 月
窦春德	临朐县九山镇大山东村	55	男	1938 年 8 月
扈本宾	临朐县龙岗镇河疃村	55	男	1938 年 8 月

姓　名	籍　贯	年　龄	性　别	死难时间
刘其玉	临朐县辛寨镇西刘家庄村	31	男	1938 年 8 月
孟庆发	临朐县柳山镇敢家沟村	50	男	1938 年 9 月 3 日
杨　宝	临朐县东城街道杨家场村	3	男	1938 年 9 月
谭成吉	临朐县寺头镇下河庄村	45	男	1938 年 9 月
徐××	临朐县龙岗镇吴家庄村	50	男	1938 年 9 月
张曰来	临朐县龙岗镇柳行沟村	33	男	1938 年 9 月
朱迪怀	临朐县辛寨镇新王庄村	7	男	1938 年 9 月
徐××之子	临朐县龙岗镇吴家庄村	3	男	1938 年 9 月
赵瑞父	临朐县九山镇龙湾河口村	60	男	1938 年 10 月 20 日
王者同之女	临朐县龙岗镇梓林村	1	女	1938 年 10 月 29 日
王梅武	临朐县东城街道陈家上庄村	24	男	1938 年 10 月
张桂英	临朐县龙岗镇梓林村	20	女	1938 年 10 月
张　淑	临朐县龙岗镇梓林村	17	女	1938 年 10 月
张清丰	临朐县沂山镇西王家圈村	51	男	1938 年 10 月
刘玉温	临朐县冶源镇杨善集村	33	男	1938 年 11 月
孙京顺	临朐县东城街道高家店村	40	男	1938 年 11 月
周兴智	临朐县沂山镇大关村	16	男	1938 年 12 月 20 日
吴朋德	临朐县沂山镇大关村	47	男	1938 年 12 月 20 日
张冀氏	临朐县龙岗镇小河圈村	70	女	1938 年 12 月
张立荣	临朐县冶源镇红光村	34	男	1938 年
刘青艳	临朐县九山镇蜂子窝村	42	男	1938 年
高俊贵	临朐县城关街道张家亭子村	36	男	1938 年
曾宪奎	临朐县东城街道曾家洼村	24	男	1938 年
曾宪昌	临朐县东城街道曾家洼村	20	男	1938 年
杨风信	临朐县东城街道杨家场村	27	男	1938 年
程　×	临朐县东城街道杨家场村	50	男	1938 年
程京华	临朐县东城街道杨家场村	24	男	1938 年
陈光吉	临朐县城关街道柳家圈村	19	男	1938 年
陈庆河	临朐县城关街道柳家圈村	15	男	1938 年
陈光德	临朐县城关街道柳家圈村	20	男	1938 年
赵维一	临朐县五井镇五井西村	48	男	1938 年
许同永	临朐县五井镇后朱音村	—	男	1938 年
谭金连	临朐县冶源镇谭家小崔村	19	男	1938 年
谭云贞	临朐县冶源镇谭家小崔村	30	男	1938 年

姓　名	籍　贯	年　龄	性　别	死难时间
李因红	临朐县冶源镇杨善集村	27	男	1938 年
刘玉西之父	临朐县冶源镇杨善集村	60	男	1938 年
刘玉西之母	临朐县冶源镇杨善集村	55	女	1938 年
杨一中之祖母	临朐县冶源镇杨善集村	—	女	1938 年
杨慎贵	临朐县冶源镇杨善集村	50	男	1938 年
郭瑞珍	临朐县冶源镇杨善集村	60	男	1938 年
马　×	临朐县冶源镇冶北村	55	男	1938 年
张见廷	临朐县冶源镇冶西村	60	男	1938 年
刘华清	临朐县冶源镇迟家庄村	52	男	1938 年
韩发伦	临朐县寺头镇北崔木村	21	男	1938 年
王同德	临朐县龙岗镇薛家崖村	50	男	1938 年
王同兴	临朐县龙岗镇薛家崖村	50	男	1938 年
马　×	临朐县东城街道北朱村	35	男	1938 年
曹士功	临朐县辛寨镇曹家庄村	27	男	1938 年
马修廷	临朐县辛寨镇巨家沟村	45	男	1938 年
曾纪荣	临朐县辛寨镇曾家寨村	38	男	1938 年
马秋岑	临朐县辛寨镇辛寨村	50	男	1938 年
马守连	临朐县辛寨镇辛寨村	18	男	1938 年
马守敬	临朐县辛寨镇辛寨村	19	男	1938 年
刘汉臣	临朐县辛寨镇辛寨村	30	男	1938 年
马洪亮	临朐县沂山镇下郝赵铺村	53	男	1938 年
张　平	临朐县沂山镇下郝赵铺村	35	男	1938 年
马星吉	临朐县沂山镇下郝赵铺村	38	男	1938 年
马前延	临朐县沂山镇下郝赵铺村	55	男	1938 年
刘修德	临朐县沂山镇常庄楼村	25	男	1938 年
陈会友	临朐县沂山镇陈家庄村	—	男	1938 年
吴更之父	临朐县沂山镇东蒋峪村	55	男	1938 年
勺子匠	临朐县沂山镇东蒋峪村	38	男	1938 年
王怀荣	临朐县沂山镇东蒋峪村	36	男	1938 年
冯中德	临朐县沂山镇薛庄村	—	男	1938 年
贺　强	临朐县沂山镇接家河村	27	男	1938 年
刘富合之父	临朐县沂山镇接家河村	28	男	1938 年
王文庆	临朐县沂山镇接家河村	25	男	1938 年
李春旺	临朐县沂山镇接家河村	26	男	1938 年

姓　名	籍　贯	年　龄	性　别	死难时间
张学武	临朐县城关街道前殷家河村	23	男	1938 年
郭京文	临朐县寺头镇柳子村	37	男	1938 年
张广福之女	临朐县龙岗镇西桃花村	21	女	1939 年 1 月 15 日
高继奎	临朐县东城街道高家店村	20	男	1939 年 1 月 16 日
王兴信	临朐县城关街道纸坊村	28	男	1939 年 1 月 18 日
杨来来	临朐县五井镇茹家庄村	18	男	1939 年 1 月
薛秀章	临朐县五井镇茹家庄村	21	男	1939 年 1 月
谭贺氏	临朐县五井镇茹家庄村	65	女	1939 年 1 月
王胡氏	临朐县五井镇茹家庄村	47	女	1939 年 1 月
王四妮	临朐县五井镇茹家庄村	—	女	1939 年 1 月
宋允文	临朐县五井镇茹家庄村	19	男	1939 年 1 月
谭金柱	临朐县五井镇茹家庄村	22	男	1939 年 1 月
刘学增	临朐县五井镇茹家庄村	20	男	1939 年 1 月
王仕和	临朐县五井镇茹家庄村	57	男	1939 年 1 月
李会田	临朐县五井镇茹家庄村	51	男	1939 年 1 月
吴启元	临朐县五井镇茹家庄村	21	男	1939 年 1 月
周玉山	临朐县九山镇蜂子窝村	41	男	1939 年 1 月
刘成海	临朐县九山镇青平峪村	50	男	1939 年 1 月
曹泉藻	临朐县柳山镇后疃村	23	男	1939 年 1 月
张建杜	临朐县城关街道倪家庄村	25	男	1939 年 1 月
赵士红	临朐县沂山镇坨峪岭村	46	男	1939 年 1 月
石玉兰	临朐县柳山镇花家庄村	70	女	1939 年 2 月 6 日
李长吉	临朐县城关街道纸坊村	75	男	1939 年 2 月 15 日
孙瑞清	临朐县东城街道孙家庄村	48	男	1939 年 2 月
孙长海	临朐县东城街道孙家庄村	26	男	1939 年 2 月
刘从增	临朐县五井镇上坪村	30	男	1939 年 2 月
张世美	临朐县五井镇上坪村	29	女	1939 年 2 月
聂名章之子	临朐县五井镇上坪村	22	男	1939 年 2 月
刘方成之女	临朐县五井镇上坪村	17	女	1939 年 2 月
张卫兴之母	临朐县五井镇上坪村	25	女	1939 年 2 月
刘恒胜之子	临朐县五井镇上坪村	24	男	1939 年 2 月
张世元	临朐县五井镇上坪村	27	男	1939 年 2 月
刘增廷	临朐县五井镇上坪村	19	男	1939 年 2 月
张海端之妻	临朐县五井镇上坪村	28	女	1939 年 2 月

姓 名	籍 贯	年 龄	性 别	死难时间
张海端之女	临朐县五井镇上坪村	8	女	1939 年 2 月
刘美元	临朐县五井镇上坪村	40	男	1939 年 2 月
高登吉	临朐县五井镇上坪村	40	男	1939 年 2 月
刘青山	临朐县九山镇蜂子窝村	42	男	1939 年 2 月
宗德林	临朐县沂山镇西蒋峪村	67	男	1939 年 2 月
宗金然	临朐县沂山镇西蒋峪村	42	男	1939 年 2 月
刘观奎	临朐县沂山镇常庄楼村	62	男	1939 年 2 月
王兰英	临朐县沂山镇赵家庄子村	36	女	1939 年 2 月
张清秀	临朐县沂山镇西王家圈村	57	男	1939 年 2 月
姬佃森	临朐县九山镇西岸头村	33	男	1939 年 3 月
丛兰蒙	临朐县东城街道丛家河村	21	男	1939 年 3 月
窦光友	临朐县东城街道竹寺沟村	18	男	1939 年 3 月
马嵩山	临朐县辛寨镇马家庄子村	24	男	1939 年 3 月
窦长三之妻	临朐县辛寨镇东黑洼村	22	女	1939 年 3 月
李高林	临朐县柳山镇侯家庄村	30	男	1939 年 3 月
宗培德	临朐县沂山镇房台子村	19	男	1939 年 3 月
刘 氏	临朐县沂山镇刘家砚峪村	50	女	1939 年 3 月
郎益庆	临朐县东城街道郎家洼村	35	男	1939 年 4 月 25 日
张 氏	临朐县城关街道西鲍庄村	—	女	1939 年 4 月
王玉德	临朐县城关街道倪家庄村	26	男	1939 年 4 月
杨万堂	临朐县东城街道杨家场村	8	男	1939 年 4 月
张 氏	临朐县城关街道凤凰村	42	女	1939 年 4 月
张化龙	临朐县城关街道凤凰村	28	男	1939 年 4 月
高玉成	临朐县东城街道齐家庙村	20	男	1939 年 4 月
张文兴	临朐县辛寨镇东盘阳村	37	男	1939 年 4 月
朱静平	临朐县辛寨镇新王庄村	19	男	1939 年 4 月
张现玉	临朐县龙岗镇张佩环村	67	男	1939 年 5 月 11 日
刘金明	临朐县东城街道左家河村	—	男	1939 年 5 月
王兴斌	临朐县龙岗镇东洼子村	50	男	1939 年 5 月
王复兴	临朐县龙岗镇南李台村	42	男	1939 年 5 月
朱习宽	临朐县龙岗镇吴家崖村	18	男	1939 年 5 月
吴维来之二叔	临朐县龙岗镇吴家崖村	18	男	1939 年 5 月
孟二对	临朐县辛寨镇汪家沟村	—	男	1939 年 5 月
张文江	临朐县沂山镇南田峪村	41	男	1939 年 5 月

姓　名	籍　贯	年　龄	性　别	死难时间
侯传新	临朐县沂山镇刘家砚峪村	42	男	1939 年 6 月 2 日
王永升	临朐县龙岗镇西王沟村	32	男	1939 年 6 月 16 日
王秀东	临朐县龙岗镇西王沟村	40	男	1939 年 6 月 16 日
甄京宝	临朐县龙岗镇西王沟村	37	男	1939 年 6 月 16 日
窦文田	临朐县东城街道孙家庄村	42	男	1939 年 6 月
王明时	临朐县冶源镇石河村	40	男	1939 年 6 月
付松亭	临朐县冶源镇付家李召村	46	男	1939 年 6 月
付士甲	临朐县冶源镇付家李召村	40	男	1939 年 6 月
杜洪来	临朐县柳山镇杜家庄村	33	男	1939 年 6 月
李连章	临朐县冶源镇河南村	20	男	1939 年 7 月 14 日
王西增	临朐县辛寨镇东双山河村	22	男	1939 年 7 月 19 日
李化堂	临朐县辛寨镇东双山河村	43	男	1939 年 7 月 19 日
王德法	临朐县辛寨镇东双山河村	28	男	1939 年 7 月 19 日
王者玉	临朐县辛寨镇东双山河村	64	男	1939 年 7 月 19 日
王荣德	临朐县五井镇垛庄村	—	男	1939 年 7 月
王荣德之大儿媳	临朐县五井镇垛庄村	—	女	1939 年 7 月
王荣德之二儿媳	临朐县五井镇垛庄村	—	女	1939 年 7 月
王秋建之兄	临朐县五井镇垛庄村	50	男	1939 年 7 月
窦长英	临朐县九山镇大山东村	40	男	1939 年 7 月
贾国文	临朐县龙岗镇乜家河村	70	男	1939 年 7 月
常兴有	临朐县辛寨镇庞家沟村	56	男	1939 年 7 月
张汉青	临朐县辛寨镇牛栏峪村	25	男	1939 年 7 月
刘　氏	临朐县沂山镇吕庄村	67	女	1939 年 7 月
朱保利	临朐县寺头镇王庄村	40	男	1939 年 8 月 10 日
刘宅红	临朐县寺头镇王庄村	73	男	1939 年 8 月 10 日
刘哑巴	临朐县寺头镇王庄村	14	男	1939 年 8 月 10 日
王英怀	临朐县寺头镇王庄村	40	男	1939 年 8 月 10 日
李元茂	临朐县东城街道弥南村	27	男	1939 年 8 月
尹寿万	临朐县寺头镇季家庄村	18	男	1939 年 8 月
何举宾	临朐县九山镇大山东村	54	男	1939 年 8 月
王成田	临朐县沂山镇窦家屋子村	63	男	1939 年 8 月
王洁成	临朐县沂山镇窦家屋子村	32	男	1939 年 8 月
李何田	临朐县沂山镇东王家圈村	31	男	1939 年 8 月
李永新	临朐县九山镇付兴村	60	男	1939 年 9 月 26 日

姓　名	籍　贯	年　龄	性　别	死难时间
黄世跃	临朐县城关街道西坦村	78	男	1939 年 9 月
张化文	临朐县五井镇上坪村	25	男	1939 年 9 月
冯纯升	临朐县寺头镇石佛堂村	30	男	1939 年 9 月
张洪栓	临朐县辛寨镇大郝庄村	18	男	1939 年 9 月
郝元成	临朐县龙岗镇姚家庄村	40	男	1939 年 10 月 2 日
郭宝兴	临朐县寺头镇宝畔台村	45	男	1939 年 10 月 7 日
李大孩	临朐县沂山镇贺家洼村	39	男	1939 年 10 月
李二孩	临朐县沂山镇贺家洼村	37	男	1939 年 10 月
付启忠	临朐县沂山镇南店村	48	男	1939 年 10 月
白翠安	临朐县城关街道纸坊村	37	男	1939 年 11 月
刘庆祥	临朐县城关街道西安村	42	男	1939 年 11 月
刘同祯	临朐县城关街道西安村	20	男	1939 年 11 月
刘清山	临朐县城关街道西安村	37	男	1939 年 11 月
徐东章	临朐县城关街道西安村	40	男	1939 年 11 月
王巨荣	临朐县城关街道西安村	19	男	1939 年 11 月
徐云章	临朐县城关街道西安村	39	男	1939 年 11 月
冯义甫	临朐县沂山镇西田峪村	25	男	1939 年 11 月
王守芹	临朐县龙岗镇梓林村	70	女	1939 年 12 月 9 日
申希礼	临朐县龙岗镇获子涧村	40	男	1939 年 12 月 26 日
白士立	临朐县冶源镇红光村	25	男	1939 年 12 月
宗　起	临朐县沂山镇房家台子村	41	男	1939 年 12 月
王维青	临朐县沂山镇刘家庄子村	—	男	1939 年 12 月
刘玉海	临朐县东城街道杨家庄村	38	男	1939 年
贺兴能	临朐县五井镇茹家庄村	28	男	1939 年
赵兴兰	临朐县五井镇五井西村	48	男	1939 年
鞠方田	临朐县五井镇五井西村	25	男	1939 年
赵树鹏	临朐县五井镇五井西村	21	男	1939 年
李因唐	临朐县冶源镇王家营村	42	男	1939 年
卞成功	临朐县冶源镇冶南村	38	男	1939 年
井希贵之舅	临朐县冶源镇冶西村	63	男	1939 年
连文辉	临朐县冶源镇红新村	17	男	1939 年
王　孩	临朐县冶源镇红新村	18	男	1939 年
冯树桃	临朐县冶源镇红新村	21	男	1939 年
冯树吉	临朐县冶源镇红新村	21	男	1939 年

姓　名	籍　贯	年　龄	性　别	死难时间
刘　氏	临朐县冶源镇黄家宅村	30	女	1939 年
张义太	临朐县冶源镇宫家坡村	17	男	1939 年
马忠顺	临朐县冶源镇迟家庄村	62	男	1939 年
马光文	临朐县冶源镇迟家庄村	20	男	1939 年
李　二	临朐县冶源镇迟家庄村	40	男	1939 年
韩其兰	临朐县寺头镇王门村	37	男	1939 年
郭金庆	临朐县寺头镇西安村	21	男	1939 年
姚礼然	临朐县寺头镇水泉溜村	32	男	1939 年
姚智然	临朐县寺头镇水泉溜村	16	男	1939 年
黄　廷	临朐县寺头镇西文山村	30	男	1939 年
马文田	临朐县寺头镇岭子村	12	男	1939 年
张京和	临朐县寺头镇蒋白村	68	男	1939 年
刘老厚	临朐县九山镇青杨峪村	32	男	1939 年
申增奎	临朐县九山镇柴家庄村	50	男	1939 年
田福来之妻	临朐县龙岗镇西桃花村	19	女	1939 年
张百义	临朐县龙岗镇蒿科村	50	男	1939 年
周永善之妻	临朐县龙岗镇东周家庄村	45	女	1939 年
王希敬之母	临朐县龙岗镇东周家庄村	60	女	1939 年
林松德	临朐县东城街道林家庄村	38	男	1939 年
林兆瑞	临朐县东城街道林家庄村	43	男	1939 年
张玉相	临朐县辛寨镇西双山河村	25	男	1939 年
王西刚	临朐县辛寨镇西双山河村	20	男	1939 年
李千熙	临朐县辛寨镇龟山子村	—	男	1939 年
马吉禄	临朐县辛寨镇巨家沟村	41	男	1939 年
曾光录	临朐县辛寨镇曾家寨村	40	男	1939 年
刘文山	临朐县辛寨镇蒋市村	40	男	1939 年
张乐举	临朐县辛寨蒋市店子村	16	男	1939 年
付少仁之父	临朐县沂山镇山头子村	42	男	1939 年
杨　儿	临朐县沂山镇山头子村	32	男	1939 年
刘正元	临朐县沂山镇贺家洼村	42	男	1939 年
跟　羊	临朐县沂山镇贺家洼村	38	男	1939 年
刘文俊	临朐县沂山镇常庄楼村	27	男	1939 年
刘清风	临朐县沂山镇常庄楼村	24	男	1939 年
谭金铭	临朐县城关街道谭马村	20	男	1939 年

姓 名	籍 贯	年 龄	性 别	死难时间
武德明	临朐县冶源镇冶东村	20	男	1939 年
高传典	临朐县冶源镇高家庄村	21	男	1939 年
刘津清	临朐县沂山镇刘家营村	27	男	1939 年
刘升云	临朐县沂山镇刘家营村	34	男	1939 年
刘××	临朐县东城街道郝家庄村	24	男	1939 年
高星章	临朐县五井镇大楼	40	男	1939 年
刘洪恩	临朐县五井镇暖水河村	37	男	1939 年
王继恩	临朐县五井镇暖水河村	25	男	1939 年
王久岭	临朐县龙岗镇大车沟村	22	男	1939 年
卢士雨	临朐县沂山镇核桃园村	50	男	1939 年
王仕友	临朐县五井镇九杰村	—	男	1939 年
辛学敬	临朐县龙岗镇百沟村	55	男	1939 年
朱二成	临朐县龙岗镇乜家河村	52	男	1939 年
王玉山之妻	临朐县龙岗镇西王沟村	23	女	1939 年
火车头	临朐县龙岗镇东上林村	32	男	1939 年
许佃义	临朐县辛寨镇谢家营村	37	男	1939 年
井润源	临朐县城关街道井家田村	23	男	1939 年
高 氏	临朐县寺头镇南坡村	32	女	1940 年 1 月 2 日
张如忠	临朐县寺头镇南坡村	45	男	1940 年 1 月 2 日
衣文奎	临朐县寺头镇南坡村	42	男	1940 年 1 月 2 日
张 氏	临朐县寺头镇南坡村	50	女	1940 年 1 月 2 日
朱瑞云之前妻	临朐县龙岗镇乜家河村	22	女	1940 年 1 月 5 日
林马氏	临朐县东城街道林家庄村	30	女	1940 年 1 月
窦长京	临朐县九山镇大山东村	36	男	1940 年 1 月
吕连珍	临朐县东城街道刘迪沟村	21	男	1940 年 1 月
张汉刺	临朐县辛寨镇牛栏峪村	26	男	1940 年 1 月
张仁安之祖母	临朐县柳山镇庙山村	42	女	1940 年 1 月
张仁交	临朐县柳山镇庙山村	40	男	1940 年 1 月
张永德	临朐县柳山镇庙山村	48	男	1940 年 1 月
纪同光	临朐县柳山镇辛庄村	24	男	1940 年 1 月
张西周	临朐县柳山镇花家庄村	65	男	1940 年 1 月
倪 魁	临朐县沂山镇邵家峪村	19	男	1940 年 2 月 2 日
尹寿福	临朐县寺头镇季家庄村	20	男	1940 年 2 月
倪丰山	临朐县沂山镇大兀村	30	男	1940 年 2 月

姓 名	籍 贯	年 龄	性 别	死难时间
杨玉龙	临朐县五井镇下五井西村	17	男	1940 年 3 月
聂祥星	临朐县冶源镇南孟家庄村	26	男	1940 年 3 月
吴升三	临朐县冶源镇大辛庄村	20	男	1940 年 3 月
夏传雨	临朐县冶源镇大辛庄村	22	男	1940 年 3 月
张乐伍	临朐县东城街道蔡家董庄村	20	男	1940 年 3 月
蔡青云	临朐县东城街道蔡家董庄村	21	男	1940 年 3 月
孙 氏	临朐县辛寨镇夏家庄村	37	女	1940 年 3 月
夏振海	临朐县辛寨镇夏家庄村	3	男	1940 年 3 月
刘观经	临朐县沂山镇常庄楼村	40	男	1940 年 3 月
周世合	临朐县沂山镇西王家圈村	56	男	1940 年 3 月
谭姣姣	临朐县城关街道谭马村	6	女	1940 年 4 月
谭银吉之妻	临朐县城关街道谭马村	33	女	1940 年 4 月
谭其文之妹	临朐县城关街道谭马村	72	女	1940 年 4 月
谭民之妻	临朐县城关街道谭马村	25	女	1940 年 4 月
谭云纪之妻	临朐县城关街道谭马村	53	女	1940 年 4 月
谭金海之母	临朐县城关街道谭马村	50	女	1940 年 4 月
刘国训	临朐县五井镇大傅家庄	22	男	1940 年 4 月
张仕起	临朐县冶源镇洼子村	34	男	1940 年 4 月
张曰香	临朐县龙岗镇东桃花村	56	女	1940 年 4 月
王觅汉	临朐县辛寨镇夏家庄村	16	男	1940 年 4 月
孙洪增	临朐县辛寨镇马山村	41	男	1940 年 4 月
吴克荣	临朐县东城街道咸富楼村	19	男	1940 年 4 月
张玉枣	临朐县沂山镇东牛河村	23	男	1940 年 4 月
杜安贵之妹	临朐县龙岗镇西上林村	20	女	1940 年 5 月
王佃选	临朐县龙岗镇西上林村	50	男	1940 年 5 月
王际兴	临朐县龙岗镇西上林村	50	男	1940 年 5 月
王会兴	临朐县龙岗镇西上林村	46	男	1940 年 5 月
王世兴	临朐县龙岗镇西上林村	41	男	1940 年 5 月
王佃全	临朐县龙岗镇西上林村	60	男	1940 年 5 月
刘文信	临朐县辛寨镇泉子崖村	21	男	1940 年 5 月
张玉成	临朐县东城街道大张家庄村	23	男	1940 年 5 月
汪树德	临朐县东城街道大张家庄村	26	男	1940 年 5 月
魏汝公	临朐县城关街道岩头村	—	男	1940 年 6 月
胡好绪	临朐县五井镇东大河	43	男	1940 年 6 月

姓 名	籍 贯	年龄	性别	死难时间
邢文回	临朐县五井镇桥头村	22	男	1940 年 6 月
宗培×	临朐县沂山镇房台子村	21	男	1940 年 6 月
扈本富	临朐县龙岗镇河疃村	19	男	1940 年 7 月 18 日
王云河	临朐县城关街道下石埠村	30	男	1940 年 7 月
李学德	临朐县东城街道杨家场村	18	男	1940 年 7 月
陈千德	临朐县五井镇马庄	31	男	1940 年 7 月
李德连	临朐县五井镇五井东村	22	男	1940 年 7 月
张玉连	临朐县五井镇垛庄村	—	男	1940 年 7 月
张玉启	临朐县五井镇垛庄村	—	男	1940 年 7 月
王金香	临朐县冶源镇苏家庄村	23	男	1940 年 7 月
苗成山	临朐县龙岗镇薛家庙村	40	男	1940 年 7 月
李正刚	临朐县东城街道刘家庄村	32	男	1940 年 8 月 9 日
王冠礼	临朐县冶源镇泉庄村	50	男	1940 年 8 月 17 日
巨长贵	临朐县辛寨镇龙门山村	22	男	1940 年 8 月 17 日
巨增田	临朐县辛寨镇龙门山村	22	男	1940 年 8 月 17 日
李春普	临朐县五井镇五井东村	20	男	1940 年 8 月
李连池	临朐县五井镇大傅家庄	24	男	1940 年 8 月
杨复国	临朐县五井镇小辛庄	28	男	1940 年 8 月
尹 键	临朐县五井镇西池村	19	男	1940 年 8 月
尹培先	临朐县五井镇西池村	20	男	1940 年 8 月
迟旺龙	临朐县五井镇常家溜村	24	男	1940 年 8 月
窦长发	临朐县九山镇大山东村	34	男	1940 年 8 月
赵万青	临朐县九山镇呈子河村	25	男	1940 年 8 月
张太华之父	临朐县龙岗镇张阁店村	29	男	1940 年 8 月
张法聪	临朐县柳山镇北营村	12	男	1940 年 9 月 3 日
付士庆	临朐县冶源镇付家李召村	36	男	1940 年 9 月 4 日
李生章	临朐县东城街道陶家庄村	32	男	1940 年 9 月
丛连义	临朐县东城街道陶家庄村	21	男	1940 年 9 月
李平之父	临朐县龙岗镇郑家沟村	50	男	1940 年 10 月 29 日
王水之妹	临朐县龙岗镇包家河村	19	女	1940 年 10 月 29 日
王星之父	临朐县龙岗镇包家河村	57	男	1940 年 10 月 29 日
魏长富	临朐县冶源镇石河村	26	男	1940 年 11 月
丁西华	临朐县辛寨镇双山前村	29	男	1940 年 11 月
高忠孝	临朐县辛寨镇张家庄子村	32	男	1940 年 12 月

姓 名	籍 贯	年 龄	性 别	死难时间
赵德洪	临朐县沂山镇南草山亭村	16	男	1940 年 12 月
陈显德	临朐县五井镇黄崖头村	23	男	1940 年
蔚秋岱	临朐县五井镇黄崖头村	9	男	1940 年
张 四	临朐县九山镇涝坡河村	38	男	1940 年
崔世荣	临朐县龙岗镇崔家河村	23	男	1940 年
刘兴堂	临朐县辛寨镇唐立店子村	12	男	1940 年
魏春芬	临朐县东城街道竹寺沟村	20	男	1940 年
于培得之婶	临朐县沂山镇李户庄村	24	女	1940 年
井西广	临朐县城关街道井家田村	24	男	1940 年
张嫚子	临朐县五井镇黄崖头村	18	女	1940 年
张 氏	临朐县五井镇黄崖头村	48	女	1940 年
张成雨	临朐县五井镇黄崖头村	44	男	1940 年
刘清席	临朐县五井镇阳城村	42	男	1940 年
李作国	临朐县九山镇蜂子窝村	40	男	1940 年
杨秀吉	临朐县东城街道杨家场村	51	男	1940 年
杨秀全	临朐县东城街道杨家场村	50	男	1940 年
杨丰安	临朐县东城街道杨家场村	50	男	1940 年
杨丰凯	临朐县东城街道杨家场村	31	男	1940 年
唐左贞	临朐县东城街道杨家场村	26	男	1940 年
郭京明之母	临朐县城关街道柳家圈村	35	女	1940 年
贺兴坤	临朐县五井镇茹家庄村	24	男	1940 年
高乃义	临朐县五井镇五井西村	55	男	1940 年
王兴兰	临朐县五井镇五井西村	56	男	1940 年
许光友	临朐县五井镇五井西村	23	男	1940 年
来汉章	临朐县五井镇五井西村	47	男	1940 年
赵美普	临朐县五井镇五井西村	20	男	1940 年
刘英增	临朐县五井镇马庄	39	男	1940 年
史兰增	临朐县五井镇隐士村	—	男	1940 年
程光敦	临朐县五井镇下五井西村	23	男	1940 年
王允村	临朐县五井镇下五井西村	26	男	1940 年
许心治	临朐县五井镇前朱音村	60	男	1940 年
许相海	临朐县五井镇前朱音村	30	男	1940 年
窦树勤	临朐县五井镇南蒋村	20	男	1940 年
韩其富	临朐县五井镇东井村	23	男	1940 年

姓　名	籍　贯	年　龄	性　别	死难时间
冯怀移	临朐县五井镇北铜峪村	21	男	1940 年
冯怀升	临朐县五井镇北铜峪村	22	男	1940 年
魏会元	临朐县冶源镇玉皇庙村	20	男	1940 年
衣同德	临朐县冶源镇福山集村	48	男	1940 年
高佃祥	临朐县冶源镇福山集村	21	男	1940 年
房师勤	临朐县冶源镇西小章村	25	男	1940 年
魏学文	临朐县冶源镇西小章村	26	男	1940 年
刘世德	临朐县冶源镇苏家庄村	30	男	1940 年
孙之增	临朐县冶源镇广尧店子村	23	男	1940 年
王　玉	临朐县冶源镇冶北村	9	男	1940 年
徐连印	临朐县冶源镇三阳山村	20	男	1940 年
杨荣远	临朐县寺头镇崔册村	70	男	1940 年
孔凡英	临朐县寺头镇崔册村	78	女	1940 年
张九先	临朐县龙岗镇包家河村	32	男	1940 年
贾宗明	临朐县龙岗镇赵家庙村	25	男	1940 年
胡玉贵	临朐县东城街道胡家岭村	28	男	1940 年
蔡京云	临朐县辛寨镇康家庄村	27	男	1940 年
蔡永吉	临朐县辛寨镇康家庄村	37	男	1940 年
刘传收	临朐县辛寨镇河北村	26	男	1940 年
武吉田	临朐县辛寨镇东官庄村	48	男	1940 年
付少洪	临朐县辛寨镇南流村	19	男	1940 年
李东熙	临朐县辛寨镇龟山子村	—	男	1940 年
李兴熙	临朐县辛寨镇龟山子村	—	男	1940 年
李登弟	临朐县辛寨镇龟山子村	—	男	1940 年
李登辉	临朐县辛寨镇龟山子村	—	男	1940 年
王学礼	临朐县辛寨镇曾家寨村	46	男	1940 年
王继财	临朐县辛寨镇辛寨村	25	男	1940 年
刘整田	临朐县辛寨镇辛寨村	25	男	1940 年
马　文	临朐县辛寨镇辛寨村	46	男	1940 年
马　森	临朐县辛寨镇辛寨村	40	男	1940 年
马廷瑞	临朐县辛寨镇辛寨村	20	男	1940 年
刘瑞田	临朐县辛寨镇蒋市村	—	男	1940 年
李斗恩	临朐县辛寨镇蒋市村	—	男	1940 年
纪明义	临朐县柳山镇西河西村	45	男	1940 年

姓　名	籍　贯	年龄	性别	死难时间
侯　花	临朐县柳山镇侯家河村	25	男	1940 年
侯顺板	临朐县柳山镇侯家河村	48	男	1940 年
侯效武	临朐县柳山镇侯家河村	24	男	1940 年
侯学忠之妻	临朐县柳山镇侯家河村	20	女	1940 年
侯信宽	临朐县柳山镇侯家河村	32	男	1940 年
马希太	临朐县沂山镇下郝赵铺村	50	男	1940 年
赵同明之父	临朐县沂山镇陡沟村	—	男	1940 年
赵同恩之祖父	临朐县沂山镇陡沟村	—	男	1940 年
李洪录	临朐县沂山镇李家砚峪村	37	男	1940 年
李长文	临朐县沂山镇李家砚峪村	36	男	1940 年
李学明	临朐县沂山镇李家砚峪村	35	男	1940 年
李学兰	临朐县沂山镇李家砚峪村	38	男	1940 年
李元顺	临朐县沂山镇李家砚峪村	40	男	1940 年
冯树梓	临朐县冶源镇红庙子村	30	男	1940 年
马立春	临朐县冶源镇白塔村	21	男	1940 年
高恩新	临朐县冶源镇黄家宅村	21	男	1940 年
张士起	临朐县冶源镇前洼子村	20	男	1940 年
魏宗贵	临朐县冶源镇前小章村	20	男	1940 年
魏　礼	临朐县冶源镇玉皇庙村	20	男	1940 年
贺德坤	临朐县五井镇茹家庄村	24	男	1940 年
张曰华	临朐县寺头镇鹿皋村	27	男	1940 年
郝西胜	临朐县寺头镇鹿皋村	32	男	1940 年
冯兰谱	临朐县沂山镇田峪村	27	男	1940 年
郎玉田	临朐县东城街道郎家洼村	19	男	1940 年
刘广顺	临朐县龙岗镇宫家庄村	16	男	1940 年
张惠吉	临朐县龙岗镇梓林村	22	男	1940 年
王云梯	临朐县城关街道下石埠村	40	男	1940 年
王福来	临朐县城关街道下石埠村	40	男	1940 年
张青顺	临朐县九山镇涝洼村	41	男	1941 年 1 月 28 日
王德志	临朐县九山镇涝洼村	23	男	1941 年 1 月 28 日
李金堂	临朐县冶源镇大广尧村	30	男	1941 年 1 月
葛　氏	临朐县九山镇上龙湾村	58	女	1941 年 1 月
赵　×	临朐县九山镇上龙湾村	61	男	1941 年 1 月
张夏氏	临朐县东城街道北石庙村	30	女	1941 年 1 月

姓 名	籍 贯	年 龄	性 别	死难时间
李登仕	临朐县辛寨镇龟山子村	—	男	1941 年 1 月
张文尧	临朐县柳山镇洪山村	41	男	1941 年 1 月
张怀功	临朐县柳山镇杜家庄村	19	男	1941 年 1 月
赵玉林	临朐县九山镇呈子河村	47	男	1941 年 1 月
魏长法	临朐县城关街道岩头村	—	男	1941 年 2 月 28 日
侯兆吉之妻	临朐县城关街道岩头村	—	女	1941 年 2 月 28 日
魏守志之祖母	临朐县城关街道岩头村	—	女	1941 年 2 月
苏兰分	临朐县辛寨镇大张龙村	35	男	1941 年 2 月
孙启本	临朐县冶源镇东朱阳村	21	男	1941 年 3 月
孟兆伦	临朐县辛寨镇汪家沟村	—	男	1941 年 3 月
孙佃文	临朐县辛寨镇大张龙村	36	男	1941 年 3 月
齐纯山之妻	临朐县沂山镇西长命沟村	20	女	1941 年 3 月
王玉富	临朐县城关街道笸子庄村	39	男	1941 年 3 月
尹守廷	临朐县城关街道狮子口村	38	男	1941 年 4 月
李 氏	临朐县城关街道狮子口村	39	女	1941 年 4 月
高玉奎	临朐县东城街道咸富楼村	19	男	1941 年 4 月
张三功	临朐县东城街道弥南村	35	男	1941 年 4 月
赵世奎之母	临朐县城关街道寨子崮村	55	女	1941 年 4 月
赵钝吉	临朐县城关街道谭马村	48	男	1941 年 4 月
许汉麦	临朐县五井镇前朱音村	34	男	1941 年 4 月
宗张氏	临朐县五井镇阳城村	46	女	1941 年 4 月
张王氏	临朐县五井镇阳城村	26	女	1941 年 4 月
董贤宗	临朐县九山镇南店村	40	男	1941 年 4 月
任乐顺	临朐县辛寨镇张六河村	21	男	1941 年 4 月
付兰台	临朐县辛寨镇南流村	13	男	1941 年 4 月
王士力	临朐县九山镇东沂山村	40	男	1941 年 5 月 7 日
赵 ×	临朐县九山镇东沂山村	41	男	1941 年 5 月 7 日
尹西福	临朐县城关街道狮子口村	42	男	1941 年 5 月
李元青	临朐县东城街道弥南村	40	男	1941 年 5 月
徐光征	临朐县九山镇南小尧峪村	28	男	1941 年 6 月
刘来清	临朐县辛寨镇南流村	42	男	1941 年 6 月
王 荣	临朐县沂山镇刘家砚峪村	53	男	1941 年 6 月
王洪安	临朐县辛寨镇西闫家河村	20	男	1941 年 7 月 19 日
闫学成	临朐县辛寨镇西闫家河村	41	男	1941 年 7 月 19 日

姓 名	籍 贯	年 龄	性 别	死难时间
王明亮	临朐县辛寨镇西闫家河村	18	男	1941 年 7 月 19 日
郝希顺	临朐县东城街道郝家庄村	19	男	1941 年 7 月 29 日
郝荣清	临朐县东城街道郝家庄村	37	男	1941 年 7 月 29 日
郝元升	临朐县东城街道郝家庄村	24	男	1941 年 7 月 29 日
郝元海	临朐县东城街道郝家庄村	25	男	1941 年 7 月 29 日
郝希贤	临朐县东城街道郝家庄村	19	男	1941 年 7 月 29 日
郝元利	临朐县东城街道郝家庄村	28	男	1941 年 7 月 29 日
郝希松	临朐县东城街道郝家庄村	38	男	1941 年 7 月 29 日
郝希照	临朐县东城街道郝家庄村	19	男	1941 年 7 月 29 日
陈孝德	临朐县五井镇马庄村	29	男	1941 年 7 月
胡好刚	临朐县五井镇东大河村	47	男	1941 年 7 月
赵文旭	临朐县九山镇涝坡河村	60	男	1941 年 7 月
徐 温	临朐县九山镇蜂子窝村	41	男	1941 年 7 月
王 氏	临朐县九山镇蜂子窝村	40	女	1941 年 7 月
张宗宪	临朐县辛寨镇兴寺店村	29	男	1941 年 7 月
张然林	临朐县辛寨镇南流村	23	男	1941 年 7 月
李 ×	临朐县辛寨镇南流村	25	男	1941 年 7 月
张东升之妻	临朐县柳山镇庙山村	25	女	1941 年 7 月
张德增之妹	临朐县柳山镇庙山村	18	女	1941 年 7 月
张明礼之母	临朐县柳山镇庙山村	38	女	1941 年 7 月
辛学田	临朐县柳山镇庙山村	40	男	1941 年 7 月
张孟兰	临朐县柳山镇庙山村	38	女	1941 年 7 月
张乐增	临朐县柳山镇庙山村	38	男	1941 年 7 月
宗无名	临朐县沂山镇房家台子村	26	男	1941 年 7 月
王祥德之祖父	临朐县沂山镇房家台子村	45	男	1941 年 7 月
孙 氏	临朐县城关街道西鲍庄村	43	女	1941 年 7 月
张朵朵	临朐县城关街道西鲍庄村	14	女	1941 年 7 月
张明禹	临朐县城关街道西鲍庄村	78	男	1941 年 7 月
刘 氏	临朐县城关街道西鲍庄村	56	女	1941 年 7 月
侯 成	临朐县龙岗镇石山河村	32	男	1941 年 8 月 15 日
付士超	临朐县冶源镇付家李召村	35	男	1941 年 8 月 15 日
张怀福之母	临朐县寺头镇崮山村	38	女	1941 年 8 月 19 日
王端章	临朐县龙岗镇张家台村	30	男	1941 年 8 月 26 日
陈加公	临朐县九山镇野虎峪村	21	男	1941 年 8 月

姓　名	籍　贯	年　龄	性　别	死难时间
白光义	临朐县城关街道纸坊村	18	男	1941 年 8 月
李玉领	临朐县城关街道西安村	35	男	1941 年 8 月
王克户	临朐县冶源镇上国家峪村	37	男	1941 年 8 月
张连德	临朐县九山镇西岸头村	32	男	1941 年 8 月
徐延祥	临朐县龙岗镇薛家庙村	39	男	1941 年 8 月
李恒双	临朐县沂山镇姬家庄子村	22	男	1941 年 8 月
张明山	临朐县沂山镇姬家庄子村	28	男	1941 年 8 月
侯兆平	临朐县柳山镇北马庄村	18	男	1941 年 9 月 3 日
侯安丘	临朐县柳山镇北马庄村	30	男	1941 年 9 月 3 日
马　兰	临朐县东城街道张家寨村	—	男	1941 年 9 月 8 日
陈益德	临朐县寺头镇柳科泉村	12	男	1941 年 9 月 27 日
陈华远	临朐县寺头镇柳科泉村	47	男	1941 年 9 月 27 日
陈文林	临朐县寺头镇柳科泉村	76	男	1941 年 9 月 27 日
张　氏	临朐县九山镇大花龙潭村	49	女	1941 年 9 月 27 日
窦玉庭	临朐县九山镇大花龙潭村	32	男	1941 年 9 月 27 日
于占河	临朐县九山镇于家沟村	43	男	1941 年 9 月 27 日
李因滦	临朐县冶源镇李家营村	20	男	1941 年 9 月
顾学政	临朐县寺头镇洛庄村	31	男	1941 年 9 月
闫洪典	临朐县龙岗镇西桃花村	52	男	1941 年 9 月
张希安	临朐县辛寨镇牛栏峪村	30	男	1941 年 9 月
张来信	临朐县辛寨镇王家西圈村	23	男	1941 年 9 月
王正甲	临朐县柳山镇北崖村	40	男	1941 年 9 月
刘兆森	临朐县沂山镇牛旺子村	78	男	1941 年 9 月
刘桂锁	临朐县沂山镇牛旺子村	76	男	1941 年 9 月
张护主	临朐县柳山镇石崖咀村	17	男	1941 年 9 月
曾广伦	临朐县东城街道曾家洼村	20	男	1941 年 10 月
赵瑞章	临朐县冶源镇苏家庄村	21	男	1941 年 11 月
王端孚	临朐县龙岗镇西闫家沟村	25	男	1941 年 11 月
张曰瑾	临朐县龙岗镇大车沟村	30	男	1941 年 11 月
张维贵	临朐县龙岗镇大车沟村	28	男	1941 年 11 月
孟宪增	临朐县辛寨镇孟家官庄村	25	男	1941 年 11 月
刘云亭	临朐县龙岗镇十字路村	42	男	1941 年 12 月 23 日
刘中合	临朐县龙岗镇十字路村	38	男	1941 年 12 月 23 日
赵　珍	临朐县龙岗镇十字路村	35	男	1941 年 12 月 23 日

姓 名	籍 贯	年 龄	性 别	死难时间
王克勤	临朐县龙岗镇十字路村	38	男	1941 年 12 月 23 日
刘文山	临朐县龙岗镇十字路村	39	男	1941 年 12 月 23 日
宫来富	临朐县龙岗镇黄家庄村	20	男	1941 年 12 月 23 日
王益增	临朐县龙岗镇黄家庄村	22	男	1941 年 12 月 23 日
刘文信	临朐县沂山镇上常家沟村	60	男	1941 年 12 月 23 日
聂庆禄	临朐县冶源镇南孟家庄	21	男	1941 年 12 月
王京陶	临朐县沂山镇前唐家河村	50	男	1941 年 12 月
王 氏	临朐县五井镇茹家庄村	70	女	1941 年
马祥廷之妻	临朐县冶源镇大店村	36	女	1941 年
宗千然	临朐县沂山镇房家台子村	—	男	1941 年
张广元	临朐县五井镇黄崖头	44	男	1941 年
王长福	临朐县龙岗镇薛家崖村	34	男	1941 年
季万金之祖母	临朐县沂山镇草山亭村	40	女	1941 年
辛兆三	临朐县九山镇曾家沟村	20	男	1941 年
蒋其会	临朐县东城街道前蒋家河村	—	男	1941 年
段升仁之祖母	临朐县龙岗镇黄山店村	60	女	1941 年
张 氏	临朐县辛寨镇古城村	48	女	1941 年
张洪智之父	临朐县辛寨镇西黑洼村	—	男	1941 年
林宝成	临朐县沂山镇向阳村	26	男	1941 年
刘德新	临朐县沂山镇向阳村	20	男	1941 年
刘兴春之父	临朐县沂山镇向阳村	40	男	1941 年
刘玉单	临朐县沂山镇向阳村	33	男	1941 年
刘兴德	临朐县沂山镇向阳村	45	男	1941 年
张文孝	临朐县沂山镇向阳村	20	男	1941 年
刘玉安	临朐县沂山镇向阳村	19	男	1941 年
刘永福	临朐县东城街道小辛庄村	20	男	1941 年
曾现友	临朐县辛寨镇黄泉店村	40	男	1941 年
林刘氏	临朐县东城街道林家庄村	35	女	1941 年
袁崇玉	临朐县城关街道丁家路口村	37	男	1941 年
高景祥	临朐县东城街道咸富楼村	—	男	1941 年
高景祥之妻	临朐县东城街道咸富楼村	31	女	1941 年
高景祥之子	临朐县东城街道咸富楼村	13	男	1941 年
郎会涛	临朐县东城街道郎家洼村	30	男	1941 年
郎益田	临朐县东城街道郎家洼村	28	男	1941 年

姓名	籍贯	年龄	性别	死难时间
张久天	临朐县东城街道郎家洼村	21	男	1941 年
张久来	临朐县东城街道郎家洼村	19	男	1941 年
李湖元	临朐县东城街道杨家场村	30	男	1941 年
杨乃昌	临朐县东城街道杨家场村	30	男	1941 年
王许氏	临朐县五井镇茹家庄村	49	女	1941 年
谭允法	临朐县五井镇隐士村	—	男	1941 年
史兰业	临朐县五井镇隐士村	—	男	1941 年
杨云龙	临朐县五井镇下五井西村	47	男	1941 年
王怀亮	临朐县五井镇下五井东村	31	男	1941 年
杨传明	临朐县五井镇杨家窝村	30	男	1941 年
许方堂	临朐县五井镇桥头村	26	男	1941 年
刘元成	临朐县五井镇桥头村	22	男	1941 年
张文玉	临朐县五井镇北黄谷村	21	男	1941 年
高德祯	临朐县冶源镇赵家楼村	20	男	1941 年
郭京永	临朐县冶源镇赵家楼村	21	男	1941 年
吴宝珠	临朐县冶源镇赵家楼村	23	男	1941 年
吴启方	临朐县冶源镇赵家楼村	50	男	1941 年
郭京月	临朐县冶源镇赵家楼村	26	男	1941 年
魏宽训	临朐县冶源镇玉皇庙村	20	男	1941 年
高学文	临朐县冶源镇大店村	39	男	1941 年
刘新谋	临朐县冶源镇大店村	34	男	1941 年
王兴述	临朐县冶源镇南孟家庄	21	男	1941 年
王兴东	临朐县冶源镇孟家庄	25	男	1941 年
聂华台	临朐县冶源镇巩家桥村	30	男	1941 年
张成元	临朐县冶源镇巩家桥村	38	男	1941 年
聂文忠	临朐县冶源镇巩家桥村	21	男	1941 年
杜善庆	临朐县冶源镇福山集村	22	男	1941 年
杜保庆	临朐县冶源镇福山集村	42	男	1941 年
杜 焕	临朐县冶源镇福山集村	24	男	1941 年
高存林	临朐县冶源镇福山集村	19	男	1941 年
房师孝	临朐县冶源镇西小章村	25	男	1941 年
魏宗春	临朐县冶源镇西小章村	29	男	1941 年
潘魁礼	临朐县冶源镇杨善集村	21	男	1941 年
杨秀杰	临朐县冶源镇杨善集村	23	男	1941 年

姓　名	籍　贯	年　龄	性　别	死难时间
张廷禄	临朐县冶源镇洼子村	42	男	1941 年
张仕田	临朐县冶源镇洼子村	42	男	1941 年
刘凤鸾	临朐县冶源镇广尧店子村	22	男	1941 年
刘恒仁	临朐县冶源镇广尧店子村	20	男	1941 年
孟宪正	临朐县冶源镇大辛庄村	21	男	1941 年
孙光涛	临朐县冶源镇李家庄村	17	男	1941 年
冯允介	临朐县冶源镇车家沟村	50	男	1941 年
冯兴仁	临朐县冶源镇东宋村	40	男	1941 年
杨继青	临朐县冶源镇红新村	29	男	1941 年
姜太春	临朐县冶源镇红新村	32	男	1941 年
连风城	临朐县冶源镇红新村	28	男	1941 年
周洪池	临朐县九山镇南周家庄村	50	男	1941 年
申孝吉	临朐县九山镇柴家庄村	15	男	1941 年
薛秀玉	临朐县寺头镇崮山村	—	男	1941 年
薛立保	临朐县寺头镇崮山村	—	男	1941 年
王兆法	临朐县寺头镇崔册村	72	男	1941 年
王兆显	临朐县寺头镇崔册村	76	男	1941 年
张法德	临朐县东城街道张家崖村	—	男	1941 年
王其兴	临朐县龙岗镇西上林村	43	男	1941 年
辛　义	临朐县龙岗镇辛家沟村	60	男	1941 年
吕张氏	临朐县东城街道吕家洼村	54	女	1941 年
吕刘氏	临朐县东城街道吕家洼村	56	女	1941 年
高洪顺	临朐县东城街道高家庄村	33	男	1941 年
高洪明	临朐县东城街道高家庄村	—	男	1941 年
王登科	临朐县辛寨镇胡家沟村	31	男	1941 年
王登松	临朐县辛寨镇胡家沟村	28	男	1941 年
刘传治	临朐县辛寨镇河北村	22	男	1941 年
刘张氏	临朐县辛寨镇西刘家庄村	19	女	1941 年
刘世友	临朐县辛寨镇西刘家庄村	35	男	1941 年
孙玉田	临朐县辛寨镇下峪村	50	男	1941 年
孙文秀	临朐县辛寨镇下峪村	20	男	1941 年
李兴周	临朐县辛寨镇龟山子村	—	男	1941 年
张自刚	临朐县辛寨镇龟山子村	—	男	1941 年
李国锋	临朐县辛寨镇龟山子村	—	男	1941 年

姓　名	籍　贯	年　龄	性　别	死难时间
李俊熙	临朐县辛寨镇龟山子村	—	男	1941 年
李登代	临朐县辛寨镇龟山子村	—	男	1941 年
李登台	临朐县辛寨镇龟山子村	—	男	1941 年
彭玉其	临朐县辛寨镇中白沙村	—	男	1941 年
彭玉珠	临朐县辛寨镇中白沙村	—	男	1941 年
孙克贞	临朐县柳山镇孙庄村	30	男	1941 年
王洪山	临朐县柳山镇邢家沟村	25	男	1941 年
张学成	临朐县柳山镇荷花池村	33	男	1941 年
张村友	临朐县沂山镇下高家沟村	7	男	1941 年
刘金升	临朐县沂山镇东长沟村	26	男	1941 年
王相文	临朐县沂山镇曹家官庄村	—	男	1941 年
谭其绥	临朐县城关街道谭马村	30	男	1941 年
谭福元	临朐县城关街道谭马村	20	男·	1941 年
魏爱民	临朐县城关街道岩头村	18	男	1941 年
杨秀杰	临朐县冶源镇冯家王舍村	19	男	1941 年
冯吉才	临朐县冶源镇泉庄村	19	男	1941 年
李文彬	临朐县冶源镇栗沟村	25	男	1941 年
尹传文	临朐县冶源镇栗沟村	21	男	1941 年
王德华	临朐县冶源镇赤良峪村	22	男	1941 年
程世建	临朐县冶源镇程家广尧村	26	男	1941 年
郭京×	临朐县冶源镇玉皇庙村	22	男	1941 年
赵永义	临朐县冶源镇巩家桥村	24	男	1941 年
马立升	临朐县东城街道西朱村	22	男	1941 年
马奎来	临朐县东城街道孔村	21	男	1941 年
李兴德	临朐县东城街道安家河村	38	男	1941 年
李兴德之子	临朐县东城街道安家河村	—	男	1941 年
张怀礼	临朐县柳山镇杜家庄村	32	男	1942 年 1 月 14 日
李黑岗	临朐县沂山镇万家坪村	40	男	1942 年 1 月 15 日
埠 乎	临朐县沂山镇万家坪村	30	男	1942 年 1 月 15 日
万二林	临朐县沂山镇万家坪村	52	男	1942 年 1 月 15 日
张 英	临朐县沂山镇万家坪村	30	女	1942 年 1 月 15 日
刘新元	临朐县沂山镇小关村	6	男	1942 年 1 月 15 日
侯云瑞	临朐县沂山镇小关村	29	男	1942 年 1 月 15 日
侯兆勋	临朐县柳山镇北马庄村	33	男	1942 年 1 月 26 日

姓　名	籍　贯	年　龄	性　别	死难时间
张星武	临朐县冶源镇洼子村	40	男	1942 年 1 月
张廷升	临朐县冶源镇洼子村	74	男	1942 年 1 月
谭世妮	临朐县冶源镇石河村	28	女	1942 年 1 月
张洪道	临朐县九山镇兴华村	41	男	1942 年 1 月
丛乐成	临朐县东城街道丛家河村	33	男	1942 年 1 月
马延太	临朐县东城街道孔村	28	男	1942 年 1 月
马连芬	临朐县东城街道吴家焦窦村	47	男	1942 年 1 月
李曰周	临朐县辛寨镇黄泉店村	39	男	1942 年 1 月
刘秦氏	临朐县沂山镇梓椤栏子村	28	女	1942 年 1 月
王云忠	临朐县城关街道下石埠村	40	男	1942 年 1 月
崔仕平	临朐县龙岗镇安家沟村	27	男	1942 年 2 月 3 日
刘　氏	临朐县寺头镇桥沟村	43	女	1942 年 2 月 8 日
潘玉英	临朐县寺头镇桥沟村	17	女	1942 年 2 月 8 日
潘玉兰	临朐县寺头镇桥沟村	15	女	1942 年 2 月 8 日
张玉恒	临朐县柳山镇辛山村	—	男	1942 年 2 月 14 日
王洪文	临朐县柳山镇北冯家沟村	18	男	1942 年 2 月 28 日
李树勋	临朐县城关街道西安村	36	男	1942 年 2 月
钟兵凉	临朐县龙岗镇赵家庙村	30	男	1942 年 2 月
高希常	临朐县辛寨镇兴寺店村	50	男	1942 年 2 月
叶德安	临朐县辛寨镇兴寺店村	14	男	1942 年 2 月
叶德富	临朐县辛寨镇兴寺店村	16	男	1942 年 2 月
张立德	临朐县辛寨镇兴寺店村	18	男	1942 年 2 月
张清福	临朐县辛寨镇兴寺店村	16	男	1942 年 2 月
张宗里	临朐县辛寨镇兴寺店村	50	男	1942 年 2 月
张宗尧	临朐县辛寨镇兴寺店村	48	男	1942 年 2 月
叶关子	临朐县辛寨镇兴寺店村	17	男	1942 年 2 月
张清叶	临朐县辛寨镇兴寺店村	40	男	1942 年 2 月
张清元	临朐县辛寨镇兴寺店村	21	男	1942 年 2 月
张宗安	临朐县辛寨镇兴寺店村	17	男	1942 年 2 月
刘锡锋	临朐县东城街道榆林店村	32	男	1942 年 2 月
马孝贤	临朐县沂山镇姬家庄子村	56	男	1942 年 2 月
狮　子	临朐县沂山镇陡沟村	—	男	1942 年 2 月
侯　锁	临朐县柳山镇北马庄村	30	男	1942 年 3 月 3 日
张三才	临朐县东城街道弥南村	32	男	1942 年 3 月

姓 名	籍 贯	年 龄	性 别	死难时间
赵传容	临朐县五井镇朱家庄村	34	男	1942年3月
赵世华	临朐县五井镇朱家庄村	7	男	1942年3月
程学亭	临朐县五井镇朱家庄村	—	男	1942年3月
衣可星	临朐县五井镇朱家庄村	50	男	1942年3月
刘红英	临朐县五井镇朱家庄村	51	女	1942年3月
衣美昌	临朐县五井镇朱家庄村	18	男	1942年3月
衣美海	临朐县五井镇朱家庄村	16	男	1942年3月
衣美河	临朐县五井镇朱家庄村	13	男	1942年3月
潘如英	临朐县五井镇朱家庄村	42	女	1942年3月
许心花	临朐县五井镇朱家庄村	25	女	1942年3月
衣光全	临朐县五井镇朱家庄村	7	男	1942年3月
衣美英	临朐县五井镇朱家庄村	29	女	1942年3月
朱青山	临朐县五井镇朱家庄村	26	男	1942年3月
衣可九	临朐县五井镇朱家庄村	30	男	1942年3月
国洪征	临朐县五井镇淹子岭村	20	男	1942年3月
高洪恩	临朐县五井镇朱家坡村	23	男	1942年3月
王学大	临朐县冶源镇南孟家庄村	24	男	1942年3月
谭金寿	临朐县冶源镇苏家庄村	22	男	1942年3月
吴玉芬	临朐县冶源镇石河村	39	女	1942年3月
申兴织	临朐县九山镇大申家庄	36	男	1942年3月
张沼富	临朐县沂山镇姬家庄子村	42	男	1942年3月
冯张氏	临朐县沂山镇南店村	45	女	1942年3月
郭 氏	临朐县城关街道寨子崮村	38	女	1942年4月7日
高可九	临朐县城关街道寨子崮村	55	男	1942年4月7日
陈 勇	临朐县东城街道安家河村	33	男	1942年4月8日
陈 镇	临朐县东城街道安家河村	27	男	1942年4月8日
谭金荣	临朐县城关街道谭马村	23	男	1942年4月
谭清香	临朐县冶源镇苏家庄村	6	女	1942年4月
王太合	临朐县九山镇蜂子窝村	40	男	1942年4月
张现文	临朐县九山镇野虎峪村	28	男	1942年4月
陈立仁	临朐县九山镇野虎峪村	30	男	1942年4月
张 氏	临朐县九山镇蜂子窝村	39	女	1942年4月
王宪法	临朐县东城街道朱壁店子村	43	男	1942年4月
付 ×	临朐县辛寨镇吉寺埠村	56	男	1942年4月

姓 名	籍 贯	年 龄	性 别	死难时间
张庆祥	临朐县辛寨镇大张龙村	18	男	1942年4月
刘恒春	临朐县五井镇上坪村	18	男	1942年5月
孙丰文	临朐县五井镇上庄	18	男	1942年5月
张廷左	临朐县冶源镇洼子村	36	男	1942年5月
来福德	临朐县九山镇博石村	40	男	1942年5月
顾 ×	临朐县辛寨镇南流村	36	男	1942年5月
高兰辉	临朐县五井镇茹家庄	40	男	1942年6月
胡连柱	临朐县五井镇茹家庄	15	男	1942年6月
王风田	临朐县五井镇茹家庄	45	男	1942年6月
胡洗勤之子	临朐县五井镇茹家庄	22	男	1942年6月
刘子顺	临朐县五井镇阳城村	—	男	1942年6月
刘学良	临朐县冶源镇刘家广尧村	22	男	1942年6月
董温之子	临朐县九山镇麻坞村	14	男	1942年6月
吴西升	临朐县东城街道徐家上庄村	—	男	1942年6月
付廷秀	临朐县辛寨镇南流村	33	男	1942年6月
李现法	临朐县柳山镇后疃村	18	男	1942年6月
张 任	临朐县沂山镇赵家峪村	20	男	1942年6月
井长春	临朐县城关街道东朱堡村	25	男	1942年6月
王兴文	临朐县城关街道下石埠村	38	男	1942年6月
李春梅	临朐县沂山镇赵家峪村	23	女	1942年6月
徐永全	临朐县辛寨镇汪家沟村	—	男	1942年7月9日
徐东兰	临朐县辛寨镇汪家沟村	—	男	1942年7月9日
徐挡柱	临朐县辛寨镇汪家沟村	—	男	1942年7月9日
王洪先	临朐县辛寨镇汪家沟村	—	男	1942年7月9日
窦来庚	临朐县东城街道窦家洼村	42	男	1942年7月19日
高广文	临朐县辛寨镇大高家庄村	32	男	1942年7月19日
高行云	临朐县辛寨镇大高家庄村	25	男	1942年7月19日
高渠云	临朐县辛寨镇大高家庄村	24	男	1942年7月19日
高登香	临朐县辛寨镇大高家庄村	30	男	1942年7月19日
丁西田	临朐县辛寨镇双山前村	45	男	1942年7月19日
张来会	临朐县辛寨镇双山前村	20	男	1942年7月19日
张 ×	临朐县柳山镇朱家沟村	—	男	1942年7月19日
王守信	临朐县柳山镇洋河村	13	男	1942年7月19日
王西平	临朐县柳山镇洋河村	—	男	1942年7月19日

姓 名	籍 贯	年 龄	性 别	死难时间
王西武	临朐县柳山镇洋河村	—	男	1942 年 7 月 19 日
赵兴元之父	临朐县柳山镇柳山寨村	—	男	1942 年 7 月 19 日
李培太之母	临朐县柳山镇柳山寨村	—	女	1942 年 7 月 19 日
刘田国	临朐县柳山镇柳山寨村	—	男	1942 年 7 月 19 日
刘成年	临朐县柳山镇柳山寨村	—	男	1942 年 7 月 19 日
李俊启	临朐县柳山镇柳山寨村	—	男	1942 年 7 月 19 日
李重升	临朐县柳山镇柳山寨村	—	男	1942 年 7 月 19 日
李佩荣之母	临朐县柳山镇柳山寨村	—	女	1942 年 7 月 19 日
窦仕香	临朐县柳山镇北福山村	41	男	1942 年 7 月 19 日
窦保贤	临朐县柳山镇北福山村	21	男	1942 年 7 月 19 日
邬相邦	临朐县柳山镇邬家官庄村	20	男	1942 年 7 月 19 日
许焕珍之母	临朐县柳山镇邬家官庄村	25	女	1942 年 7 月 19 日
王正方	临朐县柳山镇洋河村	—	男	1942 年 7 月 19 日
王仁朋	临朐县柳山镇洋河村	44	男	1942 年 7 月 19 日
张 氏	临朐县柳山镇郭家庄村	19	女	1942 年 7 月 19 日
曹喜清	临朐县柳山镇英山河村	41	男	1942 年 7 月 19 日
孟召兴	临朐县沂山镇坨峪岭村	—	男	1942 年 7 月 19 日
王兰祥	临朐县沂山镇东段家沟村	—	男	1942 年 7 月 19 日
冯金生	临朐县城关街道冯家陡沟村	29	男	1942 年 7 月
付连地	临朐县东城街道榆林店村	20	男	1942 年 7 月
孙敬清	临朐县五井镇北黄谷村	41	男	1942 年 7 月
韩花堂	临朐县冶源镇苏家庄村	22	男	1942 年 7 月
夏萱阶	临朐县冶源镇大辛庄	20	男	1942 年 7 月
冯学生	临朐县冶源镇石湾崖村	21	男	1942 年 7 月
秦福禄	临朐县寺头镇南照村	19	男	1942 年 7 月
丛传先	临朐县东城街道南张家庄村	24	男	1942 年 7 月
王仕义之叔	临朐县龙岗镇东王家沟村	17	男	1942 年 7 月
赵 寿	临朐县龙岗镇赵家庙村	25	男	1942 年 7 月
赵 善	临朐县龙岗镇赵家庙村	38	男	1942 年 7 月
夏汝溪	临朐县辛寨镇夏家庄村	29	男	1942 年 7 月
张文太	临朐县辛寨镇西盘阳村	22	男	1942 年 7 月
张文刚	临朐县辛寨镇西盘阳村	31	男	1942 年 7 月
张居奎	临朐县辛寨镇西盘阳村	20	男	1942 年 7 月
付刘氏	临朐县辛寨镇北南流村	21	女	1942 年 7 月

姓　名	籍　贯	年　龄	性　别	死难时间
冯　氏	临朐县辛寨镇聂家庄村	30	女	1942 年 7 月
张　氏	临朐县辛寨镇聂家庄村	32	女	1942 年 7 月
张洪智	临朐县柳山镇辛庄村	45	男	1942 年 7 月
王培吉	临朐县柳山镇西翠飞村	43	男	1942 年 7 月
张德堂	临朐县沂山镇东牛河村	31	男	1942 年 7 月
张文亮	临朐县沂山镇南田峪村	47	男	1942 年 7 月
赵士青	临朐县沂山镇坨峪岭村	43	男	1942 年 7 月
刘世坤	临朐县沂山镇下伏峪村	29	男	1942 年 7 月
陈　钧	临朐县东城街道安家河村	25	男	1942 年 8 月 4 日
高立泮	临朐县城关街道高家庄村	35	男	1942 年 8 月 13 日
高立智	临朐县城关街道高家庄村	36	男	1942 年 8 月 13 日
王　氏	临朐县寺头镇郭泉村	52	女	1942 年 8 月 16 日
王兆福	临朐县寺头镇杨家泉村	40	男	1942 年 8 月 17 日
陈文山	临朐县寺头镇杨家泉村	22	男	1942 年 8 月 17 日
张庞氏	临朐县寺头镇杨家泉村	30	女	1942 年 8 月 17 日
张庞氏之女	临朐县寺头镇杨家泉村	1	女	1942 年 8 月 17 日
陈文宝之兄	临朐县寺头镇柳科泉村	13	男	1942 年 8 月 17 日
马兆远	临朐县寺头镇郭泉村	68	男	1942 年 8 月 17 日
林松增	临朐县九山镇二泉村	28	男	1942 年 8 月 17 日
曾光廷	临朐县九山镇二泉村	28	男	1942 年 8 月 17 日
林宝顺	临朐县九山镇二泉村	30	男	1942 年 8 月 17 日
郭见明	临朐县九山镇南辛庄村	23	男	1942 年 8 月 17 日
苏德奎	临朐县寺头镇瑞庄村	50	男	1942 年 8 月 17 日
郭纯会	临朐县寺头镇老庄子村	20	男	1942 年 8 月 17 日
郭城训	临朐县寺头镇老庄子村	19	男	1942 年 8 月 17 日
付子迁	—	—	男	1942 年 8 月 17 日
王中录	临朐县辛寨镇梭庄村	63	男	1942 年 8 月 17 日
王中相	临朐县辛寨镇梭庄村	30	男	1942 年 8 月 17 日
王会友	临朐县辛寨镇梭庄村	28	男	1942 年 8 月 17 日
吕世厉	临朐县辛寨镇朱家峪村	40	女	1942 年 8 月 17 日
蔡永利	临朐县寺头镇蔡峪村	—	男	1942 年 8 月 18 日
丛传俭	临朐县寺头镇蔡峪村	—	男	1942 年 8 月 18 日
丛传省	临朐县寺头镇蔡峪村	—	男	1942 年 8 月 18 日
何　氏	临朐县寺头镇蔡峪村	—	女	1942 年 8 月 18 日

姓 名	籍 贯	年 龄	性 别	死难时间
丛 氏	临朐县寺头镇蔡峪村	—	女	1942 年 8 月 18 日
程 ×	临朐县寺头镇蔡峪村	—	男	1942 年 8 月 18 日
丛兴来	临朐县寺头镇蔡峪村	—	男	1942 年 8 月 18 日
魏常园	临朐县城关街道岩头村	—	男	1942 年 8 月 18 日
丛兰秀	临朐县寺头镇蔡峪村	—	男	1942 年 8 月 18 日
刘元友	临朐县东城街道沙崖村	48	男	1942 年 8 月 19 日
张来安	临朐县辛寨镇大岳庄村	38	男	1942 年 8 月 29 日
窦福田	临朐县东城街道窦家洼村	21	男	1942 年 8 月 30 日
魏长贵	临朐县城关街道三里庄村	40	男	1942 年 8 月
李清远	临朐县五井镇泉头村	45	男	1942 年 8 月
陈秀祥	临朐县寺头镇丹崮村	32	男	1942 年 8 月
刘 氏	临朐县寺头镇丹崮村	34	女	1942 年 8 月
高化美	临朐县寺头镇河口村	16	女	1942 年 8 月
耿兴兰	临朐县寺头镇季家村	21	男	1942 年 8 月
王四远	临朐县九山镇东沂山村	20	男	1942 年 8 月
申付英	临朐县九山镇大申家庄村	13	女	1942 年 8 月
赵西河	临朐县九山镇九山村	33	男	1942 年 8 月
于成傲	临朐县九山镇牛寨村	40	男	1942 年 8 月
宗培福	临朐县辛寨镇古城村	72	男	1942 年 8 月
冯德茂	临朐县辛寨镇黄泉店村	35	男	1942 年 8 月
王德功	临朐县柳山镇西陡崖村	40	男	1942 年 8 月
王成杰	临朐县柳山镇西陡崖村	38	男	1942 年 8 月
张三付	临朐县沂山镇姬家庄子村	40	男	1942 年 8 月
张同镇	临朐县沂山镇西洞子村	50	男	1942 年 8 月
张二炮	临朐县沂山镇西洞子村	34	男	1942 年 8 月
丛兴文	临朐县寺头镇蔡峪村	—	男	1942 年 8 月
刘培和	临朐县龙岗镇杭山村	33	男	1942 年 9 月 3 日
钟安学	临朐县龙岗镇杭山村	24	男	1942 年 9 月 3 日
王来顺	临朐县柳山镇柳山前村	26	男	1942 年 9 月 3 日
王 涯	临朐县柳山镇柳山前村	30	男	1942 年 9 月 3 日
王宝三	临朐县柳山镇东翠飞村	34	男	1942 年 9 月 3 日
王汝福	临朐县柳山镇东翠飞村	26	男	1942 年 9 月 3 日
钟庆堂	临朐县龙岗镇杭山村	52	男	1942 年 9 月 4 日
张振刚	临朐县龙岗镇杭山村	23	男	1942 年 9 月 4 日

姓　名	籍　贯	年龄	性别	死难时间
钟秀松	临朐县龙岗镇杭山村	36	男	1942 年 9 月 4 日
钟秀松之弟	临朐县龙岗镇杭山村	34	男	1942 年 9 月 4 日
钟安治	临朐县龙岗镇杭山村	46	男	1942 年 9 月 4 日
徐福堂	临朐县柳山镇程家宅村	42	男	1942 年 9 月 4 日
张品三	临朐县龙岗镇梓林村	42	男	1942 年 9 月 16 日
徐光廷	临朐县九山镇南小尧峪村	23	男	1942 年 9 月 24 日
徐光山	临朐县九山镇南小尧峪村	20	男	1942 年 9 月 24 日
张乐德	临朐县城关街道城西张家庄	25	男	1942 年 9 月
谭玉吉	临朐县城关街道谭马村	42	男	1942 年 9 月
谭　荣	临朐县城关街道谭马村	44	男	1942 年 9 月
李丙贵	临朐县五井镇北黄谷村	39	男	1942 年 9 月
赵佃英	临朐县寺头镇南照村	21	男	1942 年 9 月
赵佃福	临朐县寺头镇南照村	19	男	1942 年 9 月
宋哑巴	临朐县九山晋家沟	45	男	1942 年 9 月
王子步	临朐县东城街道	38	男	1942 年 9 月
丛传聚	临朐县东城街道南张家庄村	67	男	1942 年 9 月
王孝亭之母	临朐县龙岗镇东王沟村	31	女	1942 年 9 月
钟景起	临朐县龙岗镇杏林村	29	男	1942 年 9 月
钟安怀	临朐县龙岗镇杏林村	31	男	1942 年 9 月
赵子政	临朐县东城街道烟冢铺村	26	男	1942 年 9 月
赵兴文	临朐县辛寨镇双山前村	32	男	1942 年 9 月
刘修财	临朐县辛寨镇双山前村	30	男	1942 年 9 月
高书音	临朐县辛寨镇双山前村	20	男	1942 年 9 月
兰　扣	临朐县辛寨镇聂家庄村	2	男	1942 年 9 月
王星兰之妻	临朐县沂山镇桃园子村	30	女	1942 年 9 月
王院德	临朐县沂山镇大场村	55	男	1942 年 9 月
王星亮之妻	临朐县沂山镇桃园子村	25	女	1942 年 9 月
宋金策	临朐县城关街道张勤家庄村	42	男	1942 年 10 月 7 日
宋太安	临朐县城关街道张勤家庄村	18	男	1942 年 10 月 7 日
朱关东	临朐县龙岗镇乜家河村	27	男	1942 年 10 月 12 日
宋金箱	临朐县城关街道张勤家庄村	46	男	1942 年 10 月 23 日
王　氏	临朐县城关街道张勤家庄村	45	女	1942 年 10 月 23 日
李高训	临朐县辛寨镇北南流村	30	男	1942 年 10 月
郎会玉	临朐县沂山镇郎家店子村	30	男	1942 年 10 月

姓 名	籍 贯	年龄	性别	死难时间
张秀花	临朐县沂山镇郎家店子村	40	男	1942 年 10 月
王永治	临朐县东城街道徐家上庄村	34	男	1942 年 11 月 5 日
衣光荣	临朐县城关街道东郡村	28	男	1942 年 11 月 17 日
孙洪祥	临朐县城关街道月庄村	33	男	1942 年 11 月
吕世友	临朐县城关街道丁家路口村	32	男	1942 年 11 月
郭玉山	临朐县冶源镇西朱阳村	18	男	1942 年 11 月
史立河	临朐县冶源镇西朱阳村	17	男	1942 年 11 月
史纪成	临朐县冶源镇西朱阳村	15	男	1942 年 11 月
高魁升	临朐县冶源镇西朱阳村	19	男	1942 年 11 月
刘福善	临朐县冶源镇西朱阳村	23	男	1942 年 11 月
史纪刚	临朐县冶源镇西朱阳村	20	男	1942 年 11 月
孙西三	临朐县冶源镇西朱阳村	22	男	1942 年 11 月
吕世涛	临朐县冶源镇西朱阳村	19	男	1942 年 11 月
吕同升	临朐县冶源镇西朱阳村	17	男	1942 年 11 月
夏辉田	临朐县冶源镇颜家楼村	25	男	1942 年 11 月
王文清	临朐县冶源镇南孟家庄	22	男	1942 年 11 月
姜振升	临朐县冶源镇大辛庄村	21	男	1942 年 11 月
陈悦龙	临朐县冶源镇东国家峪村	23	男	1942 年 11 月
陈 真	临朐县冶源镇东国家峪村	31	男	1942 年 11 月
陈悦孔	临朐县冶源镇东国家峪村	27	男	1942 年 11 月
丛乐德	临朐县东城街道丛家河村	25	男	1942 年 11 月
沈京桃	临朐县东城街道孔村	22	男	1942 年 11 月
张汝聪	临朐县东城街道孔村	45	男	1942 年 11 月
张花成	临朐县辛寨镇黄泉店村	37	男	1942 年 11 月
王继德	临朐县沂山镇东田峪村	19	男	1942 年 11 月
李锡田	临朐县龙岗镇张家沟村	18	男	1942 年 12 月 7 日
姜廷民	临朐县龙岗镇鲍家河村	21	男	1942 年 12 月 23 日
刘洪翔	临朐县龙岗镇河南村	36	男	1942 年 12 月 23 日
刘洪翔之妻	临朐县龙岗镇河南村	34	女	1942 年 12 月 23 日
付西贤	临朐县龙岗镇北李家山村	30	男	1942 年 12 月 23 日
夏德华	临朐县东城街道西齐家庄村	20	男	1942 年 12 月
张王氏	临朐县寺头镇石家河村	45	女	1942 年 12 月
张 ×	临朐县寺头镇石家河村	8	女	1942 年 12 月
安怀玉	临朐县龙岗镇桃园村	40	男	1942 年 12 月

姓 名	籍 贯	年 龄	性 别	死难时间
安保德	临朐县龙岗镇桃园村	45	男	1942 年 12 月
张乐环	临朐县辛寨镇大郝庄村	18	男	1942 年 12 月
王大江	临朐县城关街道小陡沟村	22	男	1942 年
窦洪文	临朐县城关街道三元村	30	男	1942 年
朱西明	临朐县城关街道太平村	17	男	1942 年
张福林	临朐县城关街道太平村	18	男	1942 年
张 敦	临朐县城关街道太平村	11	男	1942 年
吕世恩	临朐县城关街道丁家路口村	51	男	1942 年
尹文圣	临朐县城关街道李家庄村	24	男	1942 年
陈志明	临朐县城关街道李家庄村	18	男	1942 年
魏长德	临朐县城关街道岩头村	—	男	1942 年
彭志美	临朐县东城街道袁家庄子村	32	男	1942 年
张玉利	临朐县东城街道袁家庄子村	31	男	1942 年
张怀太	临朐县东城街道袁家庄子村	29	男	1942 年
张希富之子	临朐县东城街道袁家庄子村	20	男	1942 年
王久贵	临朐县东城街道袁家庄子村	30	男	1942 年
张乐三	临朐县东城街道袁家庄子村	26	男	1942 年
王久法	临朐县东城街道袁家庄子村	30	男	1942 年
张怀录	临朐县东城街道袁家庄子村	32	男	1942 年
张佃爱之伯	临朐县东城街道袁家庄子村	29	男	1942 年
付佩璜	临朐县东城街道榆林店村	18	男	1942 年
石春庆	临朐县东城街道榆林店村	35	男	1942 年
刘尔平	临朐县东城街道榆林店村	38	男	1942 年
麻 营	临朐县东城街道榆林店村	18	男	1942 年
刘尔成	临朐县东城街道榆林店村	18	男	1942 年
刘振昌	临朐县东城街道吕家庙村	27	男	1942 年
程光梅	临朐县东城街道杨家场村	53	男	1942 年
窦宝瑞	临朐县东城街道窦家洼村	35	男	1942 年
张永道	临朐县城关街道柳家圈村	50	男	1942 年
鞠万富	临朐县五井镇五井西村	32	男	1942 年
高赵氏	临朐县五井镇五井西村	29	女	1942 年
吕祖生	临朐县五井镇五井西村	34	男	1942 年
郭玉利	临朐县五井镇瓮节村	19	男	1942 年
窦秀山	临朐县五井镇南蒋村	20	男	1942 年

姓 名	籍 贯	年 龄	性 别	死难时间
史兰福	临朐县五井镇隐士村	—	男	1942 年
王兴录	临朐县五井镇下五井西村	36	男	1942 年
刘仕增	临朐县五井镇下五井西村	27	男	1942 年
高德俊	临朐县五井镇下五井西村	22	男	1942 年
许学升	临朐县五井镇下五井西村	20	男	1942 年
高永太	临朐县五井镇下五井西村	25	男	1942 年
赵恒河	临朐县五井镇朱家坡村	46	男	1942 年
高尚增	临朐县五井镇大楼村	30	男	1942 年
尹炳勋	临朐县五井镇五井东村	28	男	1942 年
李湘连	临朐县五井镇五井东村	25	男	1942 年
杨佃乙	临朐县五井镇小辛庄村	44	男	1942 年
杨佃西	临朐县五井镇小辛庄村	24	男	1942 年
杨传道	临朐县五井镇杨家窝村	30	男	1942 年
许维道	临朐县五井镇北铜峪村	24	男	1942 年
马光明	临朐县五井镇北铜峪村	25	男	1942 年
衣冠民	临朐县五井镇桥头村	19	男	1942 年
王吉言	临朐县冶源镇东朱阳村	23	男	1942 年
郭佃明	临朐县冶源镇赵家楼村	25	男	1942 年
赵清溪	临朐县冶源镇赵家楼村	36	男	1942 年
高明臣	临朐县冶源镇赵家楼村	28	男	1942 年
吴启纯	临朐县冶源镇赵家楼村	30	男	1942 年
吴启语	临朐县冶源镇赵家楼村	30	男	1942 年
郭佃根	临朐县冶源镇赵家楼村	22	男	1942 年
吴启胜	临朐县冶源镇赵家楼村	25	男	1942 年
郭京伍	临朐县冶源镇赵家楼村	18	男	1942 年
赵焕永	临朐县冶源镇赵家楼村	25	男	1942 年
程京堂	临朐县冶源镇赵家楼村	19	男	1942 年
郭京斗	临朐县冶源镇赵家楼村	25	男	1942 年
高询臣	临朐县冶源镇赵家楼村	17	男	1942 年
郭元九	临朐县冶源镇赵家楼村	30	男	1942 年
郭元和	临朐县冶源镇赵家楼村	28	男	1942 年
郭元洪	临朐县冶源镇赵家楼村	28	男	1942 年
高延年	临朐县冶源镇赵家楼村	25	男	1942 年
高启祥	临朐县冶源镇赵家楼村	65	男	1942 年

姓　名	籍　贯	年　龄	性　别	死难时间
郭元章	临朐县冶源镇赵家楼村	50	男	1942 年
谭汝溪	临朐县冶源镇大店村	39	男	1942 年
谭汝池	临朐县冶源镇大店村	30	男	1942 年
孟庆凤	临朐县冶源镇孟家庄	28	男	1942 年
衣瑞武	临朐县冶源镇巩家桥村	32	男	1942 年
赵传义	临朐县冶源镇巩家桥村	33	男	1942 年
赵传义之妹	临朐县冶源镇巩家桥村	31	女	1942 年
赵传富之母	临朐县冶源镇巩家桥村	50	女	1942 年
衣玉奎	临朐县冶源镇巩家桥村	33	男	1942 年
衣瑞滨	临朐县冶源镇福山集村	56	男	1942 年
衣玉德	临朐县冶源镇福山集村	51	男	1942 年
衣瑞山	临朐县冶源镇福山集村	22	男	1942 年
魏学法	临朐县冶源镇西小章村	26	男	1942 年
陈德恒	临朐县冶源镇王家营村	28	男	1942 年
李文德	临朐县冶源镇王家营村	43	男	1942 年
刘其刚	临朐县冶源镇苏家庄村	40	男	1942 年
迟金堂	临朐县冶源镇苏家庄村	36	男	1942 年
张兰皆	临朐县冶源镇苏家庄村	27	男	1942 年
李付迎	临朐县冶源镇苏家庄村	22	男	1942 年
陈开国	临朐县冶源镇石河村	22	男	1942 年
申殿录	临朐县冶源镇石河村	22	男	1942 年
程世建	临朐县冶源镇刘家广尧村	26	男	1942 年
李文选	临朐县冶源镇李家营村	25	男	1942 年
李逸民	临朐县冶源镇李家营村	28	男	1942 年
夏传信	临朐县冶源镇大辛庄村	23	男	1942 年
许汝德	临朐县冶源镇大辛庄村	25	男	1942 年
刘王氏	临朐县冶源镇冶北村	60	女	1942 年
刘纪贤	临朐县冶源镇半截楼村	50	男	1942 年
孙长安	临朐县冶源镇半截楼村	30	男	1942 年
刘光宗	临朐县冶源镇半截楼村	28	男	1942 年
张世民	临朐县冶源镇车家沟村	20	男	1942 年
井　涛	临朐县冶源镇黄家宅村	22	男	1942 年
刘京武	临朐县冶源镇迟家庄村	32	男	1942 年
陈德享	临朐县冶源镇界首村	—	男	1942 年

姓　名	籍　贯	年　龄	性　别	死难时间
陈子信	临朐县冶源镇界首村	—	男	1942 年
张武瑞	临朐县寺头镇土门村	—	男	1942 年
谢光增	临朐县寺头镇塔子峪村	20	男	1942 年
张文贤	临朐县寺头镇塔子峪村	19	男	1942 年
张吉亮	临朐县九山镇博石村	19	男	1942 年
李永春	临朐县寺头镇石家河村	25	男	1942 年
吴克永	临朐县东城街道北石庙村	15	男	1942 年
赵银增	临朐县龙岗镇赵家庙村	20	男	1942 年
赵金奎	临朐县龙岗镇赵家庙村	28	男	1942 年
闫廷忠之妻	临朐县龙岗镇西桃花村	55	女	1942 年
王同福	临朐县龙岗镇薛家崖村	55	男	1942 年
辛太宽	临朐县龙岗镇辛家沟村	60	男	1942 年
刘光强	临朐县东城街道小北店村	36	男	1942 年
刘京华	临朐县东城街道付家庄村	42	男	1942 年
高学友	临朐县东城街道长沟村	72	男	1942 年
周付氏	临朐县东城街道长沟村	46	女	1942 年
高传华	临朐县东城街道长沟村	65	男	1942 年
赵营文	临朐县东城街道长沟村	71	男	1942 年
赵福本	临朐县辛寨镇康家庄村	24	男	1942 年
刘传斗	临朐县辛寨镇河北村	18	男	1942 年
刘永太	临朐县辛寨镇河北村	26	男	1942 年
赵光耀	临朐县辛寨镇房家庄村	19	男	1942 年
张景华	临朐县辛寨镇兴寺店村	51	男	1942 年
张清席	临朐县辛寨镇兴寺店村	23	男	1942 年
张宗台	临朐县辛寨镇兴寺店村	42	男	1942 年
张宗区	临朐县辛寨镇兴寺店村	40	男	1942 年
安长圣	临朐县辛寨镇西双山河村	18	男	1942 年
赵付奎	临朐县辛寨镇西双山河村	30	男	1942 年
王洪福	临朐县辛寨镇西双山河村	31	男	1942 年
张明义	临朐县辛寨镇下河村	50	男	1942 年
张乐胜	临朐县辛寨镇下河村	62	男	1942 年
张洪芬	临朐县辛寨镇下河村	79	男	1942 年
王尚贤	临朐县辛寨镇郭庄村	43	男	1942 年
王尚武	临朐县辛寨镇郭庄村	39	男	1942 年

姓 名	籍 贯	年 龄	性 别	死难时间
李登远	临朐县辛寨镇龟山子村	—	男	1942 年
李恒熙	临朐县辛寨镇龟山子村	—	男	1942 年
魏青芝	临朐县辛寨镇中白沙村	—	男	1942 年
王洪洋	临朐县辛寨镇中白沙村	—	男	1942 年
孟宪荣	临朐县辛寨镇中白沙村	—	女	1942 年
顾世超	临朐县辛寨镇巨家沟村	32	男	1942 年
王玉墩之父	临朐县辛寨镇石家峪村	—	男	1942 年
王成仁	临朐县辛寨镇石家峪村	—	男	1942 年
高丰沂	临朐县辛寨镇张家庄子村	25	男	1942 年
马长恩	临朐县辛寨镇辛寨村	24	男	1942 年
马长三	临朐县辛寨镇辛寨村	27	男	1942 年
车佃杰	临朐县辛寨镇龙泉村	31	男	1942 年
车佃武	临朐县辛寨镇龙泉村	35	男	1942 年
翟玉卓	临朐县辛寨镇蒋市村	16	男	1942 年
宋化成	临朐县辛寨镇蒋市村	—	男	1942 年
刘万昌	临朐县辛寨镇蒋市村	—	男	1942 年
李垒生	临朐县辛寨镇蒋市村	—	男	1942 年
张砚福	临朐县辛寨镇蒋市店子村	16	男	1942 年
张乐仁	临朐县辛寨镇蒋市店子村	15	男	1942 年
闫美芹	临朐县辛寨镇蒋市店子村	17	女	1942 年
张洪生	临朐县辛寨镇蒋市店子村	26	男	1942 年
郭传民	临朐县辛寨镇泥沟子村	16	男	1942 年
宫传文	临朐县城关街道冯家陡沟村	19	男	1942 年
魏春永之母	临朐县城关街道岩头村	—	女	1942 年
王继花	临朐县冶源镇大辛庄	6	女	1942 年
冯守业	临朐县冶源镇白塔桥村	22	男	1942 年
朱庆新之父	临朐县龙岗镇乜家河村	60	男	1942 年
刘连保	临朐县龙岗镇上林寺村	30	男	1942 年
辛守勤	临朐县龙岗镇山旺村	28	男	1942 年
刘兆京	临朐县辛寨镇刘家庄村	38	男	1942 年
李现伦	临朐县辛寨镇唐立店子村	25	男	1942 年
张来安之弟	临朐县辛寨镇大岳庄村	4	男	1942 年
陈万全	临朐县九山镇付兴村	27	男	1942 年
王日堂	临朐县九山镇付兴村	28	男	1942 年

姓　名	籍　贯	年　龄	性　别	死难时间
陈孝功	临朐县九山镇付兴村	25	男	1942 年
陈母祥	临朐县九山镇付兴村	29	男	1942 年
杜长文	临朐县龙岗镇上楼村	27	男	1942 年
辛太祥	临朐县龙岗镇上楼村	22	男	1942 年
魏春符	临朐县东城街道竹寺沟村	41	男	1942 年
张乐仁	临朐县沂山镇王家庄子村	52	男	1942 年
江仕兰	临朐县五井镇朱家坡	19	男	1942 年
刁房吉	临朐县寺头镇南崔木村	30	男	1942 年
连　氏	临朐县寺头镇南崔木村	30	女	1942 年
来丰智	临朐县九山镇博石村	82	男	1942 年
郑　氏	临朐县寺头镇虎崖村	28	女	1942 年
王兴臣之祖父	临朐县辛寨镇西黑洼村	—	男	1942 年
王法祥	临朐县沂山镇下高家沟村	34	男	1942 年
宋玉庆	临朐县五井镇九杰村	—	男	1942 年
王继恩	临朐县五井镇九杰村	—	男	1942 年
王正兴	临朐县龙岗镇西上林村	23	男	1942 年
张在光	临朐县辛寨镇泥沟子村	15	男	1942 年
王洪仁	临朐县柳山镇邢家沟村	26	男	1942 年
张益和	临朐县柳山镇荷花池村	26	男	1942 年
马怀谦	临朐县沂山镇下郝赵铺村	45	男	1942 年
刘洪民	临朐县沂山镇东长沟村	27	男	1942 年
双　兰	临朐县沂山镇刘家营村	16	男	1942 年
韩二好	临朐县沂山镇板峪村	22	男	1942 年
吕世合	临朐县沂山镇陈家泥沟村	32	男	1942 年
谭云彩	临朐县城关街道谭马村	26	男	1942 年
谭家秀	临朐县城关街道谭马村	32	男	1942 年
王之玉	临朐县城关街道大捎门村	26	男	1942 年
刘士安	临朐县冶源镇迟家庄村	22	男	1942 年
王福录	临朐县冶源镇迟家庄村	21	男	1942 年
马晋文	临朐县冶源镇迟家庄村	21	男	1942 年
冯恩统	临朐县冶源镇白塔桥村	20	男	1942 年
窦全圣	临朐县冶源镇豹伏岭村	23	男	1942 年
于学勤	临朐县冶源镇豹伏岭村	26	男	1942 年
程山云	临朐县冶源镇黄家宅村	25	男	1942 年

姓　名	籍　贯	年　龄	性　别	死难时间
杨玉润	临朐县冶源镇井头村	20	男	1942 年
冯太山	临朐县冶源镇冶西村	31	男	1942 年
叶世禄	临朐县冶源镇冶西村	24	男	1942 年
徐福礼	临朐县冶源镇冶西村	23	男	1942 年
张德和	临朐县冶源镇冶北村	24	男	1942 年
冯允阶	临朐县冶源镇车家沟村	41	男	1942 年
李星月	临朐县冶源镇河南村	21	男	1942 年
白元亮	临朐县冶源镇河南村	22	男	1942 年
刘金平	临朐县冶源镇福山坡村	22	男	1942 年
刘增元	临朐县冶源镇福山坡村	21	男	1942 年
李金国	临朐县冶源镇栗沟村	22	男	1942 年
张玉庆	临朐县冶源镇赤良峪村	23	男	1942 年
刘振义	临朐县冶源镇赤良峪村	24	男	1942 年
张维吉	临朐县冶源镇赤良峪村	20	男	1942 年
李友治	临朐县冶源镇赤良峪村	32	男	1942 年
梁　福	临朐县冶源镇赤良峪村	33	男	1942 年
张维顺	临朐县冶源镇赤良峪村	22	男	1942 年
高居合	临朐县冶源镇赤良峪村	21	男	1942 年
魏长安	临朐县冶源镇赤良峪村	21	男	1942 年
张玉礼	临朐县冶源镇赤良峪村	23	男	1942 年
张同礼	临朐县冶源镇赤良峪村	20	男	1942 年
陈　超	临朐县冶源镇东国家峪村	28	男	1942 年
张德恒	临朐县冶源镇王家营村	28	男	1942 年
张廷左	临朐县冶源镇后洼子村	23	男	1942 年
孟昭义	临朐县冶源镇大辛庄村	30	男	1942 年
沈凤武	临朐县冶源镇孙家小崔村	45	男	1942 年
夏效信	临朐县冶源镇颜家楼村	22	男	1942 年
聂祥伦	临朐县冶源镇南孟家庄村	32	男	1942 年
吕永太	临朐县冶源镇西朱阳村	49	男	1942 年
吕世清	临朐县冶源镇西朱阳村	22	男	1942 年
高宽宜	临朐县城关街道寨子崮村	25	男	1942 年
马连璞	临朐县东城街道胡梅涧村	23	男	1942 年
孟凡秀	临朐县寺头镇孙家庄村	29	男	1942 年
冯光波	临朐县寺头镇石佛堂村	18	男	1942 年

姓 名	籍 贯	年 龄	性 别	死难时间
徐 全	临朐县寺头镇尹子峪村	22	男	1942 年
程纪尧	临朐县寺头镇瑞庄村	22	男	1942 年
姬作贤	临朐县九山镇西岸头村	23	男	1942 年
董魁山	临朐县九山镇麻坞村	30	男	1942 年
宋茂松	临朐县九山镇抬头村	20	男	1942 年
安茂兴	临朐县龙岗镇董家沟村	23	男	1942 年
李宪法	临朐县柳山镇后疃村	17	男	1942 年
马 论	临朐县辛寨镇辛寨村	42	男	1942 年
张瑞西	临朐县城关街道龙王庙村	38	男	1942 年
张瑞印	临朐县城关街道龙王庙村	40	男	1942 年
张维珠	临朐县城关街道龙王庙村	20	男	1942 年
张元祥之子	临朐县东城街道袁家庄子村	30	男	1942 年
王开站	临朐县东城街道袁家庄子村	30	男	1942 年
毕永吉	临朐县沂山镇毕家砚峪村	25	男	1943 年 1 月 15 日
张马扶	临朐县柳山镇郭家庄村	27	男	1943 年 1 月 16 日
许相中	临朐县五井镇后朱音村	—	男	1943 年 1 月
孙元吉	临朐县冶源镇孙家小崔村	20	男	1943 年 1 月
沈洪廷	临朐县冶源镇孙家小崔村	43	男	1943 年 1 月
沈洪来	临朐县冶源镇孙家小崔村	37	男	1943 年 1 月
孙池兰	临朐县冶源镇孙家小崔村	24	男	1943 年 1 月
孙芝兰	临朐县冶源镇孙家小崔村	46	男	1943 年 1 月
孙金兰	临朐县冶源镇孙家小崔村	44	男	1943 年 1 月
冯学润	临朐县冶源镇石湾崖村	25	男	1943 年 1 月
张修成	临朐县冶源镇石湾崖村	24	男	1943 年 1 月
张修华	临朐县冶源镇石湾崖村	20	男	1943 年 1 月
张修吉之弟	临朐县冶源镇石湾崖村	26	男	1943 年 1 月
赵元秀	临朐县九山镇上龙湾村	31	男	1943 年 1 月
陈志俭	临朐县东城街道黑山村	24	男	1943 年 1 月
张在武	临朐县辛寨镇东盘阳村	39	男	1943 年 1 月
王 份	临朐县柳山镇柳山前村	22	男	1943 年 2 月 3 日
李祥庆	临朐县柳山镇柳山寨村	—	男	1943 年 2 月 3 日
李俊华之父	临朐县柳山镇柳山寨村	—	男	1943 年 2 月 3 日
李俊贞	临朐县柳山镇柳山寨村	—	男	1943 年 2 月 3 日
王洪大	临朐县柳山镇东翠飞村	29	男	1943 年 2 月 3 日

姓　名	籍　贯	年　龄	性　别	死难时间
巨发祥	临朐县辛寨镇南博崖村	50	男	1943 年 2 月 11 日
巨佃财	临朐县辛寨镇南博崖村	54	男	1943 年 2 月 11 日
巨明理	临朐县辛寨镇南博崖村	60	男	1943 年 2 月 11 日
巨润祥	临朐县辛寨镇南博崖村	39	男	1943 年 2 月 11 日
吕传斗	临朐县冶源镇吕家楼村	50	男	1943 年 2 月
蔡清全	临朐县九山镇晋家沟	19	男	1943 年 2 月
齐　顺	临朐县龙岗镇鲍家河村	58	男	1943 年 2 月
杜廷让	临朐县柳山镇杜家庄村	62	男	1943 年 2 月
李连文	临朐县柳山镇徐家河村	45	男	1943 年 2 月
王军山	临朐县柳山镇西翠飞村	40	男	1943 年 2 月
赵玉典	临朐县九山镇呈子河村	37	男	1943 年 2 月
刘智美	临朐县东城街道大张家庄村	30	女	1943 年 3 月 4 日
谭佃相	临朐县城关街道谭马村	38	男	1943 年 3 月
尹福升	临朐县龙岗镇梓林村	62	男	1943 年 3 月
王学峰	临朐县沂山镇灰泉子村	36	男	1943 年 3 月
张振文	临朐县沂山镇南蒲沟村	31	男	1943 年 3 月
张学玉	临朐县沂山镇南蒲沟村	32	男	1943 年 3 月
曾兆田	临朐县城关街道衡里炉村	27	男	1943 年 3 月
刘全义	临朐县城关街道西郡村	40	男	1943 年 4 月
吴宝礼	临朐县五井镇常家溜村	23	男	1943 年 4 月
聂俊卿	临朐县冶源镇巩家桥村	40	男	1943 年 4 月
刘金海	临朐县寺头镇南照村	21	男	1943 年 4 月
赵玉环	临朐县九山镇东岸头村	63	男	1943 年 4 月
商迁会	临朐县寺头镇大崮东村	39	男	1943 年 4 月
张兆升	临朐县龙岗镇大车沟村	22	男	1943 年 4 月
丁延祯	临朐县东城街道丁家焦窭村	32	男	1943 年 4 月
双	临朐县沂山镇北侯村	30	男	1943 年 4 月
魏　冷	临朐县沂山镇西长命沟村	15	男	1943 年 4 月
王德平	临朐县九山镇涝洼村	41	男	1943 年 5 月 10 日
王德贵	临朐县九山镇涝洼村	27	男	1943 年 5 月 10 日
连世杰	临朐县城关街道连家庄村	49	男	1943 年 5 月
颜京山	临朐县东城街道颜家洼村	32	男	1943 年 5 月
张立本	临朐县东城街道大张家庄村	30	男	1943 年 5 月
刘美廷	临朐县五井镇大傅家庄村	20	男	1943 年 5 月

姓 名	籍 贯	年 龄	性 别	死难时间
李文丰	临朐县冶源镇大辛庄村	21	男	1943 年 5 月
姜东成	临朐县冶源镇大辛庄村	26	男	1943 年 5 月
林宫红	临朐县九山镇大山东村	18	女	1943 年 5 月
赵兴记	临朐县九山镇东岸头村	37	男	1943 年 5 月
贺 氏	临朐县寺头镇蔡峪村	—	女	1943 年 5 月
安玉会	临朐县龙岗镇董家沟村	23	男	1943 年 6 月 2 日
张元基	临朐县城关街道月庄村	35	男	1943 年 6 月 29 日
吕永溪	临朐县冶源镇吕家楼村	52	男	1943 年 6 月
吕世普	临朐县冶源镇吕家楼村	18	男	1943 年 6 月
张维衡	临朐县龙岗镇东桃花村	34	男	1943 年 6 月
马天英	临朐县辛寨镇东盘阳村	38	男	1943 年 6 月
于孝松	临朐县辛寨镇汪家沟村	—	男	1943 年 6 月
张 万	临朐县沂山镇下高家沟村	21	男	1943 年 6 月
刘福楷	临朐县东城街道北刘家庄村	60	男	1943 年 7 月 15 日
崔连云	临朐县辛寨镇蔡家官庄村	18	男	1943 年 7 月 19 日
丁洪斌	临朐县辛寨镇蔡家官庄村	21	男	1943 年 7 月 19 日
李阳春	临朐县辛寨镇蔡家官庄村	21	男	1943 年 7 月 19 日
刘万合	临朐县辛寨镇蔡家官庄村	39	男	1943 年 7 月 19 日
李宪芬	临朐县柳山镇后瞳村	20	女	1943 年 7 月 19 日
李宪荣	临朐县柳山镇后瞳村	20	女	1943 年 7 月 19 日
杨文花	临朐县柳山镇后瞳村	21	女	1943 年 7 月 19 日
范占本	临朐县冶源镇赤良峪村	21	男	1943 年 7 月
范福廷	临朐县冶源镇赤良峪村	50	男	1943 年 7 月
刘利吉	临朐县冶源镇平安峪村	24	男	1943 年 7 月
倪承福	临朐县冶源镇平安峪村	22	男	1943 年 7 月
李 氏	临朐县九山镇大申家庄村	32	女	1943 年 7 月
刘兴瑞	临朐县寺头镇大崮东村	43	男	1943 年 7 月
刘顺明	临朐县寺头镇大崮东村	20	男	1943 年 7 月
辛太智之父	临朐县龙岗镇上楼村	50	男	1943 年 7 月
辛彬之兄	临朐县龙岗镇上楼村	18	男	1943 年 7 月
陈怀玉	临朐县东城街道吴家焦窦村	44	男	1943 年 7 月
张志胜	临朐县东城街道吴家焦窦村	40	男	1943 年 7 月
张维勇	临朐县辛寨镇东盘阳村	40	男	1943 年 7 月
刘树青	临朐县寺头镇大崮东村	22	男	1943 年 7 月

姓 名	籍 贯	年龄	性别	死难时间
王月全	临朐县寺头镇桥沟村	35	男	1943 年 8 月 17 日
冯春山	临朐县寺头镇桥沟村	31	男	1943 年 8 月 17 日
张召起	临朐县寺头镇桥沟村	28	男	1943 年 8 月 17 日
白　×	临朐县寺头镇谭家庄村	—	男	1943 年 8 月 17 日
马　×	临朐县冶源镇	—	男	1943 年 8 月 17 日
孙克全	临朐县寺头镇寺头村	—	男	1943 年 8 月 27 日
刘焕章	临朐县寺头镇西寨村	29	男	1943 年 8 月
刘西钊	临朐县寺头镇西寨村	28	男	1943 年 8 月
申道兴	临朐县九山镇申家上峪村	30	男	1943 年 8 月
徐光明	临朐县九山镇徐家崖头村	25	男	1943 年 8 月
聂春平	临朐县辛寨镇聂家庄村	31	男	1943 年 8 月
牛占三	临朐县沂山镇付家村	50	男	1943 年 8 月
张同起	临朐县沂山镇李子行村	52	男	1943 年 8 月
付少营	临朐县沂山镇西王家圈村	48	男	1943 年 8 月
张洪庆	临朐县柳山镇南河西村	19	男	1943 年 9 月 3 日
刘永来	临朐县五井镇上坪村	32	男	1943 年 9 月
马德成	临朐县九山镇马家沟村	44	男	1943 年 9 月
王明远	临朐县九山镇西沂山村	32	男	1943 年 9 月
徐光成	临朐县九山镇马头店子村	35	男	1943 年 9 月
张须恩	临朐县龙岗镇薛家庙村	45	男	1943 年 9 月
张文照	临朐县辛寨镇东盘阳村	41	男	1943 年 9 月
李步五	临朐县柳山镇后瞳村	27	男	1943 年 9 月
李步武	临朐县柳山镇后瞳村	27	男	1943 年 9 月
王升佃	临朐县柳山镇西翠飞村	38	男	1943 年 9 月
宋万斌	临朐县九山镇宋王庄	30	男	1943 年 10 月 15 日
杨保平	临朐县寺头镇中黄山村	19	男	1943 年 10 月
丁延文	临朐县东城街道丁家焦窦村	34	男	1943 年 10 月
史白子	临朐县冶源镇西朱阳村	14	女	1943 年 11 月
魏宗河	临朐县冶源镇西朱阳村	17	男	1943 年 11 月
邵福利	临朐县东城街道罗家树村	32	男	1943 年 11 月
李希成	临朐县辛寨镇北南流村	28	男	1943 年 11 月
李玉科	临朐县辛寨镇北南流村	35	男	1943 年 11 月
林文吉	临朐县辛寨镇北南流村	32	男	1943 年 11 月
郎　氏	临朐县沂山镇刘家砚峪村	52	女	1943 年 12 月

姓　名	籍　贯	年　龄	性　别	死难时间
曾纪建	临朐县东城街道曾家洼村	36	男	1943 年
张佃友之三弟	临朐县东城街道袁家庄子村	25	男	1943 年
张佃安之二弟	临朐县东城街道袁家庄子村	29	男	1943 年
王久全	临朐县东城街道袁家庄子村	31	男	1943 年
刘尔胜	临朐县东城街道榆林店村	19	男	1943 年
李学增	临朐县东城街道杨家场村	28	男	1943 年
万禄之妹	临朐县东城街道杨家场村	32	女	1943 年
万禄之子	临朐县东城街道杨家场村	19	男	1943 年
赵汉湘之妹	临朐县城关街道东朱堡村	9	女	1943 年
刘元成	临朐县五井镇五井西村	29	男	1943 年
许相臣	临朐县五井镇后朱音村	23	男	1943 年
杨同和	临朐县五井镇后朱音村	33	男	1943 年
王洪瑞	临朐县五井镇王家圈	41	男	1943 年
国际华	临朐县五井镇音窝村	35	男	1943 年
国际典	临朐县五井镇音窝村	30	男	1943 年
高京胜	临朐县冶源镇赵家楼村	17	男	1943 年
刘　知	临朐县冶源镇孟家庄	23	男	1943 年
谭金科	临朐县冶源镇谭家小崔村	19	男	1943 年
谭其风之妻	临朐县冶源镇谭家小崔村	26	女	1943 年
谭其风之女	临朐县冶源镇谭家小崔村	4	女	1943 年
衣瑞禄	临朐县冶源镇福山集村	37	男	1943 年
房师贵	临朐县冶源镇西小章村	23	男	1943 年
魏珂堂	临朐县冶源镇西小章村	24	男	1943 年
魏宗彦	临朐县冶源镇西小章村	44	男	1943 年
王兴月	临朐县冶源镇王家营村	35	男	1943 年
刘铁夫	临朐县冶源镇王家营村	28	男	1943 年
刘书元	临朐县冶源镇洼子村	17	男	1943 年
孙寿群	临朐县冶源镇孙家小崔村	23	男	1943 年
付士魁	临朐县冶源镇付家李召村	38	男	1943 年
苗××	临朐县冶源镇冶南村	16	男	1943 年
徐福增	临朐县冶源镇冶南村	45	男	1943 年
刘光森	临朐县冶源镇半截楼王舍村	22	男	1943 年
冯玉玲	临朐县冶源镇半截楼王舍村	42	男	1943 年
王大增	临朐县寺头镇吕匣村	23	男	1943 年

姓　名	籍　贯	年　龄	性　别	死难时间
王二增	临朐县寺头镇吕匣村	20	男	1943 年
范　×	临朐县寺头镇箕子山村	—	男	1943 年
冯升吉	临朐县寺头镇吕匣村	—	男	1943 年
杨克孝	临朐县寺头镇中黄山村	25	男	1943 年
杨法春	临朐县寺头镇中黄山村	21	男	1943 年
王如凯	临朐县龙岗镇苇园村	42	男	1943 年
王曰新之妻	临朐县龙岗镇解家河村	37	女	1943 年
王兴才	临朐县龙岗镇清泉村	20	男	1943 年
王立成	临朐县龙岗镇清泉村	45	男	1943 年
王立贵	临朐县龙岗镇清泉村	37	男	1943 年
王修美	临朐县龙岗镇薛家崖村	50	男	1943 年
王修全	临朐县龙岗镇薛家崖村	52	男	1943 年
马修本	临朐县东城街道北朱村	34	男	1943 年
张永祥	临朐县东城街道青崖头村	34	男	1943 年
张世礼	临朐县东城街道后合水村	48	男	1943 年
王登奎	临朐县辛寨镇胡家沟村	31	男	1943 年
苏成俊	临朐县辛寨镇牛山头村	41	男	1943 年
巨圣祥	临朐县辛寨镇北博崖村	25	男	1943 年
张苓子	临朐县辛寨镇兴寺店村	20	男	1943 年
张清利	临朐县辛寨镇兴寺店村	22	男	1943 年
姜润泽	临朐县辛寨镇小辛中村	45	男	1943 年
姜德许	临朐县辛寨镇小辛中村	18	男	1943 年
刘　×	临朐县辛寨镇下峪村	30	男	1943 年
王　氏	临朐县辛寨镇下峪村	30	女	1943 年
刘登先	临朐县辛寨镇梨园沟村	29	男	1943 年
高太平	临朐县辛寨镇张家庄子村	31	男	1943 年
王法友	临朐县辛寨镇张家庄子村	26	男	1943 年
马　七	临朐县辛寨镇辛寨村	40	男	1943 年
张新来	临朐县柳山镇庙山村	60	男	1943 年
王天增	临朐县柳山镇朱家沟村	11	男	1943 年
杜乐成	临朐县柳山镇朱家沟村	25	男	1943 年
张学尧	临朐县柳山镇荷花池村	30	男	1943 年
张来金	临朐县沂山镇下高家沟村	24	男	1943 年
刘兴智	临朐县沂山镇左家庄子村	37	男	1943 年

姓 名	籍 贯	年 龄	性 别	死难时间
刘金利	临朐县沂山镇东长沟村	31	男	1943 年
倪丰贵	临朐县沂山镇核桃园村	34	男	1943 年
纪同安	临朐县沂山镇朝阳村	28	男	1943 年
张福香	临朐县沂山镇大关村	20	女	1943 年
张福秀	临朐县沂山镇大关村	18	女	1943 年
张木匝	临朐县沂山镇陈家泥沟村	24	男	1943 年
初井孩	临朐县城关街道田村集村	23	男	1943 年
王××	临朐县城关街道后马陵村	23	男	1943 年
谭三元	临朐县城关街道谭马村	26	男	1943 年
谭家仁	临朐县城关街道谭马村	30	男	1943 年
魏守仁	临朐县城关街道岩头村	24	男	1943 年
冯 根	临朐县冶源镇冶东村	24	男	1943 年
尹 桥	临朐县冶源镇栗沟村	22	男	1943 年
尹 安	临朐县冶源镇栗沟村	23	男	1943 年
姚荣会	临朐县冶源镇栗沟村	28	男	1943 年
姚荣彦	临朐县冶源镇栗沟村	22	男	1943 年
姚荣窝	临朐县冶源镇栗沟村	25	男	1943 年
尹传友	临朐县冶源镇栗沟村	24	男	1943 年
胥经五	临朐县冶源镇栗沟村	32	男	1943 年
李世典	临朐县冶源镇二郎庙村	35	男	1943 年
魏宗平	临朐县冶源镇前小章村	27	男	1943 年
冯云超	临朐县辛寨镇辛寨村	23	男	1943 年
张为让	临朐县辛寨镇泉子崖村	24	男	1943 年
马林早	临朐县东城街道西朱村	38	男	1943 年
高学仁	临朐县五井镇花元河村	23	男	1943 年
焦文汉	临朐县寺头镇孙家庄村	22	男	1943 年
范经长	临朐县寺头镇王庄村	21	男	1943 年
刘商林	临朐县寺头镇王庄村	33	男	1943 年
尹守万	临朐县寺头镇李季村	25	男	1943 年
尹守福	临朐县寺头镇李季村	23	男	1943 年
冯 西	临朐县寺头镇石佛堂村	23	男	1943 年
孙兰池	临朐县寺头镇冯家峪村	19	男	1943 年
王尚志	临朐县寺头镇宅科村	25	男	1943 年
王兆怀	临朐县寺头镇尹子峪村	25	男	1943 年

姓　名	籍　贯	年龄	性别	死难时间
王玉坤	临朐县寺头镇瑞庄村	26	男	1943 年
高玉录	临朐县寺头镇枣行村	23	男	1943 年
曾光其	临朐县寺头镇耿家沟村	20	男	1943 年
付少兴	临朐县九山镇宋王庄村	24	男	1943 年
王正水	临朐县九山镇东沂山村	26	男	1943 年
冯兰学	临朐县沂山镇东段家沟村	19	男	1943 年
张为山	临朐县沂山镇陈家泥沟村	25	男	1943 年
郎会陶	临朐县东城街道郎家洼村	24	男	1943 年
王世昌	临朐县东城街道陈家上庄村	41	男	1943 年
王立正	临朐县东城街道袁家庄子村	35	男	1943 年
李作田	临朐县东城街道前蒋家河村	—	男	1943 年
刘兆德	临朐县辛寨镇西刘家庄村	—	男	1943 年
蔚学伍	临朐县五井镇黄崖头村	50	男	1943 年
付同庆	临朐县冶源镇付家李召村	18	男	1943 年
张长忠	临朐县龙岗镇吴家庄村	42	男	1943 年
吴明江之兄	临朐县龙岗镇大车沟村	42	男	1943 年
武彦禄	临朐县东城街道徐家官庄村	23	男	1943 年
刘德成	临朐县沂山镇上常家沟村	20	男	1944 年 1 月
刘世同	临朐县沂山镇下伏峪村	27	男	1944 年 1 月
齐道全	临朐县龙岗镇鲍家河村	63	男	1944 年 2 月 3 日
卢秀华	临朐县五井镇南黄谷村	25	男	1944 年 2 月
钟安仁	临朐县龙岗镇申明亭村	32	男	1944 年 2 月
张为×	临朐县辛寨镇泉子崖村	34	男	1944 年 2 月
张　轩	临朐县柳山镇杜家庄村	52	男	1944 年 2 月
徐焕文	临朐县沂山镇代家庄村	40	男	1944 年 2 月
宗喜然	临朐县沂山镇代家庄村	28	男	1944 年 2 月
杨忠信	临朐县寺头镇道沟村	30	男	1944 年 3 月
朱由柏	临朐县辛寨镇新王庄村	12	男	1944 年 3 月
刘启平	临朐县沂山镇刘家庄子村	39	男	1944 年 4 月 19 日
王月增	临朐县沂山镇刘家庄子村	41	男	1944 年 4 月 19 日
杨佳成	临朐县五井镇杨家窝村	55	男	1944 年 4 月
周玉美	临朐县九山镇蜂子窝村	44	男	1944 年 4 月
刘帮春	临朐县九山镇东苇场村	21	男	1944 年 4 月
张奎升	临朐县九山镇抬头村	28	男	1944 年 4 月

姓 名	籍 贯	年 龄	性 别	死难时间
宋西奎	临朐县九山镇抬头村	19	男	1944 年 4 月
宋洪兰	临朐县九山镇抬头村	26	男	1944 年 4 月
宋 雨	临朐县九山镇抬头村	16	男	1944 年 4 月
张 三	临朐县九山镇抬头村	15	男	1944 年 4 月
陈延祥	临朐县沂山镇陈家庄子村	26	男	1944 年 4 月
刘乐德之父	临朐县沂山镇大关村	53	男	1944 年 4 月
尹文平	临朐县城关街道李家庄村	33	男	1944 年 4 月
尹文臣	临朐县城关街道李家庄村	22	男	1944 年 4 月
张维新	临朐县东城街道大张家庄村	22	男	1944 年 5 月
刘元太	临朐县冶源镇洼子村	41	男	1944 年 5 月
孙成伦	临朐县辛寨镇大张龙村	23	男	1944 年 5 月
杜洪孝	临朐县柳山镇杜家庄村	24	男	1944 年 5 月
赵兴田	临朐县九山镇夏庄村	40	男	1944 年 6 月
周延红	临朐县九山镇夏庄村	41	女	1944 年 6 月
王世堂	临朐县龙岗镇殷家庄村	28	男	1944 年 6 月
黑 孩	临朐县柳山镇西翠飞村	19	男	1944 年 6 月
四 妮	临朐县柳山镇西翠飞村	18	女	1944 年 6 月
王天文	临朐县五井镇泉头村	21	男	1944 年 7 月
丛世铨	临朐县东城街道南张家庄村	21	男	1944 年 7 月
张维林	临朐县龙岗镇西桃花村	52	男	1944 年 7 月
付士策	临朐县冶源镇付家李召村	39	男	1944 年 7 月
蔺 ×	临朐县冶源镇付家李召村	40	男	1944 年 7 月
王文胜	临朐县城关街道上石埠村	33	男	1944 年 7 月
黄继美	临朐县城关街道西坦村	45	女	1944 年 8 月
黄继武	临朐县城关街道西坦村	37	男	1944 年 8 月
许人×	临朐县五井镇西水泉村	21	男	1944 年 8 月
孙青兰	临朐县冶源镇孙家小崔村	28	男	1944 年 8 月
宋作厚	临朐县九山镇夏庄村	30	男	1944 年 8 月
葛秀高	临朐县九山镇马头店子村	39	男	1944 年 8 月
陈百柱	临朐县龙岗镇陈家楼村	43	男	1944 年 8 月
张孝三之母	临朐县龙岗镇纪山沟村	51	女	1944 年 8 月
苏志周	临朐县辛寨镇泉子崖村	29	男	1944 年 8 月
宋吉英	临朐县九山镇釜泉村	15	女	1944 年 9 月 28 日
张修典	临朐县冶源镇石湾崖村	21	男	1944 年 9 月

姓 名	籍 贯	年 龄	性 别	死难时间
李 氏	临朐县龙岗镇申明亭村	57	女	1944 年 9 月
赵子忠	临朐县九山镇涝坡村	18	男	1944 年 9 月
孙洪墨	临朐县城关街道月庄村	39	男	1944 年 11 月 10 日
孙洪武	临朐县城关街道月庄村	40	男	1944 年 11 月 10 日
陈 氏	临朐县城关街道纸坊村	36	女	1944 年 11 月 22 日
窦云廷	临朐县冶源镇石河村	29	男	1944 年 11 月
刘复贵	临朐县东城街道张家庄村	42	男	1944 年 11 月
刘德中	临朐县沂山镇上常家沟村	21	男	1944 年 11 月
颜振汤	临朐县东城街道颜家洼村	26	男	1944 年 11 月
颜留柱	临朐县东城街道颜家洼村	28	男	1944 年 11 月
陈同智	临朐县五井镇隐士村	45	男	1944 年
王永富	临朐县五井镇下五井东村	21	男	1944 年
马中生	临朐县五井镇五井中村	20	男	1944 年
赵金友	临朐县五井镇崔木村	17	男	1944 年
贺兴毅	临朐县五井镇北黄谷村	24	男	1944 年
高德洪	临朐县冶源镇赵家楼村	22	男	1944 年
高凌峰	临朐县冶源镇大店村	25	男	1944 年
巩传忠	临朐县冶源镇巩家桥村	23	男	1944 年
高纪堂	临朐县冶源镇葛拉村	30	男	1944 年
冯德安	临朐县冶源镇宫家坡村	25	男	1944 年
马文庆	临朐县寺头镇偏龙头村	20	男	1944 年
刘其成之父	临朐县寺头镇宫家庄村	34	男	1944 年
刘传厚之兄	临朐县寺头镇宫家庄村	31	男	1944 年
叶世兴	临朐县辛寨镇兴寺店村	24	男	1944 年
刘复友	临朐县辛寨镇兴寺店村	23	男	1944 年
王××	—	—	男	1944 年
马 云	临朐县辛寨镇辛寨村	24	男	1944 年
张收新	临朐县柳山镇城头村	46	男	1944 年
马卢氏	临朐县沂山镇下郝赵铺村	48	女	1944 年
朱先章	临朐县沂山镇小朱庄村	38	男	1944 年
朱先增	临朐县沂山镇小朱庄村	39	男	1944 年
赵 伍	临朐县沂山镇常庄村	40	男	1944 年
朱桃园	临朐县沂山镇常庄村	16	男	1944 年
侯 山	临朐县沂山镇大关村	57	男	1944 年

姓 名	籍 贯	年 龄	性 别	死难时间
谭永录	临朐县城关街道北朱堡村	25	男	1944 年
冯春胜	临朐县冶源镇宋庄村	20	男	1944 年
沈万胜	临朐县冶源镇石河店村	18	男	1944 年
程安平	临朐县冶源镇平安峪村	23	男	1944 年
张公元	临朐县冶源镇赤良峪村	26	男	1944 年
王福华	临朐县冶源镇赤良峪村	26	男	1944 年
王文修	临朐县冶源镇孟家广尧村	19	男	1944 年
赵志明	临朐县冶源镇小杨善村	24	男	1944 年
史公德	临朐县冶源镇西朱阳村	25	男	1944 年
魏宗义	临朐县冶源镇前小章村	24	男	1944 年
魏宗爱	临朐县冶源镇前小章村	29	男	1944 年
赵立城	临朐县城关街道寨子崮村	28	男	1944 年
冷连德	临朐县辛寨镇冷家山村	35	男	1944 年
冷华芝	临朐县辛寨镇冷家山村	26	男	1944 年
林孝俊	临朐县辛寨镇龙诜铺村	28	男	1944 年
马子英	临朐县东城街道胡梅涧村	31	男	1944 年
冯恩永	临朐县东城街道孔村	26	男	1944 年
冯恩弟	临朐县东城街道孔村	24	男	1944 年
冯玉美	临朐县东城街道冯家营村	43	男	1944 年
王盈德	临朐县五井镇茹家庄村	19	男	1944 年
许入友	临朐县五井镇水泉村	21	男	1944 年
马中生	临朐县五井镇灯塔村	20	男	1944 年
刘德海	临朐县寺头镇孙家庄村	23	男	1944 年
李永录	临朐县寺头镇李季村	25	男	1944 年
王永贤	临朐县寺头镇王瑞村	25	男	1944 年
李瑞堂	临朐县寺头镇道士庄子村	17	男	1944 年
陈子贞	临朐县寺头镇桥沟村	33	男	1944 年
张元友	临朐县九山镇龙响店子村	24	男	1944 年
窦绪堂	临朐县九山镇王家庄村	19	男	1944 年
赵万胜	临朐县九山镇呈子河村	23	男	1944 年
董京春	临朐县九山镇大尧峪村	21	男	1944 年
刘汪胜	临朐县九山镇釜泉村	34	男	1944 年
宋法林	临朐县九山镇宋王庄村	29	男	1944 年
李发明	临朐县九山镇涝洼村	22	男	1944 年

姓 名	籍 贯	年 龄	性 别	死难时间
刘士忠	临朐县沂山镇李子行村	18	男	1944 年
石万胜	临朐县沂山镇刘家营村	32	男	1944 年
牛启德	临朐县沂山镇刘家营村	23	男	1944 年
李宗汤	临朐县沂山镇小官庄村	33	男	1944 年
孙健敏	临朐县寺头镇杨家峪村	53	男	1944 年
高守春	临朐县五井镇花园河村	35	男	1944 年
高兴光	临朐县五井镇花园河村	20	男	1944 年
钟××	临朐县龙岗镇杭山村	36	男	1944 年
孙文昌	临朐县沂山镇下高家沟村	32	男	1944 年
高学仕	临朐县五井镇花园河村	20	男	1944 年
周玉功	临朐县九山镇蜂子窝村	43	男	1944 年
许为顺	临朐县五井镇花园河村	41	男	1944 年
孙世吉	临朐县五井镇泉水崖村	28	男	1945 年 2 月
邵福立	临朐县辛寨镇王家西圈村	20	男	1945 年 2 月
卜凡昌	临朐县东城街道徐家上庄村	—	男	1945 年 3 月 13 日
鲁丰同	临朐县沂山镇毕家砚峪村	36	男	1945 年 3 月 20 日
毕宗贞	临朐县沂山镇毕家砚峪村	46	男	1945 年 3 月 20 日
杜振清	临朐县沂山镇北蒲沟村	50	男	1945 年 3 月 22 日
刘张氏	临朐县沂山镇北蒲沟村	60	女	1945 年 3 月 22 日
于张氏	临朐县沂山镇北蒲沟村	50	女	1945 年 3 月 22 日
马兰田	临朐县冶源镇薛家庙子村	27	男	1945 年 3 月
刘玉贞	临朐县辛寨镇大张龙村	22	男	1945 年 3 月
刘丰栾	临朐县辛寨镇大张龙村	50	男	1945 年 3 月
苏兴太	临朐县辛寨镇大张龙村	19	男	1945 年 3 月
张西群	临朐县沂山镇西圈村	53	男	1945 年 3 月
孙克俭	临朐县柳山镇孙庄村	60	男	1945 年 4 月
孙守信	临朐县龙岗镇河疃村	50	男	1945 年 5 月 25 日
王德光	临朐县沂山镇房台子村	20	男	1945 年 7 月
程礼忠	临朐县冶源镇平安峪村	38	男	1945 年 8 月
张元华	临朐县东城街道袁家庄子村	28	男	1945 年
杨万邦	临朐县东城街道杨家场村	35	男	1945 年
李学文	临朐县五井镇茹家庄村	19	男	1945 年
王汝成	临朐县五井镇马庄村	29	男	1945 年
尹化笛	临朐县五井镇隐士村	28	男	1945 年

姓　名	籍　贯	年龄	性别	死难时间
刘从荣	临朐县五井镇大傅家庄村	23	男	1945 年
衣学礼	临朐县冶源镇巩家桥村	25	男	1945 年
魏杰堂	临朐县冶源镇西小章村	25	男	1945 年
吕传太	临朐县冶源镇王家营村	34	男	1945 年
王　通	临朐县冶源镇王家营村	27	男	1945 年
吕传树	临朐县冶源镇王家营村	38	男	1945 年
孙永轩	临朐县冶源镇孙家小崔村	20	男	1945 年
刘文远	临朐县冶源镇半截楼村	40	男	1945 年
冯呈祥	临朐县冶源镇东宋村	42	男	1945 年
马清明	临朐县东城街道西朱村	21	男	1945 年
高太聚	临朐县辛寨镇张家庄子村	28	男	1945 年
曾现禹	临朐县辛寨镇东埠西村	28	男	1945 年
王德厚	临朐县沂山镇西段家沟村	48	男	1945 年
张林汉	临朐县沂山镇西洞子村	24	男	1945 年
江兰学	临朐县沂山镇东段家沟村	—	男	1945 年
韩德旺	临朐县沂山镇郭家砚峪村	25	男	1945 年
郭荣会	临朐县城关街道西鲍庄村	21	男	1945 年
陈风奎	临朐县城关街道柳家圈村	23	男	1945 年
史著书	临朐县冶源镇小杨善村	26	男	1945 年
薛立红	临朐县冶源镇薛家庙子村	25	男	1945 年
宗平林	临朐县辛寨镇古城村	22	男	1945 年
杨忠远	临朐县辛寨镇东盘阳村	17	男	1945 年
马明训	临朐县东城街道孔村	29	男	1945 年
郎会庆	临朐县寺头镇王庄村	19	男	1945 年
王西增	临朐县寺头镇于家庄村	21	男	1945 年
吕克贞	临朐县寺头镇大东峪村	22	男	1945 年
倪国友	临朐县沂山镇付家村	29	男	1945 年
张林汗	临朐县沂山镇西洞子村	22	男	1945 年
王　星	临朐县沂山镇大峪村	30	男	1945 年
朱先德	临朐县沂山镇常水村	34	男	1945 年
陈文祥	临朐县辛寨镇杨家河村	23	男	1945 年
尹文铎	临朐县城关街道李家庄村	33	男	1945 年
史书册	临朐县五井镇隐士村	48	男	—
史兰东	临朐县五井镇隐士村	—	男	—

姓　名	籍　贯	年　龄	性　别	死难时间
史兰民	临朐县五井镇隐士村	—	男	—
高京现	临朐县九山镇东苇场村	23	男	—
吴永昌	临朐县东城街道徐家上庄村	—	男	—
吴西润	临朐县东城街道徐家上庄村	—	男	—
陈玉岗之四兄	临朐县东城街道徐家上庄村	—	男	—
张西周	临朐县柳山镇花家庄村	65	男	—
张广经	临朐县辛寨镇东盘阳村	36	男	—
冯文利	临朐县辛寨镇辛寨村	25	男	—
张来春	临朐县辛寨镇辛寨村	30	男	—
吴克山之子	临朐县辛寨镇辛寨村	20	男	—
吴克山之妹	临朐县辛寨镇辛寨村	25	女	—
吴克山之妻	临朐县辛寨镇辛寨村	40	女	—
张来安	临朐县辛寨镇辛寨村	31	男	—
王文松	临朐县沂山镇潘家沟村	50	男	—
李玉香	临朐县九山镇大山东村	57	女	1938 年 1 月
宫继尧	临朐县龙岗镇黄家庄村	42	男	1938 年 1 月
宫继尧之妻	临朐县龙岗镇黄家庄村	41	女	1938 年 1 月
许玉柱之子	临朐县龙岗镇北李家山村	20	男	1938 年 1 月
许　海	临朐县龙岗镇北李家山村	21	男	1938 年 1 月
王福祥	临朐县龙岗镇赵家辛兴村	52	男	1938 年 1 月
李来中	临朐县龙岗镇赵家辛兴村	40	男	1938 年 1 月
张付贵	临朐县龙岗镇张家辛兴村	70	男	1938 年 1 月
王佃福	临朐县龙岗镇双埠村	50	男	1938 年 1 月
张希胜	临朐县龙岗镇两县村	21	男	1938 年 1 月
宋　三	临朐县辛寨镇刘家庄村	35	男	1938 年 1 月
张凤武	临朐县柳山镇小庵子村	40	男	1938 年 1 月
张继来之伯	临朐县柳山镇小庵子村	11	男	1938 年 1 月
宫玉军	临朐县龙岗镇黄家庄村	53	男	1938 年 2 月
齐秀水	临朐县沂山镇付家庄村	59	男	1938 年 2 月
张付本	临朐县龙岗镇张家辛兴村	45	男	1938 年 3 月
马登丰	临朐县龙岗镇张家辛兴村	62	男	1938 年 3 月
郭希文	临朐县沂山镇东蒋峪村	40	男	1938 年 3 月
陆广圣	临朐县九山镇大申家庄村	39	男	1938 年 4 月
陆广圣之妻	临朐县九山镇大申家庄村	40	女	1938 年 4 月

姓　名	籍　贯	年龄	性别	死难时间
张永贵	临朐县龙岗镇鲍家河村	25	男	1938 年 4 月
张学美之妻	临朐县龙岗镇张家沟村	59	女	1938 年 4 月
李兆成之妻	临朐县龙岗镇张家沟村	39	女	1938 年 4 月
李兆成之父	临朐县龙岗镇张家沟村	59	男	1938 年 4 月
李兆成之母	临朐县龙岗镇张家沟村	61	女	1938 年 4 月
武海章	临朐县龙岗镇武家夏庄村	21	男	1938 年 4 月
田德润	临朐县龙岗镇武家夏庄村	30	男	1938 年 4 月
武佃伦	临朐县龙岗镇武家夏庄村	39	男	1938 年 4 月
武尚俭	临朐县龙岗镇武家夏庄村	59	男	1938 年 4 月
李星德	临朐县东城街道北赵家河村	17	男	1938 年 4 月
贺兴荣	临朐县五井镇茹家庄村	30	男	1938 年 6 月
张永和	临朐县龙岗镇鲍家河村	28	男	1938 年 6 月
申光忠	临朐县龙岗镇荻子涧村	19	男	1938 年 6 月
贺兴德	临朐县龙岗镇张家沟村	57	男	1938 年 7 月
樊光山	临朐县龙岗镇樊家庙村	58	男	1938 年 7 月
孙怀成	临朐县龙岗镇肖家庄村	36	男	1938 年 7 月
扈来源	临朐县龙岗镇河疃村	38	男	1938 年 7 月
刘　氏	临朐县东城街道大张家庄村	28	女	1938 年 8 月
宫玉福	临朐县龙岗镇黄家庄村	38	男	1938 年 8 月
宫玉福之妻	临朐县龙岗镇黄家庄村	36	女	1938 年 8 月
宫怀坤	临朐县龙岗镇黄家庄村	37	男	1938 年 8 月
许　氏	临朐县龙岗镇北李家山村	50	女	1938 年 8 月
吴成斗	临朐县龙岗镇吴家辛兴村	41	男	1938 年 8 月
刘　氏	临朐县寺头镇下河庄村	42	女	1938 年 9 月
宫怀坤之子	临朐县龙岗镇黄家庄村	12	男	1938 年 9 月
马　×	临朐县辛寨镇马家庄子村	30	男	1938 年 9 月
刘震华	临朐县龙岗镇倪家台子村	51	男	1938 年 10 月
赵玉青	临朐县九山镇呈子河村	20	男	1938 年 11 月
刘震喜	临朐县龙岗镇倪家台子村	40	男	1938 年 11 月
张洪元	临朐县龙岗镇张家辛兴村	39	男	1938 年 11 月
樊世玉	临朐县龙岗镇樊家庙村	64	男	1938 年 11 月
王世奎	临朐县龙岗镇龙南村	40	男	1938 年 12 月
倪春法	临朐县龙岗镇肖家庄村	28	男	1938 年 12 月
王柏森	临朐县辛寨镇汪家沟村	58	男	1938 年 12 月

姓 名	籍 贯	年 龄	性 别	死难时间
张德福	临朐县冶源镇红光村	40	男	1938 年
王敏孔	临朐县城关街道小陡沟村	20	男	1938 年
张良木之父	临朐县东城街道弥南村	50	男	1938 年
李焕章	临朐县东城街道陶家庄村	42	男	1938 年
翟士坤	临朐县五井镇王家圈村	25	男	1938 年
王森元	临朐县五井镇王家圈村	24	男	1938 年
王永德	临朐县五井镇王家圈村	28	男	1938 年
李明德	临朐县五井镇王家圈村	31	男	1938 年
李明堂	临朐县五井镇王家圈村	29	男	1938 年
李圣春	临朐县五井镇王家圈村	28	男	1938 年
高学方	临朐县五井镇花园河村	50	男	1938 年
高兴奎	临朐县五井镇花园河村	40	男	1938 年
许辉群	临朐县五井镇花园河村	20	男	1938 年
许为堂	临朐县五井镇花园河村	38	男	1938 年
宫春贵	临朐县冶源镇谭家小崔村	40	男	1938 年
谭金耀	临朐县冶源镇谭家小崔村	31	男	1938 年
徐福兴	临朐县冶源镇冶西村	—	男	1938 年
郭文富	临朐县冶源镇二郎庙村	55	男	1938 年
申存增	临朐县九山镇柴家庄	28	男	1938 年
宋　氏	临朐县九山镇柴家庄	25	女	1938 年
董玉武	临朐县龙岗镇董家沟村	30	男	1938 年
董京宽	临朐县龙岗镇董家沟村	30	男	1938 年
张立连之母	临朐县龙岗镇小河圈村	42	女	1938 年
刘林书之妻	临朐县龙岗镇张佩环村	55	女	1938 年
刘希汉之妻	临朐县龙岗镇张佩环村	55	女	1938 年
宫延东	临朐县龙岗镇宫家庄村	45	男	1938 年
宫孝彦	临朐县龙岗镇宫家庄村	39	男	1938 年
张仁义	临朐县龙岗镇杨家集村	28	男	1938 年
王福周	临朐县龙岗镇卜家庄村	30	男	1938 年
王福祥	临朐县龙岗镇卜家庄村	28	男	1938 年
宿惠中	临朐县龙岗镇宿家庄村	45	男	1938 年
宿明中	临朐县龙岗镇宿家庄村	53	男	1938 年
宿明中之妻	临朐县龙岗镇宿家庄村	52	女	1938 年
宿兴才	临朐县龙岗镇宿家庄村	68	男	1938 年

姓　名	籍　贯	年　龄	性　别	死难时间
宿克伟	临朐县龙岗镇宿家庄村	82	男	1938 年
宿克伟之妻	临朐县龙岗镇宿家庄村	80	女	1938 年
孟兆德	临朐县龙岗镇龙东村	47	男	1938 年
苏茂祥	临朐县龙岗镇龙东村	40	男	1938 年
潘义明之母	临朐县龙岗镇龙东村	55	女	1938 年
张群亮之母	临朐县龙岗镇龙东村	59	女	1938 年
刘兴友	临朐县龙岗镇河南村	57	男	1938 年
刘元章	临朐县龙岗镇河南村	51	男	1938 年
张　氏	临朐县龙岗镇河南村	62	女	1938 年
刘怀东	临朐县龙岗镇河南村	53	男	1938 年
刘元周	临朐县龙岗镇河南村	48	男	1938 年
赵秉信	临朐县龙岗镇河南村	41	男	1938 年
赵居敬	临朐县龙岗镇河南村	24	男	1938 年
赵居中	临朐县龙岗镇河南村	58	男	1938 年
赵居恭	临朐县龙岗镇河南村	43	男	1938 年
赵秉绅	临朐县龙岗镇河南村	40	男	1938 年
杜兴智	临朐县龙岗镇孟家子子村	55	男	1938 年
杜光敏	临朐县龙岗镇孟家庄子村	63	男	1938 年
杜合洲	临朐县龙岗镇孟家庄子村	47	男	1938 年
相开邦	临朐县龙岗镇孟家庄子村	24	男	1938 年
刘学文	临朐县龙岗镇孟家庄子村	37	男	1938 年
安王氏	临朐县龙岗镇桃园村	39	女	1938 年
李法玉	临朐县龙岗镇南李家山村	60	男	1938 年
李法太	临朐县龙岗镇南李家山村	60	男	1938 年
窦冠英	临朐县龙岗镇吴家辛兴村	43	男	1938 年
吴计昌之母	临朐县龙岗镇吴家辛兴村	52	女	1938 年
陈　武	临朐县龙岗镇东陈家楼村	17	男	1938 年
陈王氏	临朐县龙岗镇陈家楼村	41	女	1938 年
陈张氏	临朐县龙岗镇陈家楼村	25	女	1938 年
尼起水	临朐县龙岗镇陈家楼村	40	男	1938 年
李日聪	临朐县龙岗镇苇园村	70	男	1938 年
胡老石	临朐县龙岗镇苇园村	68	男	1938 年
李建义	临朐县龙岗镇苇园村	72	男	1938 年
高学胜	临朐县龙岗镇席家河村	40	男	1938 年

姓 名	籍 贯	年 龄	性 别	死难时间
隽 三	临朐县龙岗镇西洼子村	36	男	1938 年
张永堂	临朐县东城街道张家寨村	27	男	1938 年
张公德	临朐县东城街道张家寨村	20	男	1938 年
吕世春	临朐县东城街道初家庄村	23	男	1938 年
徐佃彪	临朐县东城街道徐家官庄村	42	男	1938 年
白其旺	临朐县辛寨镇梨花埠村	40	男	1938 年
吴可孝	临朐县辛寨镇卧龙官庄村	28	男	1938 年
夏汝田	临朐县辛寨镇胡家沟村	—	男	1938 年
张正玉	临朐县辛寨镇小店村	31	男	1938 年
张来亭	临朐县辛寨镇小店子村	35	男	1938 年
朱树和	临朐县辛寨镇小店子村	29	男	1938 年
刘 ×	临朐县沂山镇刘家庄子村	—	男	1938 年
牛 ×	临朐县沂山镇刘家营村	—	男	1938 年
刘 ×	临朐县沂山镇刘家营村	—	男	1938 年
曹 ×	临朐县沂山镇曹家官庄村	—	男	1938 年
王 ×	临朐县沂山镇后唐家河村	—	男	1938 年
王 ×	临朐县沂山镇梓椤栏子村	—	男	1938 年
郎 氏	临朐县沂山镇王家砚峪村	—	女	1938 年
韩 氏	临朐县沂山镇郭家砚峪村	—	女	1938 年
刘 ×	临朐县沂山镇刘家庄子村	—	男	1938 年
于陈氏	临朐县沂山镇李户庄村	—	女	1938 年
刘 ×	临朐县沂山镇李户庄村	—	男	1938 年
刘 ×	临朐县沂山镇祝家东沟村	—	男	1938 年
王 ×	临朐县沂山镇北蒲沟村	—	男	1938 年
张 ×	临朐县沂山镇北蒲沟村	—	男	1938 年
王 ×	临朐县沂山镇南上峪村	—	男	1938 年
王 × ×	临朐县沂山镇南上峪村	—	男	1938 年
张 氏	临朐县沂山镇北上峪村	—	女	1938 年
吴 ×	临朐县沂山镇赵家沟村	—	男	1938 年
刘 氏	临朐县沂山镇赵家沟村	—	女	1938 年
王 ×	临朐县沂山镇赵家沟村	—	男	1938 年
刘 ×	临朐县沂山镇接家河村	—	男	1938 年
王 氏	临朐县沂山管委会南石砬村	50	女	1938 年
王 氏	临朐县沂山管委会南石砬村	57	女	1938 年

姓 名	籍 贯	年 龄	性 别	死难时间
卢松廷	临朐县辛寨镇马存沟村	42	男	1938 年
卢开庆	临朐县辛寨镇马存沟村	41	男	1938 年
卢科廷	临朐县辛寨镇马存沟村	39	男	1938 年
苏秋芳之妻	临朐县辛寨镇柞家庄子村	41	女	1938 年
苏秋芳之女	临朐县辛寨镇柞家庄子村	10	女	1938 年
王文博之父	临朐县辛寨镇柞家庄子村	48	男	1938 年
马佰杰之妹	临朐县辛寨镇柞家庄子村	15	女	1938 年
马厢之妻	临朐县辛寨镇柞家庄子村	40	女	1938 年
马洪礼之妹	临朐县辛寨镇柞家庄子村	37	女	1938 年
马文修	临朐县辛寨镇柞家庄子村	28	男	1938 年
曹士庆	临朐县辛寨镇曹家庄村	29	男	1938 年
王恒成	临朐县辛寨镇张家庄子村	—	男	1938 年
马凤台	临朐县辛寨镇夏家台子村	—	女	1938 年
夏泽兴	临朐县辛寨镇夏家台子村	—	女	1938 年
张西太	临朐县辛寨镇夏家台子村	—	男	1938 年
王乐仁	临朐县柳山镇东沟村	30	男	1938 年
王学朱	临朐县柳山镇东沟村	25	男	1938 年
王学孔	临朐县柳山镇东沟村	30	男	1938 年
李高岗	临朐县柳山镇东沟村	36	男	1938 年
李茂岗	临朐县柳山镇东沟村	38	男	1938 年
李环启之伯	临朐县柳山镇东沟村	30	男	1938 年
达 子	临朐县柳山镇东沟村	20	男	1938 年
李兆林	临朐县柳山镇东沟村	30	男	1938 年
王喜同	临朐县柳山镇邢家沟村	12	男	1938 年
马兴太	临朐县沂山镇郝赵铺村	50	男	1938 年
刘金祥	临朐县沂山镇东长命沟村	23	男	1938 年
牛占麻	临朐县沂山镇付家庄村	64	男	1938 年
宋培蒂	临朐县沂山镇代家庄村	38	男	1938 年
张学义	临朐县沂山镇史家庄子村	37	男	1938 年
张学增	临朐县沂山镇史家庄子村	40	男	1938 年
张 氏	临朐县沂山镇史家庄子村	38	女	1938 年
曾纪福	临朐县沂山镇桲椤峪村	10	男	1938 年
王代云	临朐县沂山镇邢家官庄子村	27	男	1938 年
刘继昌	临朐县沂山镇刘家庄子村	72	男	1938 年

姓 名	籍 贯	年 龄	性 别	死难时间
刘启峰	临朐县沂山镇刘家庄子村	67	男	1938 年
刘福太	临朐县沂山镇南店村	57	男	1938 年
张福伍	临朐县沂山镇胜利村	61	男	1938 年
学富之母	临朐县沂山镇朝阳村	52	女	1938 年
高福亭	临朐县沂山镇苏家官庄村	51	男	1938 年
郇玉礼	临朐县沂山镇郇家沟村	62	男	1938 年
张西彬	临朐县沂山镇朝阳村	70	男	1938 年
魏少芝	临朐县沂山镇朝阳村	36	男	1938 年
纪学武	临朐县沂山镇朝阳村	37	男	1938 年
张学礼	临朐县沂山镇朝阳村	40	男	1938 年
刘德全	临朐县沂山镇赵家庄子村	59	男	1938 年
窦福友	临朐县沂山镇蒺藜沟村	28	男	1938 年
窦　×	临朐县沂山镇蒺藜沟村	30	男	1938 年
刘法文之祖父	临朐县沂山镇向阳村	49	男	1938 年
刘怀玉	临朐县沂山镇吕庄村	64	男	1938 年
张　氏	临朐县沂山镇西长命沟村	56	女	1938 年
王立伯	临朐县沂山镇潘家沟村	62	男	1938 年
张胜德	临朐县沂山镇西牛河村	45	男	1938 年
张清风	临朐县沂山镇西王圈村	51	男	1938 年
李世美	临朐县五井镇西井村	39	男	1939 年 1 月
郑传书	临朐县冶源镇南杨善村	40	男	1939 年 1 月
于　氏	临朐县九山镇白沙村	36	女	1939 年 1 月
李　氏	临朐县九山镇大山东村	49	女	1939 年 1 月
蔡法香	临朐县九山镇曾家沟村	27	女	1939 年 1 月
郭见华	临朐县九山镇南辛庄村	30	男	1939 年 1 月
肖记法	临朐县九山镇南辛庄村	27	男	1939 年 1 月
许玉保	临朐县龙岗镇北李家山村	60	男	1939 年 1 月
王清五	临朐县龙岗镇龙南村	40	男	1939 年 1 月
赵奎贤	临朐县龙岗镇张家沟村	66	男	1939 年 1 月
刘中轮之父	临朐县龙岗镇倪家台子村	50	男	1939 年 1 月
刘宝安之父	临朐县龙岗镇倪家台子村	48	男	1939 年 1 月
吴近斗之妻	临朐县龙岗镇吴家辛兴村	38	女	1939 年 1 月
冀汝栋	临朐县龙岗镇樊家庙村	59	男	1939 年 1 月
丁　氏	临朐县东城街道丁家焦窦村	48	女	1939 年 1 月

姓　名	籍　贯	年　龄	性　别	死难时间
张克顺	临朐县东城街道蒋家河村	31	男	1939 年 1 月
刘来聚	临朐县东城街道蒋家河村	28	男	1939 年 1 月
丁　干	临朐县辛寨镇南岳庄村	—	男	1939 年 1 月
王兆祥	临朐县柳山镇王家庄村	29	男	1939 年 1 月
吴三名	临朐县寺头镇尹子峪村	42	男	1939 年 2 月
王世强	临朐县龙岗镇龙南村	48	男	1939 年 2 月
赵玉安	临朐县龙岗镇张家沟村	41	男	1939 年 2 月
丁　顺	临朐县东城街道丁家焦窦村	37	男	1939 年 2 月
林松义	临朐县东城街道林家庄村	27	男	1939 年 2 月
林兆乾	临朐县东城街道林家庄村	46	男	1939 年 2 月
林兆礼	临朐县东城街道林家庄村	35	男	1939 年 2 月
许心同	临朐县五井镇前朱音村	45	男	1939 年 3 月
许瑞之	临朐县五井镇前朱音村	23	男	1939 年 3 月
李增福	临朐县龙岗镇武家夏庄村	50	男	1939 年 3 月
李增喜	临朐县龙岗镇武家夏庄村	45	男	1939 年 3 月
李增善	临朐县龙岗镇武家夏庄村	61	男	1939 年 3 月
李志清	临朐县龙岗镇武家夏庄村	37	男	1939 年 3 月
李增田	临朐县龙岗镇武家夏庄村	58	男	1939 年 3 月
李王氏	临朐县龙岗镇武家夏庄村	51	女	1939 年 3 月
林松延	临朐县东城街道林家庄村	25	男	1939 年 3 月
林世红	临朐县九山镇大山东村	6	女	1939 年 4 月
窦全停	临朐县九山镇大山东村	26	男	1939 年 4 月
王佃莹	临朐县龙岗镇双埠村	49	男	1939 年 4 月
孙怀友	临朐县龙岗镇肖家庄村	37	男	1939 年 4 月
张三顺之妻	临朐县东城街道张家焦窦村	24	女	1939 年 4 月
张永年	临朐县东城街道大张家庄村	25	男	1939 年 5 月
郑万祥	临朐县冶源镇南杨善村	38	男	1939 年 5 月
窦全玉	临朐县九山镇大山东村	23	男	1939 年 5 月
曾记春	临朐县九山镇耿家沟村	26	男	1939 年 5 月
宫玉秀	临朐县龙岗镇黄家庄村	44	男	1939 年 5 月
张付贵之妻	临朐县龙岗镇张家辛兴村	69	女	1939 年 5 月
张玉书	临朐县龙岗镇两县村	36	男	1939 年 5 月
胡京文	临朐县龙岗镇樊家庙村	61	男	1939 年 5 月
王怀安	临朐县东城街道吴家焦窦村	28	男	1939 年 5 月

姓 名	籍 贯	年 龄	性 别	死难时间
付美苓	临朐县冶源镇傅家李召村	18	女	1939 年 6 月
申明义	临朐县九山镇大申家庄村	45	男	1939 年 6 月
张世达	临朐县九山镇大花龙潭村	30	男	1939 年 6 月
马 氏	临朐县九山镇白沙村	33	女	1939 年 6 月
芮科英	临朐县九山镇白沙村	36	男	1939 年 6 月
李秀增	临朐县龙岗镇赵家辛兴村	40	男	1939 年 6 月
吴近斗	临朐县龙岗镇吴家辛兴村	37	男	1939 年 6 月
何万明	临朐县九山镇大山东村	53	男	1939 年 7 月
李玉生	临朐县九山镇大山东村	17	男	1939 年 7 月
李兆洪之妻	临朐县龙岗镇张家沟村	41	女	1939 年 7 月
王秀成	临朐县龙岗镇吴家辛兴村	46	男	1939 年 7 月
胡秀云	临朐县龙岗镇吴家辛兴村	40	女	1939 年 7 月
王徐氏	临朐县龙岗镇薛庙村	70	女	1939 年 7 月
陈世明之妻	临朐县东城街道张家焦窦村	35	女	1939 年 7 月
杨复安之妻	临朐县辛寨镇庞家河村	—	女	1939 年 7 月
王汝胜	临朐县辛寨镇下河村	26	男	1939 年 7 月
王继锡	临朐县辛寨镇下河村	28	男	1939 年 7 月
高 氏	临朐县寺头镇王庄村	70	女	1939 年 8 月 10 日
窦长因	临朐县九山镇大山东	49	男	1939 年 8 月 10 日
衣冠贤	临朐县冶源镇南杨善村	36	男	1939 年 8 月
张文青	临朐县九山镇大山东村	52	男	1939 年 8 月
张 氏	临朐县龙岗镇河疃村	42	女	1939 年 8 月
徐建烈	临朐县龙岗镇薛庙村	55	男	1939 年 8 月
陈忠喜	临朐县东城街道陈家焦窦村	60	男	1939 年 8 月
窦云祥	临朐县九山镇小花龙潭村	39	男	1939 年 9 月
刘志友	临朐县九山镇小花龙潭村	39	男	1939 年 9 月
郭俊田	临朐县龙岗镇张家辛兴村	40	男	1939 年 9 月
张士尚	临朐县龙岗镇薛庙村	71	男	1939 年 9 月
刘文选	临朐县东城街道吴家焦窦村	53	男	1939 年 9 月
冀振海	临朐县龙岗镇鲍家河村	12	男	1939 年 11 月
林鹤峰	临朐县东城街道林家庄村	20	男	1939 年 11 月
田智敏	临朐县龙岗镇荻子涧村	24	男	1939 年 12 月
丁鹤田	临朐县东城街道丁家焦窦村	35	男	1939 年 12 月
尹文彦	临朐县城关街道李家庄村	38	男	1939 年

姓 名	籍 贯	年 龄	性 别	死难时间
尹文玉	临朐县城关街道李家庄村	22	男	1939 年
许安之	临朐县五井镇前朱音村	18	男	1939 年
张本善	临朐县冶源镇南杨善村	45	男	1939 年
马俊海	临朐县冶源镇南杨善村	38	男	1939 年
曹义禄	临朐县冶源镇冶西村	—	男	1939 年
徐福荣	临朐县冶源镇冶西村	—	男	1939 年
孙 氏	临朐县寺头镇王门村	35	女	1939 年
郭佃元	临朐县九山镇南周家庄村	30	男	1939 年
孙丙合	临朐县九山镇南周家庄村	34	男	1939 年
张立锦之母	临朐县龙岗镇小河圈村	43	女	1939 年
张洪卫之母	临朐县龙岗镇小河圈村	37	女	1939 年
刘希汉	临朐县龙岗镇张佩环村	50	男	1939 年
刘洛书之妻	临朐县龙岗镇张佩环村	54	女	1939 年
宫正志	临朐县龙岗镇宫家庄村	50	男	1939 年
宫利元	临朐县龙岗镇宫家庄村	38	男	1939 年
刘民林	临朐县龙岗镇宫家庄村	60	男	1939 年
张 氏	临朐县龙岗镇杨家集村	19	女	1939 年
王福荣	临朐县龙岗镇卜家庄村	34	男	1939 年
冯兰香	临朐县龙岗镇卜家庄村	36	女	1939 年
李志武	临朐县龙岗镇卜家庄村	35	男	1939 年
宿惠中之妻	临朐县龙岗镇宿家庄村	56	女	1939 年
宿兴才之妻	临朐县龙岗镇宿家庄村	66	女	1939 年
田再玉	临朐县龙岗镇龙东村	41	男	1939 年
孟王氏	临朐县龙岗镇龙东村	43	女	1939 年
潘义明之妻	临朐县龙岗镇龙东村	37	女	1939 年
赵居方	临朐县龙岗镇河南村	59	男	1939 年
赵秉心	临朐县龙岗镇河南村	61	男	1939 年
刘怀清	临朐县龙岗镇河南村	57	男	1939 年
刘怀清之妻	临朐县龙岗镇河南村	64	女	1939 年
刘景文	临朐县龙岗镇河南村	38	男	1939 年
刘怀全	临朐县龙岗镇河南村	58	男	1939 年
许玉湘	临朐县龙岗镇北李家山村	57	男	1939 年
许玉泽	临朐县龙岗镇北李家山村	56	男	1939 年
杜兴信	临朐县龙岗镇孟家庄子村	58	男	1939 年

姓　名	籍　贯	年　龄	性　别	死难时间
杜江洲	临朐县龙岗镇孟家庄子村	51	男	1939 年
杜杭洲	临朐县龙岗镇孟家庄子村	42	男	1939 年
刘学瓒	临朐县龙岗镇孟家庄子村	46	男	1939 年
安张氏	临朐县龙岗镇桃园村	47	女	1939 年
李玉芝	临朐县龙岗镇南李家山村	60	男	1939 年
张明远	临朐县龙岗镇吴家辛兴村	60	男	1939 年
吴奎孝	临朐县龙岗镇吴家辛兴村	52	男	1939 年
张永吉	临朐县龙岗镇潘家庄村	43	男	1939 年
陈之华	临朐县龙岗镇东陈家楼村	21	女	1939 年
邹　强	临朐县龙岗镇东陈家楼村	42	男	1939 年
陈　温	临朐县龙岗镇陈家楼村	15	男	1939 年
陈　媛	临朐县龙岗镇陈家楼村	18	女	1939 年
刘好善	临朐县龙岗镇苇园村	30	男	1939 年
朱明昌之祖父	临朐县龙岗镇吴家庄村	50	男	1939 年
朱光义之父	临朐县龙岗镇吴家庄村	30	男	1939 年
宋尧之六叔	临朐县龙岗镇吴家庄村	21	男	1939 年
朱兴堂	临朐县龙岗镇吴家庄村	25	男	1939 年
朱兴伦之弟	临朐县龙岗镇吴家庄村	22	男	1939 年
朱兴富	临朐县龙岗镇吴家庄村	39	男	1939 年
吕同科	临朐县龙岗镇席家河村	34	男	1939 年
马平安	临朐县东城街道庄家庄村	22	男	1939 年
朱立瑞	临朐县东城街道前合水村	20	男	1939 年
张　氏	临朐县东城街道张家寨村	15	女	1939 年
马守贵	临朐县东城街道胡梅涧村	40	男	1939 年
马连登	临朐县东城街道胡梅涧村	38	男	1939 年
王福中	临朐县辛寨镇王村楼村	37	男	1939 年
王京德	临朐县辛寨镇红庙子村	35	男	1939 年
杜明文	临朐县辛寨镇卧龙官庄村	31	男	1939 年
付兴邦	临朐县辛寨镇猫林沟村	—	男	1939 年
张乐亭	临朐县辛寨镇天桥子村	45	男	1939 年
王登云	临朐县辛寨镇胡家沟村	—	女	1939 年
宋士田	临朐县辛寨镇胡家沟村	49	男	1939 年
王乐贵	临朐县辛寨镇胡家沟村	—	男	1939 年
张华学	临朐县辛寨镇大店子村	32	男	1939 年

姓　名	籍　贯	年　龄	性　别	死难时间
刘福秀	临朐县辛寨镇东盘阳村	32	女	1939 年
徐玉昌	临朐县辛寨镇东盘阳村	42	男	1939 年
王　×	临朐县沂山镇林家官庄村	11	男	1939 年
曹　×	临朐县沂山镇曹家官庄村	—	男	1939 年
王　×	临朐县沂山镇后唐家河村	—	男	1939 年
刘　×	临朐县沂山镇梓椤栏子村	—	男	1939 年
王　×	临朐县沂山镇王家砚峪村	—	男	1939 年
刘　氏	临朐县沂山镇郭家砚峪村	—	女	1939 年
刘　氏	临朐县沂山镇刘家庄子村	—	女	1939 年
于　×	临朐县沂山镇李户庄村	—	男	1939 年
张　×	临朐县沂山镇张家坪村	—	男	1939 年
刘　×	临朐县沂山镇祝家东沟村	—	男	1939 年
祝　×	临朐县沂山镇祝家东沟村	—	男	1939 年
于　×	临朐县沂山镇于家旺村	—	男	1939 年
张　×	临朐县沂山镇王家庄子村	—	男	1939 年
邵　×	临朐县沂山镇佛崖底村	—	男	1939 年
王　×	临朐县沂山镇南上峪村	—	男	1939 年
王　氏	临朐县沂山镇北上峪村	—	女	1939 年
吴　×	临朐县沂山镇赵家沟村	—	男	1939 年
王文果	临朐县沂山管委会南石砬村	50	男	1939 年
王德利	临朐县沂山管委会南石砬村	52	男	1939 年
叶勤堂	临朐县辛寨镇兴寺店村	30	男	1939 年
安庆祥	临朐县辛寨镇西双山村	30	男	1939 年
刘成祥	临朐县辛寨镇西双山村	20	男	1939 年
李可廷	临朐县辛寨镇马存沟村	47	男	1939 年
王文光之次子	临朐县辛寨镇柞家庄子村	18	男	1939 年
李元平之女	临朐县辛寨镇柞家庄子村	15	女	1939 年
马中堂之祖母	临朐县辛寨镇柞家庄子村	50	女	1939 年
苏义林之父	临朐县辛寨镇柞家庄子村	25	男	1939 年
马吉之子	临朐县辛寨镇柞家庄子村	—	男	1939 年
马吉之女	临朐县辛寨镇柞家庄子村	—	女	1939 年
马文成之次女	临朐县辛寨镇柞家庄子村	2	女	1939 年
李洪起之妹	临朐县辛寨镇柞家庄子村	8	女	1939 年
马广法	临朐县辛寨镇柞家庄子村	35	男	1939 年

姓 名	籍 贯	年 龄	性 别	死难时间
李兴希之母	临朐县辛寨镇柞家庄子村	46	女	1939 年
马 成	临朐县辛寨镇柞家庄子村	31	男	1939 年
马坤之次子	临朐县辛寨镇柞家庄子村	5	男	1939 年
李洪法之祖父	临朐县辛寨镇柞家庄子村	45	男	1939 年
李洪法之姑	临朐县辛寨镇柞家庄子村	6	女	1939 年
王学让之父	临朐县辛寨镇柞家庄子村	49	男	1939 年
丁西成	临朐县辛寨镇安子沟村	—	男	1939 年
于化池	临朐县辛寨镇东埠西村	39	男	1939 年
李成仕	临朐县辛寨镇蒋市村	—	男	1939 年
李孟会	临朐县辛寨镇蒋市村	25	男	1939 年
赵立忠	临朐县辛寨镇付家庄子村	30	男	1939 年
赵国柱	临朐县辛寨镇付家庄子村	25	男	1939 年
赵恒忠	临朐县辛寨镇付家庄子村	19	男	1939 年
赵恒顺	临朐县辛寨镇付家庄子村	24	男	1939 年
刘张氏	临朐县辛寨镇蔡家官庄	49	女	1939 年
李横春	临朐县辛寨镇蔡家官庄	44	男	1939 年
王文光之妻	临朐县辛寨镇柞家庄子村	45	女	1939 年
王文光之长子	临朐县辛寨镇柞家庄子村	20	男	1939 年
王文圣	临朐县辛寨镇柞家庄子村	38	男	1939 年
张占青	临朐县柳山镇小庄子村	20	男	1939 年
徐庆春	临朐县柳山镇小庄子村	45	男	1939 年
张正友	临朐县柳山镇小庄子村	26	男	1939 年
季丰明	临朐县柳山镇小庄子村	30	男	1939 年
张占来	临朐县柳山镇小庄子村	54	男	1939 年
王明义	临朐县柳山镇南福山村	29	男	1939 年
王金成	临朐县柳山镇北冯村	12	男	1939 年
王仁吉	临朐县柳山镇北冯村	28	男	1939 年
王春荣	临朐县柳山镇北冯村	16	男	1939 年
张兰春	临朐县柳山镇北冯村	30	男	1939 年
王启道	临朐县柳山镇北冯村	27	男	1939 年
王振久	临朐县柳山镇北冯村	31	男	1939 年
李君元	临朐县柳山镇南福山村	26	男	1939 年
王会支	临朐县柳山镇南福山村	26	男	1939 年
王成美	临朐县柳山镇南福山村	27	男	1939 年

姓 名	籍 贯	年 龄	性 别	死难时间
王明仁	临朐县柳山镇南福山村	30	男	1939 年
王文松	临朐县沂山镇潘家沟村	24	男	1939 年
王树举	临朐县沂山镇潘家沟村	20	男	1939 年
马希彦	临朐县沂山镇郝赵铺村	47	男	1939 年
王寿吉	临朐县沂山镇山头子村	65	男	1939 年
刘喜香	临朐县沂山镇付家村	62	女	1939 年
李鸿吉	临朐县沂山镇大坡村	26	男	1939 年
崔培相	临朐县沂山镇史家庄子村	40	男	1939 年
尹来福	临朐县沂山镇史家庄子村	39	男	1939 年
崔友田	临朐县沂山镇史家庄子村	45	男	1939 年
曾全林	临朐县沂山镇梓椤峪村	37	男	1939 年
西京芳	临朐县沂山镇南店村	58	女	1939 年
刘现敬	临朐县沂山镇常庄楼村	50	男	1939 年
刘现华	临朐县沂山镇常庄楼村	46	男	1939 年
候 理	临朐县沂山镇南候村	52	男	1939 年
魏刘氏	临朐县沂山镇贺家洼村	28	女	1939 年
刘明福	临朐县沂山镇贺家洼村	25	男	1939 年
王 忠	临朐县沂山镇南店村	35	男	1939 年
冯佰河	临朐县沂山镇胜利村	59	男	1939 年
毕须东	临朐县沂山镇胜利村	61	男	1939 年
纪冯氏	临朐县沂山镇朝阳村	27	女	1939 年
刘金良之母	临朐县沂山镇苏家官庄村	50	女	1939 年
郇玉高	临朐县沂山镇郇家沟村	41	男	1939 年
纪学明	临朐县沂山镇朝阳村	54	男	1939 年
刘 八	临朐县沂山镇赵家庄子村	15	男	1939 年
高王氏	临朐县沂山镇邢家官庄村	40	女	1939 年
林保会之祖父	临朐县沂山镇向阳村	59	男	1939 年
刘文昌	临朐县沂山镇吕庄村	58	男	1939 年
陈茂勤	临朐县沂山镇潘家沟村	18	男	1939 年
王华春	临朐县沂山镇潘家沟村	58	男	1939 年
邢茂母	临朐县沂山镇窦家屋子村	25	女	1939 年
刘世友	临朐县沂山镇张家宅村	32	男	1939 年
刘张氏	临朐县沂山镇张家宅村	38	女	1939 年
张明亮之父	临朐县沂山镇赵家峪村	54	男	1939 年

姓 名	籍 贯	年 龄	性 别	死难时间
冯德元	临朐县龙岗镇上楼村	30	男	1939 年
丁贵伍	临朐县辛寨镇安子沟村	—	男	1939 年
丁义伍	临朐县辛寨镇安子沟村	—	男	1939 年
刘曰喜	临朐县龙岗镇西闫家沟村	28	男	1939 年
刘曰喜之母	临朐县龙岗镇西闫家沟村	49	女	1939 年
刘曰喜之妹	临朐县龙岗镇西闫家沟村	21	女	1939 年
张月川	临朐县寺头镇王庄村	—	男	1940 年 1 月
李福堂	临朐县寺头镇王庄村	—	男	1940 年 1 月
刘宝堂	临朐县寺头镇王庄村	—	男	1940 年 1 月
曹成法	临朐县寺头镇王庄村	—	男	1940 年 1 月
王学德	临朐县寺头镇王庄村	—	男	1940 年 1 月
张兰成	临朐县寺头镇王庄村	—	男	1940 年 1 月
窦全国	临朐县九山镇大山东村	21	男	1940 年 1 月
何刘氏	临朐县九山镇大山东村	33	女	1940 年 1 月
林世美	临朐县九山镇大山东村	18	女	1940 年 1 月
何其礼	临朐县九山镇大山东村	36	男	1940 年 1 月
于 氏	临朐县九山镇大山东村	40	女	1940 年 1 月
郭兴花	临朐县九山镇中山村	20	女	1940 年 1 月
赵兴贞	临朐县九山镇呈子河村	31	男	1940 年 1 月
赵兴良	临朐县九山镇呈子河村	32	男	1940 年 1 月
王里江	临朐县九山镇耿家沟村	20	男	1940 年 1 月
许玉才	临朐县龙岗镇北李家山村	40	男	1940 年 1 月
张学俊	临朐县龙岗镇张家沟村	63	男	1940 年 1 月
李成师	临朐县龙岗镇吴家辛兴村	39	男	1940 年 1 月
赵学林	临朐县龙岗镇吴家辛兴村	45	男	1940 年 1 月
张洪本	临朐县龙岗镇张家辛兴村	35	男	1940 年 1 月
张须谦	临朐县龙岗镇薛庙村	56	男	1940 年 1 月
樊士林	临朐县龙岗镇樊家庙村	39	男	1940 年 1 月
倪文选	临朐县龙岗镇肖家庄村	35	男	1940 年 1 月
孙佃富	临朐县龙岗镇河疃村	63	男	1940 年 1 月
丁宝行	临朐县东城街道丁家焦窦村	35	男	1940 年 1 月
丁宝堂	临朐县东城街道丁家焦窦村	32	男	1940 年 1 月
丁宝珍	临朐县东城街道丁家焦窦村	32	男	1940 年 1 月
林兆义	临朐县东城街道林家庄村	41	男	1940 年 1 月

姓 名	籍 贯	年 龄	性 别	死难时间
王远训	临朐县东城街道吴家焦窦村	52	男	1940 年 1 月
王怀礼	临朐县东城街道吴家焦窦村	29	男	1940 年 1 月
齐显元	临朐县沂山镇付家庄村	61	男	1940 年 1 月
董红成	临朐县九山镇南店村	56	男	1940 年 2 月
刘德合之妻	临朐县龙岗镇十字路村	34	女	1940 年 2 月
许 妮	临朐县龙岗镇北李家山村	12	女	1940 年 2 月
吕永德	临朐县东城街道吕家洼村	40	男	1940 年 2 月
丁赵氏	临朐县东城街道丁家焦窦村	40	女	1940 年 2 月
周曰彬	临朐县辛寨镇周家庄村	40	男	1940 年 2 月
牛其四	临朐县沂山镇付家庄村	61	男	1940 年 2 月
申玉清	临朐县九山镇大申家庄村	43	男	1940 年 3 月
陆现章	临朐县九山镇大申家庄村	40	男	1940 年 3 月
陆现章之妻	临朐县九山镇大申家庄村	42	女	1940 年 3 月
陆现章之子	临朐县九山镇大申家庄村	17	男	1940 年 3 月
陆现章之女	临朐县九山镇大申家庄村	15	女	1940 年 3 月
何其中	临朐县九山镇大山东村	38	男	1940 年 3 月
刘德茂	临朐县龙岗镇十字路村	45	男	1940 年 3 月
武世堂	临朐县龙岗镇武家夏庄村	29	男	1940 年 3 月
武赵氏	临朐县龙岗镇武家夏庄村	45	女	1940 年 3 月
武月平	临朐县龙岗镇武家夏庄村	60	男	1940 年 3 月
武李氏	临朐县龙岗镇武家夏庄村	70	女	1940 年 3 月
武曰珍	临朐县龙岗镇武家夏庄村	69	男	1940 年 3 月
武世泰	临朐县龙岗镇武家夏庄村	46	男	1940 年 3 月
武李氏	临朐县龙岗镇武家夏庄村	57	女	1940 年 3 月
武曰全	临朐县龙岗镇武家夏庄村	59	男	1940 年 3 月
丁 注	临朐县东城街道丁家焦窦村	37	男	1940 年 3 月
丁周氏	临朐县东城街道丁家焦窦村	36	女	1940 年 3 月
尹青来	临朐县辛寨镇尹家庄村	33	男	1940 年 3 月
张洪思	临朐县辛寨镇西官庄村	21	男	1940 年 3 月
张洪其	临朐县辛寨镇西官庄村	22	男	1940 年 3 月
张庆平	临朐县柳山镇北营村	18	男	1940 年 3 月
齐秀山	临朐县沂山镇付家庄村	54	男	1940 年 3 月
刘升德	临朐县冶源镇南杨善村	18	男	1940 年 4 月
申兴生	临朐县九山镇大申家庄村	35	男	1940 年 5 月

姓 名	籍 贯	年 龄	性 别	死难时间
申兴生之女	临朐县九山镇大申家庄村	12	女	1940 年 5 月
何同国	临朐县九山镇大山东村	14	男	1940 年 5 月
何其荣	临朐县九山镇大山东村	31	男	1940 年 5 月
耿春文	临朐县九山镇耿家沟村	38	男	1940 年 5 月
居全广	临朐县龙岗镇两县村	55	男	1940 年 5 月
王学太	临朐县冶源镇东朱阳村	42	男	1940 年 6 月
窦学成	临朐县九山镇大山东村	20	男	1940 年 6 月
张学顺	临朐县龙岗镇张家沟村	59	男	1940 年 6 月
李来卫	临朐县龙岗镇赵家辛兴村	46	男	1940 年 6 月
张桂荣	临朐县龙岗镇赵家辛兴村	44	女	1940 年 6 月
褚金路	临朐县冶源镇南杨善村	25	男	1940 年 7 月
刘冯氏	临朐县冶源镇南杨善村	—	女	1940 年 7 月
赵龚氏	临朐县九山镇涝坡河村	59	女	1940 年 7 月
董利刚	临朐县九山镇东沟村	51	男	1940 年 7 月
何其峰	临朐县九山镇大山东村	34	男	1940 年 7 月
张 氏	临朐县九山镇大山东村	36	女	1940 年 7 月
何同安	临朐县九山镇大山东村	11	男	1940 年 7 月
董 氏	临朐县九山镇大山东村	42	女	1940 年 7 月
何立兴	临朐县九山镇大山东村	—	男	1940 年 7 月
申光普	临朐县龙岗镇荻子涧村	34	男	1940 年 7 月
田智慧	临朐县龙岗镇荻子涧村	23	男	1940 年 7 月
赵福来	临朐县龙岗镇荻子涧村	20	男	1940 年 7 月
张学东	临朐县龙岗镇张家沟村	66	男	1940 年 7 月
刘中花	临朐县龙岗镇赵家辛兴村	46	女	1940 年 7 月
丁法森	临朐县东城街道丁家焦窦村	33	男	1940 年 7 月
李效信	临朐县东城街道七贤店村	20	男	1940 年 7 月
孟广峰	临朐县辛寨镇三山峪村	51	男	1940 年 7 月
何其善	临朐县九山镇大山东村	35	男	1940 年 8 月
张玉海	临朐县九山镇大山东村	27	男	1940 年 8 月
何其让	临朐县九山镇大山东村	39	男	1940 年 8 月
何同成	临朐县九山镇大山东村	18	男	1940 年 8 月
何其伟	临朐县九山镇大山东村	32	男	1940 年 8 月
何万武	临朐县九山镇大山东村	43	男	1940 年 8 月
周祥英	临朐县九山镇东沂山村	30	女	1940 年 8 月

姓　名	籍　贯	年　龄	性　别	死难时间
李秀贞	临朐县龙岗镇吴家辛兴村	51	男	1940 年 8 月
居全生	临朐县龙岗镇两县村	49	男	1940 年 8 月
胡承柱	临朐县龙岗镇樊家庙村	45	男	1940 年 8 月
张秀祥	临朐县城关街道前殷家河村	—	男	1940 年 9 月
刘子敬	临朐县五井镇阳城村	17	男	1940 年 9 月
何同平	临朐县九山镇大山东村	15	男	1940 年 9 月
蔡廷美	临朐县九山镇曾家沟村	27	女	1940 年 9 月
张士万	临朐县龙岗镇薛庙村	69	男	1940 年 9 月
温永全	临朐县五井镇茹家庄村	35	男	1940 年 10 月
窦王氏	临朐县九山镇大山东村	47	女	1940 年 11 月 15 日
张玉玲	临朐县九山镇大山东村	40	女	1940 年 11 月
胡承松	临朐县龙岗镇樊家庙村	47	男	1940 年 11 月
窦存修之父	临朐县辛寨镇东黑洼村	40	男	1940 年 11 月
申风吉	临朐县九山镇大申家庄村	34	男	1940 年 12 月
申风吉之子	临朐县九山镇大申家庄村	13	男	1940 年 12 月
窦恒旺	临朐县九山镇大山东村	19	男	1940 年 12 月
张玉美	临朐县九山镇大山东村	13	女	1940 年 12 月
刘德茂之女	临朐县龙岗镇十字路村	16	女	1940 年 12 月
宫云和	临朐县龙岗镇黄家庄村	40	男	1940 年 12 月
宫云和之妻	临朐县龙岗镇黄家庄村	33	女	1940 年 12 月
胡承海	临朐县龙岗镇樊家庙村	62	男	1940 年 12 月
张三星	临朐县东城街道张家焦窦村	23	男	1940 年 12 月
袁聿庆	临朐县城关街道丁路口村	17	男	1940 年 12 月
丁贵伍之妻	临朐县辛寨镇安子沟村	—	女	1940 年
程光辉	临朐县东城街道杨家场村	21	男	1940 年
张三才之伯	临朐县东城街道弥南村	47	男	1940 年
张良木之母	临朐县东城街道弥南村	52	女	1940 年
张良木之长子	临朐县东城街道弥南村	18	男	1940 年
张良木之次子	临朐县东城街道弥南村	16	男	1940 年
丛传来	临朐县东城街道陶家庄村	35	男	1940 年
赵世贤	临朐县五井镇平安地村	34	男	1940 年
刘丰全	临朐县五井镇西井村	19	男	1940 年
潘新明	临朐县五井镇大傅家庄村	34	男	1940 年
刘永顺	临朐县五井镇大傅家庄村	33	男	1940 年

姓 名	籍 贯	年 龄	性 别	死难时间
刘三元	临朐县五井镇大傅家庄村	37	男	1940 年
刘永太	临朐县五井镇大傅家庄村	33	男	1940 年
刘永途	临朐县五井镇大傅家庄村	16	男	1940 年
陈 五	临朐县五井镇大傅家庄村	15	男	1940 年
文 增	临朐县五井镇大傅家庄村	20	男	1940 年
邓平吉	临朐县五井镇大傅家庄村	23	男	1940 年
尹丰年	临朐县冶源镇苏家庄村	42	男	1940 年
赵立志	临朐县冶源镇南杨善村	35	男	1940 年
王于丰	临朐县冶源镇上国峪村	—	男	1940 年
王克亮	临朐县冶源镇上国峪村	—	男	1940 年
王于太	临朐县冶源镇上国峪村	—	男	1940 年
王于安	临朐县冶源镇上国峪村	—	男	1940 年
王奎升	临朐县冶源镇上国峪村	—	男	1940 年
马维德	临朐县冶源镇上国峪村	—	男	1940 年
王学顺	临朐县冶源镇上国峪村	—	男	1940 年
王克录	临朐县冶源镇上国峪村	—	男	1940 年
王于德	临朐县冶源镇上国峪村	—	男	1940 年
杨德荣	临朐县冶源镇上国峪村	—	男	1940 年
王于珍	临朐县冶源镇上国峪村	—	男	1940 年
祝乐三	临朐县冶源镇王家河村	—	男	1940 年
王克营	临朐县冶源镇上国峪村	—	男	1940 年
王于川	临朐县冶源镇上国峪村	—	男	1940 年
张世成	临朐县冶源镇冶北村	11	男	1940 年
张汉信	临朐县冶源镇冶北村	11	男	1940 年
刘 ×	临朐县寺头镇高家庄村	17	男	1940 年
刘 ×	临朐县寺头镇高家庄村	19	男	1940 年
于庆学	临朐县九山镇南周家庄村	38	男	1940 年
赵广银	临朐县九山镇朱庄村	52	男	1940 年
李正刚之母	临朐县东城街道北刘家庄村	—	女	1940 年
董佃柱	临朐县龙岗镇董家沟村	35	男	1940 年
董福茂	临朐县龙岗镇董家沟村	30	男	1940 年
董王氏	临朐县龙岗镇董家沟村	40	女	1940 年
张佩华	临朐县龙岗镇小河圈村	41	男	1940 年
张立坤之母	临朐县龙岗镇小河圈村	39	女	1940 年

姓　名	籍　贯	年　龄	性　别	死难时间
刘志同	临朐县龙岗镇宫家庄村	60	男	1940 年
宫经山	临朐县龙岗镇宫家庄村	60	男	1940 年
宫爱珍	临朐县龙岗镇宫家庄村	38	男	1940 年
宫孝孔	临朐县龙岗镇宫家庄村	58	男	1940 年
宫永祥	临朐县龙岗镇宫家庄村	40	男	1940 年
赵立成	临朐县龙岗镇宫家庄村	50	男	1940 年
刘　同	临朐县龙岗镇宫家庄村	60	男	1940 年
石恒兴	临朐县龙岗镇安家庄村	51	男	1940 年
秦保贵	临朐县龙岗镇安家庄村	44	男	1940 年
安　氏	临朐县龙岗镇杨家集村	20	女	1940 年
石有青	临朐县龙岗镇杨家集村	30	男	1940 年
王福仁	临朐县龙岗镇卜家庄村	40	男	1940 年
宿坤安	临朐县龙岗镇宿家庄村	12	男	1940 年
付张氏	临朐县龙岗镇龙东村	40	女	1940 年
冀友山	临朐县龙岗镇龙东村	30	男	1940 年
孟宪强	临朐县龙岗镇龙东村	25	男	1940 年
高永方之妻	临朐县龙岗镇龙东村	26	女	1940 年
苏茂祥之妻	临朐县龙岗镇龙东村	45	女	1940 年
武照军	临朐县龙岗镇龙东村	41	男	1940 年
武可学	临朐县龙岗镇龙东村	40	男	1940 年
张学成	临朐县龙岗镇龙西村	34	男	1940 年
付希林	临朐县龙岗镇龙西村	23	男	1940 年
赵居孝	临朐县龙岗镇河南村	61	男	1940 年
赵居顺	临朐县龙岗镇河南村	63	男	1940 年
赵秉玢	临朐县龙岗镇河南村	65	男	1940 年
刘景文之妻	临朐县龙岗镇河南村	67	女	1940 年
刘怀宝	临朐县龙岗镇河南村	53	男	1940 年
刘胜之妻	临朐县龙岗镇河南村	47	女	1940 年
赵居胜	临朐县龙岗镇河南村	64	男	1940 年
赵居胜之母	临朐县龙岗镇河南村	32	女	1940 年
赵居安之妻	临朐县龙岗镇河南村	65	女	1940 年
赵居才	临朐县龙岗镇河南村	62	男	1940 年
杜兴义	临朐县龙岗镇孟家庄子村	51	男	1940 年
杜瑞洲	临朐县龙岗镇孟家庄子村	44	男	1940 年

姓 名	籍 贯	年 龄	性 别	死难时间
相英杰	临朐县龙岗镇孟家庄子村	28	男	1940 年
刘学周	临朐县龙岗镇孟家庄子村	37	男	1940 年
杜光河	临朐县龙岗镇孟家庄子村	41	男	1940 年
张王氏	临朐县龙岗镇桃园村	40	女	1940 年
李玉芝之母	临朐县龙岗镇南李家山村	58	女	1940 年
李廷圣	临朐县龙岗镇南李家山村	42	男	1940 年
吴维俊	临朐县龙岗镇吴家辛兴村	54	男	1940 年
吴奎顺	临朐县龙岗镇吴家辛兴村	54	男	1940 年
吴经泽	临朐县龙岗镇吴家辛兴村	55	男	1940 年
张永文	临朐县龙岗镇吴家辛兴村	40	男	1940 年
吴李氏	临朐县龙岗镇吴家辛兴村	34	女	1940 年
张刘氏	临朐县龙岗镇陈家楼村	30	女	1940 年
王张氏	临朐县龙岗镇苇园村	50	女	1940 年
董王氏	临朐县龙岗镇苇园村	65	女	1940 年
胡常太	临朐县龙岗镇崔家河村	28	男	1940 年
胡常友	临朐县龙岗镇崔家河村	27	男	1940 年
李 氏	临朐县东城街道张家寨村	31	女	1940 年
马立华	临朐县东城街道徐家官庄村	18	男	1940 年
李裕元	临朐县东城街道七贤店村	38	男	1940 年
来 义	临朐县东城街道七贤店村	26	男	1940 年
李有元	临朐县东城街道七贤店村	48	男	1940 年
李学师	临朐县东城街道七贤店村	20	男	1940 年
王会公	临朐县东城街道朱壁店子村	32	男	1940 年
李英奎	临朐县东城街道朱壁店子村	40	男	1940 年
王会武	临朐县东城街道朱壁店子村	41	男	1940 年
王现廷	临朐县东城街道朱壁店子村	32	男	1940 年
王丰田	临朐县辛寨镇王村楼村	52	男	1940 年
王马氏	临朐县辛寨镇王村楼村	2	女	1940 年
王福杰	临朐县辛寨镇王村楼村	30	男	1940 年
郭兆春	临朐县辛寨镇红庙子村	35	男	1940 年
苏红州	临朐县辛寨镇孔家庄村	30	男	1940 年
张明礼	临朐县辛寨镇新张庄村	13	男	1940 年
李玉科	临朐县辛寨镇北南流村	37	男	1940 年
王富贵	临朐县辛寨镇北南流村	41	男	1940 年

姓 名	籍 贯	年 龄	性 别	死难时间
孟庆善	临朐县辛寨镇卧龙官庄村	50	男	1940 年
瞿 堂	临朐县辛寨镇瞿家圈村	21	男	1940 年
瞿来财	临朐县辛寨镇瞿家圈村	23	男	1940 年
瞿 东	临朐县辛寨镇瞿家圈村	17	男	1940 年
曹维贞	临朐县辛寨镇曹家官庄村	50	女	1940 年
张乐范	临朐县辛寨镇大郝庄村	40	男	1940 年
张廷来	临朐县辛寨镇小店子村	51	男	1940 年
张传贵	临朐县辛寨镇小店子村	40	男	1940 年
徐华昌	临朐县辛寨镇东盘阳村	21	男	1940 年
张 ×	临朐县沂山镇林家官庄村	15	男	1940 年
王李氏	临朐县沂山镇林家官庄村	62	女	1940 年
胡 ×	临朐县沂山镇林家官庄村	43	男	1940 年
王 ×	临朐县沂山镇曹家官庄村	—	男	1940 年
任 ×	临朐县沂山镇后唐家河村	—	男	1940 年
郎 ×	临朐县沂山镇郭家砚峪村	—	男	1940 年
刘 ×	临朐县沂山镇刘家庄子村	—	男	1940 年
李 ×	临朐县沂山镇李户庄村	—	男	1940 年
祝 ×	临朐县沂山镇祝家东沟村	—	男	1940 年
仇 ×	临朐县沂山镇邵家峪村	—	男	1940 年
于王氏	临朐县沂山镇于家旺村	—	女	1940 年
陈 氏	临朐县沂山镇王家庄子村	—	女	1940 年
王 ×	临朐县沂山镇南上峪村	—	男	1940 年
王 氏	临朐县沂山镇南上峪村	—	女	1940 年
王 ×	临朐县沂山镇北上峪村	—	男	1940 年
吴 ×	临朐县沂山镇赵家沟村	—	男	1940 年
刘兴福	临朐县沂山管委会东镇庙村	24	男	1940 年
张 氏	临朐县沂山管委会南石砬村	58	女	1940 年
刘清民	临朐县沂山管委会南石砬村	60	男	1940 年
叶庚德	临朐县辛寨镇兴寺店村	20	男	1940 年
张清全	临朐县辛寨镇兴寺店村	18	男	1940 年
张宗贵	临朐县辛寨镇兴寺店村	40	男	1940 年
张汇源	临朐县辛寨镇兴寺店村	12	男	1940 年
张勤轩	临朐县辛寨镇兴寺店村	10	男	1940 年
张 芬	临朐县辛寨镇兴寺店村	8	女	1940 年

姓 名	籍 贯	年 龄	性 别	死难时间
韩明祥	临朐县辛寨镇兴寺店村	40	男	1940 年
张玉华	临朐县辛寨镇西双山村	22	男	1940 年
王西昌	临朐县辛寨镇西双山村	24	男	1940 年
刘王氏	临朐县辛寨镇西双山村	19	女	1940 年
王西文之母	临朐县辛寨镇东双山村	42	女	1940 年
王玉春之姐	临朐县辛寨镇东双山村	17	女	1940 年
王玉柱之母	临朐县辛寨镇东双山村	40	女	1940 年
杨復安	临朐县辛寨镇庞家河村	51	男	1940 年
张西功	临朐县辛寨镇下河村	35	男	1940 年
张维新之子	临朐县辛寨镇姬家河村	18	男	1940 年
卢 学	临朐县辛寨镇马存沟村	32	男	1940 年
蔡志仁	临朐县辛寨镇大岳庄村	46	男	1940 年
曹钟德	临朐县辛寨镇大岳庄村	41	男	1940 年
苏祥林之祖父	临朐县辛寨镇柞家庄子村	46	男	1940 年
苏祥林之妹	临朐县辛寨镇柞家庄子村	3	女	1940 年
马文苓	临朐县辛寨镇柞家庄子村	27	男	1940 年
马文苓之女	临朐县辛寨镇柞家庄子村	5	女	1940 年
马文林之女	临朐县辛寨镇柞家庄子村	7	女	1940 年
马文法之子	临朐县辛寨镇柞家庄子村	3	男	1940 年
王学仁之二妹	临朐县辛寨镇柞家庄子村	10	女	1940 年
王文九之妹	临朐县辛寨镇柞家庄子村	5	女	1940 年
李洪春之二弟	临朐县辛寨镇柞家庄子村	10	男	1940 年
李洪春之三弟	临朐县辛寨镇柞家庄子村	7	男	1940 年
李洪春之妹	临朐县辛寨镇柞家庄子村	1	女	1940 年
苏义林之堂兄	临朐县辛寨镇柞家庄子村	14	男	1940 年
李元明之母	临朐县辛寨镇柞家庄子村	42	女	1940 年
李元明之弟	临朐县辛寨镇柞家庄子村	14	男	1940 年
马 吉	临朐县辛寨镇柞家庄子村	37	男	1940 年
马文成之次子	临朐县辛寨镇柞家庄子村	14	男	1940 年
李洪江之堂兄	临朐县辛寨镇柞家庄子村	11	男	1940 年
马文德之母	临朐县辛寨镇柞家庄子村	67	女	1940 年
马文高之妻	临朐县辛寨镇柞家庄子村	48	女	1940 年
马 信	临朐县辛寨镇柞家庄子村	42	男	1940 年
苏德文之父	临朐县辛寨镇柞家庄子村	32	男	1940 年

姓 名	籍 贯	年 龄	性 别	死难时间
马希付之父	临朐县辛寨镇柞家庄子村	47	男	1940 年
马希付之堂婶	临朐县辛寨镇柞家庄子村	28	女	1940 年
马广成	临朐县辛寨镇柞家庄子村	35	男	1940 年
马文冉	临朐县辛寨镇柞家庄子村	30	男	1940 年
马文会之女	临朐县辛寨镇柞家庄子村	13	女	1940 年
马洪礼之父	临朐县辛寨镇柞家庄子村	37	男	1940 年
李元章之母	临朐县辛寨镇柞家庄子村	50	女	1940 年
马 秀	临朐县辛寨镇柞家庄子村	21	男	1940 年
马秀之妻	临朐县辛寨镇柞家庄子村	23	女	1940 年
马秀之妹	临朐县辛寨镇柞家庄子村	17	女	1940 年
李元德之父	临朐县辛寨镇柞家庄子村	50	男	1940 年
刘茂礼	临朐县辛寨镇辛寨村	32	男	1940 年
马泮科之母	临朐县辛寨镇辛寨村	41	女	1940 年
马泮苓	临朐县辛寨镇辛寨村	26	男	1940 年
马泮京	临朐县辛寨镇辛寨村	15	男	1940 年
马泮空	临朐县辛寨镇辛寨村	22	男	1940 年
王中元	临朐县辛寨镇东埠西村	41	男	1940 年
曾宪成	临朐县辛寨镇东埠西村	27	男	1940 年
刘万林	临朐县辛寨镇蒋市村	—	男	1940 年
李孟贵	临朐县辛寨蒋市村	—	男	1940 年
陈景贵	临朐县辛寨镇蔡家官庄	53	男	1940 年
刘万梅	临朐县辛寨镇蔡家官庄	55	男	1940 年
王文光之次子	临朐县辛寨镇柞家庄子村	18	男	1940 年
李元平之次子	临朐县辛寨镇柞家庄子村	8	男	1940 年
王文圣之妻	临朐县辛寨镇柞家庄子村	37	女	1940 年
王文圣之子	临朐县辛寨镇柞家庄子村	12	男	1940 年
王学义之伯	临朐县辛寨镇柞家庄子村	42	男	1940 年
王学义之堂兄	临朐县辛寨镇柞家庄子村	20	男	1940 年
王喜善	临朐县柳山镇邢家沟村	9	男	1940 年
王喜信	临朐县柳山镇邢家沟村	10	男	1940 年
李章河	临朐县柳山镇邢家沟村	23	男	1940 年
张保乾	临朐县柳山镇窨子沟村	26	男	1940 年
张洪勋	临朐县沂山镇郝赵铺村	55	男	1940 年
马洪吉	临朐县沂山镇店子村	55	男	1940 年

姓　名	籍　贯	年龄	性别	死难时间
王守财	临朐县沂山镇山头子村	40	男	1940 年
石振海	临朐县沂山镇付家村	71	男	1940 年
高　增	临朐县沂山镇下高家沟村	60	男	1940 年
刘希增	临朐县沂山镇史家庄子村	41	男	1940 年
刘　氏	临朐县沂山镇史家庄子村	40	女	1940 年
王于江	临朐县沂山镇桃园子村	17	男	1940 年
韩大江	临朐县沂山镇梓椤峪村	51	男	1940 年
王于温	临朐县沂山镇桃园子村	18	男	1940 年
徐王氏	临朐县沂山镇桃园子村	20	女	1940 年
王平合	临朐县沂山镇桃园子村	11	男	1940 年
冯文凤	临朐县沂山镇西田峪村	54	女	1940 年
张　氏	临朐县沂山镇大亓村	59	女	1940 年
王　氏	临朐县沂山镇大亓村	43	女	1940 年
刘京贤	临朐县沂山镇常庄楼村	40	男	1940 年
刘文华	临朐县沂山镇常庄楼村	37	男	1940 年
刘明成之妻	临朐县沂山镇常庄村	40	女	1940 年
朱先春	临朐县沂山镇常庄村	41	女	1940 年
王立三	临朐县沂山镇常庄村	45	男	1940 年
张佃妻	临朐县沂山镇常庄村	46	女	1940 年
刘小孩	临朐县沂山镇南侯家庄子村	12	男	1940 年
郭可军	临朐县沂山镇贺家洼村	20	男	1940 年
魏汝田	临朐县沂山镇贺家洼村	29	男	1940 年
张春和	临朐县沂山镇东牛河村	39	男	1940 年
刘明福之母	临朐县沂山镇贺家洼村	55	女	1940 年
刘张氏	临朐县沂山镇南店村	60	女	1940 年
宗　三	临朐县沂山镇房台子村	18	男	1940 年
宗　璇	临朐县沂山镇房台子村	—	女	1940 年
孙亭起	临朐县沂山镇房台子村	48	男	1940 年
孙亭起之母	临朐县沂山镇房家台子村	—	女	1940 年
张福仁	临朐县沂山镇胜利村	58	男	1940 年
臻	临朐县沂山镇房家台子村	14	女	1940 年
孙守业	临朐县沂山镇房家台子村	20	男	1940 年
郇玉学	临朐县沂山镇郇家沟村	64	男	1940 年
王文祥	临朐县沂山镇朝阳村	29	男	1940 年

姓　名	籍　贯	年　龄	性　别	死难时间
纪学会	临朐县沂山镇朝阳村	58	男	1940 年
纪学增	临朐县沂山镇朝阳村	36	男	1940 年
洪文之妻	临朐县沂山镇朝阳村	42	女	1940 年
刘曰才	临朐县沂山镇东田峪村	32	男	1940 年
张文英	临朐县沂山镇东田峪村	31	女	1940 年
王继胜	临朐县沂山镇东田峪村	27	男	1940 年
寇星带	临朐县沂山镇窦家屋子村	54	男	1940 年
张清秀	临朐县沂山镇西王圈村	57	男	1940 年
石恒新	临朐县九山镇聚粮村	51	男	1941 年 1 月
芮书友	临朐县九山镇白沙村	33	男	1941 年 1 月
何李氏	临朐县九山镇大山东村	53	女	1941 年 1 月
窦京先	临朐县九山镇大山东村	59	男	1941 年 1 月
窦学玲	临朐县九山镇大山东村	4	女	1941 年 1 月
王志兰	临朐县九山镇西沂山村	31	女	1941 年 1 月
崔京友	临朐县九山镇青平峪村	50	男	1941 年 1 月
许光海	临朐县龙岗镇北李家山村	21	男	1941 年 1 月
许　丽	临朐县龙岗镇北李家山村	14	女	1941 年 1 月
赵学林之妻	临朐县龙岗镇吴家辛兴村	41	女	1941 年 1 月
王兴春	临朐县龙岗镇双埠村	51	男	1941 年 1 月
樊东成	临朐县龙岗镇樊家庙村	57	男	1941 年 1 月
扈文本	临朐县龙岗镇河疃村	42	男	1941 年 1 月
刘　氏	临朐县龙岗镇河疃村	43	女	1941 年 1 月
丁金平	临朐县东城街道丁家焦窦村	37	男	1941 年 1 月
丁金文	临朐县东城街道丁家焦窦村	36	男	1941 年 1 月
马洪顺之妻	临朐县辛寨镇东黑洼村	38	女	1941 年 1 月
张明堂	临朐县东城街道弥南村	32	男	1941 年 2 月
张明光	临朐县东城街道弥南村	29	男	1941 年 2 月
张明珠	临朐县东城街道弥南村	27	男	1941 年 2 月
张明战	临朐县东城街道弥南村	17	男	1941 年 2 月
马恒春	临朐县九山镇白沙村	12	男	1941 年 2 月
陈　氏	临朐县九山镇大山东村	34	女	1941 年 2 月
林宫青	临朐县九山镇大山东村	57	男	1941 年 2 月
刘　氏	临朐县九山镇大山东村	33	女	1941 年 2 月
赵兴秋	临朐县九山镇呈子河村	29	男	1941 年 2 月

姓　名	籍　贯	年龄	性别	死难时间
刘风明	临朐县龙岗镇鲍家河村	21	男	1941 年 2 月
贺兴周	临朐县龙岗镇张家沟村	51	男	1941 年 2 月
刘宝华之父	临朐县龙岗镇倪家台子村	46	男	1941 年 2 月
张永安	临朐县龙岗镇柳行沟村	26	男	1941 年 2 月
窦存富之母	临朐县辛寨镇东黑洼村	55	女	1941 年 2 月
谭为时	临朐县城关街道付家峪村	21	男	1941 年 3 月
谭为朋	临朐县城关街道付家峪村	18	男	1941 年 3 月
谭为泉	临朐县城关街道付家峪村	32	男	1941 年 3 月
谭祥子	临朐县城关街道付家峪村	18	男	1941 年 3 月
赵　氏	临朐县城关街道付家峪村	28	女	1941 年 3 月
谭云庆	临朐县城关街道付家峪村	26	男	1941 年 3 月
谭佃星	临朐县城关街道付家峪村	33	男	1941 年 3 月
谭佃芳	临朐县城关街道付家峪村	20	男	1941 年 3 月
谭佃祥	临朐县城关街道付家峪村	28	男	1941 年 3 月
宋之俊	临朐县城关街道前殷家河村	29	男	1941 年 3 月
谭德德	临朐县城关街道付家峪村	22	男	1941 年 3 月
谭其朱	临朐县城关街道付家峪村	29	男	1941 年 3 月
张立文	临朐县冶源镇红光村	—	男	1941 年 3 月
张树江	临朐县冶源镇红光村	37	男	1941 年 3 月
张德惠	临朐县冶源镇红光村	49	男	1941 年 3 月
张立业	临朐县冶源镇红光村	34	男	1941 年 3 月
张德坤	临朐县冶源镇红光村	52	男	1941 年 3 月
张立泗	临朐县冶源镇红光村	36	男	1941 年 3 月
张德润	临朐县冶源镇红光村	34	男	1941 年 3 月
张德三	临朐县冶源镇红光村	42	男	1941 年 3 月
张德吉	临朐县冶源镇红光村	—	男	1941 年 3 月
张德成	临朐县冶源镇红光村	—	男	1941 年 3 月
于　氏	临朐县九山镇白沙村	35	女	1941 年 3 月
马恒芳	临朐县九山镇白沙村	13	女	1941 年 3 月
李　花	临朐县九山镇白沙村	10	女	1941 年 3 月
窦恒财	临朐县九山镇大山东村	18	男	1941 年 3 月
何同庆	临朐县九山镇大山东村	16	男	1941 年 3 月
马　氏	临朐县九山镇大山东村	35	女	1941 年 3 月
徐宝中	临朐县九山镇大山东村	19	男	1941 年 3 月

姓　名	籍　贯	年　龄	性　别	死难时间
徐宝红	临朐县九山镇大山东村	—	女	1941 年 3 月
何其云	临朐县九山镇大山东村	—	男	1941 年 3 月
张学友	临朐县龙岗镇张家沟村	62	男	1941 年 3 月
刘中法之父	临朐县龙岗镇倪家台子村	55	男	1941 年 3 月
武永才	临朐县龙岗镇武家夏庄村	42	男	1941 年 3 月
武世芹	临朐县龙岗镇武家夏庄村	46	男	1941 年 3 月
武世墩	临朐县龙岗镇武家夏庄村	51	男	1941 年 3 月
武世厚	临朐县龙岗镇武家夏庄村	44	男	1941 年 3 月
张希坤	临朐县东城街道张家焦窦村	40	男	1941 年 3 月
张明德	临朐县辛寨镇西官庄村	27	男	1941 年 3 月
张　丽	临朐县辛寨镇西官庄村	12	女	1941 年 3 月
王京伦	临朐县城关街道河崖村	25	男	1941 年 3 月
尹洪超	临朐县城关街道狮子口村	34	男	1941 年 3 月
王　氏	临朐县城关街道狮子口村	35	女	1941 年 3 月
尹　×	临朐县城关街道狮子口村	—	男	1941 年 3 月
尹　氏	临朐县城关街道狮子口村	—	女	1941 年 3 月
丁　强	临朐县辛寨镇南岳庄村	—	男	1941 年 3 月
孙长友	临朐县冶源镇南杨善村	34	男	1941 年 4 月
马云禄	临朐县冶源镇南杨善村	26	男	1941 年 4 月
李　军	临朐县九山镇白沙村	—	男	1941 年 4 月
董传生	临朐县九山镇东沟村	—	男	1941 年 4 月
林效贵	临朐县九山镇大山东村	60	男	1941 年 4 月
刘保华之父	临朐县龙岗镇倪家台子村	44	男	1941 年 4 月
王福臻	临朐县龙岗镇赵家辛兴村	52	男	1941 年 4 月
田永春	临朐县龙岗镇武家夏庄村	43	男	1941 年 4 月
田张氏	临朐县龙岗镇武家夏庄村	44	女	1941 年 4 月
田德功	临朐县龙岗镇武家夏庄村	48	男	1941 年 4 月
田赵氏	临朐县龙岗镇武家夏庄村	50	女	1941 年 4 月
张传和	临朐县辛寨镇小店子村	40	男	1941 年 4 月
张传贵	临朐县辛寨镇大店子村	30	男	1941 年 4 月
康法东	临朐县辛寨镇张六河村	35	男	1941 年 4 月
刘其德	临朐县辛寨镇周家庄村	40	男	1941 年 4 月
巨连增	临朐县辛寨镇龙门山村	35	男	1941 年 4 月
尹三元	临朐县城关街道狮子口村	16	男	1941 年 5 月

姓 名	籍 贯	年 龄	性 别	死难时间
张良木	临朐县东城街道弥南村	30	男	1941 年 5 月
马令文	临朐县冶源镇南杨善村	26	男	1941 年 5 月
刘其吉	临朐县冶源镇南杨善村	21	男	1941 年 5 月
申明河	临朐县九山镇大申家庄村	30	男	1941 年 5 月
申明河之妻	临朐县九山镇大申家庄村	28	女	1941 年 5 月
申明河之长子	临朐县九山镇大申家庄村	—	男	1941 年 5 月
申明河之次子	临朐县九山镇大申家庄村	—	男	1941 年 5 月
申清江	临朐县九山镇大申家庄村	28	男	1941 年 5 月
申 氏	临朐县九山镇白沙村	39	女	1941 年 5 月
李金财	临朐县九山镇白沙村	23	男	1941 年 5 月
李金堂	临朐县九山镇白沙村	47	男	1941 年 5 月
徐普秀	临朐县九山镇大山东村	37	男	1941 年 5 月
张 氏	临朐县九山镇大山东村	40	女	1941 年 5 月
王佃来	临朐县龙岗镇双埠村	60	男	1941 年 5 月
樊东升	临朐县龙岗镇樊家庙村	58	男	1941 年 5 月
张数平	临朐县辛寨镇小店子村	39	男	1941 年 5 月
张树亮	临朐县辛寨镇大店子村	50	男	1941 年 5 月
武继华	临朐县辛寨镇西官庄村	20	男	1941 年 5 月
武继堂	临朐县辛寨镇西官庄村	25	男	1941 年 5 月
吴可芹	临朐县辛寨镇周家庄村	39	男	1941 年 5 月
王学仟	临朐县冶源镇南孟家庄村	22	男	1941 年 6 月
孟兆功	临朐县冶源镇南孟家庄村	23	男	1941 年 6 月
孟兆清	临朐县冶源镇南孟家庄村	22	男	1941 年 6 月
王文镇	临朐县冶源镇南孟家庄村	23	男	1941 年 6 月
刘维帮	临朐县冶源镇颜家楼村	71	男	1941 年 6 月
张 三	临朐县九山镇涝坡河村	52	男	1941 年 6 月
马福祥	临朐县九山镇白沙村	42	男	1941 年 6 月
李金友	临朐县九山镇白沙村	20	男	1941 年 6 月
何同红	临朐县九山镇大山东村	14	女	1941 年 6 月
徐美英	临朐县九山镇大山东村	14	女	1941 年 6 月
赵万寿	临朐县九山镇呈子河村	41	男	1941 年 6 月
赵兴国	临朐县九山镇呈子河村	50	男	1941 年 6 月
汪德美	临朐县东城街道左家河村	—	男	1941 年 6 月
王克利之父	临朐县龙岗镇鲍家河村	35	男	1941 年 6 月

姓 名	籍 贯	年 龄	性 别	死难时间
马士广	临朐县龙岗镇马家辛兴村	29	男	1941 年 6 月
樊王氏	临朐县龙岗镇樊家庙村	56	女	1941 年 6 月
武克功	临朐县龙岗镇肖家庄村	34	男	1941 年 6 月
王怀信	临朐县东城街道吴家焦窦村	26	男	1941 年 6 月
张曰福	临朐县辛寨镇汪家沟村	56	男	1941 年 6 月
李树芝	临朐县辛寨镇李家沟村	—	男	1941 年 6 月
李寿芝	临朐县辛寨镇李家沟村	—	男	1941 年 6 月
李近生	临朐县辛寨镇李家沟村	—	男	1941 年 6 月
李化南	临朐县辛寨镇李家沟村	—	男	1941 年 6 月
李成芝	临朐县辛寨镇李家沟村	—	男	1941 年 6 月
李明芝	临朐县辛寨镇李家沟村	—	男	1941 年 6 月
李乐芝	临朐县辛寨镇李家沟村	—	男	1941 年 6 月
李桂芝	临朐县辛寨镇李家沟村	—	男	1941 年 6 月
李化京	临朐县辛寨镇李家沟村	—	男	1941 年 6 月
李青芝	临朐县辛寨镇李家沟村	—	男	1941 年 6 月
邬存良	临朐县辛寨镇李家沟村	—	男	1941 年 6 月
邬环贤	临朐县辛寨镇李家沟村	—	男	1941 年 6 月
孙福海	临朐县冶源镇颜家楼村	24	男	1941 年 7 月
刘道中	临朐县冶源镇东朱阳村	40	男	1941 年 7 月
李金花	临朐县九山镇白沙村	18	女	1941 年 7 月
李金国	临朐县九山镇白沙村	21	男	1941 年 7 月
李王氏	临朐县九山镇白沙村	43	女	1941 年 7 月
何同文	临朐县九山镇大山东村	9	男	1941 年 7 月
林宫福	临朐县九山镇大山东村	38	男	1941 年 7 月
何同世	临朐县九山镇大山东村	36	男	1941 年 7 月
窦恒梅	临朐县九山镇大山东村	8	女	1941 年 7 月
李 氏	临朐县九山镇大山东村	35	女	1941 年 7 月
何其先	临朐县九山镇大山东村	29	男	1941 年 7 月
董于氏	临朐县九山镇南店村	51	女	1941 年 7 月
相友义	临朐县东城街道前蒋家河村	—	男	1941 年 7 月
李秀生	临朐县龙岗镇赵家辛兴村	39	男	1941 年 7 月
张乐生	临朐县龙岗镇赵家辛兴村	40	男	1941 年 7 月
王贵辛	临朐县辛寨镇东盘阳村	26	男	1941 年 7 月
张西文	临朐县辛寨镇西官庄村	24	男	1941 年 7 月

姓 名	籍 贯	年龄	性别	死难时间
古孟增之前妻	临朐县辛寨镇龙门山村	26	女	1941 年 7 月
聂福堂	临朐县寺头镇彭家庄村	28	男	1941 年 8 月 17 日
张岭子	临朐县寺头镇彭家庄村	29	男	1941 年 8 月 17 日
聂伟堂	临朐县寺头镇彭家庄村	—	男	1941 年 8 月 17 日
梁保安	临朐县寺头镇彭家庄村	—	男	1941 年 8 月 17 日
聂西玉	临朐县寺头镇彭家庄村	22	男	1941 年 8 月 17 日
聂印堂	临朐县寺头镇彭家庄村	15	男	1941 年 8 月 17 日
李文正	临朐县城关街道东朱封村	17	男	1941 年 8 月
马恒仁	临朐县九山镇白沙村	17	男	1941 年 8 月
何同海	临朐县九山镇大山东村	14	男	1941 年 8 月
何其忠	临朐县九山镇大山东村	30	男	1941 年 8 月
何同贞	临朐县九山镇大山东村	—	男	1941 年 8 月
何其红	临朐县九山镇大山东村	—	女	1941 年 8 月
袁立金	临朐县九山镇马头店子村	33	男	1941 年 8 月
董孝法	临朐县九山镇麻坞村	51	男	1941 年 8 月
吕传忠	临朐县寺头镇崮山村	35	男	1941 年 8 月
吕传孝	临朐县寺头镇崮山村	33	男	1941 年 8 月
薛西太	临朐县寺头镇崮山村	35	男	1941 年 8 月
高洪祥	临朐县寺头镇崮山村	30	男	1941 年 8 月
姜传义	临朐县寺头镇崮山村	25	男	1941 年 8 月
李作林	临朐县东城街道前蒋家河村	—	男	1941 年 8 月
申光荣	临朐县龙岗镇荻子涧村	22	男	1941 年 8 月
于奎一之次子	临朐县龙岗镇吴家辛兴村	18	男	1941 年 8 月
韩永章	临朐县龙岗镇两县村	38	男	1941 年 8 月
冀方昌	临朐县龙岗镇樊家庙村	63	男	1941 年 8 月
周日合	临朐县辛寨镇周家庄村	38	男	1941 年 8 月
李师平	临朐县柳山镇后疃村	25	男	1941 年 8 月
曹中美	临朐县柳山镇后疃村	33	男	1941 年 8 月
于占坦	临朐县九山镇于家沟村	56	男	1941 年 9 月 27 日
于占军	临朐县九山镇于家沟村	48	男	1941 年 9 月 27 日
于化龙	临朐县九山镇于家沟村	49	男	1941 年 9 月 27 日
于化贵	临朐县九山镇于家沟村	47	男	1941 年 9 月 27 日
王兴统	临朐县城关街道下石埠村	37	男	1941 年 9 月
刘学正	临朐县冶源镇颜家楼村	32	男	1941 年 9 月

姓　名	籍　贯	年　龄	性　别	死难时间
张华之之母	临朐县龙岗镇张家沟村	61	女	1941 年 9 月
鲍宗亮	临朐县龙岗镇薛庙村	40	男	1941 年 9 月
居刘氏	临朐县龙岗镇两县村	51	女	1941 年 9 月
何其英	临朐县九山镇大山东村	18	女	1941 年 11 月
蔡刘成	临朐县九山镇晋家沟村	5	男	1941 年 11 月
孟庆来	临朐县辛寨镇三山峪村	42	男	1941 年 11 月
夏天常	临朐县辛寨镇耿家庄村	45	男	1941 年 11 月
王德新	临朐县冶源镇刘家广尧村	46	男	1941 年 12 月
王大昕	临朐县冶源镇刘家广尧村	50	男	1941 年 12 月
王连成	临朐县冶源镇刘家广尧村	48	男	1941 年 12 月
王大成	临朐县冶源镇刘家广尧村	44	男	1941 年 12 月
马恒香	临朐县九山镇白沙村	15	女	1941 年 12 月
何同磊	临朐县九山镇大山东村	33	男	1941 年 12 月
李德祥	临朐县九山镇中山村	19	男	1941 年 12 月
林柏利	临朐县九山镇二泉村	40	男	1941 年 12 月
林松发	临朐县九山镇二泉村	36	男	1941 年 12 月
刘其梅	临朐县九山镇二泉村	37	女	1941 年 12 月
程秀英	临朐县九山镇二泉村	27	女	1941 年 12 月
林宝花	临朐县九山镇二泉村	28	女	1941 年 12 月
辛梅华	临朐县九山镇曾家沟村	35	男	1941 年 12 月
曾光文	临朐县九山镇南辛庄村	40	男	1941 年 12 月
宫祥仁	临朐县龙岗镇黄家庄村	38	男	1941 年 12 月
樊如林	临朐县龙岗镇樊家庙村	47	男	1941 年 12 月
齐秀德	临朐县沂山镇付家庄村	39	男	1941 年 12 月
魏守礼	临朐县城关街道岩头村	33	男	1941 年
尹小兰	临朐县城关街道狮子口村	14	女	1941 年
卢昌记	临朐县城关街道王楼村	41	男	1941 年
杨万广	临朐县东城街道杨家场村	20	男	1941 年
张维书	临朐县东城街道弥南村	21	男	1941 年
张经礼	临朐县东城街道弥南村	21	男	1941 年
张三才之父	临朐县东城街道弥南村	45	男	1941 年
张三才之母	临朐县东城街道弥南村	43	女	1941 年
张大道	临朐县城关街道柳家圈村	30	男	1941 年
王文杰	临朐县五井镇阳城村	31	男	1941 年

姓　名	籍　贯	年　龄	性　别	死难时间
翟学奎	临朐县五井镇马庄村	34	男	1941 年
赵春林	临朐县五井镇平安地村	30	男	1941 年
刘焕章	临朐县五井镇南铜峪村	16	男	1941 年
高寿永	临朐县五井镇花园河村	50	男	1941 年
魏树元	临朐县冶源镇玉皇庙村	18	男	1941 年
魏士元	临朐县冶源镇玉皇庙村	23	男	1941 年
魏森元	临朐县冶源镇玉皇庙村	16	男	1941 年
房元庆	临朐县冶源镇玉皇庙村	32	男	1941 年
魏　兰	临朐县冶源镇玉皇庙村	29	男	1941 年
魏富元	临朐县冶源镇玉皇庙村	23	男	1941 年
魏金成	临朐县冶源镇玉皇庙村	40	男	1941 年
薛秀林	临朐县冶源镇薛家庙村	42	男	1941 年
薛希宽	临朐县冶源镇薛家庙村	36	男	1941 年
刘原利	临朐县冶源镇苏家庄村	45	男	1941 年
马俊和	临朐县冶源镇南杨善村	37	男	1941 年
王成义	临朐县冶源镇王家河村	—	男	1941 年
韩福林	临朐县冶源镇王家河村	—	男	1941 年
陈德春	临朐县冶源镇界首村	—	男	1941 年
梅龙奎之妻	临朐县冶源镇老崖崮村	—	女	1941 年
孙老太	临朐县冶源镇冶北村	—	女	1941 年
张李氏	临朐县冶源镇冶北村	—	女	1941 年
赵　×	临朐县寺头镇彭家庄村	41	男	1941 年
曹　×	临朐县寺头镇彭家庄村	40	男	1941 年
刘　×	临朐县寺头镇山枣村	—	男	1941 年
刘　×	临朐县寺头镇山枣村	—	男	1941 年
孙　氏	临朐县寺头镇长大峪村	—	女	1941 年
赵　氏	临朐县寺头镇长大峪村	—	女	1941 年
宫　×	临朐县寺头镇石佛庄村	—	男	1941 年
张　二	临朐县九山镇水桶峪村	46	男	1941 年
张二之妻	临朐县九山镇水桶峪村	45	女	1941 年
赵尊义	临朐县九山镇涝坡河村	26	男	1941 年
赵尊仁	临朐县九山镇涝坡河村	28	男	1941 年
窦方平	临朐县九山镇大花龙潭村	36	男	1941 年
窦方平之妻	临朐县九山镇大花龙潭村	34	女	1941 年

姓 名	籍 贯	年 龄	性 别	死难时间
李安太之子	临朐县九山镇土崮堆村	32	男	1941 年
李安太之儿媳	临朐县九山镇土崮堆村	31	女	1941 年
李安太	临朐县九山镇土崮堆村	56	男	1941 年
李安太之妻	临朐县九山镇土崮堆村	55	女	1941 年
张本田	临朐县九山镇土崮堆村	63	男	1941 年
张本田之妻	临朐县九山镇土崮堆村	62	女	1941 年
张本友	临朐县九山镇土崮堆村	50	男	1941 年
张本顺	临朐县九山镇土崮堆村	47	男	1941 年
侯 三	临朐县九山镇土崮堆村	47	男	1941 年
侯 四	临朐县九山镇土崮堆村	45	男	1941 年
李兴廷之妻	临朐县九山镇土崮堆村	32	女	1941 年
李兴廷之子	临朐县九山镇土崮堆村	12	男	1941 年
宋法柱	临朐县九山镇崖下村	35	男	1941 年
宋子兴之妻	临朐县九山镇褚庄村	—	女	1941 年
宋传英之妻	临朐县九山镇褚庄村	—	女	1941 年
刘清俭	临朐县九山镇朱庄村	50	男	1941 年
张伟河	临朐县寺头镇柳子村	—	男	1941 年
张兰曾	临朐县寺头镇柳子村	—	男	1941 年
李玉兰	临朐县寺头镇柳子村	—	男	1941 年
张学让	临朐县东城街道北石庙村	—	男	1941 年
窦盼望	临朐县东城街道北石庙村	—	男	1941 年
窦洪吉	临朐县东城街道北石庙村	—	男	1941 年
吴克成	临朐县东城街道北石庙村	—	男	1941 年
吴明正	临朐县东城街道北石庙村	—	男	1941 年
吴春旺	临朐县东城街道安家河村	—	男	1941 年
窦洪告	临朐县东城街道安家河村	—	男	1941 年
张经文	临朐县东城街道安家河村	—	男	1941 年
孙宝林	临朐县东城街道安家河村	—	男	1941 年
董福臻	临朐县龙岗镇董家沟村	26	男	1941 年
张文锦	临朐县龙岗镇小河圈村	38	男	1941 年
刘华堂	临朐县龙岗镇张佩环村	48	男	1941 年
刘希庆	临朐县龙岗镇张佩环村	45	男	1941 年
刘希武之妻	临朐县龙岗镇张佩环村	65	女	1941 年
刘华清之妻	临朐县龙岗镇张佩环村	65	女	1941 年

姓 名	籍 贯	年龄	性别	死难时间
宫利信	临朐县龙岗镇宫家庄村	40	男	1941年
宫正伦	临朐县龙岗镇宫家庄村	45	男	1941年
刘志清	临朐县龙岗镇宫家庄村	49	男	1941年
秦　氏	临朐县龙岗镇安家庄村	48	女	1941年
石佃亮	临朐县龙岗镇安家庄村	32	男	1941年
安义文	临朐县龙岗镇杨家集村	29	男	1941年
段志德	临朐县龙岗镇卜家庄村	39	男	1941年
段志明	临朐县龙岗镇卜家庄村	30	男	1941年
宿顺安之妻	临朐县龙岗镇宿家庄村	60	女	1941年
宿坤安之妻	临朐县龙岗镇宿家庄村	70	女	1941年
宿藏道	临朐县龙岗镇宿家庄村	62	男	1941年
宿藏桂之妻	临朐县龙岗镇宿家庄村	50	女	1941年
田王氏	临朐县龙岗镇龙东村	40	女	1941年
冀田氏	临朐县龙岗镇龙东村	28	女	1941年
宋子玲	临朐县龙岗镇龙东村	27	男	1941年
宋子玲之妻	临朐县龙岗镇龙东村	29	女	1941年
胡友燕	临朐县龙岗镇龙东村	42	女	1941年
张振良	临朐县龙岗镇龙西村	40	男	1941年
刘庆之之妻	临朐县龙岗镇河南村	54	女	1941年
刘元庆之妻	临朐县龙岗镇河南村	60	女	1941年
刘怀荣之女	临朐县龙岗镇河南村	17	女	1941年
刘怀金之女	临朐县龙岗镇河南村	19	女	1941年
赵秉琳	临朐县龙岗镇河南村	64	女	1941年
赵居先	临朐县龙岗镇河南村	49	男	1941年
赵居富	临朐县龙岗镇河南村	52	男	1941年
杜光烈	临朐县龙岗镇孟家庄村	46	男	1941年
相友田	临朐县龙岗镇孟家庄村	41	男	1941年
安保珍	临朐县龙岗镇桃园村	35	男	1941年
郭健堂	临朐县龙岗镇南李家山村	50	男	1941年
郭健堂之妻	临朐县龙岗镇南李家山村	49	女	1941年
李二于	临朐县龙岗镇南李家山村	40	男	1941年
李五于	临朐县龙岗镇南李家山村	38	男	1941年
李玉美	临朐县龙岗镇南李家山村	36	男	1941年
李扣于	临朐县龙岗镇南李家山村	25	男	1941年

姓 名	籍 贯	年 龄	性 别	死难时间
陈有瑞	临朐县龙岗镇东陈家楼村	15	男	1941 年
陈之民	临朐县龙岗镇东陈家楼村	24	男	1941 年
陈张氏	临朐县龙岗镇东陈家楼村	35	女	1941 年
陈付庆	临朐县龙岗镇陈家楼村	18	男	1941 年
董 嵩	临朐县龙岗镇苇园村	67	男	1941 年
张广溪	临朐县龙岗镇西桃花村	28	男	1941 年
张广波	临朐县龙岗镇西桃花村	26	男	1941 年
闫明亮	临朐县龙岗镇西桃花村	24	男	1941 年
马平山	临朐县东城街道庄家庄村	42	男	1941 年
吕世亮	临朐县东城街道吕家洼村	35	男	1941 年
吕世明	临朐县东城街道吕家洼村	38	男	1941 年
吕世善	临朐县东城街道吕家洼村	48	男	1941 年
刘恒盛	临朐县东城街道付家庄村	39	男	1941 年
周永盛	临朐县东城街道长沟村	46	男	1941 年
高学文	临朐县东城街道长沟村	59	男	1941 年
赵营璋	临朐县东城街道长沟村	—	男	1941 年
马学颜	临朐县东城街道徐家官庄村	20	男	1941 年
高占富	临朐县东城街道徐家官庄村	35	男	1941 年
高占青	临朐县东城街道徐家官庄村	24	男	1941 年
高占昆	临朐县东城街道徐家官庄村	22	男	1941 年
马学孟	临朐县东城街道徐家官庄村	18	男	1941 年
马立学	临朐县东城街道徐家官庄村	22	男	1941 年
高文治	临朐县东城街道徐家官庄村	31	男	1941 年
马学冉	临朐县东城街道徐家官庄村	20	男	1941 年
胡玉松	临朐县东城街道胡家岭村	32	男	1941 年
胡玉明	临朐县东城街道胡家岭村	37	男	1941 年
陈效武	临朐县东城街道牛山西头村	28	男	1941 年
陈效奎	临朐县东城街道牛山西头村	30	男	1941 年
马明伦	临朐县东城街道牛山西头村	20	男	1941 年
马兴元	临朐县东城街道牛山西头村	30	男	1941 年
马太吉	临朐县东城街道牛山西头村	35	男	1941 年
马登立	临朐县东城街道牛山西头村	40	男	1941 年
马明升	临朐县东城街道牛山西头村	23	男	1941 年
马登奎	临朐县东城街道牛山西头村	50	男	1941 年

姓 名	籍 贯	年 龄	性 别	死难时间
解功名	临朐县东城街道牛山西头村	31	男	1941 年
韩法茂	临朐县东城街道牛山西头村	22	男	1941 年
韩法圣	临朐县东城街道牛山西头村	32	男	1941 年
韩法孟	临朐县东城街道牛山西头村	28	男	1941 年
韩法明	临朐县东城街道牛山西头村	26	男	1941 年
张长兴	临朐县东城街道牛山西头村	40	男	1941 年
马志孔	临朐县东城街道牛山西头村	30	男	1941 年
李张氏	临朐县东城街道牛山西头村	26	女	1941 年
李成福	临朐县东城街道牛山西头村	36	男	1941 年
李成义	临朐县东城街道牛山西头村	35	男	1941 年
李成安	临朐县东城街道牛山西头村	33	男	1941 年
李成涛	临朐县东城街道牛山西头村	31	男	1941 年
李成新	临朐县东城街道牛山西头村	29	男	1941 年
陈征文	临朐县东城街道牛山西头村	25	男	1941 年
陈法元	临朐县东城街道牛山西头村	21	男	1941 年
张文丰	临朐县东城街道靳家庄村	28	男	1941 年
张建和	临朐县东城街道靳家庄村	50	男	1941 年
高洪文	临朐县东城街道高家庄村	—	男	1941 年
高树明	临朐县东城街道高家庄村	20	男	1941 年
吕长春	临朐县东城街道邢家庄村	20	男	1941 年
吕王氏	临朐县东城街道邢家庄村	65	女	1941 年
吕来贵	临朐县东城街道邢家庄村	25	男	1941 年
吕永义	临朐县东城街道邢家庄村	60	男	1941 年
吕刘氏	临朐县东城街道邢家庄村	40	女	1941 年
韩富坤	临朐县东城街道韩家庄村	54	男	1941 年
韩王氏	临朐县东城街道韩家庄村	55	女	1941 年
王丰居	临朐县辛寨镇王村楼村	27	男	1941 年
王丰江	临朐县辛寨镇王村楼村	57	男	1941 年
王丰春	临朐县辛寨镇王村楼村	46	男	1941 年
孔照森	临朐县辛寨镇孔家庄村	20	男	1941 年
白其后	临朐县辛寨镇梨花埠村	46	男	1941 年
林文吉	临朐县辛寨镇北南流村	42	男	1941 年
李 氏	临朐县辛寨镇北南流村	48	女	1941 年
孟庆友	临朐县辛寨镇卧龙官庄村	45	男	1941 年

姓　名	籍　贯	年　龄	性　别	死难时间
付道曰	临朐县辛寨镇猫林沟村	29	男	1941 年
马广庆	临朐县辛寨镇胡家沟村	—	男	1941 年
马光海	临朐县辛寨镇胡家沟村	—	男	1941 年
丁　强	临朐县辛寨镇胡家沟村	—	男	1941 年
于臣浩	临朐县辛寨镇大郝庄村	—	男	1941 年
孟昭学	临朐县辛寨镇大郝庄村	—	男	1941 年
王中英	临朐县辛寨镇大郝庄村	—	女	1941 年
张宏亭	临朐县辛寨镇东郝庄村	—	男	1941 年
赵贵福	临朐县辛寨镇东郝庄村	—	男	1941 年
曾现亮	临朐县辛寨镇小店子村	42	男	1941 年
傅秀松	临朐县辛寨镇小店子村	38	男	1941 年
曾召义	临朐县辛寨镇东盘阳村	26	男	1941 年
张昭春	临朐县辛寨镇东盘阳村	36	女	1941 年
苏宝文	临朐县辛寨镇东盘阳村	—	男	1941 年
巨奎春	临朐县辛寨镇东盘阳村	—	男	1941 年
张文俊	临朐县辛寨镇东盘阳村	—	男	1941 年
王法智	临朐县辛寨镇东盘阳村	—	男	1941 年
杨秀兰	临朐县辛寨镇东盘阳村	—	女	1941 年
夏传增	临朐县辛寨镇东盘阳村	—	男	1941 年
巨荣书	临朐县辛寨镇东盘阳村	—	男	1941 年
马田春	临朐县辛寨镇东盘阳村	—	男	1941 年
王　×	临朐县沂山镇曹家官庄村	—	男	1941 年
任　氏	临朐县沂山镇后唐家河村	—	女	1941 年
郎　×	临朐县沂山镇郭家砚峪村	—	男	1941 年
李王氏	临朐县沂山镇李户庄村	—	女	1941 年
陈　×	临朐县沂山镇牛旺子村	—	男	1941 年
王　氏	临朐县沂山镇南上峪村	—	女	1941 年
王　×	临朐县沂山镇北上峪村	—	男	1941 年
吴　×	临朐县沂山镇赵家沟村	—	男	1941 年
高张氏	临朐县辛寨镇兴寺店村	57	女	1941 年
叶付增	临朐县辛寨镇兴寺店村	36	男	1941 年
叶付祥	临朐县辛寨镇兴寺店村	33	男	1941 年
张宗常	临朐县辛寨镇兴寺店村	42	男	1941 年
张景太	临朐县辛寨镇兴寺店村	48	男	1941 年

姓 名	籍 贯	年 龄	性 别	死难时间
张景高	临朐县辛寨镇兴寺店村	42	男	1941 年
张宗科	临朐县辛寨镇兴寺店村	38	男	1941 年
张景会	临朐县辛寨镇兴寺店村	50	男	1941 年
张二麻	临朐县辛寨镇兴寺店村	56	男	1941 年
张赵氏	临朐县辛寨镇兴寺店村	41	女	1941 年
张宗成	临朐县辛寨镇兴寺店村	32	男	1941 年
张王氏	临朐县辛寨镇兴寺店村	50	女	1941 年
张景学	临朐县辛寨镇兴寺店村	48	男	1941 年
王 氏	临朐县辛寨镇西双山村	21	女	1941 年
王西恒	临朐县辛寨镇李家沟村	41	男	1941 年
高乐民	临朐县辛寨镇大高家庄村	40	男	1941 年
高暗云	临朐县辛寨镇大高家庄村	45	男	1941 年
杨复得	临朐县辛寨镇庞家河村	—	男	1941 年
杨成安之叔	临朐县辛寨镇庞家河村	—	男	1941 年
杨成安之兄	临朐县辛寨镇庞家河村	—	男	1941 年
张玉虎	临朐县辛寨镇仙人脚村	38	男	1941 年
刘玉德	临朐县辛寨镇大张龙村	30	男	1941 年
刘福全	临朐县辛寨镇大张龙村	18	男	1941 年
王继秋	临朐县辛寨镇下河村	37	男	1941 年
张素俭	临朐县辛寨镇下河村	50	男	1941 年
张洪坎	临朐县辛寨镇下河村	25	男	1941 年
蔡志义	临朐县辛寨镇大岳庄村	45	男	1941 年
曹钟奎	临朐县辛寨镇大岳庄村	42	男	1941 年
曹钟明	临朐县辛寨镇大岳庄村	40	男	1941 年
张洪来	临朐县辛寨镇大岳庄村	42	男	1941 年
蔡鲁氏	临朐县辛寨镇大岳庄村	23	女	1941 年
张元兴	临朐县辛寨镇大岳庄村	31	男	1941 年
张来原	临朐县辛寨镇大岳庄村	25	男	1941 年
张连池	临朐县辛寨镇大岳庄村	19	男	1941 年
王文光之三子	临朐县辛寨镇柞家庄子村	17	男	1941 年
王学义之伯母	临朐县辛寨镇柞家庄子村	41	女	1941 年
王学义之二堂兄	临朐县辛寨镇柞家庄子村	17	男	1941 年
王学义之堂妹	临朐县辛寨镇柞家庄子村	13	女	1941 年
马文苓之妻	临朐县辛寨镇柞家庄子村	25	女	1941 年

姓　名	籍　贯	年　龄	性　别	死难时间
马文法之女	临朐县辛寨镇柞家庄子村	5	女	1941 年
王学仁之妹	临朐县辛寨镇柞家庄子村	15	女	1941 年
马文成之长女	临朐县辛寨镇柞家庄子村	10	女	1941 年
李洪江之堂姐	临朐县辛寨镇柞家庄子村	7	女	1941 年
马信之妻	临朐县辛寨镇柞家庄子村	43	女	1941 年
李元升	临朐县辛寨镇柞家庄子村	35	男	1941 年
李元升之妻	临朐县辛寨镇柞家庄子村	34	女	1941 年
马广富	临朐县辛寨镇柞家庄子村	20	男	1941 年
马　厢	临朐县辛寨镇柞家庄子村	46	男	1941 年
李洪枣之父	临朐县辛寨镇柞家庄子村	42	男	1941 年
李元成之父	临朐县辛寨镇柞家庄子村	48	男	1941 年
李元吉之妻	临朐县辛寨镇柞家庄子村	45	女	1941 年
马　刚	临朐县辛寨镇柞家庄子村	29	男	1941 年
苏全芳之妹	临朐县辛寨镇柞家庄子村	5	女	1941 年
王学让之弟	临朐县辛寨镇柞家庄子村	12	男	1941 年
张洪德	临朐县辛寨镇安子沟村	—	男	1941 年
张洪德之妻	临朐县辛寨镇安子沟村	—	女	1941 年
丁沂山	临朐县辛寨镇安子沟村	—	男	1941 年
丁　英	临朐县辛寨镇安子沟村	—	女	1941 年
丁洪九之妻	临朐县辛寨镇安子沟村	—	女	1941 年
吴克勤	临朐县辛寨镇安子沟村	—	男	1941 年
吴克勤之妻	临朐县辛寨镇安子沟村	—	女	1941 年
吴克俭	临朐县辛寨镇安子沟村	—	男	1941 年
张喜福	临朐县辛寨镇安子沟村	—	男	1941 年
张洪仁	临朐县辛寨镇安子沟村	—	男	1941 年
王恒聚	临朐县辛寨镇张家庄子村	—	男	1941 年
马长祥	临朐县辛寨镇辛寨村	30	男	1941 年
刘汉盛	临朐县辛寨镇辛寨村	28	男	1941 年
刘玉汉	临朐县辛寨镇辛寨村	24	男	1941 年
刘日文	临朐县辛寨镇辛寨村	28	男	1941 年
张　典	临朐县辛寨镇辛寨村	46	男	1941 年
马守太之弟	临朐县辛寨镇辛寨村	32	男	1941 年
于成仙	临朐县辛寨镇东埠西村	29	男	1941 年
曾广新	临朐县辛寨镇东埠西村	39	男	1941 年

姓　名	籍　贯	年　龄	性　别	死难时间
孙法顺	临朐县辛寨镇东埠西村	34	男	1941 年
王中顺	临朐县辛寨镇东埠西村	45	男	1941 年
王中成	临朐县辛寨镇东埠西村	32	男	1941 年
张法昌	临朐县辛寨镇东埠西村	44	男	1941 年
张乐仁	临朐县辛寨镇东埠西村	24	男	1941 年
陈汝公	临朐县辛寨镇王家西圈村	—	男	1941 年
王　×	临朐县辛寨镇王家西圈村	—	男	1941 年
程纪国	临朐县辛寨镇大辛中村	50	男	1941 年
赵永祥	临朐县辛寨镇大辛中村	45	男	1941 年
王登全	临朐县柳山镇洪山村	35	男	1941 年
王太信	临朐县柳山镇邢家沟村	9	男	1941 年
王德玉之父	临朐县柳山镇洋河村	—	男	1941 年
张广会	临朐县柳山镇庙山村	17	男	1941 年
张方田	临朐县柳山镇庙山村	25	男	1941 年
张永升	临朐县柳山镇庙山村	30	男	1941 年
张龙相	临朐县柳山镇庙山村	45	男	1941 年
张良信之母	临朐县柳山镇庙山村	21	女	1941 年
张天恩	临朐县柳山镇庙山村	24	男	1941 年
李化德	临朐县柳山镇庙山村	23	男	1941 年
李阳春	临朐县柳山镇庙山村	20	男	1941 年
辛　洪	临朐县柳山镇唐家河村	34	男	1941 年
刘仕宝之父	临朐县柳山镇唐家河村	32	男	1941 年
高安训	临朐县沂山镇下高家沟村	46	男	1941 年
王远兴	临朐县沂山镇下高家沟村	44	男	1941 年
王运富	临朐县沂山镇下高家沟村	40	男	1941 年
王运富之妻	临朐县沂山镇下高家沟村	43	女	1941 年
马永吉	临朐县沂山镇郝赵铺村	55	男	1941 年
马怀成	临朐县沂山镇郝赵铺村	50	男	1941 年
崔培学	临朐县沂山镇史家庄子村	50	男	1941 年
李岭升	临朐县沂山镇梓椤峪村	20	男	1941 年
刘知花	临朐县沂山镇梓椤峪村	43	女	1941 年
王法明	临朐县沂山镇刑官庄村	32	男	1941 年
王于成	临朐县沂山镇桃园子村	14	男	1941 年
张正才	临朐县沂山镇桃园子村	14	男	1941 年

姓 名	籍 贯	年龄	性别	死难时间
张胃义	临朐县沂山镇桃园子村	13	男	1941 年
刘学山	临朐县沂山镇桃园子村	10	男	1941 年
徐京合	临朐县沂山镇桃园子村	18	男	1941 年
坚美科	临朐县沂山镇小亓村	40	男	1941 年
冯张氏	临朐县沂山镇西田峪村	32	女	1941 年
冯张氏	临朐县沂山镇西田峪村	55	女	1941 年
冯王氏	临朐县沂山镇西田峪村	62	女	1941 年
李 强	临朐县沂山镇小亓村	15	男	1941 年
张继文	临朐县沂山镇小亓村	14	男	1941 年
刘估贤	临朐县沂山镇常庄村	47	男	1941 年
王徐氏	临朐县沂山镇核桃园村	42	女	1941 年
刘百平	临朐县沂山镇贺家洼村	30	男	1941 年
张李氏	临朐县沂山镇东牛河村	23	女	1941 年
刘明福之子	临朐县沂山镇贺家洼村	14	男	1941 年
刘福德	临朐县沂山镇南店村	48	男	1941 年
宗 四	临朐县沂山镇房家台子村	—	男	1941 年
王采佃之母	临朐县沂山镇庙古地村	54	女	1941 年
秀	临朐县沂山镇房家台子村	—	女	1941 年
王贤相	临朐县沂山镇庙古地村	40	男	1941 年
王贤佑	临朐县沂山镇庙古地村	46	男	1941 年
王来佃	临朐县沂山镇庙古地村	19	男	1941 年
郇全恩	临朐县沂山镇郇家沟村	63	男	1941 年
郇玉堂	临朐县沂山镇郇家沟村	53	男	1941 年
玉坤之母	临朐县沂山镇朝阳村	65	女	1941 年
魏汝林	临朐县沂山镇朝阳村	52	男	1941 年
周兰芝	临朐县沂山镇朝阳村	26	女	1941 年
王传增	临朐县沂山镇东田峪村	28	男	1941 年
郇李氏	临朐县沂山镇吉力沟村	32	女	1941 年
孙宝兴之祖父	临朐县沂山镇向阳村	50	男	1941 年
陈大太	临朐县沂山镇潘家沟村	53	男	1941 年
王立洋	临朐县沂山镇潘家沟村	49	男	1941 年
张 三	临朐县沂山镇店子村	28	男	1941 年
赵志英	临朐县冶源镇北杨善村	—	男	1941 年
崔伍吉	临朐县冶源镇北杨善村	34	男	1941 年

姓 名	籍 贯	年 龄	性 别	死难时间
付少才	临朐县冶源镇北杨善村	19	男	1941 年
史小孩	临朐县冶源镇北杨善村	18	男	1941 年
史修元	临朐县冶源镇北杨善村	40	男	1941 年
史张氏	临朐县冶源镇北杨善村	43	女	1941 年
曾广仁之祖母	临朐县冶源镇洼子村	—	女	1941 年
张西平之三弟	临朐县龙岗镇张家台子村	22	男	1941 年
王克武	临朐县龙岗镇姚家庄村	40	男	1941 年
王克武之子	临朐县龙岗镇姚家庄村	20	男	1941 年
张广庭	临朐县龙岗镇姚家庄村	50	男	1941 年
钟读群	临朐县龙岗镇姚家庄村	31	男	1941 年
张广三之四弟	临朐县龙岗镇姚家庄村	33	男	1941 年
张立治	临朐县龙岗镇姚家庄村	22	男	1941 年
朱庆彦	临朐县龙岗镇乜家河村	28	男	1941 年
李德全	临朐县龙岗镇乜家河村	16	男	1941 年
朱庆国	临朐县龙岗镇乜家河村	23	男	1941 年
朱兴春	临朐县龙岗镇乜家河村	33	男	1941 年
朱庆科	临朐县龙岗镇乜家河村	—	男	1941 年
朱庆胜	临朐县龙岗镇乜家河村	38	男	1941 年
朱庆胜之妻	临朐县龙岗镇乜家河村	34	女	1941 年
朱庆胜之子	临朐县龙岗镇乜家河村	8	男	1941 年
朱庆胜之女	临朐县龙岗镇乜家河村	9	女	1941 年
朱 生	临朐县龙岗镇乜家河村	36	男	1941 年
朱生之妻	临朐县龙岗镇乜家河村	—	女	1941 年
朱生之子	临朐县龙岗镇乜家河村	—	男	1941 年
朱生之女	临朐县龙岗镇乜家河村	—	女	1941 年
曾传三	临朐县辛寨镇后洼村	41	男	1941 年
王佃元	临朐县龙岗镇西王家沟村	37	男	1941 年
王佃孚	临朐县龙岗镇西王家沟村	37	男	1941 年
王秀香	临朐县龙岗镇西王家沟村	40	男	1941 年
王秀香之妻	临朐县龙岗镇西王家沟村	40	女	1941 年
魏 氏	临朐县城关街道孟家庄村	27	女	1942 年 1 月
孟宪恩	临朐县城关街道孟家庄村	23	男	1942 年 1 月
牛继祥	临朐县城关街道北朱堡村	32	男	1942 年 1 月
刘玉法	临朐县冶源镇薛家庙村	34	男	1942 年 1 月

姓 名	籍 贯	年 龄	性 别	死难时间
刘金成	临朐县冶源镇薛家庙村	37	男	1942 年 1 月
刘兴仁	临朐县冶源镇薛家庙村	27	男	1942 年 1 月
何同玲	临朐县九山镇大山东村	—	女	1942 年 1 月
何同贵	临朐县九山镇大山东村	20	男	1942 年 1 月
窦京成	临朐县九山镇大山东村	66	男	1942 年 1 月
周卢氏	临朐县九山镇青平峪村	57	女	1942 年 1 月
贺成举	临朐县九山镇青平峪村	50	男	1942 年 1 月
董志进	临朐县九山镇麻坞村	40	男	1942 年 1 月
宋金莲	临朐县九山镇宋王庄村	27	女	1942 年 1 月
刘德禄	临朐县龙岗镇十字路村	58	男	1942 年 1 月
刘恒珍之次子	临朐县龙岗镇十字路村	18	男	1942 年 1 月
张须典之大伯	临朐县龙岗镇鲍家河村	32	男	1942 年 1 月
王连诚	临朐县龙岗镇鲍家河村	22	男	1942 年 1 月
张华东	临朐县龙岗镇张家沟村	45	男	1942 年 1 月
李兆富之妻	临朐县龙岗镇张家沟村	35	女	1942 年 1 月
赵学成	临朐县龙岗镇吴家辛兴村	55	男	1942 年 1 月
马士胜	临朐县龙岗镇马家辛兴村	45	男	1942 年 1 月
马据富	临朐县龙岗镇马家辛兴村	27	男	1942 年 1 月
马兴来之兄	临朐县龙岗镇马家辛兴村	20	男	1942 年 1 月
马 氏	临朐县龙岗镇河疃村	58	女	1942 年 1 月
樊东臬	临朐县龙岗镇樊家庙村	45	男	1942 年 1 月
倪兴文	临朐县龙岗镇肖家庄村	32	男	1942 年 1 月
李相春	临朐县龙岗镇肖家庄村	41	男	1942 年 1 月
倪 吉	临朐县龙岗镇肖家庄村	41	男	1942 年 1 月
倪风亭	临朐县龙岗镇肖家庄村	38	男	1942 年 1 月
刘 氏	临朐县龙岗镇河疃村	73	女	1942 年 1 月
陈万忠	临朐县东城街道陈家焦窦村	21	男	1942 年 1 月
刘树亭	临朐县东城街道蒋家河村	43	男	1942 年 1 月
田玉池	临朐县东城街道蒋家河村	52	男	1942 年 1 月
闫明成	临朐县辛寨镇西闫家河村	38	男	1942 年 1 月
闫明成之子	临朐县辛寨镇西闫家河村	9	男	1942 年 1 月
窦庆松	临朐县辛寨镇东黑洼村	20	男	1942 年 1 月
刘明福	临朐县寺头镇王庄村	24	男	1942 年 2 月
申立峰	临朐县九山镇涝坡河	42	男	1942 年 2 月

姓　名	籍　贯	年　龄	性　别	死难时间
王　氏	临朐县九山镇白沙村	55	女	1942 年 2 月
赵勤堂	临朐县龙岗镇十字路村	50	男	1942 年 2 月
老　五	临朐县龙岗镇十字路村	49	男	1942 年 2 月
张须典之父	临朐县龙岗镇鲍家河村	—	男	1942 年 2 月
许光连	临朐县龙岗镇北李家山村	10	男	1942 年 2 月
孙兰玉	临朐县龙岗镇武家夏庄村	17	男	1942 年 2 月
孙武氏	临朐县龙岗镇武家夏庄村	21	女	1942 年 2 月
刘今莲	临朐县龙岗镇武家夏庄村	42	女	1942 年 2 月
倪春山	临朐县龙岗镇肖家庄村	39	男	1942 年 2 月
王艳福	临朐县龙岗镇马家洼村	40	男	1942 年 2 月
丁新田	临朐县东城街道丁家焦窦村	37	男	1942 年 2 月
窦长德	临朐县辛寨镇东黑洼村	46	男	1942 年 2 月
窦存来之子	临朐县辛寨镇东黑洼村	—	男	1942 年 2 月
王明法	临朐县柳山镇东翠飞村	55	男	1942 年 2 月
李君芳	临朐县柳山镇南福山村	21	男	1942 年 2 月
许存顺	临朐县寺头镇王庄村	25	男	1942 年 2 月
刘明如	临朐县寺头镇王庄村	22	男	1942 年 2 月
王水廷	临朐县城关街道河崖村	35	男	1942 年 3 月
张万义	临朐县东城街道大张家庄村	33	男	1942 年 3 月
张明兴	临朐县东城街道大张家庄村	17	男	1942 年 3 月
张文举	临朐县东城街道大张家庄村	12	男	1942 年 3 月
张文杰	临朐县东城街道大张家庄村	10	男	1942 年 3 月
刘世厚	临朐县东城街道大张家庄村	10	男	1942 年 3 月
王万香	临朐县东城街道大张家庄村	26	男	1942 年 3 月
王兴二	临朐县东城街道大张家庄村	32	男	1942 年 3 月
王兴一	临朐县东城街道大张家庄村	16	男	1942 年 3 月
王克敏	临朐县东城街道大张家庄村	50	男	1942 年 3 月
谭其伍	临朐县城关街道北朱堡村	28	男	1942 年 3 月
马怀九	临朐县冶源镇大店村	40	男	1942 年 3 月
周启峰	临朐县冶源镇大店村	42	男	1942 年 3 月
杨秀增	临朐县冶源镇杨善集村	30	男	1942 年 3 月
高金城	临朐县冶源镇杨善集村	20	男	1942 年 3 月
高金宇	临朐县冶源镇杨善集村	18	男	1942 年 3 月
申清水	临朐县九山镇大申家庄村	26	男	1942 年 3 月

姓 名	籍 贯	年 龄	性 别	死难时间
董德仁	临朐县九山镇东沟村	59	男	1942 年 3 月
窦全江	临朐县九山镇大山东村	33	男	1942 年 3 月
刘　氏	临朐县九山镇大山东村	57	女	1942 年 3 月
窦长三	临朐县九山镇大山东村	53	男	1942 年 3 月
孙　氏	临朐县九山镇大山东村	60	女	1942 年 3 月
窦恒英	临朐县九山镇大山东村	41	男	1942 年 3 月
张玉花	临朐县九山镇大山东村	58	女	1942 年 3 月
刘德福	临朐县龙岗镇十字路村	60	男	1942 年 3 月
王九月	临朐县龙岗镇鲍家河村	18	男	1942 年 3 月
郭兆明之大伯	临朐县龙岗镇鲍家河村	27	男	1942 年 3 月
张佃栋之父	临朐县龙岗镇倪家台子村	39	男	1942 年 3 月
张乐安之父	临朐县龙岗镇倪家台子村	40	男	1942 年 3 月
张乐安之母	临朐县龙岗镇倪家台子村	42	女	1942 年 3 月
孙佃英	临朐县龙岗镇河疃村	47	男	1942 年 3 月
王克功	临朐县龙岗镇双埠村	48	男	1942 年 3 月
张兴永	临朐县龙岗镇两县村	41	男	1942 年 3 月
张希连	临朐县龙岗镇两县村	24	男	1942 年 3 月
张秀文	临朐县龙岗镇两县村	45	男	1942 年 3 月
吕世昌	临朐县东城街道吕家洼村	18	男	1942 年 3 月
张明喜	临朐县东城街道张家焦窦村	18	男	1942 年 3 月
丁书田	临朐县东城街道丁家焦窦村	32	男	1942 年 3 月
张　斗	临朐县辛寨镇汪家沟村	12	男	1942 年 3 月
窦长武之母	临朐县辛寨镇东黑洼村	58	女	1942 年 3 月
窦兴利	临朐县九山镇大山东村	8	男	1942 年 4 月 13 日
窦兴生	临朐县九山镇大山东村	14	男	1942 年 4 月 15 日
张耀全	临朐县龙岗镇洛地村	60	男	1942 年 4 月
王佃宇	临朐县龙岗镇洛地村	52	男	1942 年 4 月
马红吉	临朐县城关街道孟家庄村	30	男	1942 年 4 月
冯传正	临朐县冶源镇告老庄村	—	男	1942 年 4 月
董荣祥之妻	临朐县九山镇西岸头村	—	女	1942 年 4 月
董荣祥之子	临朐县九山镇西岸头村	—	男	1942 年 4 月
董荣祥之女	临朐县九山镇西岸头村	—	女	1942 年 4 月
周延斗之兄	临朐县九山镇西岸头村	40	男	1942 年 4 月
周汉增	临朐县九山镇西岸头村	24	男	1942 年 4 月

姓　名	籍　贯	年　龄	性　别	死难时间
窦方兰	临朐县九山镇小花龙潭村	15	女	1942 年 4 月
张　氏	临朐县九山镇白沙村	32	女	1942 年 4 月
张　氏	临朐县九山镇大山东村	39	女	1942 年 4 月
窦全荣	临朐县九山镇大山东村	13	女	1942 年 4 月
窦法祥	临朐县九山镇大山东村	20	男	1942 年 4 月
窦全平	临朐县九山镇大山东村	15	男	1942 年 4 月
何同氏	临朐县九山镇大山东村	12	女	1942 年 4 月
周志德	临朐县九山镇西岸头村	50	男	1942 年 4 月
周志德之妻	临朐县九山镇西岸头村	52	女	1942 年 4 月
周志德之子	临朐县九山镇西岸头村	32	男	1942 年 4 月
付培尧	临朐县九山镇西岸头村	50	男	1942 年 4 月
付培尧之妻	临朐县九山镇西岸头村	48	女	1942 年 4 月
付培尧之长子	临朐县九山镇西岸头村	28	男	1942 年 4 月
付培尧之次子	临朐县九山镇西岸头村	26	男	1942 年 4 月
付培尧之女	临朐县九山镇西岸头村	24	女	1942 年 4 月
刘王氏	临朐县龙岗镇十字路村	59	女	1942 年 4 月
刘怀俭	临朐县龙岗镇十字路村	48	男	1942 年 4 月
刘宿氏	临朐县龙岗镇十字路村	50	女	1942 年 4 月
张宗泮之女	临朐县龙岗镇十字路村	20	女	1942 年 4 月
刘恒珍之长女	临朐县龙岗镇十字路村	16	女	1942 年 4 月
刘中宽之父	临朐县龙岗镇倪家台子村	45	男	1942 年 4 月
王福音	临朐县龙岗镇赵家辛兴村	42	男	1942 年 4 月
王佃成	临朐县龙岗镇双埠村	40	男	1942 年 4 月
张玉吉	临朐县龙岗镇两县村	43	男	1942 年 4 月
张秀齐	临朐县龙岗镇两县村	48	男	1942 年 4 月
张温成	临朐县龙岗镇两县村	26	男	1942 年 4 月
孙兰云	临朐县龙岗镇武家夏庄村	15	男	1942 年 4 月
孙张氏	临朐县龙岗镇武家夏庄村	24	女	1942 年 4 月
孙怀信	临朐县龙岗镇武家夏庄村	35	男	1942 年 4 月
张明功	临朐县辛寨镇东盘阳村	26	男	1942 年 4 月
张在臣	临朐县辛寨镇东盘阳村	12	男	1942 年 4 月
高广会	临朐县辛寨镇大高家庄村	40	男	1942 年 4 月
刘　氏	临朐县辛寨镇仙人脚村	37	女	1942 年 4 月
张心春之后娘	临朐县辛寨镇龙门山村	26	女	1942 年 4 月

姓 名	籍 贯	年 龄	性 别	死难时间
张心春之弟	临朐县辛寨镇龙门山村	2	男	1942 年 4 月
冯天庆	临朐县冶源镇告老庄村	—	男	1942 年 4 月
冯天四	临朐县冶源镇告老庄村	—	男	1942 年 4 月
冯天和	临朐县冶源镇告老庄村	—	男	1942 年 4 月
冯传贵	临朐县冶源镇告老庄村	—	男	1942 年 4 月
冯传典	临朐县冶源镇告老庄村	—	男	1942 年 4 月
岳宗俭	临朐县冶源镇告老庄村	—	男	1942 年 4 月
王国民	临朐县冶源镇告老庄村	—	男	1942 年 4 月
王国芝	临朐县冶源镇告老庄村	—	男	1942 年 4 月
郑良生	临朐县冶源镇告老庄村	—	男	1942 年 4 月
冯天佑	临朐县冶源镇告老庄村	—	男	1942 年 4 月
韩长法	临朐县冶源镇告老庄村	—	男	1942 年 4 月
冯法云	临朐县冶源镇告老庄村	—	男	1942 年 4 月
冯福起	临朐县冶源镇告老庄村	—	男	1942 年 4 月
冯志云	临朐县冶源镇告老庄村	—	男	1942 年 4 月
冯际云	临朐县冶源镇告老庄村	—	男	1942 年 4 月
冯传忠	临朐县冶源镇告老庄村	—	男	1942 年 4 月
冯天润	临朐县冶源镇告老庄村	—	男	1942 年 4 月
冯传英	临朐县冶源镇告老庄村	—	男	1942 年 4 月
冯传公	临朐县冶源镇告老庄村	—	男	1942 年 4 月
刘 氏	临朐县九山镇大山东村	31	女	1942 年 5 月 14 日
刘王氏	临朐县东城街道榆林店村	33	女	1942 年 5 月
井永元	临朐县城关街道东朱堡村	37	男	1942 年 5 月
井永元之妻	临朐县城关街道东朱堡村	36	女	1942 年 5 月
井永元之子	临朐县城关街道东朱堡村	15	男	1942 年 5 月
窦玉忠	临朐县九山镇大花龙潭村	35	男	1942 年 5 月
王清远	临朐县九山镇东沟村	44	男	1942 年 5 月
王 氏	临朐县九山镇大山东村	65	女	1942 年 5 月
窦恒德	临朐县九山镇大山东村	16	男	1942 年 5 月
窦恒红	临朐县九山镇大山东村	39	女	1942 年 5 月
刘怀勤	临朐县龙岗镇十字路村	50	男	1942 年 5 月
刘云起之三妹	临朐县龙岗镇十字路村	19	女	1942 年 5 月
刘德茂之妻	临朐县龙岗镇十字路村	48	女	1942 年 5 月
刘德茂之长子	临朐县龙岗镇十字路村	24	男	1942 年 5 月

姓　名	籍　贯	年　龄	性　别	死难时间
王清法	临朐县龙岗镇龙南村	32	男	1942 年 5 月
张正昌之子	临朐县龙岗镇吴家辛兴村	2	男	1942 年 5 月
马士修之妻	临朐县龙岗镇马家辛兴村	55	女	1942 年 5 月
马士宽	临朐县龙岗镇马家辛兴村	34	男	1942 年 5 月
马张氏	临朐县龙岗镇马家辛兴村	32	女	1942 年 5 月
张乐书	临朐县龙岗镇马家辛兴村	29	男	1942 年 5 月
武世孝	临朐县龙岗镇武家夏庄村	40	男	1942 年 5 月
武业兴	临朐县龙岗镇武家夏庄村	39	男	1942 年 5 月
武张氏	临朐县龙岗镇武家夏庄村	62	女	1942 年 5 月
武曰荣	临朐县龙岗镇武家夏庄村	40	男	1942 年 5 月
武瑞祥	临朐县龙岗镇武家夏庄村	35	男	1942 年 5 月
武根祥	临朐县龙岗镇武家夏庄村	41	男	1942 年 5 月
樊东国	临朐县龙岗镇樊家庙村	49	男	1942 年 5 月
丁春田	临朐县东城街道丁家焦窦村	34	男	1942 年 5 月
林马氏	临朐县东城街道林家庄村	41	女	1942 年 5 月
张　明	临朐县辛寨镇西官庄村	29	男	1942 年 5 月
张和青	临朐县辛寨镇西官庄村	10	男	1942 年 5 月
周曰禄	临朐县辛寨镇周家庄村	42	男	1942 年 5 月
齐显章	临朐县沂山镇付家庄村	55	男	1942 年 5 月
张耀会	临朐县龙岗镇洛地村	42	男	1942 年 6 月
于占福	临朐县九山镇于家沟村	16	男	1942 年 6 月
窦恒成	临朐县九山镇大山东村	12	男	1942 年 6 月
何同兴	临朐县九山镇大山东村	18	男	1942 年 6 月
张　氏	临朐县九山镇大山东村	52	女	1942 年 6 月
窦全良	临朐县九山镇大山东村	17	男	1942 年 6 月
何同圣	临朐县九山镇大山东村	26	男	1942 年 6 月
袁庆先	临朐县九山镇大尧峪村	40	男	1942 年 6 月
袁立春	临朐县九山镇大尧峪村	20	女	1942 年 6 月
刘德荣	临朐县龙岗镇十字路村	30	男	1942 年 6 月
张宗泮之妻	临朐县龙岗镇十字路村	52	女	1942 年 6 月
刘焕荣之祖母	临朐县龙岗镇十字路村	60	女	1942 年 6 月
刘恒旺之女	临朐县龙岗镇十字路村	17	女	1942 年 6 月
张冠全	临朐县龙岗镇鲍家河村	19	男	1942 年 6 月
武世友	临朐县龙岗镇武家夏庄村	28	男	1942 年 6 月

姓　名	籍　贯	年　龄	性　别	死难时间
武张氏	临朐县龙岗镇武家夏庄村	37	女	1942 年 6 月
武曰连	临朐县龙岗镇武家夏庄村	41	男	1942 年 6 月
武李氏	临朐县龙岗镇武家夏庄村	46	女	1942 年 6 月
武曰田	临朐县龙岗镇武家夏庄村	21	男	1942 年 6 月
武曰信	临朐县龙岗镇武家夏庄村	67	男	1942 年 6 月
武张氏	临朐县龙岗镇武家夏庄村	68	女	1942 年 6 月
武马氏	临朐县龙岗镇武家夏庄村	59	女	1942 年 6 月
武广普	临朐县龙岗镇武家夏庄村	67	男	1942 年 6 月
钟读宽	临朐县龙岗镇杭山村	49	男	1942 年 6 月
钟读顺	临朐县龙岗镇杭山村	30	男	1942 年 6 月
康德卫	临朐县辛寨镇大店子村	28	男	1942 年 6 月
王修善	临朐县辛寨镇张六河村	27	男	1942 年 6 月
王永春	临朐县辛寨镇梭庄村	31	女	1942 年 6 月
王永印	临朐县辛寨镇梭庄村	28	男	1942 年 6 月
巨青怀	临朐县辛寨镇龙门山村	27	男	1942 年 6 月
侯明功	临朐县柳山镇北马庄村	23	男	1942 年 6 月
陈贞祥	临朐县沂山镇付家村	45	男	1942 年 6 月
窦奎庆	临朐县九山镇大山东村	32	男	1942 年 7 月 7 日
窦兴梅	临朐县九山镇大山东村	10	女	1942 年 7 月 14 日
刘尔禄	临朐县东城街道榆林店村	39	男	1942 年 7 月
孟庆明	临朐县城关街道孟家庄村	18	男	1942 年 7 月
张化田	临朐县九山镇马家沟村	50	男	1942 年 7 月
张仁祥	临朐县九山镇涝坡河村	36	男	1942 年 7 月
张来安	临朐县九山镇涝坡河村	14	男	1942 年 7 月
张二妮	临朐县九山镇涝坡河村	12	女	1942 年 7 月
申奎祯之女	临朐县九山镇谢家庄村	10	女	1942 年 7 月
申奎吉之妻	临朐县九山镇谢家庄村	30	女	1942 年 7 月
申奎吉之女	临朐县九山镇谢家庄村	10	女	1942 年 7 月
谢京芝	临朐县九山镇谢家庄村	—	男	1942 年 7 月
谢京芝之妹	临朐县九山镇谢家庄村	5	女	1942 年 7 月
谢明仁之母	临朐县九山镇谢家庄村	70	女	1942 年 7 月
申汝道之妻	临朐县九山镇谢家庄村	36	女	1942 年 7 月
申汝道之子	临朐县九山镇谢家庄村	8	男	1942 年 7 月
申汝道之长女	临朐县九山镇谢家庄村	6	女	1942 年 7 月

姓　名	籍　贯	年　龄	性　别	死难时间
申汝道之次女	临朐县九山镇谢家庄村	4	女	1942 年 7 月
王俊法	临朐县九山镇谢家庄村	50	男	1942 年 7 月
王俊法之妻	临朐县九山镇谢家庄村	40	女	1942 年 7 月
王俊法之子	临朐县九山镇谢家庄村	13	男	1942 年 7 月
王俊法之长女	临朐县九山镇谢家庄村	10	女	1942 年 7 月
王俊法之次女	临朐县九山镇谢家庄村	8	女	1942 年 7 月
申奎伦之妻	临朐县九山镇谢家庄村	33	女	1942 年 7 月
申奎伦之长女	临朐县九山镇谢家庄村	17	女	1942 年 7 月
申奎伦之次女	临朐县九山镇谢家庄村	14	女	1942 年 7 月
申奎祯之子	临朐县九山镇谢家庄村	14	男	1942 年 7 月
申奎祯之女	临朐县九山镇谢家庄村	12	女	1942 年 7 月
李　氏	临朐县九山镇大山东村	35	女	1942 年 7 月
窦恒玲	临朐县九山镇大山东村	9	女	1942 年 7 月
林效忠	临朐县九山镇大山东村	59	男	1942 年 7 月
何　氏	临朐县九山镇大山东村	30	女	1942 年 7 月
窦兴国	临朐县九山镇大山东村	—	男	1942 年 7 月
窦兴美	临朐县九山镇大山东村	—	女	1942 年 7 月
李　氏	临朐县九山镇大山东村	33	女	1942 年 7 月
窦魁花	临朐县九山镇大山东村	15	女	1942 年 7 月
窦恒周	临朐县九山镇大山东村	16	男	1942 年 7 月
赵兴栋	临朐县九山镇呈子河村	34	男	1942 年 7 月
王士凤	临朐县九山镇东沂山村	27	男	1942 年 7 月
崔金秀	临朐县九山镇青平峪村	52	女	1942 年 7 月
董志顺	临朐县九山镇麻坞村	50	男	1942 年 7 月
杨克仁	临朐县寺头镇中黄山村	25	男	1942 年 7 月
杨成栋	临朐县寺头镇中黄山村	26	男	1942 年 7 月
杨福德	临朐县寺头镇中黄山村	28	男	1942 年 7 月
杨保德	临朐县寺头镇中黄山村	31	男	1942 年 7 月
杨克法	临朐县寺头镇中黄山村	33	男	1942 年 7 月
杨昌远	临朐县寺头镇中黄山村	35	男	1942 年 7 月
杨福明	临朐县寺头镇中黄山村	21	男	1942 年 7 月
张宗泮	临朐县龙岗镇十字路村	50	男	1942 年 7 月
刘恒珍之长子	临朐县龙岗镇十字路村	21	男	1942 年 7 月
刘恒珍之次女	临朐县龙岗镇十字路村	13	女	1942 年 7 月

姓 名	籍 贯	年 龄	性 别	死难时间
郭兆明之二伯	临朐县龙岗镇鲍家河村	25	男	1942 年 7 月
李兆德之父	临朐县龙岗镇张家沟村	51	男	1942 年 7 月
李兆德之母	临朐县龙岗镇张家沟村	53	女	1942 年 7 月
孙佃祥	临朐县龙岗镇河疃村	61	男	1942 年 7 月
孙元玲	临朐县龙岗镇薛庙村	65	女	1942 年 7 月
刘张氏	临朐县龙岗镇薛庙村	68	女	1942 年 7 月
韩京明	临朐县龙岗镇两县村	39	男	1942 年 7 月
居全交	临朐县龙岗镇两县村	50	男	1942 年 7 月
张玉年	临朐县龙岗镇两县村	40	男	1942 年 7 月
丁光田	临朐县东城街道丁家焦窦村	28	男	1942 年 7 月
陈广兴	临朐县东城街道陈家焦窦村	26	男	1942 年 7 月
马海臣	临朐县辛寨镇东盘阳村	48	男	1942 年 7 月
闫明友	临朐县辛寨镇西闫家河村	40	男	1942 年 7 月
刘金利	临朐县辛寨镇黑山头村	—	男	1942 年 7 月
巨雨田	临朐县辛寨镇龙门山村	48	男	1942 年 7 月
侯玉阶	临朐县柳山镇北马庄村	24	男	1942 年 7 月
侯明发	临朐县柳山镇北马庄村	22	男	1942 年 7 月
王西键	临朐县柳山镇西陡崖村	21	男	1942 年 7 月
许清艳	临朐县柳山镇邹家官庄村	18	男	1942 年 7 月
许保祥	临朐县柳山镇邹家官庄村	22	男	1942 年 7 月
邹培森	临朐县柳山镇邹家官庄村	19	男	1942 年 7 月
邹成顺	临朐县柳山镇邹家官庄村	20	男	1942 年 7 月
许相明	临朐县柳山镇邹家官庄村	19	男	1942 年 7 月
许清由	临朐县柳山镇邹家官庄村	21	男	1942 年 7 月
冯兰美	临朐县柳山镇北福山村	34	男	1942 年 7 月
窦奎来	临朐县柳山镇北福山村	34	男	1942 年 7 月
王胜田	临朐县寺头镇郭泉村	45	男	1942 年 8 月 16 日
蔡含章	临朐县寺头镇蔡庄村	19	男	1942 年 8 月 17 日
蔡含磊	临朐县寺头镇蔡庄村	20	男	1942 年 8 月 17 日
蔡智先	临朐县寺头镇蔡庄村	19	男	1942 年 8 月 17 日
杜少时	临朐县寺头镇蔡峪村	—	男	1942 年 8 月 18 日
曾凡礼	临朐县龙岗镇洛地村	17	男	1942 年 8 月
王炳文	临朐县城关街道河崖村	35	男	1942 年 8 月
马云生	临朐县城关街道孟家庄村	41	男	1942 年 8 月

姓　名	籍　贯	年　龄	性　别	死难时间
孟庆花	临朐县城关街道孟家庄村	15	女	1942 年 8 月
李守柱	临朐县寺头镇宅科村	20	男	1942 年 8 月
申兴明	临朐县九山镇大申家庄村	48	男	1942 年 8 月
申兴明之妻	临朐县九山镇大申家庄村	47	女	1942 年 8 月
石恒亮	临朐县九山镇聚粮村	53	男	1942 年 8 月
石恒亮之妻	临朐县九山镇聚粮村	54	女	1942 年 8 月
李庆年	临朐县九山镇白沙村	17	男	1942 年 8 月
窦魁星	临朐县九山镇大山东村	30	男	1942 年 8 月
王　氏	临朐县九山镇大山东村	59	女	1942 年 8 月
孟　氏	临朐县九山镇大山东村	28	女	1942 年 8 月
何　氏	临朐县九山镇大山东村	21	女	1942 年 8 月
窦全德	临朐县九山镇大山东村	50	男	1942 年 8 月
何其忠	临朐县九山镇大山东村	32	男	1942 年 8 月
李记花	临朐县九山镇中山村	28	女	1942 年 8 月
林松礼	临朐县九山镇二泉村	51	男	1942 年 8 月
刘其军	临朐县九山镇二泉村	45	男	1942 年 8 月
刘兴海	临朐县九山镇二泉村	29	男	1942 年 8 月
刘建花	临朐县九山镇二泉村	40	女	1942 年 8 月
于德生	临朐县九山镇二泉村	30	男	1942 年 8 月
聂法群	临朐县九山镇曾家沟村	36	男	1942 年 8 月
聂光梅	临朐县九山镇曾家沟村	38	女	1942 年 8 月
王花一	临朐县九山镇耿家沟村	29	女	1942 年 8 月
曾兆花	临朐县九山镇南辛庄村	47	女	1942 年 8 月
李友田	临朐县九山镇徐家崖头村	32	男	1942 年 8 月
刘丙川	临朐县寺头镇虎崖村	16	男	1942 年 8 月
刘兰英	临朐县寺头镇虎崖村	17	男	1942 年 8 月
刘玉元	临朐县寺头镇虎崖村	16	男	1942 年 8 月
刘志超	临朐县寺头镇虎崖村	26	男	1942 年 8 月
刘云确	临朐县龙岗镇十字路村	55	男	1942 年 8 月
刘恒珍	临朐县龙岗镇十字路村	45	男	1942 年 8 月
刘云新之妻	临朐县龙岗镇十字路村	37	女	1942 年 8 月
张须典之弟	临朐县龙岗镇鲍家河村	18	男	1942 年 8 月
于奎一之长子	临朐县龙岗镇吴家辛兴村	20	男	1942 年 8 月
鲍德四	临朐县龙岗镇薛庙村	61	男	1942 年 8 月

姓　名	籍　贯	年　龄	性　别	死难时间
樊东志	临朐县龙岗镇樊家庙村	46	男	1942 年 8 月
王和兴	临朐县龙岗镇和庄村	54	男	1942 年 8 月
王和兴之妻	临朐县龙岗镇和庄村	52	女	1942 年 8 月
王和兴之女	临朐县龙岗镇和庄村	15	女	1942 年 8 月
赵福昌	临朐县辛寨镇东盘阳村	27	男	1942 年 8 月
秦贵顺	临朐县辛寨镇东盘阳村	27	男	1942 年 8 月
闫明财	临朐县辛寨镇闫家河村	33	男	1942 年 8 月
张　氏	临朐县辛寨镇闫家河村	19	女	1942 年 8 月
巨连收	临朐县辛寨镇龙门山村	27	男	1942 年 8 月
张少功	临朐县辛寨镇龙门山村	27	男	1942 年 8 月
窦全红	临朐县九山镇大山东村	19	女	1942 年 9 月 20 日
吕永江	临朐县城关街道丁路口村	36	男	1942 年 9 月
赵兴宜	临朐县九山镇宋王庄村	9	男	1942 年 9 月
马兰修	临朐县城关街道孟家庄村	20	男	1942 年 9 月
王　氏	临朐县城关街道孟家庄村	41	女	1942 年 9 月
邓会堂	临朐县城关街道北朱堡村	38	男	1942 年 9 月
孟庆光	临朐县城关街道孟家庄村	20	男	1942 年 9 月
王元录	临朐县五井镇五井中村	16	男	1942 年 9 月
鞠永庆	临朐县五井镇五井中村	17	男	1942 年 9 月
魏宗梅	临朐县冶源镇西小章村	54	男	1942 年 9 月
魏宗梅之子	临朐县冶源镇西小章村	30	男	1942 年 9 月
房师信	临朐县冶源镇西小章村	25	男	1942 年 9 月
魏宗绍	临朐县冶源镇西小章村	36	男	1942 年 9 月
窦玉习	临朐县九山镇大花龙潭村	38	男	1942 年 9 月
窦方时	临朐县九山镇大花龙潭村	40	男	1942 年 9 月
芮书秀	临朐县九山镇白沙村	31	男	1942 年 9 月
聂玉环	临朐县九山镇东沟村	34	男	1942 年 9 月
窦恒增	临朐县九山镇大山东村	14	男	1942 年 9 月
王日翔	临朐县九山镇东沂山村	24	男	1942 年 9 月
徐文山	临朐县九山镇对崮山村	22	男	1942 年 9 月
徐光顺	临朐县九山镇对崮山村	16	男	1942 年 9 月
赵京顺	临朐县九山镇对崮山村	17	男	1942 年 9 月
刘德庆	临朐县龙岗镇十字路村	32	男	1942 年 9 月
刘恒珍之妻	临朐县龙岗镇十字路村	44	女	1942 年 9 月

姓　名	籍　贯	年龄	性别	死难时间
李文思	临朐县龙岗镇张家沟村	67	男	1942 年 9 月
于奎一	临朐县龙岗镇吴家辛兴村	40	男	1942 年 9 月
刘桂德	临朐县龙岗镇西闫家沟村	22	男	1942 年 9 月
丁　询	临朐县东城街道丁家焦窦村	42	男	1942 年 9 月
林松茂	临朐县东城街道林家庄村	42	男	1942 年 9 月
吴　氏	临朐县辛寨镇西闫家河村	34	女	1942 年 9 月
闫×之妻	临朐县辛寨镇西闫家河村	35	女	1942 年 9 月
侯文奎	临朐县柳山镇北马庄村	24	男	1942 年 9 月
聂志花	临朐县五井镇下五井东村	22	女	1942 年 10 月
许效房之女	临朐县五井镇下五井东村	4	女	1942 年 10 月
许效房之母	临朐县五井镇下五井东村	45	女	1942 年 10 月
聂洪德	临朐县寺头镇岸青村	18	男	1942 年 10 月
聂洪志	临朐县寺头镇岸青村	25	男	1942 年 10 月
聂洪祥	临朐县寺头镇岸青村	17	男	1942 年 10 月
聂洪君	临朐县寺头镇岸青村	31	男	1942 年 10 月
王贤勋	临朐县城关街道河崖村	25	男	1942 年 10 月
徐立娥	临朐县九山镇宋王庄村	19	女	1942 年 11 月
孟兆英	临朐县城关街道孟家庄村	40	女	1942 年 11 月
牛忠山	临朐县城关街道北朱堡村	—	男	1942 年 11 月
牛忠仁	临朐县城关街道北朱堡村	—	男	1942 年 11 月
邓继双	临朐县城关街道北朱堡村	16	男	1942 年 11 月
邵玉山	临朐县冶源镇西朱阳村	18	男	1942 年 11 月
赵兴德	临朐县冶源镇薛家庙村	34	男	1942 年 11 月
冯　氏	临朐县冶源镇薛家庙村	41	女	1942 年 11 月
赵荣堂	临朐县冶源镇薛家庙村	37	男	1942 年 11 月
赵兴庆	临朐县冶源镇薛家庙村	39	男	1942 年 11 月
赵保庆	临朐县冶源镇薛家庙村	36	男	1942 年 11 月
王　氏	临朐县冶源镇薛家庙村	41	女	1942 年 11 月
赵存礼	临朐县冶源镇薛家庙村	28	男	1942 年 11 月
赵存礼之母	临朐县冶源镇薛家庙村	47	女	1942 年 11 月
赵存礼之妻	临朐县冶源镇薛家庙村	27	女	1942 年 11 月
窦荣春	临朐县九山镇大山东村	11	女	1942 年 11 月
张玉华	临朐县九山镇大山东村	19	女	1942 年 11 月
马中明	临朐县九山镇磨石峪村	29	男	1942 年 11 月

姓 名	籍 贯	年 龄	性 别	死难时间
刘志仁	临朐县九山镇磨石峪村	34	男	1942 年 11 月
孙连友	临朐县寺头镇岸青村	23	男	1942 年 11 月
宫林太	临朐县龙岗镇黄家庄村	41	男	1942 年 11 月
宫林太之妻	临朐县龙岗镇黄家庄村	42	女	1942 年 11 月
宫林太之子	临朐县龙岗镇黄家庄村	15	男	1942 年 11 月
宫林太之女	临朐县龙岗镇黄家庄村	11	女	1942 年 11 月
张学尧	临朐县龙岗镇张家沟村	65	男	1942 年 11 月
樊怀青	临朐县龙岗镇樊家庙村	44	男	1942 年 11 月
刘焕亭	临朐县东城街道吴家焦窦村	46	男	1942 年 11 月
王二麻	临朐县东城街道吴家焦窦村	30	男	1942 年 11 月
刘金全	临朐县辛寨镇黑山头村	—	男	1942 年 11 月
吕世伦	临朐县城关街道丁路口村	23	男	1942 年 12 月
江雨亭	临朐县城关街道连家庄村	70	男	1942 年 12 月
马树森	临朐县城关街道孟家庄村	35	男	1942 年 12 月
吕　氏	临朐县城关街道孟家庄村	37	女	1942 年 12 月
王世真	临朐县五井镇小辛庄村	45	男	1942 年 12 月
王兴寿	临朐县五井镇小辛庄村	18	男	1942 年 12 月
王兴成	临朐县五井镇小辛庄村	24	男	1942 年 12 月
王兴祯	临朐县五井镇小辛庄村	24	男	1942 年 12 月
王兴文	临朐县五井镇小辛庄村	28	男	1942 年 12 月
王兴大	临朐县五井镇小辛庄村	30	男	1942 年 12 月
王兴五	临朐县五井镇小辛庄村	20	男	1942 年 12 月
窦全花	临朐县九山镇大山东村	10	女	1942 年 12 月
窦魁明	临朐县九山镇大山东村	37	男	1942 年 12 月
窦兴芳	临朐县九山镇大山东村	7	男	1942 年 12 月
申　氏	临朐县九山镇大山东村	49	女	1942 年 12 月
聂丙奎	临朐县寺头镇岸青村	16	男	1942 年 12 月
刘云炬	临朐县龙岗镇十字路村	—	男	1942 年 12 月
张华贵之父	临朐县龙岗镇张家沟村	60	男	1942 年 12 月
李兆富之子	临朐县龙岗镇张家沟村	5	男	1942 年 12 月
樊端玉	临朐县龙岗镇樊家庙村	49	男	1942 年 12 月
樊刘氏	临朐县龙岗镇樊家庙村	56	女	1942 年 12 月
孙廷之	临朐县城关街道李家庄村	36	男	1942 年
孙振之	临朐县城关街道李家庄村	35	男	1942 年

姓　名	籍　贯	年　龄	性　别	死难时间
尹文彩	临朐县城关街道李家庄村	17	女	1942 年
尹　凤	临朐县城关街道李家庄村	19	女	1942 年
陈领翔	临朐县城关街道李家庄村	10	男	1942 年
陈根翔	临朐县城关街道李家庄村	—	男	1942 年
王学普	临朐县城关街道李家庄村	30	男	1942 年
尹西才	临朐县城关街道狮子口村	17	男	1942 年
尹西宝	临朐县城关街道狮子口村	16	男	1942 年
尹洪福	临朐县城关街道狮子口村	22	男	1942 年
李　氏	临朐县城关街道狮子口村	23	女	1942 年
冯金池	临朐县城关街道冯家陡沟村	22	男	1942 年
卢昌曾	临朐县城关街道王楼村	40	男	1942 年
卢瑞田	临朐县城关街道王楼村	61	男	1942 年
卢洪静	临朐县城关街道王楼村	17	男	1942 年
卢洪斗	临朐县城关街道王楼村	22	男	1942 年
卢　肆	临朐县城关街道王楼村	19	男	1942 年
王永敬	临朐县城关街道西朱封村	—	男	1942 年
王德兴	临朐县城关街道西朱封村	—	男	1942 年
刘　氏	临朐县城关街道西朱封村	—	女	1942 年
李本仁	临朐县城关街道东朱封村	18	男	1942 年
张贵胜	临朐县城关街道东朱封村	27	男	1942 年
马立东	临朐县城关街道西马家庄村	40	男	1942 年
马立元之妻	临朐县城关街道西马家庄村	42	女	1942 年
杨万录	临朐县东城街道杨家场村	42	男	1942 年
张三才之妻	临朐县东城街道弥南村	30	女	1942 年
张三才之长子	临朐县东城街道弥南村	—	男	1942 年
张三才之次子	临朐县东城街道弥南村	—	男	1942 年
张三才之三子	临朐县东城街道弥南村	—	男	1942 年
张三才之兄	临朐县东城街道弥南村	34	男	1942 年
张良木之姑	临朐县东城街道弥南村	36	女	1942 年
张佃远	临朐县东城街道袁家庄子村	32	男	1942 年
张佃合之侄	临朐县东城街道袁家庄子村	36	男	1942 年
王久全之子	临朐县东城街道袁家庄子村	8	男	1942 年
谭昌吉	临朐县城关街道谭马村	35	男	1942 年
谭佃申	临朐县城关街道谭马村	36	男	1942 年

姓　名	籍　贯	年　龄	性　别	死难时间
谭法尧	临朐县城关街道谭马村	35	男	1942 年
谭其明	临朐县城关街道谭马村	29	男	1942 年
谭中元之父	临朐县城关街道谭马村	41	男	1942 年
谭佃彩	临朐县城关街道谭马村	36	男	1942 年
谭金祥	临朐县城关街道谭马村	44	男	1942 年
谭法成	临朐县城关街道谭马村	34	男	1942 年
谭佃增	临朐县城关街道谭马村	28	男	1942 年
谭志刚	临朐县城关街道谭马村	16	男	1942 年
谭吉远	临朐县城关街道谭马村	15	男	1942 年
尹洪林之母	临朐县城关街道柳家圈村	30	女	1942 年
尹希明之母	临朐县城关街道柳家圈村	40	女	1942 年
张怀道	临朐县城关街道柳家圈村	23	男	1942 年
张怀亮	临朐县城关街道柳家圈村	21	男	1942 年
张怀亮之二弟	临朐县城关街道柳家圈村	20	男	1942 年
张怀亮之三弟	临朐县城关街道柳家圈村	19	男	1942 年
刘汝瑞	临朐县五井镇垛庄村	29	男	1942 年
胥恒义	临朐县五井镇阳城村	27	男	1942 年
郭全升	临朐县五井镇马庄村	51	男	1942 年
张兰成	临朐县五井镇南黄谷村	25	男	1942 年
邢进新	临朐县冶源镇大店村	45	男	1942 年
谭汝涣	临朐县冶源镇大店村	39	男	1942 年
谭云勤	临朐县冶源镇大店村	40	男	1942 年
谭汝富	临朐县冶源镇大店村	45	男	1942 年
许云汉	临朐县冶源镇大店村	50	男	1942 年
聂兴元	临朐县冶源镇大店村	36	男	1942 年
聂志常	临朐县冶源镇大店村	37	男	1942 年
聂志云	临朐县冶源镇大店村	39	男	1942 年
聂志兰	临朐县冶源镇大店村	39	男	1942 年
谭汝庆	临朐县冶源镇大店村	41	男	1942 年
谭云茂	临朐县冶源镇大店村	40	男	1942 年
谭汝喜	临朐县冶源镇大店村	40	男	1942 年
谭汝东	临朐县冶源镇大店村	38	男	1942 年
郭中祯	临朐冶源镇福山集村	24	男	1942 年
郭佃迎	临朐冶源镇福山集村	47	男	1942 年

姓 名	籍 贯	年 龄	性 别	死难时间
郭福兴	临朐县冶源镇福山集村	21	男	1942 年
高同治	临朐县冶源镇福山集村	20	男	1942 年
高传法	临朐县冶源镇福山集村	19	男	1942 年
高佃才	临朐县冶源镇福山集村	19	男	1942 年
赵永海	临朐县冶源镇福山集村	17	男	1942 年
赵永祥	临朐县冶源镇福山集村	18	男	1942 年
高佃义	临朐县冶源镇福山集村	17	男	1942 年
高佃治	临朐县冶源镇福山集村	20	男	1942 年
赵立义	临朐县冶源镇福山集村	25	男	1942 年
高天远	临朐县冶源镇福山集村	21	男	1942 年
魏秋元	临朐县冶源镇玉皇庙村	38	男	1942 年
刘延亭	临朐县冶源镇苏家庄村	40	男	1942 年
马兴龙	临朐县冶源镇南杨善村	36	男	1942 年
赵立成	临朐县冶源镇南杨善村	28	男	1942 年
吕传义	临朐县冶源镇吕家楼村	31	男	1942 年
吕传武	临朐县冶源镇吕家楼村	30	男	1942 年
刘汉胜	临朐县冶源镇吕家楼村	60	男	1942 年
吕传德	临朐县冶源镇吕家楼村	30	男	1942 年
吕世震	临朐县冶源镇吕家楼村	31	男	1942 年
魏长福	临朐县冶源镇吕家楼村	32	男	1942 年
魏张氏	临朐县冶源镇吕家楼村	36	女	1942 年
付廷彦之祖母	临朐县冶源镇石河村	40	女	1942 年
孟兆勤	临朐县冶源镇王家河村	—	男	1942 年
尹学义	临朐县冶源镇王家河村	—	男	1942 年
冯青昌	临朐县冶源镇泉庄村	—	男	1942 年
陈西印	临朐县冶源镇界首村	—	男	1942 年
沈万山	临朐县冶源镇石河店村	—	男	1942 年
张稳子	临朐县冶源镇赤良峪村	—	男	1942 年
苗怀温	临朐县冶源镇冶北村	—	男	1942 年
刘王氏	临朐县冶源镇冶北村	—	女	1942 年
窦合宝	临朐县冶源镇豹伏岭村	27	男	1942 年
王兆田	临朐县寺头镇杨家泉村	40	男	1942 年
李　×	临朐县寺头镇长大峪村	—	男	1942 年
冯　×	临朐县寺头镇石佛堂村	—	男	1942 年

姓 名	籍 贯	年 龄	性 别	死难时间
张信来	临朐县九山镇兴华村	—	男	1942 年
包黄胜	临朐县九山镇水桶峪村	40	男	1942 年
包黄胜之妻	临朐县九山镇水桶峪村	40	女	1942 年
包黄胜之子	临朐县九山镇水桶峪村	17	男	1942 年
包黄胜之女	临朐县九山镇水桶峪村	11	女	1942 年
芮光桂	临朐县九山镇石瓮沟村	32	男	1942 年
赵连富	临朐县九山镇石瓮沟村	30	男	1942 年
苏志录	临朐县九山镇石瓮沟村	21	男	1942 年
苏志相	临朐县九山镇石瓮沟村	20	男	1942 年
窦哑巴	临朐县九山镇大花龙潭村	46	男	1942 年
张 氏	临朐县九山镇大花龙潭村	48	女	1942 年
王玉田	临朐县九山镇大花龙潭村	42	男	1942 年
窦玉会	临朐县九山镇大花龙潭村	46	男	1942 年
徐宪成	临朐县九山镇大花龙潭村	38	男	1942 年
徐宪法	临朐县九山镇大花龙潭村	36	男	1942 年
董荣祥	临朐县九山镇西岸头村	45	男	1942 年
董茂材	临朐县九山镇西岸头村	45	男	1942 年
董茂材之妻	临朐县九山镇西岸头村	—	女	1942 年
董茂材之长子	临朐县九山镇西岸头村	28	男	1942 年
董茂材之次子	临朐县九山镇西岸头村	26	男	1942 年
董茂材之长女	临朐县九山镇西岸头村	18	女	1942 年
董茂材之次女	临朐县九山镇西岸头村	—	女	1942 年
李生堂之妻	临朐县九山镇土崮堆村	25	女	1942 年
李生堂之子	临朐县九山镇土崮堆村	3	男	1942 年
董茂江	临朐县九山镇西岸头村	50	男	1942 年
董茂江之妻	临朐县九山镇西岸头村	48	女	1942 年
董茂江之子	临朐县九山镇西岸头村	29	男	1942 年
周方顺	临朐县九山镇南周家庄村	34	男	1942 年
王星田	临朐县九山镇南周家庄村	29	男	1942 年
赵万全	临朐县九山镇呈子河村	23	男	1942 年
王均红	临朐县九山镇朱庄村	54	男	1942 年
宋 红	临朐县九山镇朱庄村	13	女	1942 年
何良孜	临朐县寺头镇冕崮前村	26	男	1942 年
何良北	临朐县寺头镇冕崮前村	24	男	1942 年

姓　名	籍　贯	年　龄	性　别	死难时间
李从德	临朐县寺头镇岸青村	20	男	1942年
聂丙元	临朐县寺头镇岸青村	21	男	1942年
聂洪春	临朐县寺头镇岸青村	20	男	1942年
聂洪升	临朐县寺头镇岸青村	21	男	1942年
聂洪福	临朐县寺头镇岸青村	17	男	1942年
聂丙会	临朐县寺头镇岸青村	18	男	1942年
聂丙宣	临朐县寺头镇岸青村	17	男	1942年
聂洪五	临朐县寺头镇岸青村	20	男	1942年
赵光清	临朐县寺头镇岸青村	21	男	1942年
杜庆祥	临朐县东城街道吕家河村	36	男	1942年
杜恒通	临朐县东城街道吕家河村	17	男	1942年
杜恒长	临朐县东城街道吕家河村	30	男	1942年
杜纪刚	临朐县东城街道吕家河村	18	男	1942年
杜光仁	临朐县东城街道吕家河村	28	男	1942年
宋春明	临朐县东城街道吕家河村	26	男	1942年
郝希奎	临朐县东城街道相家楼村	—	男	1942年
郝元明	临朐县东城街道相家楼村		男	1942年
刘永禄	临朐县东城街道相家楼村	—	男	1942年
刘学勤	临朐县东城街道相家楼村		男	1942年
刘学俭	临朐县东城街道相家楼村	—	男	1942年
郝希臣	临朐县东城街道相家楼村		男	1942年
王者胜	临朐县东城街道吉林村	—	男	1942年
王者义	临朐县东城街道吉林村		男	1942年
丛传德之父	临朐县东城街道丛家庄村	56	男	1942年
丛志学	临朐县东城街道南张家庄村	—	男	1942年
吴永德	临朐县东城街道吴家上庄村	—	男	1942年
吴西林	临朐县东城街道吴家上庄村		男	1942年
相开七之女	临朐县东城街道齐家庙村	—	女	1942年
相继永之女	临朐县东城街道齐家庙村		女	1942年
相开建	临朐县东城街道齐家庙村	—	男	1942年
梁玉经	临朐县东城街道徐家上庄村		男	1942年
梁玉民	临朐县东城街道徐家上庄村	—	男	1942年
贺兴顺	临朐县东城街道西黄埠店村	—	男	1942年
贺兴森	临朐县东城街道西黄埠店村	—	男	1942年

姓　名	籍　贯	年　龄	性　别	死难时间
贺公德	临朐县东城街道西黄埠店村	—	男	1942 年
贺兴梅	临朐县东城街道西黄埠店村	—	女	1942 年
贺兴峰	临朐县东城街道西黄埠店村	—	男	1942 年
贺德魁	临朐县东城街道西黄埠店村	—	男	1942 年
辛太杰	临朐县东城街道东黄埠店村	—	男	1942 年
辛太昌	临朐县东城街道东黄埠店村	—	男	1942 年
辛洪彬	临朐县东城街道东黄埠店村	—	男	1942 年
辛洪浩	临朐县东城街道东黄埠店村	—	男	1942 年
辛洪姣	临朐县东城街道东黄埠店村	—	女	1942 年
辛洪瑞	临朐县东城街道东黄埠店村	—	男	1942 年
辛太裕	临朐县东城街道东黄埠店村	—	男	1942 年
辛太楷	临朐县东城街道东黄埠店村	—	男	1942 年
吕全成之母	临朐县东城街道张家崖村	—	女	1942 年
吕全成	临朐县东城街道张家崖村	—	男	1942 年
吕全章	临朐县东城街道张家崖村	—	男	1942 年
杨洪奎之祖父	临朐县东城街道毕家沟村	—	男	1942 年
杨洪奎之祖母	临朐县东城街道毕家沟村	—	女	1942 年
杨洪奎之二叔	临朐县东城街道毕家沟村	—	男	1942 年
王立茂	临朐县东城街道毕家沟村	—	男	1942 年
李曰金	临朐县东城街道前蒋家河村	—	男	1942 年
李作林之妻	临朐县东城街道前蒋家河村	—	女	1942 年
李作林之子	临朐县东城街道前蒋家河村	—	男	1942 年
高学礼	临朐县东城街道前蒋家河村	29	男	1942 年
李宗海之父	临朐县东城街道下李家崖村	—	男	1942 年
李宗海之母	临朐县东城街道下李家崖村	—	女	1942 年
李宗海之女	临朐县东城街道下李家崖村	—	女	1942 年
吕同太	临朐县东城街道董家崖村	—	男	1942 年
董玉街	临朐县东城街道董家崖村	—	男	1942 年
吕孰山	临朐县东城街道董家崖村	—	男	1942 年
吕同富	临朐县东城街道董家崖村	—	男	1942 年
张佃瑞	临朐县东城街道刘家董庄村	—	男	1942 年
刘志庆	临朐县东城街道刘家董庄村	—	男	1942 年
周世华	临朐县东城街道小周家庄村	—	男	1942 年
周世孝之姐	临朐县东城街道小周家庄村	—	女	1942 年

姓　名	籍　　贯	年　龄	性　别	死难时间
王于公之妻	临朐县东城街道沙崖村	—	女	1942 年
刘元功	临朐县东城街道沙崖村	—	男	1942 年
刘元成	临朐县东城街道沙崖村	—	男	1942 年
张红义	临朐县东城街道沙崖村	—	女	1942 年
刘来永	临朐县东城街道沙崖村	—	男	1942 年
刘来丰	临朐县东城街道沙崖村	—	男	1942 年
王克荣	临朐县东城街道沙崖村	—	男	1942 年
刘万义	临朐县东城街道沙崖村	—	男	1942 年
刘百仓	临朐县东城街道沙崖村	—	男	1942 年
董玉连	临朐县龙岗镇董家沟村	27	男	1942 年
董福理	临朐县龙岗镇董家沟村	25	男	1942 年
董玉昌	临朐县龙岗镇董家沟村	40	男	1942 年
董福太	临朐县龙岗镇董家沟村	50	男	1942 年
董怀成	临朐县龙岗镇董家沟村	40	男	1942 年
董京岱	临朐县龙岗镇董家沟村	36	男	1942 年
董京晔	临朐县龙岗镇董家沟村	19	男	1942 年
董福聚	临朐县龙岗镇董家沟村	40	男	1942 年
董京清	临朐县龙岗镇董家沟村	26	男	1942 年
董京聚	临朐县龙岗镇董家沟村	28	男	1942 年
董化风	临朐县龙岗镇董家沟村	15	男	1942 年
董化深	临朐县龙岗镇董家沟村	13	男	1942 年
董朱氏	临朐县龙岗镇董家沟村	39	女	1942 年
郭建邦	临朐县龙岗镇董家沟村	50	男	1942 年
张春国	临朐县龙岗镇小河圈村	50	男	1942 年
张佩福	临朐县龙岗镇小河圈村	59	男	1942 年
张来明	临朐县龙岗镇小河圈村	58	男	1942 年
徐佃瑞	临朐县龙岗镇张佩环村	60	男	1942 年
徐佃玉之妻	临朐县龙岗镇张佩环村	53	女	1942 年
徐佃玉之长子	临朐县龙岗镇张佩环村	30	男	1942 年
徐佃玉之次子	临朐县龙岗镇张佩环村	28	男	1942 年
徐佃玉之三子	临朐县龙岗镇张佩环村	25	男	1942 年
徐佃玉之四子	临朐县龙岗镇张佩环村	18	男	1942 年
张维平	临朐县龙岗镇张佩环村	51	男	1942 年
张福祥	临朐县龙岗镇张佩环村	45	男	1942 年

姓 名	籍 贯	年 龄	性 别	死难时间
徐来堂之父	临朐县龙岗镇张佩环村	62	男	1942 年
张维丙	临朐县龙岗镇张佩环村	47	男	1942 年
刘恒吉	临朐县龙岗镇张佩环村	30	男	1942 年
刘恒吉之妻	临朐县龙岗镇张佩环村	28	女	1942 年
刘恒吉之子	临朐县龙岗镇张佩环村	12	男	1942 年
刘希朱之父	临朐县龙岗镇张佩环村	50	男	1942 年
刘洛书	临朐县龙岗镇张佩环村	45	男	1942 年
刘林书	临朐县龙岗镇张佩环村	39	男	1942 年
刘希爵	临朐县龙岗镇张佩环村	50	男	1942 年
刘希舜	临朐县龙岗镇张佩环村	60	男	1942 年
徐洪德之妻	临朐县龙岗镇张佩环村	35	女	1942 年
刘希尧之妻	临朐县龙岗镇张佩环村	49	女	1942 年
刘华清	临朐县龙岗镇张佩环村	60	男	1942 年
刘希田之妻	临朐县龙岗镇张佩环村	48	女	1942 年
刘传胜	临朐县龙岗镇宫家庄村	24	男	1942 年
刘 召	临朐县龙岗镇宫家庄村	—	男	1942 年
刘 典	临朐县龙岗镇宫家庄村	59	男	1942 年
刘三太	临朐县龙岗镇宫家庄村	47	男	1942 年
刘长五	临朐县龙岗镇宫家庄村	62	男	1942 年
宫长文	临朐县龙岗镇宫家庄村	53	男	1942 年
宫 秀	临朐县龙岗镇宫家庄村	50	男	1942 年
宫怀亮	临朐县龙岗镇宫家庄村	48	男	1942 年
刘乐智	临朐县龙岗镇宫家庄村	60	男	1942 年
赵 四	临朐县龙岗镇宫家庄村	60	男	1942 年
宫兴道之妻	临朐县龙岗镇宫家庄村	50	女	1942 年
宫秀芳	临朐县龙岗镇宫家庄村	50	女	1942 年
宫秀宝	临朐县龙岗镇宫家庄村	49	男	1942 年
刘同盛	临朐县龙岗镇宫家庄村	65	男	1942 年
刘 德	临朐县龙岗镇宫家庄村	60	男	1942 年
刘庆三	临朐县龙岗镇宫家庄村	70	男	1942 年
刘 涛	临朐县龙岗镇宫家庄村	55	男	1942 年
刘德修	临朐县龙岗镇宫家庄村	66	男	1942 年
刘长太	临朐县龙岗镇宫家庄村	50	男	1942 年
刘 会	临朐县龙岗镇宫家庄村	68	男	1942 年

姓　名	籍　贯	年　龄	性　别	死难时间
安世祥	临朐县龙岗镇安家庄村	47	男	1942 年
石　氏	临朐县龙岗镇安家庄村	46	女	1942 年
郭庆光	临朐县龙岗镇安家庄村	35	男	1942 年
安文亮	临朐县龙岗镇杨家集村	41	男	1942 年
杨文庆	临朐县龙岗镇杨家集村	39	男	1942 年
王福永	临朐县龙岗镇卜家庄村	38	男	1942 年
李金玉	临朐县龙岗镇卜家庄村	18	男	1942 年
宿平安	临朐县龙岗镇宿家庄村	69	男	1942 年
宿风文	临朐县龙岗镇宿家庄村	42	男	1942 年
宿风文之妻	临朐县龙岗镇宿家庄村	40	女	1942 年
宿顺安	临朐县龙岗镇宿家庄村	62	男	1942 年
宿怀亭	临朐县龙岗镇宿家庄村	40	男	1942 年
宿怀亭之妻	临朐县龙岗镇宿家庄村	40	女	1942 年
宿风鸣	临朐县龙岗镇宿家庄村	58	男	1942 年
宿风鸣之妻	临朐县龙岗镇宿家庄村	52	女	1942 年
宿魁文之妻	临朐县龙岗镇宿家庄村	70	女	1942 年
宿藏道之妻	临朐县龙岗镇宿家庄村	58	女	1942 年
宿大旺	临朐县龙岗镇宿家庄村	22	男	1942 年
宿大旺之妻	临朐县龙岗镇宿家庄村	14	女	1942 年
宿华山	临朐县龙岗镇宿家庄村	63	男	1942 年
宿安书	临朐县龙岗镇宿家庄村	30	男	1942 年
宿乐书	临朐县龙岗镇宿家庄村	35	男	1942 年
宿设昌	临朐县龙岗镇宿家庄村	12	男	1942 年
宿德经	临朐县龙岗镇宿家庄村	35	男	1942 年
田立成	临朐县龙岗镇龙东村	19	男	1942 年
高永方之长女	临朐县龙岗镇龙东村	4	女	1942 年
夏　四	临朐县龙岗镇龙西村	45	男	1942 年
夏传林	临朐县龙岗镇龙西村	20	男	1942 年
夏传林之大女	临朐县龙岗镇龙西村	17	女	1942 年
夏传林之二女	临朐县龙岗镇龙西村	14	女	1942 年
宫德恩	临朐县龙岗镇龙西村	23	男	1942 年
宫德平	临朐县龙岗镇龙西村	20	男	1942 年
张存栋	临朐县龙岗镇龙西村	19	男	1942 年
付希哲	临朐县龙岗镇龙西村	58	男	1942 年

姓 名	籍 贯	年 龄	性 别	死难时间
张德第	临朐县龙岗镇龙西村	21	男	1942 年
赵居礼	临朐县龙岗镇河南村	56	男	1942 年
赵居智	临朐县龙岗镇河南村	59	男	1942 年
刘怀年之妻	临朐县龙岗镇河南村	61	女	1942 年
刘怀金之妻	临朐县龙岗镇河南村	61	女	1942 年
赵居孝之妻	临朐县龙岗镇河南村	63	女	1942 年
赵居上之妻	临朐县龙岗镇河南村	45	女	1942 年
刘光太之妻	临朐县龙岗镇河南村	68	女	1942 年
刘法德	临朐县龙岗镇河南村	19	男	1942 年
赵风明	临朐县龙岗镇河南村	21	男	1942 年
赵风义	临朐县龙岗镇河南村	40	男	1942 年
赵维忠	临朐县龙岗镇河南村	20	男	1942 年
赵丙军	临朐县龙岗镇河南村	49	男	1942 年
赵秉涛	临朐县龙岗镇河南村	61	男	1942 年
赵居增	临朐县龙岗镇河南村	36	男	1942 年
赵居彦	临朐县龙岗镇河南村	41	男	1942 年
赵秉春	临朐县龙岗镇河南村	37	男	1942 年
王清来	临朐县龙岗镇北李家山村	50	男	1942 年
王明德	临朐县龙岗镇北李家山村	30	男	1942 年
许保孔之妻	临朐县龙岗镇北李家山村	60	女	1942 年
刘清山之妻	临朐县龙岗镇孟家庄子村	32	女	1942 年
杜万三	临朐县龙岗镇孟家庄子村	36	男	1942 年
相开勋之女	临朐县龙岗镇孟家庄子村	1	女	1942 年
相开勋之子	临朐县龙岗镇孟家庄子村	5	男	1942 年
杜万三之妻	临朐县龙岗镇孟家庄子村	44	女	1942 年
安刘氏	临朐县龙岗镇桃园村	45	女	1942 年
王兴太	临朐县龙岗镇桃园村	50	男	1942 年
安德远	临朐县龙岗镇桃园村	32	男	1942 年
李玉贤	临朐县龙岗镇南李家山村	40	男	1942 年
李志千	临朐县龙岗镇南李家山村	40	男	1942 年
李志成	临朐县龙岗镇南李家山村	40	男	1942 年
王龙合	临朐县龙岗镇南李家山村	39	男	1942 年
王万富	临朐县龙岗镇南李家山村	35	男	1942 年
李根成	临朐县龙岗镇南李家山村	16	男	1942 年

姓 名	籍 贯	年 龄	性 别	死难时间
吴阴田	临朐县龙岗镇吴家辛兴村	35	男	1942 年
吴树桐	临朐县龙岗镇吴家辛兴村	26	男	1942 年
吴曾氏	临朐县龙岗镇吴家辛兴村	25	女	1942 年
吴维杰	临朐县龙岗镇吴家辛兴村	51	男	1942 年
张正昌	临朐县龙岗镇吴家辛兴村	25	男	1942 年
张正昌之妻	临朐县龙岗镇吴家辛兴村	26	女	1942 年
窦冠群	临朐县龙岗镇吴家辛兴村	42	男	1942 年
吴维谦	临朐县龙岗镇吴家辛兴村	27	男	1942 年
吴维合	临朐县龙岗镇吴家辛兴村	22	男	1942 年
吴维保	临朐县龙岗镇吴家辛兴村	25	男	1942 年
吴谦玲	临朐县龙岗镇吴家辛兴村	52	男	1942 年
吴南斗	临朐县龙岗镇吴家辛兴村	54	男	1942 年
吴芳勋	临朐县龙岗镇吴家辛兴村	26	男	1942 年
吴芳勋之妻	临朐县龙岗镇吴家辛兴村	28	女	1942 年
吴芳云之妻	临朐县龙岗镇吴家辛兴村	27	女	1942 年
吴朔斗	临朐县龙岗镇吴家辛兴村	40	男	1942 年
吴朔斗之妻	临朐县龙岗镇吴家辛兴村	36	女	1942 年
陈有庆之妻	临朐县龙岗镇吴家辛兴村	38	女	1942 年
陈有庆之女	临朐县龙岗镇吴家辛兴村	18	女	1942 年
吴维福之女	临朐县龙岗镇吴家辛兴村	18	女	1942 年
吴计世之母	临朐县龙岗镇吴家辛兴村	40	女	1942 年
吴维庆之妻	临朐县龙岗镇吴家辛兴村	28	女	1942 年
吴化昌之兄	临朐县龙岗镇吴家辛兴村	26	男	1942 年
吴化昌之侄	临朐县龙岗镇吴家辛兴村	4	男	1942 年
张立坤	临朐县龙岗镇潘家庄村	48	男	1942 年
申美芳	临朐县龙岗镇潘家庄村	50	女	1942 年
陈忠来	临朐县龙岗镇东陈家楼村	50	男	1942 年
陈中道	临朐县龙岗镇陈家楼村	58	男	1942 年
陈许氏	临朐县龙岗镇陈家楼村	58	女	1942 年
陈有田之祖母	临朐县龙岗镇陈家楼村	60	女	1942 年
陈起念之兄	临朐县龙岗镇陈家楼村	50	男	1942 年
陈付名	临朐县龙岗镇陈家楼村	25	男	1942 年
李云尚	临朐县龙岗镇苇园村	62	男	1942 年
王立现	临朐县龙岗镇清泉村	34	男	1942 年

姓　名	籍　贯	年　龄	性　别	死难时间
王好俭之兄	临朐县龙岗镇清泉村	26	男	1942 年
王好光之父	临朐县龙岗镇清泉村	18	男	1942 年
王好忠之祖父	临朐县龙岗镇清泉村	46	男	1942 年
王兴合	临朐县龙岗镇清泉村	47	男	1942 年
王兴合之子	临朐县龙岗镇清泉村	17	男	1942 年
申立全	临朐县龙岗镇西上林村	44	男	1942 年
王好德之兄	临朐县龙岗镇西上林村	42	男	1942 年
杜安增	临朐县龙岗镇西上林村	39	男	1942 年
林保文	临朐县龙岗镇林家庄子村	38	男	1942 年
林保文之长女	临朐县龙岗镇林家庄子村	19	女	1942 年
林保文之次女	临朐县龙岗镇林家庄子村	17	女	1942 年
林寿学	临朐县龙岗镇林家庄子村	16	男	1942 年
林保路	临朐县龙岗镇林家庄子村	42	男	1942 年
张永刚	临朐县龙岗镇林家庄子村	22	男	1942 年
王又松	临朐县龙岗镇安家沟村	19	男	1942 年
刘　占	临朐县龙岗镇安家沟村	17	男	1942 年
李师吉	临朐县龙岗镇南李家台子村	50	男	1942 年
曾广德	临朐县龙岗镇南李家台子村	21	男	1942 年
辛守光之二兄	临朐县龙岗镇百沟村	42	男	1942 年
王兴万	临朐县龙岗镇东洼子村	52	男	1942 年
王兴远	临朐县龙岗镇东洼子村	60	男	1942 年
席　礼	临朐县龙岗镇席家河村	51	男	1942 年
高成文	临朐县龙岗镇席家河村	38	男	1942 年
张维同	临朐县龙岗镇东桃花村	35	男	1942 年
张广业	临朐县龙岗镇东桃花村	36	男	1942 年
潘明德	临朐县龙岗镇潘家庄村	19	男	1942 年
郭传祥	临朐县龙岗镇黄山店村	60	男	1942 年
段九庚	临朐县龙岗镇黄山店村	52	男	1942 年
段明秀	临朐县龙岗镇黄山店村	53	男	1942 年
吴　氏	临朐县东城街道庄家庄村	40	女	1942 年
张世千	临朐县东城街道后合水村	53	男	1942 年
蒋　氏	临朐县东城街道后合水村	50	女	1942 年
吕世平	临朐县东城街道初家庄村	50	男	1942 年
吕世善	临朐县东城街道初家庄村	48	男	1942 年

姓　名	籍　贯	年　龄	性　别	死难时间
吕世明	临朐县东城街道初家庄村	38	男	1942 年
吕世亮	临朐县东城街道初家庄村	35	男	1942 年
高明文	临朐县东城街道初家庄村	46	男	1942 年
高明士	临朐县东城街道初家庄村	40	男	1942 年
刘京录	临朐县东城街道付家庄村	38	男	1942 年
朱光伦	临朐县东城街道付家庄村	40	男	1942 年
刘京庆	临朐县东城街道付家庄村	40	男	1942 年
朱福元	临朐县东城街道付家庄村	39	男	1942 年
刘京荣	临朐县东城街道付家庄村	38	男	1942 年
刘京玉	临朐县东城街道付家庄村	45	男	1942 年
朱福成	临朐县东城街道付家庄村	54	男	1942 年
赵奎贤	临朐县东城街道长沟村	46	男	1942 年
高学仁	临朐县东城街道长沟村	45	男	1942 年
高学让	临朐县东城街道徐家官庄村	32	男	1942 年
高学俭	临朐县东城街道徐家官庄村	35	男	1942 年
吕来升	临朐县东城街道牛山沟村	42	男	1942 年
吕凯春	临朐县东城街道牛山沟村	56	男	1942 年
吕阳春	临朐县东城街道牛山沟村	62	男	1942 年
胡玉合	临朐县东城街道胡家岭村	43	男	1942 年
胡玉山	临朐县东城街道胡家岭村	40	男	1942 年
李一恒	临朐县东城街道七贤店村	—	男	1942 年
付　留	临朐县东城街道七贤店村	—	男	1942 年
李香元	临朐县东城街道七贤店村	38	男	1942 年
张兆星	临朐县东城街道靳家庄村	32	男	1942 年
李晨英	临朐县东城街道朱壁店子村	50	女	1942 年
刘守义	临朐县东城街道李家崖头村	40	男	1942 年
刘王氏	临朐县东城街道李家崖头村	39	女	1942 年
柳庆吉	临朐县东城街道李家崖头村	42	男	1942 年
林会东	临朐县东城街道张家庄村	25	男	1942 年
林成东	临朐县东城街道张家庄村	22	男	1942 年
林　明	临朐县东城街道张家庄村	—	男	1942 年
林　氏	临朐县东城街道罗家树村	—	女	1942 年
邵泽后	临朐县东城街道罗家树村	45	男	1942 年
邵泽禄	临朐县东城街道罗家树村	46	男	1942 年

姓　名	籍　贯	年　龄	性　别	死难时间
任　氏	临朐县东城街道罗家树村	47	女	1942 年
邵福海	临朐县东城街道罗家树村	80	男	1942 年
高希全	临朐县东城街道高家庄村	—	男	1942 年
高洪石	临朐县东城街道高家庄村	41	男	1942 年
高洪印	临朐县东城街道高家庄村	30	男	1942 年
高洪仁	临朐县东城街道高家庄村	38	男	1942 年
高洪四	临朐县东城街道高家庄村	38	男	1942 年
吴传增	临朐县东城街道宋家沟村	49	男	1942 年
吴西利	临朐县东城街道宋家沟村	40	男	1942 年
吴张氏	临朐县东城街道宋家沟村	34	女	1942 年
吴永成	临朐县东城街道宋家沟村	9	男	1942 年
吕陈氏	临朐县东城街道邢家庄村	58	女	1942 年
张李氏	临朐县东城街道邢家庄村	55	女	1942 年
张王氏	临朐县东城街道邢家庄村	55	女	1942 年
谷俊士	临朐县东城街道甘石沟村	38	男	1942 年
谷李氏	临朐县东城街道甘石沟村	32	女	1942 年
谷俊良	临朐县东城街道甘石沟村	40	男	1942 年
谷王氏	临朐县东城街道甘石沟村	35	女	1942 年
徐五良	临朐县东城街道甘石沟村	25	男	1942 年
谷俊才	临朐县东城街道甘石沟村	38	男	1942 年
李宏彬	临朐县东城街道甘石沟村	30	男	1942 年
张怀双	临朐县东城街道甘石沟村	32	男	1942 年
李树成	临朐县东城街道甘石沟村	30	男	1942 年
李树全	临朐县东城街道甘石沟村	31	男	1942 年
徐五才	临朐县东城街道甘石沟村	28	男	1942 年
徐五全	临朐县东城街道甘石沟村	30	男	1942 年
贾仁武	临朐县东城街道贾家庄村	44	男	1942 年
贾姜氏	临朐县东城街道贾家庄村	39	女	1942 年
贾洪德	临朐县东城街道贾家庄村	53	男	1942 年
贾洪林	临朐县东城街道贾家庄村	21	男	1942 年
贾洪庆	临朐县东城街道贾家庄村	24	男	1942 年
贾洪吉	临朐县东城街道贾家庄村	23	男	1942 年
贾洪富	临朐县东城街道贾家庄村	25	男	1942 年
韩富荣	临朐县东城街道韩家庄村	50	男	1942 年

姓　名	籍　贯	年　龄	性　别	死难时间
韩富祥	临朐县东城街道韩家庄村	52	男	1942 年
韩发祥	临朐县东城街道韩家庄村	55	男	1942 年
韩张氏	临朐县东城街道韩家庄村	50	女	1942 年
王丰方	临朐县辛寨镇王村楼村	48	女	1942 年
王丰举	临朐县辛寨镇王村楼村	45	男	1942 年
王淑增	临朐县辛寨镇王村楼村	50	男	1942 年
张瑞清	临朐县辛寨镇新张庄村	20	男	1942 年
马心祥	临朐县辛寨镇梨花埠村	25	男	1942 年
李其发	临朐县辛寨镇北南流村	19	男	1942 年
李协训	临朐县辛寨镇北南流村	5	男	1942 年
夏雪斗	临朐县辛寨镇北南流村	38	男	1942 年
夏学奎	临朐县辛寨镇北南流村	10	男	1942 年
连　杰	临朐县辛寨镇北南流村	6	男	1942 年
刘招录	临朐县辛寨镇北南流村	27	男	1942 年
付兴礼	临朐县辛寨镇猫林沟村	27	男	1942 年
付士俊	临朐县辛寨镇猫林沟村	30	男	1942 年
瞿颖三	临朐县辛寨镇瞿家圈村	—	男	1942 年
张西贵	临朐县辛寨镇瞿家圈村	12	男	1942 年
曹维仁	临朐县辛寨镇曹家官庄村	35	男	1942 年
王登江	临朐县辛寨镇胡家沟村	37	男	1942 年
张文亮	临朐县辛寨镇胡家沟村	39	男	1942 年
张九训	临朐县辛寨镇胡家沟村	16	男	1942 年
蒋中远	临朐县辛寨镇大郝庄村	—	男	1942 年
杜美英	临朐县辛寨镇大郝庄村	—	女	1942 年
蒋中讯	临朐县辛寨镇大郝庄村	—	男	1942 年
窦召松	临朐县辛寨镇大郝庄村	20	男	1942 年
赵恒录	临朐县辛寨镇大郝庄村	—	男	1942 年
李顺年	临朐县辛寨镇大郝庄村	—	男	1942 年
张昭新	临朐县辛寨镇大郝庄村	—	男	1942 年
张　×	临朐县辛寨镇大郝庄村	—	男	1942 年
曾贵玉	临朐县辛寨镇东郝庄村	—	男	1942 年
王贵福	临朐县辛寨镇东郝庄村	—	男	1942 年
张西川	临朐县辛寨镇东郝庄村	—	男	1942 年
张宏经	临朐县辛寨镇东郝庄村	—	男	1942 年

姓　名	籍　贯	年　龄	性　别	死难时间
颜桂荣	临朐县辛寨镇东郝庄村	—	男	1942 年
张兆贤	临朐县辛寨镇东郝庄村	—	男	1942 年
于桂海	临朐县辛寨镇东郝庄村	—	男	1942 年
冯玉信	临朐县辛寨镇东郝庄村	—	男	1942 年
马丰法	临朐县辛寨镇东郝庄村	—	男	1942 年
张西山	临朐县辛寨镇东郝庄村	—	男	1942 年
赵学其	临朐县辛寨镇崔家庄村	—	男	1942 年
王来良	临朐县辛寨镇崔家庄村	—	男	1942 年
陈家英	临朐县辛寨镇崔家庄村	—	男	1942 年
巨荣远	临朐县辛寨镇崔家庄村	—	男	1942 年
马兰英	临朐县辛寨镇崔家庄村	—	女	1942 年
陈家俊	临朐县辛寨镇崔家庄村	—	男	1942 年
苏万坤	临朐县辛寨镇崔家庄村	—	男	1942 年
杨秀红	临朐县辛寨镇崔家庄村	—	女	1942 年
武顺亮	临朐县辛寨镇崔家庄村	—	男	1942 年
王法强	临朐县辛寨镇陈家庄村	—	男	1942 年
张召彬	临朐县辛寨镇康家庄村	—	男	1942 年
蔡　功	临朐县辛寨镇康家庄村	—	男	1942 年
孟秀英	临朐县辛寨镇康家庄村	—	女	1942 年
赵光吉	临朐县辛寨镇康家庄村	—	男	1942 年
杜雪峰	临朐县辛寨镇康家庄村	—	男	1942 年
张乐华	临朐县辛寨镇康家庄村	—	男	1942 年
赵会清	临朐县辛寨镇康家庄村	—	男	1942 年
张乐荣	临朐县辛寨镇康家庄村	—	男	1942 年
赵友安	临朐县辛寨镇康家庄村	—	男	1942 年
李现华	临朐县辛寨镇康家庄村	—	男	1942 年
蔡维昌	临朐县辛寨镇康家庄村	19	男	1942 年
张广全	临朐县辛寨镇康家庄村	16	男	1942 年
张光奎	临朐县辛寨镇康家庄村	—	男	1942 年
张英荣	临朐县辛寨镇康家庄村	36	男	1942 年
于秀亮	临朐县辛寨镇小店子村	42	男	1942 年
张汝平	临朐县辛寨镇大店子村	31	男	1942 年
张光德	临朐县辛寨镇东盘阳村	23	男	1942 年
张俊连	临朐县辛寨镇东盘阳村	—	男	1942 年

姓　名	籍　贯	年　龄	性　别	死难时间
赵明芳	临朐县辛寨镇东盘阳村	—	女	1942 年
马兰桂	临朐县辛寨镇张六河村	—	女	1942 年
付中廷	临朐县辛寨镇张六河村	—	男	1942 年
杨金英	临朐县辛寨镇张六河村	—	女	1942 年
张　元	临朐县辛寨镇张六河村	—	男	1942 年
张安全	临朐县辛寨镇张六河村	—	男	1942 年
曹在昌	临朐县辛寨镇张六河村	—	男	1942 年
任　建	临朐县辛寨镇张六河村	—	男	1942 年
梁乐丰	临朐县辛寨镇张六河村	—	男	1942 年
任玉贞	临朐县辛寨镇张六河村	—	男	1942 年
王乐孔	临朐县辛寨镇张六河村	—	男	1942 年
吴　华	临朐县辛寨镇张六河村	—	女	1942 年
王丰武	临朐县辛寨镇张六河村	—	男	1942 年
张瑞成	临朐县辛寨镇张六河村	—	男	1942 年
于世松	临朐县辛寨镇张六河村	—	男	1942 年
马文清	临朐县辛寨镇张六店子村	—	女	1942 年
孟庆瑞	临朐县辛寨镇张六店子村	—	男	1942 年
夏克贵	临朐县辛寨镇张六店子村	—	男	1942 年
张桂祥	临朐县辛寨镇张六店子村	—	男	1942 年
马善玉	临朐县辛寨镇张六店子村	—	女	1942 年
马乐云	临朐县辛寨镇张六店子村	—	男	1942 年
王桂伦	临朐县辛寨镇张六店子村	—	男	1942 年
马洪林	临朐县辛寨镇张六店子村	—	男	1942 年
夏振海	临朐县辛寨镇张六店子村	31	男	1942 年
马玉林	临朐县辛寨镇张六店子村	23	男	1942 年
罗桂荣	临朐县辛寨镇张六店子村	36	男	1942 年
马树顺	临朐县辛寨镇张六店子村	39	男	1942 年
马同兴	临朐县辛寨镇张六店子村	23	男	1942 年
王　×	临朐县沂山镇林家官庄村	3	男	1942 年
王　×	临朐县沂山镇林家官庄村	7	男	1942 年
王　×	临朐县沂山镇曹家官庄村	—	男	1942 年
张　×	临朐县沂山镇郎家店子村	—	男	1942 年
郎　×	临朐县沂山镇郭家砚峪村	—	男	1942 年
仇　×	临朐县沂山镇小关村	—	男	1942 年

姓 名	籍 贯	年龄	性别	死难时间
董　×	临朐县沂山镇王家庄子村	—	男	1942 年
王　×	临朐县沂山镇上伏峪村	—	男	1942 年
王　×	临朐县沂山镇上伏峪村	—	男	1942 年
万　×	临朐县沂山镇万家坪村	—	男	1942 年
王　×	临朐县沂山镇北上峪村	—	女	1942 年
王　×	临朐县沂山镇北上峪村	—	男	1942 年
吴　×	临朐县沂山镇赵家沟村	—	男	1942 年
叶付德	临朐县辛寨镇兴寺店村	20	男	1942 年
张立成	临朐县辛寨镇兴寺店村	40	男	1942 年
张翟氏	临朐县辛寨镇兴寺店村	42	女	1942 年
高奎周	临朐县辛寨镇兴寺店村	50	男	1942 年
张立福	临朐县辛寨镇兴寺店村	50	男	1942 年
叶付寿	临朐县辛寨镇兴寺店村	46	男	1942 年
张李氏	临朐县辛寨镇兴寺店村	26	女	1942 年
叶世太	临朐县辛寨镇兴寺店村	60	男	1942 年
张长征	临朐县辛寨镇兴寺店村	10	男	1942 年
张二瑞	临朐县辛寨镇兴寺店村	14	男	1942 年
张连群	临朐县辛寨镇兴寺店村	—	男	1942 年
高希良	临朐县辛寨镇兴寺店村	—	男	1942 年
高　凤	临朐县辛寨镇兴寺店村	—	女	1942 年
高奎玉	临朐县辛寨镇兴寺店村	34	男	1942 年
高庚德	临朐县辛寨镇兴寺店村	—	男	1942 年
高文仁	临朐县辛寨镇兴寺店村	56	男	1942 年
高闫氏	临朐县辛寨镇兴寺店村	54	女	1942 年
高奎峰	临朐县辛寨镇兴寺店村	59	男	1942 年
高希安	临朐县辛寨镇兴寺店村	50	男	1942 年
高张氏	临朐县辛寨镇兴寺店村	54	女	1942 年
高洪瑞	临朐县辛寨镇兴寺店村	18	男	1942 年
高文山	临朐县辛寨镇兴寺店村	56	男	1942 年
高连升	临朐县辛寨镇兴寺店村	48	男	1942 年
叶世青	临朐县辛寨镇兴寺店村	65	男	1942 年
张宗汉	临朐县辛寨镇兴寺店村	49	男	1942 年
高文春	临朐县辛寨镇兴寺店村	65	男	1942 年
高文升	临朐县辛寨镇兴寺店村	60	男	1942 年

姓 名	籍 贯	年 龄	性 别	死难时间
高奎顺	临朐县辛寨镇兴寺店村	24	男	1942 年
高张氏	临朐县辛寨镇兴寺店村	23	女	1942 年
高奎升	临朐县辛寨镇兴寺店村	40	男	1942 年
高王氏	临朐县辛寨镇兴寺店村	41	女	1942 年
高 荣	临朐县辛寨镇兴寺店村	50	女	1942 年
高 爱	临朐县辛寨镇兴寺店村	15	女	1942 年
高文海	临朐县辛寨镇兴寺店村	50	男	1942 年
高连国	临朐县辛寨镇兴寺店村	—	男	1942 年
张正德	临朐县辛寨镇兴寺店村	58	男	1942 年
张正功	临朐县辛寨镇兴寺店村	56	男	1942 年
张景贵	临朐县辛寨镇兴寺店村	19	男	1942 年
张良德	临朐县辛寨镇兴寺店村	16	男	1942 年
张宗合	临朐县辛寨镇兴寺店村	40	男	1942 年
张宗财	临朐县辛寨镇兴寺店村	62	男	1942 年
张景增	临朐县辛寨镇兴寺店村	58	男	1942 年
张李氏	临朐县辛寨镇兴寺店村	58	女	1942 年
张景洲	临朐县辛寨镇兴寺店村	40	男	1942 年
张清轮	临朐县辛寨镇兴寺店村	44	男	1942 年
张清友	临朐县辛寨镇兴寺店村	30	男	1942 年
张景顺	临朐县辛寨镇兴寺店村	40	男	1942 年
张同力	临朐县辛寨镇西双山村	23	男	1942 年
张同仁	临朐县辛寨镇西双山村	28	男	1942 年
高东家	临朐县辛寨镇大高家庄村	40	男	1942 年
高希胜	临朐县辛寨镇大高家庄村	50	男	1942 年
张宝奇	临朐县辛寨镇仙人脚村	4	男	1942 年
张元田	临朐县辛寨镇仙人脚村	60	男	1942 年
孙续云之妻	临朐县辛寨镇大张龙村	49	女	1942 年
尹青光	临朐县辛寨镇尹家庄村	35	男	1942 年
夏丰彩	临朐县辛寨镇夏家庄子村	55	男	1942 年
夏丰合	临朐县辛寨镇夏家庄子村	52	男	1942 年
夏丰峦	临朐县辛寨镇夏家庄子村	42	男	1942 年
王 ×	临朐县辛寨镇姚家庄村	32	男	1942 年
付 ×	临朐县辛寨镇南流村	38	男	1942 年
王 ×	临朐县辛寨镇姬家河村	28	男	1942 年

姓　名	籍　贯	年　龄	性　别	死难时间
卢作迁	临朐县辛寨镇马存沟村	27	男	1942 年
卢相芬	临朐县辛寨镇马存沟村	25	女	1942 年
卢　氏	临朐县辛寨镇马存沟村	32	女	1942 年
李洪顺之母	临朐县辛寨镇东岳庄村	—	女	1942 年
张洪叶	临朐县辛寨镇东岳庄村	—	男	1942 年
李成忠	临朐县辛寨镇东岳庄村	—	男	1942 年
来　妮	临朐县辛寨镇东岳庄村	—	女	1942 年
瑞　兰	临朐县辛寨镇东岳庄村	—	女	1942 年
张洪前	临朐县辛寨镇东岳庄村	—	男	1942 年
张来之母	临朐县辛寨镇东岳庄村	—	女	1942 年
张洪友	临朐县辛寨镇东岳庄村	—	男	1942 年
丁希德之妻	临朐县辛寨镇东岳庄村	—	女	1942 年
丁希德之女	临朐县辛寨镇东岳庄村	—	女	1942 年
张洪安	临朐县辛寨镇东岳庄村	—	男	1942 年
张洪安之妻	临朐县辛寨镇东岳庄村	—	女	1942 年
张洪安之女	临朐县辛寨镇东岳庄村	—	女	1942 年
李克祥	临朐县辛寨镇东岳庄村	—	男	1942 年
张振业之父	临朐县辛寨镇东岳庄村	—	男	1942 年
李洪春	临朐县辛寨镇东岳庄村	—	男	1942 年
张来现	临朐县辛寨镇大岳庄村	31	男	1942 年
张元其	临朐县辛寨镇大岳庄村	10	男	1942 年
张元生	临朐县辛寨镇大岳庄村	9	男	1942 年
张廷仁	临朐县辛寨镇大岳庄村	40	男	1942 年
张春生	临朐县辛寨镇大岳庄村	15	男	1942 年
张来明	临朐县辛寨镇大岳庄村	38	男	1942 年
张化远	临朐县辛寨镇大岳庄村	41	男	1942 年
张来元	临朐县辛寨镇大岳庄村	18	男	1942 年
蔡志礼	临朐县辛寨镇大岳庄村	40	男	1942 年
蔡　氏	临朐县辛寨镇大岳庄村	40	女	1942 年
蔡文彬	临朐县辛寨镇大岳庄村	38	男	1942 年
王文光之五子	临朐县辛寨镇柞家庄子村	10	男	1942 年
苏祥林之祖母	临朐县辛寨镇柞家庄子村	42	女	1942 年
马广安	临朐县辛寨镇柞家庄子村	38	男	1942 年
马中堂之妹	临朐县辛寨镇柞家庄子村	20	女	1942 年

姓　名	籍　贯	年　龄	性　别	死难时间
马文林之妻	临朐县辛寨镇柞家庄子村	29	女	1942 年
马光圣之妻	临朐县辛寨镇柞家庄子村	25	女	1942 年
马文法之妻	临朐县辛寨镇柞家庄子村	30	女	1942 年
王文信之父	临朐县辛寨镇柞家庄子村	51	男	1942 年
王学仁之父	临朐县辛寨镇柞家庄子村	40	男	1942 年
王文九之父	临朐县辛寨镇柞家庄子村	35	男	1942 年
李洪春之父	临朐县辛寨镇柞家庄子村	38	男	1942 年
苏义林之母	临朐县辛寨镇柞家庄子村	28	女	1942 年
马文成	临朐县辛寨镇柞家庄子村	39	男	1942 年
马文成之长子	临朐县辛寨镇柞家庄子村	17	男	1942 年
李洪江之堂叔	临朐县辛寨镇柞家庄子村	35	男	1942 年
马　义	临朐县辛寨镇柞家庄子村	—	男	1942 年
马义之妻	临朐县辛寨镇柞家庄子村	—	女	1942 年
马义之长子	临朐县辛寨镇柞家庄子村	—	男	1942 年
马义之次子	临朐县辛寨镇柞家庄子村	—	男	1942 年
马义之女	临朐县辛寨镇柞家庄子村	—	女	1942 年
马义之妹	临朐县辛寨镇柞家庄子村	—	女	1942 年
马　现	临朐县辛寨镇柞家庄子村	—	男	1942 年
马现之妻	临朐县辛寨镇柞家庄子村	—	女	1942 年
马现之长子	临朐县辛寨镇柞家庄子村	—	男	1942 年
马现之长女	临朐县辛寨镇柞家庄子村	—	女	1942 年
苏韦林	临朐县辛寨镇柞家庄子村	—	男	1942 年
苏韦林之妻	临朐县辛寨镇柞家庄子村	—	女	1942 年
苏韦林之长女	临朐县辛寨镇柞家庄子村	—	女	1942 年
苏韦林之次女	临朐县辛寨镇柞家庄子村	—	女	1942 年
苏韦林之三女	临朐县辛寨镇柞家庄子村	—	女	1942 年
马文高	临朐县辛寨镇柞家庄子村	51	男	1942 年
马文奎	临朐县辛寨镇柞家庄子村	45	男	1942 年
王文法之父	临朐县辛寨镇柞家庄子村	48	男	1942 年
马希付之堂叔	临朐县辛寨镇柞家庄子村	30	男	1942 年
马文山	临朐县辛寨镇柞家庄子村	20	男	1942 年
李洪柱之叔父	临朐县辛寨镇柞家庄子村	25	男	1942 年
李洪枣之妹	临朐县辛寨镇柞家庄子村	19	女	1942 年
李洪陈之弟	临朐县辛寨镇柞家庄子村	5	男	1942 年

姓　名	籍　贯	年　龄	性　别	死难时间
王学爱之母	临朐县辛寨镇柞家庄子村	38	女	1942 年
王学爱之妹	临朐县辛寨镇柞家庄子村	10	女	1942 年
王学爱之弟	临朐县辛寨镇柞家庄子村	6	男	1942 年
王学爱之叔父	临朐县辛寨镇柞家庄子村	27	男	1942 年
马　坤	临朐县辛寨镇柞家庄子村	27	男	1942 年
马兴之妻	临朐县辛寨镇柞家庄子村	30	女	1942 年
马兴之女	临朐县辛寨镇柞家庄子村	1	女	1942 年
马文宝	临朐县辛寨镇柞家庄子村	12	男	1942 年
李元德之妻	临朐县辛寨镇柞家庄子村	35	女	1942 年
李洪法之祖母	临朐县辛寨镇柞家庄子村	50	女	1942 年
李孟吉	临朐县辛寨镇柞家庄子村	37	男	1942 年
苏全芳之母	临朐县辛寨镇柞家庄子村	39	女	1942 年
王学让之姐	临朐县辛寨镇柞家庄子村	16	女	1942 年
李凤奎	临朐县辛寨镇南岳庄村	—	男	1942 年
李凤奎之妻	临朐县辛寨镇南岳庄村	—	女	1942 年
丁西福	临朐县辛寨镇南岳庄村	—	男	1942 年
丁　访	临朐县辛寨镇南岳庄村	—	男	1942 年
李姗荣	临朐县辛寨镇南岳庄村	—	女	1942 年
李文喜	临朐县辛寨镇南岳庄村	—	男	1942 年
周文浩	临朐县辛寨镇南岳庄村	—	男	1942 年
孙玉涛	临朐县辛寨镇南岳庄村	—	男	1942 年
史洪仁	临朐县辛寨镇南岳庄村	—	男	1942 年
周存华	临朐县辛寨镇南岳庄村	—	男	1942 年
李长太	临朐县辛寨镇东黑洼村	—	男	1942 年
李长太之长子	临朐县辛寨镇东黑洼村	—	男	1942 年
李长太之次子	临朐县辛寨镇东黑洼村	—	男	1942 年
马效顺之母	临朐县辛寨镇中白沙村	—	女	1942 年
马效顺之二兄	临朐县辛寨镇中白沙村	—	男	1942 年
马成圣	临朐县辛寨镇中白沙村	—	男	1942 年
井汝祥之祖母	临朐县辛寨镇中白沙村	—	女	1942 年
彭美苓之祖母	临朐县辛寨镇中白沙村	—	女	1942 年
马效顺之祖父	临朐县辛寨镇中白沙村	—	男	1942 年
朱义占之母	临朐县辛寨镇中白沙村	—	女	1942 年
井汝轮之母	临朐县辛寨镇中白沙村	—	女	1942 年

姓　名	籍　贯	年　龄	性　别	死难时间
吕传礼	临朐县辛寨镇中白沙村	—	女	1942 年
张少禄	临朐县辛寨镇中白沙村	—	男	1942 年
王吉圣之母	临朐县辛寨镇中白沙村	—	女	1942 年
彭玉卓之母	临朐县辛寨镇中白沙村	—	女	1942 年
彭玉卓之长兄	临朐县辛寨镇中白沙村	—	男	1942 年
彭玉卓之二兄	临朐县辛寨镇中白沙村	—	男	1942 年
彭玉卓之三兄	临朐县辛寨镇中白沙村	—	男	1942 年
刘元太	临朐县辛寨镇东白沙村	—	男	1942 年
刘曾氏	临朐县辛寨镇东白沙村	—	女	1942 年
刘马氏	临朐县辛寨镇东白沙村	—	女	1942 年
刘兰朴之妹	临朐县辛寨镇东白沙村	—	女	1942 年
顾　迁	临朐县辛寨镇东白沙村	—	男	1942 年
刘春太	临朐县辛寨镇东白沙村	—	男	1942 年
刘春太之子	临朐县辛寨镇东白沙村	—	男	1942 年
刘春太之孙	临朐县辛寨镇东白沙村	—	男	1942 年
顾刘氏	临朐县辛寨镇东白沙村	—	女	1942 年
顾玉瑞	临朐县辛寨镇东白沙村	—	男	1942 年
王法明之伯母	临朐县辛寨镇辉泉峪村	50	女	1942 年
丁国伍	临朐县辛寨镇安子沟村	—	男	1942 年
张洪杰之妻	临朐县辛寨镇安子沟村	—	女	1942 年
杨法加	临朐县辛寨镇杨家河村	—	男	1942 年
杨法庆	临朐县辛寨镇杨家河村	—	男	1942 年
杨法清	临朐县辛寨镇杨家河村	—	男	1942 年
王　纯	临朐县辛寨镇杨家河村	—	男	1942 年
王曰宗	临朐县辛寨镇杨家河村	—	男	1942 年
王华之二兄	临朐县辛寨镇杨家河村	—	男	1942 年
王曰贤	临朐县辛寨镇杨家河村	—	男	1942 年
王福远	临朐县辛寨镇杨家河村	—	男	1942 年
吕世英	临朐县辛寨镇西白沙村	—	女	1942 年
吕学正	临朐县辛寨镇西白沙村	—	男	1942 年
陈西彦之父	临朐县辛寨镇西白沙村	—	男	1942 年
张道德之母	临朐县辛寨镇西白沙村	—	女	1942 年
张西廷	临朐县辛寨镇西白沙村	—	男	1942 年
张禹智	临朐县辛寨镇西白沙村	—	男	1942 年

姓　名	籍　贯	年　龄	性　别	死难时间
孟现文之母	临朐县辛寨镇聂家庄村	—	女	1942 年
王曰环之妻	临朐县辛寨镇聂家庄村	—	女	1942 年
曾光孝之妻	临朐县辛寨镇聂家庄村	—	女	1942 年
聂春普之母	临朐县辛寨镇聂家庄村	—	女	1942 年
聂廷训之妻	临朐县辛寨镇聂家庄村	—	女	1942 年
聂春芝	临朐县辛寨镇聂家庄村	—	男	1942 年
聂春兰之妻	临朐县辛寨镇聂家庄村	—	女	1942 年
曾现珠	临朐县辛寨镇朱家峪村	—	男	1942 年
曾现顺	临朐县辛寨镇朱家峪村	—	男	1942 年
曾凡利	临朐县辛寨镇朱家峪村	—	男	1942 年
曾庆喜	临朐县辛寨镇朱家峪村	—	男	1942 年
曾庆珍	临朐县辛寨镇朱家峪村	—	男	1942 年
曾凡友	临朐县辛寨镇朱家峪村	—	男	1942 年
曾现德	临朐县辛寨镇朱家峪村	—	男	1942 年
曾庆孝	临朐县辛寨镇朱家峪村	—	男	1942 年
曾庆义	临朐县辛寨镇朱家峪村	—	男	1942 年
曾庆海	临朐县辛寨镇朱家峪村	—	男	1942 年
曾庆平	临朐县辛寨镇朱家峪村	—	男	1942 年
曾庆国	临朐县辛寨镇朱家峪村	—	男	1942 年
曾现奎	临朐县辛寨镇朱家峪村	—	男	1942 年
曾庆会	临朐县辛寨镇朱家峪村	—	男	1942 年
杨法正	临朐县辛寨镇曾家寨村	49	男	1942 年
魏佃起	临朐县辛寨镇曾家寨村	52	男	1942 年
魏汝信	临朐县辛寨镇曾家寨村	—	男	1942 年
陈德太	临朐县辛寨镇后洼村	30	男	1942 年
周名录	临朐县辛寨镇耿家庄村	60	男	1942 年
周名元	临朐县辛寨镇耿家庄村	54	男	1942 年
连守州	临朐县辛寨镇耿家庄村	45	男	1942 年
刘丰德	临朐县辛寨镇耿家庄村	56	男	1942 年
卜现温	临朐县辛寨镇耿家庄村	—	男	1942 年
卜现义	临朐县辛寨镇耿家庄村	—	男	1942 年
连瑞伍	临朐县辛寨镇耿家庄村	—	男	1942 年
连守元	临朐县辛寨镇耿家庄村	—	男	1942 年
张西贵	临朐县辛寨镇耿家庄村	—	男	1942 年

姓　名	籍　贯	年　龄	性　别	死难时间
马正科	临朐县辛寨镇耿家庄村	—	男	1942 年
夏传起	临朐县辛寨镇耿家庄村	—	男	1942 年
王法恩	临朐县辛寨镇耿家庄村	—	男	1942 年
王会同	临朐县辛寨镇耿家庄村	—	男	1942 年
冯正良	临朐县辛寨镇耿家庄村	—	男	1942 年
王法生	临朐县辛寨镇耿家庄村	—	男	1942 年
周名楼	临朐县辛寨镇耿家庄村	—	男	1942 年
周名富	临朐县辛寨镇耿家庄村	43	男	1942 年
周明顺	临朐县辛寨镇耿家庄村	47	男	1942 年
张庆周	临朐县辛寨镇古河村	—	男	1942 年
李曰茂	临朐县辛寨镇古河村	—	男	1942 年
冯德昌	临朐县辛寨镇古河村	—	男	1942 年
李银胜	临朐县辛寨镇古河村	—	男	1942 年
尹佃成	临朐县辛寨镇古河村	—	男	1942 年
王中廷	临朐县辛寨镇古河村	—	男	1942 年
张作信	临朐县辛寨镇古河村	—	男	1942 年
李曰庆	临朐县辛寨镇古河村	—	男	1942 年
尹佃信	临朐县辛寨镇古河村	—	男	1942 年
高聂氏	临朐县辛寨镇张家庄子村	—	女	1942 年
高忠全	临朐县辛寨镇张家庄子村	—	男	1942 年
高忠喜	临朐县辛寨镇张家庄子村	—	男	1942 年
高　璞	临朐县辛寨镇张家庄子村	—	男	1942 年
高卜氏	临朐县辛寨镇张家庄子村	—	女	1942 年
高太堂	临朐县辛寨镇张家庄子村	—	男	1942 年
高　氏	临朐县辛寨镇张家庄子村	—	女	1942 年
杨　氏	临朐县辛寨镇张家庄子村	—	女	1942 年
高太岭	临朐县辛寨镇张家庄子村	—	男	1942 年
高曾氏	临朐县辛寨镇张家庄子村	—	女	1942 年
高言利	临朐县辛寨镇张家庄子村	—	男	1942 年
高孟氏	临朐县辛寨镇张家庄子村	—	女	1942 年
高言贞	临朐县辛寨镇张家庄子村	—	男	1942 年
王曾氏	临朐县辛寨镇张家庄子村	—	女	1942 年
闫学礼	临朐县辛寨镇张家庄子村	—	男	1942 年
闫曾氏	临朐县辛寨镇张家庄子村	—	女	1942 年

姓 名	籍 贯	年 龄	性 别	死难时间
高玉田	临朐县辛寨镇张家庄子村	—	男	1942 年
高 瑞	临朐县辛寨镇张家庄子村	—	男	1942 年
高太胜	临朐县辛寨镇张家庄子村	—	男	1942 年
高太荣	临朐县辛寨镇张家庄子村	—	男	1942 年
高太约	临朐县辛寨镇张家庄子村	—	男	1942 年
高丰国	临朐县辛寨镇张家庄子村	—	男	1942 年
高恒信	临朐县辛寨镇张家庄子村	—	男	1942 年
王法亮	临朐县辛寨镇张家庄子村	—	男	1942 年
王恒功	临朐县辛寨镇张家庄子村	—	男	1942 年
王恒敬	临朐县辛寨镇张家庄子村	—	男	1942 年
王恒明	临朐县辛寨镇张家庄子村	—	男	1942 年
王法孔	临朐县辛寨镇张家庄子村	—	男	1942 年
王法孟	临朐县辛寨镇张家庄子村	—	男	1942 年
王恒会	临朐县辛寨镇张家庄子村	—	男	1942 年
马玉村之弟	临朐县辛寨镇辛寨村	20	男	1942 年
马玉村之姐	临朐县辛寨镇辛寨村	23	女	1942 年
蒋福顺	临朐县辛寨镇辛寨村	35	男	1942 年
刘汉功	临朐县辛寨镇辛寨村	—	男	1942 年
刘汉文	临朐县辛寨镇辛寨村	—	男	1942 年
刘汉葵	临朐县辛寨镇辛寨村	—	男	1942 年
张洪海	临朐县辛寨镇龙泉村	17	男	1942 年
张西衡	临朐县辛寨镇龙泉村	43	男	1942 年
张洪新	临朐县辛寨镇龙泉村	41	男	1942 年
张乐安	临朐县辛寨镇龙泉村	15	男	1942 年
张乐成	临朐县辛寨镇龙泉村	14	男	1942 年
张乐仕	临朐县辛寨镇龙泉村	32	男	1942 年
张乐三	临朐县辛寨镇龙泉村	35	男	1942 年
张洪彬	临朐县辛寨镇龙泉村	39	男	1942 年
张乐信	临朐县辛寨镇龙泉村	19	男	1942 年
张乐德	临朐县辛寨镇龙泉村	15	男	1942 年
车景行	临朐县辛寨镇龙泉村	57	男	1942 年
车景习	临朐县辛寨镇龙泉村	52	男	1942 年
张西功	临朐县辛寨镇龙泉村	39	男	1942 年
张坦瑞	临朐县辛寨镇龙泉村	33	男	1942 年

姓 名	籍 贯	年 龄	性 别	死难时间
张西灵	临朐县辛寨镇龙泉村	35	男	1942 年
张西庆	临朐县辛寨镇龙泉村	19	男	1942 年
张西敬	临朐县辛寨镇龙泉村	33	男	1942 年
张西池	临朐县辛寨镇龙泉村	31	男	1942 年
张洪三	临朐县辛寨镇龙泉村	25	男	1942 年
张洪福	临朐县辛寨镇龙泉村	27	男	1942 年
张洪青	临朐县辛寨镇龙泉村	31	男	1942 年
张洪图	临朐县辛寨镇龙泉村	29	男	1942 年
车元平	临朐县辛寨镇龙泉村	21	男	1942 年
张乐顺	临朐县辛寨镇龙泉村	16	男	1942 年
张西庆	临朐县辛寨镇龙泉村	35	男	1942 年
孙洪福	临朐县辛寨镇东埠西村	49	男	1942 年
孙洪录	临朐县辛寨镇东埠西村	45	男	1942 年
孙洪增	临朐县辛寨镇东埠西村	22	男	1942 年
王中保	临朐县辛寨镇东埠西村	46	男	1942 年
张法云	临朐县辛寨镇东埠西村	28	男	1942 年
张乐同	临朐县辛寨镇东埠西村	18	男	1942 年
张法德	临朐县辛寨镇东埠西村	40	男	1942 年
张法德之子	临朐县辛寨镇东埠西村	18	男	1942 年
曾纪亮	临朐县辛寨镇东埠西村	45	男	1942 年
曾广黑	临朐县辛寨镇东埠西村	36	男	1942 年
曾照果	临朐县辛寨镇东埠西村	38	男	1942 年
于化友	临朐县辛寨镇东埠西村	41	男	1942 年
于见江	临朐县辛寨镇东埠西村	36	男	1942 年
孙福成	临朐县辛寨镇东埠西村	16	男	1942 年
张法政	临朐县辛寨镇东埠西村	28	男	1942 年
张华堂	临朐县辛寨镇东埠西村	45	男	1942 年
陈方瑞	临朐县辛寨镇王家西圈村	16	男	1942 年
陈园音	临朐县辛寨镇王家西圈村	17	男	1942 年
李可柱	临朐县辛寨镇蒋市村	—	男	1942 年
刘秀田	临朐县辛寨镇蒋市村	—	男	1942 年
李会安	临朐县辛寨镇蒋市村	—	男	1942 年
李成香	临朐县辛寨镇蒋市村	—	男	1942 年
王吉信	临朐县辛寨镇蒋市村	23	男	1942 年

姓 名	籍 贯	年 龄	性 别	死难时间
王吉厚	临朐县辛寨镇蒋市村	21	男	1942 年
赵恒仁	临朐县辛寨镇付家庄子村	—	男	1942 年
张乐凯	临朐县辛寨镇付家庄子村	—	男	1942 年
张召森	临朐县辛寨镇付家庄子村	—	男	1942 年
赵恒始	临朐县辛寨镇付家庄子村	—	男	1942 年
张召焕	临朐县辛寨镇付家庄子村	—	男	1942 年
李恒禄	临朐县辛寨镇蔡家官庄	48	男	1942 年
李廷福	临朐县辛寨镇蔡家官庄	45	男	1942 年
李刘氏	临朐县辛寨镇蔡家官庄	50	女	1942 年
蔡王氏	临朐县辛寨镇蔡家官庄	48	女	1942 年
李 七	临朐县辛寨镇蔡家官庄	44	男	1942 年
朱嵩高	临朐县辛寨镇中白沙村	53	男	1942 年
朱汉祁	临朐县辛寨镇中白沙村	19	男	1942 年
彭玉科	临朐县辛寨镇中白山村	57	男	1942 年
彭玉环	临朐县辛寨镇中白沙村	56	男	1942 年
井长兴之二弟	临朐县辛寨镇中白沙村	32	男	1942 年
彭锡子	临朐县辛寨镇中白沙村	20	男	1942 年
王文光之五子	临朐县辛寨镇柞家庄子村	10	男	1942 年
李元平之长子	临朐县辛寨镇柞家庄子村	12	男	1942 年
刘马氏	临朐县辛寨镇夏家台子村	—	女	1942 年
夏泽英	临朐县辛寨镇夏家台子村	—	男	1942 年
王长贞	临朐县辛寨镇聂家庄村	—	男	1942 年
王曰松	临朐县辛寨镇聂家庄村	—	男	1942 年
王法遂	临朐县辛寨镇聂家庄村	—	男	1942 年
聂光武	临朐县辛寨镇聂家庄村	—	男	1942 年
聂春台	临朐县辛寨镇聂家庄村	—	男	1942 年
聂春连	临朐县辛寨镇聂家庄村	—	男	1942 年
聂光义	临朐县辛寨镇聂家庄村	—	男	1942 年
孟现文	临朐县辛寨镇聂家庄村	—	男	1942 年
花恩太	临朐县柳山镇花家庄村	35	男	1942 年
张洪全	临朐县柳山镇花家庄村	40	男	1942 年
张先圣	临朐县柳山镇花家庄村	46	男	1942 年
张乐信	临朐县柳山镇花家庄村	50	男	1942 年
刘 氏	临朐县柳山镇花家庄村	60	女	1942 年

姓　名	籍　贯	年　龄	性　别	死难时间
花恩忠	临朐县柳山镇花家庄村	65	男	1942 年
石　氏	临朐县柳山镇花家庄村	60	女	1942 年
李家平	临朐县柳山镇花家庄村	56	男	1942 年
王　氏	临朐县柳山镇花家庄村	62	女	1942 年
李兴龙	临朐县柳山镇花家庄村	35	男	1942 年
张佃英	临朐县柳山镇花家庄村	60	女	1942 年
张松道	临朐县柳山镇花家庄村	25	男	1942 年
范小爱	临朐县柳山镇范家河村	—	女	1942 年
范力田	临朐县柳山镇范家河村	38	男	1942 年
范吨会	临朐县柳山镇范家河村	14	男	1942 年
范升态	临朐县柳山镇范家河村	52	男	1942 年
范　坤	临朐县柳山镇范家河村	18	男	1942 年
范　奎	临朐县柳山镇范家河村	16	男	1942 年
范　汉	临朐县柳山镇范家河村	20	男	1942 年
范杨氏	临朐县柳山镇范家河村	52	女	1942 年
范福田	临朐县柳山镇范家河村	66	男	1942 年
陈　氏	临朐县柳山镇柳山前村	36	女	1942 年
王　娟	临朐县柳山镇柳山前村	—	女	1942 年
王仁睦	临朐县柳山镇柳山前村	65	男	1942 年
王仁典	临朐县柳山镇柳山前村	53	男	1942 年
张文君	临朐县柳山镇杜家庄村	40	男	1942 年
张付文	临朐县柳山镇杜家庄村	46	男	1942 年
杜廷廉	临朐县柳山镇杜家庄村	47	男	1942 年
张　氏	临朐县柳山镇杜家庄村	48	女	1942 年
刘　氏	临朐县柳山镇杜家庄村	37	女	1942 年
王　氏	临朐县柳山镇杜家庄村	43	女	1942 年
李秀兰	临朐县柳山镇杜家庄村	55	女	1942 年
王兰英	临朐县柳山镇杜家庄村	70	女	1942 年
杜友吉	临朐县柳山镇杜家庄村	22	男	1942 年
杜晋太	临朐县柳山镇杜家庄村	39	男	1942 年
陈　氏	临朐县柳山镇杜家庄村	53	女	1942 年
杜廷元	临朐县柳山镇杜家庄村	49	男	1942 年
张广臣	临朐县柳山镇杜家庄村	55	男	1942 年
李　氏	临朐县柳山镇杜家庄村	68	女	1942 年

姓　名	籍　贯	年　龄	性　别	死难时间
王洪好	临朐县柳山镇邢家沟村	25	男	1942 年
王太宽	临朐县柳山镇邢家沟村	50	男	1942 年
王太康	临朐县柳山镇邢家沟村	50	男	1942 年
王洪梅	临朐县柳山镇邢家沟村	26	男	1942 年
陈　氏	临朐县柳山镇邢家沟村	42	女	1942 年
李清方	临朐县柳山镇窖子沟村	14	男	1942 年
李振青	临朐县柳山镇窖子沟村	17	男	1942 年
李清德	临朐县柳山镇窖子沟村	13	男	1942 年
庞文青	临朐县柳山镇窖子沟村	15	男	1942 年
庞　桃	临朐县柳山镇窖子沟村	—	男	1942 年
庞　五	临朐县柳山镇窖子沟村	—	男	1942 年
庞　四	临朐县柳山镇窖子沟村	—	男	1942 年
李清怀	临朐县柳山镇窖子沟村	35	男	1942 年
李清汉	临朐县柳山镇窖子沟村	47	男	1942 年
李化龙	临朐县柳山镇窖子沟村	50	男	1942 年
郭春田之妻	临朐县柳山镇郭家庄村	39	女	1942 年
张克庆	临朐县柳山镇郭家庄村	53	男	1942 年
张志周	临朐县柳山镇郭家庄村	47	男	1942 年
刘　氏	临朐县柳山镇侯家庄村	27	女	1942 年
李师功	临朐县柳山镇侯家庄村	16	男	1942 年
李闺女	临朐县柳山镇侯家庄村	—	女	1942 年
李春林	临朐县柳山镇侯家庄村	53	男	1942 年
王　氏	临朐县柳山镇侯家庄村	50	女	1942 年
李师万	临朐县柳山镇侯家庄村	34	女	1942 年
李德让	临朐县柳山镇侯家庄村	69	男	1942 年
李森林	临朐县柳山镇侯家庄村	56	女	1942 年
李庆春	临朐县柳山镇窖子沟村	79	男	1942 年
李　氏	临朐县柳山镇窖子沟村	78	女	1942 年
李　氏	临朐县柳山镇窖子沟村	—	女	1942 年
李庆荣	临朐县柳山镇窖子沟村	—	男	1942 年
李清连	临朐县柳山镇窖子沟村	—	男	1942 年
张仔庆之姐	临朐县柳山镇郭家庄村	19	女	1942 年
张侯氏	临朐县柳山镇郭家庄村	46	女	1942 年
张兰庆	临朐县柳山镇郭家庄村	21	男	1942 年

姓　名	籍　贯	年　龄	性　别	死难时间
张宗氏	临朐县柳山镇郭家庄村	36	女	1942 年
王　氏	临朐县柳山镇小庵子村	60	女	1942 年
张风藻	临朐县柳山镇小庵子村	26	男	1942 年
吴德明	临朐县柳山镇小庵子村	62	男	1942 年
张风山	临朐县柳山镇小庵子村	57	男	1942 年
张风刚	临朐县柳山镇小庵子村	54	男	1942 年
张炳彦	临朐县柳山镇小庵子村	43	男	1942 年
郭万春之妻	临朐县柳山镇郭家庄村	45	女	1942 年
郭张氏	临朐县柳山镇郭家庄村	52	女	1942 年
张小孩	临朐县柳山镇南河西村	—	男	1942 年
郭　氏	临朐县柳山镇南河西村	24	女	1942 年
张乃奎	临朐县柳山镇南河西村	21	男	1942 年
张德修	临朐县柳山镇南河西村	52	男	1942 年
王增平	临朐县柳山镇南河西村	16	男	1942 年
王增部	临朐县柳山镇南河西村	11	男	1942 年
王婵妮	临朐县柳山镇南河西村	18	女	1942 年
王恒修	临朐县柳山镇南河西村	54	男	1942 年
王二风	临朐县柳山镇南河西村	51	男	1942 年
张宝太	临朐县柳山镇南河西村	26	男	1942 年
王丙修	临朐县柳山镇南河西村	30	男	1942 年
刘福亭	临朐县柳山镇唐家河村	46	男	1942 年
刘王氏	临朐县柳山镇唐家河村	55	女	1942 年
丁　俭	临朐县柳山镇唐家河村	60	男	1942 年
丁同连	临朐县柳山镇唐家河村	50	男	1942 年
张九法	临朐县柳山镇唐家河村	45	男	1942 年
张志训	临朐县柳山镇唐家河村	53	男	1942 年
王　氏	临朐县柳山镇唐家河村	50	女	1942 年
王李氏	临朐县柳山镇唐家河村	53	女	1942 年
刘　志	临朐县柳山镇唐家河村	61	男	1942 年
李芳芳	临朐县柳山镇花家庄村	20	女	1942 年
李师国	临朐县柳山镇花家庄村	22	男	1942 年
张为相	临朐县柳山镇花家庄村	60	男	1942 年
刘兰甫	临朐县沂山镇东长命沟村	18	男	1942 年
刘福启	临朐县沂山镇东长命沟村	19	男	1942 年

姓 名	籍 贯	年 龄	性 别	死难时间
刘西周	临朐县沂山镇东长命沟村	18	男	1942 年
刘福月	临朐县沂山镇东长命沟村	23	男	1942 年
刘含香	临朐县沂山镇东长命沟村	28	男	1942 年
刘金贤	临朐县沂山镇东长命沟村	23	男	1942 年
倪峰厚	临朐县沂山镇山头子村	58	男	1942 年
王远龙	临朐县沂山镇下高家沟村	52	男	1942 年
高 三	临朐县沂山镇代家庄村	61	男	1942 年
徐风录	临朐县沂山镇代家庄村	41	男	1942 年
徐风坤	临朐县沂山镇代家庄村	51	男	1942 年
徐秀文	临朐县沂山镇代家庄村	38	男	1942 年
徐风秀	临朐县沂山镇代家庄村	41	女	1942 年
刘兰成	临朐县沂山镇代家庄村	43	男	1942 年
刘文成	临朐县沂山镇代家庄村	40	男	1942 年
曾德顺	临朐县沂山镇代家庄村	42	男	1942 年
高丰国	临朐县沂山镇代家庄村	27	男	1942 年
宗然顺	临朐县沂山镇代家庄村	29	男	1942 年
曾传义	临朐县沂山镇代家庄村	31	男	1942 年
宗洪才	临朐县沂山镇代家庄村	51	男	1942 年
宗田林	临朐县沂山镇代家庄村	55	男	1942 年
徐万善	临朐县沂山镇代家庄村	32	男	1942 年
徐万宝	临朐县沂山镇代家庄村	41	男	1942 年
徐风武	临朐县沂山镇代家庄村	27	男	1942 年
刘王氏	临朐县沂山镇刘家庄村	70	女	1942 年
坚美祥	临朐县沂山镇小亓村	38	男	1942 年
徐丰山	临朐县沂山镇徐家庄村	74	男	1942 年
徐丰起	临朐县沂山镇徐家庄村	46	男	1942 年
冯尹氏	临朐县沂山镇西田峪村	26	女	1942 年
张刘氏	临朐县沂山镇西田峪村	25	女	1942 年
刘现增	临朐县沂山镇常庄楼村	42	男	1942 年
刘文庆	临朐县沂山镇常庄楼村	50	男	1942 年
张付增	临朐县沂山镇小亓村	45	男	1942 年
张 氏	临朐县沂山镇小亓村	41	女	1942 年
陈王氏	临朐县沂山镇核桃园村	54	女	1942 年
张瑞增之子	临朐县沂山镇东牛河村	15	男	1942 年

姓　名	籍　贯	年　龄	性　别	死难时间
张玉来	临朐县沂山镇东牛河村	28	男	1942 年
张李氏	临朐县沂山镇贺家洼村	23	女	1942 年
宗金然之妻	临朐县沂山镇房家台子村	52	女	1942 年
王德全之母	临朐县沂山镇房家台子村	47	女	1942 年
张曾氏	临朐县沂山镇胜利村	60	女	1942 年
王兰芳	临朐县沂山镇庙古地村	15	女	1942 年
王桂香	临朐县沂山镇庙古地村	12	女	1942 年
宗培全	临朐县沂山镇房家台子村	29	男	1942 年
宗金然	临朐县沂山镇房家台子村	42	男	1942 年
王星永	临朐县沂山镇西大峪村	38	男	1942 年
王贤相之兄	临朐县沂山镇庙古地村	48	男	1942 年
王金章	临朐县沂山镇庙古地村	44	男	1942 年
王法秋之祖父	临朐县沂山镇庙古地村	18	男	1942 年
王来江	临朐县沂山镇庙古地村	19	男	1942 年
王来东	临朐县沂山镇庙古地村	19	男	1942 年
郇全军	临朐县沂山镇郇家沟村	44	男	1942 年
张二妮	临朐县沂山镇朝阳村	19	女	1942 年
刘曰德	临朐县沂山镇朝阳村	52	男	1942 年
张学文	临朐县沂山镇朝阳村	50	男	1942 年
魏汝全	临朐县沂山镇朝阳村	40	男	1942 年
纪学行	临朐县沂山镇朝阳村	28	男	1942 年
纪学海	临朐县沂山镇朝阳村	72	男	1942 年
朱先贵	临朐县沂山镇小朱庄村	37	男	1942 年
朱先英	临朐县沂山镇小朱庄村	35	男	1942 年
侯文太	临朐县沂山镇北侯村	33	男	1942 年
夏　氏	临朐县沂山镇北侯村	27	女	1942 年
侯　氏	临朐县沂山镇北侯村	41	女	1942 年
长　担	临朐县沂山镇赵家庄子村	—	男	1942 年
拉　担	临朐县沂山镇赵家庄子村	—	男	1942 年
刘　连	临朐县沂山镇赵家庄子村	—	女	1942 年
刘　满	临朐县沂山镇赵家庄子村	—	女	1942 年
高王氏	临朐县沂山镇蒺藜沟村	40	女	1942 年
窦　氏	临朐县沂山镇蒺藜沟村	41	女	1942 年
郇　氏	临朐县沂山镇蒺藜沟村	29	女	1942 年

姓　名	籍　贯	年　龄	性　别	死难时间
刘兴起之父	临朐县沂山镇向阳村	59	男	1942 年
刘瑞斗	临朐县沂山镇吕庄村	68	男	1942 年
于信德	临朐县沂山镇吕庄村	66	男	1942 年
陈立丰	临朐县沂山镇潘家沟村	55	男	1942 年
张明正之祖父	临朐县沂山镇赵家峪村	60	男	1942 年
吕合东	临朐县沂山镇赵家峪村	49	男	1942 年
张明臻之祖父	临朐县沂山镇赵家峪村	70	男	1942 年
张洪恩	临朐县沂山镇赵家峪村	30	男	1942 年
张洪刚	临朐县沂山镇赵家峪村	50	男	1942 年
刘兴春	临朐县沂山镇坨峪村	49	男	1942 年
马希工	临朐县沂山镇郝赵铺村	60	男	1942 年
马王氏	临朐县沂山镇郝赵铺村	55	女	1942 年
张洪仁	临朐县沂山镇郝赵铺村	46	男	1942 年
刘洪礼	临朐县沂山镇郝赵铺村	60	男	1942 年
张　氏	临朐县沂山镇郝赵铺村	57	女	1942 年
王洪刚	临朐县沂山镇郝赵铺村	38	男	1942 年
马洪堂	临朐县沂山镇郝赵铺村	56	男	1942 年
马怀刚	临朐县沂山镇郝赵铺村	18	男	1942 年
马小英	临朐县沂山镇郝赵铺村	25	女	1942 年
马希仁	临朐县沂山镇郝赵铺村	46	男	1942 年
马怀来	临朐县沂山镇郝赵铺村	61	男	1942 年
马　氏	临朐县沂山镇郝赵铺村	56	女	1942 年
王乐荣	临朐县辛寨镇胡家沟村	—	男	1942 年
王宏刚	临朐县辛寨镇胡家沟村	—	男	1942 年
张光双	临朐县辛寨镇胡家沟村	—	男	1942 年
赵文亭	临朐县辛寨镇肖家店子村	—	男	1942 年
李忠亮	临朐县辛寨镇肖家店子村	—	男	1942 年
张乐录	临朐县辛寨镇肖家店子村	—	男	1942 年
张召庆	临朐县辛寨镇肖家店子村	—	男	1942 年
王春贤	临朐县辛寨镇大郝庄村	—	男	1942 年
张洪奎	临朐县辛寨镇大郝庄村	—	男	1942 年
张召玉	临朐县辛寨镇大郝庄村	—	男	1942 年
王清池	临朐县辛寨镇大郝庄村	—	男	1942 年
尹学堂	临朐县辛寨镇大郝庄村	—	男	1942 年

姓 名	籍 贯	年 龄	性 别	死难时间
张　×	临朐县沂山镇林家官庄村	70	男	1942 年
白文明之母	临朐县冶源镇洼子村	56	女	1942 年
王修贵	临朐县龙岗镇薛家崖村	50	男	1942 年
杜长中之伯父	临朐县龙岗镇上楼村	32	男	1942 年
赵广福之子	临朐县龙岗镇石山河	23	男	1942 年
张曰平	临朐县龙岗镇张家台村	25	男	1942 年
王久亮	临朐县龙岗镇大车沟村	20	男	1942 年
席二群	临朐县龙岗镇大车沟村	22	男	1942 年
魏兰芝	临朐县龙岗镇大车沟村	21	女	1942 年
吕同科	临朐县龙岗镇大车沟村	23	男	1942 年
顾玉山	临朐县辛寨镇东白沙村	18	男	1942 年
顾玉亭	临朐县辛寨镇东白沙村	14	男	1942 年
顾文元	临朐县辛寨镇东白沙村	30	男	1942 年
丁贵伍之子	临朐县辛寨镇安子沟村	—	男	1942 年
曾广厚	临朐县辛寨镇后洼村	40	男	1942 年
曾现福	临朐县辛寨镇后洼村	39	男	1942 年
赵福曾	临朐县辛寨镇后洼村	40	男	1942 年
王佃甲	临朐县寺头镇柳子村	30	男	1942 年
张伟德	临朐县寺头镇柳子村	—	男	1942 年
吕　×	临朐县城关街道丁路口村	2	男	1942 年
张维成	临朐县龙岗镇姚家庄村	50	男	1942 年
孟凡英	临朐县辛寨镇大郝庄村	—	女	1942 年
王成明之祖父	临朐县辛寨镇西黑洼村	—	男	1942 年
李作成	临朐县辛寨后洼村	29	男	1942 年
路　氏	临朐县辛寨镇后洼村	38	女	1942 年
王秀香之女	临朐县龙岗镇西王家沟村	—	女	1942 年
赵富坤	临朐县辛寨镇后洼村	32	男	1942 年
曾照顺	临朐县辛寨镇后洼村	30	男	1942 年
王　氏	临朐县辛寨镇后洼村	41	女	1942 年
薛希富	临朐县冶源镇薛家庙村	22	男	1943 年 1 月
于占兴	临朐县九山镇于家沟	16	男	1943 年 1 月
李文堂	临朐县九山镇白沙村	33	男	1943 年 1 月
窦魁文	临朐县九山镇大山东村	25	男	1943 年 1 月
赵　氏	临朐县九山镇大山东村	58	女	1943 年 1 月

姓　名	籍　贯	年　龄	性　别	死难时间
何秀立	临朐县九山镇大山东村	3	女	1943 年 1 月
董连平	临朐县九山镇夏庄村	37	男	1943 年 1 月
董连平之妻	临朐县九山镇夏庄村	37	女	1943 年 1 月
董连平之子	临朐县九山镇夏庄村	15	男	1943 年 1 月
董连平之次子	临朐县九山镇夏庄村	14	男	1943 年 1 月
刘忠祥	临朐县龙岗镇十字路村	45	男	1943 年 1 月
刘陈氏	临朐县龙岗镇十字路村	47	女	1943 年 1 月
刘德顺	临朐县龙岗镇十字路村	64	男	1943 年 1 月
张华南之妻	临朐县龙岗镇张家沟村	33	女	1943 年 1 月
张华富之妻	临朐县龙岗镇张家沟村	32	女	1943 年 1 月
张永月	临朐县龙岗镇吴家辛兴村	45	男	1943 年 1 月
张永庆	临朐县龙岗镇吴家辛兴村	41	男	1943 年 1 月
马士学	临朐县龙岗镇马家辛兴村	54	男	1943 年 1 月
扈佩玉	临朐县龙岗镇河疃村	48	男	1943 年 1 月
倪学士	临朐县龙岗镇肖家庄村	40	男	1943 年 1 月
武克庆	临朐县龙岗镇肖家庄村	32	男	1943 年 1 月
吕廷贵	临朐县东城街道吕家洼村	34	男	1943 年 1 月
常义元	临朐县东城街道张家焦窦村	41	男	1943 年 1 月
陈祥兴	临朐县东城街道陈家焦窦村	23	男	1943 年 1 月
王怀永	临朐县东城街道吴家焦窦村	30	男	1943 年 1 月
高效梦	临朐县城关街道孟家庄村	35	男	1943 年 2 月
张　氏	临朐县城关街道孟家庄村	33	女	1943 年 2 月
孟庆林	临朐县城关街道孟家庄村	10	男	1943 年 2 月
刘　庆	临朐县五井镇南铜峪村	40	男	1943 年 2 月
李明田	临朐县五井镇王家圈村	16	男	1943 年 2 月
窦带妮	临朐县九山镇小花龙潭村	16	女	1943 年 2 月
何同强	临朐县九山镇大山东村	—	男	1943 年 2 月
何同花	临朐县九山镇大山东村	—	女	1943 年 2 月
孙光庆	临朐县九山镇晋家沟村	46	男	1943 年 2 月
孙　氏	临朐县九山镇晋家沟村	46	女	1943 年 2 月
孙　兴	临朐县九山镇晋家沟村	16	男	1943 年 2 月
王利进之妻	临朐县城关街道河崖村	26	女	1943 年 2 月
李存汉	临朐县九山镇中城隍村	25	男	1943 年 2 月
赵光生	临朐县九山镇中城隍村	23	男	1943 年 2 月

姓 名	籍 贯	年龄	性别	死难时间
宋现英	临朐县九山镇上城隍村	13	女	1943 年 2 月
宋现花	临朐县九山镇上城隍村	9	女	1943 年 2 月
刘德荣之母	临朐县龙岗镇十字路村	51	女	1943 年 2 月
张华海	临朐县龙岗镇张家沟村	21	男	1943 年 2 月
辛玉起	临朐县龙岗镇河疃村	54	男	1943 年 2 月
王佃利	临朐县龙岗镇双埠村	50	男	1943 年 2 月
武永信	临朐县龙岗镇武家夏庄村	45	男	1943 年 2 月
武孙氏	临朐县龙岗镇武家夏庄村	47	女	1943 年 2 月
武世奎	临朐县龙岗镇武家夏庄村	63	男	1943 年 2 月
武世民	临朐县龙岗镇武家夏庄村	47	男	1943 年 2 月
武世杰	临朐县龙岗镇武家夏庄村	24	男	1943 年 2 月
王树同	临朐县龙岗镇马家洼村	40	男	1943 年 2 月
吕贵明	临朐县辛寨镇大店子村	42	男	1943 年 2 月
王同玉	临朐县辛寨镇梭庄村	42	男	1943 年 2 月
吕永聚	临朐县冶源镇吕家楼村	40	男	1943 年 3 月
吕士普	临朐县冶源镇吕家楼村	41	男	1943 年 3 月
李庆杜	临朐县九山镇白沙村	12	男	1943 年 3 月
张 氏	临朐县九山镇白沙村	34	女	1943 年 3 月
窦奎志	临朐县九山镇大山东村	40	男	1943 年 3 月
窦全忠	临朐县九山镇大山东村	61	男	1943 年 3 月
窦学林	临朐县九山镇大山东村	18	男	1943 年 3 月
窦恒忠	临朐县九山镇大山东村	28	男	1943 年 3 月
董连功	临朐县九山镇夏庄村	43	男	1943 年 3 月
贾 氏	临朐县九山镇夏庄村	42	女	1943 年 3 月
贾氏之长子	临朐县九山镇夏庄村	18	男	1943 年 3 月
贾氏之次子	临朐县九山镇夏庄村	16	男	1943 年 3 月
贾氏之长女	临朐县九山镇夏庄村	14	女	1943 年 3 月
贾氏之次女	临朐县九山镇夏庄村	10	女	1943 年 3 月
贾氏之三女	临朐县九山镇夏庄村	8	女	1943 年 3 月
贾氏之四女	临朐县九山镇夏庄村	6	女	1943 年 3 月
周杰理	临朐县九山镇青平峪村	51	男	1943 年 3 月
宋振安	临朐县九山镇上城隍村	13	男	1943 年 3 月
宋振功	临朐县九山镇上城隍村	17	男	1943 年 3 月
宋振美	临朐县九山镇上城隍村	12	女	1943 年 3 月

姓　名	籍　贯	年　龄	性　别	死难时间
宋振美之妹	临朐县九山镇上城隍村	10	女	1943 年 3 月
宫祥美	临朐县龙岗镇黄家庄村	43	男	1943 年 3 月
宫祥美之妻	临朐县龙岗镇黄家庄村	45	女	1943 年 3 月
宫祥美之子	临朐县龙岗镇黄家庄村	18	男	1943 年 3 月
武永兴	临朐县龙岗镇双埠村	40	男	1943 年 3 月
王佃林	临朐县龙岗镇双埠村	50	男	1943 年 3 月
陈万凯	临朐县东城街道陈家焦窦村	19	男	1943 年 3 月
刘永和	临朐县东城街道蒋家河村	22	男	1943 年 3 月
徐书田	临朐县柳山镇徐家河村	60	男	1943 年 3 月
曾兆田之父	临朐县城关街道衡里炉村	48	男	1943 年 3 月
郑　氏	临朐县城关街道连家庄村	71	女	1943 年 3 月
王士吉	临朐县城关街道教场村	27	男	1943 年 4 月
张　氏	临朐县城关街道连家庄村	50	女	1943 年 4 月
高　氏	临朐县城关街道孟家庄村	27	女	1943 年 4 月
张　氏	临朐县城关街道孟家庄村	33	女	1943 年 4 月
马文源	临朐县城关街道孟家庄村	16	男	1943 年 4 月
赵兴善	临朐县九山镇东岸头村	50	男	1943 年 4 月
赵兴善之妻	临朐县九山镇东岸头村	49	女	1943 年 4 月
赵兴善之长女	临朐县九山镇东岸头村	29	女	1943 年 4 月
赵兴善之长子	临朐县九山镇东岸头村	20	男	1943 年 4 月
赵兴善之次子	临朐县九山镇东岸头村	18	男	1943 年 4 月
赵玉成	临朐县九山镇东岸头村	—	男	1943 年 4 月
窦书来	临朐县九山镇小花龙潭村	—	男	1943 年 4 月
何同美	临朐县九山镇大山东村	6	女	1943 年 4 月
董　×	临朐县九山镇夏庄村	33	男	1943 年 4 月
刘　氏	临朐县九山镇夏庄村	35	女	1943 年 4 月
刘氏之长子	临朐县九山镇夏庄村	12	男	1943 年 4 月
刘氏之长女	临朐县九山镇夏庄村	10	女	1943 年 4 月
刘氏之次女	临朐县九山镇夏庄村	6	女	1943 年 4 月
刘氏之三女	临朐县九山镇夏庄村	3	女	1943 年 4 月
商廷会	临朐县寺头镇大崮东村	40	男	1943 年 4 月
刘安氏	临朐县龙岗镇十字路村	65	女	1943 年 4 月
刘建刚之父	临朐县龙岗镇倪家台子村	50	男	1943 年 4 月
王洪田	临朐县辛寨镇闫家河村	26	男	1943 年 4 月

姓　名	籍　贯	年　龄	性　别	死难时间
徐乃顺	临朐县柳山镇徐家河村	56	男	1943年4月
谭为孝	临朐县城关街道付家峪村	38	男	1943年5月8日
冯怀春	临朐县城关街道河崖村	28	男	1943年5月
连凤同	临朐县城关街道连家庄村	46	男	1943年5月
江东初	临朐县城关街道连家庄村	58	男	1943年5月
连世训	临朐县城关街道连家庄村	36	男	1943年5月
吉梦录	临朐县城关街道连家庄村	48	男	1943年5月
连文芝	临朐县城关街道连家庄村	52	男	1943年5月
刘　氏	临朐县城关街道孟家庄村	34	女	1943年5月
马云汉	临朐县城关街道孟家庄村	34	男	1943年5月
赵玉香	临朐县九山镇东岸头村	60	男	1943年5月
赵玉香之妻	临朐县九山镇东岸头村	58	女	1943年5月
赵玉百	临朐县九山镇东岸头村	—	男	1943年5月
赵玉百之妻	临朐县九山镇东岸头村	24	女	1943年5月
赵玉明	临朐县九山镇东岸头村	65	男	1943年5月
赵玉明之妻	临朐县九山镇东岸头村	64	女	1943年5月
赵玉明之长子	临朐县九山镇东岸头村	35	男	1943年5月
赵玉明之长女	临朐县九山镇东岸头村	32	女	1943年5月
赵玉中	临朐县九山镇东岸头村	68	男	1943年5月
申付军	临朐县九山镇白沙村	53	男	1943年5月
何连美	临朐县九山镇大山东村	10	女	1943年5月
窦学玲	临朐县九山镇大山东村	15	女	1943年5月
窦京文	临朐县九山镇大山东村	60	男	1943年5月
刘爱平	临朐县九山镇大山东村	58	女	1943年5月
董京斗	临朐县九山镇夏庄村	38	男	1943年5月
李　氏	临朐县九山镇夏庄村	36	女	1943年5月
李氏子	临朐县九山镇夏庄村	12	男	1943年5月
李氏女	临朐县九山镇夏庄村	10	女	1943年5月
王士礼	临朐县九山镇东沂山村	22	男	1943年5月
刘金成之子	临朐县龙岗镇十字路村	12	男	1943年5月
刘德庄	临朐县龙岗镇十字路村	36	男	1943年5月
刘德贵	临朐县龙岗镇十字路村	38	男	1943年5月
张须典之二伯	临朐县龙岗镇鲍家河村	28	男	1943年5月
李来成	临朐县龙岗镇赵家辛兴村	50	男	1943年5月

姓　名	籍　贯	年　龄	性　别	死难时间
张士功	临朐县龙岗镇肖家庄村	50	男	1943 年 5 月
刘立功	临朐县辛寨镇东盘阳村	40	男	1943 年 5 月
张明奎	临朐县辛寨镇张六河村	38	男	1943 年 5 月
朱继贵	临朐县辛寨镇张六河村	36	男	1943 年 5 月
巨万田之父	临朐县辛寨镇龙门山村	40	男	1943 年 5 月
巨万田之母	临朐县辛寨镇龙门山村	38	女	1943 年 5 月
巨连瑞	临朐县辛寨镇龙门山村	36	女	1943 年 5 月
徐乃文	临朐县柳山镇徐家河村	60	男	1943 年 5 月
骆　驼	临朐县城关街道孟家庄村	16	男	1943 年 6 月
马云朋	临朐县城关街道孟家庄村	39	男	1943 年 6 月
马树元	临朐县城关街道孟家庄村	32	男	1943 年 6 月
孟宪沂	临朐县城关街道孟家庄村	36	男	1943 年 6 月
孙文焕	临朐县冶源镇东朱阳村	37	男	1943 年 6 月
薛兴林	临朐县冶源镇薛家庙村	40	男	1943 年 6 月
薛兴林之妻	临朐县冶源镇薛家庙村	42	女	1943 年 6 月
薛希周	临朐县冶源镇薛家庙村	30	男	1943 年 6 月
张永堂	临朐县九山镇兴华村	35	男	1943 年 6 月
窦恒太	临朐县九山镇大山东村	43	男	1943 年 6 月
贾占礼	临朐县九山镇夏庄村	40	男	1943 年 6 月
刘　氏	临朐县九山镇夏庄村	41	女	1943 年 6 月
刘氏之长女	临朐县九山镇夏庄村	13	女	1943 年 6 月
刘氏之次女	临朐县九山镇夏庄村	10	女	1943 年 6 月
赵兴杰	临朐县九山镇夏庄村	12	男	1943 年 6 月
王登华	临朐县辛寨镇东盘阳村	23	男	1943 年 6 月
李发庆	临朐县辛寨镇东盘阳村	29	男	1943 年 6 月
王会元	临朐县辛寨镇梭庄村	28	男	1943 年 6 月
巨长友	临朐县辛寨镇龙门山村	23	男	1943 年 6 月
张西栾	临朐县辛寨镇龙门山村	29	男	1943 年 6 月
刘富安	临朐县九山镇涝坡河村	42	男	1943 年 7 月 23 日
石张氏	临朐县东城街道榆林店村	34	女	1943 年 7 月
孟光梅	临朐县城关街道孟家庄村	51	男	1943 年 7 月
孟宪太	临朐县城关街道孟家庄村	30	男	1943 年 7 月
马怀礼	临朐县城关街道孟家庄村	32	男	1943 年 7 月
刘　氏	临朐县城关街道孟家庄村	34	女	1943 年 7 月

姓　名	籍　贯	年　龄	性　别	死难时间
马怀礼之长子	临朐县城关街道孟家庄村	10	男	1943 年 7 月
马怀礼之次子	临朐县城关街道孟家庄村	8	男	1943 年 7 月
马明洋	临朐县九山镇马家沟村	56	男	1943 年 7 月
史银成	临朐县九山镇小花龙潭村	6	男	1943 年 7 月
窦恒带	临朐县九山镇大山东村	18	男	1943 年 7 月
何万吉	临朐县九山镇大山东村	59	男	1943 年 7 月
李　氏	临朐县九山镇大山东村	46	女	1943 年 7 月
窦学会	临朐县九山镇大山东村	12	男	1943 年 7 月
于成江	临朐县九山镇牛寨村	43	男	1943 年 7 月
孙　氏	临朐县九山镇牛寨村	40	女	1943 年 7 月
于恒义	临朐县九山镇牛寨村	19	男	1943 年 7 月
高京合	临朐县九山镇东苇场村	20	男	1943 年 7 月
杨立德	临朐县寺头镇岸青村	17	男	1943 年 7 月
刘德庄之妻	临朐县龙岗镇十字路村	34	女	1943 年 7 月
刘云时之妻	临朐县龙岗镇十字路村	51	女	1943 年 7 月
王福明	临朐县龙岗镇赵家辛兴村	47	男	1943 年 7 月
张永让	临朐县龙岗镇吴家辛兴村	42	男	1943 年 7 月
马士元	临朐县龙岗镇马家辛兴村	36	男	1943 年 7 月
张士善	临朐县龙岗镇薛庙村	64	男	1943 年 7 月
张秀美	临朐县龙岗镇两县村	43	女	1943 年 7 月
张兴旺	临朐县龙岗镇两县村	36	男	1943 年 7 月
张玉成	临朐县龙岗镇两县村	46	男	1943 年 7 月
樊怀礼	临朐县龙岗镇樊家庙村	48	男	1943 年 7 月
李法亭	临朐县辛寨镇张六河村	40	男	1943 年 7 月
巨连永	临朐县辛寨镇龙门山村	40	男	1943 年 7 月
纪立家	临朐县柳山镇北河西村	21	男	1943 年 7 月
纪立常	临朐县柳山镇北河西村	20	男	1943 年 7 月
王　昌	临朐县柳山镇南河西村	23	男	1943 年 7 月
齐显魁	临朐县沂山镇付家庄村	62	男	1943 年 7 月
刘西祥	临朐县城关街道教场村	22	男	1943 年 7 月
李兴宜	临朐县城关街道教场村	39	男	1943 年 8 月
马兰祥	临朐县城关街道孟家庄村	31	男	1943 年 8 月
申义兴	临朐县九山镇申家上峪村	52	男	1943 年 8 月
李华平	临朐县九山镇大山东村	43	男	1943 年 8 月

姓　名	籍　贯	年　龄	性　别	死难时间
董志雨	临朐县九山镇夏庄村	40	男	1943 年 8 月
巩　氏	临朐县九山镇夏庄村	38	女	1943 年 8 月
巩氏之长子	临朐县九山镇夏庄村	18	男	1943 年 8 月
郭延会	临朐县龙岗镇鲍家河村	28	男	1943 年 8 月
刘建刚之母	临朐县龙岗镇倪家台子村	51	女	1943 年 8 月
刘中良之母	临朐县龙岗镇倪家台子村	50	女	1943 年 8 月
张永荣	临朐县龙岗镇吴家辛兴村	37	男	1943 年 8 月
马登科	临朐县龙岗镇张家辛兴村	60	男	1943 年 8 月
樊东海	临朐县龙岗镇樊家庙村	53	男	1943 年 8 月
冀忠奎	临朐县龙岗镇樊家庙村	36	男	1943 年 8 月
苏兆德	临朐县辛寨镇大店子村	37	男	1943 年 8 月
王同兴	临朐县辛寨镇梭庄村	37	男	1943 年 8 月
吴　氏	临朐县东城街道大张家庄村	29	女	1943 年 9 月
刘　氏	临朐县城关街道孟家庄村	25	女	1943 年 9 月
高丰春	临朐县九山镇响水崖村	35	男	1943 年 9 月
王　氏	临朐县九山镇响水崖村	30	女	1943 年 9 月
何连华	临朐县九山镇大山东	—	女	1943 年 9 月
许玉安	临朐县龙岗镇北李家山村	58	男	1943 年 9 月
许玉顺	临朐县龙岗镇北李家山村	59	男	1943 年 9 月
孙怀敬	临朐县龙岗镇肖家庄村	38	男	1943 年 9 月
李洪明	临朐县辛寨镇南流村	33	男	1943 年 9 月
曹均忠	临朐县柳山镇英山河村	31	男	1943 年 9 月
王魁山	临朐县柳山镇英山河村	26	男	1943 年 9 月
王国吉之母	临朐县城关街道河崖村	32	女	1943 年 9 月
冯好林	临朐县城关街道河崖村	26	男	1943 年 10 月
李全忠	临朐县九山镇白沙村	20	男	1943 年 11 月
窦魁方	临朐县九山镇大山东	31	男	1943 年 11 月
郭军文	临朐县九山镇中山村	31	男	1943 年 11 月
蔡光元	临朐县九山镇曾家沟村	30	男	1943 年 11 月
赵　氏	临朐县九山镇九山村	30	女	1943 年 11 月
董魁杰	临朐县九山镇麻坞村	42	男	1943 年 11 月
张振远	临朐县龙岗镇吴家辛兴村	57	男	1943 年 11 月
陈美英	临朐县东城街道陈家焦窦村	27	女	1943 年 11 月
陈录兴	临朐县东城街道陈家焦窦村	48	男	1943 年 11 月

姓 名	籍 贯	年 龄	性 别	死难时间
刘德庄之女	临朐县龙岗镇十字路村	17	女	1943 年 12 月
高公友之二姑	临朐县辛寨镇大高家庄村	20	女	1943 年 12 月
史 氏	临朐县辛寨镇仙人脚村	43	女	1943 年 12 月
孙祥之	临朐县城关街道李家庄村	37	男	1943 年
孙长富	临朐县城关街道李家庄村	40	男	1943 年
王德安	临朐县城关街道教场村	30	男	1943 年
章继安	临朐县城关街道教场村	30	男	1943 年
毕延顺	临朐县城关街道丁路口村	62	男	1943 年
孙子山	临朐县城关街道田村集村	22	男	1943 年
孙振帮	临朐县城关街道田村集村	21	男	1943 年
孙振庆	临朐县城关街道田村集村	16	男	1943 年
孙振北	临朐县城关街道田村集村	16	男	1943 年
孙子习	临朐县城关街道田村集村	20	男	1943 年
孙振海	临朐县城关街道田村集村	35	男	1943 年
孙振西	临朐县城关街道田村集村	18	男	1943 年
李 淮	临朐县城关街道田村集村	45	男	1943 年
李淮之妻	临朐县城关街道田村集村	45	女	1943 年
张三才之嫂	临朐县东城街道弥南村	31	女	1943 年
张三才之侄	临朐县东城街道弥南村	13	男	1943 年
张三才之大侄女	临朐县东城街道弥南村	—	女	1943 年
张三才之二侄女	临朐县东城街道弥南村	—	女	1943 年
张良木之妹	临朐县东城街道弥南村	23	女	1943 年
张佃合之兄	临朐县东城街道袁家庄子村	29	男	1943 年
张佃元之妻	临朐县东城街道袁家庄子村	35	女	1943 年
张佃合之嫂	临朐县东城街道袁家庄子村	32	女	1943 年
王久全之妻	临朐县东城街道袁家庄子村	27	女	1943 年
张立正	临朐县五井镇阳城村	26	男	1943 年
杨奎珠	临朐县五井镇小辛庄村	50	男	1943 年
杨马氏	临朐县五井镇小辛庄村	52	女	1943 年
杨魁利	临朐县五井镇小辛庄村	55	男	1943 年
魏宗忠	临朐县冶源镇西小章村	44	男	1943 年
魏宗科	临朐县冶源镇西小章村	45	男	1943 年
刘运远之妻	临朐县冶源镇薛家庙村	35	女	1943 年
刘运远之女	临朐县冶源镇薛家庙村	12	女	1943 年

姓 名	籍 贯	年 龄	性 别	死难时间
刘运远之子	临朐县冶源镇薛家庙村	10	男	1943 年
刘书常	临朐县冶源镇薛家庙村	55	男	1943 年
孙长亭	临朐县冶源镇薛家庙村	25	男	1943 年
刘原山	临朐县冶源镇苏家庄村	47	男	1943 年
褚金和	临朐县冶源镇南杨善村	21	男	1943 年
苏兰习	临朐县冶源镇中国峪村	—	男	1943 年
王克越	临朐县冶源镇中国峪村	—	男	1943 年
王克丛	临朐县冶源镇中国峪村	—	男	1943 年
瞿安德	临朐县冶源镇西圈村	19	男	1943 年
冯升吉	临朐县寺头镇吕匣村	—	男	1943 年
冯　×	临朐县寺头镇吕匣村	—	男	1943 年
尹大个子	临朐县寺头镇吕匣村	—	男	1943 年
冯立本	临朐县寺头镇吕匣村	—	男	1943 年
冯世娥	临朐县寺头镇吕匣村	—	女	1943 年
冯　×	临朐县寺头镇吕匣村	—	男	1943 年
冯　氏	临朐县寺头镇吕匣村	—	女	1943 年
冯　×	临朐县寺头镇吕匣村	—	男	1943 年
冯　×	临朐县寺头镇吕匣村	—	男	1943 年
冯　×	临朐县寺头镇吕匣村	—	男	1943 年
冯　氏	临朐县寺头镇吕匣村	—	女	1943 年
冯　×	临朐县寺头镇西岭子村	—	男	1943 年
张永茂	临朐县九山镇兴华村	58	男	1943 年
张永成	临朐县九山镇兴华村	57	男	1943 年
张　氏	临朐县九山镇兴华村	56	女	1943 年
张心增之伯母	临朐县九山镇兴华村	58	女	1943 年
张申氏	临朐县九山镇兴华村	64	女	1943 年
张文茂	临朐县九山镇兴华村	15	男	1943 年
张文海之姐	临朐县九山镇兴华村	13	女	1943 年
张同信	临朐县九山镇兴华村	50	男	1943 年
赵玉兰	临朐县九山镇青杨峪村	—	女	1943 年
申　氏	临朐县九山镇青杨峪村	—	女	1943 年
曾　×	临朐县九山镇青杨峪村	—	男	1943 年
赵佃银	临朐县九山镇青杨峪村	40	男	1943 年
赵三德	临朐县九山镇青杨峪村	—	男	1943 年

姓　名	籍　贯	年　龄	性　别	死难时间
申洪德	临朐县九山镇申家上峪村	30	男	1943 年
申孝山之弟	临朐县九山镇申家上峪村	16	男	1943 年
申付友之子	临朐县九山镇申家上峪村	12	男	1943 年
申付友之女	临朐县九山镇申家上峪村	8	女	1943 年
董万录	临朐县九山镇夏庄村	41	男	1943 年
董万录之妻	临朐县九山镇夏庄村	40	女	1943 年
董万录之长子	临朐县九山镇夏庄村	18	男	1943 年
董万录之次子	临朐县九山镇夏庄村	16	男	1943 年
董万录之三子	临朐县九山镇夏庄村	14	男	1943 年
董万录之四子	临朐县九山镇夏庄村	13	男	1943 年
董万录之长女	临朐县九山镇夏庄村	17	女	1943 年
董万录之次女	临朐县九山镇夏庄村	11	女	1943 年
李金升	临朐县九山镇夏庄村	39	男	1943 年
李金升之妻	临朐县九山镇夏庄村	40	女	1943 年
李金升之长子	临朐县九山镇夏庄村	18	男	1943 年
李金升之长女	临朐县九山镇夏庄村	16	女	1943 年
李金升之次子	临朐县九山镇夏庄村	14	男	1943 年
王　荣	临朐县九山镇朱庄村	31	女	1943 年
王兴胜	临朐县九山镇涝洼村	50	男	1943 年
王京周之母	临朐县九山镇涝洼村	60	女	1943 年
王德福之父	临朐县九山镇涝洼村	60	男	1943 年
王德民之妻	临朐县九山镇涝洼村	42	女	1943 年
王月平之母	临朐县九山镇涝洼村	43	女	1943 年
王月平之妹	临朐县九山镇涝洼村	6	女	1943 年
王京连	临朐县九山镇涝洼村	35	男	1943 年
王大花	临朐县九山镇涝洼村	44	女	1943 年
罗全锡	临朐县寺头镇石家河村	40	男	1943 年
梁玉卓	临朐县寺头镇石家河村	42	男	1943 年
卢庆和	临朐县寺头镇石家河村	17	男	1943 年
朱言文	临朐县寺头镇石家河村	—	男	1943 年
张西亨	临朐县寺头镇石家河村	—	男	1943 年
李丰吉	临朐县寺头镇石家河村	—	男	1943 年
李昌吉	临朐县寺头镇石家河村	—	男	1943 年
卢其田	临朐县寺头镇石家河村	—	男	1943 年

姓　名	籍　贯	年　龄	性　别	死难时间
李福吉	临朐县寺头镇石家河村	—	男	1943 年
梁有卓	临朐县寺头镇石家河村	42	男	1943 年
张经尧	临朐县东城街道安家河村	25	男	1943 年
焦丁英之兄	临朐县东城街道善家庵村	21	男	1943 年
吕来林	临朐县东城街道吕家油坊村	—	男	1943 年
吕来林之母	临朐县东城街道吕家油坊村	—	女	1943 年
吕来吉	临朐县东城街道吕家油坊村	—	男	1943 年
张武家	临朐县东城街道吕家油坊村	—	男	1943 年
吕少尧	临朐县东城街道吕家油坊村	—	男	1943 年
吕少庆	临朐县东城街道吕家油坊村	—	男	1943 年
吕来彬	临朐县东城街道吕家油坊村	—	男	1943 年
吕来坤	临朐县东城街道吕家油坊村	—	男	1943 年
吕世奎之姐	临朐县东城街道吕家油坊村	—	女	1943 年
吕永华之女	临朐县东城街道吕家油坊村	—	女	1943 年
吕来新之母	临朐县东城街道吕家油坊村	—	女	1943 年
丛兰香之母	临朐县东城街道丛家河村	—	女	1943 年
丛佃贵之祖父	临朐县东城街道丛家河村	—	男	1943 年
陈百英	临朐县东城街道黑山村	—	男	1943 年
陈百云	临朐县东城街道黑山村	—	男	1943 年
陈百斗	临朐县东城街道黑山村	—	男	1943 年
李兴富之母	临朐县东城街道下李家崖村	—	女	1943 年
张春光	临朐县龙岗镇小河圈村	50	男	1943 年
张佩森	临朐县龙岗镇小河圈村	45	男	1943 年
张存义	临朐县龙岗镇小河圈村	40	男	1943 年
刘希尧	临朐县龙岗镇张佩环村	45	男	1943 年
刘希庆之妻	临朐县龙岗镇张佩环村	49	女	1943 年
刘谔	临朐县龙岗镇张佩环村	40	男	1943 年
宫永和	临朐县龙岗镇宫家老庄村	60	男	1943 年
刘新	临朐县龙岗镇宫家老庄村	60	男	1943 年
刘丰太	临朐县龙岗镇宫家老庄村	31	男	1943 年
宫永成	临朐县龙岗镇宫家老庄村	55	男	1943 年
宫同	临朐县龙岗镇宫家老庄村	55	男	1943 年
刘嵩	临朐县龙岗镇宫家老庄村	55	男	1943 年
范增元	临朐县龙岗镇宫家老庄村	46	男	1943 年

姓 名	籍 贯	年 龄	性 别	死难时间
刘兴堂	临朐县龙岗镇宫家老庄村	20	男	1943 年
宫兴义	临朐县龙岗镇宫家老庄村	65	男	1943 年
宫秀福	临朐县龙岗镇宫家老庄村	50	男	1943 年
刘同科	临朐县龙岗镇宫家老庄村	60	男	1943 年
刘同科之妻	临朐县龙岗镇宫家老庄村	61	女	1943 年
刘 茹	临朐县龙岗镇宫家老庄村	58	男	1943 年
刘义兴	临朐县龙岗镇宫家老庄村	45	男	1943 年
安金升	临朐县龙岗镇安家庄村	50	男	1943 年
安树林	临朐县龙岗镇安家庄村	41	男	1943 年
安文涛	临朐县龙岗镇安家庄村	55	男	1943 年
石 氏	临朐县龙岗镇安家庄村	52	女	1943 年
段洪志	临朐县龙岗镇卜家庄村	37	男	1943 年
宿兴德	临朐县龙岗镇宿家庄村	56	男	1943 年
宿平安之妻	临朐县龙岗镇宿家庄村	67	女	1943 年
宿魁文	临朐县龙岗镇宿家庄村	12	男	1943 年
宿魁三	临朐县龙岗镇宿家庄村	13	男	1943 年
杨 军	临朐县龙岗镇龙东村	16	男	1943 年
高文义	临朐县龙岗镇龙东村	—	男	1943 年
付希发之长女	临朐县龙岗镇龙东村	18	女	1943 年
于致道	临朐县龙岗镇龙西村	27	男	1943 年
宫林顺	临朐县龙岗镇龙西村	18	男	1943 年
赵秉贤	临朐县龙岗镇河南村	61	男	1943 年
赵秉善	临朐县龙岗镇河南村	54	男	1943 年
赵居仁之妻	临朐县龙岗镇河南村	60	女	1943 年
赵丙军之妻	临朐县龙岗镇河南村	54	女	1943 年
刘怀宝之妻	临朐县龙岗镇河南村	60	女	1943 年
刘胜之	临朐县龙岗镇河南村	61	男	1943 年
刘友之	临朐县龙岗镇河南村	47	男	1943 年
刘洪昌	临朐县龙岗镇河南村	49	男	1943 年
许 杰	临朐县龙岗镇北李家山村	6	女	1943 年
刘清会之子	临朐县龙岗镇孟家庄子村	13	男	1943 年
杜万三之母	临朐县龙岗镇孟家庄子村	62	女	1943 年
安德力	临朐县龙岗镇桃园村	50	男	1943 年
安德礼	临朐县龙岗镇桃园村	45	男	1943 年

姓　名	籍　贯	年　龄	性　别	死难时间
范广有	临朐县龙岗镇桃园村	33	男	1943 年
王万富之妻	临朐县龙岗镇南李家山村	34	女	1943 年
李法银	临朐县龙岗镇南李家山村	20	男	1943 年
李黑子	临朐县龙岗镇南李家山村	28	男	1943 年
李丑子	临朐县龙岗镇南李家山村	30	男	1943 年
李祥宗	临朐县龙岗镇南李家山村	20	男	1943 年
吴继功	临朐县龙岗镇吴家辛兴村	42	男	1943 年
吴方楸	临朐县龙岗镇吴家辛兴村	12	男	1943 年
吴刘氏	临朐县龙岗镇吴家辛兴村	19	女	1943 年
吴谢氏	临朐县龙岗镇吴家辛兴村	23	女	1943 年
吴蒋氏	临朐县龙岗镇吴家辛兴村	19	女	1943 年
吴王氏	临朐县龙岗镇吴家辛兴村	38	女	1943 年
张洪芹	临朐县龙岗镇东陈村	45	女	1943 年
陈寿伦	临朐县龙岗镇陈楼村	45	男	1943 年
陈吴氏	临朐县龙岗镇陈楼村	46	女	1943 年
居全友	临朐县龙岗镇苇园村	57	男	1943 年
朱刘氏	临朐县龙岗镇苇园村	64	女	1943 年
王如凯	临朐县龙岗镇苇园村	42	男	1943 年
崔兴亮之二兄	临朐县龙岗镇崔家河村	35	男	1943 年
崔兴贞	临朐县龙岗镇崔家河村	44	男	1943 年
崔兴友	临朐县龙岗镇崔家河村	22	男	1943 年
王好智	临朐县龙岗镇周家庄村	24	男	1943 年
王保贵	临朐县龙岗镇周家庄村	40	男	1943 年
周文金	临朐县龙岗镇周家庄村	17	男	1943 年
周永才	临朐县龙岗镇周家庄村	29	男	1943 年
周永明	临朐县龙岗镇周家庄村	37	男	1943 年
徐长礼	临朐县龙岗镇吴家庄村	47	男	1943 年
张克信	临朐县龙岗镇吴家庄村	61	男	1943 年
徐继贤	临朐县龙岗镇吴家庄村	14	男	1943 年
朱清和	临朐县龙岗镇吴家庄村	51	男	1943 年
马修行	临朐县东城街道朱位村	20	男	1943 年
郎　氏	临朐县东城街道朱位村	35	女	1943 年
吴　氏	临朐县东城街道后合水村	46	女	1943 年
张学忠	临朐县东城街道西寨村	—	男	1943 年

姓 名	籍 贯	年 龄	性 别	死难时间
吕世荣	临朐县东城街道初家庄村	45	男	1943 年
吕世德	临朐县东城街道初家庄村	45	男	1943 年
刘京昌	临朐县东城街道付家庄村	46	男	1943 年
朱光德	临朐县东城街道付家庄村	32	男	1943 年
高学功	临朐县东城街道徐家官庄村	34	男	1943 年
马永亭	临朐县东城街道胡梅涧村	—	男	1943 年
陈玉德	临朐县东城街道吴家焦窦村	—	男	1943 年
刘西春	临朐县东城街道李家崖头村	41	男	1943 年
孟占庆	临朐县东城街道李家崖头村	43	男	1943 年
刘守京	临朐县东城街道李家崖头村	32	男	1943 年
王久洲	临朐县东城街道李家崖头村	41	男	1943 年
王刘氏	临朐县东城街道李家崖头村	39	女	1943 年
林冠轮	临朐县东城街道罗家树村	44	男	1943 年
贾　氏	临朐县东城街道罗家树村	72	女	1943 年
林树梓	临朐县东城街道罗家树村	27	男	1943 年
林冠秀	临朐县东城街道罗家树村	39	男	1943 年
高锡明	临朐县东城街道高家庄村	—	男	1943 年
高王氏	临朐县东城街道高家庄村	—	女	1943 年
吴青安	临朐县东城街道宋家沟村	55	男	1943 年
吕来富	临朐县东城街道邢家庄村	45	男	1943 年
吕高氏	临朐县东城街道邢家庄村	40	女	1943 年
贾乐伦	临朐县东城街道贾家庄村	31	男	1943 年
王丰申	临朐县辛寨镇王村楼村	30	女	1943 年
王徐氏	临朐县辛寨镇王村楼村	53	女	1943 年
王刘氏	临朐县辛寨镇王村楼村	30	女	1943 年
王苏氏	临朐县辛寨镇王村楼村	34	女	1943 年
王承海	临朐县辛寨镇王村楼村	50	男	1943 年
王承浩	临朐县辛寨镇王村楼村	39	男	1943 年
王福德	临朐县辛寨镇王村楼村	26	男	1943 年
孔现法	临朐县辛寨镇孔家庄村	38	男	1943 年
张锡贵	临朐县辛寨镇孔家庄村	18	男	1943 年
白风五	临朐县辛寨镇梨花埠村	30	男	1943 年
马心强	临朐县辛寨镇梨花埠村	29	男	1943 年
马心居	临朐县辛寨镇梨花埠村	22	男	1943 年

姓　名	籍　贯	年龄	性别	死难时间
付道静	临朐县辛寨镇猫林沟村	38	女	1943 年
张荣贵	临朐县辛寨镇胡家沟村	43	男	1943 年
高胜虎	临朐县辛寨镇陈家庄村	—	男	1943 年
张明兴	临朐县辛寨镇陈家庄村	—	男	1943 年
张在庆	临朐县辛寨镇陈家庄村	—	男	1943 年
赵中华	临朐县辛寨镇康家庄村	32	男	1943 年
张汝良	临朐县辛寨镇大店子村	28	男	1943 年
曹　×	临朐县沂山镇曹家官庄村	—	男	1943 年
谭金明	临朐县沂山镇毛窝村	—	男	1943 年
谭瑞祥	临朐县沂山镇毛窝村	—	男	1943 年
谭金山	临朐县沂山镇毛窝村	—	男	1943 年
谭瑞田	临朐县沂山镇毛窝村	—	男	1943 年
谭金奎	临朐县沂山镇毛窝村	—	男	1943 年
郎　氏	临朐县沂山镇郭家砚峪村	—	女	1943 年
张　氏	临朐县沂山镇李户庄村	—	女	1943 年
程　×	临朐县沂山镇李户庄村	—	男	1943 年
刘　×	临朐县沂山镇祝家东沟村	—	男	1943 年
王　×	临朐县沂山镇禅寺院村	—	男	1943 年
张　氏	临朐县沂山镇南上峪村	—	女	1943 年
王　×	临朐县沂山镇北上峪村	—	男	1943 年
李　×	临朐县沂山镇赵家沟村	—	男	1943 年
任克成	临朐县沂山管委会南石砬村	56	男	1943 年
任万春	临朐县沂山管委会南石砬村	16	男	1943 年
叶怀南	临朐县辛寨镇兴寺店村	50	男	1943 年
叶张氏	临朐县辛寨镇兴寺店村	30	女	1943 年
叶刘氏	临朐县辛寨镇兴寺店村	48	女	1943 年
叶刘氏	临朐县辛寨镇兴寺店村	30	女	1943 年
叶翟氏	临朐县辛寨镇兴寺店村	34	女	1943 年
叶利南	临朐县辛寨镇兴寺店村	50	男	1943 年
张成嫚	临朐县辛寨镇兴寺店村	14	女	1943 年
张纹纹	临朐县辛寨镇兴寺店村	12	女	1943 年
张菊子	临朐县辛寨镇兴寺店村	—	女	1943 年
张曾氏	临朐县辛寨镇兴寺店村	40	女	1943 年
张根德	临朐县辛寨镇兴寺店村	—	男	1943 年

姓 名	籍 贯	年 龄	性 别	死难时间
张刘氏	临朐县辛寨镇兴寺店村	50	女	1943 年
刘世孔	临朐县辛寨镇西刘家庄村	60	男	1943 年
刘苏氏	临朐县辛寨镇西刘家庄村	40	女	1943 年
王 宏	临朐县辛寨镇姚家庄子村	42	男	1943 年
王宏之妻	临朐县辛寨镇姚家庄子村	41	女	1943 年
王宏之子	临朐县辛寨镇姚家庄子村	20	男	1943 年
王学群之父	临朐县辛寨镇柞家庄子村	35	男	1943 年
王学群之妹	临朐县辛寨镇柞家庄子村	15	女	1943 年
马兴德	临朐县辛寨镇柞家庄子村	15	男	1943 年
马兴仁	临朐县辛寨镇柞家庄子村	10	男	1943 年
马文法	临朐县辛寨镇柞家庄子村	31	男	1943 年
马 庭	临朐县辛寨镇柞家庄子村	41	男	1943 年
王文信之母	临朐县辛寨镇柞家庄子村	49	女	1943 年
王学仁之母	临朐县辛寨镇柞家庄子村	42	女	1943 年
苏义林之伯	临朐县辛寨镇柞家庄子村	35	男	1943 年
苏义林之堂姐	临朐县辛寨镇柞家庄子村	12	女	1943 年
王学廷之母	临朐县辛寨镇柞家庄子村	34	女	1943 年
李元明之妹	临朐县辛寨镇柞家庄子村	14	女	1943 年
马文宗之妻	临朐县辛寨镇柞家庄子村	37	女	1943 年
李洪江之堂姊	临朐县辛寨镇柞家庄子村	37	女	1943 年
马文俊	临朐县辛寨镇柞家庄子村	51	男	1943 年
马兴安	临朐县辛寨镇柞家庄子村	18	男	1943 年
马信女	临朐县辛寨镇柞家庄子村	12	女	1943 年
苏德文之母	临朐县辛寨镇柞家庄子村	30	女	1943 年
王文典	临朐县辛寨镇柞家庄子村	20	男	1943 年
马广法之妻	临朐县辛寨镇柞家庄子村	38	女	1943 年
马广兴	临朐县辛寨镇柞家庄子村	18	男	1943 年
马文昌	临朐县辛寨镇柞家庄子村	30	男	1943 年
马文富之妻	临朐县辛寨镇柞家庄子村	29	女	1943 年
李洪柱之婶	临朐县辛寨镇柞家庄子村	22	女	1943 年
马军之妻	临朐县辛寨镇柞家庄子村	38	女	1943 年
苏化林之母	临朐县辛寨镇柞家庄子村	43	女	1943 年
刘王氏	临朐县辛寨镇南岳庄村	—	女	1943 年
王怀新	临朐县辛寨镇南岳庄村	—	男	1943 年

姓　名	籍　贯	年　龄	性　别	死难时间
井西华	临朐县辛寨镇中白沙村	—	男	1943 年
井西华之妻	临朐县辛寨镇中白沙村	—	女	1943 年
井西华之子	临朐县辛寨镇中白沙村	—	男	1943 年
井汝群之母	临朐县辛寨镇中白沙村	—	女	1943 年
张廷德	临朐县辛寨镇中白沙村	—	男	1943 年
张廷德之妻	临朐县辛寨镇中白沙村	—	女	1943 年
张廷德之子	临朐县辛寨镇中白沙村	—	男	1943 年
张廷德之女	临朐县辛寨镇中白沙村	—	女	1943 年
王永德	临朐县辛寨镇中白沙村	—	男	1943 年
倪和起	临朐县辛寨镇东白沙村	—	男	1943 年
倪　大	临朐县辛寨镇东白沙村	—	男	1943 年
顾　正	临朐县辛寨镇东白沙村	—	男	1943 年
顾玉环	临朐县辛寨镇东白沙村	28	男	1943 年
王庆忠之父	临朐县辛寨镇辉泉峪村	30	男	1943 年
王　顺	临朐县辛寨镇杨家河村	—	男	1943 年
王槐之兄弟	临朐县辛寨镇杨家河村	—	男	1943 年
王曰平	临朐县辛寨镇杨家河村	—	男	1943 年
杨成才	临朐县辛寨镇杨家河村	—	男	1943 年
王曰兴	临朐县辛寨镇石家峪村	—	男	1943 年
王成孝	临朐县辛寨镇石家峪村	—	男	1943 年
王路远	临朐县辛寨镇石家峪村	—	男	1943 年
王曰证	临朐县辛寨镇石家峪村	—	男	1943 年
王志远	临朐县辛寨镇石家峪村	—	男	1943 年
王曰胡	临朐县辛寨镇石家峪村	—	男	1943 年
王曰志	临朐县辛寨镇石家峪村	—	男	1943 年
王曰军	临朐县辛寨镇石家峪村	—	男	1943 年
王西远	临朐县辛寨镇石家峪村	—	男	1943 年
王曰海	临朐县辛寨镇石家峪村	—	男	1943 年
王秀远	临朐县辛寨镇石家峪村	—	男	1943 年
王永远	临朐县辛寨镇石家峪村	—	男	1943 年
逯纪成	临朐县辛寨镇聂家庄村	—	男	1943 年
聂春苓	临朐县辛寨镇聂家庄村	—	男	1943 年
逯纪海	临朐县辛寨镇聂家庄村	—	男	1943 年
朱付平	临朐县辛寨镇朱家峪村	—	男	1943 年

姓　名	籍　贯	年　龄	性　别	死难时间
曾庆周	临朐县辛寨镇朱家峪村	—	男	1943 年
曾凡忠	临朐县辛寨镇朱家峪村	—	男	1943 年
曾传义	临朐县辛寨镇朱家峪村	—	男	1943 年
吕世廷	临朐县辛寨镇朱家峪村	—	男	1943 年
吕世普	临朐县辛寨镇朱家峪村	—	男	1943 年
曾现彬	临朐县辛寨镇朱家峪村	—	男	1943 年
曾召会	临朐县辛寨镇朱家峪村	—	男	1943 年
曾纪祥	临朐县辛寨镇曾家寨村	51	男	1943 年
杨法云	临朐县辛寨镇曾家寨村	50	男	1943 年
曾纪信	临朐县辛寨镇曾家寨村	49	男	1943 年
曾光贤	临朐县辛寨镇曾家寨村	57	男	1943 年
张法奎	临朐县辛寨镇东埠西村	18	男	1943 年
张洪文	临朐县辛寨镇西埠西村	19	男	1943 年
刘万祥	临朐县辛寨镇蔡家官庄村	45	男	1943 年
夏张氏	临朐县辛寨镇夏家台子村	—	女	1943 年
赵永治	临朐县辛寨镇大辛中村	40	男	1943 年
张佃升	临朐县柳山镇杜家庄村	42	男	1943 年
王仁循	临朐县柳山镇柳山前村	64	男	1943 年
张　氏	临朐县柳山镇柳山前村	53	女	1943 年
刘　氏	临朐县柳山镇柳山前村	—	女	1943 年
钟　氏	临朐县柳山镇柳山前村	39	女	1943 年
王仁来	临朐县柳山镇柳山前村	45	男	1943 年
秦　氏	临朐县柳山镇柳山前村	54	女	1943 年
王仁禄	临朐县柳山镇柳山前村	39	男	1943 年
王象渭	临朐县柳山镇柳山前村	48	男	1943 年
孙　氏	临朐县柳山镇柳山前村	52	女	1943 年
王象温	临朐县柳山镇柳山前村	46	男	1943 年
王仁常	临朐县柳山镇柳山前村	39	男	1943 年
张士彦	临朐县柳山镇小庵子村	60	男	1943 年
张居彦	临朐县柳山镇小庵子村	44	男	1943 年
张广彦	临朐县柳山镇小庵子村	50	男	1943 年
王青早	临朐县柳山镇邢家沟村	30	男	1943 年
王许之	临朐县柳山镇邢家沟村	35	男	1943 年
季连武	临朐县柳山镇徐家河村	43	男	1943 年

姓 名	籍 贯	年 龄	性 别	死难时间
徐乃登	临朐县柳山镇徐家河村	54	男	1943 年
徐凤年	临朐县柳山镇徐家河村	45	男	1943 年
徐有年	临朐县柳山镇徐家河村	43	男	1943 年
徐庆和	临朐县柳山镇徐家河村	43	男	1943 年
李庆增	临朐县柳山镇孟家庄村	42	男	1943 年
张清明	临朐县柳山镇城头村	48	男	1943 年
张子信之父	临朐县柳山镇城头村	30	男	1943 年
张德兴	临朐县柳山镇城头村	48	男	1943 年
张德功	临朐县柳山镇城头村	27	男	1943 年
张德培	临朐县柳山镇城头村	52	男	1943 年
张成彦	临朐县柳山镇小庵子村	55	男	1943 年
张升彦	临朐县柳山镇小庵子村	53	男	1943 年
张希彦	临朐县柳山镇小庵子村	44	男	1943 年
刘 氏	临朐县柳山镇小庵子村	51	女	1943 年
王传修	临朐县柳山镇涝洼村	30	男	1943 年
王张氏	临朐县柳山镇涝洼村	65	女	1943 年
王祖年	临朐县柳山镇涝洼村	15	男	1943 年
王恩顺	临朐县柳山镇涝洼村	31	男	1943 年
李化远	临朐县柳山镇涝洼村	30	男	1943 年
王作义	临朐县柳山镇涝洼村	50	男	1943 年
王愿田	临朐县柳山镇涝洼村	40	男	1943 年
王议正	临朐县柳山镇涝洼村	30	男	1943 年
张连敏	临朐县柳山镇南马庄村	42	男	1943 年
张 海	临朐县柳山镇南马庄村	20	女	1943 年
张 露	临朐县柳山镇南马庄村	31	男	1943 年
张维志	临朐县柳山镇南马庄村	50	男	1943 年
张振相	临朐县柳山镇南马庄村	47	男	1943 年
马付来	临朐县沂山镇郝赵铺村	40	男	1943 年
王吉太	临朐县沂山镇左家庄子村	13	男	1943 年
杨贞德	临朐县沂山镇山头子村	63	男	1943 年
牛占梅	临朐县沂山镇付家村	72	男	1943 年
王远福	临朐县沂山镇下高家沟村	55	男	1943 年
王远信	临朐县沂山镇下高家沟村	50	男	1943 年
宋二孩	临朐县沂山镇代家庄村	49	男	1943 年

姓　名	籍　贯	年　龄	性　别	死难时间
徐汉文	临朐县沂山镇代家庄村	43	男	1943 年
宋培兰	临朐县沂山镇代家庄村	35	女	1943 年
曾继身	临朐县沂山镇代家庄村	40	男	1943 年
曾继顺	临朐县沂山镇代家庄村	50	男	1943 年
宗祥林	临朐县沂山镇代家庄村	30	男	1943 年
曾继福	临朐县沂山镇代家庄村	42	男	1943 年
杜春娥	临朐县沂山镇代家庄村	25	女	1943 年
王于渭	临朐县沂山镇桃园子村	12	男	1943 年
徐立成	临朐县沂山镇徐家庄村	—	男	1943 年
冯刘氏	临朐县沂山镇西田峪村	43	女	1943 年
孟光禄	临朐县沂山镇西段村	31	男	1943 年
刘士选	临朐县沂山镇常庄楼村	35	男	1943 年
陈克庆	临朐县沂山镇核桃园村	56	男	1943 年
刘文秀	临朐县沂山镇常庄村	40	男	1943 年
刘振君	临朐县沂山镇南店村	62	男	1943 年
王兰花	临朐县沂山镇庙古地村	16	女	1943 年
刘西东	临朐县沂山镇朝阳村	67	男	1943 年
纪国安	临朐县沂山镇朝阳村	28	男	1943 年
侯王氏	临朐县沂山镇北侯村	43	女	1943 年
侯国山	临朐县沂山镇赵家庄子村	60	男	1943 年
刘德福	临朐县沂山镇赵家庄子村	70	男	1943 年
张明亮之母	临朐县沂山镇赵家峪村	49	女	1943 年
张文秀	临朐县沂山镇赵家峪村	62	男	1943 年
李道师	临朐县沂山镇赵家峪村	65	男	1943 年
付少堂	临朐县沂山镇西王圈村	48	男	1943 年
蒋其山	临朐县沂山镇常庄店子村	28	男	1943 年
李文中	临朐县沂山镇常庄店子村	20	男	1943 年
崔连方	临朐县辛寨镇陈家庄村	—	男	1943 年
吕小平	临朐县城关街道丁路口村	—	男	1943 年
吕小宝	临朐县城关街道丁路口村	—	男	1943 年
辛万方	临朐县龙岗镇吴家崖村	18	男	1943 年
李顺和	临朐县龙岗镇吴家崖村	19	男	1943 年
辛万治	临朐县龙岗镇吴家崖村	18	男	1943 年
张乐培	临朐县辛寨镇大郝庄村	—	男	1943 年

姓　名	籍　贯	年　龄	性　别	死难时间
刘汉阳之祖父	临朐县辛寨镇西黑洼村	—	男	1943 年
顾玉璋	临朐县辛寨镇东白沙村	—	男	1943 年
曾广宽	临朐县辛寨镇后洼村	32	男	1943 年
王秀香之子	临朐县龙岗镇西王沟村	—	男	1943 年
马云贵	临朐县城关街道平安庄村	51	男	1943 年
顾张氏	临朐县辛寨镇东白沙村	—	女	1943 年
贾洪法	临朐县九山镇夏庄村	49	男	1944 年 1 月
于志梅	临朐县九山镇夏庄村	51	女	1944 年 1 月
于志梅之长子	临朐县九山镇夏庄村	23	男	1944 年 1 月
于志梅之儿媳	临朐县九山镇夏庄村	24	女	1944 年 1 月
于志梅之次子	临朐县九山镇夏庄村	20	男	1944 年 1 月
于志梅之长女	临朐县九山镇夏庄村	18	女	1944 年 1 月
于志梅之次女	临朐县九山镇夏庄村	16	女	1944 年 1 月
于志梅之三女	临朐县九山镇夏庄村	14	女	1944 年 1 月
刘国伟	临朐县九山镇夏庄村	39	男	1944 年 1 月
郭文彬之子	临朐县九山镇夏庄村	14	男	1944 年 1 月
刘云新之长子	临朐县龙岗镇十字路村	11	男	1944 年 1 月
马王氏	临朐县龙岗镇马家辛兴村	30	女	1944 年 1 月
张洪本之妻	临朐县龙岗镇张家辛兴村	41	女	1944 年 1 月
张三妮	临朐县东城街道张家焦窦村	14	女	1944 年 1 月
高广会之女	临朐县辛寨镇大高家庄村	13	女	1944 年 1 月
李　氏	临朐县辛寨镇仙人脚村	60	女	1944 年 1 月
马文恩	临朐县城关街道孟家庄村	12	男	1944 年 2 月
孙其伍	临朐县九山镇夏庄村	40	男	1944 年 2 月
刘英花	临朐县九山镇夏庄村	39	女	1944 年 2 月
刘英花之长子	临朐县九山镇夏庄村	20	男	1944 年 2 月
刘英花之长媳	临朐县九山镇夏庄村	21	女	1944 年 2 月
张学义	临朐县九山镇九山村	36	男	1944 年 2 月
张仁成	临朐县寺头镇石家河村	17	男	1944 年 2 月
张久教	临朐县龙岗镇张家沟村	68	男	1944 年 2 月
李金员	临朐县九山镇夏庄村	52	男	1944 年 3 月
贾　氏	临朐县九山镇夏庄村	53	女	1944 年 3 月
贾氏之长子	临朐县九山镇夏庄村	25	男	1944 年 3 月
贾氏之次子	临朐县九山镇夏庄村	20	男	1944 年 3 月

姓　名	籍贯	年龄	性别	死难时间
贾氏之长女	临朐县九山镇夏庄村	23	女	1944 年 3 月
贾氏之次女	临朐县九山镇夏庄村	18	女	1944 年 3 月
贾氏之三女	临朐县九山镇夏庄村	14	女	1944 年 3 月
宋开兴	临朐县九山镇下城隍村	35	男	1944 年 3 月
杨　氏	临朐县九山镇下城隍村	38	女	1944 年 3 月
王长征	临朐县龙岗镇北李家山村	25	男	1944 年 3 月
王长征之长子	临朐县龙岗镇北李家山村	8	男	1944 年 3 月
王长征之次子	临朐县龙岗镇北李家山村	7	男	1944 年 3 月
王长征之长女	临朐县龙岗镇北李家山村	6	女	1944 年 3 月
樊东喜	临朐县龙岗镇樊家庙村	51	男	1944 年 3 月
陈汉兴	临朐县东城街道陈家焦窦村	15	男	1944 年 3 月
付作发	临朐县辛寨镇南流村	29	男	1944 年 3 月
马恒花	临朐县九山镇白沙村	15	女	1944 年 4 月
李金智	临朐县九山镇夏庄村	46	男	1944 年 4 月
何　氏	临朐县九山镇夏庄村	44	女	1944 年 4 月
何氏之长子	临朐县九山镇夏庄村	19	男	1944 年 4 月
何氏之次子	临朐县九山镇夏庄村	17	男	1944 年 4 月
何氏之长女	临朐县九山镇夏庄村	14	女	1944 年 4 月
何氏之次女	临朐县九山镇夏庄村	11	女	1944 年 4 月
贾合峰	临朐县九山镇夏庄村	36	女	1944 年 4 月
贾合峰之长子	临朐县九山镇夏庄村	10	男	1944 年 4 月
贾合峰之次子	临朐县九山镇夏庄村	8	男	1944 年 4 月
贾合峰之长女	临朐县九山镇夏庄村	6	女	1944 年 4 月
宋茂祥	临朐县九山镇抬头村	31	男	1944 年 4 月
宋传成	临朐县九山镇抬头村	19	男	1944 年 4 月
刘中法	临朐县龙岗镇倪家台子村	49	男	1944 年 4 月
王久轮	临朐县龙岗镇大车沟村	30	男	1944 年 4 月
席纪昌	临朐县龙岗镇大车沟村	28	男	1944 年 4 月
刘云录	临朐县东城街道蒋家河村	—	男	1944 年 4 月
王　氏	临朐县城关街道孟家庄村	30	女	1944 年 5 月
马文标之妻	临朐县城关街道孟家庄村	20	女	1944 年 5 月
刘　氏	临朐县九山镇大山东村	36	女	1944 年 5 月
刘玉照	临朐县龙岗镇十字路村	52	男	1944 年 5 月
武世云	临朐县龙岗镇武家夏庄村	41	男	1944 年 5 月

姓名	籍贯	年龄	性别	死难时间
曾宪友	临朐县城关街道兴隆村	14	男	1944 年 5 月
冷光巨	临朐县城关街道兴隆村	15	男	1944 年 5 月
武赵氏	临朐县龙岗镇武家夏庄村	64	女	1944 年 5 月
武曰先	临朐县龙岗镇武家夏庄村	62	男	1944 年 5 月
王林氏	临朐县龙岗镇双埠村	41	女	1944 年 5 月
张希林	临朐县东城街道张家焦窦村	55	男	1944 年 5 月
何 氏	临朐县九山镇白沙村	31	女	1944 年 6 月
窦恒宾	临朐县九山镇大山东村	13	男	1944 年 6 月
刘云新	临朐县龙岗镇十字路村	35	男	1944 年 6 月
宫怀堂	临朐县龙岗镇黄家庄村	59	男	1944 年 6 月
刘起祥之父	临朐县龙岗镇倪家台子村	45	男	1944 年 6 月
刘中安之父	临朐县龙岗镇倪家台子村	48	男	1944 年 6 月
刘中修之父	临朐县龙岗镇倪家台子村	47	男	1944 年 6 月
张桂元	临朐县龙岗镇两县村	48	男	1944 年 6 月
张宗兰	临朐县辛寨镇西闫家河村	17	女	1944 年 6 月
高广会之次子	临朐县辛寨镇大高家庄村	15	男	1944 年 6 月
张玉明	临朐县辛寨镇仙人脚村	20	男	1944 年 6 月
王光荣	临朐县辛寨镇大峪村	24	男	1944 年 6 月
王利廷	临朐县城关街道河崖村	29	男	1944 年 6 月
尹文堂	临朐县城关街道李家庄村	10	男	1944 年 7 月
孟庆亮	临朐县城关街道孟家庄村	43	男	1944 年 7 月
马凌山	临朐县城关街道孟家庄村	38	男	1944 年 7 月
于占万	临朐县九山镇于家沟村	41	男	1944 年 7 月
刘德贵之长子	临朐县龙岗镇十字路村	17	男	1944 年 7 月
王世敏	临朐县龙岗镇龙南村	35	男	1944 年 7 月
张学树	临朐县龙岗镇张家沟村	59	男	1944 年 7 月
徐廷槐	临朐县龙岗镇薛庙村	67	男	1944 年 7 月
樊东风	临朐县龙岗镇樊家庙村	53	男	1944 年 7 月
王长业	临朐县辛寨镇东盘阳村	30	男	1944 年 7 月
巨连原	临朐县辛寨镇龙门山村	30	男	1944 年 7 月
谭金亮	临朐县城关街道付家峪村	43	男	1944 年 8 月 12 日
马凌录	临朐县城关街道孟家庄村	36	男	1944 年 8 月
马文印之妻	临朐县城关街道孟家庄村	24	女	1944 年 8 月
徐元松	临朐县九山镇大山东村	48	男	1944 年 8 月

姓　名	籍　贯	年　龄	性　别	死难时间
刘长武	临朐县九山镇晋家沟村	60	男	1944 年 8 月
董贤秀	临朐县九山镇南店村	47	男	1944 年 8 月
宫怀堂之妻	临朐县龙岗镇黄家庄村	61	女	1944 年 8 月
张起教	临朐县龙岗镇张家沟村	67	男	1944 年 8 月
张佃洪之父	临朐县龙岗镇倪家台子村	46	男	1944 年 8 月
王国氏	临朐县龙岗镇双埠村	42	女	1944 年 8 月
齐　兴	临朐县沂山镇付家庄村	39	男	1944 年 8 月
王会喜	临朐县城关街道教场村	23	男	1944 年 8 月
宋吉亮	临朐县九山镇釜泉村	30	男	1944 年 9 月
祝学臣	临朐县九山镇釜泉村	32	男	1944 年 9 月
于占峰	临朐县九山镇于家沟村	42	男	1944 年 9 月
田智俊	临朐县龙岗镇荻子涧村	25	男	1944 年 9 月
刘中平之母	临朐县龙岗镇倪家台子村	51	女	1944 年 9 月
张付科	临朐县龙岗镇吴家辛兴村	35	男	1944 年 9 月
张希端	临朐县东城街道张家焦窦村	47	男	1944 年 9 月
张三春	临朐县东城街道张家焦窦村	20	男	1944 年 9 月
陈化德	临朐县东城街道蒋家河村	48	男	1944 年 9 月
高广星	临朐县辛寨镇大高家庄村	35	男	1944 年 9 月
张元会	临朐县辛寨镇仙人脚村	45	男	1944 年 9 月
王京安	临朐县城关街道河崖村	35	男	1944 年 10 月
章云田	临朐县城关街道教场村	31	男	1944 年 10 月
章明田	临朐县城关街道教场村	27	男	1944 年 10 月
董茂堂	临朐县九山镇夏庄村	37	男	1944 年 11 月
李　氏	临朐县九山镇夏庄村	39	女	1944 年 11 月
李氏之三子	临朐县九山镇夏庄村	11	男	1944 年 11 月
李氏之长女	临朐县九山镇夏庄村	8	女	1944 年 11 月
李氏之次女	临朐县九山镇夏庄村	6	女	1944 年 11 月
宋法伍	临朐县九山镇夏庄村	58	男	1944 年 11 月
窦方花	临朐县九山镇夏庄村	59	女	1944 年 11 月
窦方花之长子	临朐县九山镇夏庄村	24	男	1944 年 11 月
窦方花之长媳	临朐县九山镇夏庄村	25	女	1944 年 11 月
窦方花之次子	临朐县九山镇夏庄村	22	男	1944 年 11 月
窦方花之次子媳	临朐县九山镇夏庄村	23	女	1944 年 11 月
窦方花之长女	临朐县九山镇夏庄村	20	女	1944 年 11 月

姓 名	籍 贯	年 龄	性 别	死难时间
窦方花之次女	临朐县九山镇夏庄村	18	女	1944 年 11 月
李金南	临朐县九山镇白沙村	19	男	1944 年 12 月
董志道	临朐县九山镇夏庄村	38	男	1944 年 12 月
李 氏	临朐县九山镇夏庄村	39	女	1944 年 12 月
李氏之长子	临朐县九山镇夏庄村	15	男	1944 年 12 月
李氏之次子	临朐县九山镇夏庄村	13	男	1944 年 12 月
李氏之三子	临朐县九山镇夏庄村	11	男	1944 年 12 月
李氏之长女	临朐县九山镇夏庄村	8	女	1944 年 12 月
李氏之次女	临朐县九山镇夏庄村	6	女	1944 年 12 月
申兴高	临朐县九山镇夏庄村	60	男	1944 年 12 月
贾付美	临朐县九山镇夏庄村	61	女	1944 年 12 月
贾付美之长子	临朐县九山镇夏庄村	40	男	1944 年 12 月
贾付美之子媳	临朐县九山镇夏庄村	41	女	1944 年 12 月
贾付美之长孙	临朐县九山镇夏庄村	18	男	1944 年 12 月
贾付美之次孙	临朐县九山镇夏庄村	16	男	1944 年 12 月
贾付美之孙女	临朐县九山镇夏庄村	14	女	1944 年 12 月
贾付美之孙女	临朐县九山镇夏庄村	12	女	1944 年 12 月
贾付美之孙女	临朐县九山镇夏庄村	8	女	1944 年 12 月
刘云新之次子	临朐县龙岗镇十字路村	9	男	1944 年 12 月
刘金成	临朐县龙岗镇十字路村	47	男	1944 年 12 月
尹文刚	临朐县城关街道李家庄村	—	男	1944 年 12 月
尹 黑	临朐县城关街道李家庄村	—	女	1944 年
尹 梅	临朐县城关街道李家庄村	—	女	1944 年
王学香	临朐县城关街道李家庄村	36	男	1944 年
高佃彩	临朐县城关街道张家亭子村	20	男	1944 年
高 敏	临朐县城关街道张家亭子村	44	男	1944 年
崔兆胜	临朐县寺头镇偏龙头村	16	男	1944 年
刘杰民	临朐县寺头镇宫家庄村	16	男	1944 年
崔兴琴	临朐县寺头镇宫家庄村	16	男	1944 年
刘顺民	临朐县寺头镇宫家庄村	17	男	1944 年
刘学士	临朐县寺头镇宫家庄村	18	男	1944 年
崔学新	临朐县寺头镇宫家庄村	16	男	1944 年
孙其昌	临朐县寺头镇杨家峪村	16	男	1944 年
贺来德	临朐县寺头镇杨家峪村	16	男	1944 年

姓　名	籍　贯	年　龄	性　别	死难时间
贺元德	临朐县寺头镇杨家峪村	17	男	1944 年
孙建海	临朐县寺头镇杨家峪村	16	男	1944 年
王均亮	临朐县九山镇朱庄村	42	男	1944 年
王均功	临朐县九山镇朱庄村	56	男	1944 年
王兴汉	临朐县九山镇涝洼村	41	男	1944 年
董京峰	临朐县龙岗镇董家沟村	19	男	1944 年
张有庆	临朐县龙岗镇小河圈村	24	男	1944 年
刘文巨	临朐县龙岗镇张佩环村	55	男	1944 年
宫正良	临朐县龙岗镇宫家庄村	48	男	1944 年
宫战奎	临朐县龙岗镇宫家庄村	60	男	1944 年
刘传成	临朐县龙岗镇宫家庄村	62	男	1944 年
石　氏	临朐县龙岗镇安家庄	30	女	1944 年
杨益文	临朐县龙岗镇杨家集村	40	男	1944 年
王福顺	临朐县龙岗镇卜家庄村	19	男	1944 年
宿兴业	临朐县龙岗镇宿家庄村	54	男	1944 年
宿明顺	临朐县龙岗镇宿家庄村	46	男	1944 年
宿魁三之妻	临朐县龙岗镇宿家庄村	72	女	1944 年
杨　亭	临朐县龙岗镇龙东村	19	男	1944 年
杨　霞	临朐县龙岗镇龙东村	18	女	1944 年
田立霞	临朐县龙岗镇龙东村	19	女	1944 年
潘义明之长子	临朐县龙岗镇龙东村	13	男	1944 年
张群亮	临朐县龙岗镇龙东村	42	男	1944 年
刘洪兴	临朐县龙岗镇河南村	48	男	1944 年
刘胜之妻	临朐县龙岗镇河南村	68	女	1944 年
刘军之	临朐县龙岗镇河南村	69	男	1944 年
刘怀清之妻	临朐县龙岗镇河南村	68	女	1944 年
刘元周之妻	临朐县龙岗镇河南村	64	女	1944 年
刘恒珍	临朐县龙岗镇河南村	63	男	1944 年
刘方之	临朐县龙岗镇河南村	67	男	1944 年
刘怀堂	临朐县龙岗镇河南村	69	男	1944 年
许光道	临朐县龙岗镇北李家山村	40	男	1944 年
许玉柱之子	临朐县龙岗镇北李家山村	18	男	1944 年
刘清会之女	临朐县龙岗镇孟家庄村	8	女	1944 年
杜光升之女	临朐县龙岗镇孟家庄村	7	女	1944 年

姓 名	籍 贯	年 龄	性 别	死难时间
聂少德	临朐县龙岗镇桃园村	40	男	1944 年
安德兴	临朐县龙岗镇桃园村	25	男	1944 年
李师和	临朐县龙岗镇南李家山村	19	男	1944 年
李清云	临朐县龙岗镇南李家山村	10	女	1944 年
陈友祥	临朐县龙岗镇东陈村	61	男	1944 年
居刘氏	临朐县龙岗镇苇园村	61	女	1944 年
朱太清	临朐县龙岗镇苇园村	66	男	1944 年
李刘氏	临朐县龙岗镇苇园村	70	女	1944 年
周永水	临朐县龙岗镇周家庄村	40	男	1944 年
王保庆	临朐县龙岗镇周家庄村	37	男	1944 年
于复兰	临朐县龙岗镇西洼子村	38	男	1944 年
于复贵	临朐县龙岗镇西洼子村	39	男	1944 年
张　氏	临朐县东城街道罗家树村	42	女	1944 年
吴开坦	临朐县东城街道宋家沟村	49	男	1944 年
王陈氏	临朐县辛寨镇王楼村	20	女	1944 年
孔现平	临朐县辛寨镇孔家庄村	25	男	1944 年
张瑞田	临朐县辛寨镇新张庄村	37	男	1944 年
王　氏	临朐县辛寨镇新张庄村	35	女	1944 年
冯瑞章	临朐县辛寨镇梨花埠村	51	男	1944 年
刘德俊	临朐县辛寨镇卧龙官庄村	35	男	1944 年
付兴和	临朐县辛寨镇猫林沟村	35	男	1944 年
李奎东	临朐县辛寨镇瞿家圈村	46	男	1944 年
刘京田	临朐县辛寨镇曹家官庄村	52	男	1944 年
张桂庆	临朐县辛寨镇胡家沟村	40	男	1944 年
胡　×	临朐县沂山镇林家官庄村	11	男	1944 年
王　×	临朐县沂山镇林家官庄村	—	男	1944 年
曹　×	临朐县沂山镇曹家官庄村	—	男	1944 年
郎　×	临朐县沂山镇郭家砚峪村	—	男	1944 年
于　×	临朐县沂山镇李户庄村	—	男	1944 年
许　×	临朐县沂山镇上常家沟村	—	男	1944 年
王　×	临朐县沂山镇上伏峪村	—	男	1944 年
张　×	临朐县沂山镇付家沟村	—	男	1944 年
张　×	临朐县沂山镇北蒲沟村	—	男	1944 年
王　×	临朐县沂山镇北上峪村	—	男	1944 年

姓　名	籍　贯	年　龄	性　别	死难时间
高　×	临朐县沂山镇赵家沟村	—	男	1944 年
王　氏	临朐县沂山管委会南石砬村	60	女	1944 年
李　氏	临朐县沂山管委会南石砬村	16	女	1944 年
叶王氏	临朐县辛寨镇兴寺店村	50	女	1944 年
叶张氏	临朐县辛寨镇兴寺店村	20	女	1944 年
叶小英	临朐县辛寨镇兴寺店村	—	女	1944 年
张李氏	临朐县辛寨镇兴寺店村	40	女	1944 年
王继民	临朐县辛寨镇姚家庄子村	33	男	1944 年
王学群之母	临朐县辛寨镇柞家庄子村	37	女	1944 年
马兴仁	临朐县辛寨镇柞家庄子村	18	男	1944 年
马庭之妻	临朐县辛寨镇柞家庄子村	38	女	1944 年
王学廷之弟	临朐县辛寨镇柞家庄子村	10	男	1944 年
李元明之父	临朐县辛寨镇柞家庄子村	40	男	1944 年
马文亭之妻	临朐县辛寨镇柞家庄子村	30	女	1944 年
马文学	临朐县辛寨镇柞家庄子村	48	男	1944 年
马广州	临朐县辛寨镇柞家庄子村	14	男	1944 年
马文月	临朐县辛寨镇柞家庄子村	25	男	1944 年
马文会	临朐县辛寨镇柞家庄子村	37	男	1944 年
马文会之妻	临朐县辛寨镇柞家庄子村	35	女	1944 年
马　奎	临朐县辛寨镇柞家庄子村	51	男	1944 年
马成之妻	临朐县辛寨镇柞家庄子村	35	女	1944 年
马坤之妻	临朐县辛寨镇柞家庄子村	35	女	1944 年
马义之父	临朐县辛寨镇柞家庄子村	46	男	1944 年
李元德之母	临朐县辛寨镇柞家庄子村	52	女	1944 年
苏全芳之父	临朐县辛寨镇柞家庄子村	40	男	1944 年
尹学敏	临朐县辛寨镇龙诜铺村	34	男	1944 年
王荣贵	临朐县辛寨镇蔡家官庄	42	男	1944 年
张德陈	临朐县柳山镇城头村	47	男	1944 年
张陈良	临朐县柳山镇城头村	46	男	1944 年
崔兰廷	临朐县沂山镇史家庄子村	30	男	1944 年
刘　氏	临朐县沂山镇安家峪村	69	女	1944 年
朱桃国	临朐县沂山镇常庄村	37	男	1944 年
吕承启	临朐县沂山镇核桃园村	54	男	1944 年
张春栋	临朐县沂山镇东牛河村	17	男	1944 年

姓 名	籍 贯	年 龄	性 别	死难时间
朱德文	临朐县沂山镇常庄村	37	男	1944 年
朱清彩	临朐县沂山镇常庄村	42	男	1944 年
宗培庆之母	临朐县沂山镇房家台子村	46	女	1944 年
冯佰山	临朐县沂山镇胜利村	60	男	1944 年
宗立然	临朐县沂山镇房家台子村	30	男	1944 年
李永贵	临朐县沂山镇赵家庄子村	60	男	1944 年
王君会	临朐县沂山镇潘家沟村	56	男	1944 年
王华胜	临朐县沂山镇潘家沟村	54	男	1944 年
井汉元	临朐县城关街道井家田村	56	男	1944 年
李 氏	临朐县辛寨镇后洼村	38	女	1944 年
贺成科	临朐县九山镇青平峪村	48	男	1945 年 1 月
刘德贵之次子	临朐县龙岗镇十字路村	16	男	1945 年 1 月
李文思之子	临朐县龙岗镇张家沟村	41	男	1945 年 1 月
尹玉成之父	临朐县龙岗镇张家沟村	62	男	1945 年 1 月
王会明	临朐县龙岗镇河疃村	49	男	1945 年 1 月
韩王氏	临朐县龙岗镇两县村	37	女	1945 年 1 月
陈洪信	临朐县东城街道张家焦窦村	12	男	1945 年 1 月
田广义	临朐县东城街道蒋家河村	50	男	1945 年 1 月
宋其忠	临朐县九山镇上城隍村	22	男	1945 年 2 月
刘云时	临朐县龙岗镇十字路村	49	男	1945 年 2 月
王三明	临朐县龙岗镇龙南村	45	男	1945 年 2 月
张校远	临朐县龙岗镇吴家辛兴村	50	男	1945 年 2 月
苗成仁	临朐县龙岗镇薛庙村	70	男	1945 年 2 月
樊世全	临朐县龙岗镇樊家庙村	69	男	1945 年 2 月
孙怀京	临朐县龙岗镇肖家庄村	36	男	1945 年 2 月
窦存来之次子	临朐县辛寨镇东黑洼村	—	男	1945 年 2 月
陈 氏	临朐县九山镇白沙村	52	女	1945 年 6 月
张永年	临朐县龙岗镇吴家辛兴村	56	男	1945 年 6 月
马士孝	临朐县龙岗镇马家辛兴村	34	男	1945 年 6 月
张学友之妻	临朐县龙岗镇张家沟村	64	女	1945 年 7 月
刘玉照之妻	临朐县龙岗镇十字路村	55	女	1945 年 9 月
李文升	临朐县龙岗镇张家沟村	67	男	1945 年 9 月
樊俊民	临朐县龙岗镇樊家庙村	—	男	1945 年 9 月
陈东兴之妹	临朐县东城街道陈家焦窦村	9	女	1945 年 9 月

姓 名	籍 贯	年 龄	性 别	死难时间
胡玉秀之兄	临朐县龙岗镇郑家沟村	30	男	1945 年 9 月
郑世元	临朐县龙岗镇郑家沟村	27	男	1945 年 9 月
胡吉明	临朐县龙岗镇郑家沟村	50	男	1945 年 9 月
郑同坤之三弟	临朐县龙岗镇郑家沟村	25	男	1945 年 9 月
尹纪安	临朐县城关街道李家庄村	44	男	1945 年
尹于氏	临朐县城关街道李家庄村	32	女	1945 年
付士孟	临朐县冶源镇傅家李召村	36	男	1945 年
付毓兴	临朐县冶源镇傅家李召村	40	男	1945 年
付士亮	临朐县冶源镇傅家李召村	30	男	1945 年
宋现温	临朐县九山镇上城隍村	23	男	1945 年
董福广	临朐县龙岗镇董家沟村	31	男	1945 年
安玉建	临朐县龙岗镇董家沟村	21	男	1945 年
董福永	临朐县龙岗镇董家沟村	40	男	1945 年
董福庆	临朐县龙岗镇董家沟村	29	男	1945 年
董化荣	临朐县龙岗镇董家沟村	14	男	1945 年
董京诚	临朐县龙岗镇董家沟村	26	男	1945 年
刘希武	临朐县龙岗镇张佩环村	60	男	1945 年
刘谔之妻	临朐县龙岗镇张佩环村	42	女	1945 年
刘希玲	临朐县龙岗镇张佩环村	38	男	1945 年
刘希玲之妻	临朐县龙岗镇张佩环村	45	女	1945 年
宫利成	临朐县龙岗镇宫家老庄村	38	男	1945 年
刘京成	临朐县龙岗镇宫家老庄村	70	男	1945 年
刘吕氏	临朐县龙岗镇宫家老庄村	71	女	1945 年
范吉祥	临朐县龙岗镇宫家老庄村	—	男	1945 年
安树方	临朐县龙岗镇安家庄村	40	男	1945 年
安世政	临朐县龙岗镇安家庄村	47	男	1945 年
安金收	临朐县龙岗镇安家庄村	50	男	1945 年
宿明顺之妻	临朐县龙岗镇宿家庄村	46	女	1945 年
宿藏桂	临朐县龙岗镇宿家庄村	54	男	1945 年
杨占友	临朐县龙岗镇龙东村	40	男	1945 年
苏茂祥之长子	临朐县龙岗镇龙东村	18	男	1945 年
苏茂祥之长女	临朐县龙岗镇龙东村	16	女	1945 年
张群亮之长女	临朐县龙岗镇龙东村	30	女	1945 年
赵居丰	临朐县龙岗镇河南村	49	男	1945 年

姓 名	籍 贯	年 龄	性 别	死难时间
赵居正	临朐县龙岗镇河南村	52	男	1945 年
赵居镐	临朐县龙岗镇河南村	59	男	1945 年
赵居清之女	临朐县龙岗镇河南村	49	女	1945 年
赵居明之妻	临朐县龙岗镇河南村	53	女	1945 年
赵居广之妻	临朐县龙岗镇河南村	68	女	1945 年
赵居俭之女	临朐县龙岗镇河南村	13	女	1945 年
杜兴文	临朐县龙岗镇孟家庄子村	67	男	1945 年
杜光和	临朐县龙岗镇孟家庄子村	43	男	1945 年
相英俊	临朐县龙岗镇孟家庄子村	29	男	1945 年
杜兴斌	临朐县龙岗镇孟家庄子村	31	男	1945 年
杜学洲	临朐县龙岗镇孟家庄子村	48	男	1945 年
杜光太	临朐县龙岗镇孟家庄子村	36	男	1945 年
杜光瑞	临朐县龙岗镇孟家庄子村	39	男	1945 年
杜兴富	临朐县龙岗镇孟家庄子村	56	男	1945 年
聂少仁	临朐县龙岗镇桃园村	41	男	1945 年
李 根	临朐县龙岗镇南李家山村	20	男	1945 年
张佃洪之母	临朐县龙岗镇倪家台子村	45	女	1945 年
刘震安之母	临朐县龙岗镇倪家台子村	46	女	1945 年
刘中贤之父	临朐县龙岗镇倪家台子村	49	男	1945 年
陈其章	临朐县龙岗镇东陈村	21	男	1945 年
钟希光	临朐县龙岗镇王家庙村	24	男	1945 年
王玉果	临朐县龙岗镇王家庙村	15	男	1945 年
王 江	临朐县龙岗镇王家庙村	18	男	1945 年
王 欣	临朐县龙岗镇王家庙村	28	男	1945 年
王 鑫	临朐县龙岗镇王家庙村	26	男	1945 年
王 福	临朐县龙岗镇王家庙村	26	男	1945 年
钟希昌	临朐县龙岗镇王家庙村	21	男	1945 年
马印秀	临朐县东城街道朱位村	24	男	1945 年
马作钦	临朐县东城街道朱位村	19	男	1945 年
陈桂英	临朐县东城街道西朱村	45	女	1945 年
张西塾	临朐县东城街道西寨村	12	男	1945 年
张冠坤	临朐县东城街道西寨村	38	男	1945 年
马世龙	临朐县东城街道初家庄村	42	男	1945 年
高明章	临朐县东城街道初家庄村	45	男	1945 年

姓 名	籍 贯	年 龄	性 别	死难时间
马守文	临朐县东城街道胡梅涧村	21	男	1945 年
马京祥	临朐县东城街道胡梅涧村	30	男	1945 年
高锡州	临朐县东城街道高家庄村	—	男	1945 年
高王氏	临朐县东城街道高家庄村	—	女	1945 年
高锡信	临朐县东城街道高家庄村	—	男	1945 年
张坦之	临朐县辛寨镇孔家庄村	32	男	1945 年
冯瑞太	临朐县辛寨镇梨花埠村	30	男	1945 年
马京芹	临朐县辛寨镇梨花埠村	54	男	1945 年
李其旋	临朐县辛寨镇南流村	43	男	1945 年
孟凡信	临朐县辛寨镇卧龙官庄村	68	男	1945 年
付道怀	临朐县辛寨猫林沟村	4	男	1945 年
李合训	临朐县辛寨镇瞿家圈村	18	男	1945 年
张文贵	临朐县辛寨镇胡家沟村	40	男	1945 年
刘召利	临朐县辛寨镇大郝庄村	—	男	1945 年
胡　×	临朐县沂山镇林家官庄村	10	男	1945 年
刘　×	临朐县沂山镇刘家营村	—	男	1945 年
曹　×	临朐县沂山镇曹家官庄村	—	男	1945 年
郎　×	临朐县沂山镇郭家砚峪村	—	男	1945 年
于　×	临朐县沂山镇李户庄村	—	男	1945 年
刘　×	临朐县沂山镇上常家沟村	—	男	1945 年
刘　×	临朐县沂山镇祝家东沟村	—	男	1945 年
王　×	临朐县沂山镇禅寺院村	—	男	1945 年
高　×	临朐县沂山镇板峪村	—	男	1945 年
于　×	临朐县沂山镇于家旺村	—	男	1945 年
陈　×	临朐县沂山镇王家庄子村	—	男	1945 年
郝　×	临朐县沂山镇佛崖底村	—	男	1945 年
王　×	临朐县沂山镇北蒲沟村	—	男	1945 年
王　×	临朐县沂山镇南上峪村	—	男	1945 年
张　氏	临朐县沂山镇北上峪村	—	女	1945 年
王　×	临朐县沂山镇接家河村	—	男	1945 年
赵付剑	临朐县辛寨镇西双山村	25	男	1945 年
孟　氏	临朐县辛寨镇西双山村	20	女	1945 年
杨庆远	临朐县辛寨镇庞家河村	50	男	1945 年
张洪志	临朐县辛寨镇下河村	37	男	1945 年

姓　名	籍　贯	年　龄	性　别	死难时间
苏祥林之父	临朐县辛寨镇柞家庄子村	28	男	1945 年
马喜之妻	临朐县辛寨镇柞家庄子村	40	女	1945 年
王文信之妹	临朐县辛寨镇柞家庄子村	16	女	1945 年
苏义林之堂妹	临朐县辛寨镇柞家庄子村	7	女	1945 年
王学廷之妹	临朐县辛寨镇柞家庄子村	7	女	1945 年
王学廷之妹	临朐县辛寨镇柞家庄子村	5	女	1945 年
马文亭	临朐县辛寨镇柞家庄子村	32	男	1945 年
马文成之妻	临朐县辛寨镇柞家庄子村	42	女	1945 年
李洪江之堂姑	临朐县辛寨镇柞家庄子村	28	女	1945 年
马文德	临朐县辛寨镇柞家庄子村	54	男	1945 年
马文冉之妻	临朐县辛寨镇柞家庄子村	32	女	1945 年
马文富	临朐县辛寨镇柞家庄子村	30	男	1945 年
王兴房之父	临朐县辛寨镇柞家庄子村	54	男	1945 年
李洪枣之母	临朐县辛寨镇柞家庄子村	43	女	1945 年
王文周	临朐县辛寨镇柞家庄子村	68	女	1945 年
马坤之女	临朐县辛寨镇柞家庄子村	4	女	1945 年
马义之妹	临朐县辛寨镇柞家庄子村	18	女	1945 年
李孟吉之妻	临朐县辛寨镇柞家庄子村	40	女	1945 年
王树田	临朐县辛寨镇后洼村	35	男	1945 年
王树增	临朐县辛寨镇后洼村	21	男	1945 年
小　焕	临朐县辛寨镇辛寨村	2	女	1945 年
张乐梅	临朐县辛寨镇龙诜铺村	25	女	1945 年
铁　柱	临朐县辛寨镇龙诜铺村	1	男	1945 年
尹光俊	临朐县辛寨镇龙诜铺村	—	男	1945 年
刘万青	临朐县辛寨镇蔡家官庄	50	男	1945 年
张玉田	临朐县沂山镇东牛河村	28	男	1945 年
张　街	临朐县沂山镇东牛河村	22	男	1945 年
杨村山	临朐县沂山镇西段家村	38	男	1945 年
倪丰河	临朐县沂山镇核桃园村	48	男	1945 年
王德信	临朐县沂山镇大峪村	—	男	1945 年
冯文秀	临朐县辛寨镇辛寨村	40	男	—
吴克工	临朐县辛寨镇辛寨村	35	男	—
蔡长福	临朐县辛寨镇辛寨村	25	男	—
马来河	临朐县五井镇朱家庄村	27	男	—

姓 名	籍 贯	年 龄	性 别	死难时间
庄义正	临朐县五井镇局子村	31	男	—
吴其庆	临朐县五井镇常家溜村	41	男	—
门光彩	临朐县五井镇茹家庄村	25	女	—
门××	临朐县五井镇茹家庄村	27	男	—
赵连升之弟	临朐县五井镇茹家庄村	26	男	—
李光彬	临朐县五井镇茹家庄村	28	男	—
许洪洲	临朐县五井镇茹家庄村	41	男	—
高继礼之父	临朐县五井镇茹家庄村	52	男	—
贺昌德	临朐县五井镇茹家庄村	27	男	—
郎会录	临朐县五井镇茹家庄村	28	男	—
陈玉辉	临朐县五井镇茹家庄村	31	男	—
陈洪升	临朐县五井镇茹家庄村	41	男	—
陈学德	临朐县五井镇茹家庄村	29	男	—
陈洪远	临朐县五井镇茹家庄村	31	男	—
陈洪昌	临朐县五井镇茹家庄村	29	男	—
许会贞	临朐县五井镇茹家庄村	30	男	—
赵升安	临朐县五井镇茹家庄村	31	男	—
贺文德	临朐县五井镇茹家庄村	41	男	—
马光代	临朐县五井镇茹家庄村	42	男	—
马××	临朐县五井镇茹家庄村	53	男	—
胡国章	临朐县五井镇茹家庄村	24	男	—
贺兴明	临朐县五井镇茹家庄村	52	男	—
贺光义	临朐县五井镇茹家庄村	50	男	—
王风珠	临朐县五井镇茹家庄村	28	女	—
王玉宗	临朐县五井镇茹家庄村	27	男	—
马承根	临朐县五井镇茹家庄村	41	男	—
卫孝德	临朐县寺头镇西文山村	—	男	—
卫 氏	临朐县寺头镇西文山村	—	女	—
卫 氏	临朐县寺头镇西文山村	—	女	—
卫 氏	临朐县寺头镇西文山村	—	女	—
孙光兴	临朐县寺头镇西文山村	—	男	—
孙 氏	临朐县寺头镇西文山村	—	女	—
孙 氏	临朐县寺头镇西文山村	—	女	—
孙 氏	临朐县寺头镇西文山村	—	女	—

姓 名	籍 贯	年 龄	性 别	死难时间
张风敖	临朐县寺头镇西文山村	—	女	—
张 氏	临朐县寺头镇西文山村	—	女	—
张 氏	临朐县寺头镇西文山村	—	女	—
张 氏	临朐县寺头镇西文山村	—	女	—
秦女秀	临朐县寺头镇西文山村	—	女	—
秦 氏	临朐县寺头镇西文山村	—	女	—
秦 氏	临朐县寺头镇西文山村	—	女	—
跟 旺	临朐县寺头镇西文山村	—	男	—
跟旺之妻	临朐县寺头镇西文山村	—	女	—
刘庄东	临朐县寺头镇西文山村	—	男	—
刘 ×	临朐县寺头镇西文山村	—	男	—
刘 ×	临朐县寺头镇西文山村	—	男	—
刘玉福	临朐县寺头镇西文山村	—	男	—
刘 ×	临朐县寺头镇西文山村	—	男	—
刘 ×	临朐县寺头镇西文山村	—	男	—
刘 ×	临朐县寺头镇西文山村	—	男	—
刘 ×	临朐县寺头镇西文山村	—	男	—
许金叶	临朐县寺头镇西文山村	—	男	—
许 ×	临朐县寺头镇西文山村	—	男	—
许 ×	临朐县寺头镇西文山村	—	男	—
许 ×	临朐县寺头镇西文山村	—	男	—
许 ×	临朐县寺头镇西文山村	—	男	—
许 ×	临朐县寺头镇西文山村	—	男	—
刘 ×	临朐县寺头镇西文山村	—	男	—
秦 ×	临朐县寺头镇西文山村	—	男	—
秦 ×	临朐县寺头镇西文山村	—	男	—
秦 ×	临朐县寺头镇西文山村	—	男	—
刘道德	临朐县寺头镇西文山村	—	男	—
刘 ×	临朐县寺头镇西文山村	—	男	—
刘 ×	临朐县寺头镇西文山村	—	男	—
刘 ×	临朐县寺头镇西文山村	—	男	—

姓 名	籍 贯	年 龄	性 别	死难时间
牛同丰	临朐县寺头镇西文山村	—	男	—
牛 ×	临朐县寺头镇西文山村	—	男	—
牛 ×	临朐县寺头镇西文山村	—	男	—
牛 ×	临朐县寺头镇西文山村	—	男	—
牛 ×	临朐县寺头镇西文山村	—	男	—
牛 ×	临朐县寺头镇西文山村	—	男	—
刘 氏	临朐县寺头镇西文山村	—	女	—
秦 ×	临朐县寺头镇西文山村	—	男	—
孟 氏	临朐县寺头镇两岭村	—	女	—
孟 ×	临朐县寺头镇两岭村	—	男	—
孟 ×	临朐县寺头镇两岭村	—	男	—
刘 氏	临朐县寺头镇两岭村	—	女	—
冯 氏	临朐县寺头镇两岭村	—	女	—
孙 氏	临朐县寺头镇孙家庄村	—	女	—
刘 氏	临朐县寺头镇孙家庄村	—	女	—
孙 氏	临朐县寺头镇孙家庄村	—	女	—
孙 氏	临朐县寺头镇孙家庄村	—	女	—
孙 ×	临朐县寺头镇孙家庄村	—	男	—
孙 氏	临朐县寺头镇孙家庄村	—	女	—
孙 氏	临朐县寺头镇孙家庄村	—	女	—
孙 氏	临朐县寺头镇孙家庄村	—	女	—
孙 氏	临朐县寺头镇孙家庄村	—	女	—
邓 ×	临朐县寺头镇邓家圈村	—	男	—
邓 ×	临朐县寺头镇邓家圈村	—	男	—
邓 ×	临朐县寺头镇邓家圈村	—	男	—
邓 ×	临朐县寺头镇邓家圈村	—	男	—
张 ×	临朐县寺头镇邓家圈村	—	男	—
张 ×	临朐县寺头镇黄崖村	—	男	—
高 氏	临朐县寺头镇黄崖村	—	女	—
张 ×	临朐县寺头镇黄崖村	—	男	—
张 ×	临朐县寺头镇黄崖村	—	男	—
张 氏	临朐县寺头镇黄崖村	—	女	—
吴 ×	临朐县寺头镇黄崖村	—	男	—

姓 名	籍 贯	年 龄	性 别	死难时间
刘 氏	临朐县寺头镇黄崖村	—	女	—
吴 氏	临朐县寺头镇黄崖村	—	女	—
孟 氏	临朐县寺头镇两岭村	—	女	—
刘 氏	临朐县寺头镇黄崖村	—	女	—
刘 ×	临朐县寺头镇大青峪村	—	男	—
张 ×	临朐县寺头镇大青峪村	—	男	—
张 ×	临朐县寺头镇大青峪村	—	男	—
张 ×	临朐县寺头镇大青峪村	—	男	—
张 ×	临朐县寺头镇大青峪村	—	男	—
程 氏	临朐县寺头镇大青峪村	—	女	—
程 氏	临朐县寺头镇大青峪村	—	女	—
程 ×	临朐县寺头镇大青峪村	—	男	—
程 氏	临朐县寺头镇大青峪村	—	女	—
王 ×	临朐县寺头镇大青峪村	—	男	—
张 氏	临朐县寺头镇大青峪村	—	女	—
王 氏	临朐县寺头镇大青峪村	—	女	—
逯 ×	临朐县寺头镇逯家庄村	—	男	—
李 氏	临朐县寺头镇逯家庄村	—	女	—
逯 氏	临朐县寺头镇逯家庄村	—	女	—
孙 氏	临朐县寺头镇孙家庄村	—	女	—
孙 氏	临朐县寺头镇孙家庄村	—	女	—
张新顺之二祖父	临朐县辛寨镇辛寨村	40	男	—
张新顺之叔	临朐县辛寨镇辛寨村	25	男	—
冯益国之伯	临朐县辛寨镇辛寨村	35	男	—
王胜叶	临朐县辛寨镇辛寨村	45	男	—
王胜叶之妻	临朐县辛寨镇辛寨村	46	女	—
王胜叶之子	临朐县辛寨镇辛寨村	20	男	—
马 轮	临朐县辛寨镇辛寨村	35	男	—
马轮之妻	临朐县辛寨镇辛寨村	36	女	—
蔡茂元	临朐县辛寨镇辛寨村	40	男	—
蔡茂元之子	临朐县辛寨镇辛寨村	20	男	—
蔡茂元之妻	临朐县辛寨镇辛寨村	40	女	—
杜春安	临朐县龙岗镇上楼村	47	男	—
杜青吉	临朐县龙岗镇上楼村	47	男	—

姓　名	籍　贯	年　龄	性　别	死难时间
付立安	临朐县龙岗镇上楼村	50	男	—
付立祥	临朐县龙岗镇上楼村	50	男	—
辛万德	临朐县龙岗镇上楼村	76	男	—
辛彬家	临朐县龙岗镇上楼村	74	男	—
杜万里	临朐县龙岗镇上楼村	39	男	—
冯德成之二兄	临朐县龙岗镇上楼村	15	男	—
冯德宝	临朐县龙岗镇上楼村	17	男	—
隽成太	临朐县龙岗镇西洼子村	51	男	—
樊西永	临朐县龙岗镇西洼子村	58	男	—
于复生	临朐县龙岗镇西洼子村	67	男	—
于复才	临朐县龙岗镇西洼子村	70	男	—
于复利	临朐县龙岗镇西洼子村	51	男	—
王春秋	临朐县龙岗镇西洼子村	39	男	—
王春生	临朐县龙岗镇西洼子村	45	男	—
于复成	临朐县龙岗镇西洼子村	41	男	—
于复兴	临朐县龙岗镇西洼子村	48	男	—
于复义	临朐县龙岗镇西洼子村	52	男	—
王春贵	临朐县龙岗镇西洼子村	60	男	—
于复来	临朐县龙岗镇西洼子村	57	男	—
王克修	临朐县龙岗镇西上林村	48	男	—
杜安福之母	临朐县龙岗镇西上林村	60	女	—
杜安吉	临朐县龙岗镇西上林村	60	男	—
王玉兴	临朐县龙岗镇西上林村	61	男	—
师建富	临朐县龙岗镇西上林村	—	男	—
师建富之母	临朐县龙岗镇西上林村	—	女	—
夏　×	临朐县龙岗镇西上林村	42	男	—
张孝杰	临朐县龙岗镇崔家河村	28	男	—
崔世发	临朐县龙岗镇崔家河村	31	男	—
胡常林	临朐县龙岗镇崔家河村	42	男	—
胡常忠	临朐县龙岗镇崔家河村	40	男	—
胡常堂	临朐县龙岗镇崔家河村	29	男	—
崔兴林	临朐县龙岗镇崔家河村	30	男	—
崔兴坛	临朐县龙岗镇崔家河村	29	男	—
崔兴堂	临朐县龙岗镇崔家河村	31	男	—

姓 名	籍 贯	年 龄	性 别	死难时间
崔兴逢	临朐县龙岗镇崔家河村	45	男	—
王兴贞	临朐县龙岗镇东洼子村	51	男	—
王兴起	临朐县龙岗镇东洼子村	25	男	—
王克利	临朐县龙岗镇东洼子村	42	男	—
王兴贤	临朐县龙岗镇东洼子村	35	男	—
王兴友	临朐县龙岗镇东洼子村	41	男	—
王兴仁	临朐县龙岗镇东洼子村	27	男	—
王兴杰	临朐县龙岗镇东洼子村	28	男	—
王兴昌	临朐县龙岗镇东洼子村	31	男	—
王兴全	临朐县龙岗镇东洼子村	32	男	—
王兴忠	临朐县龙岗镇东洼子村	45	男	—
王兴荣	临朐县龙岗镇东洼子村	51	男	—
王兴太	临朐县龙岗镇东洼子村	27	男	—
王兴超	临朐县龙岗镇东洼子村	30	男	—
李顺孝	临朐县龙岗镇南李台村	50	男	—
李 勤	临朐县龙岗镇南李台村	52	男	—
李师才	临朐县龙岗镇南李台村	32	男	—
李××	临朐县龙岗镇南李台村	48	男	—
李伦成	临朐县龙岗镇南李台村	50	男	—
王××	临朐县龙岗镇南李台村	42	男	—
王兴德	临朐县龙岗镇南李台村	55	男	—
王兴贞	临朐县龙岗镇南李台村	62	男	—
王福兴	临朐县龙岗镇南李台村	65	男	—
李师德	临朐县龙岗镇南李台村	58	男	—
李树吉	临朐县龙岗镇南李台村	59	男	—
赵连德	临朐县龙岗镇南李台村	62	男	—
孙××	临朐县龙岗镇南李台村	57	男	—
王××	临朐县龙岗镇南李台村	47	男	—
王兴平	临朐县龙岗镇南李台村	50	男	—
王兴吉	临朐县龙岗镇南李台村	41	男	—
王兴堂	临朐县龙岗镇南李台村	55	男	—
李树山	临朐县龙岗镇南李台村	48	男	—
孙风连	临朐县龙岗镇南李台村	62	男	—
李师木	临朐县龙岗镇南李台村	68	男	—

姓　名	籍　贯	年　龄	性　别	死难时间
孙××	临朐县龙岗镇南李台村	55	男	—
王××	临朐县龙岗镇南李台村	49	男	—
王××	临朐县龙岗镇南李台村	54	男	—
李××	临朐县龙岗镇南李台村	60	男	—
王××	临朐县龙岗镇南李台村	52	男	—
王××	临朐县龙岗镇南李台村	47	男	—
李××	临朐县龙岗镇南李台村	44	男	—
王××	临朐县龙岗镇南李台村	55	男	—
王福德	临朐县龙岗镇南李台村	47	男	—
赵连利	临朐县龙岗镇南李台村	56	男	—
李凤山	临朐县龙岗镇南李台村	60	男	—
李顺山	临朐县龙岗镇南李台村	52	男	—
王兴山	临朐县龙岗镇南李台村	50	男	—
王××	临朐县龙岗镇南李台村	45	男	—
李××	临朐县龙岗镇南李台村	52	男	—
王兴树	临朐县龙岗镇南李台村	48	男	—
王兴斌	临朐县龙岗镇南李台村	42	男	—
朱兴正	临朐县龙岗镇吴家庄村	—	男	—
朱兴良	临朐县龙岗镇吴家庄村	—	男	—
徐长山	临朐县龙岗镇吴家庄村	—	男	—
张克尧	临朐县龙岗镇吴家庄村	—	男	—
朱清云	临朐县龙岗镇吴家庄村	—	男	—
张克来	临朐县龙岗镇吴家庄村	—	男	—
朱兴水	临朐县龙岗镇吴家庄村	—	男	—
朱青山	临朐县龙岗镇吴家庄村	—	男	—
张克礼	临朐县龙岗镇吴家庄村	—	男	—
徐继友	临朐县龙岗镇吴家庄村	—	男	—
徐继发	临朐县龙岗镇吴家庄村	—	男	—
张克勇	临朐县龙岗镇吴家庄村	—	男	—
许佃文	临朐县龙岗镇百沟村	—	男	—
王成美	临朐县龙岗镇百沟村	—	女	—
许佃武	临朐县龙岗镇百沟村	35	男	—
许永学	临朐县龙岗镇百沟村	43	男	—
许永聊	临朐县龙岗镇百沟村	38	男	—

姓　名	籍　贯	年　龄	性　别	死难时间
许佃学	临朐县龙岗镇百沟村	41	男	—
陈美丽	临朐县龙岗镇百沟村	39	女	—
王秀兰	临朐县龙岗镇百沟村	40	女	—
陈其发	临朐县龙岗镇百沟村	39	男	—
许永才	临朐县龙岗镇百沟村	40	男	—
许佃明	临朐县龙岗镇百沟村	39	男	—
许永义	临朐县龙岗镇百沟村	41	男	—
许佃圣	临朐县龙岗镇百沟村	41	男	—
许永武	临朐县龙岗镇百沟村	43	男	—
许佃发	临朐县龙岗镇百沟村	40	男	—
田义粮	临朐县龙岗镇百沟村	46	男	—
许永成	临朐县龙岗镇百沟村	41	男	—
孙义美	临朐县龙岗镇百沟村	40	女	—
孙美英	临朐县龙岗镇百沟村	41	女	—
孙兰丽	临朐县龙岗镇百沟村	46	女	—
孙传文	临朐县龙岗镇百沟村	44	男	—
孙美梅	临朐县龙岗镇百沟村	44	女	—
辛学义	临朐县龙岗镇百沟村	47	男	—
许学发	临朐县龙岗镇百沟村	44	男	—
王玉花	临朐县龙岗镇百沟村	50	女	—
辛学胜	临朐县龙岗镇百沟村	55	男	—
辛守义	临朐县龙岗镇百沟村	56	男	—
辛守富	临朐县龙岗镇百沟村	49	男	—
张文美	临朐县龙岗镇百沟村	55	女	—
王英连	临朐县龙岗镇百沟村	56	女	—
辛学文	临朐县龙岗镇百沟村	56	男	—
张文英	临朐县龙岗镇百沟村	51	女	—
辛守文	临朐县龙岗镇百沟村	30	男	—
辛守职	临朐县龙岗镇百沟村	58	男	—
王桂英	临朐县龙岗镇百沟村	51	女	—
辛守虎	临朐县龙岗镇百沟村	30	男	—
辛守成	临朐县龙岗镇百沟村	33	男	—
王　丽	临朐县龙岗镇百沟村	47	女	—
王桂起	临朐县龙岗镇百沟村	46	女	—

姓 名	籍 贯	年 龄	性 别	死难时间
王桂美	临朐县龙岗镇百沟村	58	女	—
辛学花	临朐县龙岗镇百沟村	55	女	—
陈 英	临朐县龙岗镇百沟村	56	女	—
陈百立	临朐县龙岗镇百沟村	47	男	—
王桂红	临朐县龙岗镇百沟村	41	女	—
李文斌	临朐县龙岗镇百沟村	55	男	—
相义梅	临朐县龙岗镇百沟村	42	女	—
陈其明	临朐县龙岗镇百沟村	43	男	—
陈百义	临朐县龙岗镇百沟村	42	男	—
陈其武	临朐县龙岗镇百沟村	56	男	—
王于发	临朐县龙岗镇百沟村	42	男	—
王玉科	临朐县龙岗镇百沟村	48	男	—
王玉山	临朐县龙岗镇百沟村	49	男	—
辛守发	临朐县龙岗镇百沟村	47	男	—
辛守道	临朐县龙岗镇百沟村	52	男	—
陈其山	临朐县龙岗镇百沟村	55	男	—
王玉海	临朐县龙岗镇百沟村	53	男	—
辛学山	临朐县龙岗镇百沟村	52	男	—
姚美玲	临朐县龙岗镇百沟村	46	女	—
王乐山	临朐县龙岗镇百沟村	49	男	—
王乐明	临朐县龙岗镇百沟村	46	男	—
王乐林	临朐县龙岗镇百沟村	42	男	—
陈其文	临朐县龙岗镇百沟村	52	男	—
陈百山	临朐县龙岗镇百沟村	56	男	—
陈百福	临朐县龙岗镇百沟村	54	男	—
陈其圣	临朐县龙岗镇百沟村	50	男	—
隽兆贵	临朐县龙岗镇百沟村	44	男	—
王 英	临朐县龙岗镇百沟村	55	女	—
王花玲	临朐县龙岗镇百沟村	51	女	—
隽宏发	临朐县龙岗镇百沟村	41	男	—
隽宏云	临朐县龙岗镇百沟村	46	男	—
隽开三	临朐县龙岗镇百沟村	10	男	—
隽 ×	临朐县龙岗镇百沟村	53	男	—
隽开发	临朐县龙岗镇百沟村	51	男	—

姓 名	籍 贯	年 龄	性 别	死难时间
王桂玲	临朐县龙岗镇百沟村	55	女	—
隽 贵	临朐县龙岗镇百沟村	24	男	—
隽开玉	临朐县龙岗镇百沟村	44	男	—
隽开安	临朐县龙岗镇百沟村	40	男	—
王玲红	临朐县龙岗镇百沟村	47	女	—
隽开忠	临朐县龙岗镇百沟村	47	男	—
张桂花	临朐县龙岗镇百沟村	51	女	—
隽开贵	临朐县龙岗镇百沟村	51	男	—
隽 英	临朐县龙岗镇百沟村	—	女	—
隽小梅	临朐县龙岗镇百沟村	—	女	—
隽开福	临朐县龙岗镇百沟村	51	男	—
王桂花	临朐县龙岗镇百沟村	49	女	—
王 花	临朐县龙岗镇百沟村	41	女	—
陈 宏	临朐县龙岗镇百沟村	44	男	—
姚美红	临朐县龙岗镇百沟村	45	女	—
隽开义	临朐县龙岗镇百沟村	19	男	—
隽开英	临朐县龙岗镇百沟村	6	女	—
隽开仪	临朐县龙岗镇百沟村	44	男	—
王乐经	临朐县龙岗镇百沟村	56	男	—
王乐文	临朐县龙岗镇百沟村	58	男	—
高学才	临朐县龙岗镇席家河村	52	男	—
吕同秀	临朐县龙岗镇席家河村	41	女	—
吕同林	临朐县龙岗镇席家河村	32	男	—
席礼来	临朐县龙岗镇席家河村	35	男	—
吕同茂	临朐县龙岗镇席家河村	41	男	—
席继传	临朐县龙岗镇席家河村	38	男	—
高成武	临朐县龙岗镇席家河村	50	男	—
席礼英	临朐县龙岗镇席家河村	29	女	—
高学本	临朐县龙岗镇席家河村	51	男	—
高学家	临朐县龙岗镇席家河村	33	男	—
吕同才	临朐县龙岗镇席家河村	27	男	—
席礼荣	临朐县龙岗镇席家河村	30	女	—
吕同来	临朐县龙岗镇席家河村	27	男	—
高学友	临朐县龙岗镇席家河村	31	男	—

姓　名	籍　贯	年　龄	性　别	死难时间
吕同庆	临朐县龙岗镇席家河村	45	男	—
高成山	临朐县龙岗镇席家河村	—	男	—
高成福	临朐县龙岗镇席家河村	—	男	—
席礼勇	临朐县龙岗镇席家河村	—	男	—
高成玉	临朐县龙岗镇席家河村	—	男	—
吕同桌	临朐县龙岗镇席家河村	—	男	—
高学田	临朐县龙岗镇席家河村	—	男	—
闫廷文	临朐县龙岗镇西桃花村	—	男	—
张广发	临朐县龙岗镇西桃花村	—	男	—
张广荣	临朐县龙岗镇西桃花村	—	男	—
闫明朋	临朐县龙岗镇西桃花村	—	男	—
张维利	临朐县龙岗镇西桃花村	—	男	—
闫森胜	临朐县龙岗镇西桃花村	—	男	—
闫森忠	临朐县龙岗镇西桃花村	—	男	—
张广禄	临朐县龙岗镇西桃花村	—	男	—
田福全	临朐县龙岗镇西桃花村	—	男	—
闫洪玉	临朐县龙岗镇西桃花村	—	男	—
张广山	临朐县龙岗镇西桃花村	—	男	—
闫明前	临朐县龙岗镇西桃花村	—	男	—
张维君	临朐县龙岗镇西桃花村	51	男	—
闫森立	临朐县龙岗镇西桃花村	32	男	—
张广本	临朐县龙岗镇西桃花村	43	男	—
闫明春	临朐县龙岗镇西桃花村	27	男	—
闫森财	临朐县龙岗镇西桃花村	35	男	—
张元胜	临朐县龙岗镇张家旺村	48	男	—
李凤水	临朐县龙岗镇张家旺村	51	男	—
张清林	临朐县龙岗镇张家旺村	32	男	—
张清义	临朐县龙岗镇张家旺村	41	男	—
张清才	临朐县龙岗镇张家旺村	27	男	—
张元茂	临朐县龙岗镇张家旺村	29	男	—
张元荣	临朐县龙岗镇张家旺村	45	男	—
李伦成之祖父	临朐县龙岗镇洛地村	60	男	—
夏红福之父	临朐县龙岗镇洛地村	58	男	—
夏　二	临朐县龙岗镇洛地村	50	男	—

姓　名	籍　贯	年　龄	性　别	死难时间
夏　三	临朐县龙岗镇洛地村	48	男	—
夏德平	临朐县龙岗镇洛地村	52	男	—
夏红俊	临朐县龙岗镇洛地村	48	男	—
夏××	临朐县龙岗镇洛地村	53	男	—
曾××	临朐县龙岗镇洛地村	47	男	—
李××	临朐县龙岗镇洛地村	49	男	—
曾凡成之父	临朐县龙岗镇洛地村	60	男	—
曾××	临朐县龙岗镇洛地村	40	男	—
李××	临朐县龙岗镇洛地村	49	男	—
李××	临朐县龙岗镇洛地村	53	男	—
李××	临朐县龙岗镇洛地村	55	男	—
曾××	临朐县龙岗镇洛地村	59	男	—
郭　×	临朐县龙岗镇洛地村	58	男	—
夏　×	临朐县龙岗镇洛地村	59	男	—
曾××	临朐县龙岗镇洛地村	49	男	—
夏××	临朐县龙岗镇洛地村	42	男	—
曾祥宝	临朐县龙岗镇洛地村	49	男	—
曾××	临朐县龙岗镇洛地村	57	男	—
曾　×	临朐县龙岗镇洛地村	60	男	—
夏××	临朐县龙岗镇洛地村	62	男	—
郭　×	临朐县龙岗镇洛地村	60	男	—
夏　×	临朐县龙岗镇洛地村	54	男	—
张曰德	临朐县龙岗镇柳行沟村	42	男	—
张曰山	临朐县龙岗镇柳行沟村	48	男	—
王××	临朐县龙岗镇柳行沟村	49	男	—
张××	临朐县龙岗镇柳行沟村	42	男	—
王××	临朐县龙岗镇柳行沟村	48	男	—
张年顺	临朐县龙岗镇柳行沟村	55	男	—
王玉吉	临朐县龙岗镇柳行沟村	52	男	—
王玉德	临朐县龙岗镇柳行沟村	58	男	—
王玉庆	临朐县龙岗镇柳行沟村	59	男	—
张曰吉	临朐县龙岗镇柳行沟村	60	男	—
张××	临朐县龙岗镇柳行沟村	65	男	—
王××	临朐县龙岗镇柳行沟村	64	男	—

姓 名	籍 贯	年 龄	性 别	死难时间
王克山	临朐县龙岗镇柳行沟村	52	男	—
王玉国	临朐县龙岗镇柳行沟村	42	男	—
张××	临朐县龙岗镇柳行沟村	49	男	—
张××	临朐县龙岗镇柳行沟村	50	男	—
王克周	临朐县龙岗镇柳行沟村	43	男	—
王××	临朐县龙岗镇柳行沟村	49	男	—
张维利	临朐县龙岗镇东桃花村	50	男	—
张曰来	临朐县龙岗镇东桃花村	52	男	—
张维门	临朐县龙岗镇东桃花村	51	男	—
张广庆	临朐县龙岗镇东桃花村	—	男	—
张曰礼	临朐县龙岗镇东桃花村	—	男	—
张维义	临朐县龙岗镇东桃花村	—	男	—
李任权	临朐县龙岗镇东桃花村	—	男	—
张曰让	临朐县龙岗镇东桃花村	—	男	—
张曰久	临朐县龙岗镇东桃花村	—	男	—
李伍才	临朐县龙岗镇东桃花村	—	男	—
张维宝	临朐县龙岗镇东桃花村	—	男	—
张维卢	临朐县龙岗镇东桃花村	—	男	—
张广树	临朐县龙岗镇东桃花村	—	男	—
张广山	临朐县龙岗镇东桃花村	—	男	—
张广水	临朐县龙岗镇东桃花村	—	男	—
张曰好	临朐县龙岗镇东桃花村	—	男	—
张曰东	临朐县龙岗镇东桃花村	—	男	—
钟绵祥	临朐县龙岗镇申明亭村	32	男	—
钟安池	临朐县龙岗镇申明亭村	18	男	—
钟耕亮	临朐县龙岗镇申明亭村	17	男	—
钟立孝	临朐县龙岗镇申明亭村	24	男	—
张××	临朐县龙岗镇申明亭村	—	男	—
王 氏	临朐县龙岗镇申明亭村	—	女	—
王 氏	临朐县龙岗镇申明亭村	—	女	—
赵九球	临朐县龙岗镇赵家庙村	65	男	—
钟炳良	临朐县龙岗镇赵家庙村	52	男	—
贾仲明	临朐县龙岗镇赵家庙村	56	男	—
赵 颜	临朐县龙岗镇赵家庙村	30	男	—

姓 名	籍 贯	年龄	性别	死难时间
赵守春之大弟	临朐县龙岗镇赵家庙村	32	男	—
赵守春之二弟	临朐县龙岗镇赵家庙村	30	男	—
赵乃英	临朐县龙岗镇赵家庙村	25	女	—
赵××	临朐县龙岗镇赵家庙村	—	男	—
张××	临朐县龙岗镇赵家庙村	—	男	—
李明信	临朐县龙岗镇马家洼村	37	男	—
李明昌	临朐县龙岗镇马家洼村	33	男	—
李明昌之弟	临朐县龙岗镇马家洼村	29	男	—
李明昌之母	临朐县龙岗镇马家洼村	50	女	—
李福本之妻	临朐县龙岗镇马家洼村	60	女	—
李近师之母	临朐县龙岗镇马家洼村	30	女	—
张洪宽	临朐县龙岗镇林家庄村	46	男	—
张洪友	临朐县龙岗镇林家庄村	51	男	—
张永贵	临朐县龙岗镇林家庄村	54	男	—
林寿同	临朐县龙岗镇林家庄村	43	男	—
林春胜	临朐县龙岗镇林家庄村	72	男	—
张天增	临朐县龙岗镇林家庄村	73	男	—
张洪福	临朐县龙岗镇林家庄村	70	男	—
刘学清	临朐县龙岗镇上林寺村	67	男	—
刘学胜	临朐县龙岗镇上林寺村	63	男	—
刘学冬	临朐县龙岗镇上林寺村	61	男	—
刘希全	临朐县龙岗镇上林寺村	62	男	—
刘天亭	临朐县龙岗镇上林寺村	58	男	—
王立让	临朐县龙岗镇上林寺村	28	男	—
王立敏	临朐县龙岗镇上林寺村	27	男	—
刘天合之祖母	临朐县龙岗镇上林寺村	75	女	—
刘连顺	临朐县龙岗镇上林寺村	72	男	—
刘天录	临朐县龙岗镇上林寺村	71	男	—
刘连全	临朐县龙岗镇上林寺村	75	男	—
刘天元	临朐县龙岗镇上林寺村	56	男	—
张乐胜	临朐县龙岗镇上林寺村	62	男	—
张乐茂	临朐县龙岗镇上林寺村	64	男	—
王成香	临朐县龙岗镇上林寺村	70	男	—
朱振方	临朐县龙岗镇上林寺村	70	男	—

姓　名	籍　贯	年　龄	性　别	死难时间
刘连章	临朐县龙岗镇上林寺村	58	男	—
刘天祥	临朐县龙岗镇上林寺村	50	男	—
刘忠庆	临朐县龙岗镇上林寺村	51	男	—
王希庆	临朐县龙岗镇上林寺村	60	男	—
刘天清	临朐县龙岗镇上林寺村	59	男	—
宋学德	临朐县龙岗镇雷家崖头村	53	男	—
王立义	临朐县龙岗镇雷家崖头村	22	男	—
宋学胜	临朐县龙岗镇雷家崖头村	55	男	—
王奉昌	临朐县龙岗镇雷家崖头村	62	男	—
宋春元	临朐县龙岗镇雷家崖头村	32	男	—
宋学孟	临朐县龙岗镇雷家崖头村	54	男	—
宋学成	临朐县龙岗镇雷家崖头村	63	男	—
宋学增丶	临朐县龙岗镇雷家崖头村	35	男	—
宋学忠	临朐县龙岗镇雷家崖头村	44	男	—
王建成	临朐县龙岗镇雷家崖头村	52	男	—
王建德	临朐县龙岗镇雷家崖头村	53	男	—
宋春志	临朐县龙岗镇雷家崖头村	36	男	—
宋春法	临朐县龙岗镇雷家崖头村	30	男	—
宋光友	临朐县龙岗镇雷家崖头村	67	男	—
宋光祯	临朐县龙岗镇雷家崖头村	—	男	—
宋光禄	临朐县龙岗镇雷家崖头村	74	男	—
宋学全	临朐县龙岗镇雷家崖头村	57	男	—
王洪谦	临朐县龙岗镇雷家崖头村	52	男	—
吴继宽	临朐县龙岗镇雷家崖头村	—	男	—
吴芳田	临朐县龙岗镇雷家崖头村	26	男	—
宋春梅	临朐县龙岗镇雷家崖头村	—	女	—
王洪海	临朐县龙岗镇雷家崖头村	41	男	—
王建升	临朐县龙岗镇蒿科村	68	男	—
王廷礼	临朐县龙岗镇蒿科村	67	男	—
王佃青	临朐县龙岗镇蒿科村	73	男	—
王兴贤	临朐县龙岗镇蒿科村	71	男	—
王东山	临朐县龙岗镇西王沟村	—	男	—
王　玉	临朐县龙岗镇西王沟村	—	男	—
王希中	临朐县龙岗镇西王沟村	—	男	—

姓　名	籍　贯	年　龄	性　别	死难时间
王秀乾	临朐县龙岗镇西王沟村	—	男	—
王秀坤	临朐县龙岗镇西王沟村	—	男	—
王曰法	临朐县龙岗镇西王沟村	—	男	—
王佃福	临朐县龙岗镇西王沟村	—	男	—
张连珠	临朐县龙岗镇西王沟村	—	男	—
王佃元	临朐县龙岗镇西王沟村	—	男	—
王　先	临朐县龙岗镇西王沟村	—	男	—
王秀坦	临朐县龙岗镇西王沟村	—	男	—
王永孝	临朐县龙岗镇西王沟村	—	男	—
王永和	临朐县龙岗镇西王沟村	—	男	—
王永胜	临朐县龙岗镇西王沟村	—	男	—
王秀聚	临朐县龙岗镇西王沟村	—	男	—
王秀贞	临朐县龙岗镇西王沟村	—	男	—
王俊山	临朐县龙岗镇西王沟村	—	男	—
王俊山之兄	临朐县龙岗镇西王沟村	—	男	—
王雄山	临朐县龙岗镇西王沟村	—	男	—
王伯山	临朐县龙岗镇西王沟村	—	男	—
王永旬	临朐县龙岗镇西王沟村	—	男	—
王秀同	临朐县龙岗镇西王沟村	—	男	—
王永田	临朐县龙岗镇西王沟村	—	男	—
王永宽	临朐县龙岗镇西王沟村	—	男	—
王永顺	临朐县龙岗镇西王沟村	—	男	—
王永吉	临朐县龙岗镇西王沟村	—	男	—
王永臣	临朐县龙岗镇西王沟村	—	男	—
王　来	临朐县龙岗镇西王沟村	—	男	—
王茂山	临朐县龙岗镇西王沟村	—	男	—
王永庆	临朐县龙岗镇西王沟村	—	男	—
王秀吉	临朐县龙岗镇西王沟村	—	男	—
王佃顺	临朐县龙岗镇西王沟村	—	男	—
王佃友	临朐县龙岗镇西王沟村	—	男	—
李西震	临朐县龙岗镇西王沟村	—	男	—
李同顺	临朐县龙岗镇西王沟村	—	男	—
李西坦	临朐县龙岗镇西王沟村	—	男	—
李同升	临朐县龙岗镇西王沟村	—	男	—

姓 名	籍 贯	年 龄	性 别	死难时间
李同成	临朐县龙岗镇西王沟村	—	男	—
王树超	临朐县龙岗镇西王沟村	—	男	—
黄科宝	临朐县龙岗镇西王沟村	—	男	—
黄科读	临朐县龙岗镇西王沟村	—	男	—
黄七春	临朐县龙岗镇西王沟村	—	男	—
王玉福	临朐县龙岗镇安家沟村	—	男	—
王玉松	临朐县龙岗镇安家沟村	—	男	—
丁兆清	临朐县龙岗镇安家沟村	—	男	—
邬佩九	临朐县龙岗镇安家沟村	—	男	—
李乃武之伯	临朐县龙岗镇安家沟村	—	男	—
刘清义	临朐县龙岗镇安家沟村	—	男	—
武清高	临朐县龙岗镇安家沟村	—	男	—
刘洪录	临朐县龙岗镇安家沟村	—	男	—
刘洪福	临朐县龙岗镇安家沟村	—	男	—
武法连	临朐县龙岗镇安家沟村	—	男	—
武法科	临朐县龙岗镇安家沟村	—	男	—
武继庆之二伯	临朐县龙岗镇安家沟村	—	男	—
李广田	临朐县龙岗镇安家沟村	—	男	—
栾×之弟	临朐县龙岗镇安家沟村	—	男	—
潘×之弟	临朐县龙岗镇安家沟村	—	男	—
冯　×	临朐县龙岗镇安家沟村	—	男	—
武法礼	临朐县龙岗镇安家沟村	—	男	—
崔化银	临朐县龙岗镇安家沟村	—	男	—
崔仕贞	临朐县龙岗镇安家沟村	—	男	—
高瑞德	临朐县龙岗镇和庄村	67	男	—
王万升	临朐县龙岗镇和庄村	62	男	—
高有德	临朐县龙岗镇和庄村	64	男	—
王义才	临朐县龙岗镇和庄村	65	男	—
王清光	临朐县龙岗镇和庄村	64	男	—
王海德之母	临朐县龙岗镇和庄村	66	女	—
王保增之母	临朐县龙岗镇和庄村	70	女	—
王松栾	临朐县龙岗镇和庄村	51	男	—
王松岭	临朐县龙岗镇和庄村	56	男	—
王松清	临朐县龙岗镇和庄村	61	男	—

姓　名	籍　贯	年　龄	性　别	死难时间
王松峰	临朐县龙岗镇和庄村	63	男	—
王保青	临朐县龙岗镇和庄村	58	男	—
王清州	临朐县龙岗镇和庄村	56	男	—
王清彪	临朐县龙岗镇和庄村	57	男	—
王保度	临朐县龙岗镇和庄村	38	男	—
王海山	临朐县龙岗镇和庄村	67	男	—
王海珠	临朐县龙岗镇和庄村	65	男	—
王保法	临朐县龙岗镇和庄村	—	男	—
王保法之母	临朐县龙岗镇和庄村	—	女	—
王万喜	临朐县龙岗镇和庄村	72	男	—
王万顺	临朐县龙岗镇和庄村	73	男	—
王保刚	临朐县龙岗镇和庄村	68	男	—
王保伦	临朐县龙岗镇和庄村	67	男	—
王海宽	临朐县龙岗镇和庄村	64	男	—
王海昌	临朐县龙岗镇和庄村	62	男	—
王志连	临朐县龙岗镇和庄村	60	男	—
万中明之弟	临朐县龙岗镇石山河村	—	男	—
万石匠	临朐县龙岗镇石山河村	—	男	—
万东兴	临朐县龙岗镇石山河村	—	男	—
许　山	临朐县龙岗镇石山河村	—	男	—
房汉明	临朐县龙岗镇石山河村	—	男	—
房兆梦	临朐县龙岗镇石山河村	—	男	—
房汉明之伯父	临朐县龙岗镇石山河村	—	男	—
房汉国	临朐县龙岗镇石山河村	—	男	—
万中奎	临朐县龙岗镇石山河村	—	男	—
万中明	临朐县龙岗镇石山河村	—	男	—
王明山之伯父	临朐县龙岗镇石山河村	—	男	—
房茂德	临朐县龙岗镇石山河村	—	男	—
房茂德之弟	临朐县龙岗镇石山河村	—	男	—
房撇嘴	临朐县龙岗镇石山河村	—	男	—
房汉义	临朐县龙岗镇石山河村	—	男	—
姚同贵	临朐县龙岗镇石山河村	—	男	—
姚同贵之兄	临朐县龙岗镇石山河村	—	男	—
黄信堂	临朐县龙岗镇石山河村	—	男	—

姓　名	籍　贯	年　龄	性　别	死难时间
姚兴才	临朐县龙岗镇石山河村	—	男	—
赵广福	临朐县龙岗镇石山河村	—	男	—
王　吕	临朐县龙岗镇石山河村	—	男	—
王　安	临朐县龙岗镇石山河村	—	男	—
王洪恩	临朐县龙岗镇石山河村	—	男	—
王　浩	临朐县龙岗镇石山河村	—	男	—
王　俭	临朐县龙岗镇石山河村	—	男	—
王　收	临朐县龙岗镇石山河村	—	男	—
王　升	临朐县龙岗镇石山河村	—	男	—
刘庆贵	临朐县龙岗镇石山河村	—	男	—
赵东屋	临朐县龙岗镇石山河村	—	男	—
张付祥之祖父	临朐县龙岗镇张家台村	—	男	—
张广科之祖父	临朐县龙岗镇张家台村	—	男	—
张付胜之祖父	临朐县龙岗镇张家台村	—	男	—
张付军之祖父	临朐县龙岗镇张家台村	—	男	—
张永华之祖父	临朐县龙岗镇张家台村	—	男	—
王永辉	临朐县龙岗镇大柳树沟村	—	男	—
石光聚	临朐县龙岗镇大柳树沟村	—	男	—
张光福	临朐县龙岗镇大柳树沟村	—	男	—
陈福岗	临朐县龙岗镇大柳树沟村	—	男	—
王学增	临朐县龙岗镇大柳树沟村	—	男	—
潘景信	临朐县龙岗镇大柳树沟村	—	男	—
张为春	临朐县龙岗镇大柳树沟村	—	男	—
王刚芝	临朐县龙岗镇姚家庄村	—	男	—
王志武	临朐县龙岗镇姚家庄村	—	男	—
姚守录	临朐县龙岗镇姚家庄村	—	男	—
张为臣	临朐县龙岗镇姚家庄村	—	男	—
钟笃平	临朐县龙岗镇姚家庄村	—	男	—
姚守果	临朐县龙岗镇姚家庄村	—	男	—
张曰顺	临朐县龙岗镇姚家庄村	—	男	—
姚守春	临朐县龙岗镇姚家庄村	—	男	—
郝希周	临朐县龙岗镇姚家庄村	—	男	—
张广武	临朐县龙岗镇姚家庄村	—	男	—
陈宗发	临朐县龙岗镇姚家庄村	—	男	—

姓　名	籍　贯	年　龄	性　别	死难时间
王怀芝	临朐县龙岗镇战家庄村	—	男	—
王洪修	临朐县龙岗镇战家庄村	—	男	—
王俊芝	临朐县龙岗镇战家庄村	—	男	—
李汝刚	临朐县龙岗镇战家庄村	—	男	—
李汝同	临朐县龙岗镇战家庄村	—	男	—
李汝合	临朐县龙岗镇战家庄村	—	男	—
张日西	临朐县龙岗镇战家庄村	—	男	—
李中钦	临朐县龙岗镇战家庄村	—	男	—
刘怀增	临朐县龙岗镇闫家沟村	60	男	—
刘纪福之兄	临朐县龙岗镇闫家沟村	20	男	—
刘起子	临朐县龙岗镇闫家沟村	13	男	—
王龙吉	临朐县龙岗镇闫家沟村	22	男	—
刘守富之祖父	临朐县龙岗镇闫家沟村	25	男	—
刘丰和之三祖父	临朐县龙岗镇闫家沟村	34	男	—
王立志	临朐县龙岗镇闫家沟村	20	男	—
菜包子	临朐县龙岗镇闫家沟村	41	男	—
刘怀忠	临朐县龙岗镇闫家沟村	47	男	—
刘怀功	临朐县龙岗镇闫家沟村	53	男	—
刘兴山	临朐县龙岗镇闫家沟村	40	男	—
刘怀亮	临朐县龙岗镇闫家沟村	54	男	—
刘永胜	临朐县龙岗镇闫家沟村	48	男	—
刘曰会之四叔	临朐县龙岗镇闫家沟村	42	男	—
刘花英	临朐县龙岗镇闫家沟村	54	男	—
刘桂福之祖父	临朐县龙岗镇闫家沟村	37	男	—
刘花田	临朐县龙岗镇闫家沟村	61	男	—
刘来易之叔	临朐县龙岗镇闫家沟村	27	男	—
刘秀光之祖父	临朐县龙岗镇闫家沟村	60	男	—
齐克俭之叔	临朐县龙岗镇杏林村	—	男	—
钟安信	临朐县龙岗镇杏林村	—	男	—
刘秀英之伯	临朐县龙岗镇杏林村	—	男	—
王兴贞	临朐县龙岗镇杏林村	—	男	—
钟京川之伯	临朐县龙岗镇杏林村	—	男	—
钟安厚之叔	临朐县龙岗镇杏林村	—	男	—
姜志友之伯	临朐县龙岗镇杏林村	—	男	—

姓　名	籍　贯	年　龄	性　别	死难时间
王桂英之母	临朐县龙岗镇杏林村	—	女	—
钢　蛋	临朐县龙岗镇乜家河村	9	男	—
朱亭臣	临朐县龙岗镇乜家河村	62	男	—
朱明色之叔	临朐县龙岗镇乜家河村	32	男	—
朱瑞法之伯	临朐县龙岗镇乜家河村	28	男	—
朱明瑞之四叔	临朐县龙岗镇乜家河村	22	男	—
朱兴忠之伯	临朐县龙岗镇乜家河村	52	男	—
李修堂之祖父	临朐县龙岗镇乜家河村	65	男	—
朱庆利之祖父	临朐县龙岗镇乜家河村	59	男	—
麻　子	临朐县龙岗镇乜家河村	15	男	—
朱明德之祖父	临朐县龙岗镇乜家河村	30	男	—
朱洪德之三祖父	临朐县龙岗镇乜家河村	23	男	—
朱兴茂之三叔	临朐县龙岗镇乜家河村	20	男	—
李修增之二叔	临朐县龙岗镇乜家河村	40	男	—
李修德之大伯	临朐县龙岗镇乜家河村	42	男	—
辛三辽	临朐县龙岗镇大车沟村	39	男	—
辛守茂之祖父	临朐县龙岗镇大车沟村	56	男	—
吕世国之祖父	临朐县龙岗镇大车沟村	40	男	—
席纪太之女	临朐县龙岗镇大车沟村	22	女	—
王端正之妹	临朐县龙岗镇大车沟村	21	女	—
王端义之祖父	临朐县龙岗镇大车沟村	44	男	—
席文珍之祖父	临朐县龙岗镇大车沟村	50	男	—
席立华之二祖父	临朐县龙岗镇大车沟村	49	男	—
吕同道	临朐县龙岗镇大车沟村	51	男	—
吕永安之二祖父	临朐县龙岗镇大车沟村	31	男	—
吕春常之祖父	临朐县龙岗镇大车沟村	47	男	—
辛守禹之三叔	临朐县龙岗镇大车沟村	43	男	—
辛守柱之四叔	临朐县龙岗镇大车沟村	28	男	—
王方学之叔	临朐县龙岗镇大车沟村	29	男	—
王立汉之伯父	临朐县龙岗镇大车沟村	45	男	—
王端普之三祖父	临朐县龙岗镇大车沟村	64	男	—
李成江之老祖父	临朐县龙岗镇大车沟村	47	男	—
王立传之祖父	临朐县龙岗镇大车沟村	30	男	—
王立武之二叔	临朐县龙岗镇大车沟村	43	男	—

姓　名	籍　贯	年　龄	性　别	死难时间
钟读伦	临朐县龙岗镇杭山村	—	男	—
钟读成	临朐县龙岗镇杭山村	—	男	—
钟读伦之三弟	临朐县龙岗镇杭山村	—	男	—
钟读芹	临朐县龙岗镇杭山村	—	男	—
钟木早	临朐县龙岗镇杭山村	—	男	—
钟银德	临朐县龙岗镇杭山村	—	男	—
钟胡芹	临朐县龙岗镇杭山村	—	男	—
滕志文	临朐县龙岗镇杭山村	—	男	—
丁习敏	临朐县龙岗镇杭山村	—	男	—
钟高苹之叔	临朐县龙岗镇杭山村	—	男	—
钟安业之叔	临朐县龙岗镇杭山村	—	男	—
钟维政之伯父	临朐县龙岗镇杭山村	—	男	—
钟广荣之叔	临朐县龙岗镇杭山村	—	男	—
钟安敬之叔	临朐县龙岗镇杭山村	—	男	—
薛光友之伯父	临朐县龙岗镇杭山村	—	男	—
钟绵常之叔	临朐县龙岗镇杭山村	—	男	—
钟安西之叔	临朐县龙岗镇杭山村	—	男	—
钟安道之叔	临朐县龙岗镇杭山村	—	男	—
钟秀德之二叔	临朐县龙岗镇杭山村	—	男	—
钟木顺之弟	临朐县龙岗镇杭山村	—	男	—
钟木芹之叔	临朐县龙岗镇杭山村	—	男	—
钟秀华之兄	临朐县龙岗镇杭山村	—	男	—
钟秀宣之叔	临朐县龙岗镇杭山村	—	男	—
钟秀和	临朐县龙岗镇杭山村	—	男	—
钟木俭之二兄	临朐县龙岗镇杭山村	—	男	—
钟木溪之弟	临朐县龙岗镇杭山村	—	男	—
钟读万之弟	临朐县龙岗镇杭山村	—	男	—
钟读广之二兄	临朐县龙岗镇杭山村	—	男	—
钟秀江之二弟	临朐县龙岗镇杭山村	—	男	—
钟秀区之三兄	临朐县龙岗镇杭山村	—	男	—
钟秀荣之二兄	临朐县龙岗镇杭山村	—	男	—
钟秀符之兄	临朐县龙岗镇杭山村	—	男	—
钟安君之叔	临朐县龙岗镇杭山村	—	男	—
钟安德之二叔	临朐县龙岗镇杭山村	—	男	—

姓　名	籍　　贯	年　龄	性　别	死难时间
钟安贤之伯父	临朐县龙岗镇杭山村	—	男	—
钟安石之弟	临朐县龙岗镇杭山村	—	男	—
钟安山之弟	临朐县龙岗镇杭山村	—	男	—
钟安证	临朐县龙岗镇杭山村	—	男	—
钟安记	临朐县龙岗镇杭山村	—	男	—
王兴义之叔	临朐县龙岗镇纪山沟村	—	男	—
王兴昌之伯父	临朐县龙岗镇纪山沟村	—	男	—
王克会之叔	临朐县龙岗镇纪山沟村	—	男	—
张孝武之二伯父	临朐县龙岗镇纪山沟村	—	男	—
王克周之叔	临朐县龙岗镇纪山沟村	—	男	—
钟兰华之弟	临朐县龙岗镇纪山沟村	—	男	—
王克堂之伯父	临朐县龙岗镇纪山沟村	—	男	—
王兴祯之叔	临朐县龙岗镇纪山沟村	—	男	—
王克义之伯父	临朐县龙岗镇纪山沟村	—	男	—
王于恩	临朐县龙岗镇纪山沟村	—	男	—
王克易之叔	临朐县龙岗镇纪山沟村	—	男	—
王兴秀之兄	临朐县龙岗镇纪山沟村	—	男	—
王克学之叔	临朐县龙岗镇纪山沟村	—	男	—
王克平之伯父	临朐县龙岗镇纪山沟村	—	男	—
王克礼之伯父	临朐县龙岗镇纪山沟村	—	男	—
王兴安之叔	临朐县龙岗镇纪山沟村	—	男	—
王佃贵	临朐县龙岗镇龙泉村	36	男	—
王　×	临朐县龙岗镇龙泉村	50	男	—
李秀全	临朐县龙岗镇龙泉村	51	男	—
蒋中仁	临朐县龙岗镇龙泉村	48	男	—
王佃全	临朐县龙岗镇龙泉村	57	男	—
李秀伍	临朐县龙岗镇龙泉村	53	男	—
王佃伍	临朐县龙岗镇龙泉村	50	男	—
李秀益	临朐县龙岗镇龙泉村	45	男	—
李　×	临朐县龙岗镇龙泉村	30	男	—
王佃仁	临朐县龙岗镇龙泉村	56	男	—
李秀国	临朐县龙岗镇龙泉村	60	男	—
李秀玉	临朐县龙岗镇龙泉村	48	男	—
蒋中进	临朐县龙岗镇龙泉村	40	男	—

姓 名	籍 贯	年 龄	性 别	死难时间
蒋曰宽	临朐县龙岗镇龙泉村	65	男	—
李秀水	临朐县龙岗镇龙泉村	70	男	—
李秀贵	临朐县龙岗镇龙泉村	71	男	—
李秀佰	临朐县龙岗镇龙泉村	60	男	—
李秀美	临朐县龙岗镇龙泉村	40	女	—
李秀花	临朐县龙岗镇龙泉村	50	女	—
王佃美	临朐县龙岗镇龙泉村	51	男	—
王国强	临朐县龙岗镇龙泉村	65	男	—
王 强	临朐县龙岗镇龙泉村	45	男	—
王 益	临朐县龙岗镇龙泉村	71	男	—
王 国	临朐县龙岗镇龙泉村	55	男	—
王佃华	临朐县龙岗镇龙泉村	76	男	—
蒋中国	临朐县龙岗镇龙泉村	60	男	—
王 ×	临朐县龙岗镇龙泉村	60	男	
李秀正	临朐县龙岗镇龙泉村	65	男	—
李××	临朐县龙岗镇龙泉村	50	男	—
王××	临朐县龙岗镇龙泉村	55	男	—
蒋××	临朐县龙岗镇龙泉村	40	男	—
蒋 仁	临朐县龙岗镇龙泉村	30	男	—
蒋中义	临朐县龙岗镇龙泉村	40	男	—
蒋中全	临朐县龙岗镇龙泉村	45	男	—
蒋中超	临朐县龙岗镇龙泉村	60	男	—
蒋中起	临朐县龙岗镇龙泉村	70	男	—
王佃坤	临朐县龙岗镇龙泉村	65	男	—
王佃亮	临朐县龙岗镇龙泉村	71	男	—
王佃水	临朐县龙岗镇龙泉村	50	男	—
李××	临朐县龙岗镇龙泉村	78	男	—
许 伍	临朐县龙岗镇龙泉村	70	男	—
许 黑	临朐县龙岗镇龙泉村	65	男	—
许 ×	临朐县龙岗镇龙泉村	70	男	—
席 ×	临朐县龙岗镇龙泉村	71	男	—
徐××	临朐县龙岗镇龙泉村	76	男	—
段明才	临朐县龙岗镇黄山店村	50	男	—
郭传言	临朐县龙岗镇黄山店村	45	男	—

姓 名	籍 贯	年 龄	性 别	死难时间
郭传礼	临朐县龙岗镇黄山店村	61	男	—
郭传纲	临朐县龙岗镇黄山店村	42	男	—
段九义	临朐县龙岗镇黄山店村	48	男	—
王克义	临朐县龙岗镇黄山店村	41	男	—
段文良	临朐县龙岗镇黄山店村	40	男	—
段明玉	临朐县龙岗镇黄山店村	—	男	—
段升功	临朐县龙岗镇黄山店村	—	男	—
段升才	临朐县龙岗镇黄山店村	—	男	—
段升石	临朐县龙岗镇黄山店村	—	男	—
段明良	临朐县龙岗镇黄山店村	—	男	—
王克玉	临朐县龙岗镇黄山店村	—	男	—
王克仁	临朐县龙岗镇黄山店村	—	男	—
王克富	临朐县龙岗镇黄山店村	—	男	—
张洪昌	临朐县龙岗镇黄山店村	—	男	—
段九才	临朐县龙岗镇黄山店村	—	男	—
段文义	临朐县龙岗镇黄山店村	—	男	—
王克礼	临朐县龙岗镇黄山店村	—	男	—
王立勤	临朐县龙岗镇周家庄村	—	男	—
周永德	临朐县龙岗镇周家庄村	—	男	—
王保顺	临朐县龙岗镇周家庄村	—	男	—
王立升之妻	临朐县龙岗镇周家庄村	40	女	—
王立之	临朐县龙岗镇周家庄村	—	男	—
王保友之子	临朐县龙岗镇周家庄村	4	男	—
周文宝之女	临朐县龙岗镇周家庄村	10	女	—
王同德之妻	临朐县龙岗镇薛家崖村	—	女	—
王同兴之妻	临朐县龙岗镇薛家崖村	—	女	—
王修美之妻	临朐县龙岗镇薛家崖村	—	女	—
王修全之妻	临朐县龙岗镇薛家崖村	—	女	—
王同福之妻	临朐县龙岗镇薛家崖村	—	女	—
王长福之妻	临朐县龙岗镇薛家崖村	—	女	—
王修贵之妻	临朐县龙岗镇薛家崖村	—	女	—
王英胜	临朐县龙岗镇薛家崖村	—	男	—
王长享	临朐县龙岗镇薛家崖村	—	男	—
王同立	临朐县龙岗镇薛家崖村	—	男	—

姓　名	籍　贯	年　龄	性　别	死难时间
辛太宗	临朐县龙岗镇辛家沟村	—	男	—
辛太宝	临朐县龙岗镇辛家沟村	—	男	—
辛太师	临朐县龙岗镇辛家沟村	—	男	—
辛　明	临朐县龙岗镇辛家沟村	58	男	—
辛明之妻	临朐县龙岗镇辛家沟村	54	女	—
辛太安	临朐县龙岗镇辛家沟村	—	男	—
辛万富之妻	临朐县龙岗镇辛家沟村	—	女	—
辛　静	临朐县龙岗镇辛家沟村	—	女	—
王立彬	临朐县龙岗镇清泉村	50	男	—
王立庆	临朐县龙岗镇清泉村	—	男	—
赵维胜	临朐县龙岗镇清泉村	—	男	—
王兴堂	临朐县龙岗镇清泉村	—	男	—
王立俭	临朐县龙岗镇清泉村	—	男	—
王兴水	临朐县龙岗镇清泉村	—	男	—
王兴云之妻	临朐县龙岗镇清泉村	25	女	—
王福成	临朐县龙岗镇清泉村	52	男	—
王佩险	临朐县龙岗镇清泉村	—	男	—
王福康	临朐县龙岗镇清泉村	—	男	—
朱光文	临朐县龙岗镇吴家崖村	60	男	—
辛　氏	临朐县龙岗镇吴家崖村	58	女	—
王全德	临朐县龙岗镇吴家崖村	—	男	—
窦长华	临朐县龙岗镇吴家崖村	—	男	—
朱光明	临朐县龙岗镇吴家崖村	—	男	—
辛　氏	临朐县龙岗镇吴家崖村	58	女	—
吴明双	临朐县龙岗镇吴家崖村	50	男	—
吴克亭	临朐县龙岗镇吴家崖村	56	男	—
韩其昌	临朐县龙岗镇吴家崖村	48	男	—
王传会	临朐县龙岗镇吴家崖村	—	男	—
王明书	临朐县龙岗镇王家寨村	—	—	—
王明伦	临朐县龙岗镇王家寨村	49	男	—
王友爱	临朐县龙岗镇王家寨村	—	女	—
王友全之母	临朐县龙岗镇王家寨村	40	女	—
王善国	临朐县龙岗镇王家寨村	55	男	—
王洪青	临朐县龙岗镇王家寨村	—	男	—

姓 名	籍 贯	年 龄	性 别	死难时间
张德才	临朐县龙岗镇王家寨村	—	男	—
王明增之妻	临朐县龙岗镇王家寨村	50	女	—
王明山	临朐县龙岗镇王家寨村	51	男	—
王明文	临朐县龙岗镇王家寨村	55	男	—
辛德臣之父	临朐县龙岗镇山旺村	45	男	—
辛守本	临朐县龙岗镇山旺村	—	男	—
辛承合之父	临朐县龙岗镇山旺村	60	男	—
辛 杰	临朐县龙岗镇山旺村	—	男	—
辛建成之父	临朐县龙岗镇山旺村	—	男	—
辛尧之祖父	临朐县龙岗镇山旺村	—	男	—
辛守太	临朐县龙岗镇山旺村	—	男	—
辛学东	临朐县龙岗镇山旺村	54	男	—
辛明敏之母	临朐县龙岗镇山旺村	39	女	—
辛世友之母	临朐县龙岗镇山旺村	55	女	—
辛世英之父	临朐县龙岗镇山旺村	37	男	—
辛明顺之父	临朐县龙岗镇山旺村	54	男	—
辛守典之子	临朐县龙岗镇山旺村	17	男	—
领头之母	临朐县龙岗镇山旺村	—	女	—
辛桌之叔	临朐县龙岗镇山旺村	49	男	—
辛守彬之弟	临朐县龙岗镇山旺村	33	男	—
李师长	临朐县龙岗镇东上林村	—	男	—
李顺青	临朐县龙岗镇东上林村	—	男	—
李顺刚	临朐县龙岗镇东上林村	—	男	—
辛万正之父	临朐县龙岗镇东上林村	60	男	—
辛近之之子	临朐县龙岗镇东上林村	3	男	—
辛浩之妹	临朐县龙岗镇东上林村	10	女	—
辛学京	临朐县龙岗镇东上林村	—	男	—
辛永青之妻	临朐县龙岗镇东上林村	—	女	—
郑同坤之父	临朐县龙岗镇郑家沟村	65	男	—
胡太秀之兄	临朐县龙岗镇郑家沟村	30	男	—
郑同坤	临朐县龙岗镇郑家沟村	—	男	—
郑××	临朐县龙岗镇郑家沟村	—	男	—
赵××	临朐县龙岗镇郑家沟村	—	男	—
郑立秋	临朐县龙岗镇郑家沟村	—	男	—

姓 名	籍 贯	年 龄	性 别	死难时间
赵 江	临朐县龙岗镇郑家沟村	—	男	—
郑开发	临朐县龙岗镇郑家沟村	—	男	—
郑同伦	临朐县龙岗镇郑家沟村	—	男	—
李 氏	临朐县龙岗镇郑家沟村	—	女	—
王 ×	临朐县龙岗镇郑家沟村	—	男	—
赵 氏	临朐县龙岗镇郑家沟村	—	女	—
赵 海	临朐县龙岗镇郑家沟村	—	男	—
潘汉升	临朐县龙岗镇潘家庄村	—	男	—
辛 学	临朐县龙岗镇潘家庄村	—	男	—
张 ×	临朐县龙岗镇潘家庄村	—	男	—
辛 国	临朐县龙岗镇潘家庄村	—	男	—
辛 昌	临朐县龙岗镇潘家庄村	—	男	—
王明昌	临朐县龙岗镇闫家邬村	—	男	—
李师增	临朐县龙岗镇闫家邬村	—	男	—
张明增	临朐县龙岗镇闫家邬村	—	男	—
张 ×	临朐县龙岗镇闫家邬村	—	男	—
张淑贞	临朐县龙岗镇闫家邬村	—	女	—
闫 祥	临朐县龙岗镇闫家邬村	—	男	—
闫 海	临朐县龙岗镇闫家邬村	—	男	—
王者良	临朐县龙岗镇梓林村	55	男	—
张淑梅	临朐县龙岗镇梓林村	11	女	—
王会贤之兄	临朐县龙岗镇梓林村	1	男	—
王孝温	临朐县龙岗镇东王沟村	—	男	—
王兴筹	临朐县龙岗镇东王沟村	—	男	—
王兴官	临朐县龙岗镇东王沟村	—	男	—
王兴尧	临朐县龙岗镇东王沟村	—	男	—
王仕传	临朐县龙岗镇东王沟村	—	男	—
王京连	临朐县龙岗镇东王沟村	—	男	—
殷天荣之父	临朐县龙岗镇殷家庄村	20	男	—
殷 ×	临朐县龙岗镇殷家庄村	21	男	—
梁瑞五之父	临朐县龙岗镇殷家庄村	40	男	—
王玉教之父	临朐县龙岗镇殷家庄村	45	男	—
梁 ×	临朐县龙岗镇殷家庄村	46	男	—
刘曰清	临朐县龙岗镇解家河村	54	男	—

姓　名	籍　贯	年　龄	性　别	死难时间
董曰吉	临朐县龙岗镇解家河村	46	男	—
刘　柱	临朐县龙岗镇解家河村	45	男	—
刘文汉	临朐县龙岗镇解家河村	43	男	—
刘　武	临朐县龙岗镇解家河村	42	男	—
王于升	临朐县龙岗镇解家河村	37	男	—
王　×	临朐县龙岗镇解家河村	46	男	—
董　×	临朐县龙岗镇解家河村	45	男	—
董　×	临朐县龙岗镇解家河村	40	男	—
王玉禄之祖父	临朐县龙岗镇王家庙村	24	男	—
王　安	临朐县龙岗镇王家庙村	19	男	—
王　海	临朐县龙岗镇王家庙村	21	男	—
王丰春	临朐县龙岗镇王家庙村	18	男	—
王　汇	临朐县龙岗镇王家庙村	36	男	—
王营春	临朐县龙岗镇王家庙村	34	男	—
王春友之父	临朐县龙岗镇王家庙村	41	男	—
曹　×	临朐县龙岗镇齐家庄村	35	男	—
曹　氏	临朐县龙岗镇齐家庄村	36	女	—
黄　×	临朐县龙岗镇齐家庄村	40	男	—
张　×	临朐县龙岗镇张阁店村	30	男	—
张立敬	临朐县龙岗镇张阁店村	40	男	—
张克胜	临朐县龙岗镇张阁店村	—	男	—
张来庆	临朐县龙岗镇张阁店村	—	男	—
张伟军	临朐县龙岗镇张阁店村	—	男	—
张　强	临朐县龙岗镇张阁店村	—	男	—
张广超	临朐县龙岗镇张阁店村	—	男	—
张玉国	临朐县龙岗镇张阁店村	—	男	—
张洪帅	临朐县龙岗镇张阁店村	—	男	—
张　海	临朐县龙岗镇张阁店村	—	男	—
王　×	临朐县龙岗镇翟家庄村	—	男	—
翟　×	临朐县龙岗镇翟家庄村	—	男	—
王　氏	临朐县龙岗镇翟家庄村	—	女	—
崔　×	临朐县龙岗镇翟家庄村	—	男	—
刘　氏	临朐县龙岗镇翟家庄村	—	女	—
王　海	临朐县龙岗镇翟家庄村	—	男	—

姓　名	籍　贯	年　龄	性　别	死难时间
翟　永	临朐县龙岗镇翟家庄村	—	男	—
王常山	临朐县龙岗镇翟家庄村	—	男	—
王增田	临朐县龙岗镇翟家庄村	—	男	—
陈　×	临朐县沂山镇陈家庄子村	28	男	—
刘同禅	临朐县沂山镇坨峪岭村	41	男	—
张　×	临朐县沂山镇李子行村	35	男	—
吴　×	临朐县沂山镇东蒋峪村	28	男	—
张　×	临朐县沂山镇牛河楼村	35	男	—
宗　×	临朐县沂山镇西蒋峪村	40	男	—
张福田	临朐县沂山镇北石砬村	41	男	—
张同森之祖父	临朐县沂山镇北石砬村	45	男	—
马玉亭	临朐县沂山镇姬家庄子村	35	男	—
马泰山	临朐县沂山镇姬家庄子村	37	男	—
张永吉	临朐县沂山镇姬家庄子村	41	男	—
张王氏	临朐县沂山镇姬家庄子村	38	女	—
张永仁	临朐县沂山镇姬家庄子村	39	男	—
张小升	临朐县沂山镇姬家庄子村	28	男	—
张小娥	临朐县沂山镇姬家庄子村	26	女	—
李本善	临朐县冶源镇李家营村	43	男	—
李因渠	临朐县冶源镇李家营村	52	男	—
李本恕之母	临朐县冶源镇李家营村	49	女	—
马光臣	临朐县冶源镇李家营村	36	男	—
马英田	临朐县冶源镇李家营村	29	男	—
季丰春	临朐县柳山镇邹家官庄村	35	男	—
王施爱	临朐县柳山镇穆家庄村	46	男	—
王丰功	临朐县柳山镇穆家庄村	48	男	—
王处廷	临朐县柳山镇穆家庄村	34	男	—
王处善	临朐县柳山镇穆家庄村	33	男	—
王慎吉	临朐县柳山镇穆家庄村	45	男	—
曹希清	临朐县柳山镇英山河村	41	男	—
张乐明	临朐县柳山镇英山河村	26	男	—
张小明	临朐县柳山镇英山河村	29	男	—
张宝亮	临朐县柳山镇南河西村	43	男	—
张乃牛	临朐县柳山镇南河西村	9	男	—

姓 名	籍 贯	年 龄	性 别	死难时间
合 计	7035			

责任人：魏学强　孟繁胜　　　　　　核实人：康世利　　　　填表人：田艳丽

填报单位（签章）：临朐县委党史研究室　　　　　　填报时间：2009 年 5 月 11 日

后　记

在中央党史研究室组织指导下，山东省于 2006 年开展了抗日战争时期人口伤亡和财产损失大型调研活动（以下简称"抗损调研"）。抗损调研的成果之一，是通过全省普遍的乡村走访调查，广泛收集见证人和知情人的口述资料，如实记录伤亡者的姓名、籍贯、性别、年龄、死难时间等信息，编纂一部《山东省抗日战争时期伤亡人员名录》（以下简称《名录》）。《名录》于 2010 年编纂完成后，共收录抗日战争时期日军造成的山东现行政区域范围内的伤亡人员 46.9 万余名。以《名录》为基础，我们选择信息比较完整、填写比较规范的 100 个县（市、区）抗日战争时期死难人员名录，经省市县三级党史部门进一步整理、编纂，形成了《山东省百县（市、区）抗日战争时期死难者名录》，共收录死难者169173 人。

2005 年，中央党史研究室部署开展《抗日战争时期中国人口伤亡和财产损失》这一重大课题的调研工作。考虑到这项课题是一项艰巨复杂的浩大工程，山东省委党史研究室确定先行试点，在取得经验的基础上全面展开。2006 年 3月，山东省委党史研究室在全省 17 个市选择 30 个县（市、区）作为抗损调研试点单位。在中央党史研究室指导下，山东省委党史研究室按照全国调研工作方案确定的指导思想、组织领导、调研项目、工作步骤、基本要求等，制定下发了《山东省抗日战争时期人口伤亡和财产损失调研试点工作方案》。各试点县（市、区）建立了两支调研队伍：一是县（市、区）建立由党史、档案、史志等单位人员组成的档案与文献资料查阅队伍；二是乡（镇）、村建立走访调查队伍。调查的方式是：以村为单位，以 70 岁以上老人为重点，走访调查见证人和知情人，调查人员根据访问情况填写调查表，被调查人员确认填写的内容准确无误后签字（按手印）；以乡（镇）为单位对调查表记录的人员伤亡和财产损失情况进行汇总统计；以县（市、区）为单位查阅历史档案和文献资料，细致梳理人员伤亡和财产损失情况记录，汇总统计本县（市、区）人口伤亡和财产损失情况。试点工作于 7 月底结束。

试点期间，中央党史研究室不仅从方案规划设计，调研方法步骤确定，以及走访调查和档案查阅等各个环节需要把握的问题，给予我们精心指导，而且一再提出把调研工作做成"基础工程、精品工程、警世工程、传世工程"的标准要求，不断提升我们对这项工作的认识高度。

在中央党史研究室的悉心指导下，试点工作不仅取得重要成果，而且深化了我们对抗损调研工作的认识，增强了我们做好这项工作的责任意识。

一是收集了大量历史档案和文献资料，掌握了历史上山东省对抗损问题的调研情况，对如何深化调研取得了新的认识。

试点期间，30个试点县（市、区）共查阅历史档案2.36万卷，文献资料6859册，收集档案、文献资料3.72万份。主要包括：抗日战争胜利后，山东解放区政府、冀鲁豫解放区政府和国民党山东省政府、国民党青岛市政府对抗日战争时期山东省境内人口伤亡和财产损失所做的调查资料；新中国成立后，为收集日本战犯罪行证据，由山东省人民政府统一组织领导，各级公安、检察机关所做的调查资料；20世纪五六十年代和改革开放以来，各级党史、史志、文史部门，社科研究单位和民间人士对抗日战争时期发生在山东省境内的人口伤亡和财产损失重大事件所做的典型调查资料等。

通过分析这些资料，可以看到，解放区政府和国民党政府所做的调查，调查时间是抗战胜利后至1946年初，调查方法是按照联合国救济总署设定的战争灾害损失调查项目进行的，调查目的在于战后救济与善后，着重于人口伤亡和财产损失的数据统计，其调查覆盖山东全境，统计数据全面、可靠，但缺少伤亡者具体信息的记录。新中国成立后及改革开放新时期的调查，留存了日本战犯和受害人、当事人的大量口供和证词。这些口供和证词记录了伤亡者姓名、被害经过等许多具体信息，但仅限于部分重大事件中的少数伤亡者。据此，我们认识到，虽然通过系统整理散落在各级档案馆、图书馆、博物馆的档案和文献中的历次调查资料，可以在确凿的历史档案、文献资料以及人证、物证等证据的基础上，进一步查明山东省抗日战争时期人口伤亡和财产损失的情况，但还是难以在全省范围内查明伤亡者更多的具体信息。因此，还需要我们做更多的工作。

二是收集了大量见证人、知情人口述资料，掌握了乡村走访调查的样本选择和操作方法，深化了对直接调查重要性的认识。

30个试点县（市、区）走访调查19723个村庄、103.6万人，召开座谈会13.13万人次，收集证人证言22.42万份。这些证言证词记载了当年日军的累累罪行。虽然时间已经过去了六七十年，见证人的有些记忆已很不完整、有些仅是片段式的，但亲眼目睹过同胞亲人惨遭劫难的老人们，仍能清晰讲述出其刻骨铭心的深刻记忆；虽然有些村庄已经消失，有些家族整个被日军杀绝，从而导致一些信息中断，但大多数村庄仍然保留有历史记忆，大量死难者有亲人或后人在世。

基于对证言证词的分析，我们认识到：村落是民族记忆的历史载体、家族生活的社会单元，保留着家族绵延续绝的历史信息；70岁以上老人在抗日战争胜利时已有十几岁，具备准确记忆的能力。以行政村为调查样本、以全省609万在世的70岁以上老人为重点人群，采用乡村走访调查的方法，可以收集更多的抗日战争时期伤亡人员信息，以弥补过去历次调查留下的缺憾。

三是查阅了世界其他国家对二战时期死难者调查的文献资料，增强了我们对历史负责、对死难者亡灵负责、对国际社会和人类文明负责的民族担当意识。

试点期间，山东省委党史研究室组织研究人员查阅了世界各国对二战时期死难者调查和纪念的相关资料。"尊重每一个生命，珍惜每一个人的存亡"，在第二次世界大战灾难的调查和纪念中得到充分体现。2004年，以色列纪念纳粹大屠杀的主题是"直到最后一个犹太人，直到最后一个名字"。在美国建立的珍珠港纪念碑上，死难者有名有姓，十分具体。在泰国、缅甸交界的二战遗址桂河大桥旁，盟军死难者纪念公墓整齐刻写着死难者的名字。铭记死难者的名字，抚平创伤让死难者安息，成为国际社会通行的做法。但是，日本全面侵华战争中造成数百万山东人民伤亡，60多年来在尘封的历史档案中记录的多是一串串伤亡数字，至今没有一部记录死难者相关信息的大型专著。随着当事人和见证者相继逝去，再不完成这方面的调查，将会成为无法弥补的历史缺憾。推动开展一次乡村普遍调查，尽可能多地查找死难者的名字、记录死难者的相关信息，既可告慰死难者的冤魂亡灵，又可留存日军残酷暴行的铁证。这是我们历史工作者的良心所在，责任所在！

中央党史研究室对山东试点工作及取得的成果给予充分肯定和高度评价，同意山东省委党史研究室对试点成果的分析和对抗损调研工作的认识，提出了开展山东省抗日战争时期人口伤亡和财产损失大型调研活动的指导意见，并要求努力实现以下两个主要目标：

一是在收集整理以往次抗损调研成果的基础上，准确查明山东省抗日战争时期人口伤亡和财产损失的情况。即由省市县三级党史、史志、档案等部门具有一定研究能力的人员，广泛收集散落在各地档案馆、图书馆、博物馆的抗损资料，在系统整理、深入分析研究60多年来各级政府、社会团体、研究机构等调查和研究成果的基础上，准确查明山东省抗日战争时期人口伤亡和财产损失的情况；

二是开展一次普遍的乡村走访调查，尽可能多地调查记录伤亡者的信息，弥补以往历次调查的不足。即按照统一方法步骤，由乡村两级组成走访调查队伍，以行政村为调查样本、以70岁以上老人为重点调查人群，通过进村入户走访调查，广泛收集见证人和知情人的口述资料，如实记录死难者的姓名、性别、年龄、籍贯、伤亡时间、伤亡原因等信息。

在中央党史研究室的指导下，山东省委党史研究室研究制定了《山东省抗日战争时期人口伤亡和财产损失课题调研工作方案》，明确了抗损调研的指导思想、目标任务、方法步骤和保障措施等要求。在中央党史研究室的推动下，山东省成立了由党史、财政、史志、档案、民政、文化、出版、统计、司法等单位组成的大型调研活动领导小组，下设课题研究办公室（重大专项课题组）。

2006年10月中旬，山东省抗损调研领导小组研究通过并下发了《山东省抗日战争时期人口伤亡和财产损失课题调研工作方案》及关于录制走访取证声像资料、重大惨案进行司法公证、编写抗损大事记等相关配套方案，统一复制并下发了由中央党史研究室设计制定的"抗日战争时期人口伤亡调查表"、"抗日战争时期财产损失调查表"、"抗日战争时期人口伤亡统计表"、"抗日战争时期财产损失统计表"。

各市、县（市、区）按照方案要求进行了筹备部署：

一是组织调研队伍。各市、县（市、区）成立了抗损调查委员会，从党史、史志、档案、民政、统计、图书馆等单位抽调10~20名人员组成抗损课题办公室，主要负责本地调研工作的组织协调，历史档案和文献资料的查阅、收集、分析整理、汇总统计等任务。全省共组织档案文献查阅人员3910名。各乡（镇）抽调5~10人组成走访调查取证组，具体承担本乡（镇）各村的走访调查取证工作。全省各乡（镇）调查组依托村党支部、村委会共组织走访调查取证人员32万余名。

二是培训调研人员。各市培训所属县（市、区）骨干调研队伍，培训主要采取以会代训的形式，重点推广试点县（市、区）调研工作中的成功做法。各县（市、区）培训所属乡（镇）调研队伍，培训采取选择一个典型村或镇进行集中调研、现场观摩的形式。

三是乡（镇）以行政村为单位对辖区内70岁以上老人登记造册，统一印制并向70岁以上老人发放了"抗日战争时期人口伤亡和财产损失入户调查明白纸"，告知调查的目的和有关事项。

2006 年 10 月 25 日，山东省抗损调研领导小组召开了全省抗损调研动员会议。10 月 26 日，走访取证工作在全省乡村全面展开。各乡（镇）走访调查取证组携带录音、录像设备和"抗日战争时期人口伤亡调查表"、"抗日战争时期财产损失调查表"等深入辖区行政村走访调查。调查人员主要由乡（镇）调查组人员和村党支部、村委会成员以及离退休老干部和退休教师组成。调查对象是各村 70 岁以上老人。

调查人员按照"抗日战争时期人口伤亡调查表"设置的栏目，主要询问被调查人所知道的抗日战争时期伤亡者姓名、年龄，伤亡时间、地点、经过（被日军枪杀、烧杀、活埋、砍杀、奸杀、溺水等情节）、伤亡者人数等情况。被调查人讲述，调查人员如实记录。记录完成后调查人员当场向被调查人宣读记录，被调查人确认无误后签名或盖章、按手印，调查人同时填写调查单位、调查人姓名、调查日期。证人讲述的死难者遇难现场遗址存在或部分存在的，调查组在证人指证的遗址现场（田埂、河沟、大树、坟地、小桥、水井、宅基地等）拍摄照片、录制声像资料。至此，形成一份完整的证言证词。

对于文献资料中记载的一次伤亡 10 人以上的惨案，各县（市、区）课题办公室组织党史、档案、史志等部门专业人员进行了专题调查，调查主要采取召开见证人、知情人座谈会的形式，调查过程全程录音、录像。对证言证词准确完整、具备司法公证条件的惨案，司法公证部门进行了司法公证。

为加强对调研工作的协调和指导，确保乡村走访调查目标的实现，山东省抗损课题研究办公室建立了督导制度、联系点制度、信息通报制度。省市县三级抗损课题研究办公室主任负责本辖区调研工作的督查指导，分别深入市、县（市、区）、乡（镇）检查调研工作开展情况。各市抗损课题研究办公室向所属县（市、区）派出督导员，深入乡（镇）、村检查指导调查取证工作，解决遇到的具体问题。省、市抗损课题研究办公室每位成员确定一个县（市、区）或一个乡（镇）为联系点，各县（市、区）抗损课题研究办公室每位成员联系一个乡（镇）或一个重点村，具体指导调研工作开展。为交流经验，落实措施，山东省抗损课题研究办公室编发课题调研《工作简报》150 多期。

截止到 2006 年 12 月中旬，大规模的乡村走访取证工作结束，全省乡村两级走访调查队伍共走访调查 8 万余个行政村、507 万余名 70 岁以上老人，分别占全省行政村总数和 70 岁以上老人总数的 95% 和 80% 以上，共收集证言证词 79 万余份。录制了包括证人讲述事件过程、事件遗址、有关实物证据等内容的大量影像资料，其中拍摄照片 7376 幅（同一底片者计为一幅），录音录像 49678 分钟，制作光盘 2037 张，并对专题调查的 301 个惨案进行了司法公证。

自 2006 年 12 月中旬开始，调研工作进入回头检查和分类汇总调研材料阶段。各乡（镇）调查组回头检查走访调查取证是否有遗漏的重点村庄和重点人群，收集的证言证词中证人是否签名、盖章、留下指纹，证言是否表述准确，调查人、调查单位、调查日期等是否填写齐全。在回头检查的基础上，将有关事件、伤亡者信息等如实记载下来，填写"抗日战争时期人口伤亡统计表"、"抗日战争时期财产损失统计表"。

12 月 16 日，山东省抗损课题研究办公室印制并下发了《山东省抗日战争时期伤亡人员名录》表格。《名录》包括死难人员和受伤人员的"姓名"、"籍贯"、"年龄"、"性别"、"伤亡时间"、"伤亡地点"、"伤亡原因"等要素。《名录》以乡（镇）为单位填写，以县（市、区）为单位汇总，于 2007 年 7 月完成。

自 2007 年 8 月开始，山东省抗损课题研究办公室对各地上报的调研资料进行分类整理和分析研究，发现《名录》明显存在以下不足：一是《名录》收录的伤亡人员数远远少于档案资料中记载的抗日战争时期全省伤亡人数。山东解放区政府和冀鲁豫解放区政府调查统计的山东省平民伤亡人口为 518 万余人，国民党山东省政府和青岛市政府调查统计的全省平民伤亡人口为 653 万余人，《名录》收录的查清姓名的伤亡人员仅有 46 万余人，不到全省实际伤亡人口数的十分之一。分析其中原因，从见证人、知情人的层面看，主要是此次调研距抗日战争胜利已达 61 年之久，大多数见证人、知情人已经去世，加之部分村庄消失、搬迁，大量人口流动，调研活动中接受调查的 70 岁以上老人仅是当时见证人和知情人中的极少部分，而且他们中有些当时年龄较小、记忆模糊，只能回忆印象深刻的部分。从死难者的层面看，主要是记录伤亡者名字信息的家谱、墓碑在"文化大革命"时期大多已被销毁、损坏，许多名字随着时间流逝难以被后人记住。受农村传统习俗的影响，大多数农村妇女没有具体名字，而许多儿童在名字还没有固定下来时就已遇难。许多家族灭绝的遇难者，因没有留下后人而造成信息中断，难以通过知情人准确回忆姓名等信息。二是各县（市、区）名录收录的查清姓名的伤亡人员在人数的多少上与实际伤亡人数的多少不成正比，其中部分县（市、区）在抗日战争时期遭日军破坏程度接近，但所收录的伤亡人员在数量上存在较大差异。主要原因是调研活动的走访调查阶段，各县（市、区）对此项工作的重视程度、投入力量和走访调查的深入细致程度存在较大差异，有些县（市、区）在走访调查中遗漏见证人和知情人，有的在证言证词的梳理中遗漏伤亡者的填写。三是《名录》确定的各项要素有的填写不全，有些填写不完整、不规范。主要原因是，《名录》所依据的"证言证词"记录的要素有许多本身就不完整、不全面，而《名录》填写者来自乡（镇）调查组的数万名调查人员，在填写规范上也难以达到一致。

根据中央党史研究室关于编纂《抗日战争时期中国人口伤亡和财产损失调研丛书》的要求，针对《名录》中存在的主要问题，山东省抗损课题研究办公室于2009年初制定下发了《关于编纂〈山东省抗日战争时期伤亡人员名录〉有关要求的通知》（以下简称《通知》）。《通知》要求各市、县（市、区）党史部门以对历史高度负责的精神，集中时间、集中力量，对《名录》进行逐一核实和修订，真正把《名录》编纂成经得起历史检验和各方质疑的精品工程、传世工程、警世工程。《通知》明确了各市、县（市、区）的编纂任务和责任要求，各市委党史研究室负责所辖县（市、区）、高新技术开发区、经济开发区伤亡人员名录补充和核实校订工作的具体部署、组织指导、督促检查和汇总上报工作。各市委党史研究室主任为第一责任人，对本市所辖县（市、区）伤亡人员名录核实校订工作质量和完成时限负总责；确定一名科长为具体责任人，协助第一责任人做好工作部署和组织指导工作，具体做好督促检查和汇总上报工作。各县（市、区）委党史研究室具体负责本县（市、区）伤亡人员名录的补充、核实和校订工作。县（市、区）委党史研究室主任为责任人，对伤亡人员名录的真实性、可靠性负总责。各县（市、区）分别确定1至2名填表人和核实人。填表人根据《名录》表格的规范标准认真填写，确保无遗漏、无错误。《名录》正式出版后，责任人和填表人、核实人具体负责对来自各方的质询进行答疑。责任人、核实人、填表人在本县（市、区）伤亡人员名录最后一页页尾签名，并注明填报单位和填报时间。

《通知》下发后，各市委党史研究室确定了本市抗日战争时期伤亡人员名录编纂工作第一责任人和直接责任人。全省140个县（市、区）和16个经济开发区、高新技术开发区共确定了460余名责任人、核实人、填表人，并明确了责任。各县（市、区）党史研究室根据《通知》要求，细致梳理调研资料特别是走访调查资料，认真核实伤亡人员各要素，补充遗漏的伤亡人员。部分县（市、区）还针对调研资料中存在的伤亡人员基本要素表述不清、填写不完整等情况，进行实地回访或电话回访，补充了部分遗漏和填写不完整的要素。各县（市、区）抗日战争时期伤亡人员名录补充、核实工作完成后，各市委党史研究室按照《通知》提出的要求，进行了认真审核把关，对达不到要求的，返回县（市、区）进一步修订。

至 2010 年 10 月，全省 140 个县（市、区）和 16 个经济开发区、高新技术开发区共 156 个区域单位全部完成了《名录》的补充、核实和校订工作，共收录抗日战争时期因战争因素造成的、查清姓名的伤亡人员 46 万余名。此后，中央党史研究室安排中共党史出版社对《名录》进行多次编校，但终因《名录》存在伤亡原因、伤亡地点等要素不规范、不完整和缺失较多等诸多因素，未能正式出版。

2014 年初，中央党史研究室组织展开新一轮抗损课题调研成果审核出版工作，并把《名录》纳入《抗日战争时期中国人口伤亡和财产损失调研丛书》第一批出版。按照中央党史研究室的部署要求，山东省抗损课题研究办公室组织力量对 2010 年整理编纂的《名录》再次进行认真审核，从中选择死难者信息比较完整、规范的 100 个县（市、区）死难者名录，组织力量集中进行编纂。在编纂中，删除了信息缺失较多的死难者死难原因、死难地点等要素，保留了信息比较完整的姓名、籍贯、性别、年龄、死难时间等 5 项要素。2014 年 8 月，《山东省百县（市、区）抗日战争时期死难者名录》编纂完成后，山东省抗损课题研究办公室将其下发各市和相关县（市、区）进行了再次核对。

山东省抗日战争时期人口伤亡和财产损失大型调研活动和《山东省百县（市、区）抗日战争时期死难者名录》的编纂工作是一项极其复杂的系统工程。这项工程自始至终按照中央党史研究室设定的调研项目、方法步骤和基本要求开展，自始至终得到中央党史研究室的精心指导，倾注着中央党史研究室领导和专家的智慧和心血；这项工程得到了全省各级各有关部门和广大基层干部的积极支持和热情参与，包含着全省数十万名调研人员的辛勤奉献和全省各级党史部门数百名编纂人员历时数年的艰辛付出。

在调研活动和《名录》编纂过程中，每位死难者的名字，都激起亲历者、知情人难以言尽的惨痛回忆和血泪控诉，他们的所说令人震颤、催人泪下。我们深知：通过系统、详尽、具体的调查，将当年山东人民的巨大伤亡和损失尽可能完整地记载下来，上可告慰死难者的冤魂亡灵，表达后人的祭奠和怀念，下可教育子孙后代"牢记历史、珍爱和平"。我们深感：对发生在六七十年前的巨大灾难进行调查，由于资料散失、在世证人越来越少，调查和研究的难度难以想象，但良心和责任驱使我们力求使调查更加扎实、有力、具体和准确，给历史、给子孙一个负责任的交代。由于对那场巨大的战争灾难进行调查研究，毕竟是一项复杂的浩大工程，需要经过一个长期的研究过程，我们对许多调研资料的梳理还不够细致全面，对调研资料的研究还需进一步深化，我们目前取得的调研成果和研究编纂成果，都与中央党史研究室的要求存在一定差距。我们将以对历史负责、对人民负责、对死难者负责、对子孙负责的态度，不断深化研究，陆续推出阶段性研究成果，为推动人类和平和文明进步作出应有的贡献。

山东省抗损课题研究办公室
山东省委党史研究室重大专项课题组
2014 年 8 月